동학과 도마복음

동학과 도마복음

김상일 사상 전집 5

동학과 도마복음
— 수운과 도마를 잇는 영원한 황금실

2025년 12월 25일 처음 펴냄

지은이   김상일
펴낸이   김영호
펴낸곳   도서출판 동연
등 록   제1-1383호(1992. 6. 12)
주 소   서울시 마포구 월드컵로 163-3
전화/팩스   02-335-2630 / 02-335-2640
이메일   yh4321@gmail.com
인스타그램   instagram.com/dongyeon_press

ISBN 978-89-6447-440-2 94100
ISBN 978-89-6447-589-8 94100 (김상일 사상 전집)

| 김상일 사상 전집 5 |

동학과 도마복음

수운과 도마를 잇는 영원한 황금실

김상일 지음

동연

머 리 말

화이트헤드의 과정사상 연구를 위해 1977년 가을학기에 남가주 클레어몬트에 도착했다. 대학원 기숙사는 11가에 있었고, 13가에는 1973년도에 설립된 과정사상연구소(Center for Process Studies, Director: John B. Cobb, Jr)가 그리고 9가에는 1967년에 설립된 Institute for Antiquity and Christianity(Director: James M. Robinson)가 있었다. 기숙사에서 걸어서 모두 5, 6분 거리에 두 연구소가 있었다.

가을학기에 나는 로빈슨 교수 과목을 수강하였다. 나는 나의 전공 지도교수 캅 교수 과목보다는 로빈슨 교수 과목을 먼저 수강했다. 지금 와서 왜 그랬을까 자문해 본다. '기억은 나지 않으나 친숙한 것'을 데자뷔 Deja ᵛᵘ라 하고, '기억은 나지만 친숙하지 않는 것'은 자메뷔 Jamais ᵛᵘ라 한다. 아마도 나에게 도마복음은 데자뷔였고, 과정 사상은 자메뷔였던 것 같다. 도마복음이 과정 사상보다 나에게 더 친숙하게 느껴졌다는 말이다.

1985년 귀국하여 불교의 보신, 법신, 화신과 연관하여 도마복음에 관한 글을 한 편 쓴 것 이외에 그동안 이에 관련된 글을 쓰지 않았다. 은퇴 후 미국 체류 20년 후인 2024년 가을 귀국 후 잃은 양 찾듯이 새 회원을 물심양면으로 찾으시는 구자만 회장님의 정성에 이끌려 도마복음연구회 발표회에 참가, 그 결과 그동안 여러 발표자와 논평자들의 글은 이 책을 쓰는 데 큰 도움이 되었다. 이 자리를 빌려 손원영 회장께 감사의 말씀 드린다.

2025년 여름 연구회 발표에서 『도마복음』 '서문'의 "쌍둥이 유다 도마"라는 이 한 구절이 1985년 이후 나의 뇌리를 쳤다. 김용옥, 오강남 그리고 구자만의 선행 연구자들은 나의 지난 30여 년간의 다른 연구들과의 연결 띠 잇기에 도움이 되었다.

글 쓰는 사람들의 고민은 써 놓은 글들이 바벨탑과 같이 허물어지기 쉽다는 것이다. 그래서 누구나 자기 생각의 튼튼한 토대를 만들고 싶어 한다. 신의 진노에도 견딜 수 있는 토대 같은 것 말이다. 그래서 연구자들은 만년에 올수록 논리학에 경도된다. 이는 나에게서 데자뷔와 자메뷔가 하나로 되는 것과 같은 공명이었다. 그리고 '쌍둥이 유다 도마'는 논리적인 문제이다. 실마리가 잡힌 이상 붓을 잡은 손은 신들림같이 움직였다.

달걀이 먼저냐 혹은 닭이 먼저냐고 하지만 막상 닭이 되는 것은 달걀껍데기의 강도라고 한다. 과정이 실체를 결정한다는 말이다. 이 책의 두 주인공은 '조화옹造化翁'과 '아이'이다. 두 살 된 어린 손자 '재황'이는 나에게 사생화가의 실물과도 같았다. 글을 쓰는 동안 이 한 아이는 책의 3장의 주인공이 되었다. 두 살짜리 한 인간의 인지가 어떻게 발달하는가의 신비감은 수운의 「불연기연」장을 실감 나게 쓰도록 해 2장이 되었다. 그래서 이 책의 두 주인공인 조화옹인 '어른Adult'과 '아기Infant'는 이 책의 신조어 'A-I'가 되었다.

지난 10월 3일에 도서출판 동연에 원고를 넘겼다. 김영호 사장님은 추석날부터 편집을 시작해 이렇게 단행본으로 빛을 보게 하였다. 동연

식구들의 고생이 이만저만이 아니었을 것은 짐작하고도 남음이 있다.
진심으로 감사드린다.

2025(4358)년 초겨울

관악산 입구에서

저자 씀

모 둠 글

「디도서」는「빌레몬스」다음으로 신약 안에서 짧은 글 가운데 하나이다. 그런데 바울이 이「디도서」에서 자기가 한 말에 대해 좀 각별한 관심을 가졌더라면 기독교 역사는 지금과는 정반대로 달라졌을 것이다. 바울은「디도서」에서 "크레타 사람 가운데서 예언자라 하는 어떤 사람이 말하기를 '크레타 사람은 예나 지금이나 거짓말쟁이요, 악한 짐승이요, 먹는 것밖에 모르는 게으름뱅이다'"(1:12)라고 했다.

바울의 이 말은 자기 말이 아니고 당시 지중해 일대 국가들 사이에 널리 퍼져 있던 유행어 같아 보인다. 1970년대 유학을 갔을 때 미국 사람들은 "모든 한국 사람은 거짓말쟁이"라고 하는 것 같았다. 가난한 자들의 생존 수단이 '거짓말'이 아니었나 생각해 본다. 그런데 이 유행어는 철학사에 길이 남은 소위 '거짓말쟁이 역설'이 되었다. '코리언 타임'이 국제적 유행어가 되듯이….

아리스토텔레스의 논리를 고전 논리라 한다면 프레게로부터 현대 논리학이 시작한다고 한다. 프레게는 필생의 작업으로 논리학을 통해 수학을 든든한 토대 위에 올려놓으려 했다. 그러나 1902년 B. 러셀로부터 한 장의 편지를 받고 모든 해 오던 연구를 중단하고, 절필하고 만다. 그 편지의 내용이 바로 위 바울이 디도에게 보낸 편지 속에 있는 크레타섬 사람의 "거짓말쟁이 역설"이다. 바울은 아테네에 들어가서는 오히려 "너희들이 모르는 신들에 관하여 알려주겠다" 하면서 크레테 사람들에게 했던 것과 같은 극심한 분노 나아가 저주까지 퍼붓지는 않았다. 1,000여 년이 지나 기독교 교부들은 두 손 모아 아테네 철학을 수용, 소위 서방 신학의 토대로 삼아 지금까지 그 건재함을 과시하고 있다.

이 책에서는 크레타 사람들의 논리를 E-형이라 하고, 아테네 사람들의 논리는 A-형이라 한다. 예수의 어록 속에는 A-형과 E-형이 다 포함돼 있었다고 보는데, 다른 제자들은 A-형적인 것에 그리고 도마는 E-형적인 예수의 말에 귀가 쏠렸다고 본다. 이런 차이가 있었음은 도마복음의 어록 자체 안에서 그대로 노출되고 있다(도마복음 13장). 그런데 시간적으로 무려 2000여 년 이상 A-형이 지배적이었고, E-형은 이단시까지 당해 어록들이 항아리 속에 1600여 년 동안이나 땅에 묻혀 있었다.

그런데 문제는 19세기 칸토어가 집합론이란 수학의 한 분야를 공개하면서 그 영향이 미술, 음악, 과학 등 전방위적으로 영향을 미쳤다는 데 있다. 20세기 상대성이론, 양자역학, 카오스, 홀로그램은 물론 AI를 비롯한 4차산업 전반에 걸쳐 크레타 사람들의 거짓말이 재조명되고 있다. 뉴턴을 고전 과학이라면 20세기 과학을 신과학이라 할 때 여기서 변한 것은 A-형에서 E-형으로 변한 것이다. 토마스 쿤은 패러다임 변화가 논리 유형의 변화인 것은 간과하고 말았다.

그런데 지금 과학과 예술 분야를 제외하고, 특히 신학에서는 아직 A-형이 절대적으로 지배적이다. 2,500여 년 이상 서양에서는 A-형이 정통이고 E-형이 이단시 되었다. 아리스토텔레스의 논리학『오르가논』은 당시 궤변론자들 속에 만연돼 있던 역설의 논리를 격파하기 위한 윤리적倫理的인 의도에서 그의 논리학論理學을 썼다. 그의 사고의 3대 법칙은 모두가 거짓말쟁이 역설을 반대하기 위한 것임을 쉽게 확인할 수 있다.

그런데 오히려 동양에서는 그와는 반대로 E-형 역설의 논리가 정통이고, 그 반대가 비정통이다. 뇌로 말하면 E-형은 우뇌형이고, A-형은 좌뇌형이다. 우랄산맥을 뇌량으로 동향으로 향하는 학문을 '동학'이라고 하고 서향으로 향하는 것을 '서학'이라고 할 때, 동향적인 인도의 힌두이즘과 불교 그리고 중국의 유가와 도가가 동향으로 향할수록 더욱 E-형이 지배적이다.

그런데 1970년대의 뇌 연구에서 좌와 우뇌가 홀로그램 적인 것이 밝혀졌다. 이는 서양과 동양도 서양 속의 동양, 동양 속의 서양으로, 동은 동이고 서는 서라는 키플링의 말을 무색하게 했다. 동향과 서향과 같이 방향으로 이해할 때 서진할수록 A-형이 심욱해지고, 동진할수록 E-형이 그러하다. 그래서 도마복음은 서향적 안에 들어 있는 E-형이고, 수운의 '동학'은 그것이 동향의 끝자락의 학이다. 도마복음과 동학이 공명하며 동병상련하는 과정과 모습을 이 책을 통해 보게 될 것이다.

이 둘은 모두 'E-형 가족'이라 불린다. 둘이 한 가족이 되는 조건, 다시 말해서 거짓말쟁이 역설의 가족이 될 수 있는 3대 조건은 1) 자기언급, 2) 비이원론적, 3) 유기체적 세계관이다. 그런 면에서 현대 과학은 이들 제 조건을 다 갖추었다. 그리고 아테네의 영향권 하에 있는 서방 신학과 철학은 A-형 가족으로서 구별화된다. 이 책은 시종일관 3대 조건들에 의해 동학과 도마복음이 어떻게 공명하고 있는가를 고찰한다.

저자가 이 책을 쓸 때 지금까지 유례없던 더위 속에서 작업했다. 지구 온난화의 위기 그리고 모든 이원론을 조장하고 있는 A-형의 위세를 자랑하던 기독교가 아스팔트에서 광란을 벌리는 장면을 보면서 쓴 것이다. 그러나 A-형은 전 분야에서 앞으로 퇴장할 것이다. 대형 교회들은 앞으로 장터로 변할 것이다. 예수는 분명히 E-형의 말씀도 했다. 도마는 이 형의 말에 귀담아들었을 것이다. 생명의 위협을 느낀 예수는 13장에서 도마를 불러 그 위험성을 알렸다. 그 위협과 위험은 현재 진행형이지 결코 끝난 것이 아니다. 서향 속의 서학을 그대로 가지고 와 동향의 끝자락 한반도에서 한국교회는 민족 문화 말살과 사대주의 극치의 아스팔트 군상들을 양산하고 말았다.

이 책의 내용을 간략히 정리하면 다음과 같다.

1장: 글 전체의 배경, 역사적 배경과 논리적 배경을 다룬다. 동학과 도마복음은 거의 2000여 년이라는 시간적 그리고 공간적으로 떨어져 있었지만, 주류 집단과 이념들로부터 박해를 받는 동고동락의 배경을 갖는다(1.1). 다른 한편 E-형 가족의 3대 조건들을 함께 가진다는 점에서 논리적 배경이 같다(1.2).

2장: 플라톤의 조물주인 데미우르고스를 『티마이오스』에서 끌어내와 천주나 God와 같은 인격신을 어떻게 교체할 것인가를 살핀 후(2.1), 수운은 생애 마지막에 왜 「불연기연」장을 써 '천주'가 아닌 '조물자'를 찾는가를 탈현대적인 비결정, 불확실, 명명불가로 판단, 기틀 변화의 출구를 모색한다(2.1). 이를 현대 베이트슨의 이중구속론에 적용한 다음(2.2), 현대 해체주의 철학자 데리다의 차연을 도마복음 7장의 논리에 연관시킨다(2.2-2.5).

3장: '아이'라는 개념 하나를 도마복음과(3.1) 동학에서(3.2) 찾아 조명한 뒤, 켄 윌버의 초인격심리학을 동학과 도마복음의 유아관에 적용한(3.3). 그리고 이에 대한 비판적 고찰(3.4)을 한다. 다시 윌버의 관점에서 동학과 도마복음을 통한 '아이'를 재조명함으로 수운의 깨달음의 구조를 본다(3.5). '아이'를 보는 관점에 전/초오를 3원8소로 확장시켜 도마복음과 동학을 연관시킨다(3.6). 그리고 윌버의 3원8소를 비판적으로 검토한다음 이를 동학과 도마복음 이해를 새롭게 한다(3.7).

　4장: '동학'을 도마복음과 비교하기 위해서는 '서학'과 '동학'이란 말을 재정의하고 이의 외연을 넓혀나가면서(4.1), 천자문 1-4구에 나타난 집합론적 발상을 찾은 다음(4.2), 안식일 혹은 '공일'이란 개념으로 창세기 1-3장을 재해석한다(4.3). 현대 철학자들 특히 알랭 바디우가 왜 무신론자가 되는 가에 대한 이유를 모색한 후 동학과 도마복음이 어떻게 이들 현대판 무신론자에 공명하고 다시 반향할 것인가를 다룬다(4.4).

　5장: 1-4장을 배경으로 동학과 도마복음 간의 대화를 신관을 중심으로 검토한다(5.1). 양자가 어떻게 E-형 가족의 한 성원이 되는 가를 세 가지 조건에 따라서 검토할 때, '쌍둥이'와 거짓말쟁이 역설을 논리적으로 연관시킨 다음(5.1), 그 연장으로 쌍둥이 개념을 통해 도마복음과 법왕경을 연관시킨 후(5.2), 다시 윌버의 사상을 통해 융 심리학을 일별한 다음 유발 하라리의 '데이터교'의 호모 데우스를 비판적 고찰한 후, 동학과 도마복음이 서로 어떻게 서로 조율될 수 있는가를 다룬다(5.3-5.4).

　6장: 한국의 무가들 가운데 '창세가'를 중심으로 한 전통과 두 가지 문헌들『부도지』와『규원사화』에서 본 조물주 혹은 조화옹을 불러와 「불연기연」과 이들 문헌이 서로 공통된 점을 찾은 후(6.1), 인격신에서 조물주로 신관이 이동하는 과정을 4원소와 5행의 비교를 통해 고찰한다(6.1). 나라는 망하고 개인은 패가망신할 때 왜 수운과 북애자는 인격신에서 조물주로 향하는가 마찬가지로 플라톤 역시 스승은 죽고 긴 여행 끝에 왜 데미우르고스에 기대는가(6.2), 수운은 3대 제자주문들과 한 개 선생주문을 남기면서 비인격적 기氣에서 정精(초학주문)을 매개로 비인격적 조물자에 도달하는가를 분석 고찰한다(6.3). 수운 기철학의 배경이 된 기철학자들 서화담, 최한기, 임성주 그리고 다산을 통해 인격신과 기철학의 배후관계를 추구한다(6.4).

　생소한 도마복음을 생소하지 않은 동학으로 설명하려던 결과가 후자가 너무 커져 버렸다. 도마복음에 대한 설명이 왜소해지지 않았는가 하는 비판자들도 있을 것이다. 그러나 이러한 이 책의 미비점을 후속 『정역과 도마복음』에서 균형 잡을 것이다. 한편, 이번 책에서는 현대 첨단이론 가운데 하나인 집합론을 충분히 설명했다는 소감도 피력해 둔다.

　[부록]: 책 전체를 통해 드러난 두 주인공은 '어른'[老] 조화옹과 '아이' [兒]이다. [부록]은 이 두 주인공이 하라리의 '호모데우스' 너머 '호모호모'를 '창발concrescence'해 내는 과정을 설계도를 통해 보여준다. 창세기의 신은 진흙을 빚어 인간을 만들었다고 하지만 우리 민족 사서는 율려, 즉 음으로 신도 만들어졌고 우주도 만들어졌다고 한다. 율려를 조율하는 것이란 '5음 7조'를 다루는 것인데, '궁상각치우'란 5음과 거기서 생긴 변음 2개 변궁과 변치를 수평적으로 합한 것이 7성이다. 그렇다면 5음과 7성은 연속적인가 비연속적인가? 소위 '연속체 가설'이란 세기적 문제가 사실은 창조질서의 문제였다. 『악학궤범』이란 이런 연속과 비연속이란 비결정성을 다루는 방법의 글이다. 우주와 인간은 모두 이런 불확실성 속에서 창발 돼 나온 존재이다. 이런 고민을 하는 글이 도마복음과 동학이다.

차 례

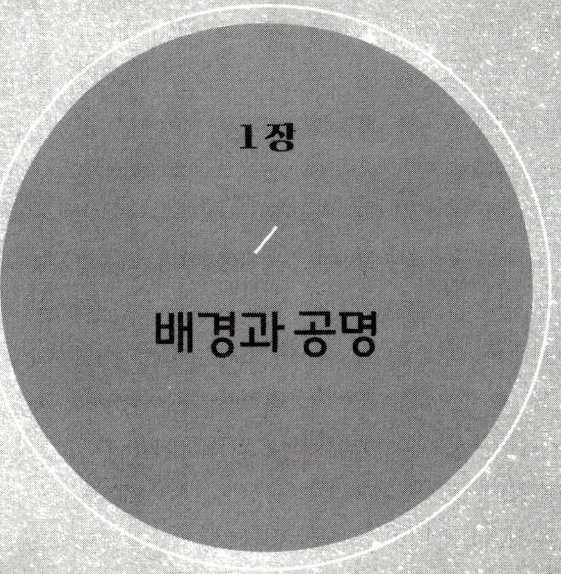
1장

배경과 공명

1.1 사회와 역사적 배경

　도마복음은 도마가 예수의 말을 듣고 써 놓은 예수의 어록^{Logion}이다. 예수 자신은 한 줄의 글도 남기지 않았다. 콥틱어로 쓰여 1600여 년 만에 항아리에 담겨 땅에 묻혀 있던 것이 1945년 세상에 알려졌다. 위상으로 볼 때 예수의 도마와의 관계는 수운의 해월과의 관계와 같다. 다시 말해서 도마의 위상과 해월의 그것이 일치한다는 것이다. 해월과 도마는 그 시간적 거리가 1600여 년이지만 사상 내용이나 처했던 국가적 사회적 입지가 비슷하다. 여기서는 이들이 처했던 입지의 관점에서 비교하기로 한다. 먼저 역사적 배경(1.1)과 논리적 공명(1.2)으로 책의 머리를 대신하려 한다.

20세기 양대 발견: 아인슈타인의 빛의 발견과 도마복음

　1945년 나그함마디 도서관 자료의 발견은 그 의미나 내용에 있어서 1910년대에 있었던 아인슈타인의 일반 상대성 이론의 발견에 필적할 만하다. 하나는 고고학의 영역에 다른 하나는 자연과학의 영역에 속한 발견이었지만, 양자가 모두 0의 의미를 발견하는 계기를 만들었다는 점에서 같다고 할 수 있다. 아인슈타인의 상대성 이론이란 뉴턴이 절대적이라고 설정해 놓은 '공간'이란 빈칸을 아인슈타인은 0으로 바꾸어 놓았으며, 0인 공간은 물질의 토대가 되는 것이 아니라 물질과 함께 상대적으로 변하는 것으로 보았다. 그런데 기독교는 몇 가지 뉴턴적 전제를 가지고 있다. 신과 우주 시간 같은 것이 바로 그러한 것이다. 모든 것을 변하게 하는 토대와 같은 것 말이다. 이러한 기독교가 앞으로 변화된 아이슈타인적 세계관에 적응하려고 할 때 그 변신이 주목되는데, 그때 대안으로 고대 영지주의의 재발견을 강조하는 운동이 시작하게 될 것이다. 그러나 우리의 교회사의 지식은 영지주의에 대하여 한껏 거부감을 갖도록 만들고 있다. 영지주의를 통한 우리 시대를 위한 변신, 아니면 영지주의 외의 다른 대안은 없는가? 개체 인간의 내면적 자각을 종지로 삼고 있는 영지주의자들이 볼 때 하늘을 향해 "주여 주여" 하는 자들이 한심하게 여겨질 수밖에 없다.

서양 수학사에서 0이 뒤늦게 도입된 것은 0이란 숫자를 몰라서가 아니라 차라리 알고도 그것을 의도적으로 외면했기 때문이다. 0을 알고도 그것을 도입하는 것이 두려웠기 때문이다. 종교의 세계에서도 수학의 세계와 마찬가지로 0에 해당하는 '무無'라든지 '공空'이라는 개념을 도입하는 것을 두려워한다. 아니 기독교가 그러하다고 할 수 있다. 유교 역시 이 점에서는 기독교와 같다고 할 수 있다. 그러나 기독교가 무를 상실한 것은 그것이 처음부터 없어서가 아니라 어느 계기에 그것을 상실했다고 할 수 있다. 그리스 합리주의 철학이 도입되면서 바로 기독교 영성에서 그러한 계기가 만들어졌다는 것이다.

존 로스너는 그리스 합리주의에 의하여 찬탈당하지 않았던, 무의 보고를 간직하고 있던 당시의 기독교를 '시원적 전통primordial tradition'이라고 했다. 그는 『시원적 전통과 우주적 그리스도를 찾아서』(*In Search for The Primordial Tradition & The Cosmic Christ*)에서 이러한 시원적 전통이 바로 영지주의이며 영지주의의 특징을 '내밀적esoteric'이라고 했다. 그래서 '내밀적 기독교esoteric Christianity'를 기독교의 시원적 전통이라고 했다

(Rossner, 1989, 80). 우리에게 복음을 전해준 서양 신학 자체가 지금 상실된 기독교를 다시 찾아야 한다고 한다. 니들만의 *Lost Christianity*가 그 대표적인 경우라 할 수 있다.

이들 상실된 내밀적 기독교의 특징은 그리스적인 사유보다는 동양의 힌두교, 불교, 도가사상 등에 더 가깝다. 그렇다면 초기 시원적 성격을 가진 기독교가 우리에게 전달됐더라면 지금과 같은 괴리감은 생기지 않았을 것이다. 그리스의 합리주의는 교회를 제도화시켰으며 교리를 로고스 중심으로 발전시켰다. 이를 로스너는 '외양적exoteric'이라고 한다. 외양적 기독교는 인간의 내면적 신비적 영성을 무시해 버렸으며 지식의 구미에 맞도록 신앙을 체계화시키고 교리화시키기에 바빴다. 성 어거스틴은 이러한 외양적 기독교보다는 내밀적 기독교가 시원적으로 더 먼저 있었음을 다음과 같이 말하고 있다.

> 지금 우리가 '크리스챤' 종교라고 부르는 것이 실은 고대로부터 있어 온 것이다. 인류의 여명기, 기독교가 등장하기 이전부터 그 전통이 없었다고는 할 수 없다. 즉, 여명기부터 '크리스챤'이라 불리는 종교가 있어 온 것이다 (Rossner, 1989, 82).

어거스틴의 말은 칼 라너의 익명의 그리스도론을 그대로 말하고 있는 생각을 갖게 한다. 과연 언제부터 그 기원을 두고 우리는 '기독교'라는 개념을 적용할 것인가? 마태는 아브라함까지 그리고 요한은 태초로까지 거슬러 올라갔다. 1974년에 편찬된 『대영백과사전』에서 독일 말부르크 필립스 대학 역사학 교수인 어네스트 벤즈는 'Christian'을 다음과 같이 정의하고 있다. 1) 내밀적이며 신비주의적인 전통은 초창기부터 기독교

내부에 있어 왔다. 2) 교회가 제도권 속에 들어가면서부터 이들 요소가 점차로 억압받고 추방되기 시작하였다. 3) 이렇게 상실된 내밀적 요소들을 다시 부흥시키는 것이 20세기 기독교의 절대절명의 사명이다. 4) 제3세계와 동양 같은 지역 그리고 20세기 젊은 세대들에게는 기독교의 내밀적인 요소들이 더욱 적합하고 중요하다(vol.4, Macrophedia, 530f. passim).

문제는 교회사를 공부하는 시초부터 영지주의는 우리에게 금기의 대상으로만 여겨진 것이 문제이다. 이러한 영지주의에 대한 잘못된 이해를 바꾸어 놓기 위해서는 영지주의에 대한 몇 가지 오해를 고쳐놓을 필요가 있다. 영지주의에 대해 거부감을 갖는 첫째 이유는 영지주의가 세상을 부정적(world denying)으로 본다는 점이다. 두 번째 거부감은 영지주의가 대부분의 신비주의가 그러했던 바와 같이 정신 병리적 증상을 보여주고 있기 때문이다. 세 번째 이유는 매우 정치적인 것으로서 니케아 종교회의 이후 교권 세력 다툼에서 회의 이전에 교회를 장악하고 있던 영지주의자들이 교부들에 의하여 밀려났기 때문이라는 것이다. 결국 패배자는 항상 희생양이 되기 마련이다. 그리스 철학에서 원군 지원을 받은 교부들은 영지주의자들을 교회에서 추방하고 말았다. 이 세 번째 이유가 영지주의가 정통 주류 신학에서 이단시되는 가장 큰 이유라고 할 수 있다. 벤즈가 '크리스천'이란 개념을 『대영백과사전』에서 정의할 때 '영지주의' 관점에서 정의한 이유도 교회의 시원은 바로 영지주의로부터 출발했다는 것을 알았고, 바로 그것이 교권에 의하여 추방된 것을 인지했기 때문이라고 할 수 있다.

신학계에서 거의 1,500여 년 이상 백안시되어 온 영지주의를 재발견하는 데 공헌한 분은 콜롬비아 대학의 페이젤스^{Elaine Pagels}이다. 페이젤스는 여성 신학자로서 영지주의 복음서인 도마복음서를 발굴하는 데 큰 공헌을 한 분이다. 페이겔스 같은 여신학자들이 영지주의에 특별한 관심을 갖는 이유는 영지주의적 복음서가 갖는 특징이 곧 여성적이기 때문이다. 베드로 대신 마리아가 초대교회에서 지도력을 갖는다는 『마리아 복음서』 같은 경우는 지금 우리가 가지고 있는 복음서가 얼마나 남자들에 의하여 각색됐는가를 여실히 보여주고 있다. 신관에 있어서도 신^{God}이 숫자 1이라면 영지주의 복음서들은 1보다 먼저 있는 0에 해당하는 신^{God} 위의 '신성^{Godhead}'에 대하여 말하고 있다. 신성은 동양 종교의 '무'나 '도'나 '범梵'이 비인격적이란 점에서 상통한다. 그래서 도마복음서를 비롯한 영지주의 복음서는 동양인들의 심성에 적합하다. 그러나 우리 자신이 얼마나 그동안 그리스 철학을 끌어들여 주조해 놓은 신학에 세뇌당해 있는가? 여성들이 영지주의를 배척한다는 것은 곧 자기 성을 배척하는 것이요, 동양인이 그것을 이단이라고 하는 것은 자기 자신을 이단이라고 하는 것과 같다고 할 수 있다. 같은 E-형 가족임을 몰각하고 있는 자기 상실 징후이다.

헬라화된 교부들인 알렉산더의 클레멘트와 오리겐은 원시 기독교 속에서 진전한 'gnosis'의 진가를 알고 있었던 교부들이다. 그러나 후대로 내려올수록 영지주의는 점차로 왜곡되기 시작했으며 현대에 와서는 영매주의자들^{spiritualists} 정도로 우리 머릿속에 들어와 있다. 서양의 기독교는 교회와 신학을 남성화시키면서 '여성적'인 것과 '동양적'인 것을 동시에 추방하고 말았다. 그래서 여성적인 것과 동양적인 것은 동시에 악마화되어 버렸다. 이것이 여성적인 것과 동양적인 것의 슬픔의 이유인 것이다. 사이드가 말하는 '오리엔탈리즘'은 여기서부터 시작된다. 결국 영지주의의 본래 모습을 다시 회복하는 길은 결국 동양권의 신학자들과 서양의 여성 신학자들이 제휴하여 공동의 전선을 형성하여 '그노페미니즘^{gnofem-ism}' 운동을 전개하는 것이라 할 수 있다. 그럴 때 우리는 서양의 젊은 세대에게 새로운 소식을 전달해 줄 수 있을 것이다. 사이드의 스승인 푸코가 말년에 심혈을 기울여 다루려고 했던 '자기의 테크놀로지^{technologies of the self}'에서 고대 영지주의에 대하여 각별한 관심을 가졌다는 사실에 우리는 주목할 필요가 있다. 푸코는 기독교야말로 '감시와 처벌'이라는 규제를 만들어 인간을 정신병동으로 몰아놓은 종교라고 규정한다 (Foucault, 1988, 50-63). 기독교는 오늘날 이런 푸코의 후예들에게 대답할 수 없으면 문을 차라리 닫는 것이 좋다. 기독교는 그 시대의 고민거리 그리고 문제아들에게 대안이 되지 못할 때는 그 수가 아무리 많고 크다고 할지라도 울리는 꽹과리에 불과하다.

0은 인간의 자기 의식에로 눈을 돌리게 한다. 이렇게 자기 개발의 기술을 푸코는 'technologies'라고 했으며 플라톤의 알키비아데스로부터 시작하여 다양한 자기 개발의 방법론을 소개하고 있다. 『반야심경』의 '관자재^{觀自在}'와 유교의 '격물치지^{格物致知}' 그리고 동학의 수기정심^{守氣正心}과 같은 논리들이 자기 개발의 논리인 것이다. 그렇다면 이런 자기 개발의 기교들과 절대 타락한 존재로서의 기독교의 구원론을 어떻게 접목시킬 것인가? 여기서 현대 과학적 세계관은 이러한 신학적인 난제를 해결하는 데 일조할 수 있다.

'보따리'와 '항아리'

동학과 도마복음이 오늘날까지 있게 된 데는 '보따리'와 '항아리'가 있었기 때문이다. 수운 최제우는 글만 써놓고 죽었다. 제자 최시형 혹은 해월은 그 글들을 개나리 보따리에 짊어지고 죽을 때까지 숨겨 돌아다녔다. 그래서 그에게 '최보따리'라는 별명까지 붙게 되었다. 도마복음 역시 나그함마디란 곳에 '항아리'에 담겨 무려 1600여 년 동안이나 땅에 묻혀 있다. 1945년 12월 한 농부에 의해 발견되었다. 진시황이 역경을 제외한 유가 문헌들을 분서갱유한 것이나, 중국 유식학파에서 4분설을 제외한 1, 2, 3분설을 주장한 문헌들을 현장의 제자 규기가 파사현정의 이름으로 태워 버린 것이나 시대를 잘못 만나면 사람 다음으로 피해를 입는 것이 문헌들임에는 동서고금에 다름이 없는 것 같다.

동학의 문헌들은 피난을 겪는 와중에도 『동경대전』과 『용담유사』의 이름으로 출간을 거듭하였지만, 『도마복음』은 1959년 공동번역으로 영, 불, 독어 등의 언어로 번역 세상에 빛을 보게 되었다. 나그함마디 문헌들과 거의 동 시기에 사해에서는 사해 사본이 발견돼 이는 20세기 성서고고학의 양대 쾌거라 할 것이다. 브릴출판사에서 팩스미리판으로 1972~1977년 출판된 후 클레어몬트 '고대그리스도교 연구소Institute of Ancient Christianity'에서 제임스 로빈슨 교수의 감독하에 번역된 것들이 1977년 영어 번역본이 출판되었다. 우리나라에서는 재야사학자 이규호 선생의 번역판이 2022년 『나그함마디』(동연, 2022) 책명으로 52편 전권이 출판되었다. 발견된 지 80여 년 만이다.

도마복음서를 케벨알타르 절벽에 숨겨둔 사람들은 인류사상 최초로 조직적인 공동체 수도원을 만든 파코미우스의 제자들이다. 동학 관련 자료들은 수운과 그의 제자 해월이 직접 쓴 글들이다. 도마복음은 도마가 예수의 말을 듣고 쓴 것이기 때문에, 예수와 도마의 위상은 수운과 해월의 관계와 같다. '도마복음'은 도마가 예수의 말을 듣고 전한 어록 형식이다. 그러나 동학 자료는 해월이 수운의 글을 받아 보따리에 싸

짊어지고 이동하면서 숨어 보관한 것이다. 도마는 자기 자신이 글을 남긴 것은 없지만 해월은 선생의 말을 듣고 쓴 해월신사 어록 그리고 3대 의암 손병희의 어록과 글까지 천도교 경전 속에 포함돼 있다. 천도교 경전은 수운 생존 당시 유가학파들로부터 금서가 된 것은 물론 일제하에서도 수난을 당했다. 일제는 심지어 일어로 번역까지 하며 경전을 왜곡했다.

기원후 367년 3월 말 파코미우스가 세운 파바우수도원 본부에 대주고 아타나시우스 대주교의 서한이 하나 전달된다. "외경적 텍스트들은 이단자들의 날조에 불과한 것들이다. 사도의 이름을 팔기도 하고, 마치 고문서인 것처럼 집필 시기를 위장하기도 하여 순박한 영혼들을 타락시키고 있다. 이제 마태복음으로부터 요한계시록에 이르는 27서 이외의 문헌들은 읽어서도 아니되고, 소장되어서도 안 된다. 이제 정경과 외경을 확연히 구분하는 신중한 분별심을 가지고 외경을 없애 버려야 한다"(김용옥, 2008, 62). 이렇게 『도마복음』는 정경 27권 목록에 들어가지 못했다.

파마우에 있는 수도원은 마치 경주 용담정과 같아, 박해와 수난의 상징인 동시에 도반들의 수련장이란 점에서 모두 같다. 아타나시우스는 왜 이 수도원을 지목해 서신을 보냈을까? 이를 알기 위해서는 『도마복음』서를 항아리에 담아 버린 파코미우스란 곳을 알아야 한다. 마치 동학을 알자면 용담정을 알아야 하듯이 말이다. 기원후 3~4세기경 이집트에는 두 종류 수도원 운동이 있었다. 하나는 앵코라이트였고, 다른 하나는 세노바이트였다. 전자는 토굴 속의 승려들처럼 홀로 자유롭게 스스로 자율적으로 생활하는 반면, 세노바이트는 선방 안거승처럼 완벽하게 규정된 공동 규율 속에서 평생을 보내며 산다(같은 책, 56). 마치 불교 선방에서 이판과 사판이 있어서 이판은 세노바이트 같고 앵코라이트는 사판 같이 보인다. 파코미우스는 이판과 같았다.

수도원 역사에서 세노바이트 수도원 운동의 창시자가 파코미우스 (290~346)이다. 파코미우스는 아타나시우스(296~373)보다 약간 연장자였다. 오늘날 기독교 수도원 운동의 선구자이고 창시자이고 전형을 만들었다 할 수 있다. 그 무엇보다 중요한 것은 오늘날 도마복음을 항아리에 숨겨 전해준 장본인이다. 항아리가 묻혀 있던 곳은 게벨 아타라프산 중턱에 있는 동굴 속이라고 한다. 그런데 원래는 수도원 도서관에 보관돼 있던 것이었다. 그런데 이 수도원은 아타나시우스가 한때 어려워 숨어있던 곳이었고, 그는 숨어있던 동안 도서관 안 장서들을 알았을 것이고, 그 가운데 도마복음과 같은 문헌이 있다는 것을 알았을 것이다. 그래서 이 수도원을 지목해 편지를 보냈던 것이 아닌가 하는 합리적 추측할 수 있다.

오늘날 도서관 장서는 자의적으로 자동 폐기되거나 전산화되어 보관한다. 그러나 고구려가 망할 때 당나라는 제일 먼저 고구려 국립도서관 장서를 모두 소각했으며, 일제도 강점 후 제일 먼저 한 것이 민족 사서 소각이었다. 그러나 우리 선조들은 사고를 전국 네 곳에 분산해 보관하면서까지 생명같이 지켜왔다. 외적들은 제일 먼저 인적 청산을 하고 다음으로 문서 청산을 한다. 몸과 얼을 모두 죽이자는 의도이다. 더욱 안타까운 것은 지금 국내 일제 잔재 강단 사학자들은 스스로 고대 사서들을 위서로 매도하고 있다. 이들 눈에는 사해사본도 도마복음도 모두 위서로 보일 것이다.

수운의 글이 적힌 문헌들은 해월이 보따리에 넣어 전국 방방곡곡 숨어 다니면서 지켜와 지금 우리 손에 『동경대전』과 『용담유서』로 전해지고 있다. 관의 눈과 유생들의 눈과 일제의 눈은 모두 동학 문헌들을 가장 위험시했기 때문이다. 파코미우스 수도승은 항아리에 넣어 굴

속에 보관한 결과 무려 1578년 동안 원형을 판독할 정도로 선명도가 높아 무리 없이 현대어, 그 가운데 한글로까지 완역할 수 있게 되었다. 그런데 도마복음 연구가 페이젤스가 말한 대로 조금만 일찍 발견되었더라도 로마 교황청이 그냥 두지 않았을 것이다. 1945년 12월은 제2차 세계대전 후 모든 종교적 패권이 종교에서 정치로(특히 미국으로) 넘어왔기 때문에 종교가 상관할 수 없게 되었다.

367년 권력을 다시 잡기까지 아타나시우스에게도 영욕의 과정이 있었다. 350년 아타나시우스를 탄압하던 황제가 암살되자 그의 형 콘스탄티니우스가 새 황제가 되자 다시 복권된다. 향후 아타나시우스는 니케아 종교회의(325년)를 주도한 인물로서 아리우스파와의 권력 싸움에서 몇 차례 영욕을 거듭한 인물로 최후 승리를 거둔다. 그의 승리의 후과는 지금 우리에게까지 영향을 미치고 있다. 아타나시우스는 삼위일체 논쟁에서 아리우스파에 밀려 긴 추방 생활을 했다. 바로 그 기간에 파코미우스수도원에까지 와 있었다. 그는 실세가 되자 보복하기 시작했으며, 그가 손을 미친 곳이 바로 파코미우스수도원까지였다. 그는 숙청 작업 속에 포함된 것이 바로 27권 정경화 작업이었다. 그 이전까지는 정경과 외경의 구별조차 없었는데 그가 처음으로 정경화를 단행했다. 367년 3월 파코미우스수도원에 보낸 편지는 그의 정경화 작업의 일환이었다. 파코미우스는 346년 열병으로 사망하지만, 그의 산하에는 무려 7,000여 명의 수도승들이 있었다고 한다.

아타나시우스와 파코미우스의 싸움은 단순히 정치 권력의 싸움 이상으로 인간 뇌 구조 사이의 싸움이다. 지구라는 구가 지리적으로 서반구와 우반구로 나뉘듯이 같은 구 모양을 하는 뇌도 좌반구와 우반구로 나뉘어 전자는 서방 그리고 후자는 동방의 이념과 사상 구조를 반영한다. 다시 말해서 좌반구는 합리적-이성적-고딕형이지만 우반구는 그 반대로 비합리적-감정적-돔형이다. 그래서 서방 교회는 고딕형이고, 동방교회는 돔형이다. 전자는 27권 정경 속에 반영돼 있고, 후자는 나그함마디 같은 문헌(소위 외경)에 반영돼 있다. 아타나시우스와 아리우스는 태생적으로 서로 견원지간일 수밖에 없다. 그런데 줄리언 제인즈에 의하면 양반구는 기원전 2000년경에 대 파열breakdown이 생겼다고 한다. 제임스 애쉬브룩은 주저 *The Brain and Belief*(Wyndham Hall Press, 1988)에서 그의 신학 이론을 이러한 좌우뇌 이론으로 전개한다. A-형을 서방형이라면 E-형은 동방형이라 할 것이다.

이렇게 아리우스와 아타나시우스는 동과 서로 갈라서는데, 여기서 도마복음이 발견된 이집트의 교권은 동방교회에 속한다. 아타나시우스가 교권을 잡은 다음 동방교회를 탄압하고 이단으로 규정하면서 로마 중심의 서방 교회 중심으로 축이 형성되었다. 루터의 종교개혁과 상관없이 지금의 신·구교는 모두 아타나시우스의 영향권 아래 있다. 도마복음은 이렇게 권력 싸움의 희생양이 된다. 아리우스 편에 서 있던 콘스탄티우스 황제는 아타나시우스를 권좌에서 물러나게 하려고 북부 이집트에 주둔하고 있던 5000여 명의 로마 군단을 동원하여 파로스 등대에 있는 해안에 상륙하여 알렉산드리아 중심가로 입성시킨 해가 365년이었다. 이만큼 A-형과 E-형은 단순히 논리적 유형이 아니다. 이는 권력 쟁탈전이다.

자체권과 소유권은 전기와 전선과의 관계와도 같다. 전기는 전선 없이 흐를 수 없지만 전체 전기량을 다 흐르는 것을 방해하기도 한다. 여기서 서로 오해가 생긴다. E-형은 전기 편에 A-형은 전선 편에 들 것이다. 전자는 순수한 이념을 추구하지만, 후자는 그것이 제도나 법규 없이는 불가능하다고 한다. 사복음에 있는 기적, 예언, 재림, 종말, 부활,

심판 같은 것이 도마복음에는 하나도 없다. 이들 요소가 전선이라면 도마복음은 이런 전선이 순수 전기의 흐름을 방해한다고 본다. 전선이 녹슬고 썩었다면 전선 자체를 바꾸어야 하는 것이 도마복음의 정신이었다. 예수는 당시 바리새인, 사두개인, 서기관과 율법학자들이야말로 낡은 전선과 같다고 본 것이다. 도마는 예수가 이들을 공격하는 말씀에 귀 기울여 듣고 받아 적어 놓은 것이 도마복음이다. 이렇게 순수 전기를 강조하는 것을 두고 '영지주의'라고 한다. 그러나 영지주의의 고민은 '전선 없는 전기가 존재할 수 있을까'이다. 이 점에서 도마복음과 차별화된다.

용담정과 파바우

『도마복음』에 쓰인 두 문자 콥틱어와 그리스어는 모두 표음문자에 해당한다. 그러나 『동경대전』은 상형문자이고, 『용담유사』는 표음문자이다. 데리다를 비롯한 현대 탈현대 학자들은 이에 대해 매우 민감하다. 현대 해체 철학은 표음문자의 해체로부터 출발하기 때문이다. 그러나 여기서는 동학의 글쓰기의 글자와 도마복음의 그것의 차이를 지적해 둘 뿐 더 자세한 내용은 2장에서 다룬다.

19세기 말 서양에는 마르크스, 다윈 그리고 프로이트가 3인조 같이 거의 동시에 등장하면서 2000여 년 동안 지켜오던 가치를 뒤흔들었다. 조선에는 이들과는 또 다른 형태로 된 운동, 즉 동학이 대두되면서 "유도불도 누천년에 그 운이 다했다"고 한다. 평소에 유와 불은 서로 상극인데 동학은 이 양자를 선천 시대의 유산에 불과하다고 선전포고를 한다. 도마복음을 지켜오던 파코미우스 수도사들은 동학도들 같이 그렇게 전투적이지는 않았다. 그러나 동학과 도마복음은 공히 문자로 쓰인 문헌들이기 때문에 박해를 받았다는 점에서는 같다. 이는 쉽게 말해서 이념전쟁이었다고 해도 좋다.

수운은 신유년(1861) 6월부터 용담으로 찾아오는 이들을 포덕하기 시작했다. 자신이 제일 먼저 동학에 입도入道시키고자 한 사람은 그의 부인 박씨였다. 수운에게 시집온 이후 숱하게 고생만 한 터라 입도할 리가 없었다. 그러나 하루에도 수십 번씩 절하며 입도를 권하는 수운의 지극한 정성에 부인도 동학에 몸담게 된다. 이렇듯 먼저 가장 가까운 사람들에게 가르침을 전한 후, 집에서 부리던 하녀 중 한 사람을 수양딸로, 또 한 사람은 며느리로 삼는 것으로 자신의 신념을 몸소 실천했다. 이는 단순히 생각할 문제가 아니다. 그 이유는 하늘로부터 '오시즉여심'이란 소리를 직접 들었기 때문에, 즉 자기언급으로 출발했기 때문에 '오등吾等'으로 포교를 시작해야 하고 가족은 그 오등에 해당한다. 예수도 자기 어머니 그리고 그의 친형제가 제자가 되었다. 유교는 이를 다른 차원에서 '수신제가 치국평천하'라 했다. 그러나 일생 동안 고민한 문제 가운데 하나가 자기 고향에서는 대접을 못 받는다는 것이다. 예수를 폭도들이 죽이려 했던 절벽산도 나자렛에서 멀지 않은 곳에 있다.

포덕을 시작한 지 한 달도 못 되어 수운을 비난하는 목소리가 들려왔다. 수운이 살던 현곡면 일대의 가까운 일가친척들이었다. 더욱이 8월에 이르자 성리학을 따르던 유생들은 수운의 도를 서학西學과 같다고 했는데, 서학은 국가로부터 박해를 받고 있었으니 유생들이 서학이라고 하는 것은 극형으로 끌고 가려던 음모였다. 불과 3개월 후 유생들은 통문을 돌리기 시작한다. 드디어 10월에는 경주 관아가 직접 나서서 수운에게 활동을 중지하라고 명령한다. 수운은 포덕을 중단하고 용담을 떠나야 했다. 이를 파코미우스과 그의 수도원이 당한 것과 견주어 생각한다.

수운은 포덕 불과 5개월 만에 남원 은적암隱寂庵으로 피신한다. 예수의 3년은 긴 세월이었다. 피신 중에 오히려 자신의 도가 서학으로 지목받는 것에 대해 깊은 성찰을 하지 않을 수 없었다. 서학의 대척점으로 동학이라 했는데 서학으로 지목받는 것은 그가 반드시 시정해야 할 점이었다. 1861년 11월부터 다음 해인 3월까지 은적암에 머물면서 동학의 중요한 경전들을 지었고, 그 가운데 「불연기연」不然其然도 포함된다.

1862년 3월 수운은 경주로 다시 돌아왔으나 경주 진영慶州鎭營에서 체포되었다. 그러나 수백 명의 제자들이 몰려와 석방해 줄 것을 청원하자 경주 진영은 무죄로 석방했다. 그해 12월 각지에 접接을 두고, 접주接主를 임명, 동학의 조직을 체계적으로 관리했다. 동학교도들이 급증하자 상주 지방에서는 1863년 9월에 이 지역 유생들은 조직적으로 동학 배척 운동에 나섰다. 유림들의 반발이 심각해지자 조정은 동학을 금하기로 방침을 정하고 주요 간부들을 '혹세무민惑世誣民'이라는 죄목으로 체포하자, 수운은 때가 왔다고 판단 제자들에게 얼마 안 가 잡힐 것을 알렸다. 조정에서는 선전관宣傳官 정운구鄭雲龜를 파견, 12월 10일 새벽에 용담 일대를 습격해 수운과 제자 23명을 체포해 서울로 압송했다. 수운이 포교한지 불과 3년도 안 돼서 겪게 된 사건이었다. 거의 예수의 공생애 기간과 같다. 1864년 3월 10일 수운은 대구장대에서 참형을 당하게 된다. 그의 참형 이유는 서학을 이름만 바꾸어서 유포하여 어리석은 백성을 현혹시키는 것이 황건적이나 백련교도처럼 될 것으로 판단했기 때문이다. 수운은 유교의 벽에 부딪혀 '좌도난정左道亂政'이라는 죄명으로 41세에 죽임을 당한다. 예수의 죽임 원인도 반유대교 그리고 반로마 정부였다. 이 둘을 결합하면 좌도난정이 된다. 1863년 7월 경상도 상주에 서 유생들이 집단으로 봉기 조직적으로 동학을 배척하자, 경상도 두 개의 서원에서 보낸 '통문'으로는 '우산서원통문'(원장 진사 홍은표)과 '도남서원통문'(원장 정윤우)이 있다. 통문의 내용이 격해, 이 유생들의 동학 배척의 변을 들여다보면 아타나시우스가 아리우스에 그러했던 동학을 '악마화'하는 것이었다. 여기서는 일부만 소개하고 5장에서 다시 언급하기로 한다.

> "지금 요망한 마귀와 같은 흉칙한 무리들이 하는 짓은 분명 서학을 개두환명한 것이다. ⋯ 옛날에는 감히 이 지역(경상도)에 서학이 들어오지 못했으나 소위 동학은 선악의 질서를 어지럽히는 쭉쟁이풀과 같은 것으로 들어와 자라고 있다⋯. 우리들의 급선무는 햇빛을 못 보게 넝쿨을 뽑아 버려야 한다"(「도남서원통문」).[1]

우산선원통문은 '동학'의 '동東'이란 말에 "아! 지금의 소위 '동학'이란 것들은 어떤 무리의 요마흉물인지 제 모습을 포장하여 알 수가 없다. 대체로 그 지은 이름으로 보아서 지은 죄가 만 가지로 드러나니 곧 서양의 학을 하는 도적들이다"(「우산서원통문」, 같은 책) 했다.

두 통문이 중요한 이유는 아타나시우스와 아리우스의 관계나 유생들과 동학도반들의 관계가 모두 이 책의 주요 주제가 되는 전/초오를 범하고 있다는 점 때문이다. 구한말 유생들이 동학에 가지고 있던 반감과 기원후 5~6세기 기독교 안의 두 세력 간의 반감은 하나 변한 게 없다. 이런 지난 세기가 범한 오류를 극복하는 방법은 어느 하나가 다른 하나를 표층exoteric에서가 아니고 심층esoteric에서 서로 이해해야 한다는 것이다.

---

1 표영삼, 「대선사주문」(2004), 266-267.

위 경상도 지역 유생들의 글은 지금 우리에게 와서도 하나 변한 게 없다는 것이다. 마녀 사냥 말이다.

유생들의 통문에 바로 이어서 동학에 대한 탄압은 상상 이상이었다. 1863년 10월 28일(양 1863년 12월 18일)은 수운의 생일이었다. 이날 수운은 제자들에게 좀 색다른 언질, 자기가 곧 잡히고 죽을 것이라는 언질을 남겼다. "내 마음이 생각의 극치에 이르니 아득해져 태양 따라 흐르는 빛 그림자인 듯하다"(표영삼, 2004, 262)고 한다.

수운의 명호는 복술-제선-제우-수운으로 변한다(4장 참고). 이런 이름 변화는 곧 무巫층(복술)-선仙층(제선)-유儒층(제우)-연然층(수운)으로의 변화를 의미한다. 여기서 '연然'은 『동경대전』의 '불연기연'에서 유래한 것으로 수운이 죽기 직전 도달한 '생각의 극치'에 해당한다고 할 수 있다. 생각의 극치가 『동경대전』 안 「불연기연」장에 들어 있다는 말과 같다.

1600여 년이 지나 그 '서학'이란 것이 로마 정부의 앞잡이가 돼 도마의 정신이 깃든 수도원을 박해했고, 바로 그 서학이 유생들에 의해 박해를 받았고, 동학은 아이러니하게도 서학으로 오인되었다. 켄 윌버가 유생들의 통문을 읽는다면 이는 명백한 전분별/초분별 오류(전/초오)라 할 것이다. 그래서 이 문제를 3장에서 다시 만날 것이다.

위상 관계로 보았을 때 수운과 예수의 관계는 해월과 도마의 관계와 같다. 예수와 수운은 좌도난정으로 몰려 예수는 로마 정부와 유대교의 합동 계략에 희생당했다. 예수의 제자 도마와 수운의 제자 해월도 마찬가지 이유로 희생당했다. 해월의 원래 이름은 최경상이고, 수운은 그에게 '최시형'이란 이름을 주었다. 경주의 몰락 양반 집안에서 태어난 해월은 어린 나이에 부모를 잃고 먼 친척 집에서 자라 17살에 한지를 만드는 조지소에서 일했고, 머슴살이까지 했다. 1861년 수운을 찾아가 동학에 입도했다. 죽음을 예감한 수운은 1864년 동학 괴수로 몰려 참수당하기 직전에 해월에게 동학의 도통을 전수했다. 해월의 사람됨을 높이 사 자신의 뜻을 이을 사람으로 선택한 것이다.

도마복음 안에는 예수와 도마의 관계를 '침묵'으로 화두로 삼고 있다. 즉, 예수가 제자들에게 "나를 누구라고 하느냐" 하자 다른 제자들은 예수에 대한 정의를 내리는데, 도마는 오직 침묵했다고 한다. 비트겐슈타인의 "말할 수 없는 것은 침묵하라"를 따랐음인가? 침묵하는 도마를 향해 예수는 자기가 한 말을 아무에게 말하지 말라고 했다(도마복음 13장).

해월은 향후 35년 동안 검거를 피해 도피 생활을 하며 스승의 저작 『동경대전』과 『용담유사』를 보따리에 싸 짊어지고 방방곡곡 다니면서 포교했다. 그러나 예수는 글을 쓰지 않았기 때문에 도마가 들은 예수의 말은 어록으로만 남았다. 데리다 같은 포스트모던 해체주의자들이 볼 때 예수가 더 현명했다고나 할까? 지금 예수에게 직접 듣고 예수가 한 말이라고 하는 글들이 얼마나 예수를 왜곡하고 종교 장사꾼들의 돈벌이 수단이 되고 있는가? 이 잘못을 어떻게 시정할 수 있겠는가? 예수 말씀이란 존재권이 성서라는 소유권에 의해 왜곡되고 말았다는 말이다. 전선에 녹이 생기고 말았다. 속히 교체했어야 하는데, 새로운 전선이 다행히 1945년 나그함마디에서 발견되었다.

해월의 가르침은 '하늘이 곧 사람'이라는 사상으로 동학사상을 '삼경설'로 요약한다. 하늘을 섬기고(경천), 사람을 섬기고(경인), 만물을 섬기라는(경물) 가르침이다. 이 삼경사상은 도마복음 거의 모든 장에 해당될 만큼 중요하다. 삼경사상이란 어린아이를 비롯한 모든 존재하는 것에 대한 경외심을 갖게 하는 사상이다. 다시 말해서 신 아닌 것이 없다.

도마복음 77장에서 예수는 "나는 빛이다, 나는 전부다, 나는 어디든지 있다, 나는 자연 속에도 있다"고 도올은 요약한다(김용옥, 2025, 388). "하나님은 빛이고 없는 곳이 없으니 나무를 쪼개도 물속에도 흙 속에도 있다"고 했다.

『동경대전』과『용담유사』를 해월이 선생의 글을 보따리 속에 감춰 지켜내지 않았더라면 오늘날의 동학은 성립 불가능했을 것이다. 예수는 헬라어로도 콥틱어로도 말하지 않았고, 글도 쓰지 않았다. 그리고 제자들은 임박한 재림사상 때문에 예수의 말을 글로 남길 것이란 생각조차 하지 않았다. 그러나 바울은 사정이 달랐다. 그의 관심은 예수의 어록이 아니고 그의 선교 현장에서 일어나는 사건들과 사례들을 두고 자기 당대의 사람들과 의사를 교환하지 않으면 안 되었다. 병아리가 깨어날 때 달걀 껍질의 경도에 따라 병아리의 전부가 결정된다. 마찬가지로 바울에게는 당장 선교 현장에서 발생한 일들을 처리하기 위해서 글(편지)을 쓰지 않을 수 없었다. 그런데 이 글들이 기독교의 거의 전부를 좌우하고 말았다. 병아리의 유전인자보다 달걀을 둘러싸고 있는 껍질이 병아리의 전 생애를 결정하듯 껍질 같던 바울의 편지 몇 편이 기독교의 전부가 되었다는 말이다.

그래서 바울의 서신 안에는 예수의 가난한 사람들에 대한 긍휼, 병 고침, 심지어는 십자가 같은 것보다는 오직 예수의 부활과 재림이었다. 해방신학이나 민중신학자들이 바울을 비판하는 이유이다. 여러 의견이 분분하지만, 갈라디아서와 데살로니카전서만은 바울이 직접 쓴 것이다. 그 쓰인 연대가 기원후 50년 전후이다. 바울의 왕성한 전도 활동은 기원후 48~62년 사이의 연간으로 본다. 그런데 예수의 유전인자와 같은 복음서 가운데 가장 먼저 쓰인 것이 기원후 70~75년 사이에 쓰인

마가복음서이다. 그리고 이를 참고삼아 다른 사복음서들이 줄지어 써졌다. 이는 껍질이 유전인자를 결정했다는 것을 의미한다. 극단적으로 바울서신을 폐기 처분해야 예수의 진면목이 나타날 것으로 보는 시각이 있을 수밖에 없는 이유이다. 다른 껍질이 대신해야 한다.

여기에 일루의 서광의 빛을 비추게 한 것이 도마복음이다. 도마복음은 "여러 가지 정황을 참작해 볼 때 기원후 약 100년경에 지금의 형태로 완성되었을 것으로 본다. 그렇지만 그 내용의 상당 부분은 50년에서 60년까지 거슬러 올라가는 것으로 여겨지는 데, 그렇게 본다면 도마복음은 성경에 나오는 다른 복음서 글에 비해 적어도 10년 내지 20년 정도 더 오래된 전승을 포함하는 복음서라는 이야기가 된다"(오강남, 2022, 298). 이 말은 우리가 바울이 아닌 도마복음서라는 껍질을 통해 세상을 처음 바라보는 병아리 같아야 한다는 것을 의미한다.

동학의 경우는 해월이 수운의 글을 바울이 예수를 왜곡시킨 만큼 왜곡시키지는 않았다는 것이다. 도마는 다른 사복음들과 같이 기적, 예언 성취, 재림, 종말, 부활, 최후 심판 대속 같은 것이 전혀 없고, 심지어는 '믿음'이란 단어도 제자의 입에서 단 한 번 나온 것이 전부이다(오강남, 2022, 298). 기독교는 도마복음 발견의 해(1945)를 신기원으로 삼아 새출발을 해야 할 것이다. '믿음' 대신 '깨달음'이 전부이다. 예수는 도마를 앞에 두고 "네 말이 옳다"고 했고, 아무에게도 발설하지 못하게 했다. 깨닫지 못하는 인간들이 들어서는 안 될 어록을 '탄트라'라고 한다. 천기누설하지 말라고 예수는 도마에게 귀띔해 준 것이 아닐까?

『천도교경전』에는 『동경대전』, 『용담유사』, 『해월성사 법설』, 『의암성사 법설』이 포함돼 있다. 『신약성서』에는 사복음서, 바울서신 그리고 요한계시록이 실려있는 것과 그 체제가 유사해 보인다.

여기서 다른 점은 천도교 경전의 경우 『동경대전』과 『용담유사』는 수운의 친필이란 점이다. 해월 법설의 경우 원본이 거의 남아 있지 않았지만, 1961년 해월의 법설을 모아 포함시켜 현재의 삼부경전 곧 지금의 『천도교경전』을 발간하였다. 천도교에는 신약성서의 '사도행전' 같은 것이 있는데 「도원기서」라 한다. 수운과 그 이후 제자들의 행적 나아가 동학과 천도교 역사 현장을 생동감 있게 기록하고 있다(윤석산, 2024).

해월은 1898년 체포돼 수운과 같은 죄목으로 참수당한다. 3대 교조 손병희는 1919년 3.1운동을 주도해 투옥된 뒤 감옥에서 풀려난 직후 죽었으니 사실상 옥사였다. 한 종교의 교조가 3대에 걸쳐 좌도난정의 탄압으로 목숨을 잃은 것은 세계 종교사상 기독교와 동학이 같은 동병상련이 아닌가 한다.

1.2 동학과 도마복음의 논리적 공명

'논리적 공명'이란?

사람 몸 안에 간은 침묵의 장기라고 한다. 가장 중요한 장기임에도 불구하고 그것의 이상 유무를 몸주에게 알려주지 않기 때문이다. 우리 학문 세계에도 이런 침묵으로 일관하는 것이 있으니, 그것이 '논리학'이다. 그래서 학문하는 사람들이 자기 학문의 논리에 대해서는 거의 인식을 못한다. 간에 병이 나고 나서야 침묵을 깨듯이 논리학도 어느 학문 체계에 문제가 제기되고서야 그것을 깨닫게 되고, 그것을 치료하려 한다. 서양 철학에서 최초의 논리학 책은 아리스토텔레스의 『오르가논』이고, 그가 만년에 와서야 쓴 글이다. 철학을 다 하고 나니 내용에 문제가 있었던 것이 아니고, 형식에 문제가 있었다는 것을 알고 난 다음에야 논리학에 눈길을 돌리게 된다. 사회철학자 푸코 역시 만년에 와서야 『이것은 파이프가 아닙니다』라는 독자적인 논리서를 쓴다.

논리학에 눈을 뜬다는 것은 생각하는 자기 자신을 성찰한다는 것을 의미한다. 이 책은 쓴 저자는 15세 경부터 일기를 쓰면서 하나의 역설을 발견한다. 24시간 상당의 하루 생활을 기록하는 데 걸리는 시간이 15분 정도에서 한 시간, 두 시간, 세 시간… 아니 24시간도 모자랄 수 있다는 것을 발견, 그러면 다른 일은 할 수 없고 일기만 써야 하고, 나아가 일기를 쓰는 일 밖에는 하루 종일 아무것도 할 수 없다는 역설에 직면하게 된다. 이것은 15세 정도라도 직면하는 역설이고 이는 곧 논리적인 문제인 것이다. 이런 고민으로 종교철학을 공부하게 되었고, 대학에 와서야 그 고민이 다름 아닌 '러셀역설'에 해당하다는 것을 알게 되었다. 나의 고민 끝에 하게 된 학문이기 때문에 그런 종류의 고민이 있는 곳에서는 글을 쓰게 된다. 이 책도 바로 그런 고민 끝에 쓰게 되었다.

러셀역설은 19세기 말 수학자 칸토어의 집합론에서 유래한 것이고, 러셀에게 전달돼 1910년대에 '러셀역설'로 변모한다. 그리고 알랭 바디우(1938~)는 집합론으로 자기 철학 자체를 전개하고 있다. 바디우를 만난 것은 2010년경 미국 UCLA에 그가 방문교수로 와 있을 때이고, 내가 『알랭바디우와 철학의 새로운 시작』(새물결)을 쓴 것은 2008년이다. 지금 이 책에 적용하고 있는 논리적 배경은 칸토어의 멱집합론^{powerset}이다. 거의 모든 장에서 칸토어의 멱집합이 등장한다. 심광섭은 「도마복음연구회 2024년 동계」 발표에서 과학 신학자 테드 피터스의 '공명'이란 말을 인용, "자연세계에 대해 과학적으로 말할 수 있는 것과 창조에 대해 신학적으로 이해할 수 있는 것이 서로 상응하는 그런 영역을 '공명'(共鳴: consonance)이라 한다"고 하면서 「도마복음의 예수와 풍류동학의 공명」을 두고 '역사적 공명'이라고 한다. 필자는 심광섭의 말에 공감하며 이 책에서 도입되고 있는 방법론은 '논리적 공명$^{logical\ consonance}$'이라 함이 적합하다.

그런데 문제는 아리스토텔레스의 논리학을 전통 논리학이라고 한다면 19세기 중엽 조지 불(1815~1864)로부터 현대 논리학 혹은 수리논리학이 등장한다. 불은 수와 논리기호와 일상 언어를 일치시키려 했다. 동양의 역에서는 이들 삼자를 상·수·사라 하여 글쓰기에 이들을 함께 구사한다. 그러나 서양에서는 플라톤과 아리스토텔레스 이후 철학에서 수와 논리기호를 배제하고 언어로만 글을 쓰게 했다. 아리스토텔레스의 논리학과 철학이 모두 이런 글쓰기 방식에서 파국을 맞게 되었고, 19세기 말부터 이들 삼자들을 글쓰기에 다시 도입하려는 과정에서 수리논리학 혹은 상징논리학 등이 아리스토텔레스 논리학을 대체한다.

그러나 문제는 G. 프레게(1848~1925)는 삼자를 도입해 수학을 흔들리지 않는 토대 위에 건설하려 필생의 노고를 하던 중 1902년 6월 러셀로부터 한 장의 편지를 받는데, 그 편지의 내용은 '이발사의 역설'에 관한 것이다. 스페인 마을의 한 이발사가 '자기 집에서 이발하지 않는 사람만 이발해 줌'을 공지하자, 이발사 자신도 이 마을에 살기 때문에 '자기가 집에서 이발을 하지 않는다면 해주어야' 하고, '하면 하지 말아야' 한다는 역설에 직면하는데 이를 '이발사의 역설'이라고 한다. 이는 고대 아리스토텔레스와 같은 시대에 살았던 크래타 섬의 현인 에피메니데스Epimenides가 "모든 크래타 사람들은 거짓말쟁이이다"라고 하자, 똑같은 역설에 직면한다. 즉, '거짓말쟁이가 거짓말을 하면 참말이고, 참말을 하면 거짓말'이 되는 역설 말이다. 이를 일명 '거짓말쟁이 역설'이라고 한다.

그런데 러셀이 프레게에게 전한 편지 내용이 바로 이 거짓말쟁이 역설이었고, 프레게는 러셀 편지를 받고 '수학의 기초'라는 저술을 하다 모두 중단하고 말았다. 1925년까지 프레게는 학자가 평생해 오던 연구를 그만두는 것도 힘든 일이라는 말을 남기고, 자기 양아들에게 그래도 자기가 해 온 작업이 언젠가는 빛을 보게 될 것이라 하면서 생을 마감한다. 그렇다. 프레게의 작업이 1930~40년대부터 괴델, 폴 노이먼과 튜링 등에게 알려지면서 오늘날 컴퓨터 발명에 결정적인 공헌을 한다.

거짓말쟁이 역설을 신약성경 「디도서」에서 바울은 "크레타 사람 가운데서 예언자라 하는 어떤 사람이 말하기를 '크레타 사람은 예나 지금이나 거짓말쟁이요, 악한 짐승이요, 먹는 것밖에 모르는 게으름뱅이다' 하였습니다"(1:12)라고 한다. 여기서 바울이 말하는 '예언자'란 에피메니데스를 두고 하는 말이다. 그리고 바울도 우리도 이 말의 문제점을 간과하고 말았다.

'거짓말쟁이 역설'을 일명 '에피메니데스의 역설'이라고도 한다. 이 역설의 논리는 지중해 연안 국가들 사이에 만연해 있었고, 아리스토텔레스의 논리와 파르메니데스의 논리학은 모두 이 거짓말쟁이 역설에 대한 대항마 격이었다고 생각하면 옳다. 그러나 플라톤-아리스토텔레스의 대척점에 있던 소피스트는 이 거짓말쟁이 역설을 구사해 상대방을 제압하고 생계의 수단을 삼았던 것이다. 아리스토텔레스의 『오르가논』은 부랴부랴 이 거짓말쟁이 역설을 제압하지 않으면 사고 구조에 합리성이 훼손되고 사회적으로 윤리적 기반이 무너진다고 판단해 지어진 것이다. 그리고 아리스토텔레스 논리학이 거의 2500여 년간 서양의 전 영역을 지배해 왔던 것이다. 그 기반이 조지 불에 의해 흔들리기 시작했다.

조지 불이 수와 논리기호 그리고 언어를 일치시킨 결과에서 바로 이런 거짓말쟁이 역설이 나타났다. 러셀이 1902년경부터 일상 언어를 논리기호로 바꾸려던 것이 '논리주의학파'를 화이트헤드와 만들었고, 1910년 전후에 『수학원리』(*Principia Mathematica*)를 저술하다 논리기호에서도 똑같은 역설이 발견되는데, 이를 거짓말쟁이 역설과 구별하여 '논리적 역설'이라고 한다. 결국 양인의 공동 저작은 중단되었고, 1918년경 지멜로-프렝클 양인이 9개의 공리를 만들어 역설을 제거하는 것이 아니라 무마시켜 보려 했다. 결국 1930년대 괴델은 해결될 수도, 결정 내릴 수도, 어떤 이름도 명명할 수 없음이란 소위 '불완전성 정리'로 매듭을 짓고, 이 역설은 논리주의 컴퓨터 산업으로 옮겨져 대성공을 거둔다.

그런데 이 거짓말쟁이 역설이 도마복음과 동학 연구에 무슨 연관이 있고 관계가 있다는 것인가? 그리고 왜 필자는 논리학과 이들 연구들 사이에 공명을 구하는 것일까? 거짓말 역설의 쌍둥이 격인 논리적 역설은 그 근원을 들여다보면 칸토어의 멱집합의 구조 속에서 발견된다. 집합론이 중요시된 것은 1957년 소련이 우주선 스푸트니크를 발사하자 미국이 충격을 받고 그 원인을 알아본 결과 구 소련이 초등학교 수업부터 집합론을 도입하고 있었기 때문이란 것을 발견, 바로 교육과정을 바꾼 결과 1969년 아폴로 발사에 성공, 그 이후부터 미국이 전 과학 분야에서 세계를 선도하게 되었다. 우리나라에서는 3차 교육과정 개편을 1973년도에 개편, 집합론을 도입하게 되었다. 중학교 1학년부터 배우기 시작하지만 초등학교 교과서에도 이미 집합 개념이 전 교과과정에 들어 있다. 그런데 최근 이런 집합론을 제거하기로 했다는 소식이 전언되고 있다. 그리고 나서 어떻게 미래 AI 산업을 주도하겠다는 것인지?

집합론은 이미 수학이 아니고 철학인 이유는 그 내용 속에 '자기언급self-referenc'를 포함하고 있기 때문이다. 즉, '너 자신을 알라', '너 자신 속을 들여다보라', '먼저 깨달아라' 하는 도마복음이나 동학 속에 들어 있는 자기언급적 어구들과 맥락을 같이 하기 때문이다. 칸토어는 수를 셈하는 방법에 있어서 유클리드와는 전혀 다른 발상을 하였다. 유클리드는 양의 셈할 때 조약돌 하나씩 일대일 대응시키는 방법을 택하였는데, 칸토어는 꽃 3송이={a,b,c}를 셈한다고 할 때, 꽃인 '담긴' 병과 '안 담김' 병 두 개(2)를 놓고 빈 병에다 3송이를 옮겨 담는다고 할 때 $2^3=8$개의 가능성이 생기는데, 이 8개를 부분집합 혹은 멱집합이라 한다. 그 8개란

{a,b,c}={{∅}, {a,b,c}, {a}, {b}, {c}, {ab}, {bc}, {ca}}

    (가)   (나)   (다)   (라)

와 같다. (가)-(라)는 이 책의 거의 모든 영역에서 나타날 것이다. (가)-(라)의 네 가지 이외에 제5의 { }를 추가해 괄호 없는 '나'로 취급할 것이다. 이를 '멱집합표'라 하며 허={ }, 공={∅}, 무=제집합={a,b,c} 등으로 불릴 것이다. 유클리드의 수 개념과 같은 것은 (라) 하나뿐이다. 이는 전체 (가)에 부분으로 包涵되기 때문이다. 이는 유클리드의 "부분의 합이 전체이다"라는 공리에 부합한다. 그러나 어느 집합의 멱집합은 공집합=∅과 제 자신={a,b,c}을 반드시 포함해야 한다. 그러면 공집합 ∅ 자체의 부분집합은 {∅,∅}={∅}=1이 될 것이 된다. $a^0=1$인 이유가 여기에 있다.

이렇게 수학에 대한 '수학론' 혹은 '현대수학'과 논리학이 집합론과 함께 탄생한다. 그러면 위에서 말한 '자기언급'이란 바로 (다)이다. (다)는 전체자체 (가)와 같다. 이 말은 제 자신을 제 자신이 포함한다는 곧, 자기언급이 '제집합'이다. 그렇다면 전체자체 (가)는 세 가지(나, 다, 라) 다른 부분들을 포함하게 되는데, 한자는 이를 잘 구별하고 있다. 즉, (가)가 (라)를 포함하는 것은 '包涵'이라 하고, 제 자신을 포함할 때는 '包含'이라 한다. 후자가 자기언급적 포함이다. 특히 후자를 '상위'라 하고 역설에 해당한다.

자기언급은 고대 신화의 뱀이 자기 입으로 자기 꼬리를 물고 먹는 '우로보로스 자기포식Ouroboros Autophagy'이다. 그런데 깨달음의 순간도 자기언급인데 이런 원시적인 자기포식적 자기언급과 어떻게 구별할 것인가? 그래서 이런 구별을 위해 켄 윌버의 초인격 심리학의 도입이 불가피하다. 그 이유는 그래야 동학과 도마복음이 영지주의로 오인되는 것을 분별할 수 있기 때문이다. 그래서 이 책에서 이러한 두 부분, 즉 칸토어와 윌버라는 둘은 평행을 만들면서 달리는 철길과도 같다.

동서양을 막론해 지금까지의 논리학은 크게 둘로 나눌 수 있다. 하나는 A-형이고 다른 하나는 E-형이다. A라는 'Aristoteles'의 첫 글자이고, E는 Epemenides의 그것이다. 후자가 자기언급적 논리학이라면, 전자는 그것을 파괴하기 위해 나온 논리학인 거짓말쟁이 역설이다. 여기서 동양eastem도 역시 E-형이다. 자기언급의 다른 말은 '역설paradox'이다. para 와 doxa의 두 말이 결합된 것으로 위 멱집합에서 보는 바와 같이 (나), (다), (라)는 doxa이고 (가)는 para이다. (가)는 전체 부류격으로서 '메타'라고도 한다. 이에 대하여 (다)는 부류의 요원격으로 '대상'이라고 도 한다. 거짓말쟁이 역설에서 역설의 조건인 자기언급을 갖춘 이유는 '거짓말1'(대상)에 대한 '거짓말2'(메타)이기 때문이다. 이런 자기언급이 아닌 것을 두고는 역설이라고 하지 않는다. 그런데 아리스토텔레스는 이 자기언급을 원시적 신화의 우로보로스 자기포식 정도로 이해하고 이를 파괴하려고 그의 논리학을 저술한다.

그래서 그의 논리학이 지향하는 점은 크레타 섬의 현인 철학자 Epimenides였다. 그는 E-형 논리학을 구사하던 이오니아학파 소속의 헬라크레이토스(540~480)까지 박해해 추방과 살해를 서슴지 않았다. A-형 논리는 신학에도 그대로 전이돼 Augustinus와 Athanathius와 Aquinas 등에도 그대로 전이되어 서양의 주류 논리가 되었다. 그러나 E-형 논리학의 후예들인 Epimenides 이후 메가라 학파의 Eubleides 는 거짓말쟁이 역설을 사루스(더미)의 역설, 뿔의 역설, 은폐자의 역설 등으로 발전시켰다. 이렇게 이오니아 학파는 A-형을 메가라 학파는 E-형을 발전시켰다. 그러나 아리스토텔레스는 참혹하게 메가라 학파에 메스를 가해 결국 숨어버리거나 생명을 잃고 말았다. 이는 도마복음이 겪은 수난에도 그대로 이어진다. Athanathius와 Augustinus 등이 도마복음에 박해를 가한 이유도 도마복음이 전면적으로 E-형 논리 가운데 자기언급을 구사하고 있었기 때문이다. 그러나 박해에도 불구하고 Aquinas의 박해를 받던 신비주의자 Eckhart는 대표적으로 기독교 신학에 E-형 논리를 도입하다 결국 Aquinas에 의해 박해를 당한다.

19세기 말 한국의 유생들이 동학을 박해한 이유도 동학이 '인내천' 같은 자기언급적 논리를 구사했기 때문이다. 자기언급은 그 자체에서 그치는 것이 아니고, '거짓과 참과 거짓…'과 같이 참과 거짓이 이분법으로 나뉘지 않고 반대되는 둘이 하나가 되게 하는 논리이다. 결국 이런 비이원론은 만물 유기체설로 가게 한다. 모순율, 동일률 그리고 배중률에 의한 아리스토텔레스는 이를 그냥 두고 볼 수 없어서 『오르가논』을 저술했던 것이다. E-형의 대표격이 불교와 노장 사상이지만 같은 동양 문화권 안에서의 유학은 A(E)와 같이 A 속에 E를 包含이 아닌 包涵의 논리로 배타시 했다. 그러나 유학도 서양 철학의 시각에서 보면 E-형인 것이 분명하다.

그래서 A와 E는 동서양에서 쪽거리(프랙털) 현상을 만든다. 물론 인도에서 중국 그리고 한국으로 이동할수록 이런 쪽거리 현상의 농도가 짙어진다. E(A)E(A)…와 같이 말이다. 이에 반해 서양에서는 A와 E가 상호적대시한다. 기독교는 이를 심화시켰다. 동서양 사상사 비교는 이런 두 논리 구조에 의한 비교에서 출발한다. 이 책은 바로 두 논리구조의 비교로 동학과 도마복음을 바라본다. 실로 도마복음은 A(E)-형이고 동학은 E(A)-형으로 보일 것이다. 사상사의 발전 자체가 A와 E가 상호 되먹임하는 쪽거리 현상으로 보이는 이유가 여기에 있다.

그러면 두 형은 왜 이렇게 참혹한 싸움을 하는 것인가? 그 이유는 모든 존재하는 것을 목적과 수단의 관계로 보면 빠르게 이해된다. 다시

말해서 전기電氣가 흐르는 목적을 위해서는 전선電線이란 수단이 필수
이다. 전선 없이 전기는 흐를 수 없지만 전선이 전기를 못 흐르게 하는
방해가 되기도 한다. 이를 저항(옴)이라고 하는데, 여기서 전기와 전선
사이에 싸움이 생긴다. 서로 권리 다툼을 한다. 이때 전선 없는 순수
전기 자체가 '자체권ownship'이라면, 전선은 전기를 소유하고 있다고 해
'소유권ownership'이라고 한다. 이 책에서는 이 두 용어를 자주 여러 곳에서
사용한다. 사람 몸에서도 생명이 자체권이라면 몸은 그것을 가지고
있는 소유권이다. 여기서 '권權'을 순수 존재론에 사용하는 이유는 자체와
소유라는 것이 서로 도우면서도 방해까지 하면서 권리다툼을 하기
때문이다.

A-형은 소유권을 강조하는 반면에 E-형은 자체권을 강조한다. 도마
복음에서 '방랑자', '비움', '없음'을 강조하면서 청빈한 수도원 생활을
강조하는 이유는 소유권을 최소화하고, 존재의 자체권을 강조하기 때문
이다. 반면에 아타니시우스를 중심으로 한 교부들은 많은 것을 소유한
권리를 가진 자들이었다. 도마복음을 적대시한 이유도 이들은 너무
많은 소유권을 담지하고 있었기 때문이다.

수파와 음파는 물과 공기라는 수단을 소유해야 되지만, 광파는 어떤
매체도 없이 전달될 수 있는 자체권만 가진다. 그래서 도마복음은 여러
곳에서 빛을 강조한다. 순수 자체권을 강조하기 위해서이다. 유학이
소유권을 강조해 윤리, 도덕과 외관을 중요시한 반면 동학은 그 반대였다.
그런데 수단과 목적이 분리될 수 없듯이 두 권을 서로 분리해 존재자체가
홀로 불가능하다. 그래서 동학을 E(A)라면 도마복음은 A(E)이다.

그런데 빛은 전기와도 달리 어떤 수단도 매체 없이 전달될 수 있다.
수파와 음파의 경우는 물과 공기가 전달시켜도 주지만, 동시에 방해도

하지만 빛은 이런 매체가 없기 때문에 지금까지 존재하는 것 가운데 빛보다 빠른 것은 없다. 최근 타키온은 빛보다 빠르다고 한다. 매체가 없는 것이 아니고 빛은 자기가 자신에 대해 매체도 되고 전달자도 된다. 다시 말해서 자기언급적이란 말이다. 오직 빛은 (가)＝(다)란 말이다. 인간의 생명도 몸을 매체로 살고 있는데, 다시 말해서 몸이 생명을 소유하고 있는데 죽음이란 소유권 없는 자체권뿐인가? 류영모는 이를 두고 '빈탕한테'라 하고, 죽어보는 것을 경험하고 싶다고까지 한다. 인간의 희로애락이 소유권 때문에 생긴 것인데 죽음이란 소유권이 없는 자체권뿐인가? 그 한 예가 빛이 아닌가? 그래서 도마복음 107장은 "장작을 쪼개봐라, 돌을 들어봐라, 거기에도 빛이 있을 것"이라 했다.

E-형 가족의 조건과 예들

도마복음은 이렇게 몇 가지 이론과 사례로 자체권을 강조하는 말씀들의 모음이다. 그리고 이러한 자체권의 논리적 배경은 거짓말쟁이 역설이 E-형 논리이다. 그 이유는 거짓말쟁이 역설은 참(T)과 거짓(F)이 사슬고리로 연계망을 만들어 비결정, 불확실성 그리고 명명 불가로 모든 것들을 주조籌造시켜 버리고 말기 때문이다. 마치 도마복음 97장에서 깨진 항아리를 이고 가다 모든 것을 다 잃어버린 여인과도 같이 말이다. 그래서 빈탕 방랑자가 되라는 것이 도마복음의 가르침이다(42장).

에피메니데스는 동굴 속에서 50년을 산 현인으로 알려져 있다. 바울이 디도서 1장 12절에서 이 현인을 언급, 거짓말쟁이 역설을 말하고 있는데, 그가 이 논리로 신학을 전개했더라면 그의 신학이 A-형이 아닌 E-형이 되었을 것이다. 그러나 다른 한편 바울은 특히 「로마서」 같은 데서 거짓말쟁이 역설을 가장 많이 구사하고 있다. 그러나 그의 부활신앙에 취해 현대로 가는 주요한 논리를 망각하고 말았다.

이 책에서는 거짓말쟁이 역설을 구사하는 일연의 군상들을 'E-형 가족'(the family of E-type)이라 부르기로 한다. 그리고 도마복음은 'E-형 가족'의 여건들을 갖추었다고 본다. 동양^{eastern}에서는 이런 E-형이 주류이고 서양은 A-형이 주류이다. 서양 안에서도 서방은 A-형이고 동방은 E-형으로 일종의 쪽거리 현상을 만들어 A(E)와 E(A)와 같은 현상을 만든다. 괄호 안을 변수라면 밖은 함수라 할 때 함수와 변수는 고정된 것이 아닌 서로 되먹힘(쪽거리)을 한다. 동양의 경우도 전반적인 대세는 E(A)이지만 유가, 불교, 도가가 삼인삼색이지만 쪽거리 현상에 지향하고 있다는 점에서는 같다. 지역적으로 인도-중국-한국으로 동향적^{東向的}이 되면서 사상이 전개되는 과정에서 쪽거리 현상은 심화된다. 동학^{東學}이란 이런 동향적이란 말이다.

이렇게 사상들마다 지역마다 E-형은 다양하게 나타나기 때문에 E-형 가족이 되기 위한 3대 조건들을 보면 아래와 같다. 멱집합론의 (나), (다), (라)에 맞추어 적용해 가족됨의 조건들을 검토함을 통해 어떻게 서로 논리적 공명을 하는가를 보기로 한다.

<조건 1>: 자기언급   (다)
<조건 2>: 만유개공   (나)
<조건 3>: 유기체-상보성   (나, 다, 라)

이제 이들 3대 조건에 따라 『반야심경』, 『도덕경』 그리고 태극도설이 E-형 가족 성원이 될 수 있는지를 알아보기로 한다. 동학과 도마복음은

이어지는 장들 속에서 다루어질 것이다. 먹집합론 안에서 이들 네 가지 조건을 확인하면 <조건1>은 (가)와 (다)의 관계, <조건2>는 나=허와 (나)=공의 관계이고, <조건3>은 (다)와 (라)의 관계이다. 이들 3대 요건에 맞추어 『반야심경』과 『도덕경』 그리고 「계사전」과 『태극도설』이 가족의 성원이 되기에 조건이 갖추어졌는지를 검토해 보기로 한다.

『반야심경』의 경우: 『반야심경』은 이상적으로 가족이 될 수 있는 조건들을 잘 갖추었다. '관자재觀自在'는 '관세음보살'의 약어로서 '스스로 있는 자기를 봄'으로서 자기언급을 제일 처음 말한다. '관세음보살 나무아미타불'이라고 할 때 아미타불은 객관적으로 있는 존재로서 강력한 타재적 존재이다. 즉, 아미타불은 서방정토에 객관적으로 외재적으로 존재한다. 그래서 기도와 염불의 대상이다. 그러나 관자재불은 자기 안에 내면의 눈으로 볼 수 있는 불이다. 그래서 관자재는 먹집합론에서 (다)에 해당한다.

'관자재' 다음의 '오온개공'은 모든 것이 공이하는 것으로 먹집합론에서 (나)에 해당하는 것으로 <조건2>에 해당한다. '색즉시공 공즉시색'은 <조건3>의 상보성에 해당한다. 색과 공이 서로 보완하고 조망하는 관계로서 이는 <조건3>에 해당한다. 거짓말쟁이 역설에서 참과 거짓이 하나의 사슬고리를 만들듯 하는 것이 색과 공이라는 것이다. 끝으로 是諸法空想 不生不滅 不垢不淨 不增不感是故 空中無色 無受想行識 無眼耳鼻舌身意 無色聲香味觸法은 만물이 유기체적으로 '일즉다 다즉일'의 경지를 말하는 것이다. 이렇게 『반야심경』은 거짓말쟁이 가족이 되는 조건들을 모두 갖추어진 이상형이다.

『도덕경』의 경우: '도가도와 명가명'은 자기언급의 대표적 예이다<조건

1>. 말해질 수 있는 '무명 천지 시'와 '유명 만물 모' 그리고 '양자 동출이
이명 현지우현'은 만유개공이란 <조건2>를 두고 하는 말이다. '중묘지문'은
<조건3>의 만물 유기체적 세계관을 그대로 두고 하는 말이다. '도가도 명가명'
은 대상으로서의 도와 메타로서의 도를 두고 하는 말로서 도와 그것에
대해 말해질 수 있는 것과 이름을 붙이는 것의 관계인 대상과 메타의 관계로서
이는 전형적인 거짓말쟁이 조건들을 갖춘 예라 할 수 있다.

「계사전상」의 경우: 네 가지 요건을 다 갖춘 것이 거짓말쟁이 역설의
가족됨의 필수라고 할 때, 유교로 눈을 돌려보면 사뭇 다른 분위기인
것을 직감한다. 공자가 지었다고 하는 『십익』「계사전상」에는 이런 조건
들을 다 갖추지 못하고 있다. 이런 경우를 '절단된[Truncated] E-형 가족'이라
부르기로 한다. 계사전상의 내용을 보면,

易有太極: 역에는 태극이 있으니,

是生兩儀: 이 태극이 陰과 陽 두 가지 근본 원리를 낳는다.

兩儀生四象: 음양에서 다시 소음(少陰)·태음(太陰)·소양(少陽)·태양(太陽)

　　네 象이 나온다.

四象生八卦: 네 가지 상이 발전하여 여덟 卦를 낳는다.

八卦定吉凶, 吉凶生大業: 팔괘를 통해 길흉을 판단하고, 길흉을 통해 큰

　　사업이 생겨난다.

와 같다. 위 인용구에서 <조건1>인 자기언급이 보이지 않는다. 공집합인
(나)가 없다. 태극은 유일자로 무극이라는 부재한 것이다. 자기언급을
상보성(T와 F)이 동시적으로 동반한다. 공자는 '태극'이란 유일자만 언급

하고 있다. 이는 『반야심경』이나 『도덕경』과는 사뭇 다른 분위기를 보여
준다. 그래서 E-형 가족 가족이 될 수 있는 요건을 갖추지 못했다. 그러
나 자기언급 없이는 아무것도 되는 것이 없다는 것을 멱집합론에서
우리는 확인한다. 유학자들은 이런 절체절명의 불가피성을 도가와 불교
로부터 도전받는다. 그래서 그 비판의 근거는 수학의 멱집합론이다.
서양에서는 19세기 말부터 수학계에서 칸토어에 의해 처음으로 소개되
었지만, 동양에서는 그보다 이른 시기부터 이 사실을 알고 있었다. 그래
서 공자의 계사전에서 자기언급의 요건인 무극이 없는 것은 그의 당대
윤리관 때문이다. 무극은 현실 부정으로 윤리적 실천을 불가능하게 한
다고 보았기 때문이다. 이는 아테네^{Athene} 학파 사람들이 메가라 학파를
탄압한 것과 맥을 같이한다고 보면 된다. 그러나 멱집합론에서는 (가),
(나), (다), (라)라는 네 가지 여건 없이는 사고의 출발 자체가 불가능하
다고 본 주렴계는 「계사전」에 대해 『태극도설』을 짓는다.

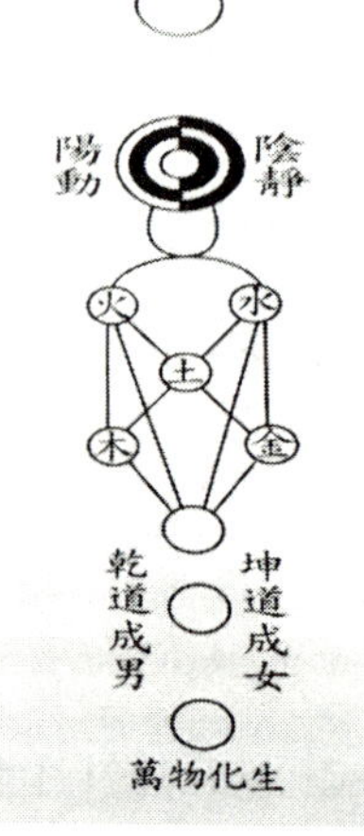

(a) 무극이태극=자기언급 〈조건1〉

(b) 음양상보성 〈조건2〉

(c) 만유개공 〈조건3〉

(d) 남·여 상생으로 만물 탄생

[도표 1.1] 주렴계의 태극도설

주렴계의 『태극도설』: 12기에 와서야 유가는 도·불의 도전을 수용한다. 그 결과로 신유학이 탄생하는데 이에 상응, 주렴계(1017~1073)는 『태극도설』을 지어 도·불에 유가의 입장에서 대처한다.

주렴계의 태극도설은 (a)-(e)의 5단계로 전개된다. 공자의 십익에 없는 '무극이태극'(a)이 있다. 이는 유와 무가 서로 자기언급을 해 상보성을 만들고 있음을 의미한다<조건 1과 2>. 무극과 태극은 같은 것이 서로 언급할 때의 다른 이름이다. 무극과 태극이 자기언급을 하자<조건1> 음양이 생기니(b), 이는 <조건3>인 상보성에 해당한다.

주렴계 태극도설의 특징은 오행(c)의 도입이다. (b)에서 음과 양이 첩첩䷁䷁이 반영대칭을 만든다면 (c)는 목화토금수가 상생상극이라는 연계망을 만들어 상생상극을 하면서 회전대칭을 만드는 형국이다. 이는 전후좌우가 없는 유기체적 세계로 가는 <조건3>에 해당한다. 집합론을 넘어 수학의 군론에서 말하는 두 가지 대칭을 말하는 것이라 할 수 있다. 그런데 태극도설에는 또 하나의 질서를 말하고 있는데 그것은 (d)와 (e)이다. 건도의 남과 곤도의 여의 대칭을 만들면서(d) 거기서 드디어 만물(e)이 나온다. 이를 『천자문』에서 '천지'(천지현황)와 '우주'(우주홍황)을 나누어 본 것과 같다. 즉, 천지는 (b)-(c)에 해당하고 우주는 (d)-(e)에 해당한다 할 수 있다. 이에 대한 자세한 논의는 4장에서 재론될 것이다.

E-형 가족의 이들 세 가지 조건은 현대 과학에서 그 타당성이 인정받는다. 라이프니츠의 2진수와 불 대수학을 통한 프레게의 수학의 기초 놓기 작업에 이르러, 러셀에 의해 파국을 맞게 되지만, 그것은 파국이 아니었고, 이런 세 가지 조건이 현대 과학으로 이어지게 하는 초석이 되게 하였다. 다시 말해서 세 가지 조건은 인간 영성의 세계인 동시에

기계의 논리이기도 하다. 현대 과학이 왜 이렇게 2진수에 집착하는지 그 이유는 컴퓨터가 0과 1과 다른 그 이상의 수들을 사용할 경우 기계가 '반도체 소자'(semi-conductor service)를 인지해 내지 못하기 때문이다. 즉, 반도체가 있는 스위치는 전기적 신호가 흐르고 있지 않거나 혹은 흐르는 두 가지 사실 이외에는 구별할 수 없고, 그래서 전자는 0을 후자는 1을 대입하게 된다. 이렇게 자기언급은 참과 거짓이란 2치의 수를 만들고 이들은 서로 상보함으로서 유기체적 세계관을 이끈다<조건3>.

불 대수는 이러한 라이프니츠의 2진수 0과 1에 and, or, not, if then이란 기호들을 도입한다. 이들은 제 조건들이 작용하는 관계를 나타낸 것이다. 다시 말해서 거짓말쟁이 역설의 T과 F를 연결시켜주는 연결사 같은 역할을 한다. 그래서 이들 관계기호들은 아리스토텔레스의 모순율, 동일률 그리고 배중율을 무력화시키는 것이라 할 수 있다. 만약에 아리스토텔레스의 논리를 기계에 적용한다면 모든 기계는 즉시 멈추고 만다. 그래서 거짓말쟁이 역설 가족의 3대 조건들은 현대과학을 가동시키는 논리이기도 한다. 이는 논리적 공명을 통해 E-형 가족이 한자리에 모이는 기회를 만든 것이다. E-형 가족에 들어올 더 많은 가족들이 있다. 이어질 장들에서는 동학과 도마복음이 어떻게 한 가족이 될 수 있는가를 다룰 것이다.

그러면 엄격하게 E-형 가족과 A-형 가족을 나눌 수 있을까? 그것은 불가능하다. 이는 1960년대에 스피로는 좌우뇌를 명확하게 뇌량을 중심으로 나눌 수 있다고 했는데, 1970년대 칼 프리브람이 '좌뇌 속의 우뇌' 그리고 '우뇌 속의 좌뇌'가 가능한 것을 실험으로 증명한 후 '홀로그램 뇌론'이 지금 대세이다. 문명도 이런 홀로그램 문명론이 가능할 뿐이다. 아타나시우스파의 서방 교회에 대해 아리우스파의 동방 교회가 같은 서양 안에서 나뉜 것과 같이, 같은 동양 안에서도 인도에서 중국으로 중국에서 한국으로 이동할수록 이런 홀로그램 현상이 나타난다. 그런 의미에서 절대 기준으로서 두 가족 나누기는 불가능하다. 도마복음을 믿는 콥틱교회는 E-형 논리에 근거한 것 같지만, 즉 A(E)이지만, 동양 삼국(인도, 중국, 한국)에서도 E(A), E(A)E(A)E… 현상이 두드러진다. 그래서 동학과 도마복음을 그 내용에 있어서 비교한다는 것은 무모하다 할 수 있다.

그래서 이 책에서는 '논리적 공명'이라는 방법론을 도입한다. 즉, 멱집합의 구조와 논리를 틀로 삼아서 그 구조 안의 (가)-나-(나)-(다)-(라)라는 4(5)개의 부분들의 관계를 틀로 삼아서 도마복음과 동학에 적용한다. 그래서 멱집합의 구조 안에 동학과 도마복음을 적용, 양자 사이의 구조적 같음과 다름을 판가름하는 방법론을 취한다. E-형 가족 성원 가운데서도 4(5) 부분들 가운데서도 절단된 혹은 빠진 부분들 간 차이를 비교할 것이다. 이어지는 4장 안에서는 구조적 틀을 찾고 있다. 이 찾아진 것을 5장에서는 도마복음에 적용하고 이어서 6장에서는 동학에 응용해 보았다.

여기서 멱집합론이 하드와 같다면 여기서 도입되는 또 하나 구조를 결정하는 틀은 소프트로서 켄 윌버의 '전/초오'와 거기에 따른 3원8(9)소론이다. 전/초오를 적용함으로 도마복음과 동학은 같은 이유로 박해를 받았고, 인간이 대상을 이해할 때 어떤 심각한 오류를 범하고 있는가를 쉽게 발견할 수 있게 한다. 전/초오는 멱집합 안의 (가)-(라) 사이의 관계로서 인간의 편향성이 쉽게 어느 하나로 다른 것을 자기 속에 귀속시켜 버리는 오류이다. 즉, 멱집합 안의 5개 부분들이 균형을 잡지 못하고 어느 하나를 다른 것에 포함시켜버리는 오류가 바로 전/초오인 것이다.

그래서 여기서는 윌버의 초인격 심리학과 칸토어의 집합론을 하나로 꿰는 작업을 통해 동학과 도마복음의 같음과 다름을 모색한다.

동양에서는 역을 통해 멱집집론과 같은 발상을 역을 통해 하고 있지만, 3개 요소들로 8개의 부분집합을 만드는 과정에 있어서 양자의 차이는 크다. 위에 소개한 집합 {a,b,c}=(가)의 부분 집합을 나, (나), (다), (라)라고 할 때 여기서 공집합을 기호 ∅로 독립적으로 표기한 후 다른 부분들에는 표시를 안 해줌으로 멱집합 안의 대칭 관계를 알 수 없게 되었다. 그러나 역은 공집합(음-)을 다른 모든 부분들에도 다 넣어 꽤를 만듦으로 멱집합의 부분들 사이의 대칭 관계를 분명하게 볼 수 있게 한다. 이런 장점들을 이 책에서는 양자 간의 상호 비교를 통해 밝힌다.

도마복음 안의 기수와 서수의 문제

도마복음을 비롯한 성서 안에는 수를 기수Cardinal와 서수Ordinal로 계산하는 방법의 예들이 많다. 신이 창조 작업을 할 때 「창세기」 1장에서 순서대로 1 → 7일로 창조작업을 진행하는 것은 서수이고, 도마복음 107장에서 양 100 마리 가운데 1마리는 개수를 말하는 기수에 해당한다. 이 책에서 시종일관 다루는 멱집합은 '개수'에 관한 것이다. 칸토어의 멱집합은 '몇 개'만 중요하지 순서는 중요하지 않다. 그래서 (가)-(라)는 전체 개수 3개에 대한 부분집합을 의미할 뿐 어떤 순서로 배열되느냐에는 상관하지 않는다. 그래서 개수가 3인 멱집합의 개수는 $2^3=8$개와 같다.

그런데 순서가 중요시되는 경우가 있는데 1, 2, 3, … n을 순서대로 곱하기를 한 것을 n-팩토리얼, 즉 n!이라고 한다. 특히 분자를 1로 고정하고 분모를 n!로 한 것의 총합을 자연로그 함수(ln)라 한다. 즉,

$$1/1 \times 1/2 \times 1/3 \ldots 1/n \approx 2.71828\ldots = \ln$$

와 같다. 자연로그 함수는 파이$^\pi$=3.14159…보다 더 주요한 값으로 상용 계산기에 그 기호가 들어 있을 정도이다. n!은 아무리 곱해도 ln 값 이상도 아니고 이하도 아니다. 마치 중국 포대화상의 포대 같이 덜어도 줄지 않고 더해도 더 커지지 않는다. 이런 수들을 '초월수'라고 한다.

도마복음뿐만 아니라 성서 그리고 기타 E-형 문헌들을 이해하기 위해서는 이런 초월수 이해가 필수이다. 자연수와 실수 등과 같은 수 이해로는 납득이 안 가는 수의 이해이기 때문이다. 더욱이 1876년에 부라릴-포르테에서 의해서 '순서수의 역설' 그리고 1885년에 칸토어에 의해서 '기수의 역설' 혹은 '멱집합의 역설'이 나타난 것은 수학의 문제가 곧 철학의 문제인 것을 직감하게 한다. 도마복음과 동학을 이해하는 데 있어서 시종일관 이러한 수 개념을 사용하는 이유가 이 때문이다.

서양의 '4원소설'에 대해 동양에는 '5행설'이 있다. 그래서 즉시 '5행'을 'five elements'로 번역하여 소개했다. 4원소와 5행을 일치시키기에 알맞은 이유는 철학을 하는 4원소에 대해 그것을 包涵하는 '에테르'가 있기 때문이고, 5행설도 목화토금수 가운데 '토'는 '에테르'와 같이 전체이기 때문이다. 그러나 아래 표에서 보는 바와 같이 양자는 같은 곳도 있지만 그렇지 않은 곳도 있다.

플라톤은 4원소를 두고 데미우르고스가 지은 것이라 했지만, 동양에서 이에 해당하는 존재가 조물주이다. 양자 사이에는 세 가지 정도에서 일치하는 곳이 있지만, 4원소의 풍(공기)에 해당하는 것이 없고, 5행의 목과 금은 아예 없다.

4원소:	지	수	화	풍		
	↕	↕	↕	↕		
5행:	토	수	화	?	목	금

[도표 1.2] 4원소와 5행의 비교

그런데 여기서 중요시되는 것은 에테르는 정 12면체 같은 전체로서 다른 4원소들을 包涵은 하지만, 포함되지는 않는다. 이를 '외인적 관계'라 한다. 그러나 토는 包含하면서 동시에 包含된다. 이를 '내인적 관계'라 한다. 이 두 관계 이론은 동학과 도마복음의 신개념을 이해할 때 매우 주요시 된다. 외인적 관계에 있는 존재를 '천주'라 하고, 내인적 관계에 있는 신을 '조물주'라 한다. 그런데 조물자가 세상을 만들 때는 '조물주'이지만, 반대로 세상에 의해 만들어질 때는 '조물자'라 한다. 그리고 이는 '어른'[翁]으로 불려지기도 '조옹造翁'이라 불리기도 한다. 이 책에서는 이 '어른'(조옹, 2장)과 '아이'(영아, 3장)를 중심축으로 내용이 전개된다. 이를 Adult-Infant(A-I)시대의 주인공 '노아老兒'라 한다.

4원수의 가운데 공기(바람)는 다른 3개를 자기 안에 包涵하는 것으로 보았다. 그리고 4원소를 정다면체와 대응시켰을 때 정12면체는 전체로서 다른 네 개들을 다 包涵하는 것으로 보았다. 그러나 포함되지는 않는다. 그래서 3:4 혹은 4:5의 짝짝이 문제를 의식한 흔적이 『티마이오스』편 여러 곳에서 발견된다. 그러나 이런 짝짝이unpaired 문제는 그에게서 부수적인 것이었고, 4원소와 정다면체 간의 비례 문제가 그의 주 관심사였다. 즉, 정다면체를 구성하는 세 개의 도형들인 삼각형(정4, 8, 20면체), 사각형(정6면체) 그리고 오각형(정12면체)의 비례 관계에 관심을 집중했다.

그러나 역의 5행설에서는 플라톤이 간과해 버린 4:5의 짝짝이 문제와 함께 5행을 반드시 음양과 결부시켜 '음양오행'이라 한다. 그런데 음양은 반영대칭(혹은 거울대칭)이고, 오행은 회전대칭이다. 이 점은 4원소설이 5행설과 크게 달라지는 분기점이라 할 수 있다. 『티마이오스』에서 플라톤은 4원소와 정다면체와 대응을 시키고 있지만 일치시키는 방법은 위에서 본 바와 같이 은유법적이다. 그러나 역의 음양과 오행은 필수 불가결적 관계이다. 그래서 필자는 여기서 플라톤의 대응, 다시 말해서 4원소와 정다면체 간의 대응 관계 역시 음양과 오행의 관계와 같이 필연적 관계라는 것을 입증할 것이다. 이는 플라톤의 또 다른 카메라가 될 것이다.[2]

이 책은 칸토어의 멱집합론을 역의 8괘론에 연관시켜 조물주가 세계를 창조할 때, 그 원리를 음양오행론에서 찾는다. 물론 인간도 이 원리대로 조물자를 창조한다. 음양오행의 근본적인 취지는 본질론에 앞서 두 가지 종류의 대칭, 즉 '반영대칭'과 '회전대칭'에 있다. 역에 그 근원을 두고 있는 음양오행론은 문명의 여명기부터 우주의 질서를 '대칭symmetry'으로 파악하기 시작했는데, 대칭에는 반영reflect과 회전rotation 두 대칭뿐이라고 파악한다. 그래서 음양은 반영대칭으로, 오행은 회전대칭으로 자리매김한다.

12세기 주렴계가 그동안 유가에서 제외되었던 음양오행을 그의 『태극도』을 도입한 것은 두 대칭과 연관시킨 것과 같은 의미를 가지며, 그러한 이유로 이는 유학 사상사에 일대 획기적인 전환점을 만든다. 서양에서 '대칭'에 대해 눈을 뜨기 시작한 것은 나폴레옹 시기 프랑스의

---

2 최근 폴 처칠랜드, 『플라톤의 카메라』(*Palto's Camera*)를 통해 뇌신경학적으로 플라톤을 재조명하고 있다. 이를 '플라톤의 카메라'라고 한다. "플라톤은 연구하지 말고, 플라톤을 하라"고 할 것이다. 이는 플라톤이 결코 과거의 인물이 아님을 두고 하는 말이다.

요절 수학자 갈루아의 군론group theory부터이다. 물론 밀레토스학파의 헬라크레이토스를 원조로 생각할 수 있겠지만 엘라아 학파에 의해 좌절된 이후 갈루아가 1832년 죽기 전날 밤 자기 동생에게 남겨 놓은 유고집에서 대칭 이론은 수학적으로 처음 정립되었다. 그러나 동양의 역은 문명의 여명기부터 만사를 두 대칭으로 이해해 왔다.

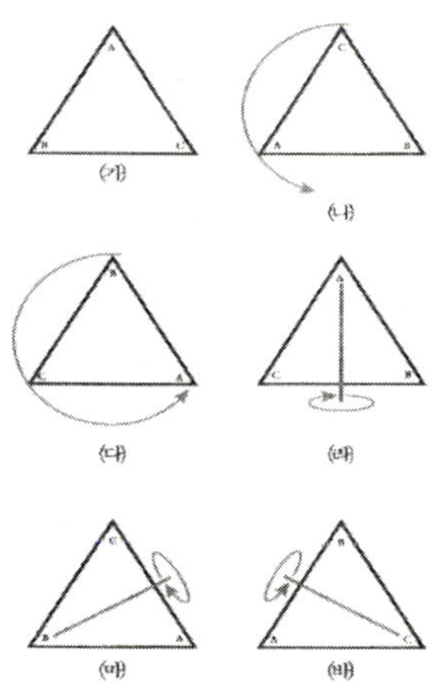

[도표 1.3] 삼각형의 반영대칭과 회전대칭

그 발단은 수학에서 5차 방정식엔 왜 근이 없는가의 물음에서 시작된다. 그 이유는 방정식의 근은 대칭적 구조로 직조되는데 5차 방정식에서는 대칭이 성립되지 않아 근이 없다는 사실이 군론을 통해 증명되었다. 군론에 의하면 우주 안의 대칭에는 60개뿐인데, 5각형 안에는 모두 120개의 대칭이 있기 때문에 근이 없다. 그러면 삼각형 안에는 반영대칭 3개 회전대칭 3개로 모두 6개(3×2×1)이고, 정4면체 안에는 24개 (4×3×2×1)이고, 정5각형으로 된 정12면체 안에는 120개여야 하는데

60개뿐이다. 그래서 5차방정식엔 근이 성립되지 않는다. 여기서 대칭의 개수를 결정하는 데 n!을 사용하는 것을 확인했다.

반영대칭이란 삼각형의 꼭지점에서 마주 보는 밑변에 수선을 내렸을 때 수선을 중심으로 하여 나누는 좌우 대칭을 두고 하는 말이다. 이렇게 하여 삼각형에는 $3 \times 2 \times 1 = 6(3!)$개의 대칭이 성립한다. 이를 n팩토리언 (n!)이라고 한다. $4 \times 3 \times 2 \times 1 = 24(4!)$ $5 \times 4 \times 3 \times 2 \times 1 = 120(5!)$과 같은 것을 '팩토리얼'이라고 한다. 그리고 여기서 강조해 둘 점은 군론에서 대칭을 정의할 때 두 가지 대칭의 어떤 경우에 그 본래 모양이 변하지 말아야 한다는 것이다. 모양이 변하면 군론의 대칭 개념에서 제외된다.

(가)는 '생성자' 혹은 '어머니'라고 하며 일명 항등원Identity이라고도 하며, 이것 자체도 대칭으로 셈하여야 한다. 군론의 4대법칙은 항등원, 역원, 결합 그리고 닫힘이라고 하는 데, 위의 [도표 1.3]에서 (가)는 항등원, (나)와 (다)는 회전대칭, (다), (마), (바)는 반영대칭이다. 회전대칭은 120도 회전(w), 240도 회전(v) 그리고 360도 회전 대칭을 만드는데 항등원 360도인 동시에 모체이다. 항등원은 360도 회전대칭의 다른 말이다.

도마복음과 연관하여 '항등원'이란 자기언급을 의미한다. 도마복음의 수학적 의미를 갈루아가 내딛게 했다고 해도 과언이 아닐 정도로 중요하다. 그리고 도마복음 안의 각종 대칭 개념들을 군론이 뒷받침하고 있다.

천자문의 제4구에서 '윤여성세'라고 할 때 세수를 60갑자로 셈하는 이유도 대칭의 최대치 때문이다. 그 이유는 $5! = 1 \times 2 \times 3 \times 4 \times 5 = 120$이 지만 대칭이 성립하는 한계는 60이다. '윤여'란 이렇게 대칭에서 남아도는 개수들을 두고 하는 말이다. 천체는 원이기 때문에 360도인데 왜 1년은 365와 1/4인가? 동양의 역학은 모든 만물을 천과 지, 우와 주, 일과 월, 성과 숙의 대칭 관계라는 대칭으로 파악했다.

만약에 플라톤이 같은 삼각형을 두고 대칭이라는 매우 간단한 시각에 착안을 했더라면 그의 『티마이오스』는 전혀 다른 글로 쓰였을 것이다. 그러나 그는 삼각형 안 변의 비례에만 관심을 두었지 대칭이란 관점에서 보지 못했다. 그러나 동양의 역학은 사물을 관찰하는 그 출발선상에서부터 '대칭'에서였다. 음양오행이라 하는 이유 그리고 60갑자뿐이라고 하는 이유 모두가 군론으로 볼 때 그 타당성이 두 대칭이라는 것이 확인되었다. 이에 『티마이오스』에서 플라톤이 삼각형에 대해 갖는 특별한 관심사는 비례와 측도의 문제였다. 플라톤은 5개의 정다면체 가운데 4, 8, 20면체가 모두 정삼각형으로 구성되기 때문에 삼각형에 대해 각별한 관심을 갖는다. 그리고 군론에서도 삼각형은 대칭을 구성하는 가장 기본 단위로 본다. 군론에서는 대칭에 따라서 모양이 변하지 말아야 하지만, 플라톤은 도형의 모양에는 관심을 갖지 않았다. 그러나 여기서 그가 몰랐던 것은 삼각형 안에 들어 있는 대칭의 종류(반영과 회전)와 대칭의 숫자이다.

같은 삼각형을 두고도 플라톤이 관심을 가졌던 것은 비례와 측도였고, 동양의 그것은 대칭이었다. 이러한 동양적 관심사가 정리된 것이 음양오행이다.

A-I 시대의 노아^{老兒}

'영지주의와 분석심리학적 관점'에서 쓴 『신의 황혼』(서울: 달을 긷는 우물, 2022)의 저자 김성민은 "현대 사회는 많은 점에서 로마제국에서 기독교가 생겨나던 2000년 전과 비슷하다. 2000년 전 로마 사회에서는 그동안 로마제국 정신성을 뒷받침하던 그리스·로마의 신들이 더 이상 사람들에게 영향력을 행사하지 못하자, 사람들이 이집트와 소아시아에서 들어온 이시스 숭배나 미트라스교 등에 의지하였고, 로마 제국은 황제 숭배를 강요하면서 질서를 잡으려 했으며, 지식인들은 스토아 철학이나 에피큐로스 사상에서 삶의 길을 찾는 등 혼란에 빠져 있었기 때문이다. 또한 서기 42년 캄파니아에서 지진이 발생하여 도시를 모두 파괴하였고, 그 얼마 후 베수비오 화산이 폭발하여 폼페이를 비롯한 인근 도시가 화산재로 뒤덮었으며, 2세기에는 이탈리아와 갈리아에서 전염병이 창궐하여 로마제국 인구의 1/3부터 1/2 가량이 죽는 등 종말론적 분위기가 제국 전체를 뒤덮고 있었다"(김성민, 2022, 9)고 한다.

기독교는 기원후 1세기의 지중해 연안의 이런 위기들을 극복하고 사람들에게 희망을 주면서 등장했다. 다시 말해서 구시대의 신들을 모두 공동묘지로 보내고 혹은 박해하고 새로운 신을 대체 제시함으로 사람들에게 희망을 주었고 그 영향력은 지금까지 미치고 있다. 그러나 현대 사회는 다시 기독교가 제시했던 신 자체가 사망선고 당했다. 우리가 지금 당장 겪고 있는 경험들은 먼저 유럽이나 아시아 등 어느 한 지역에서 국지적으로 경험하고 있던 것이 아니고, 지구와 지구촌 전체에 해당한다는 점에서 기원 1세기에 겪었던 그것과는 비교가 되지 않는다. 말 그대로 '팬데믹pandemic'이다. 북극과 남극에서 녹아내리는 빙하가 굴러떨어지는 소리가 멀리서가 아닌 귓전에 들리는 듯하고, 이 책을 쓰는 동안의 여름은 과거 경험하지 못했던 것이었다. 과거에는 늙고 병든 왕을 갈아치우고 어린 아들로 대체하기만 해도 위기가 봉합되었다. 그러나 지금은 상황이 달라졌다. 과연 기독교가 다시 희망을 줄 수 있을까?

칼 융은 '신의 죽음' 대신에 '신의 황혼'이나 '신의 궐위'라고 한다.

그 이유는 인간은 '종교적일' 수밖에 없을 정도로 '종교적'이기 때문이다. '황혼'이란 말은 다음 날 다시 해가 뜰 수 있다는 것을 전제한다. 인간에게는 '무의식'이란 것이 있고, 지금 신은 그 무의식 속에서 '숨을 돌리고' 있는 정도라는 것이다. 아침에 새로 나타날 신은 "사람들이 지금까지 믿었던 신들의 모순을 통합하고, 사람들이 좀 더 직접적으로 체험할 수 있는 개인적인 신"(같은 책, 12)이 될 것이다. 그러면서 김성민은 그 새로운 신은 이미 14세기 독일의 신비가 에크하르트[Eckhart]의 신과 같은 것이 될 것이라고 하면서 영지주의 문서 가운데 대표적인 도마복음이 말하는 것에 경청해야 한다고 한다.

김성민은 계속 도마복음을 '신론', '하나님의 나라', '인간론', '죄론', '종말론', '구원론', '그리스도론'의 시각에서 다루고 있다. 그러나 도마복음은 이런 전통 A-형 신학에서 다루던 주제들을 거의 부정하거나 다루지 않는다. 그래서 이 책에서 필자는 도마복음 연구의 한 방법론으로 수학자 칸토어의 멱집합론과 윌버의 초인격 심리학 가운데 특히 전/초오의 두 관점에서 동학과 도마복음을 비교하는 방법론을 취한다.

그 결과 6장에서는 한국 무가 가사와 문헌들을 통해 수운의 사상 가운데 3(4)대 주문을 통해 그의 신관이 어떻게 변천되는가를 관찰한다. 수운은 초기 문헌들(논학문 등)에서는 '위천주'나 '시천주' 같은 '천주'나 '하날님' 등 인격신관적 면모를 보이고 있으나 그가 죽기 직전 마지막에 쓴 「불연기연」장에서는 '조물자'라고 하지 '천주'라 하지 않는다. 필자는 이를 주요시 한다. 조물주는 플라톤이 『티마이오스』에서 장문에 걸쳐 상세히 다룬 개념이다. 수운보다 200여 년이나 앞선 북애자 역시 그의 『규원사화』「만설」에서 그 전편에 해당하는 「조판기」, 「태시기」, 「단군기」 등에서는 '환인'과 '환웅'을 강조하다가 갑자기 '조물주'로 급변한다. 수운과 북애자 모두 기존 사상은 파탄되고 국가는 존망의 위기에 처한 현실 앞에서 고백한 신관들의 끝에 인격신관에서 조물주로 변한 데 특별한 관심을 둔다.

보통 위기 상황에서는 인격신으로 기우는 경향이 있는데 수운과 북애자는 모두 그 반대 방향이다. 이는 이해하기 힘든 부분이나 수학의 멱집합론에서 보면 당연한 귀결이다. (가)가 부분을 흡수 包涵하는 A-형논리에서 변한 것은 멱집합론을 보면 당연한 귀결이란 말이다. 즉, 조물주는 (나)의 공집합과 (다)와 제집합에 해당한다. 그리고 이들 경향은 모두 무신론 아니면 범신론적이다. 북애자는 조물주를 '조옹造翁'이라고 한다. '옹'이란 '노인' 혹은 '어른'이란 뜻이다. 그리고 김일부는 화옹, 화화옹, 화무옹 등이라고 한다.

사실 한 인간이 '아이兒'에서 '어른老'으로 변하나 상사가 될 뿐 다른 존재가 되는 것은 아니다. 아무리 개구리가 올챙이와 다르다 하더라도 결국은 둘이 모든 부분에서 일대일 대응이 되는 쌍둥이일 뿐이다. 공자는 '마음 내키는 대로 하는'(從心所欲) 것을 두고 그것이 어린이일 때와 어른일 때가 같은 양상이지만 다르다고 했다. 이를 두고 유사가 아닌 '상사'라고 한다. 도마복음은 '디두모 유다 도마'라 한다. '디두모'와 '도마'는 모두 '쌍둥이'란 의미이다. 멱집합에서 디두모는 (가) 그리고 도마는 (다)와 같다. 둘은 모두 제집한인 {a,b,c}이기 때문이다. 윌버는 전자를 전분별적-전자아로서 (A)라 했고, 후자는 초분별적-초자아로서 (C)라고 했다. 전/초오란 후자를 전자로 착각하는 오류(전/초오1)이고, 반대로 전자를 후자로 착각하는 오류(전/초오2)로 보아 이를 그의 핵심 사상으로 삼고 있다. 전/초오를 ptf(pre-trans difference fallacy)라고 한다.

Adult와 Infant(A-I)를 어떻게 구별할 것인가? 이것이 이 책의 주요 내용이 되고 있다. 이를 분간하지 못하는 오류가 심리학, 인류학, 종교학, 신학, 철학 등 전 분야에 걸쳐 현생 인간들은 분간하지 못하거나 어렵다고 한다. 특히 신의 황혼시대에 우리가 특별히 관심을 가져야 할 곳은 전/초오이다. 칸토어의 집합론과 윌버의 전/초오는 과거를 비판하고 미래를 조망할 수 있는 안목을 준다. 멱집합론은 과거를 종합적으로 조감하고 미래를 내다보는 방향을 제시하는 방향타와 같다. 전통 기독교 전통 A-형 유신론은 부분집합 가운데 (라)에 해당하고, 범신론은 (다)에 해당하고, 무신론은 (나)에 해당한다. 칸트를 비롯한 철학자들이 칸토어의 멱집합을 모르는 데서 오류를 저질렀다고 알랭 바디우는 지적한다.

수운의 '조물자' 혹은 북애자의 '조옹造翁'을 '어른, 老, Adult'으로 보고, 도마복음의 '아이, 兒, Infant'를 대비시켜 Adult-Infant(A-I), 즉 '노아老兒'로 요약한다. 김성민 교수는 기원후 1세기 지중해 연안에서의 정치적 격변, 자연재해 그리고 전염병 등이 구시대의 종교를 청산하고 기독교가 나타났다고 한다. 그런데 지금 우리가 처한 상황은 기독교 유신론(라)이 대안을 제시하지 못하고 더욱 심하게 A-형을 강화하고 있다. 그러나 전 세계적으로 기독교 인구는 극심하게 저하하고 있다. 다행히 도마복음이 일루의 희망을 준다. 융 심리학적 방법론 등 다양한 방법론으로 도마복음이 다루어지고 있다. 동학은 국내외적으로 대안 종교로 부름받고 있지만 현재 국내 학계 상황이 이에 적절히 부응하고 있는지는 의문이다.

역시 방법론이다. 이 책의 동학에서는 '조옹-Adult-老'를 그리고 도마복음에서는 '영유아-Infant-兒'를 선택하여 대비시켜 다룬다. 이는 멱집합론에서 부분집합 전체(가-라)를 복원하는 것이나 마찬가지이다. 다른 한편 윌버의 초인격 심리학의 시각에서 보면 <전/초오1>의 오류와 <전/초오2>의 오류를 모두 함께 그 출처가 무엇인가를 보게 한다. 특히 이 책의 [부록]에서는 조물주가 세상과 인간을 만드는 기틀^{mechanism}을 소개하고 있다. 이는 윌버의 전/초오와 칸토어의 멱집합에서 그 기계의 구조를 설계하였다. 다시 말해서 윌버의 소위 3원8소는 우리의 '음양오행'이란 것을 새롭게 조망하게 한다. [부록]에서 A-I시대 노아 방주가 어떻게 만들어지는가를 볼 것이다. 노아시대의 대홍수와 같은 재난을 피하고 살아남기 위한 노아 방주가 될 것이다.

2장

/

불연기연과 도마복음

2.1 "세상은 왜 없는 것이 아니고 있는 것인가?"

『동경대전』에 포함돼 있는 「불연기연」장은 제목 자체가 내용인 수운이 숨지기 직전에 남긴 글이다. 즉, 「불연기연」장 안에는 '기연', '불연', '불연기연', '사연似然'과 같은 말이 반복된다. 이렇게 장의 제목 자체가 본문에 반복되는 예는 드물다. 수운은 1863년 12월 10일에 체포돼 1864년 대구감영에서 참수형을 당한다. 불연기연이 나오는 곳은 「흥비가」와 「허황가」 등이다.[1] 과연 '기연'과 '불연'이 각각 무엇을 의미하는지에 대한 견해는 각인각색이다. 그런데 대부분의 연구자가 수운이 글을 지은 근본적인 목적이 끝 구절의 '조물자'의 뜻과 섭리에 돌리는 점에서 공통된 의견을 가지고 있는 것 같다. 그래서 수운의 신관을 반영하는 것이 글의 궁극적인 목적인 양 결론한다. 그러나 그렇다면 '천주'라고 하지 하필 '조물자'라 했을까 하는 의문을 아니 가질 수 없다. 수운이 숨을 거두기 전 마지막에 유서같이 남긴 글 속에 어떤 다른 의미가 들어 있었던 것인가? 이런 질문은 동학과 도마복음이 어떤 관계 속에 있다는 사실을 알게 하는 단서가 될 것이다.

천고지만물혜 각유성각유형

『동경대전』「불연기연」장은 "아득한 옛날에 생긴 만물이여, 각각

이루어진 특성이 있고, 저마다 형상이 있구나"(而千古之萬物兮 各有成各
有形)로 시작한다. 필자는 이 구절을 읽을 때마다 도봉구 수락산정에서
옛 마들평야를 내려다보면서 짐 홀트의 『세상을 왜 존재하는가』[2]를
생각해 보곤 한다. 아무것도 없던 공백에 무엇인가 형체가 생겼다. 번지도
문패도 없던 허허벌판에 각 지형마다 번지가 붙여졌고, 아파트 동마다
동 호수와 각 가정마다 문패가 생겼다. 40억 년 전 지구는 천자문 첫
구절 "하늘은 검고 땅은 누르며 우주는 넓고도 거칠다"(天地玄黃 宇宙洪
荒)와 같지 않았을까. 그런데 왜 하필 지금과 같은 형상대로 생겼지?
1980년대까지만 해도 마들평야는 들판이었다. 지금은 아파트 단지로
빈틈이 없을 정도이다. 만약에 허허벌판을 보지 못한 사람들은 지금
아파트 단지가 본래 마들평야일 것이라 생각할 것이다. 우리의 지구도
마찬가지이다. 처음에는 빈 허공이었을 것이다. 그런데 왜 하필이면
지금과 같은 지구의 형체로 되었을까? 좀 다른 것일 수도 있지 않았을까?
당장 지진이나 쓰나미가 지나간 곳은 조금이나마 지구의 형체를 바꾸고
있다.

　　『신을 죽이려는 사람들』(GOD'S UNDERTAKER)의 저자 존 레녹스는
"왜 아무것도 없지 않고 무엇인가 존재하는가? 특히, 우주는 왜 존재하는
가? 우주는 어디서 왔으며 목적지가 있다면 그곳은 어디인가? 우주는
궁극적 실재이고 그 너머에는 아무것도 없는 것일까? 아니면 그 너머에
무엇인가 존재하는 것일까?"(레녹스, 2017, 15) 스스로 묻는다. 짐 홀트는
"그렇다면 이 우주는 어디에서 비롯되었는가? 이런 모든 것이 무無에서
시작되었다면, 논리와 이성에 합당한 대답이 아니다. 빅뱅도 있었지만,

---

2 원제: WHY DOES THE WORLD EXIST? (서울: 21세기북스, 2012).

빅뱅 이전에는 또 어떤 것이 있었단 말인가?" 그러면서 짐 홀트는 "빅뱅이전에 무엇이 있었는지 정말 궁금하다"(짐 홀트, 2021, 18). 원시인들은 이 우주가 거북등 위에 얹혀 있고, 그 거북이는 다른 거북이 등 위에 얹혀 있다고 믿었다. 스티븐 호킹 박사마저도 "우주의 존재 문제에 대해 사람들이 만족해할 설명이나 이론이 반드시 있어야 하는가?"고 하면서 "우주가 존재에 대한 이런 성가신 논쟁의 대상이 되어야 하는 이유가 과연 무엇인가?" 되묻는다(같은 책). 짐 홀트와 존 레눅스가 던지는 질문을 여기서는 '연유緣由'에 관한 것으로 요약하기로 한다.

수운은 『동경대전』 「불연기연」장에서 같은 연유에 관한 질문을 다음과 같이 던지고 있다. "아득한 옛날에 생긴 만물이여, 각각 이루어진 특성이 있고, 저마다 형상이 있구나. 눈에 보이는 것으로 말하면 그렇거나 그런 것 같지만, 그것이 어디서부터 왔는지를 헤아리면 멀고도 멀다"고 한다. 그런데 위 서양 학자들은 우주와 신의 기원에 관한 질문을 제기한다고 한다면 반대로 수운은 '我思我則'으로부터 거슬러 시원에 관한 질문을 제기한다. 이 구절을 '내가 어떻게 이 세상에 태어났는지를 생각하면'으로 번역하지만 직역하면 '내가 나를 생각하면'이 될 것이다. 만약에 전자와 같이 번역하면 이 장의 논리적 구조를 파손하고 말 것이다. 수운은 생각의 생각, 즉 메타사고를 통해 연유緣由에 대한 사고를 하고 있다.

고대 히브리 제사장 가운데 한 사람은 「창세기」를 기록할 때 창조주를 의문의 여지 없이 "태초에 하나님이 천지를 창조하셨다"(1:1). 그러면서 "땅이 혼돈하고 공허하며…" 허·무·공을 전제한다. 그러나 이러한 발언은 집합론의 멱집합론 앞에서 해야 할 말을 잊게 할 것이다. 그리스 자연철학자들은 대조적으로 인격적 창조주 같은 것을 배제하면서 우주의 시원을 '물'로부터 시작(탈레스), 엠페도클레스의 4원소(지수화풍)에 이르기까지 다양하다. 수운은 "각각 이루어진 특성이 있고, 저마다 형상이 있구나"라고 하면서 "눈에 보이는 것으로 말하면 기연기연, 그것이 어디서부터 왔는지를 헤아리면 멀고도 멀다"고 한다. 이러한 수운이 던지는 질문은 짐 홀트나 호킹이 던지는 것과 유사하면서도 다르다.

우주의 시원과 기원에 관한 히브리 제사장의 답이나 그리스 자연철학자의 답과도 좀 다른 색감을 주는 것이 짐 홀트의 "세상은 왜 존재하는가?"이다. 이는 수락산 정상에서부터 트로트 가사의 '문패도 번지수도 없는 주막'에 이르기까지 밤을 지새우게 하는 질문이다. 운을 던지고 있다. 수운의 불연기연 역시 그러한 매력적인 상상력을 던지고 있다. 수운은 도가, 유가 그리고 불교라는 동북아 공통의 정신적 유산 속에서 연유에 대한 고민을 하고 있다. 노자의 '유무상생', 유가의 '무극이태극', 불가의 '색즉시공'과 같은 E-형의 배경에서 불연기연을 쓴 것이다. 그래서 서양 같은 종류의 연유에 관한 질문은 제기하고 있지 않는다. 이런 제 동양적 E-형 사유의 특징은 '상관성'과 '대칭성'이라 할 것이다.

노자에게 '유'가 어디서 왔느냐 하면 '무'라고 대답할 것이다. 그럼 무는 어디서 왔느냐 하면 유라고 대답할 것이다. 상대적 혹은 대칭적 사고를 하는 것이 동양적인 것이고 동시에 E-형적인 것이다. 색과 공 그리고 태극과 무극은 모두 서로 상대적이다. 그리스적인 것이든 히브리적인 것이든 한 가지 공통된 것은 A-형이란 점에서 같다. 『천자문』은 천과 지 그리고 우와 주는 서로 시공간에서 상대적이라는 것을 4세 정도 유아들을 교육하기 위해 작문된 것이다. 이렇게 동양적 사유는 서양과는 판이하게 달랐던 것이다. 수운은 큰 틀에서 이런 상대적 사유를 가지고 글을 썼지만 그는 현대 러셀의 역설해의를 위한 논리 계형을 도입했다는 것을 여기서 밝히는 것을 불연기연 연구의 주안점으로 삼고 있다.

러셀역설은 그레고리 베이트슨이 이중구속론에 응용이 돼 동물과 인간이 학습을 어떻게 하는 데서부터 시작해 진화론과 창조론을 잠재우는 데도 그 어느 이론 보다 탁월한 대안을 제시한다. 그의 이중구속론$^{double\ binding}$은 불연과 기연이 서로 구속한다는 결론을 끌어낼 수 있게 한다. 그리고 수운이 불연이란 것이 어떻게 기연이 될 수 있는가에 대한 질문에도 베이트슨의 이중구속론은 대답을 할 것이다. 짐 홀트 역시 던진 질문에 대한 답을 러셀역설과 맥락을 같이 하는 멱집합론에서 구하고 있다. 그의 말을 여기에 그대로 인용하는 것으로 앞으로 수운의 불연기연장을 이해하는 실마리로 삼을 것이다. 멱집합론은 아래 글에서 상론되지만 미리 소개해 두기로 한다. 이는 모든 것의 설명에 대한 이론이기 때문이다.

> 모든 집합의 집합이 되는 경우, 그 집합에는 자기 자신도 포함되어야 한다. 그렇지만 어떤 집합이 스스로를 포함(包含)한다면, 누군가 스스로를 포함하지 않는 모든 집합의 집합에 대해 생각할 수 있을 것이다. 이것을 집합 R이라고 부르자. 자, 이제 질문을 던진다. R은 R 자신을 포함하고 있는가? 그렇다면, 정의에 의해 R은 자신을 포함하지 않는다. 만일 포함하고 있지 않다면, 정의에 의해 R은 자신을 포함하는 것이다. 이렇게 자기모순이 발생한다(짐 홀트, 2012, 294).

짐 홀트가 직접 인용한 이 구는 짐 홀트 책의 전부이고 이 책의 전부라고 해도 좋다. '세계는 왜 존재하는가'에 대한 답이다. 동학과 도마복음이 한 실타래 속에 엮이는 이유도 여기에 있다. 위 인용구는 그대로 러셀역설와 같은 것이다. 자기가 자기를 언급하는 '자기귀속'(包含)과 언급하지 않는 '비자기귀속'(包涵)의 관계에서 '비자기귀속의 비자기귀속'은 '자기귀속'이 되는 역설을 러셀역설이라고 한다. 짐 홀트가 책 제목에서 던지는 무거운 질문에 대한 해의는 바로 여기에 있다.

필자는 초지일관되게 이에 근거하여 도마복음과 동학을 연결시켜 나갈 것이다. 곧 이어지는 글에서 다루는 멱집합에 대한 이해는 필수이고 관건이다. 그래서 불연기연장을 세 단계로 나누어 논리 계형이 변하는 것에 대한 철저한 이해는 중요하다.

'조물자'에 대하여

「불연기연」장의 마지막 구절 "단정하기 어려운 것은 불연이라 하고, 단정하기 쉬운 것은 기연이라 한다. 멀고 먼 근원을 헤아려보면 不然不然 또(又) 不然이고, 조물자(造物者)에 부쳐보면 其然其然 又其然之理이다." '조물자'를 부정하는 표영삼은 '물형이 이루어진 것'(표영삼, 2004, 280)이라 하고, 이찬구를 비롯한 대부분의 연구자들은 '조물자'라 한다. 더욱이 '수운 대신사 출세 200년 기념사업 추진위원회'(2024년)에서 펴낸 최신판 『천도교경전』에서는 '조물자인 한울님'이라고 한다(73쪽). 이 마지막 것이 가장 권위 있는 것으로 할 수밖에 없다. 조물자에 '한울님'까지 첨가해 인격성을 강화하고 있다. 그러나 표영삼은 완전히 '비인격화'해야 한다고 한다. 『천도교경전』은 기독교를 의식한 듯 강한 인격성을 부여하고 있다. 마치 「창세기」를 본떠 기연불연의 애매성을 일소해 버리려는 듯하다.

보통 '조물주'라 하여 '주님'에 준하는 인격성을 부여하나 수운의 원문은 '조물자'라 한다. 비인격은 아니지만 탈인격화 하려는 수운의 의도가 분명해 보인다. 죽음을 앞둔 인간들은 거의 강한 인격성적 신관에 경도하는 데 수운의 이와 같은 표현은 그의 신앙적, 학문적 자제력을 엿보이게 한다. 표영삼의 입장을 더 들어보면 불연기연은 생물의 기원을 끝없이 추구해 들어가면 갈수록 不然해진다는 것이고, 기연은 생물이 탄생한 시점을 한정시켜 놓고 그로부터 지금까지의 현상을 보면 其然해진다는 것이다. "따라서 조물자를 조물주로 판단하는 자체가 비약이다"(같은 책, 283).

플라톤이 『티마이오스』편에서 '아틀란티스' 다음으로 '조물주'론을 언급, 우주와 인간의 창조를 언급한다. 즉, 플라톤은 데미우르고스라는 조물주를 언급하고, 이 조물주가 지·수·화·풍 4원소를 지은 다음 원소들 간의 비례를 통해 만물을 만들어 나간다. 특히 4원소를 5개의 정다면체에 대응시키는 데서는 서로 간의 보완점 같은 것을 보게 한다. 다시 말해서 정다면체를 말하기 위한 일환으로 데미우르고스를 언급한다. 플라톤은 『국가』나 『법률』편 어디서도 '아름다운 나라' 구하기는 난항이라고 한다. 이를 두고 '불연불연 우 불연'이라 하자. 이에 플라톤은 우주 속으로 눈길을 돌린다. 거기에는 혹시 '좋음'(to agathon)과 '아름다움' 그 자체가 있지나 않은가 하고 하늘 위로 눈길을 돌린다. 그리고 플라톤은 바로 우주 속에도 그러한 것이 있는데 이를 '아르케^{arche}'라고 한다.

우주의 탄생 과정에서 좋음의 원리 같은 것이 있었을 것이라 하면서 이 원리를 통해 우주를 창조한 자를 '데미우르고스^{demiourgos}'라고 한다. 데미우르고스는 창세기의 창조주^{creator}와는 성격이 다른 '장인' 혹은 '목수' 등의 의미이다. 기능인, 도공, 예능인 같은 존재이다. 도공들은 수행 정진을 통해 이상적이고 아름다운 도자기를 구워내려고 하듯이 데미우르고스도 마찬가지이다. 가장 이상적인 아름다움과 좋음을 실현해 내려고 하는 사람들을 '데모스demos'라고 한다. 도공들은 자기들의 이상에 맞지 않는 작품이 나왔을 때는 그대로 깨버리고 만다. 도지陶地들 옆에 깨진 항아리 조각들 파편을 보면서 그것이 지금까지 지구상에 나타난 국가들의 진면목이 아닐까 한다. 이상국가들의 파편들 말이다. 우리가 살고 있는 지구 역시 데미우르고스가 만든 작품 가운데 불완전 그리고 미완의 부서진 조각 가운데 하나가 아닐까 한다. 조물주가 만들어 놓고 마음에 안 들어 깨버리는 것과 같이 말이다. 플라톤의 작품들이란 모두 이런 깨진 파편들의 모음집이다.

우리말에는 기독교의 창조주란 개념 대신에 '조물주造物主'란 말이 있는 데 수운이 사용하는 '조물자'는 이를 두고 하는 말이라 할 수 있다. 즉, 이 말이 데미우르고스에 근접하는 의미를 갖기 때문에 여기서 대신 사용키로 한다. 플라톤이 말하는 조물주가 창조주와 다른 점을 이해하기 위해서는 논리적 훈련, 칸토어의 멱집합 혹은 부분집합에 대한 논리적 훈련이 필요하다. 멱집합에 대한 이해는 조물주와 창조주의 구조가 어떻게 다른가를 바로 이해할 수 있다. 어느 집합 {abc}의 멱집합과 창조주와 조물주의 관계는 아래와 같다.

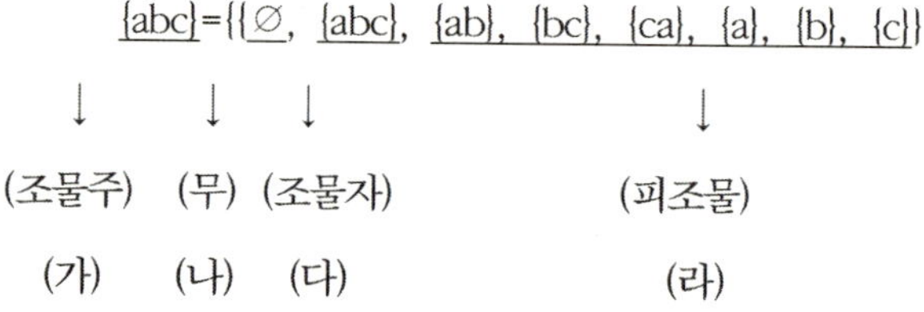

[도표 2.1] 멱집합도

위 멱집합의 구조는 『티마이오스』와 「불연기연」에서 말하는 데미우르고스와 조물자의 논리적 구조 전체를 말해준다. 멱집합을 통해 왜 신과 함께 '무'가 거론되는지 그 이유도 알 수 있다. 위 멱집합도는 조물자와 조물주 그리고 피조물의 관계를 한눈에 보게 한다.

위 [도표 2.1]이 제기하는 문제는 (가), (나), (다), (라)들 사이 관계의 문제들이다. 이 관계의 문제가 곧 불연기연의 문제인 것이다. 수운의 마지막 글 해석에 난맥상이 있었던 이유는 다름 아닌 이들 간의 관계 설정이 되지 않았기 때문이다. 문제의 난관은 (가)와 나머지 것들 사이의 包涵과 包含의 관계 문제라 할 수 있다. 그 가운데 가장 큰 쟁점은 집합 자체 {abc}가 동시에 자기 자신의 부분집합 속에 하나의 집합의 요소로 포함包含된다는 것이다(다). 이것이 플라톤이 말하는 '제3의 인간 역설'이다. 화이트헤드가 서양 철학은 플라톤 철학의 주석에 불과하다고 할 때 이 말은 플라톤이 이 역설에 대한 주석이라 해도 과언이 아니다. 1910년대의 지멜로-플랭켈 공리(ZF axiom)은 9개의 공리를 통해 이 역설의 출구를 마련하였다. 그 가운데 하나가 '멱집합의 공리axiom of power set'(혹은 부분집합의 공리)이다. 즉, "어떤 집합이 하나의 것으로 셈할 수 있는 것이라면 그것의 부분집합도 셈할 수 있다"와 같다. 이 말은 집합 {abc}는 전체로도 셈할 수도 있고(가), 부분으로도 셈할 수 있다는(나) 것을 의미한다. 전체는 제 자신의 부분으로 셈해지는 동시에 심지어는 공집합 ∅으로도 셈해진다. 멱집합에서는 공집합 ∅도 부분으로 포함되고 셈할 수 있다. 그리고 나머지 부분들(라)은 전체 집합 {abc}의 부분들{{ab},{bc},{ca},{a},{b},{c}}로 (가)에 包涵된다. 포함包含과 포함包涵의 구별에서 조물주(가)와 조물자(다)의 구별이 생긴다. 즉, 조물주는 우주와 包含 관계이고, 창조주는 包涵 관계이다. 여기서 무, 창조주 그리고 조물주가 피조물들을 어떻게 包含하고 包涵하느냐의 관계가 위 멱집합 도표 안에 요약된다.

집합 {abc}(가)는 집합 자체로서 전체인 동시에 제 자신의 부분집합 (다)인 이런 경우를 두고 '자기언급'이라고 한다. 멱집합은 곧 '칸토어의 역설'이라 하고 이어 1904년에 러셀은 '러셀역설'이라고 했다. 그러나 러셀은 이 역설을 받아들일 수 없어서 그 해법을 제시한다. 두 개의 {abc}는, (가)와 (다)는 그 포함된 유형이 달라서(하나는 전체로서 다른 하나는 그것의 부분집합으로) 분리시켜야 하고 분리시키면 역설이 제거된다고 보았다. 그래서 (가)와 (다)와 (라)를 전체가 부분들을 包涵하는 위계에 따라 유형적으로 나누면 역설이 해소된다고 보았다. 그러나 이것은 가장 어리석은 해법으로서 서양 A형에서는 이러한 러셀의 해법을 그대로 따랐던 것이다. 그래서 화이트헤드는 바로 이 점을 지적하여 서양 철학은 플라톤 철학의 주석에 불과하다고 한 것이다. (가)가 (다-라)를 포함한다고 할 때 문제시되는 것은 제집합(다)이다. 다시 말해서 전체가 제 자신을 包含하는 자기언급의 문제였다.

전체집합(가)이 자기의 부분집합들을 包涵은 하지만 包含은 안 되는 신관을 소위 '유신론^{Theism}'이라고 한다. 서양 사상사에는 창조주를 우주와 분리하여 전자가 후자를 包涵하나 그 역은 아니라는 주류가 있는가 하면(A-형), 세계와 신이 상호 包含하는 비주류가 있었다(E-형). A-형에 의하면 신은 '영원한^{eternal}'(E), '스스로 자의식적인^{conscious}' 그리고 '세계를 알고^{knowing}'는 있으나 '알려지지는 않는' 존재이다(ECK). 이러한 신관을 소위 '유신론^{Theism}'이라고 하다. 그러나 신은 '시간 속에 있으며^{Temporal}'(T) '세계를 자기 안에 包含^{World}'(W)하는 존재(TW)를 과정신학자 하츠혼은 '범재신론$^{pan-en-theism}$'(pan-in-God, 범-재-신)이라고 한다. 범재신론이란

ETCKW란 5대 요소들을 다 包涵하고 '세계 속에 신이 包涵'되는 신관을 두고 하는 말이다. 범재신론의 theo-en-pan에서는 아직 여전히 창조주는 세계 만물 속에 包含되지는 않는다. 서양 신관이 pan-en-theo(범재신)까지는 왔으나 'theo- en-pan'(신재범)은 아니라는 것이다. 다시 말해서 신은 여전히 창조주로서 세계 만물 속에 包含되지는(신재범) 않는다.3 신은 '창조주'이지만 동시에 '피조물'이지는 않는다. 수운은 包涵일 때를 '기연'이라 하고, 包含일 때를 '불연'이라고 한다. 여기에 후자, 즉 불연일 때는 '시천주'가 아닌 '조물자'로 말하게 된다. 전자는 A-형이고 후자는 E-형이다. 그래서 '불연기연'은 인내천으로 가는 논리적 배경을 만들어 주고 있다. 창조주가 세계를 포함할 때(가)는 '조물주'이고 포함될 때(다)는 '조물자'로 구별한다.

칸토어의 멱집합은 전체 집합이 제 자신의 부분집합들을 包涵[including]하면서 동시에 제 자신이 제 자신의 부분집합에 包含[involving] 된다고 한다. 불연기연이란 이러한 멱집합의 논리를 두고 하는 말이다. 전체가 부분을 包涵할 때는 기연이고, 이때는 조물주(가)가 되고(A-형 유신론), 전체 자체가 자기언급을 해 제 자신을 包含할 때는 조물자(E-형)이 된다. 전자가 기연이고 후자가 불연이다. 그러면 왜 '불연불연 우 불연'이라 하고 '기연기연 우 기연'이라고 하는가? 불연은 (가)가 (나)와 (다)를 포함하고 기연은 (라)인 {a},{b},{c}(라1)와 {a,b},{b,c},{c,a}를 이중적으로 包含하고 包涵하기 때문이다. 그래서 동학 연구가들이 이를 구별하지 못하여 조물자를 서양의 창조주 '하나님'으로 착각한 나머지 '기연기연 우 기연'으로 본 것은 오류라 아니할 수 없다.

---

3 몰트만, 『창조 안에 계신 하나님』 (서울: 한국신학연구소, 2004).

'한울님'은 논리적으로 볼 때 기독교의 하나님 God이기보다는 조물주에 가깝다. 나아가 한울님 혹은 '인내천'이라고 할 때는 E-형인 包含의 논리이기 때문에 불연불연이라 할 수 있다. 그러나 경전 최신판에서 "조물자인 한울님에게 부쳐 보면 기연기연 우 기연의 이치이다"라 하는 것은 재고돼야 할 것이다. 여기서 '멀고 먼 근원'에 있는 존재는 불연불연인데, 이는 멱집합도 상에서 볼 때 공집합(∅)에 해당한다. 다시 말해서 불연의 하나는 공집합(나)이고, 다른 하나는 {a,b,c}(다)이다. 그래서 '불연불연 우 불연'이라고 이중적으로 표현한 것이다. 논리적으로 불연이고 상위(역설)이기 때문이다.

위 멱집합도를 통해 볼 때 '조물자'의 논리적 구조가 분명해졌다. 즉, 플라톤이 말하고 있는 '데미우르고스'란 바로 包含으로서의 존재이다(다). 그래서 데미우르고스는 제 자신이 제 자신을 만드는 피조물이다. 제 자신이 제 자신의 한 부분이기 때문이다. 플라톤이 『티마이오스』에서 소개하고 있는 데미우르고스는 이렇게 멱집합을 통해 그 논리적 구조를 분명히 파악할 수 있다. 현대의 과정 철학자들이 말하는 신개념과 데미우르고스는 유사하다. 과정 철학자 화이트헤드에 의하면 "신이 세계를 창조한다면, 세계도 신을 창조한다"고 한다. 이 말은 신과 세계가 상호 包涵한다는 것을 의미한다. 화이트헤드는 包涵을 '외인적 관계external relation'라 하고, 包含을 '내인적 관계internal relation'이라고 한다. 아래에서 『티마이오스』의 문헌을 통해 이러한 두 관계론을 검토할 것이다.

플라톤의 데미우르고스와 조물자

플라톤은 아리스토텔레스에 비해 A와 E 두 유형 사이에서 조화와 긴장 관계에 있었다. 특히 그가 『티마이오스』에서 데미우르고스를 제시한 것은 창조주가 아니고 조물주인 E형에 속한다. 그러면 그가 어떻게 이러한 데미우르고스가 우주를 창조하는 조물주인 동시에 우주에 의하여 창조되는 조물자를 주장할 수 있었던가?

플라톤에 의하면 데미우르고스는 생물이 가지고 있는 불사의 원리 '아르케Arche'를 받아서 스스로 만드는 조물주가 된다. 데미우르고스은 스스로 됨인 '연자然者'이다. 다시 말해서 제 자신을 흉내내면서 자신을 짓는다(『티마이오스』, 42c). 나중에 다시 돌려주기는 하지만 지·수·화·풍 4원소들을 우주에서 빌려 온 다음 그들이 가지고 있는 속성들을 한데 모아서 자기 자신을 만든다(『타마이오스』, 43a, 28a, 29a, 31b, 42e, 68e, 69c, 75b, 76c). 그래서 데미우르고스는 장인이다. 이는 마치 현대 AI 시대에 인간들이 여러 재료들을 모아서 로봇 인간을 만드는 것과 같다. 그래서 데미우르고스는 테크네시안 혹은 '장인' 정도이다.

수운이 '조물주'라 하지 않고 '조물자'라 한 이유도 데미우르고스와 같이 장인 정도로 생각했기 때문이라 할 수 있다. 수운은 본주문의 '천주'가 후기 불연기연에서는 조물자가 된다. 조물자를 '천주'같이 모심을 받는 초월적인 존재로 보고 싶은 유혹을 받을 것이다. 기독교인들은 God가 전지전능한 존재로 보기 때문에 '기연기연'으로 보았고, 동학도 그러한 유혹을 물리칠 수 없을 것이다. 그러나 플라톤의 데미우르고스는 신God이 아니고 '창조성creativity'으로 본다. 그래서 화이트헤드는 God를 '존재의 범주'에 속한다면 창조성은 '궁극적 범주'에 속한다고 본다.

플라톤은 『티마이오스』 후반부에서 소개하고 있는 기하학, 정다면체 이론에서 데미우르고스를 도출한다. 즉, 조물주는 플라톤이 『티마이오스』 편에서 정다면체를 말하는 가운데 정12면체 안에 조물주(데미우르고스)가 거주하고 있다고 한다. 12면체는 우주만상을 지어내는 원리라고 한데서 조물주가 유래한다.

『티마이오스』 전반부에서는 4원소를 재료로 사용해서 자기 자신을 스스로 만드는 자기언급을 말하고, 후반부에서는 4원소 도입을 통해 데미우르고스가 조물주로서 우주를 짓는 수단과 여러 가지 방법들을 소개한다. 멱집합의 부분집합 가운데의 공집합은 {∅}으로 이를 '空'이라고 한다. 그런데 空은 글자 모양에서 보는 바와 같이 우주 안에서의 '작용함'을 의미한다. 그래서 { }는 '虛'라고 해야 한다. 그리고 공집합 {∅}에서 1, 2, 3…이 발생하는 과정은 다음과 같다.

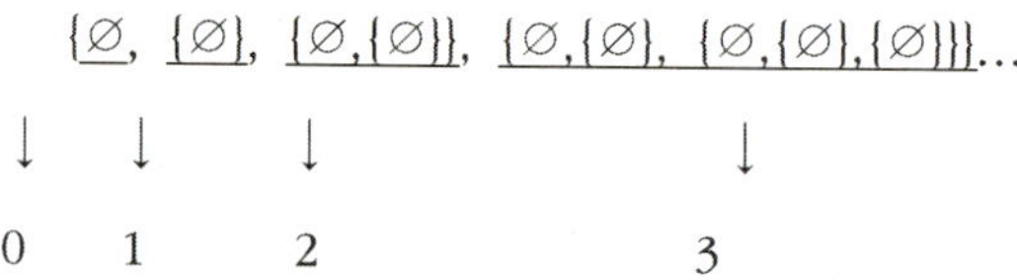

[**도표** 2.2]

∅=0이고 {∅}=1이다. 여기서 수란 모두 공집합의 집합이고 아라비아 숫자는 한 갓 기호에 불과하다. 그래서 "만물은 모두 공일 뿐이다"(萬物皆空)이라고 한다. 멱집합이란 반드시 공집합과 제 자신이 부분으로 포함되어야 한다. 그렇다면 공집합의 멱집합은

$$\varnothing = \{\varnothing, \varnothing\} = \{\varnothing\} = 1 \qquad 00 = 1$$

이다. 멱집합은 항상 집합 자체를 초과한다. n개의 요소를 같는 멱집합

2^n개이다. 그렇다면 무한개의 멱집합은 무한개보다 초월해야 하는데 무한은 무한보다 더 큰 무한이 있게 된다. 칸토어는 대각선 논법에서 실수 무한 전체를 $\aleph$라고 할 때 그것의 멱집합은 실수 전체보다 큰 무한 $\aleph^2$를 직면하게 되는데 양자 사이에 중간 무한이 '있느냐 없느냐' 그래서 양자가 연속적이냐 불연속적이냐 하는 소유 연속체가설의 문제가 제기된다. 칸토어는 물론 '연속적'이라 믿고 죽었지만, 이 논쟁은 1970년대까지 이어지다 폴 코헨이 '연속-비연속'이란 선문답적 해답을 제시하는 것으로 세기적 논쟁은 종식된다.

수운이 불연기연을 쓴 때는 1863년으로서 연속체 가설이 제기되기 40여 년 전이다. 불연기연을 연속체가설과 연관 지어 생각할 때 기연은 '연속'이고 불연은 '불연속'이라 연관시킬 수 있을 것이다. 칸토어는 이 가설을 발표한 후 당시 기독교 지도자들의 심기를 건드렸다고 판단, 자신은 유대인이고 신의 영감으로 얻은 결론이라고까지 변명을 한다. 수운이 조물자에게 빗대어 논쟁을 마감하는 것을 보며 이는 칸토어와 같은 심경이었을 것이다. 신은 무한인데 무한이 두 개 혹은 그 이상 여러 개 있는 것은 바로 유일신관에 대한 도전으로 여겨질 것은 불문가지이다.

연속체 가설의 대전제는 만물개공이다. 1, 2, 3… 같은 것은 공의 기호이고 표시일 뿐이다. 멱집합은 虛인 { }과 쏫인 {∅}을 분명하게 구별한다. 이는 곧 '무한'이라는 영역에 속한다. 그러면 {a,b,c} 자체는 부분이면서 동시에 전체인데 '제집합' 혹은 '無'라고 한다. 그래서 無란 제 자신으로 '가득참'이다. 無는 산에 숲이 가득찬 밀림을 상형한 것이라고 한다. 산 자체라는 공터가 虛라면 그 공터에 빈틈없이 밀림이 가득 찬 상태가 無라는 것이다. 그렇다면 {a}, {b}, {c}, {ab}, {bc}, {ca}은

有이다. 전체집합 자체에 유가 부분이 되는 것은 包涵으로 합리적으로 보이는 기연이다. 그러나 虛, 空, 無는 비합리적이고 무리해 보인다. 虛空은 不然이고 無는 似然 혹은 '상위'이다. 수운은 「불연기연」장에서 '其然而 似然'이라고 한다. 기연은 분명하게 '그러한 것'이고 사연은 '그러할 것 같은 것'이다. 그래서 기연과 불연 사이에 사연이 위치하여 기연-사연-불연 맥락에서 이해하는 것이 필요하다. '사연'은 「허황가」에서도 여러 차례 나타난다. 부분 같기도 하고 아닌 것 같기도 하다는 말이다.

그래서 세 개의 주문은 기연-사연-불연 맥락에서 이해되어야 한다. 수운은 조물자에 부쳐 보면 '기연기연 우 기연'이라고 한다. 그러나 불연의 영역에 있는 허·공·무의 영역은 기연과 연속인지 불연속인지 결정할 수 없는 불연불연의 영역이다.

플라톤은 이 문제를 해의하려 『티마이오스』를 저술하였다. 전반부에서 아트란티스란 이상적인 국가(장소)를 모색하다 후반부에서 데미우르고스를 등장시킨 이유는 이상적인 이데아를 구현하는 아류적 존재로 데미우르고스를 보았기 때문이다. 그런데 데미우르고스는 어느 것으로부터 지음 받아서는 안 되는 스스로 자기를 자기가 만드는 장인이어야 한다. 현대인들도 이상적인 인간 AI를 모색한다. 플라톤의 꿈은 여전히 살아 있다. 데미우르고스는 지수화풍 4원소로 자기를 만들 때 수학적 비례법을 도입하는데 그것이 5개의 정다면체(정4, 6, 8, 12, 20체) 가운데 오직 정12면체 안에 거주한다.

데미우르고스는 4원소 4개의 재료들로 우주를 직접 만든 다음 그것들을 측정한 비례관계에 따라서 우주와 인간을 만든다. 이는 현대 AI시대에 나무 조각, 고무 조각, 쇠붙이 그리고 아교풀을 붙여 인형을 만들거나 로봇을 만드는 것과 하나 달라 보이지 않는다. 엠페도클레스의 4원소설을 수용한 플라톤은 물, 불, 공기, 흙의 4원소를 정다면체와 연결 지어 설명한다. 데미우르고스가 정다면체에 형태를 부여하여 조화로운 우주를 구성했는데 그 우주 자체는 정12면체이다. 그런데 4원소는 모두 작은 공간 도형들의 집합체이고, 세계는 완벽한 공간 도형만으로 만들어질 수 있다. 불은 정4면체이고, 흙은 정6면체이고, 물은 정20면체이고, 공기는 정8면체이다. 그런데 5개의 정다면체는 삼각형, 사각형 그리고 오각형으로 구성되는 데, 정사각형은 정6면체 1개, 정오각형은 정12면체 1개 그리고 정삼각형은 정4, 8 그리고 20면체 등 3개나 된다. 같은 정삼각형으로 된 정4, 8 그리고 20면체는 같은 성격을 갖게 될 것이다. 여기에 정5각형으로 된 정12면체는 4원소 가운데 어디에도 속하지 않는 우주 전체를 감싸는 동시에[包涵] 자기 자신도 감싸여진다[包含]. 이것이 4원소를 만든 데미우르고스의 진면목이다. 플라톤은 4원소 사이에서도 공기에는 특별한 지위를 부여하여 다른 3개와는 구별하려 한다.

다섯 가지 정다면체의 존재는 플라톤 이전부터 알려져 있었지만 막상 정다면체와 연관시킨 장본인은 플라톤이다. 5개의 정다면체 중에서 4개는 4원소와 하나씩 대응되지만, 정12면체는 대응되는 원소가 없다. 그 이유는 정12면체는 바로 우주를 구성하는 원소 자체에 해당하기 때문이라고 한다. 이는 包涵일 때 包涵하는 전체 집합 자체도 包含되어지는 멱집합론상의 문제이다. 그리고 여기서 자기언급이 동기가 된 역설의 문제가 파생한다.

플라톤이 정12면체를 이와 같이 생각한 이유는 일단 12라는 숫자가 12개의 구역으로 나뉘어 있었던 태양이 지나가는 황도대와 일치하기 때문이다. 그리고 정12체를 구성하는 정오각형은 황금 비율을 이용하여 그릴 수 있는 도형이라는 점 때문이기도 하다. 플라톤은 정12체에 대응하는 원소를 제5원소라 불렀다.

4원소는 아직 형체가 없는 질료인데 허·공·무·유가 되도록 하는 과정 속에 정다면체의 비례가 개입된다. 이는 곧 수운이 말하는 불연-사연-기연의 과정을 설명하는 것이라 할 수 있다. 허공은 불연이고 무는 사연이고 유는 기연이다. 이러한 과정을 겪는 데 있어서 가장 중요한 역할을 하는 것은 데미우르고스의 자기언급이다. 다시 말해서 제 자신이 4원소라는 질료이지만 동시에 제 자신이 정다면체의 비례를 다루어 제 자신과 다른 것들을 만든다. 이를 조물주라 한다. 이는 서양의 God이 아니다. 조물주는 창조 자체이기 때문이다. 그래서 화이트헤드는 데미우르고스를 '창조성'과 동일시 한다. 창조성이 궁극적 범주에 속한다. A-형 논리에서는 창조주가 4원소에 '말' 혹은 '로고스'라는 질서를 부여하여 허무에서 유를 만들어 낸다고 한다. 그러나 E-형에서는 4원소란 질료 자체가 데미우르고스의 몸이고, 데미우르고스는 이들 질료를 부려서 우주를 지어나간다. 지금까지 데미우르고스를 열등한 신으로 취급해 왔지만 위에서 본 바와 같이 논리 유형이 판이하게 다른 신관이라 할 수 있다.

수운은 죽기 불과 한 달 전에 「불연기연」장을 썼다. 상식적인 판단으로는 오히려 절대 타자 무소불위 전지전능한 God 같은 존재에 기도하고 자기의 사후를 맡길 것 같은데 그 반대이다. 그는 오히려 우주의 근본 질서가 '기연기연 우 기연'과 '불연불연 우 불연'이라는 비결정과 불확실성에 경도된다. 도올은 이를 두고 "수운은 기독교적인 인격신(주재신)을 만나고 싶었다. 그러나 그의 만남의 과정이 길어지면서 길어질수록 하느님의 불연은 기연화되고 만다는 것을 깨닫는다. 만물이 스스로 만들어질 수 없다(物不能自成也)는 기독교인들의 논리는 허무맹랑한 수직적 사유의 단절을 전제로 한 것이다. 만물은 스스로 만들어지는 것이다. 이 우주는 그러하게 생성되어지는 것이다. 수운은 이 자립자성自立自成의 우주(the self-organizing Universe)를 새롭게 발견한다. 오도는 無爲而化이니라, 守其心正其氣 하고, 率其受其敎 하면 化出於自然之中也. 이는 실로 『천주실의』 전체의 논리를 깔아뭉개는 호언이요, 직언이요, 정언이다"(김용옥, 2021, 199).

수운은 유생들로부터 서학이라 오해를 받았지만 그는 서학의 천주를 믿지 않았다. 그의 천주는 氣化된 존재였다. 그는 죽기 한 달 전 무렵 유서같이 쓴 글이 「불연기연」장이다. 그의 신관은 천주에서 조물자로 이동한 것이 분명하다고 본다. 화이트헤드는 "신이 세상을 창조한다면, 세상도 신을 창조한다"고 한다. 그의 존재의 원리ontological principle에 의하면 존재는 만들어져 가는 과정 속에 있다. 신도 다른 존재들과 같이 '현실존재actual entity'일 뿐이다.

이러한 일련의 신관은 세기말에 우연히 나타난 것이 아니다. 이미 고대로부터 E-형 논리라는 틀은 우뇌 뇌리 속에 숙명적으로 고정돼 있었다. 이러한 고정된 틀이 동서고금 어디서나 산재해 있었고, A-형 논리주의자들과 갈등 속에 있었다. 동양에서는 이 두 유형이 정치권력에 있어서나 사회구조 전반에 걸쳐 순환적으로 유행하였다. 그러나 서양에서는 4세기 종교회의 후 E-형은 악마화되고 추방되었다. 그 한 예가 영지주의자들과 이들이 쓴 도마복음서 등에 대한 박해이다. 그러나 19세기 말 수학의 멱집합에서 비롯하여 20세기 상대성 이론, 불확정성 이론 그리고 카오스 등 3대 과학 혁명 구조는 결코 A-형을 용납하지 않는다. 20세기 과학자들이 스스로 모두 무신론자로 자처하는 이유는 다름아닌 그들이 A-형이 아니기 때문이다.

천주실의와 불연기연

도올이 수운의 「불연기연」장을 읽기 위한 대전제는 마테오 리치의
『천주실의』를 먼저 읽어야 한다는 말에 공감한다. 그 내용이 같기 때문이
아니라 오히려 상반되기 때문이다. 리치는『천주실의』1편「론천주시제
천지만물이주재안양」에서 신은 존재하고 그는 창조주라고 밝히면서
인간이 천주를 완전히 이해하는 것은 불가능하다고 한다. 피조물은
기연이지만 천주 자신은 불연이기 때문이다. "강과 바다의 물을 다 퍼낼
수 있고, 물가의 모래는 다 셀 수 있다 해도 천주는 모두 설명할 수
없으니 하물며 완전히 밝힐 수 있습니까"라고 한다. 이는 마치 수운이
"또 앞으로 어떤 세상이 올 것인지를 생각하면 내 부모가 나를 낳았듯이
내가 낳은 후손들이 세상을 살아 갈 것이다. 그러나 지난 세상을 거슬러
올라가면 사람이 어떻게 사람이 되었는지 의심이 들고 또 분간하기
어렵다"고 한 것과 같아 보인다. 납득이 되는 것(기연)과 납득이 되지
않는 것(불연)으로 나누어 보면 리치의 말과 수운의 말은 같아 보인다.
그러나 리치 말의 경우 리치는 천주를 전제하고 있고, 수운에게는 조물자
가 전제돼 있다. 전자는 A-형이고 후자는 E-형이다. 그러나 그 결론은
사뭇 다르다.

리치의 말 속에는 A-형의 신 '데우스^{Deus}'가 전제돼 있고, 수운의
말 속에는 조물주가 전제돼 있다. 서양에서는 이 둘은 서로 불구대천^{不俱戴天}
으로 서로 이단시한다. 천황씨가 첫 번째 사람이고 왕으로서 어떻게
법을 알고 사람을 다스릴 줄 알았는가? 황화수가 천년에 한 번씩 맑아짐과
밭가는 소가 어떻게 주인의 말을 알아듣는가? 제비가 어떻게 빈부귀천을
가리지 않고 1년에 한 번씩 옛날 집을 찾아오는가? 이 모두가 불연이다.

리치는 이러한 불연을 알게 하는 것은 인간 내면의 '양능良能' 때문이라고 한다. 생득적으로 천주가 인간 내면에 주어진 것으로 맹자는 이를 '양지양능良知良能'이라고 했다. 『중용』에서 말하는 天命之謂性의 性이 맹장자에 와서 지知라 하였고, 이런 양지양능을 통해 생득적으로 불연을 기연으로 알 수 있다는 것이다. 그리고 양능은 본성적으로 주어진 것(nobs natur aliter)이지만, 그러나 아퀴나스의 사상 속에는 이러한 양능사상이 전무하고 그 이후의 신학에서도 마찬가지이다. 그러나 영지주의자들은 양지양능의 가능성을 꾸준히 주장한다. 수운이 기연을 주장한다고 해도 양지양능 같은 것을 주장하지는 않는다. 그에게서 인간성은 궁극적으로 비결정적인 것으로 다산의 성기호설性嗜好設이다. 성기호설이란 인간의 성은 외부의 맛(기호)에 따라 수시로 변할 수 있음을 의미한다. 수운의 불연기연을 다음 절에서 논리적으로 구명하는 과정을 통해 상론할 것이다.

어거스틴 이후 인간의 본성은 타락에 의해 무지몽매 그리고 부도덕하다는 것인데 리치가 맹자의 이 말을 원용한 것은 주자학에 성경을 꿰맞춘 것이다. 그러면서 리치는 "혼도 없고 지각도 없는 사물은 자기 자리에서 스스로 움직여 도수에 맞출 수 없다. 도수에 따라 움직이려면 필연적으로 외부의 지성적 존재의 도움을 받아야 한다"(『천주실의』, 권 1).

리치가 이 세계가 완전한 존재인 신에 의해 설계되었고, 창조되었음을 밝히는 것의 증명으로 드는 것이 천주실록의 첫 번째 논증과 마찬가지로 토마스 아퀴나스의 신존재 증명의 다섯 가지 중 다섯 번째에 해당하는 목적론적 또는 실재론적 증명이라 볼 수 있다"(김선희, 2012, 170). 이 목적론적 증명은 가장 설득력 있는 증명이고 다른 4개의 증명도 궁극적으로 이 증명에 의존한다. 목적론적 증명에서 보면 모든 것이 기연으로 보인다. 그래서 천도교는 조물자를 하느님에 준하는 '조물자 한울님'으로 바꾸려는 유혹을 받는다. 그러나 불연기연은 수운의 유서와도 같으며 지금까지의 삶과 사상을 모두 요약하는 것이라 할 수 있다. 수운은 '기연기연 우 기연'을 결코 창조주가 아닌 조물자에 돌리고 있다.

불연기연장을 두고 김지하, 김경재, 최동희 등의 공통된 견해는 수운의 「불연기연」장은 '창조'와 '진화'의 문제를 논하고 있다고 한다. '창조'란 창조주가 절대무에서 유를 이끌어내는 것이라고 한다. 이러한 창조론은 어거스틴의 다음 말에 뚜렷하게 나타나 있다.

이처럼 연약하고 유한한 생명체가 이토록 완벽하고 정교한 아름다움을 지닌 것이야말로 곧 보이지 않으나 변함이 없는 아름다움으로 만물을 가득 채우시는 신으로부터 그것들이 나온 증거라고…(어거스틴, 『신의 도성』).

어거스틴의 이러한 창조론적 사고 유형은 고대 그리스 철학에서부터 시작되어 18세기 독일 관념론 철학에 이르기까지 이 세계가 연역적 논리 위에 영원히 세워져 있다는 사고방식에 대한 것이다(그레고리 베이트슨/박지동 역, 『정신과 자연』, 서울: 까치, 1990, 31). 이러한 연역식 창조론적 사고 방식에 대하여(혹은 A-형 사고방식) 그 역방향으로 방향을 완전히 바꾸어놓은 인물이 라마르크$^{J.\ B.\ Lamarck}$였다. 신-천사-인간-원숭이-풀이나 돌 같은 순서로 완전한 것에서 불완전한 것으로 창조가 진행되었다는 하향식$^{top\text{-}down}$(창조론) 어거스틴의 주장에 대하여 라마르크는 그 역방향인 원생 동물에서부터 상향하여 인간에까지 이르는 상향$^{bottom\text{-}up}$(진화론)이란 생물변이설 제창하였다. 어거스틴이 하향적이라면 라마르크는 상향적이라고 할 수 있다. 그러나 이러한 상반된 주장은 모두 창세기 기자의

주장 가운데 어거스틴은 E-문서 기자(기원전 8세기)를 그리고 라마르크는
J-문서 기자(기원전 7세기)를 따른 것으로 전자는 창세기 1장 1절-2장
4절에 해당하고, 후자는 창세기 2장 5절-3장의 주장을 따른 것이다.
약 1세기간의 차이 나는 기록의 차이이다. 이 말은 창세기 두 기자는
진화론과 창조론의 방법론을 다른 시기와 다른 장소에서 기록한 것을
4세기경에 이 둘을 묶어 창세기 1-3장을 완성했다.

　라마르크보다 50년 후인 1859년에 찰스 다윈이 『종의 기원』을 발표
함으로써 진화론이 본 궤도에 들어선다. 다시 말해서 다윈은 라마르크의
생체변이설을 그대로 계승 발전시킨다. 다윈의 진화론은 생물 진화
과정에서 정신을 배제시켰으며 마르크스의 유물론은 이런 입장에서
다윈으로부터 큰 덕을 입게 된다. 마르크스의 유물론이 딛고 있는 유일한
과학적인 근거는 다윈의 진화론이다. 정신에서 물질이 나왔다는 창조론
과 물질에서 정신이 나왔다는 진화론은 닭과 달걀의 관계만큼 논쟁의
악순환을 불러일으키고 있다. 수운의 불연기연은 이 두 논쟁을 종식시키
는 계기를 만든다 할 수 있다. 창조론이나 진화론 한 가지 같은 점은
모두 '확실하고 정확하다'고 본 데 있다. 그러나 수운의 불연기연은 불확실
성과 비결정성에 있다. 그 이유는 조물자의 자기언급적 태생적 한계
때문이다. 자기언급은 역설 조장의 장본인이고, 자기언급이 게재되는
곳에는 비결정-불확실성이 반드시 나타난다.

　진화론이야말로 정신이 물질에서 나왔다는 것을 뒷받침할 수 있는
근거이기 때문이다. 다윈은 『종의 기원』을 엥겔스에게 헌정한다. 유물론
과 진화론은 동전의 양 닢과 같다. 이런 창조론과 진화론의 양립성을
전제하고 수운의 불연기연에로 눈을 돌려보면 양자의 문제점이 무엇인지
가 분명해진다.

수운은 「불연기연」 장에서 만물의 시작은 무엇으로부터 기원했느냐 하고 묻는다. 나를 기점으로 '내가 나를 생각해 보면我思我' 상향적으로는 조상, 조상의 조상이 끝없이 있고, 하향적으로 후손, 후손의 후손도 끝없이 있다. 칸트는 이율배반론에서 전자를 '배진'이라 하고 후자를 '전진'이라고 한다. 칸트는 배진으로 셈을 할 것을 권한다. 그렇지 않으면 무한 퇴행의 오류에 빠지기 때문이다. 주역에서는 건괘의 첫 효(초9)는 '사용하지 말라勿用'고까지 한다. 그 이유는 순서의 처음과 마지막은 항상 전체 자체와 같아져 순서에 대 혼란을 가져오기 때문이다. 멱집합에서 본 바와 같이 전체집합 자체가 제 자신의 부분집합이 되는 데서 역설이 발생한다. 그래서 '사용하지 말라'는 역설 회피의 알맞은 지혜라 할 수 있다. 이를 1876년 이태리 수학자 부르알리-포르테는 '순서수의 역설'이라 했다. 그런 점에서 멱집합은 개수를 셈하는 '기수의 역설'이라 할 수 있다. 불연기연을 바로 이해하자면 이 두 역설에 대한 기본적인 이해는 필수이다.

그렇다면 존재의 시원은 어디서부터 이고, 끝 역시 어디까지냐고 묻는다. 결국 존재의 근원과 시작을 묻는 질문에서부터 창조론과 진화론이 나왔다고 할 수 있다. 이는 곧 무한에 대한 질문이고, 무한을 도마 위에 올려놓는 순간 역설이란 역란逆亂에 직면하게 된다. 수운은 지금 이런 역란 앞에 서 있는 것이다. 그렇다면 수운은 이 순간부터 존재의 시작과 근원에 대한 질문들 앞에서 조물자란 자기 자신이 되어가고 있는 존재이다. 맨 처음의 임금과 스승은 누구로부터 다스리는 법과 가르치는 법을 배웠느냐고 묻는다. "세상에 태어나면서부터 저절로 알아서 그러한 것인가. 스스로 화해서 그러한 것인가"(生以知之而然耶 無爲化也而然耶). 예수가 일생 동안 겪은 가장 고통스러운 것은 누가 자기를 메시아로 인정해 줄 것인가이다. 세례 요한에게 가서 세례까지 받았지만 이 순서수의 역설은 해결할 수 없었다. 다른 방법 가운데 하나가 기적이고 두 번째는 십자가를 지는 것이었다. 이를 두고 '예수의 역설paradox Jesus'라고 한다. 예수의 기연불연 해결 방법이라 할 수 있다.

이는 불연기연의 가장 핵심되는 부분이 바로 순서수의 역설이다. 어거스틴 은 '세상에 태어나면서부터'라고 말할 것이다. 데카르트나 칸트 같은 관념론자들은 생득적生得的이라 할 것이다. 경험론자들은 경험의 축적이라고 답할 것이다. 생득적인 것을 수운은 '태어나면서 앎(生以知之)인가 아니면 저절로 화한 것인가(無爲化也)?' 마치 서양의 관념론과 경험론 간의 이율배반을 말하고 있는 것 같다. 칸트는 『순수이성비판』 서문에서 자기가 이 책을 쓴 목적이 두 주장이 다 옳기도 하고 그러기도 한 이율배반적 고민 때문이라고 고백하고 있다. 수운은 어느 쪽이라 해도 마음은 '暗暗之中'이고 '理遠於茫茫'이라고 칸트와 유사한 고백을 한다. 창조냐 진화냐 두 논쟁은 모두 이런 '암암'과 '망망'일 뿐이다. 비결정undecidable, 불확정uncertainty 그리고 명명 불가unnameable이다. 알랭 바디우는 이를 '산출적 과정procedure of generic'이라고 했다.

2.2 베이트슨의 이중구속론과 불연기연

이중구속론과 논리계형

라마르크는 '획득 형질의 유전'이라는 가설에 근거하여 환경에 대한 생물의 반응이 자손에 영향을 준다고 한다. 그의 유명한 "쓰면 발달하고 안 쓰면 퇴보한다"(用不用設)는 주장도 여기에 근거를 두고 있다. 라마르크의 이러한 환경 적응설은 생물이 저절로 그렇게 변화해 가는 설이다. 이를 수운은 '무위화無爲化'라고 한다. 수운은 서학이 이러한 '무위화'를 말하지 않는다고 비판한다. 기독교는 철두철미 창조주의 의지를 강조한다. "서두로 말하면… 한울과 사람을 서로 멀리하게 하는 고로 몸에 기화(氣化)하는 신령이 생기지 않고…"(『동학원류』, 40).

'생이지'냐 '무위화'냐는 수운이 던지는 한갓 질문일 뿐이지 그의 대답은 아니다. 이 두 질문이 곧 창조냐 진화냐의 질문이다. 여기서 우리는 서양 사상에 두 논제를 극복할 만한 이론을 내놓은 그레고리 베이트슨의 학설을 소개해 두지 않을 수 없다. 수운에 근접한 사상을 가진 사람이 그레고리 베이트슨이다. 베이트슨은 어거스틴이나 라마르크가 범한 오류는 같은 종류의 논리적 오류를 범하고 있다고 본다. 상향bottom-up이든 하향top-down이든 양자 모두 창조와 진화가 대연쇄의 고리에서 빈틈없는 단계를 밟아 일어난다고 하는 그러한 '정확성'을 주장하는 자체가 문제라고 본다. 결코 우주 속에는 그렇게 정확하게 창조나 진화가 일어나는 존재 고리 같은 것은 없다는 것이 베이트슨의 '이중구속double binding'론이다.

불연과 기연은 상호 구속하는 관계 고리 속에 있다는 것이다. 산출적 과정 자체가 있을 뿐이다. 수운은 베이트슨과 같이 창조이든 진화이든 모두 비결정성과 불확실성이란 과정 속에 있다는 것을 말하고 있다.

베이트슨은 '무작위無作爲' 혹은 '스터캐스틱stochastic'이란 개념으로 이중 구속론을 다음과 같이 설명하고 있다. 이 말은 그리스어의 'stochazein'이란 말에서 유래한 것인데, 활을 쏠 때 목표물을 어림잡아 겨냥한다는 뜻이다. 어느 정도의 무작위를 상정한다는 뜻이다. 베이트슨에 의하면 생물 발전에는 이러한 무작위적성이 있고, 이어 무작위성에는 생겨나는 것을 선별하는 선택 과정이 있다고 보았다(베이트슨, 1990, 213).

한 가지 사례를 배울 때 사례 자체는 의식적으로 배우고 그것의 원리는 무의식적으로 배운다. 원리까지 포함해 사례를 배운다는 사실을 거의 모르고 배우게 된다. 그래서 시계공이 한 제품의 시계를 고치게 되면 다른 제품의 시계도 고친다. 그 이유는 처음 사례를 배울 때 시계의 작동 원리 자체도 배웠기 때문이다. 이때 후자인 원리를 메타라 하고 사례는 대상이라고 한다. 원리(메타)는 사례(대상) 뒤에 무의식적으로 숨겨져 있다. 이렇게 무의식적으로 배운 메타 원리는 다음 사례에 의식적으로 적용된다. 이때 사례는 기연이 되고 원리는 불연이 된다. 이렇게 인류 문명의 진보란 기연불연 혹은 불연기연의 되먹힘을 통해 진행돼 왔다.

동물 조련사들은 이런 점을 이용해 돌고래를 훈련한다. 돌고래의 경우는 개의 경우와 다른 점이 있다. 돌고래는 한 가지 보상에 대하여 한 가지 행동밖에는 보여줄 줄 모른다. 다시 말해서 구별하고 구별한 것을 또 구별하는 메타화 과정을 개에게서는 발견할 수 없다. 베이트슨은 사례의 구별을 '제1차 학습'(first learning)이라 하고, 구별을 구별하는 원리를 배우는 것을 '제2차 학습'(deutro learning)이라고 한다. 논어에서 공자가 '학이시습學而時習'이라고 할 때 제1차 학습을 '학學'이라면, 제2차 학습은 '습習'이라고 한다. 그래서 배움이란 '학습'을 통해서 이루어진다. '배우고' 또 '익히는' 과정이란 다름 아닌 논리 계형을 높여 가는 과정이라고 할 수 있다. 구별을 구별하는 배움이란 '때때로 익히는時習' 것을 익혀서 몸에 배어 습관화되어야 한다. 만약에 제2차 학습을 하지 않으면 지식은 '학'이란 1차 과정을 통해 얻어진 것에 불과하다. 학습學習을 통해 도달된 지식은 달관達觀된 지식이다. 달관된 지식이란 '운전함' 자체가 몸에 익숙해져 몸에 밴 상태의 운전이다.

개의 경우와는 달리 돌고래의 경우에는 '구별의 콘텍스트'에서 '추측의 컨텍스트'로 바뀐다. 돌고래가 한 가지 아무리 훌륭한 묘기를 보여준다고 하더라도 그 묘기를 다음 차례 때 바꾸어 주지 않는다면 관객들은 드디어 흥미를 잃어버리고 말 것이다. 아무리 가창력이 뛰어난 가수라도 한 가지 노래만을 계속 부른다면 팬들은 떠나고 말 것이다.

조련사가 러셀의 논리 계형을 이용하는 기법은 다음과 같다. 돌고래는 한 가지 보상에 대하여 한 가지 짓밖에는 보여줄 줄을 모른다. 예를 들어 꼬리를 흔들 때 먹이를 주면서 호각을 분다<식1>.

$$\text{'꼬리 흔들기'} = \text{먹이} = \text{호각} = \text{소리} \qquad \text{<식1>}$$

이라는 등식밖에 만들 줄 모른다. 여기까지는 파블로프의 조건반사 이론만을 잘 이용하면 성공을 거둘 수 있다. 조련사는 여기서 돌고래의 행동을 바꾸기 위해서는 위 <식1> 등식의 고리를 끊어 버리는 작업을 해야 한다.

$$\text{'꼬리 흔들기'} \neq \text{먹이} \neq \text{호각소리}\cdots \qquad \text{<식2>}$$

즉, 위와 같다. 이때 돌고래는 이상함을 느끼게 되지만, 한참 후 이러한 이상한 상태가 지나면 돌고래는 행동을 바꾸어 꼬리로 물을 친다든지 자기의 화난 행동을 조련사에게 보여주려고 한다. 그런데 바로 이 순간에 조련사는 돌고래가 자기의 행동을 바꾸려는 순간으로 포착해 먹이를 던져 주고 호각을 분다.

$$\text{'꼬리로 물 치기'} = \text{먹이} = \text{호각소리}\cdots \qquad \text{<식3>}$$

과 같다. 그러면 돌고래는 두 번째 행동인 꼬리로 물치기와 먹이를 연결시킬 줄을 알게 된다. 그러나 여기까지는 아직도 돌고래가 자기의 하는 짓이 먹이와 관계되어 있다는 사실만을 알고 있다. 그런데 한 가지 알아야될 것은 행동을 '변할 때'(changing)라는 그 자체를 첨가해 알리기 시작해야 한다는 점이다. 이제 다시 한번 <식2>와 같은 상태로 돌아가 꼬리로 물을 쳐도 먹이를 주지 않는다.

$$\text{'꼬리로 물치기'} \neq \text{먹이} \neq = \text{호각소리}\cdots \qquad \text{<식4>}$$

즉, 위와 같아진다. 돌고래는 또 한 번 이상함에 빠지게 된다. 또다시 '꼬리로 물치기'와 '먹이'가 상관없다는 사실을 깨닫게 된다. 여기서 끝난다면 돌고래는 두 가지 행동인 '꼬리 흔들기'와 '꼬리로 물치기'와 먹이를 관련시키는 행동밖에는 보이지 못하게 된다.[4]

이제부터 조련사는 특정한 행동과 먹이를 연관시키는 훈련을 시키는 것이 아니라 여러 가지 다양한 행동을 변화시킬 줄을 아는 '변함 그 자체'(changing itself)와 먹이를 연관시키도록 조련사는 관심을 바꾸어야 한다. 즉, 돌고래가 새로운 동작을 바꾸어 보이도록 다음과 같은 등식을 만들어야 한다.

$$\text{'새로운 변화자체'} = \text{먹이} = \text{호각}\cdots \qquad \text{<식5>}$$

<식5>의 경우는 위의 몇 가지 식들과 다른 점이 한 가지 있다. 즉, 행동으로 나타나는 사례들과 먹이가 관계있는 것이 아니라, 새로운 변화 '그 자체'(itself)가 먹이와 관계되어 있다는 점을 돌고래가 깨닫도록 하는 것이다. 행동하는 짓과 먹이를 관계시키는 것을 제1차적 학습이라면, 새로운 변화 자체를 먹이와 연관시키는 것은 제2차 학습이다. 즉, 제2차 학습인 메타 학습이다. 이런 경우를 두고 논리 계형이 바뀌었다고 한다. 이는 다음에 말할 불연기연장의 제2 단계와 같은 것이다.

이렇게 하여 마침내 돌고래는 먹이와 자기의 행동하는 짓과 조건 반사적으로 연관시키던 컨텍스트에서 '변화 자체'와 먹이를 연관시키는 '컨텍스트의 컨텍스트context of context'를 배우게 된다. 논리 계형의 단계가 한 단계 높아질수록 학습이 이루어지게 된다. 행동과 먹이가 연관된다는 <식1> 훈련과 '그렇지 않다'<식4>라는 훈련도 함께 받게 되는 과정 속에서 돌고래는 전에 없던 논리 계형 변화를 일으키게 된다. '컨텍스트'와 '컨텍스트의 컨텍스트'가 다른 점은 후자가 변화 자체를 자꾸 변화시키는 것이기 때문에 돌고래 조련사는 이제 소기의 교육 목표를 달성한 것이다.

---

4 그레고리 베이트슨, 『마음의 생태학』, 189-.

베이트슨의 연구 결과에 의하면 같은 행동을 반복해 나가는 데 15번째에서 <식5>와 같은 결과가 나타나더라는 것이다. 메타의 메타라는 반복점진을 15회 계속하자 <식5>를 돌고래가 알고 나서야 돌고래는 자기 스스로 계속하여 자기 힘이 닿는 한 최대한 다양한 새로운 몸짓을 보이려고 한다.

인간에 대한 학습도 바로 이러한 과정을 통하여 이루어진다는 것을 수운은 간파한 나머지 기연과 불연이 몇 단계에 걸쳐 점진반복, '불연불연 우 불연'과 '기연기연 우 기연'을 해야 한다고 결론한다. 수운은 "갓난아기는 어리고 어려서 말은 못 해도 부모를 어떻게 알아보는가"(赤子之稺稺兮 不言知夫父母 胡無知胡無知 斯世人兮) 묻는다. 도마복음과 4복음 모두에서 예수는 어린아이 혹은 적자에 대한 예찬을 아끼지 않는다. 그러나 적자는 '학이시습'해야 할 존재이지 '유치함childish'을 예찬할 수는 없다.

젖떼기 전후하여 어떻게 길드냐에 따라서 그 길들임이 평생을 좌우한다. 애기의 젖떼기와 처음 '웃기' 과정 역시 돌고래 길들이기에서와 같이 논리계형을 따라야 한다. 인간은 태어난 지 두 달이 지나면서부터 아기는 주변 사람들의 얼굴을 알아보기 시작한다. 이를 '낯가린다'고 한다. 자기에게 우호적인 사람과 비우호적인 사람을 분류하기 시작한다. 아기가 자기는 부모가 자기에게 우호적인가 비우호적인가를 분류하는 데는 두 가지 신호를 통해서 어머니로부터 배우기 시작한다. 첫째는 어머니로부터 틀림없이 "나는 너에게 우호적이다. 너를 보호해 주는 사람이야. 그러니깐 안심해도 된다"는 신호를 받는 것이다. 어머니와 아기 사이의 이런 신뢰가 제일 처음 이루어진다. 일단 이런 신호에 대해서 아기는 안도감을 느끼게 된다. 그러나 만약 어머니가 아기에게 이러한 신호만 보내게 되면 아기는 영락없이 버릇이 나빠지기 마련이다. 즉, 어머니는

언제나 자기에게 우호적이기 때문에 울기만 하면서 생떼만 쓸 때마다
젖 주기를 <식1>이라 한다.

$$울음 = 젖… \qquad <식1>$$

<식1>만 지속하게 되면 어머니는 감당이 불가능한 곤경에 처하게
된다. 아기가 만들어 내는 버릇<식1> 나쁨을 고쳐주기 위해서는 울음과
젖의 등식 관계를 끊어

$$울음 \neq 젖… \qquad <식2>$$

를 만들어야 한다. 돌고래의 경우와 유사하다고 할 수 있다. 어머니는
아기에게 "조심해라 나는 너에게 언제나 우호적이지만은 않다"라는 신
호를 함께 보내주어야 한다. 그러기 위해서는 아무리 울어도 젖을 주지
말아야 한다. 어머니가 이때 젖을 주게 되면 일은 그르치고 만다. 즉,
아기의 버릇은 고쳐지지 않는다.

이제 아기는 울면서 시위를 벌인다. 그러나 그냥 가만히 내버려두어야
한다. 이때 아기는 슬금슬금 주변 상황을 살피며 눈치를 보며 일종의
쇼를 벌인다. 그러나 틀림없이 자기의 위협과 협박이 도저히 통하지
않는다는 사실을 알면 아기는 울음을 그친다. 울음=젖의 등식이 더
이상 통하지 않는다는 것을 알 때, 비로소 어머니는 울음을 그쳐야
젖을 준다는 <식3>의 신호를 보내야 한다. 그러면 아기는

$$울음 그침 = 젖… \qquad <식3>$$

이라는 새로운 등식을 발견한다. 드디어 자기의 생떼 쓰는 '울음'과 '젖'이 아무런 상관이 없다는 새로운 계형을 발견하게 된다. 이렇게 논리 계형이 바뀐 다음에야 생떼 쓰는 버릇은 고쳐지기 시작한다. 그러면 아기는 하나의 심각한 고민에 빠지게 된다. "어머니란 존재란 나에게 도대체 무엇이란 말인가", "우호적인 존재인가 비우호적인 존재인가", "울을 것인가 웃을 것인가?"

『털 없는 원숭이』[5]를 쓴 더스먼은 아이의 이러한 양가적 감정에서 '웃음'이라는 것을 처음으로 배운다고 한다. 어머니는 아이가 이런 애매성에 빠져 있는 순간에 젖을 준다는 것이다. 그러면 아기는 드디어 "그러면 그렇지 어머니는 나에게 우호적이지" 하면서 '첫 웃음'을 웃게 된다. 어머니로부터 최종 안도감을 인정받은 다음에야 웃게 된다. 이렇게 된 다음에는 '울음'과 '웃음'에 상관없이 어머니가 때를 선택하여 아기에게 젖 주는 때를 자유롭게 결정할 수 있게 되고 애의 버릇은 고쳐진다. 여기서 마지막 남을 논리 계형은 돌고래 때와 같이 '울음'과 '안 울음'에 상관없이 젖을 줌으로써 일단은 울음≠젖이라는 등식을 부등호로 바꾸어야 한다. 아기의 논리 계형을 높여주기 위해서인 것이다. 울어도 젖을 주고 안 울어도 젖을 줌으로써, 젖과 아기 쪽의 행동과는 아무런 관계가 없음을 만들어 주어야 한다는 것이다. 즉, 젖은 '어머니가 언제나 알아서 주는 것'으로 논리 계형을 바꾼다는 것이다. 자기가 결정하는 것이 아니라 어머니가 결정하는 것이라는 '결정' 자체를 아기가 알아차리도록 아기의 태도를 된다. 이때가 되면 젖과 울음은 계형의 낮은 단계는 물러가고, 누가 '결정' 그 자체를 하느냐의 계형으로 변하게 된다. 돌고래에서 본

---

5 데스먼드 모리스, 『털 없는 원숭이』 (서울: 정신세계사, 1991).

바와 같이 행태에 먹이를 주는 것이 아니라 변화 그 자체에 먹이(젖)를 준다는 것이다.

인간이 처음으로 웃게 되는 것의 구조도 자기 어머니의 우호적-비우호적이라는 연결을 통해서 웃음을 배우게 된다는 것이다. 더스먼드는 안도감에서 웃는다고 하지만, 결국 그 안도감이라는 것이 우호적인 것과 비우호적인 것이 양자택일적일 때는 생기지 않는다는 것이다. 연결될 때에 웃음이 터져 나온다. 동시에 자기에게 울음도 주고 웃음도 준다는 이 역설이 '우습다'는 것이다. 아이에게도 이런 역설 없이는 웃음이 생기지 않는다. 우리말에 '웃음'과 '울음'이 '우'돌림으로 같은 이유도 이런 이유 때문이다.6

돌고래 길들이기나 아기 버릇 고치기나 "한 번 대가가 주어진 동작을 다음 번에 몇 번을 더하더라도 '결코' 대가가 주어지지 않는다는 규칙도 엄격하게 지킨다"7는 규칙을 지키면 돌고래나 아이는 매우 우연적인 순간에 새로운 동작, 버릇 고침이 나타난다. 돌고래의 경우에는 15번째에 들어가 여덟 가지의 다른 동작을 보여주더라는 것이다. 그 가운데 네 가지는 전에 전혀 없던 행동이더라는 것이다. 더스먼드에 의하면 아기의 경우에는 대략 100일 만에 이 사실을 알게 된다. 100일 만에 아기가 첫 웃음을 보여주는 것도 이 때문이다.

이것은 페달의 바꿈이 아니라 기어gear의 바꿈이다. 아이들의 나쁜 버릇 바꾸는 것은 이런 논리 계형의 변화 과정을 거쳐 가능해진다. 기어의 변속인 동시에 논리 계형을 바꾸는 것이다. "한 단계 높은 논리

---

6 정호완, 『우리말의 상상력』 (서울: 정신세계사, 1991).
7 베이트슨, 『정신과 자연』, 151.

계형으로의 진보는 개개의 사건에 관한 정보에서 클래스에 관한 정보로, 혹은 개개의 클래스를 생각하는 것에서 '클래스의 클래스'(Class of classes)로 생각하는 것으로 진보하는 것이다."[8] 의식 변화란 클래스의 변화를 의미한다. 나쁜 악습이나 중독에서 벗어나지 못하는 이유도 논리적 이유, 논리 계형을 바꾸지 못하기 때문이다. 이는 회개를 의미하는 '메타노이아'이다.

돌고래가 극적으로 태도를 바꾼 때는 15회 실험 끝에서였다고 한다. 그 이전 과정을 보면 1) 돌고래가 보상받을 행동을 하지 않았을 때도 보상을 주라. 2) 14회 공연까지는 매번 공연 때마다 바로 앞 공연 때 보상받았던 행동을 무턱대고 했다. 이때를 조련사는 잘 포착해야 한다. 즉, 14회에서 15회 공연 사이에 돌고래는 상당히 흥분돼 있었으며, 15회 때엔, 여덟 가지 행동을 절묘하게 공연을 했는데, 이 중에 네 가지는 지금까지 한 번도 하지 않았던 행동들이었다. 베이트슨은 돌고래가 행동을 바꾼 이유를 다음 두 가지로 본다. 첫째, 어떤 포유동물이 다른 포유동물과의 중요한 관계를 이해하는 데 있어서 그 포유동물이 잘못을 범하게 되면 그것은 그 포유동물에게 극심한 고통과 부작용을 유발시킬 수 있다. 둘째 이러한 병리적 현상을 제거하거나 방지하게 되면 이제까지의 총체적 경험은 '창의성'을 조장할 수 있다.

수운은 유생들이 동학배척운동이 한참이고 자기의 체포가 코앞으로 다가올 즈음 1863년 12월 10일 체포되기 직전 같은 해 11월에 「불연기연」 장을 저술했다. 민중들은 극심한 고통 속에 시달리고 있었으며 수운의 사회적 성격은 이와 같은 '경강증catalepsis'에 걸린 상태였다. 조련사가

---

8 앞의 책, 150.

돌고래에게 준 시련은 15회 끝에 돌고래로 하여금 논리계형 변화를 가져오게 했다. 「불연기연」장 역시 이러한 당시 수운의 사회적 성격을 그대로 반영한 것이라 할 수 있다.

'이중구속'이란 두 개의 서로 모순되거나 양립할 수 없는 메시지를 동시에 받아서(불연기연), 어느 쪽을 선택하더라도 불리한 상황에 빠지는 의사소통 구조이다. 무엇을 해도 곤란해지는 함정형 메시지이다. 동학이 서학과는 다르다고 하나 유생들은 동학을 서학이라 하고, 서학에서는 동학의 '기화지신'을 비인격적인 것으로 보아 유일신과 대척이 된다고 한 것이다. 며느리가 시어머니에게 식사를 안 주면 굶겨 죽이려 한다 하고, 주면 독약이 밥에 들어 있다고 한다. 불연기연은 이런 이중구속적 상황을 그대로 반영한 글이며 '조물자'에게 탈출구를 찾으려 한 것도 사실이다. '천주'라 하지 않은 이유는 유생들은 이 말을 빌미로 동학을 서학이라 이단시하고 있었기 때문이기도 하지만 천주가 이중구속의 답이 아니라고 판단했기 때문이다. 메시지를 반복해서 받는 환경에서는 어려운 혼란을 겪는다. 수운이 당하는 이중구속이나 한국 며느리들이 시어머니한테 당하는 것이나 하나 다른 것이 없었다. 돌고래 역시 먹이를 계속 받아먹기 위한 생존 수단으로 행동을 계속 바꾸지 않을 수밖에 없었다. 그러나 수운은 민중들을 향해 '조물자'가 되라고 한다. '자'란 누구나 조물자가 되라는 것이다. 예수는 공생대 3년 동안 수많은 '이중구속적' 상황을 겪었다.

예수의 호칭 가운데 '사람의 아들'(Son of man)이라는 말이 자주 등장한다. 심지어는 최후의 순간을 맞이하기 위해 예루살렘으로 올라가는 도중에 "… 뒤를 따라가는 사람들은 불안에 싸여 있었다. 예수께서 다시 열두 제자들을 가까이 불러 장차 당하실 일을 일러 주었다. 우리는 지금 예루살렘으로 올라가는 길이다. 거기서 사람의 아들은 대사제들과 율법학자들의 손에 넘겨 가 사형선고를 받고 다시 이방인의 손에 넘어갈 것이다. 그러면 그들은 사람의 아들을 조롱하고 침 뱉고 채찍질하고 마침내 죽일 것이다. 그러나 사람의 아들은 사흘 만에 다시 살아날 것이다"(막 10:32-34).

여기서 '사람의 아들'이란 말을 세 번 반복해 사용하고 있다. 예수는 자기의 마지막 순간 사람이 낳았고 사람이 길렀고 사람의 손에 죽는다고 본 것이다. 플라톤이 조물주는 4원소로 자기를 지었고, 4원소를 동시에 정다각형의 비례로 짓고 다스릴 수 있다는 것이나, 예수가 자기는 철저하게 사람의 몸에서 나온 아들이나 하나 다를 것 없다고 한 것이나 마찬가지이다. 예수를 A-형에서는 창조주의 아들이라 할 것이지만, 예수 자신은 자신을 '사람의 아들', 즉 조물자이지 창조주가 아니라 한 것이다. 수운이나 예수 모두 이런 이중구속적 상황의 산물이고, 이에 관한 기록이 도마복음과 동경대전이다.

베이트슨의 이중구속과 수운의 논리계형

수운의 「불연기연」장을 베이트슨의 이중구속론적 시각에서 볼 때 논리계형이 잘 구성된 글이라 할 수 있다. 아이가 어머니의 얼굴 알기, 소가 주인 알아보기 등은 모두 이 논리 계형을 통해 가능해진다. 수운은 「불연기연」장에서 적어도 세 단계의 논리 계형을 만들고 있는 것을 발견한다. 위 베이트슨의 실험들은 러셀역설을 돌고래 사육이나 유아 학습에 적용해 본 것이다. 「불연기연」 안에도 다음과 같은 세 단계의 논리계형이 있는 것을 발견할 수 있다.

제1단계: 사물의 기초 단계에 있는 기연불연

"그렇다고 생각하여 긍정하는 측면에서 보면 그렇고 또 그런 것 같으며, 그렇지 않다고 생각하여 부정하는 측면에서 보면 그렇지 않고 그렇지 않다고 말할 수 있느니라."

其然如其然, 不然干不然

제2단계: 기연불연을 아는 단계

"그렇지 않다는 것을 알 수 없음으로 그렇지 않다고 말할 수 없는 것이요, 그렇다는 것을 알 수 있음으로 그렇다는 것을 믿을 수 있는 것이다."

不知不然 不曰不然, 知其然侍然

제3단계: 기연과 불연이 명확해지는 단계

"심오한 이치를 캐면 그렇지 않고 그렇지 않고 그렇지 않으며, 조물자의 하신 일에 비추어 보면 그렇고, 그렇다."

不然不然又不然, 其然其然又其然.

제1단계는 대상에 대한 기연과 불연을 말하는 것이고, 제2단계는 그것을 '아는知' 단계, 다시 말해서 대상을 '아는' 메타의 단계이다. 제3단계는 대상을 메타화했을 때 기연불연 혹은 불연기연이 TF 사슬 고리를 만드는 단계이다. 이는 거짓말쟁이 역설의 TF 사슬 고리와 하나 다르지 않다. 대상과 대상 혹은 메타와 메타의 고리가 아니고 대상-메타-대상-메타…의 사슬고리가 첩첩重重이 될 때 개체의 실체는 사라지고 만물은 하나의 유기체적 복합물이 된다. E-형 가족의 <조건2>와 <조건3>에 해당한다.

즉, 이 세 단계는 거짓말쟁이 역설에서 T(기연)와 불연(F)의 연계 사슬 고리(TFTFTF…)을 만드는 것과 같다 할 수 있다. 그리고 이 세 단계는 모두 각각 속한 컨텍스트가 다르다. 제1단계는 기연과 불연을 따로 분리하여 객관시 해 보는 단계이고, 제2단계는 기연과 불연에 '부지不知'와 '지知'라는 지각의 단계(메타화)와 연관시켜 불연은 '부지'에 기연은 '지'에 일치시키는 단계이다. 다시 말해서 불연과 기연을 각각 지각하는 메타화하는 텍스트를 콘텍스트로 바꾸는 과정을 말하고 있어서 중요한 단계라 할 수 있다. 메타화시킨 결과 기연은 '기연의 기연'이 되고, 불연은 '불연의 불연'이 된다. 다시 말해서 자기언급을 한다. 여기서 거짓말쟁이 역설 시각에서 보면 '거짓말의 거짓말은 참말'이 되듯이 역설이 발생한다. 그러면 여기서 '불연기연'(TF) 혹은 '기연불연'(FT)이 되는데 이를 베이트슨은 이중구속이라 한다. 제1단계에서 불연으로 보이던 것이 제2단계를 거지면서 '불연불연 우 불연'='기연기연 우 기연'이 된다. 불연을 거듭하면 기연이 되고 이러한 기연을 '기연기연 우 기연'을 거듭 하면 불연이 된다.

이렇게 메타화돼 컨텍스트가 '컨텍스트의 컨텍스트'로 계층화돼 나가면 하나의 복잡계가 만들어진다. 이렇게 조성된 존재가 다름 아닌 '조물자'라는 것이다. 만들면서 동시에 만들어진다. 종교적으로는 메타화가 '회개' 혹은 '깨달음覺'으로 하는 데 이를 삼안三眼, 즉 육안, 심안 그리고 혜안으로 볼 때 제2단계의 '지'는 심안이 열리는 것이고, 제3단계는 혜안이 열리는 것이라 할 수 있다.

베이트슨은 이러한 사슬고리를 두고 '이중구속'이라고 했다. 다시 말해서 제3단계에서는 기연이 불연을 불연이 기연을 구속하는데 이는 곧 이중구속double binding이다. 수운은 다른 문서에서도 불연과 기연을 말하고 있지만「불연기연」장에서와 같이 세 개의 단계 구별이 분명하지는 않다. 즉, '불연'과 '기연'이란 말은『용담유사』의「흥비가」와「虛荒歌」그리고『동경대전』의「歎道儒心及」등에도 나타난다. 그러나 단편적으로 격구 같이 나타날 뿐「기연불연」장과 같이 논리 계형이 갖추어져 있지는 않다.「흥비가」의 경우는 단구로 "무궁한 그 이치를 불연기연 살펴내어 부야 흥야 비해 보면 글도 역시 무궁하고 말도 역시 무궁이라‥" 와 같고「歎道儒心及」의 경우는 "도는 가까운 데 있는 것이지 먼 데 있는 것이 아니다. 도는 정성에 있는 것이지 구하는 데 있는 것이 아니다. 그렇지 않은 것 같지만 그러하고, 먼 것 같지만 멀지 않다(不然而其然 似遠而 非遠)." 허황가 같은 경우는 여러 곳에서 "… 허황하다 말을 말고, 불연기연 살펴내 賦也興也 比해 보소…", "불연기연 깨달아서 時中二字 하여볼까…", "非然其然 깨달아서…."「歎道儒心及」에서 주 목할 곳은 "그러한 듯도 하고 그렇지 않은 듯도 하다"(似然非然)라는 구이다. 이를「불연기연」장에서는 '其然而似然'이라 한다. 허황가 안에 서 '불연'과 '비연'을 동시에 사용하고 있는데 그 의미는 같다.

이상『동경대전』과『용담유사』를 일별해 볼 때 다른 곳은「불연기연」 장만큼 체계적이고 논리계형적이지는 않다.「歎道儒心及」에서 '似然非 然'은 기연과 불연(혹은 사연) 기연과 불연을 연결시켜 주는 중요한 역할을 '사연'이 하고 있다고 사료 된다. 불연의 불연은 기연이 되는 데 있어서 '사연'이 매개자 역할을 한다는 것이다. 그래서 불연기연이란 이원적이 아니고, 불연-사연-기연으로 연결되는 삼원적이라 할 수 있다. 이러한 사연이 있기 때문에 이중구속이 만들어진다고 할 수 있다.

허황가를 일명 '虛中有實歌'라고 하는데 이 가사는 구약의「전도서」를 방불케 한다. 양자는 모두 "헛되고 헛되다"가 반복되는 것으로서 허한 것을 실하게 만드는 원리가 바로 '기연비연'(혹은 '불연기연')이라는 것이다. 칸토어의 멱집합도를 통해 볼 때 공집합(나)을 (다)와 (라)에 연관시키는 것이라 할 수 있다. '사연'은 절대 무(나)와 유(라)를 연관시키는 것이다. (나)가 불연이라면 (라)는 기연이 될 것이다. 여기서 전체도 아니고 부분도 아닌 (다)는 사연似然이 될 것이다. 「홍비가」, 「허황가」 그리고 「기연불연」장 모두에서 한 가지 공통된 것은 천주에 읍소하는 것이다. 그러나 「기연불연」장에서는 '조물자'이다. 「기연불연」장이 가장 나중, 임종 불과 한 달 전에 쓴 글이기 때문에 그 이전의 천주가 조물자로 나아갔다고 할 수 있을 것이다. 그 나아가는 과정이 3단계 논리 계형 속에 분명히 나타나 있는 곳은 「불연기연」장뿐이다. 예수를 '사람의 아들'이라 한 것은 신을 인간이 낳았다는 것을 의미한다. 이런 위상을 '조물자'라 한다.

베이트슨의 말을 빌리면 불연기연은 '무작위' 혹은 '스터캐스틱'에 해당한다. '스터캐스틱'이란 말은 우리말의 '어림짐작'과 같다. 궁수가 활을 쏠 때 표적을 정확하게 겨냥하지 않고 대강 어림짐작으로 한다는 데서 유래한다. 정확하게 겨냥하면 불발이고, 어렴풋하게 겨냥하면 적중한다는 데서 유래한다. 새 사냥의 경우에서도 표적과 목표물이 적중할 때까지 총신을 상하좌우로 조정하다 발사한다. 총신이 자기 자신을 조정하는 과정이기 때문에 독일의 미텔슈태드는 이를 두고 '재귀feedback'라고 했다. 자기언급에 근접하는 말이다. 그런데 날아가는 새나 지상에서 달리는 목표물을 겨냥할 때는 재귀만으로 성공할 수 없고 '보정calibration'을 해야 하는데, 보정을 일명 '눈금측정법'이라 한다. 불연기연은 이런 눈금측정법에 해당한다.

재귀와 보정은 A-형 논리학에서는 금기시는 물론 위험시마저 된다.

아리스토텔레스 논리학의 동일률, 배중률 그리고 모순율은 자기언급에 대한 금지 선언이다. 그러나 베이트슨은 러셀의 계형론을 도입해서 재귀와 보정을 첨가해 위에서 본 동물 길들이기에 적용하여 노벨상을 수상한다. 재귀는 사수가 자기언급을 하는, 즉 사수와 목표물 사이에서 피드백하는 과정으로서 조준과 발사 사이에 간격과 분리가 허용돼 조절하는 것이다. 그러나 보정의 경우는 그러한 분리가 없다. 다시 말해서 보정이란 처음 표적에 더하기(+1), 새로운 표적을 더하기(+2)와 같이 무한정 반복할 수도 있다. 그럴수로 사수와 표적 사이는 '반의반의반의…'로 좁혀지고 적중률이 높아진다.

재귀와 달리 보정은 변하는 시간 차이를 전제로 한다. 단순 반복이 아니고 매번 차이 나는 반복을 반복해야 한다. 재귀 때는 포수가 한자리에 정지돼 있고 사냥감도 정지돼 있기 때문에 양자가 모두 자기 동일성을 유지할 수 있다. 그러나 보정의 경우 포수는 정지돼 있지만, 새는 움직이는 변화를 하기 때문에 이런 동일성을 유지할 수 없다. 매 순간 다른 포수가 겨냥하는 것과 같다고 할 수 있다. 단순 변화가 아닌 '차이'나는 반복, 다시 말해서 '변화의 변화' 혹은 '차이의 차이'의 반복을 겪는다. 그래서 재귀의 경우에는 같은 포수가 매번 독립적인 사격을 하지만 보정의 경우에는 포수의 지각에서 운동에 이르는 시스템이 매번 새롭게 조정돼 변한다. 매번 다른 포수가 사격한다고 해도 좋다. 여기서 동일성이 보장될 수 없는 연속과 비연속이 반복되는 역설이 발생한다.

그래서 베이트슨은 두 경우를 두고 '논리 계형'이 다르다고 한다. 그런데 만약에 베이트슨이 고구려 고분벽화의 수렵도를 보았다면 또 다른 노벨상에 도전하려고 했을 것이다. 왜냐하면 거기서는 포수도 움직일 뿐만 아니라 사냥감도 움직이고 심지어는 포수와 사냥감이 달리는 방향이 반대이고, 오른손에서 왼손으로 바뀌어 시위를 당기기까지 한다. 이 모든 경우가 '메타의 메타의…'에 해당한다. 이것이 성균관 경내에 화살을 보관하는 육일각이 있는 이유이다.

왜 존경각尊經閣과 육일각六一閣인가?

성균관 경내에는 경전을 보관하는 존경각尊經閣 옆에 육일각六一閣이라는 각이 하나 있다. 이 육일각 속에는 활과 화살이 보관돼 있다. 경전읽기가 중요한 만큼 중요한 것이 활쏘기라고 보았기 때문이다. 육예六禮 속에는 활 쏘기〔射〕가 필수로 포함돼 사경射經이 있을 정도다. 그런데 두 각이 한 가지 공통된 것은 '자기언급'이다. 자기언급의 다른 말은 '수양'이다. 두 가지 공부 모두 자기언급을 배우는 것이다. 그러면 활쏘기가 어떻게 자기언급과 연관이 되는지를 보기로 한다.

현대 군대에서 훈련소에 들어간 지 2주 후면 개인소총이 주어지고 사격술을 배우는데, 사격술의 2대 요소는 '조준선 정렬照準線 整列'과 '정조준 正照準'이다. 팔자가 사격술을 처음 배운 시기는 1968년 3월 말경 50사단에 서였다. 경험에 의하면 한국 훈련소에서는 전자를 먼저 배우고 후자를 나중 배운다. 어려운 것은 전자이다. 조준선 정렬이란 총 끝의 가늠쇠와 눈 부조 위의 가늠자를 나란히 일치시키는 것이다. 사람으로 내부에 비유하면 자기가 자기를 보는 것이다. 총 쏘기의 기본이 바로 이 조준선 정렬에 있다.

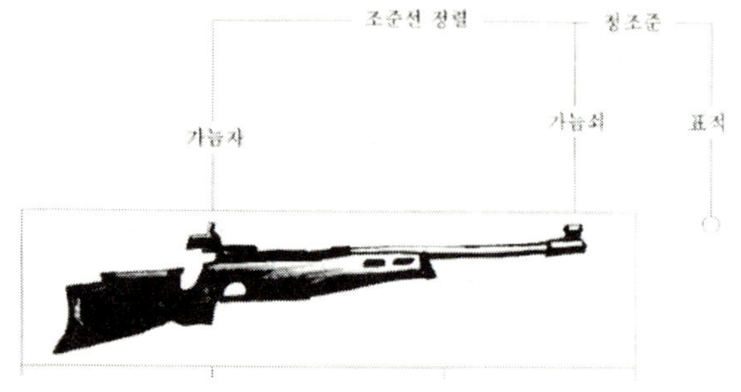

[도표 2.3] 조준선 정열

위의 도표에서 보는 바와 같이 조준선 정렬은 표적target을 겨냥하는 것이 아니고 총이 자기 자신을 자신이 겨냥하는 자기언급이다. 사수의 눈은 '가늠자'에 닿아 있다. 그런 점에서 가늠자는 사수의 눈 자체와 일치한다고 할 수 있다. 여기서 눈과 가늠자의 간격까지 분리할 필요는 없다. 그렇다면 조준선 정렬이란 사수 자신이 총과 정렬 다시 말해서 일치시키는 것이라 할 수 있다. 반약심경이 '관자재', 『도덕경』이 '도가도' 하는 것과 같은 것이 모두 자기언급이다. 조준선 정렬하기 훈련을 거의 10일 이상 받는다.

이렇게 조준선 정렬이 끝난 총신을 이리저리 움직여 외부 표적에 일치시키는데 이를 두고 '정조준'이라 한다. 정조준은 그런 의미에서 '타자언급'이라고 할 수 있다. 정조준을 할 때 선행 조준선 정렬에 변화가 없도록 해야 한다. 변화가 생기지 않는 한 얼마든지 총신을 움직여 정조준을 할 수 있다. 그래서 조준선 정렬이 재귀라면 정조준은 보정이라 할 수 있다.

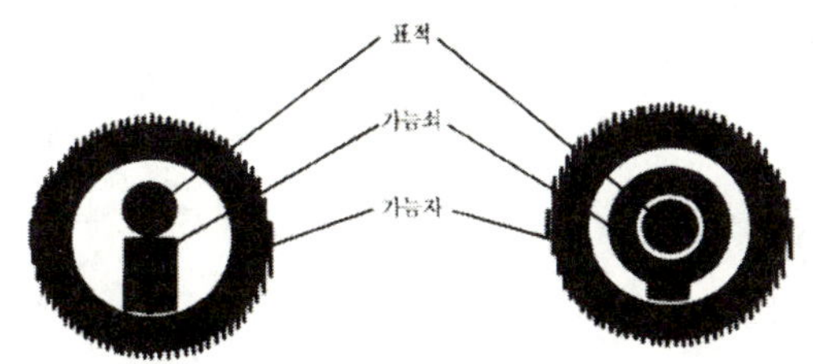

[도표 2.4] '평면도 조준선 정렬'

조준선 정렬이란 '겨냥하는 것을 겨냥함'이란 2차 자기언급의 다른 말로써 '재재귀'에 해당한다. 재귀라 하는 이유는 '조준선 정렬'은 총이 자기 자신이 자신을 겨냥하기 때문이다. 거듭 강조해 말하면 총신 안에 들어 있는 가늠자와 가늠쇠를 정렬시키는 것이 조준선 정렬이다. 그래서 조준선 정렬은 재귀에 해당하고 정조준은 보정에 해당한다. 이에 대한 상세한 설명은 아래와 같다.

'가늠자'는 눈에 가장 가까운 자그마한 구멍이다. 보통 눈과의 거리는 1인치 미만인 경우도 있고 3~6인치인 경우도 있다. 이 거리를 안구 보호 지대라고 한다.[9]

'가늠쇠'란 총의 앞 끝부분에 달려 있는 쇠붙이다. 여기서 사용되는 총에 관한 용어는 가늠자와 가늠쇠이다. 그래서 이 양자는 같은 총신 안에 있으면서 서로가 서로를 겨냥하기 때문에 재귀 혹은 자기언급이라고 한다. 이렇게 사격은 가늠자, 가늠쇠 그리고 표적의 3자 관계에 의하여 이루어진다. 정조준이란 이 3자를 동일 선상에 올려놓는 것이다.

사격술의 첫출발은 '조준선 정렬照準線 整烈'이라는 그것으로부터 시작한

---

9 임변 · 김기환 공저, 『사격술 연구』 (서울: 신명출판사, 1983), 97.

다. 그런데 여기서 '백일선 조준'이란 정조준된 상태를 두고 하는 말로써 이것이 보정에 해당한다. 위 '평면도 조준선 정렬'이란 가늠자와 가늠쇠의 일직선상이 되는 관계를 두고 하는 말이다. 가늠자와 가늠쇠, 눈, 표적의 연결은 탄알의 비행로인 것이다. 그중에 결정적인 역할을 하는 것이 바로 가늠자와 가늠쇠를 연결시키는 조준선 정렬인 재귀이다. 명사수란 조준선 정렬이 된 상태가 표적의 흑점 중앙 하단에 조준점이 형성되도록 한다. 이때 조준점은 표적의 흑점과 야간의 공간을 두어 형성되고 가늠자, 가늠쇠 그리고 표적 흑점의 관계 배치가 정확히 되었을 때 바른 조준이 되었다고 하고 통상 이러한 상태를 '백일선 조준白一線 照準'이라고 한다(같은 책, 164). 인간이 만든 모든 학문의 처음과 마지막이 궁극적으로 이 백일선 조준에 있지 않을까 생각해 본다. 존경각 수만 권의 책도 이 백일선 조준 하나에 있지 않을까 한다.

가늠쇠, 가늠자, 표적을 일치시키려 할 때 매우 역설적인 상황이 벌어진다. 가늠쇠를 확실히 보려고, 즉 표적을 확실히 보려고 하면 가늠자와 가늠쇠가 흐리게 보인다. 그러므로 세 지점을 동시에 보기란 불가능하며, 동시에 보려고 하면 할수록 눈의 피로는 가중된다. 따라서 어느 한쪽을 희생시킬 수밖에 없는데 눈의 초점을 가늠쇠에 두어 가늠자와 표적의 명료성을 어느 정도 희생시킬 필요가 있다. 물론 이렇게 될 경우 가늠자를 뚫고 들어가는 부분이 흐려져 마치 두 겹으로 된 것처럼 눈에 보이게 되나 이것은 개의치 말아야 한다. 문제는 흐리게 보이는 가늠자의 어느 부분에 가늠쇠를 찾아내면 바른 조준선이 형성되는가를 확실하게 머릿속에 새겨두어야 한다는 것이다. 이때 가늠쇠와 표적 간에 이루어지는 백일선은 동일한 공간에서 형성된다. 우리의 목적은 재귀와 보정을 통해 러셀역설을 쉽게 이해하기 위해서이다. 모든 공부의 궁극적 목적은 백일선을 이루자는 것이 아닐까 한다. 불연이란 바깥 대상이 무엇인지 모른 상태이다. 그런데 그것이 기연이 되자면 조준선 정열과 정조준이 형성돼 백일선 조준이 만들어지도록 해야 한다. 베이트슨은 돌고래가 놀이를 하는 과정도 궁극적으로 백일선 조준에 있다고 할 수 있다. 그런데 거기에는 조준선 정렬이라는 재귀 과정 다시 말해서 자기언급이 필수이다.

베이트슨은 '조준선 정렬'과 '정조준'이란 현대 군사용어들을 그대로 사용하면서[10] "총신의 방향과 목표물의 방향과의 오차(이는 이용해야 할 정보이다)는 가늠자에서 본 가늠쇠와 표적의 차이라는 형태로 전달된다. 사수는 오차의 정보로써 이를 수정하고 새로운 오차의 정보를 받으면 이것 또한 수정하여 최종적으로 오차가 없어졌거나 최소한이라는 정보를 받게 되어 발포한다. 이 수정과 정보수신의 회로는 때로 몇 바퀴나 돌게 된다"(베이트슨, 1990, 238).

거짓말쟁이 역설에서 T와 F가 재귀하는 것이 거울대칭이라면 '몇 바퀴나 돔'은 회전대칭에 해당한다. 수운은 거울대칭을 기연과 불연의 대칭으로 그리고 회전대칭은 '비연비연 우 비연'과 '불연불연 우 불연'에서 라고 할 때 '우又'에 해당한다. 그리고 재귀와 보정이란 곧 두 대칭을 두고 하는 말이라 할 수 있다. 이는 소총 사수에 해당하고 엽총 사수의 경우는 사정이 다르다고 베이트슨은 주장하면서 엽총의 경우는 가늠자와

---

10 베이트슨은 "내가 사격을 배웠던 시기는 제2차 세계대전 중 군용 자동소총을 사용하였을 때였다"(베이트슨, 1990, 239)라고 하나, 필자는 1968년 군 입대 때부터이다. 그러나 베이트슨을 알게 된 것은 1998년 『러셀역설과 과학 혁명구조』(솔출판사, 1997)를 쓸 때부터이다. 필자는 사격술을 안 후부터 역설에 관한 제 의문들의 진원지를 알게 되어, 그 이후 대부분의 저작물은 이 역설과 연관되는 경우들이다.

가늠쇠 사이의 재귀와 보정이 없이 조준-발사라는 단일한 행위를 통해 그 달성 정도를 다음 발포의 정보로 이월하는 것 이외의 다른 방법이 없다고 한다.

소총을 사용하는 경우 조준기를 통하여 사냥꾼이 표적에 대한 조준상태를 알 수 있다. 잘못된 조준을 수정하려면 새로운 잘못이 발생되지만 조준을 반복하는 사이에 만족할 만한 정조준이 이루어질 때 방아쇠를 당기면 된다"(베이트슨, 1990, 233)고 한다. 그러나 베이트슨이 여기서 '조준기'라 한 것은 가늠자와 가늠쇠를 두고 한 말이 분명해 보인다. 그렇다면 베이트슨은 현대 소총 사격술을 정확하게 기술했다고 볼 수 있다.

발포 행위가 이루어지면 사수는 정확도를 높이기 위해 조준선 정렬과 정조준을 반복하는데, 이를 두고 '재귀'(feedback)라고 한다. 그런데 소총이 아닌 엽총이나 개인 권총의 경우는 처음부터 이런 재귀가 불필요하고 불가능할 것처럼 보인다. 가늠자와 가늠쇠의 부재 때문이다. 그래서 사수가 총신을 표적을 향해 임의로 겨냥한 다음 방아쇠를 당겨야 한다. 다시 말해서 숙달된 경험에 의존할 수밖에 없다. 그러나 총신에 가늠자와 가늠쇠가 없는 경우, 즉 대포 같은 경우에도 사수는 허공에 임의의 가표적을 마음속에 인형같이 설정해야 한다. 대공포 사수의 경우에는 표적물을 하나의 점이라고 가정하고 이를 스크린 위에 먼저 띄운다. 그리고는 같은 스크린 위에 임의의 마음속 점을 하나 가상으로 띄우고는 핸들을 돌리면서 포신의 방향과 함께 스크린상 두 점을 일치되는 순간에 포탄을 발사한다. 활쏘기도 사정은 마찬가지이다. 유학에 『사경射經』이 들어 있는데 이는 활 쏘는 방법을 말하고 있다. 심지어 볼링 선수들도 표적과 눈 사이에 있는 마루 위 임의의 지점을 먼저 설정해야 하고 이 중간 지점에다 볼을 먼저 던진다. 중간 지점의 거리를 좁힐수록 사수의 눈은 정확도를 높일 수 있다. 그렇다면 사수의 눈과 가장 가까운 것은 사수의 눈 자체이다. 이를 두고 미텔슈테트는 '보정calibration'이라고 한다. 사수의 눈 자체도 뇌신경과 망막의 거리가 있고, 궁극적으로 보정은 사수의 보이지 않는 '마음' 자체일 것이다. 바로 이러한 이유로 육일각을 존경각만큼 중요시한 것이 아닌가 한다. 이것이 마음 '心' 혹은 '知'가 제2단계에서 등장하는 이유일 것이다.

사격술에서 중요한 관건은 '재귀'과 '보정'이다. 기연불연을 통해 이러한 재귀와 보정의 두 과정을 그치는데 이를 '회귀적 서열orders of recursiveness'이라고 한다. 인간들 가운데는 재귀에만 혹은 보정에만 관심 갖는다. 그러나 수운은 이 둘을 겸해 가져야 한다고 한다. 사격은 재귀와 보정이 상호작용하는 데서 가능해지는 데 이를 '바이어스bias'라 하고 '재귀의 보정'의 다른 말이라고 할 수 있다. 바이어스는 쇠붙이로서의 총을 의미하지 않고, 사수의 감각기관과 온몸의 합성인 '심신'을 의미하다. 사격은 심신의 문제이다. 도마복음이 '자기를 보라'고 강조한 이유가 사격술을 통해 더욱 분명해졌다.

2.3 데리다의 차연^{差延}과 불연기연

차연의 논리적 배경

수운은 왜 두 가지 다른 문자로 『동경대전』과 『용담유사』를 썼을까? 한자가 도입된 이래 예외적이라 아니 할 수 없다. 율곡, 퇴계 그리고 다산에 이르기까지 보기 드문 예외라 할 수 있다. 그의 이런 글쓰기 방식은 현대 프랑스 철학자 데리다의 『그라마톨로지』에 의해서 돋보이지 않을 수 없다. 수운은 『동경대전』은 상형문자인 한문으로, 『용담유사』는 표음문자인 한글로 지었다. 현대 언어학의 창시자인 소쉬르(1857~1913)는 전자에 대해 후자를 우선시했으며, 데리다(1930~2004)는 반대로 전자를 우선시했다. 이러한 입장의 차이는 '차연^{差然}'이란 말을 두고 두 사람 사이의 견해 차이 때문이다. 도마복음도 두 가지 언어 그리스와 콥틱어로 씌어졌지만, 하나는 다른 하나의 번역(그리스어에서 콥틱어로)으로 같은 책의 동일 내용이다. 그리고 두 언어가 모두 '표음문자'이다. 그러나 데리다는 표음문자와 상형문자 사이의 차이를 문제시하고 있다. 그래서 수운의 두 저작물은 여기서 생각의 대상이 될 수 있다. 만약에 소쉬르나 데리다가 한국에 살았더라면 이 차이를 간과하지 않았을 것이다.

'차연^{differance}'이란 용어는 '차이^{difference}'와 '연기^{deferred}'라는 두 말의 합성어와 같다. 소쉬르는 이 말을 주로 언어에 국한해 사용했는데, 데리다는 언어뿐만 아니라 사물 전반에 걸쳐 이 말을 적용했다. 예를 들어서 환율의 경우 'one dollar'가 수시로 원화 혹은 엔화 등에 따라 변하는 것을 볼 수 있다. 이런 차연의 개념을 여기서는 수운의 '不然 不然 又 不然과 其然 其然 又 其然'이란 한 것인가 가정해 본다. 즉, 차이란 불연과 기연이고, 그것의 지연은 '又 不然과 又 其然'이라 가정해 본다. 신이 인간을 지음 다음 직후 이름 짓기를 했으며 이어서 바벨탑 언어의 대 혼동이어서 노아 대홍수를 창세기 P 기자가 연속적으로 기록한 것을 대재앙의 원인을 언어에서 본 것을 보면, 그것을 미국 돈과 각국의 돈 사이에 차연이 생기면서 생긴 IMF 환율 위기가 모두 차이와 지연에서 생긴 변동 때문이라 할 수 있다.

그런 의미에서 수운의 「불연기연」장은 앞으로 닥쳐올 모든 사상적 변동의 시기를 겪을 것이라 유언처럼 남긴 글이라 할 수 있다. 사실 수운 이후 조선은 사회적 그리고 민족적 대 혼란을 겪게 되었으며, 조선의 멸망이라는 위기까지 겪게 되었다. 같은 문학 작품을 두고도 해석하는 독자들의 이해와 감상 방법이 다를 수 있다. 이러한 차연 개념들은 전통 철학의 실체와 이분법적 사고를 정면으로 반대하고 실체 대신에 과정과 이원론에 대한 유기체적 사고의 한 단면들을 보여준다. 포스트모더니즘의 전형적인 특징인 경계의 와해, 음성 중심주의 청산, 상호 텍스트성 그리고 해체 같은 것들을 연상시키는 것이 차연이다. 공자는 이러한 차연의 차이와 지연을 "태극이 음양을 낳고, 음양은 사상을 낳고, 4상은 8괘를 낳는다"고 했다. 여기서 '음양'이란 차이이고, '낳고 또 낳고 하는 것'은 지연을 의미한다 보면 될 것이다. 그래서 차연은 상반된 작용의 반대일치와 그것이 지연되는 것의 두 가지 의미이다.

그러나 차연을 두고 하나의 집합 안의 요소들이 차등 없이 변하는 것으로 보면 안 된다. 비트겐슈타인은 "하나의 명제는 논리적 공간 속 한 장소만을 결정하겠지만, 그럼에도 논리적 공간 전체가 이미 그 명제에 의해 주어져 있어야 한다"(논고, 3.42). 이는 차연 구조 속에 자기언급이 들어 있음을 시사하는 것이다. 우리가 대상에 측정 막대기를 마주 놓았을 때 그 대상에 마주 대어지는 것을 개별적 눈금이 아니라 눈금 전체(자체)이다(이승종, 2002, 159).

마치 멱집합에서 전체집합 (가)의 부분집합인 (나), (다), (라) 차이가 나지만 동일한 집합 안의 부분으로 같다. 이들은 멱집합 안에서 지연되면서 흘러내린다. 불교논리학 인명학에서는 차이를 동품同品과 이품異品이라고 한다. 인명학이 아리스토텔레스의 논리학과 달리 이 품을 도입한 것은 데리다에 앞선 선구자적인 것이라 할 수 있다. 동품과 이품은 유有, 무無, 구俱의 삼자를 도입 $3^2 = 9$개의 구를 만드는 데 이를 '구구인九句因'이라고 한다.

제1구: 동품유 이품유   공부정인
제2구: 동품유 이품무   정인
제3구: 동품유 이품구   공부정인

제4구: 동품무 이품유   상위인
제5구: 동품무 이품무   불공부정인
제6구: 동품무 이품유   상위인

제7구: 동품구 이품유   공부정인
제8구: 동품구 이품무   정인
제9구: 동품구 이품구   공부정인

구구인이 정인인지 아닌지를 판가름하는 기준이 인의 삼상이다. 변시종법성, 동품정유성 그리고 이품편무성이다. 그 가운데 변시종법성이란 "부분(因)은 반드시 전체(宗)에 包涵돼야 한다"이다. 이를 한 번 멱집합을 통해 검토해 보기로 한다.

{abc}={{∅, {abc}, {ab}, {bc}, {ca}, {a}, {b}, {c}}
  (가)   (나) (다)   (라)

멱집합에서 (가)는 전체이기 때문에 부분집합들(나, 다, 라)은 반드시 (가)에 내포包涵돼야 한다. 그런데 (나)는 과연 (가)의 부분집합인가? 부분집합이면 동품이고 아니고 이품이다. 공집합 (나)는 부분이다. 그래서 동품인지 이품인지 양쪽을 다 지니고 있기 때문에 '동품구이품구'(제9구)인 공부정인으로 분류된다. 다음 (다)는 (가)는 분명히 동품유이품무(제2구)로서 정인이다. 다음 (라)는 동품구 이품무(제8구)로서 정인이다.

이렇게 인명학은 기원후 4세기경에 진나에 의해 거의 완성되었다. 그러나 11세기경부터 진나 논리에 문제점들이 지적되기 시작했다. 동품인지 이품인지 결정하기가 쉽지 않았기 때문이다. 그러나 여기서는 데리다의 차연 속 차이(동품과 이품)를 지연(유, 무, 구)로서 명쾌하게 설명할 수 있는 장점이 있다. 그리고 무엇보다 데리다가 차연을 통해 탈현대로 가는 불확정성 원리를 찾을 수 있었다는 것인데 위 구구인표는 이에 적절하다 할 수 있다. 정인 2개를 제외한 나머지 8개는 모두 확실성이란 바벨탑을 허물고 만다. 그 가운데 상위인은 가히 폭탄과도 같다고 할 수 있다.

상위인의 위력은 불교의 삼법인을 무력화시키고도 남음이 있다. 다시

말해서 제법무상諸法無常의 경우 '모든諸'란 말 속에 삼법인 이 구절 자체를
대입하면(자기언급) 이 말 자체도 무상하다라는 역설, 즉 자어상위인에
저촉이 된다. 당시 자이나 파 같은 6도 학파에서는 불교의 이라한 논리적
인 취약점을 공격했으며 진나는 이들의 공격에 맞서기 위해 인명학을
개발했던 것이다. 진나-현장-원효에까지 인명학(혹은 비량학)이 소개
돼 원효는 진나와 현장의 인명학에 문제점들을 비판하기 위해『판비량론』
을 지었다.

　有도 그리고 無도 동시에 구비한 것을 俱라고 한다. 이 셋을 동품과
이품을 2개로 조합한 것(32=9)이 구구인의 구조이다. 이는 차이와 연장
혹은 지연을 모색한 '차연'과 같다고 할 수 있다. 여기서 구는 마치 수운이
「불연기연」장과 「허황가」 등에서 말하고 있는 '似然'가 유사한 개념이다.
불연과 기연 사이의 가교 노릇하는 것이 사연이다. 엄격한 의미에서
불연기연은 '불연사연기연'라는 삼중주 구조이다. 又는 사여의 매개로
지연될 수 있게 한 것이다. 차이를 연장 혹은 지연시켜 주는 것이 사연이다.
불교 논리학은 서양 논리학 같이 바른 추리, 즉 정인을 찾는 것만 목적인
것은 아니다. 구구인 전체가 하나의 얼개가 돼 연계망을 만든다. 차이가
거울대칭을 한다면 지연은 회전대칭을 한다. 그럴 때 구구인은 이 두
가지 대칭을 동시에 가동시키는 역할을 한다.

　인명학의 구구인은 E-형 논리 구조를 밝히는 데 도움을 준다. 우리
나라에 논리학이 없다고 하지만, 원효의『판비량론』은 중국의 현장과
인도의 진나를 능가하는 탁월함을 보여주는 논리서라 할 수 있다. 한태동
교수는 신라 판비량론, 고려 상감청자 그리고 조선 한글을 3대 국보라
했다. 판비량론의 논리는 차연 개념을 설명하기에 알맞다. 나아가 한국을
넘어 중국 그리고 세계 철학의 그 논리적 미비점을 판비량론은 구명할

것이다. 아쉽게도 첫 7절 반 정도가 멸실됐지만 남은 구절들을 토대로 앞으로 학자들의 노력으로 제구성할 수도 있을 것이라 본다. 왜냐하면 원효가 불교철학의 각 주제별로 절들을 구성하고 있기 때문이다. 지금 남아 있는 부분은 유식과 자아에 관한 것이다. 그렇다면 다른 주제인 열반, 정토, 화엄 등 불교철학의 주제들을 중심으로 원효의 추리 방법론을 그대로 적용할 수 있기 때문이다. 그러나 한국 불교학계는 이런 논리적 연구는 뒤로 하고 있는지 개탄스럽다고 아니할 수 없다.

동학의 불연기연은 세 단계 논리계형이 가지런히 잘 짜인 글이다. 베이트슨은 러셀의 논리계형 이론을 이중구속론에 적용했다. 그러나 1970년 이후 동양 학자들 특히 인도의 굽타와 일본의 키하라에 의해 논리계형이 위계적이 아니고 순환적임이 밝혀졌다. 이는 또 하나의 중요한 문제이다. 폴 와츠라위크는 의사소통 이론에 러셀의 유형론을 적용해 일가를 만들었다. 빅터 프랭클의 의미 심리상담도 예외는 아니다. 이뿐만 아니라 쿤이 말하는 과학의 페러다임 전환마저도 러셀역설의 적용이 빌미가 되었다. 이에 대하여 필자의 『러셀역설과 과학 혁명구조』 (솔, 1997)과 『한의학과 러셀역설해의』(지식산업사, 2005)는 러셀역설에 관련된 저술들이다.

'동학과 도마복음' 역시 러셀역설이 주제어이다. 서양 철학이 이 역설에 눈을 뜨기 시작한 것이 바로 탈현대의 관문을 여는 것이다. 문화계의 특히 영화도 이 역설 개념 없이 감상하기란 무의미할 정도이다. 서부영화에서 선과 악이 이분법적으로 나뉘는 것이 아니고 선과 악이 결국 차이와 연장으로 이어져 나가는 것이 현대 영화의 특징이다. 한국 영화에도 이런 역설이 적용돼 '내부자' 같은 경우는 그 전형이라 할 수 있다. 악과 선을 구별할 수 없을 정도로 선과 악이 차이를 가지고는 있지만 계속 순환적으로 반복 점진한다는 것이 하나의 유행처럼 되었다.

도마복음 안에는 이러한 역설을 표현 구절들이 많다. 그 중 3, 7, 11, 14, 18, 29, 31, 41, 54, 55, 56, 58, 60, 62, 67, 68, 69, 70, 74, 80, 87, 99, 101, 112장(총17장)이고, 지연에 해당하는 미분적 합일 구조에 해당하는 어록은 4, 11, 21, 22, 23, 30, 37, 46, 47, 48, 50, 106장(총12장)으로 모두 합하면 모두 29장으로 전체 어록의 1/4 정도이다. 동일한 주제로 이 정도의 양이면 도마복음 전체가 역설과 미분적 합일에 관한 것이라 할 수 있다. 이는 E-형의 3대 특징을 여실히 보여주는 증거라 할 수 있다. 물론 사복음서 안에도 이런 역설과 미분적 합일에 관한 구절들이 없는 것은 아니지만 주종을 이루지는 못하고 있고, 두 A-형의 주자들인 아타나시우스와 아우구스티누스와 교부들은 그리스 철학의 영향으로 이런 구절들을 백안시했었다. 그러나 도마복음서 안의 이 구절들은 『도덕경』이나 『반야심경』 같은 E-형에서는 다반사로 발견될 정도로 주종을 이루고 있다. 이 구절들과 불연기연과의 관계는 다음 절에서 다시 상론될 것이다.

기표와 기의는 역설의 진원지

소쉬르에 따르면, 하나의 사물에 하나의 명칭이 일대일로 대응하는 것이 아니고, 하나의 개념concept에 하나의 청각영상image of acoustique이 대응한다. 아담은 시각 작용을 통해 사물의 꼴인 형을 상으로 만드는 것이 아니다. 소쉬르가 말하는 청각영상이란 고막에 와닿는 물리적이고 물질적인 음(音)이 아니고, 그러한 음의 심리적 인영인 우리 감각의 직관에 새겨진 음의 표상(表象)이다. 그래서 실재의 소리가 아닌 그 소리에 대한 정신적인 각인인 우리의 감각이 만들어 낸 표상이다. 아담이 '나무'라고 할 때, 그 '나무'라는 소리 자체는 파롤(parole)의 영역에 속하는 것으로 기호가 아니다. 그의 아내 하와는 다르게 발음할 수 있기 때문이다. 그런데 만약에 아담과 하와가 같이 그것을 한글의 '나무'라고 발음한다면 그것이 두 사람의 '청각영상'이 되며 기호의 자격을 갖는다. 청각영상은 나중에 표음언어를 만드는 데 결정적인 공헌을 하는데, 아리스토텔레스는 이런 청각영상을 영혼에 각인된 것으로 보았으며, 데리다는 이것이 바로 존재신학onto-theology의 형이상학을 만들어 이성중심적이게 했다고 한다. 다시 말해서 표음문자는 이성이 발동하지 않으면 작용 자체가 불가능하다는 것이다. 한글로 '나무', 라틴어로 'arbor'라 하며 그것의 개념은 'arbre'다. 그래서 '나무'에는 나무의 개념인 arbre가 항상 전제돼야 한다. 그래서 표음문자에서는 '나무'라는 대상과 그것의 청각영상arbor 그리고 그것의 개념arbre 등 3자 관계에서 기호학이 성립한다(소두영, 1991, 39). 바로 표음문자의 3자 관계에서 언어의 위기인 바벨탑의 위기가 기다리고 있었다.

그런데 상형문자인 한자의 '木'은 그것의 청각영상에서 다시 개념화될 때 'arbre'가 되고, 이에 해당하는 한자는 '수樹'이다. 그런데 한자에서도 회의會意문자는 이미 상형이 추상화한 것이라 할 수 있다. 그런 의미에서 '樹'는 '木'을 추상화한 것이다. 이를 보통 결합하여 '수목樹木'이라고 한다. 그래서 한글에서는 '나무 목'이라고 할 때, '나무'는 구체적인 경험에 가깝고 '목'은 그것을 추상화한 것에 가깝다. '하늘 천', '따 지'와 같이 천자문은 모두 이렇게 표음과 한자가 병행한다. 데리다의 시각에서 볼 때 우리는 기천년 동안 표음과 상형문자의 틈 속에서 문자 생활을 해 왔다 할 수 있다. 수운이 한글과 한자를 동시에 구사해 다른 두

책을 기록했다는 것은 경이롭다 아니할 수 없다. 하나의 책을 번역 차원에서 그렇게 한 것이 아니고, 별개의 권에서 그렇게 했다는 데 큰 의의를 부여하지 않을 수 없다. 데리다의 문자학이 불학정성이란 위기에 봉착한 것을 보면 실감이 날 것이다.

순수 한글을 개념화할 때 항상 한자를 사용한다. 한자에서 문자가 만들어지는 방법은 육서六書, 즉 상형象形, 상사象事, 상의象意(會意에 해당), 상성象聲(形聲), 전주轉注, 가차假借가 있다. 상에서 본뜨는 것이 상형·상사·상의·상서다. 이 방법에서 기표와 기의가 만들어진다. 대상에서 상을 만드는 것을 상사(기표), 관념에서 본뜨는 것을 '상의'라 한다(기의). 대상에 상관없이 상징적 관계만으로 만드는 것을 전주와 가차라 한다. 이와 같이 한자는 이미 순수 상형만이 아닌 구조를 갖는다(최봉영, 2002, 42).

'목木'은 청각영상이고 '수樹'는 그것의 개념이라고 할 때, 개념과 청각영상을 대신하는 말이 바로 기호 내용인 기의와 기호 표현인 기표다. 기의와 기표는 사실상 메타와 대상의 관계다. 정약용에 따르면, 인간은 대상에서 개념을 만들고, 개념에서 개념을 만든 다음, 다시 개념과 대상을 연관시킨다고 보았기에(『여유당전서』 권 2, 275-278) 순환적이라고 했다. 그러나 러셀은 대상과 메타를 상호 순환적으로 생각하지 못하고 위계적hierarchical으로 나누었고 베이트슨은 '논리계형' 혹은 '컨텍스트의 컨텍스트'라 했다. 이는 A-형 논리학의 전형적 특징이다. 이러한 러셀역설 해의법을 두고 화이트헤드는 서양 철학은 플라톤 철학의 주석에 불과하다고 한 이유일 것이다. 기호학이 공헌한 점은 다름 아닌 기표와 기의가 서로 분리되는 대립적 관계이면서도 서로 비분리적임을 말해 주는 것이라 할 수 있다. 양자는 서로 위계적이 아니고 순환적이다(소두영, 1991, 40). 위계적이 아니고 순환적임을 막상 알게 된 것은 1970년대이다.

19세기 말 20세기 초는 서양에서 역설을 새삼 발견하는 시기였다. 소쉬르가 언어기호를 두고 기표와 기의의 결합체로 보면서도 상호 대립과 일치를 말하는 것 정도로 대한 것은 역설을 너무 낙관적으로 본 것은 한계라 아니할 수 없다. 막상 프레게도 1902년 6월 러셀로부터 역설 소식을 듣고 그렇다면 더 이상 글을 쓸 수 없다고 하였다. 소쉬르가 역설을 얼마나 심각하게 생각했는가는 나중에 데리다가 소쉬르가 표음문자 위주 사상으로 보고 비판한 것을 보면 알 수 있다. 기표와 기의로 나누는 한 이미 역설은 그 안에 들어 있었다. 동양의 『요가수트라』는 이러한 트로이카 사이의 심각한 관계를 다음과 같이 말하고 있다.

"말(sabd)과 대상(artha)과 의미(pratyaanam)가 서로 겹치기 때문에 혼동
이 생긴다."

산스크리트어에서 sabd는 '말' 또는 '소리'를 뜻하고, artha는 '사물' 그리고 pratyaanam는 '의식 내용' 또는 '의미 표상'을 뜻한다. 나무라는 대상 사물(artha)을 보고 거기에 말(sabd)을 한다. 그리고 말할 때는 반드시 사물과 말을 일치시키는 의미 작용이 따라야 한다. 이때 소리, 즉 말에 해당하는 것을 '기표'라 하고 의미 작용을 '기의'라고 한다. 그런데 현대 기호학에서는 대상에 해당하는 사물은 거의 무시한다. 이 점이 인도의 트로이카와 현대 기호학의 다른 점이다. 역의 상·수·사란 트로이카의 관점에서 볼 때 기표에 해당하는 것이 괘의 '상'이고, 기의에 해당하는 것이 괘의 '명' 또는 '사'라고 할 수 있다. 그런데 수數는 인도의 경우에도, 현대 기호학의 경우에도 고려 대상이 아니다. 그러나 역에서는 수가 매우 중요한 지위를 차지한다.

트로이카가 재귀를 하고 사상^{mapping}하는 데서 '혼돈'이 발생하며, 여기서 말하는 혼돈이 역설이고 난제라는 데 있다. 그런데 여기서 데리다마저 심각하게 생각하지 않은 점이 있다. 기표와 기의는 상호 간에 심각한 권력 다툼을 한다. 이 둘은 적대 관계^{enemy relation}는 아니고, 서로 적수 관계^{rival relation} 속에 있으며, 그래서 상호 간에 일치하면서도 서로 경쟁하는 권력 다툼을 한다. 이런 적수 관계는 서로 상생과 상극이라는 두 작용을 벌인다. 그리고 두 관계는 서로 부분-전체 관계^{mereological relation} 속에서 서로 부분과 전체 관계가 전도되는 현상을 일으킨다. 즉, 기표와 기의는 상생상극이라는 동사적 작용과 부분과 전체라는 명사적인 집합론적 관계 속에서 파악해야 한다.

현대 기호학이 인도의 『요가수트라』 와는 달리 지시 대상을 제거한 것은 한 발 진보한 것이지만,[11] 기표와 기의의 통일을 말한 것은 문제의 한 면만 본 것이라고 할 수 있다. 기표와 기의는 통일이 안 될 뿐만 아니라 완전히 상충하는 경우도 있다. 둘은 상생하는 경우도 있지만 상극하는 경우도 있다. 소쉬르는 상생하는 경우만을 보았다. 상생과 상극을 모두 하기 때문에 요가수트라는 '혼돈'을 조장한다고 했다. 기표와 기의가 상생상극 하는 것을 두고 '텍스트^{text}'가 엮여져 나간다고 한다. 그러면 상생과 상극을 하는 과정만 남게 되고, 지시 대상은 치워지게 되거나 괄호 안에 들어가 버리고 만다. 이러한 대상 치우기를 데리다는 '상이^{相移}'(différance)라고 했다. 이 말은 데리다 철학의 근본적인 특징이

---

11 『요가수트라』는 실재론적 관점에서 '지시대상'을 두고 객관적으로 외계에 실재하는 것이라고 보았다. 그러나 현대 기호학은 사물의 실재성을 부정해 버리든지, 부정하지 않으면 적어도 그것을 기하학적 유의미성의 감옥으로부터 배제시켜 기표와 기의의 양자 관계만으로 처리하려고 한다(이즈쯔, 1991, 111).

된다. 아담은 아직 나무라는 대상과 그것의 이름에 집착하고 있다. 그러나 이것은 피아제의 말을 빌리면 아직 인지 능력이 2~4세 정도의 '전개념적 pre-conceptional' 단계에 해당한다. 그러나 인지 능력의 발달과 함께 지시 대상은 추상적인 상이 되어버린다. 대상의 존재 여부에 상관없이 기표와 기의는 상생과 상극을 한다. 더 이상 산타라는 존재의 실재를 믿지 않게 된다.

데리다는 대상을 소박하게 부정하지는 않는다. 산타의 존재를 믿는 아이가 산타의 실재성을 믿지 않는 것은 점차적이다. 이를 두고 '현전성pres-ence'의 지연이라 하며 '상'이라고도 한다. 차례로 지연된다고 하여 '차연差延' 이라고도 한다. 이러한 차연은 글을 '써나감'으로 변한다. 아직 아담은 글을 쓰지는 않고 명명하는 발화 행위만 하며 차연을 하고 있다. 이러한 '씀'을 데리다는 '에크리튀르'라 한다. 이렇게 써나감이 바로 역의 괘사이고 효사다. 데리다는 에크리튀르를 두고 '시원을 향한 정열'이라고도 했다. 그림은 글로, 글은 '그리움'으로 변한다. 지시 대상은 우리에게 흔적만 남기고 자기 자신은 끝없이 사라져 간다. 그래서 인간은 그 흔적을 따라 시원을 찾기에 정열을 쏟는다. 쓰는 일은 환희에 찬 방황이며 이런 방황이 담긴 것이 '책'이다. 그래서 책은 인간의 생명이 이미 죽어 있는 무덤과 같다. 그러면 생명 그 자체는 어디에 있는가? 그것이 바로 '텍스트'다. 유럽적 인간은 모두 지금까지 책 속에 묻혀 왔다. 그러나 책이 닫히고 텍스트가 열리는 시대에 우리는 살고 있다. 텍스트의 세계는 사물의 흔적만이, 즉 기호만이 남는다.

시원을 향한 정열을 가지고 파코미우스의 수도사들은 도마복음을 항아리에 넣어 땅에 묻었다. 수운은 『동경대전』과 『용담유사』를 썼고, 해월은 '최보따리'라는 별명을 들어 가며 선생이 쓴 에끄르튀르를 목숨

걸고 지켰다. 왜 대승불교는 문자로 책을 불살라 버리려 했고, 도가사상도 문자를 기피했다. 그러면서도 현존 문서 가운데 가장 많은 서책을 남기고 있는 것이 불교와 도가사상인 것을 어떻게 설명할 것인지? 여기서 역설이 나오며 "있지만 없는, 없다고 하는 형으로 있다고 말하지 않을 수 없다"(이 즈쯔, 1991, 118)는 역설을 피할 수 없다. 이런 역설 때문에 인간은 글을 쓸 수도 안 쓸 수도 없다. 책은 이미 삶 자체가 죽은 것이 되며 텍스트는 아니다. 그런 의미에서 아담에게는 이름 짓는 행위 자체가 타락이고 죽음의 시작이다.

역易은 역逆을 품다

불교와 도가의 문자에 대한 이러한 역설 앞에 역이 갖는 태도는 많은 점을 시사한다. 불연기연의 문제는 궁극적으로 상·수·사 트로이카 간에서 생긴 문제이다. 3자는 서로 불통(불연)인 동시에 통(기연)이다. 그 사이의 가교로 사연이 있다. 역학은 逆을 품는 대담함을 보여준다. 트로이카 간의 소통과 연결을 통해 품는다. 한자란 상형문자가 등장하면 서 기표의 개념도 변한다. 음성은 청각적인 데서 시각적 암호문서 같은 공간적인 것으로 변하는데 그것이 바로 '상형문자hierography'이다. 한문은 상형문자이며 이러한 점에서 한자는 데리다에게 각별한 의미를 갖는다. 그리고 역의 괘상은 이런 상형문자의 기호라고 할 수 있다. 예를 들어 리괘(☲)는 괘상이 불[火]과 같고 火는 불꽃을 상형화한 것이다. 이러한 상형문자를 프로이트는 '비밀의 에크리튀르' 또는 '꿈의 무대 공간'이라고 한다. 이러한 뜻에서 주역은 주술적 성격을 갖는다. 꿈의 공간을 지배하는 원리는 '상이相異와 상이相移'다. '불연불연과 기연기연'(相異)이다가 '불연기연'(相移)이 되는 것과 같다.

기표와 기의는 적어도 4단계의 과정을 거쳐 이러한 변화를 겪는데, 그것이 다름 아닌 논리계형의 변화이다. 데리다는 그 가운데 한 단계밖에 고려하지 않았다. 즉, 데리다는 '상이相異와 상이相移'의 원리를 '사이spacing'의 원리라고 했다. '사이'(즉 '사연')는 시간적 계기를 따르지 않는 '의미'의 공간 확대인 것이 그 특징이다(이즈쯔, 1991, 119). 역에서는 효의 위치를 계산할 때 시간적인 것과 공간적인 것을 동시에 고려한다. 예를 들어 효의 위치 순서를 초初-2-3-4-5-상上이라고 할 때 '초'는 시간 개념이고, '상'은 공간 개념으로 시공간이 분리되지 않는다. 데리다에 따르면, 상형문자는 공간의 지배를 받고 표음문자는 시간의 지배를 받는다. 그가 상형문자를 편애한 이유가 결국 시간을 배제한 것에 있다고 본다. 표음문자가 존재신학을 만들어 내는 근원지로 보았기 때문이다. '발화 행위parole'는 글쓰기, 즉 서기書記 행위와 대립한다. 서기 행위는 표음문자와 함께 시작하였다고 본다. 표음문자와 함께 알파벳이 생겨났으며, 알파벳은 발화 행위의 대치물로 그리고 늘 발화 행위의 종속물로 자리하고 말았다. 그래서 '로고스 중심', 즉 이성 중심의 문화가 주류를 이룬다. 수운이 『용담유사』를 한글로 쓴 이유는 유생들의 한자 글쓰기에 대한 몸짓이라 할 수 있다. 그러나 데리다가 염려하는 표음문자의 로고스 중심의 위험성을 어떻게 다스려 극복하는지는 이어서 논하기로 한다. 에크리튀르는 발화 행위의 뒷전으로 밀려나게 되고, 다시 에크리튀르는 억압을 당하게 된다. 에크리튀르는 '그림=글'의 논리에 따른 것이며, 여기서 표음문자는 그림과 글을 분리하고 말았다. '글=그림'은 영혼의 '그리움'에서 나온 것이어야 하는데, 글은 그림과 분리됨으로써 그만 이성중심적으로 기울어졌다. 이것이 상형문자에서 표음문자로 바뀌면서 일어난 인간 최대의 비극으로, 글이 말의 생명을 앗아간다는 것은 곧 글 속에서 영혼의 그리움을 앗아간다는 말과 같다. "소리를 빼앗긴 말은 다만 돌멩이처럼 거기에 굴러가고 있다. 지면에 줄 선 알파벳의 멍한 시선"(이즈쯔, 1991, 120)이라는 느낌 그대로다. 아담이 글을 쓰는 순간 아니 표음문자를 사용하는 순간 그것이 타락이요, 죽음이라고 데리다는 보고 있다. 이렇게 생각할 때 한글에 대한 이해를 새롭게 할 수 있는 동시에 주역이 왜 트로이카인지도 새삼 알게 될 것이다. 한글을 음성 발생 기관을 본따 상형인 동시에 표음문자가 되게 했다.

한글은 영어 등과 같이 표음문자로 알려져 있다. 그러나 한글은 주역의 하도 낙서와 괘상에서 구조를 찾아내고 무엇보다 발음기관의 모양에 따라 그것의 상과 형을 만들었다는 것은 잘 알려진 사실이다. 그렇다면 한글은 표음문자이기도 하고 동시에 상형문자이기도 하다. 우리말의 '글=그림=그리움'의 원리는 바로 한글의 창제 원리와도 일치하는 것이라고 볼 수 있다. 그리고 우리는 왜 주역이 '상=수=사'의 트로이카 원리를 고집하고 있는지도 알게 된다. 그러면 과연 데리다가 발화發話 행위에서 서기書記 행위를 분리한 것이 옳은가 하는 것이다. 글은 이성 그리고 말은 생명으로 대치하는 것이기에 표음문자의 등장은 바로 이성이 생명 자체를 말살하고 억압하는 행위라고 데리다는 보고 있다는 점이다. 말=그림=생명으로 연관 짓는 것은 무리가 아닌가? 왜냐하면 말 속에 과연 무엇이 들어 있느냐 하는 것이다. 그 내용이 무엇이냐 하는 물음이다. 그 근저에는 사실 아무것도 없다. 아담이 발화 행위를 처음 할 때 그가 사용할 말 그 자체는 없는 것이다.

에크리튀르에 대한 고찰을 다시 할 필요도 있고 데리다 사상을 재검토할 필요도 생긴다. 에크리튀르의 원리는 '상이相異=상이相移', 즉 '사이'에 있다. '사이'란 공간적 사이를 뜻한다. 역에서 사이 개념은 효와 효 사이 그리고 괘와 괘 사이를 뜻한다. 연장되면서 차이를 두는 것을 '상이相異=상이相移'라고 할 때, 이는 효와 효 사이 그리고 괘와 괘 사이를 뜻한다. 그런데 데리다가 사이를 말할 때는 공간을 주로 두고 하는 말이다. 차연(相異=相移)을 통해 구성 요소 사이에 거리가 생긴다. 효와 효 사이의 위상적 차이가 생기는 것이 바로 차연 때문이다. 데리다는 이러한 차연 작용을 '공간화'라 부른다. 이러한 공간화로부터, 즉 효의 위상이 정해지므로 각 효의 의미 작용과 기능을 가능하게 만든다. 효를 위계적으로 공간화하는 것은 시간 자체의 차이성을 만드는 것이므로, 이를 '시간의 공간화'라 한다. 시간과 공간은 서로 포함 관계다. 공간과 시간은 서로 그 '안'에 있다. 이러한 모든 관계가 '공간의 시간화'를 뜻한다.

　기표와 기의는 서로 되먹임을 한다. 이를 '사상寫像'(mapping)한다. 즉, 대상과 메타가 서로 되먹임하는 것을 두고 하는 말이다. 되먹임은 시간적인 '연기延期'(temporization)와 공간적 '간격間隔'(l'espacement)이라는 날실과 씨실이 직조하는 텍스트 그 자체다. 씨실과 날실의 직조는 '공간의 시간 되기'이고 '시간의 공간 되기'다(김형효, 1997, 211). 그러면 시간의 연기와 공간의 간격이 어떻게 만나며 서로 얽히는가? 이러한 직조 기술이 효와 괘의 짜임새이고 시공간의 상호 상대화를 '초효'(시간)와 '상효'(공간)으로 나타낸 것이다. 이러한 짜임을 더 구체화한 것이 음양오행의 상생상극 구조다. 한글은 지구상에서 유례를 찾기 어려운 자음과 모음을 모두 시공간상의 직조물로 이해하여 시간적 연기와 공간적 간격의 차연으로 창제된 것이다. 한글은 자음과 모음을 하도와 낙서에서 본떠온 것으로 자음 14자가 모두 이어짐으로써 하나의 직조물을 만든다. 그러나 각각은 다음 발음기관과 차이를 나타내면서 이어진다. 청각으로

들은 발음은 시간적으로 연기되면서 공간화를 한다. 그래서 '들어(청각)+본다(시각)'고 한 것이다. 차연은 시공간의 능동과 수동의 양면성에서 그 어느 것도 아닌 '중간태'(voix moyenne)라고 한다. 이런 중간태가 수운의 사연이다. 그래서 데리다의 차연은 사연에 가까운 개념이다.

지금까지의 철학은 능동과 수동의 분리만을 생각해 왔지 한 번도 그 중간태를 생각해 본 적이 없다고 데리다는 지적한다. 내가 말을 하기 위해 발음을 한다고 할 때, "거기에는 앞말의 흔적이 지금의 말에 이미 새겨져 있고, 또 음운론상으로 발음을 또박 또박 분절하며 공간적 간격을 만든다. 이처럼 시간적 흔적의 연기와 공간적 간격의 분절 없이 언어 활동은 불가능하다. 조금 전의 말이 다음 말에 흔적으로서 보존이나 유보되어 있고, 음절에 따라 자간을 만듦으로써 언어 활동이 가능해진다. 이렇게 볼 때 차연의 시간적인 차이, 거리, 행간, 사이, 자간 등의 개념이 서로 다르면서도 동시에 시간이 공간으로 또 공간이 시간으로 변용될 수 있음을 말한다. 그래서 차연은 '시간의 공간되기'와 '공간의 시간되기'가 서로 교차하는 직물로서 표상된다"(김형효, 1997, 214). 이를 두고 수사학의 '교차적 배어법[le chiasme]'이라 할 수 있다.

서양의 알파벳 체계에서 에크리튀르는 알파벳의 조합으로 만들어지는 글쓰기를 뜻한다. 이는 물론 좁은 의미의 에크리튀르다. 이런 뜻의 에크리튀르는 말, 즉 발화행위에 종속된다. 플라톤의 『파이드로스』 이후 적어도 이런 종속의 전통이 깊게 형성되었다. 그 뒤 결국 철학은 '로고스 중심적' 혹은 존재신학적이 되고 말았다. 그런 점에서 역은 이러한 중심을 과감하게 파괴하고 트로이카 시스템을 만들었다. 초와 상은 역의 트로이카 시스템에서 생길 수밖에 없는 당연한 결과라 할 수 있다. 청각(시간)은 시각(공간)의 보조 없이는 성립될 수 없기 때문에 '~본다'고 한 것이다.[12]

효의 위치가 변해가는 과정과 글을 써나가는 과정을 비교하면서
한번 시공간 개념을 비교해 보기로 한다. 말하는 것과 글쓰기에서 시간성
을 한번 고찰해 보자. 불교 논리학에 "소리는 무상하다"는 전제는 가장
어려운 전제들 가운데 하나다. 소리는 발화되는 순간 사라져 버리기
때문이다. 아담이 이름 짓는 순간 그의 발음기관에서 나온 말은 사라지고
만다. 그러나 만약에 '나무'라고 말했을 때와는 달리 글로 쓸 경우에는
'나'하고 '무' 해야 하고, 더 자세히는 ㄴ-ㅏ-ㅁ-ㅜ로 알파벳이 공간적으
로 연장되면서 사라지지 않는다. 그래서 시간의 처음에서 글쓰기가
시작되었지만 공간화되고 만다. 그래서 말에서 공간성을 배제할 수는
없다. 예를 들어 '신라'라고 할 때 발음은 '실라'로 되나 '신국'은 '신국'으로
그대로 발음된다. '닿소리 이어 바꿈' 현상 때문이다. 청각 인상은 앞으로
나올 발음을 미리 알아버리는 것이다. 이것은 시간적 계기가 아닌 공간의
연장성으로만 설명될 수 있다. 미래의 발음이 현재라는 공간에서 파악이
되기 때문이다. 이렇게 말 역시 시공간성을 동시에 고려하지 않고는
설명될 수 없다. '닿소리 이어 바꿈'과 같은 음성 연쇄 현상은 음성의
본래 불가역적 선조성이 시각적인 계기성을 넘어선 공간적 성격을 갖는다
는 것을 잘 보여준다. 여기서 역은 효를 배열할 때 시공간적 성격을
심각하게 고려하지 않을 수 없었고, 그 결과 '초'와 '상'이 등장하게 된다.

발화자가 같은 '신'을 가지고 그다음 자기가 말하려는 말의 개념,
즉 청각 인상이 무엇이냐에 따라서 '실라'로도 되고 '신국'이 되기도
한다. 그렇다면 여기서 말하는 청각 인상이라는 것은 발화자가 머릿속에

---

12 '먹어 본다'고 할 때, 먹는 행위는 시간적 계기에서 그리고 '본다'는 공간적 행위 속에서
   이루어진다.

두고 있는 말의 의미와 연관되지 않을 수 없다. 이것이 다름 아닌 '기의'다. 말은 이와 같이 의미 공간 없이 발화될 수 없다. 말의 스펠링 자체(기표)는 공간적으로 사라지지만 공간적 의미(기의)는 그렇지 않다. 그래서 소리의 무상성은 기표에 해당하는 것이지 기의에는 해당하지 않는다. 효를 '초'와 '상'으로 나누는 근본적인 이유가 여기서 분명해졌다. 다시 말해서 6효의 연쇄선상에서 초효가 나타나면, 그것의 표기는 물리적으로 사라지지만 그것의 의미 기능은 그렇지 않다. 흔적을 남기면서 다음 2효로 넘어간다. 3효가 발화되면 초효와 2효의 기표는 사라지지만 기의는 남는다. 이렇게 하여 마지막 6효에서는 기의들의 융합이 공간적으로 이루어져 버린다. 마지막 여섯 번째 효가 발음되는 순간 이미 사라진 다섯 개의 효가 제6효의 청각 인상 속에 가중되고 전체가 하나의 블록으로 형태화한다. '~본다'가 되어버린다. 그러면 음성으로 만들어진 연쇄 형태가 그 선조성을 상실하고, 다시 말해 그 위계적 순차성을 상실해 버리고 시간적 계시성을 넘어서 버린 공간적 성격을 갖게 된다. 이러한 이유로 제6효는 공간 개념인 '상'이라고 한 것이다. 우리는 여기에 이르러 역에서 왜 시간상의 '초'와 공간상의 '상'을 구별하는지를 알게 된다.[13]

이렇게 일정한 음성 연쇄가 형태 전환을 가중케 한 것은 음성의 배후에 있는 기표다. 이는 마치 '닿소리 이어 바뀜'에서 의미 작용이 기표를 바꾸어 버리는 것과 같다. 그러나 이것은 말의 경우를 두고 하는 것이기 때문에 글의 경우(협의의 에크리튀르)와는 다르다. 말은 어디까

---

13 헥사그람의 6효가 밑에서 위로 상승하면서 시간(초)이 공간(상)으로 되는 것은 '시간의 공간화'다. "시간화는 공간을 시간적 간격이 되게 한다. 공간은 그래서 시간(안에) 있다. 이러한 모든 절차가 '공간의 시간화'를 특징짓는다"(가버, 1998, 180).

지나 비감각적으로 불가시적이기 때문에 고정적이지 않다. 불가시적인 의미공간 속에 기의는 잔류한다.

말의 기저에는 이미 글이 있었다는 것인데, 이를 두고 데리다는 '원-에크리튀르'(archi-écriture)라고 했다. 아담의 말은 이미 기저에 원-에크리튀르를 전제하고 있었다는 것을 뜻한다. 글이란 '영혼의 그리움'에서 생긴 그림이다. 말이 글이 되기를 그리워함은 말의 기저에 원-에크리튀르가 있기 때문이다. 그러나 여기서 데리다 사상의 논리적 결함이 나타난다. 원-에크리튀르에서 기표와 기의를 구별하기 어려워지는 이유에 대한 설명 부족은 그의 논리성에 심각한 의심을 갖게 한다. 기표와 기의는 전분리-분리-초분리의 3단계적 되먹임을 한다는 사실을 데리다는 망각하고 있다. 그의 원-에크리튀르는 사실상 전분리적 단계의 한 면을 보여주고 있을 뿐이다. 소쉬르는 초분리적 단계를 기표라고 봄으로써 결국 존재신학의 또 다른 오류를 범하고 만다. 그러나 이러한 초분리의 단계를 데리다는 '코라chora'라고 한다. 차연은 이렇게 3단계적 과정으로 역동적 작용을 하며 이 과정 속에서 기표와 기의 사이에는 권리 다툼이 벌어지는데, 이러한 혼돈스런 관계를 우리 한글의 음양오행적 구조가 잘 보여주고 있다.

글의 경우에는 언어가 가시적이고 감각적이지만, 말의 경우에는 눈에 보이지 않기에 비가시적이며 비감각적이다. 그렇지만 말도 미약한 글이라고 보아야 한다. 원-에크리튀르란 이러한 글을 두고 하는 말이다. 데리다의 말도 글(원-에크리튀르)이라는 주장은 그의 사상의 대명제다. 그리고 말에 종속돼 있던 '글도 말이다'라는 명제는 노예가 주인을 향해 "나도 사람이다"라고 선언하는 것과 같다고 한다. 그래서 말에 종속되어 노예화한 것에서 글을 해방시킨다. 이렇게 해방시켜 낸 글이 다름 아닌 상형문자다. 그래서 그는 원시인들의 문자 찾기에 골몰한다. 동양에 서예를 보고 자기가 찾던 것이 바로 이것이다 탄성한다.

　데리다의 눈으로 볼 때 동양의 서예書藝는 각별한 의미를 갖는다. 말에 종속된 글이 독립되어 나와 기표와 기의가 융합된 것, 그것이 바로 서예라고 보았다. 동양의 서예는 그것이 글이요 그림이다. 예를 들어 '용龍' 자에 대한 서예는 이미 글이 아닌 그림이다. 기표인 동시에 기의인 것이다. 글이 발화 행위의 노예 노릇을 하다가 서예가의 손에서 해방된 모습을 데리다는 본 것이다. 그래서 역은 바로 상·수·사의 트로이카 체제를 만들어 기표와 기의를 융합시키려 했다. 그러나 서양 표음문자의 알파벳에서 각 스펠링은 독자성을 가지지 못한다. 몇 개의 조합으로만 의미가 있는 단어를 만든다. 서양 표음문자가 말의 노예가 된 이유도 다름 아닌 스펠링 하나가 독자성을 가질 수 없었기 때문이다. 그러나 상형문자는 문자 각자가 독자성을 가지면서 시각적인 기표와 의미적 소기를 동시에 한눈에 보여준다. "한자에서는 음성보다는 그것의 도형적 의미 형상이 우선 사람의 눈을 묶는다"(가버, 1998, 126).

　그러면 한문과 영어의 사이에서 한글의 경우는 어떤가? 표음과 상형을 조화시킨 것이 바로 한글이다. 서예는 물리적으로 트로이카를 조화시키려 했지만, 한글은 발성기관의 기능적 작용으로 그렇게 했다. 상형에서 상을 어느 기준에 두느냐는 매우 중요하다. 화가들이 나무를 그린다고 할 때 그것의 구상적인 모습을 그대로 그리면 이를 구상화라고 한다. 반대로 나무를 추상화하면 이를 추상화라고 한다. 이 말은 상도 구상과 추상이 있다는 것을 뜻한다. 이를테면 이집트와 한문은 구상적이다. 그러나 한글의 경우는 이미 '구상을 추상화'한 상형-표음문자다. 예를 들어 한글의 각 알파벳은 모두 발음기관의 형상이나 역의 도상에서 추상적으로 상을 가져오니, 발성기관 그 자체로 발성하는 자기언급적 상형문자다. 플라톤의 『크리탈로스』편은 알파벳을 이데아론에 연관시킨 존재신학의 효시이다. 음성적 알파벳이 갖는 본성은 이데아로부터 유래한 것으로서 그 독자성이 없다. 그러나 한국의 한태동 교수는 이러한 주장을 반박 입안 구강 공기의 흐름을 분절하는 변별적 차이의 질서에 따라 언어의 음소가 서로 각각 다르게 나뉘고 다시 합쳐서 한글이 만들어졌다고 한다. 즉, "정음(훈민정음)에서는 문화사상 처음으로 자음의 발성부위를 그대로 기호화하여 자음부호로 사용하였다"(한태동, 2003, 36). 이렇게 발성기관에서 가져온 상형으로 28개의 알파벳을 만들어 다시 그것을 표음문자와 같이 조합해 한글을 만들어 낸 것이다. 이를 일명 '투르베츠코이 원리'라고 한다.[14] 그래서 한글은 글이요 말이다. 어느 하나가 다른 것에 종속될 필요가 한글에는 없다. 중국의 상형문자는 반대로 구상을 다시 추상화하지 못했기 때문에 알파벳이 생길 수 없었고, 그래서 다양한 언어적 표현을 해낼 수 없는 불편함이 있다. 한자의 회의문자는 오히려 상형과 표음의 특징을 모두 상쇄시키고 있다. 그래서 한문의 제자 원리인 육서를 두고 알파벳의 원리라고는 볼 수는 없다. 서예란 한자 글자 속에 상을 집어넣을 수 있는, 그래서 원-에크리튀르의 공간성을 시각적으로 확보하는 데 도움을 준 것이 사실이다. 그러나 데라다가 한자가 가지고 있는 이러한 문제점을 알았는지는 의심스럽다.

14 이를 두고 '음소 정의 원리'라 하며, 이는 니콜라이 투르베츠코이가 정립한 이론이다. 소리(음성학)와 의미에 기반한 차이를 만드는 최소 단위인 음소(phoneme)를 새롭게 정의하여 언어 구조를 연구하였다.

2.4 한글과 불연기연

한글과 마음의 생태학

'기연기연'과 '불연불연'은 자기언급, 즉 재귀의 재귀를 첩첩疊疊으로 대칭을 만든다는 것을 의미한다. 여기서 '우 기연'과 '우 불연'을 첨가한 것은 반환점에서 재재귀를 한다는 것을 의미한다. 이는 재귀가 점진 반복을 한 후(첩첩) 처음 자리로 되돌아오는 것인 회전 대칭을 한다는 것으로 회회回回를 의미한다. 이는 모두 '자기언급'의 다른 표현들에 불과하다. 回回疊疊은 가장 한국적인 것을 나타낸다. 수운의 「불연기연」장은 이러한 한국적 사유 구조를 반영하고 있다. 지금까지는 언어를 통해 回回疊疊을 검토하였다. 베이트슨은 러셀역설 해의법 가운데 위계적 방법을 통해 이중구속론으로 마음의 구조를 연구했는데 이를 '마음의 생태학'이라고 했다. 이러한 인간의 마음을 가장 잘 반영하는 것이 말과 글이다.

데리다는 그의 『그라마톨로지』 전반부에서 루소의 『언어의 기원』을 언급하고 있을 정도로 그의 사상의 근간을 이루고 있다. 루소는 태초에 음성만 있었다고 하면서 뒤따라 문자가 나오면서 인간은 스스로 자기 무덤의 묘혈을 파기 시작했다고 한다. 바벨탑을 쌓은 주인공들은 수메르족이라고 본다. 이들이 양강(티그리스와 유프라테스) 유역에 내려갔을 때는 이미 고도로 발달된 쐐기문자를 사용하고 있었다. 그들의 문자 사용과 바벨탑 붕괴는 불가분리적 관계가 있다.

　　루소에게서 문자는 타락의 시작이요, 죽음의 관문이다. 인간의 만 가지 죄악상이 문자로부터 들어왔기 때문이다. 말은 생명이고 글은 죽음이라는 루소의 언어관은 서양 철학의 이성중심주의와 남성중심주의에 대한 편견을 얼마나 혐오하고 있었는가를 단적으로 보여준다. 루소의 이러한 언어관에 정면으로 대립하는 철학자가 바로 헤겔일 것이다. 헤겔은 중국의 상형문자에 대하여 폄하 이하의 폄하를 할 정도로 멸시했다. 『철학사강의』(1816)와 『역사철학강의』(1822~1831) 등에서 헤겔이 보여준 중국 상형문자에 대한 경멸감은 도를 넘고 있다. 그는 문자에 따른 표현 체계를 3단계로 나누어 상형문자, 표음문자 그리고 로고스적 사유 체계의 정신이라고 했다. 이는 플라톤의 문자에 대한 음성, 음성에 대한 정신이라는, 즉 문자-음성-정신의 3단계 차별 의식을 철저하게 따른 것이다(정재서, 1998, 33). 중국의 상형문자가 중국인들의 정신이 정체된 상태에서 나온 것이라면, 이는 그가 중국 정신을 두고 '자연에 침잠된 정신'이라고 한 말과 일치한다. 그에게서 서양의 표음문자인 알파벳은 더욱 지성적인 표현 체계였다. 그의 중국 상형문자에 대한 편견은 중국 문명 전반에 대한 폄하로 이어진다. 중국 정신은 정체돼 있으며, 자연에서 아직 탈출하지 못한, 자연에 침잠된 주객이 아직 미분리된 정신으로 보았다. 그 모든 원인이 상형문자에 있다고 보았다. 헤겔의 이러한 중국 상형문자에 대한 비판은 동양 문화 전반에 대한 몰이해로 나아간다. 19세기 유럽 지식인들의 동양에 대한 이러한 몰이해는 18세기의 지식인들과는 판이하게 달랐다. 오리엔탈리즘의 시원을 헤겔에게서 찾는 이유가 여기에 있다. 헤겔은 루소와는 정반대의 문자관을 가지고 있었지만, 양자 사이에는 문자를 중심으로 사물을 판단했다는 점에서 공통점도 있었다.

한글이 창제되어 반포한 해는 15세기 중엽인 1446년(세종 28년)이다. 이 해는 인류 문자 발달사에서 중요한 해로 정해짐이 마땅하다. 데리다는 루소의 '언어기원론'을 18세기라는 특수한 시대 읽기와 연관시켜 다루고 있다. 한글 반포는 15세기였다. 그리고 서양의 18세기에는 어떤 현상이 일어나고 있었는가? 철학적으로 18세기는 음성 중심적인 형이상학이 흔들리던 시기다. 비서구적 문자, 즉 중국 문자가 처음으로 소개되면서 그동안의 음성언어는 큰 충격을 받게 된다. 이에 대응하며 라이프니츠는 비非표음적인 보편 문자의 필요성을 역설한다. 19세기 니체는 존재신학의 형이상학에 도전장을 낸 고독한 철학자였다. 20세기에 들어와서도 프로이트, 하이데거, 레비스트로스 등을 제외하곤 1960~1970년대까지만 하더라도 고전적 형이상학의 틀에서 벗어나지 못했다. 논리적으로는 A형 논리학의 틀에서 벗어나지 못했다는 말이다.

데리다는 '에크리튀르'란 원문자로서 '자연적 문자' 또는 인간의 영혼에 새겨진 신의 말씀과 같은 비유적 자연의 기호 같은 것이라고 했다. 우리 역사서에는 고대에 '신지神誌'문자라는 것이 있었다고 한다. 이것의 실체가 무엇인지 지금 우리는 알 수 없지만, 그것은 언어를 탄생하게 하는 언어 이전의 원문자가 아닌가 추측한다.

지금 서양의 표음문자는 심층적으로 전복되는 위기를 맞게 되었다. 이 전복은 단순한 언어의 전복이 아닌 철학의 전복이다. 전통적 존재신학에 따른 합리성이 아닌, 그것을 메타화한 메타 합리화가 필요하다(데리다, 2004, 553). 그래서 언어에도 메타-문자의 등장이 필요하게 된 것이다. 그 메타-문자가 바로 '한글'이다. 그럼 메타언어와 함께 철학도 달라져야 한다. 메타언어는 지금까지의 모든 의미작용을 파괴하고 해체시킬 것이다. 음성언어와 문자언어의 관계는 서양 전통의 고질적인 병인 이원론dualism

과 연관이 된다. 다시 말해서 영혼과 육체, 감각적인 것과 예지적인 것, 내재성과 외재성, 의식과 정열, 삶과 죽음, 본질과 외관, 최초의 것과 파생적인 것과 같은 서양 철학의 모든 이원론적 근원이 두 언어의 대립에서 발생한다. "플라톤 철학으로부터 기독교 신학을 거쳐 헤겔 철학에 이르기까지 이러한 근본적인 관계는 변화가 없다"(데리다, 2004, 553). 도마복음과 『동경대전』 그리고 『용담유사』 안은 거의 이원론 극복이 주종을 이루고 있다. 도마복음의 경우는 114장 가운데 거의 1/4이 역설과 비이원론적 내용을 다루고 있다.

중국의 한자에 대해 4서3경 가운데 하나인 『주역』은 상·수·사 트로이카로 글쓰기에 타의 추종을 불허한다. 라이프니츠는 이 점을 통해 중국에 매료되었다. 그의 보편주의 문자 발상도 이 역을 통해서였다고 보아야 할 것이다. 그러나 300여 년 후 19세기 중엽부터 조지 불과 프레게를 통해 모든 일상 언어와 수학까지도 논리기호로 바꾸려 한 것이 동인이 돼 오늘날 전산, AI, 로봇 산업이 가능해졌다. 물상을 본떠서 만든 낱개의 글자만 있을 뿐이다. 한문에도 육서에서 보는 바와 같이 상형, 회의 등의 구조가 있으나 그것은 글자 조립의 구조일 뿐이지 알파벳을 아니다. 헤겔이 주역에 무관심하거나 무지한 것은 그의 철학의 위대성을 훼손하고도 남음이다. 헤겔은 당시 동양에는 한자 말고도 한국에 한글이 있었다는 사실을 몰랐다. 한글은 서양의 알파벳과 같은 표음문자인 동시에 한자와 같은 상형문자이고 동시에 회의문자다(이정호, 1996, 1). 지구상에 유례가 없는 문자이며, 헤겔의 한자 비판을 무색케 하는 것이 한글이다.

소쉬르는 언어학의 영역을 음성 체계에 대한 연구에 집중, 문자언어를 음성언어에 종속된 도구로 보았다. 문자언어는 음성언어의 대리 보충에 지나지 않는 것으로 보면서, 결국 플라톤의 언어관을 그대로 물려받는다.

음성언어가 우리 알몸과 같다면 문자언어는 그것을 입히고 있는 외피
정도에 지나지 않는다. 그는 문자언어가 음성언어에 가해온 폭력은
정치제도적 폭력과 밀접한 관계가 있다고까지 생각한다. 그래서 두
언어가 전복되는 것은 참을 수 없는 '해괴한 일'이라고 하면서, "소쉬르는
문자언어를 언어학 내의 '나병원'에 수용하려 했다"(데리다, 2004, 555).
한글을 일단 표음 음성언어라고 볼 때 소쉬르의 주장은 일리가 있다.
다시 말해서 중국의 문자언어인 한문이 한글에 가한 정치제도적 폭력은
여기서 다 열거할 수 없을 정도이다. '언문諺文'이라고 하여 한글을 아녀자
들이나 읽는 글이라고 폄하하였는데, 구한말 강증산은 이를 언어의
한恨이라고 하면서, 언어의 해원解寃 상생을 먼저 해야 한다고 했다. 언어
폭력으로 말미암은 한글의 한을 풀어야 한다는 것이다. 수운의 『용담유사』
는 그런 의미에서 언어의 해원상생이나 마찬가지이다. 소쉬르가 문자언
어(한문)가 음성언어에 가한 폭력을 비판한다고 해서 우리는 소쉬르에게
기댈 필요는 없다. 왜냐하면 한글에는 상형문자적인 특징이 있기 때문이
다. 여기에 우리는 데리다의 말을 들을 필요가 있다.

　소쉬르는 기표와 기의가 이분법적으로 구분되나, 데리다에게서 기의
는 기표에 무관하게 오로지 기호들 사이에서 자율적으로 이루어지는
상호 구별작용 자체이다. "데리다의 말로 하면 기호의 의미는 기호들
사이의 차연운동이 남긴 흔적이다"(김상환, 1996, 33). 우리는 이러한
데리다의 이해를 한글의 구조에서 발견하게 된다. 한글에서 열네 개의
자음과 열 개의 모음이 기호들 사이에 차별화하면서 상호 유기적이
되어 흔적만을 남기는 운동을 보게 된다. 차연운동이란 시간적으로는
미루기와 다음으로의 지연운동을 하면서 공간적으로는 격차운동을 하는
것을 의미한다. 한글의 자음과 모음이 바로 오행의 상생과 상극의 구조

속에서 이런 차연운동을 한다. 기표와 기의의 이분법을 배제하고 차연운동으로 돌린 것은 데리다의 독특한 공헌이라 할 수 있다.

루소는 언어의 기원에서 언어란 남방기원/북방기원, 모음/자음, 선율/화음, 음절/분절이 서로 이항대립하는 것으로 보았다. 데리다가 루소와 다른 점은 이들이 이항대립하는 것이 아니라 보충대리하는 것으로 보는 데 있다. 데리다를 넘어서 한글은 상보대대하는 것을 보여준다. 루소가 분류한 이들 이항대립들을 하나하나 소개하면서 그러한 연유를 역에서 찾아보려고 한다. 불연기연의 다른 말을 '보충대리'라고 할 수 있을 것이다.

루소는 전체 언어를 남방과 북방 언어로 나누고, 남방 언어는 자연(自然)에 가까운 감정과 율동에서 빚어지는 어조에 기원을 두고 있지만, 북방 언어는 차가운 이성에서 출발한 분절에서 시작한다고 했다. "그래서 남방 언어에는 언어에서 어조와 긴밀한 연관을 가진 모음이 많이 쓰이고, 북방 언어에서는 분절을 잉태시키는 자음이 많이 사용된다. … 단적으로 남방 언어가 '생명', '에너지', '욕망' 등의 대명사라면, 북방 언어는 '죽음', '필요', '노동'의 대명사이다"(김형효, 1997, 186). 그래서 남방 언어를 '말'에 비유하고, 북방 언어를 '글'에 비유한다.

우리는 우선 훈민정음 서문에서 '국지어음國之語音 이어중국호異於中國乎'란 말에 유의해야 한다. 정음 창제의 동기를 지역적인 차이 때문이라고 밝힌 것은 루소의 관점에서 다시 생각해 볼 문제이다. 중국어가 한국어와 문법이 다른 것은 차치하고라도 중국에는 종성이 발달하지 않는 남방계 언어의 특징이 두드러진다. 그럴 때 중성모음이 중요시되지 않을 수 없다. 한글을 만들기 위해 세종대왕이 집현전 신하들을 요동까지 보냈다는 기록을 보면, 한글에서 북방적 요소를 무시할 수 없었기 때문이라 본다. 한글에 잘 발달된 자음 체계가 이를 웅변적으로 말해주는 것이 아닐까 한다. 혹자들은 인도의 범어가 한글과 비슷하다고 하여 그 관련성에 관심을 갖는다. 송나라의 승려 수온守溫이 범문의 자음 체계를 본떠서 새로운 자음 체계를 만들었는데, 그 모양이 한글과 비슷한 점이 있기는 하다. 그러나 범어의 자음 체계 경우는 기호와 의미가 일치하지 않고 자음과 모음이 구별되지도 않는다(한태동, 1998, 30). 그래서 루소의 설을 따른다고 할 때 한국어는 자음과 모음이 균등하게 잘 발달된 언어로서 남방과 북방이 서로 상호 관계 속에 있다고 할 수 있다.[15]

집현전 선비들이 한글을 만든 원리, 즉 제자 원리에 관한 말을 들어 보면, 글자의 모습, 즉 '상'과 그 뜻인 '의'를 잘 연관하여 제작했음을 알 수 있다. 즉, 제자 원리는 "이제 정음을 제작함에 그 소리 남에 기인하여 그 이치를 극대화시켜 정음 28자를 만든다. 각각의 상마다 그 형태를 알맞게 하여 제작한다"와 같다. 예를 들면 'ㄱ'의 형상, 즉 기호는 혀의 뿌리가 후부를 막아주는 모습을 본뜬 것을 뜻한다. 다시 말하면 ㄱ 소리가 날 때 목구멍의 모양이 그렇게 되기 때문에 글자 모양을 그렇게 지었다는 것이다. 이는 발음기관의 모양을 본떠 글자 모양을 만들었다는 상형문자의 신기원을 말하는 것이 아닐까? 이는 한글 제작 원리에서 또 다른 상형문자의 원리가 응용되고 있음을 뜻한다. 소리[音]와 모양[像] 그리고 뜻[意]을 유감없이 일치시키고 있음을 의미한다. 이는 곧 투르베츠 코이 원리에 가깝다 할 수 있다.

---

15 다른 한편 임균택은 '중국'을 '나라 안'으로 번역하여 '우리나라 안에서 '語'와 '音'이 달라'로 번역한다. '어'는 표의문자를, '음'은 표음문자를 뜻하는 것으로, 세종 때 이것이 일치되어 있지 않았다는 것이다. 예를 들어 '하늘 천, 따 지' 할 때 '천'과 '지'는 표의문자 이고 '하늘'과 '땅'은 표음문자라는 것이다. 이것이 일치되어 있지 않아 정음을 지었다 는 것이다(임균택, 1999, 45).

한글이 제작될 당시는 16세기로, 이는 한자가 동북아 일대를 석권하고 있을 때다. 그러면 세종은 시대착오적으로 역사를 원시로 회귀시키고 있음을 뜻하는 것인가? 그는 한자를 제쳐놓고 도대체 무슨 대안을 내놓으려고 했던 것일까? 한자보다 더 위대한 글을 내놓을 자신 없이는 이런 일을 과감히 시도조차도 할 수 없었을 것이다. 그렇다. 그는 더 위대한 글을 내놓았다. 세종대왕은 왕으로서 위신을 걸고 한글을 창제했으며, 적어도 한글은 한문보다 아니 그 당시 어느 문자보다도 위대하다는 자신감을 가지고 한글을 반포했을 것이다. 그러면 왜 한글이 위대한가? 그 위대함은 루소의 글에서 그리고 현대 데리다의 글에서 입증되고 있다. 세종대왕은 남방과 북방 언어의 특색 그리고 모음과 자음을 조화시켜 한글 창제를 선포했다.

한글은 음과 상과 의라는 트로이카를 일치시켰다. 이러한 트로이카로서 문자는 새로운 의미의 자연으로 돌아가는 문자가 되어버렸다. 그래서 한글은 '자연지문自然之文'이다. 원시 상형문자에서 표음문자를 거쳐 다시 상형과 표음을 조화시킨 '언어에 관한 새 언어', 즉 메타-언어가 바로 한글이다. 정음의 모음 체계를 살펴보면 자음을 다룰 때는 특히 그 역사적 배경을 자세히 언급하고 있으나, 모음의 경우는 이렇다 할 설명 없이 처리하고 있다. 그 이유는 모음은 자음과 달리 어린아이 때부터 자연스럽게 나오는 소리라 보았기 때문이다. 그렇다고 모음이 정음에서 소홀히 된 것은 아니다. 영어는 a, e, i, o, u라는 다섯 개의 기본 모음으로 되어 있으나 영어 모음의 경우에는 모음소母音素 같은 것이 없다. 예를 들어, a의 경우 이미 복모음으로 구성되어 모음소 같은 것은 상상도 할 수 없다. 사실 a는 독자적인 모음소가 아니지만 한글의 'ㅏ, ㅓ, ㅗ, ㅜ'는 자신의 고유한 음가를 가지고 있다. 한글의 모음에는 다음과 같은

말 속에 세 모음소를 가지고 있으며, 이 세 모음소에서 여덟 개의 모음이
나온다. 즉, 정음에 "혀는 소리의 근본이니 마치 하늘이 만물보다 앞서
있음과 같다. 세 모음소(· , ㅡ, ㅣ)에서 8성(ㅏ, ㅓ, ㅗ, ㅜ, ㅑ, ㅕ, ㅛ, ㅠ)이
시작됨과 같이 그 가운데 · 는 세 모음소의 으뜸이 된다"고 했다. 그리고
세 모음소에 대해서 다음과 같이 설명하고 있다.

· : 하늘의 위로서 방위 공간을 나타낸다. 혀를 축소하여 소리를 깊이
　　하는 것으로 형은 원이고 상은 천이다.
ㅡ : 땅의 수로서 자리의 시간적 서차를 나타낸다. 혀는 조금 줄이고 소리는
　　깊지도 얕지도 않게 한다. 형은 평이고 상은 땅이다.
ㅣ : 위도 아니고 수도 아닌 '무극지진無極之眞'이다. 혀는 줄이지 않고
　　소리는 얕게 한다. 형은 입이고 상은 인이다.

모음의 차연, 즉 연기하면서 차별시키는 방법은 발음의 위치에 따라
3단계로 나누고, 소리도 3단계로 나누어 전자는 축·소축·불축 그리고
후자는 심·불심불천·천으로 구별했다. 정음을 자연적이라 하는 이유는
모음소를 가상적으로 설정해 놓고 인위적으로 구체적인 음을 거기에
예속시키지 않는다. 이러한 두 가지 원칙에 따라 정음을 두고 "자연의
소리에 도출하여 만물이 품고 있는 속정을 소통케 한다"(天地自然之聲
以通萬物之情)고 했다.16
　　자음의 경우는 인류문명 사상 최초로 자음의 발성 부위를 그대로

---

16 吁 正音作而天地萬物之理咸備 成於自然 創製文字以寓聲音 以通天下之情 而名其文
　　曰訓民正音(이사질의 訓音宗編) 聖人作易自然之次第.

기호화하여 자음 부호로 사용했다(한태동, 1998, 36). 첫소리 자음 17자의 경우 소리가 나는 음성 기관의 위치에 따라 다섯 개의 부류로 나누고 다시 각 부류마다 세 개의 요소로 나눈다. 첫째, 어금닛소리 ㅇ, ㄱ, ㅋ은 혀의 뿌리가 목구멍을 막는 형상을 본뜬 것이다. 오행 상으로는 목에 해당한다. 집합론적으로 보아 ㄱ을 나무의 기본 요소로 하여 ㅋ은 나무가 무성하게 자람을 뜻한다. ㄲ은 첫소리 17자에 들지 못하나 나무가 자라 잎이 무성함을 뜻하기 때문에 ㄱ으로 겹치게 했다. ㄷ, ㅌ, ㄸ도 마찬가지기 때문에 나머지에 대한 설명은 생략하기로 한다. 발음이 기관의 형상을 자연스럽게 기호화하였기 때문에 한글의 자음 부호는 모든 언어의 기준이 되고도 남는다. 다시 발성학적으로 볼 때는 청탁(淸濁), 여응(厲凝), 경중(輕重)의 세 범주로 조직화했다.

집현전 학자들은 자음과 모음의 음소들을 모두 각자 완전 독립적이게 했다. 이는 차연의 차별에 해당한다. 집합론상으로 보아 어느 하나의 요원이 다른 요원들로부터 도출돼 나와서는 안 된다. 다시 말해서 세 모음소는 각자 독립적이며, 절대로 어느 하나가 다른 것에 속한 것이어서는 안 된다. 모음소들은 셋이 한 음폭을 완전 분할하여 있기 때문이다. 그런데 이 독립적인 세 모음소에서 기타 다른 모음들이 이어서 도출되는데, 이는 차연의 이어짐을 뜻한다. 차연[差延]이 차연[差連]이 된 것이다. 다음으로는 이렇게 연출된 체제 안에서는 서로 사이에 모순이 없어야 한다. 그래서 차연의 마지막 성격인 서로 끊어지어 차별되면서도 이어져 서로 유기적이 된다. 이를 차연의 세 번째 성격인 차연[差樣]이 된다. 이 마지막 단계의 차연을 특히 데리다는 코라[chora]라고 했다. 잇달아 이어져 이루어짐과 같다. 이런 한글의 특징을 두고 한태동 교수는 "이러한 관점에서 보면 정음은 어느 특정된 나라의 어음이 아니고 언어를 위한 언어로 구성된 모든 언어의 기틀이 되는 위대한 언어 체계인 것이다. 그런 의미에서 정음은 만민의 언어학의 기틀이 될 것이고 자연히 그렇게 될 것이다"(한태동, 1998, 122)라고 했다. 그는 정음의 이러한 차연적 성격을 아직 정음 자체로는 미흡하며 그것이 정운正韻으로 이어질 때 그 완연한 모습이 나타날 것으로 보았다. 그러한 모습은 差然이 될 것이다. 差然은 곧 自然이다.

정음이 '자연'으로 되돌아갔다고 할 때 그 의미가 무엇인지를 알아보기로 한다. 루소와 데리다의 경우 언어가 '자연'성을 다시 회복해야 한다고 할 때, 기의에 대한 기표의 회복, 자음에 대한 모음의 회복, 표음문자에 대한 상형문자의 회복을 뜻한다. 그것은 서구의 표음문자가 너무나도 심각한 문명의 병폐, 즉 이원론과 실체론적 사고의 조장으로 정신적 피해를 유산으로 남겨 놓았기 때문이라고 본다. 도마복음과 동학은 모두 이런 우려를 하고 있다는 점에서 같다.

코라와 한글의 구조: 차연의 이종회합과 산종

데리다 철학의 골격과 묘미는 프랑스어 안에 있다. 발음은 '디페랑스'로 같으나 '연기'를 뜻하는 'differere'에서 '차이'를 뜻하는 'différance'가 만들어진다고 했다. 이를 '차연'이라고 한다. 물론 이 단어가 사전에는 없다. 그리고 이는 문자로만 구별될 뿐이지 음성상으로는 같기 때문에 데리다는 말 중심이나 소리 중심의 표음문자로서는 잡아낼 수 없다고 한다. 데리다는 모음 e와 a가 똑같이 발음되는 현상을 두고 표음문자의 한계를 지적하고 있지만, 데리다가 한글에 대한 이해를 가지고 있었다면 이런 말은 할 수 없었을 것이다. e와 a가 같은 음가를 갖는 것은 인도-유럽어의 경우에 그러하다. 그러나 우리 한글에서는 절대로 a(ㅏ)와 e(ㅣ)를 같이 발음하지 않는다. 위에서 본 것과 같이 음소가 독립적으로 서로 다르기 때문이다. 예를 들어, 한글에서 초·중·종성이 발달하여 마/멋, 울/웃, 알/얼/ 나/너, 켜/끄 등과 같이 자음의 종성만을 바꾼다든지, 음성 모음을 양성모음으로 바꾼다든지 하여 얼마든지 '차이'를 만든다. 데리다는 불어에서 이런 동음이어를 찾는다. 그 가운데 찾아낸 '이멘'이라는 말은 '처녀막'을 뜻하는 동시에 '결혼'을 뜻한다. 처녀막은 결혼과 함께 없어지는 것인데, 이렇게 '이멘'이란 하나의 말로 상반된 의미를 전달한다는 것이다. '易'이란 말이 '변한다'와 '변하지 않는다'를 동시에 뜻하는 것과 같다. 그래서 이런 현상은 상형과 표음문자의 구별 없이 발견된다. 표음문자는 상형문자보다 메타화가 더 되어 메타의 메타… 현상 때문에 수가 더 많아지고 변별하기가 더 어려워진다. 그런 점에서 차연이 표음문자에서는 불가능하다고 데리다가 단정한 것은 잘못이다. 한글은 표음문자이기는 하지만 상형문자적인 면도 있어서 종성을 통해 이를 구별한다.[17]

데리다가 차연이 생기는 이유를 언어의 특징에서 찾은 것은 잘못이다. 차연이 생기는 진정한 이유는 언어의 종류에 상관없이 상·수·사 같은 트로이카의 구별에서는 어디서나 생긴다. 어느 하나가 다른 것에 대해 대상과 메타의 관계이기 때문이다. 불연기연의 논리계형의 제2에 해당하는 '부지불연 지기연'에서 보는 바와 같이 한자와 같은 상형문자에서도 '사물'과 '상'의 차이에서 그리고 '수'와 '사'의 차이가 생긴다. 기호학적으로 보았을 때 기표와 기의 사이에서도 역설이 발생한다. 語와 音의 사이에서

---

17 예를 들어 '닮'[似], '값'[價], '옳'[正] 등은 한자처럼 한 글자에 한 가지 의미밖에 없다.

도 생긴다. '디패랑스'가 동음다의적인 성격을 갖게 된 것은 프랑스어의 특징 때문이다. 차연은 이렇게 문자이든 언어이든 자기언급 현상에서 발생한다. 자기언급은 이중성을 만들고 그리고 유기체적 세계관으로 향하게 한다. 데리다가 차연을 이렇게 잘못 진단했지만, 차연에서 그 다음의 이중적 현상과 유기체적 세계관이 연관되는 데 대하여서는 정확하게 알고 있었다.

데리다는 차연의 절정을 플라톤의 '파르마콘parmaticon'에서 찾는다. 즉, '병도 뜻하고 약도 뜻하는' 이 말에서 언어의 이중적 의미를 발견한다. 이런 파르마티콘은 동학의 불연기연의에서 보는 바와 같이 이중성의 한 예에 지나지 않는다. 그리고 이중성은 서양에서 A형 논리의 공격을 받아 설 자리를 잃었지만, 동양의 경우에는 역을 통해 체계적으로 발달되어 잘 정리돼 있다. E형 논리로 말이다.

음운학적으로 음/양의 갈래가 분명한 것은 한자가 아니고 한글이다. 예를 들어 음/양을 뜻하는 말에서 음에 해당하는 그림-그림자-구름-검음-그르다와 양을 뜻하는 밝음-바르다-불구네-불그스레 등과 같이 같은 음이 하나의 계열을 만들지만 이를 한자로 옮겨 놓으면 그렇지 못하다는 것이다. 이에 대한 자세한 연구는 이남덕 교수의 『한국어어원연구』(이화여대 출판부)에서 잘 정리돼 있다. 역의 골격이 되고 데리다가 차연이라고 하는 음양 이론 체계는 중국 한자 문화권이 아니고 동북아 동이 문화권이 그 출발점인 것을 여기서 강조해 둔다.18

---

18 아울러 강조할 것은 갑골문의 점치기에서 역이 기원했다고 할 때 갑골문의 주인공은 우리 동이계라는 사실이다. 그렇다고 하여 이러한 강조가 역이 중국 한자 문화권에 들어가 지금과 같이 정치하게 발전하였고, 특히 「십익」(十翼) 같은 글이 작성되었다는 사실마저 무시하고 하는 말은 결코 아니다.

데리다의 차연이 기표와 기의 그리고 상과 수, 상과 사, 사와 수 사이의 자기언급에서 유래한다는 필자의 주장에 근거해서 볼 때 차연은 그 뒤로 이어지는 데리다의 산종과 코라 등 다른 사상과도 일관성을 갖는다. 다만 여기서는 차연이 결코 문자학에 근거하기보다는 논리적인 구조에서 말미암는다는 것을 강조해 둔다. 데리다는 차연과 연관하여 '다발le faisceau', '산종' 그리고 '이중회합'이란 말을 함께 사용한다. 이런 말들은 거짓말쟁이 역설이나 러셀역설에서 필연적으로 파생되는 말들이기 때문에 이를 자기언급과 연관하여 고찰함으로써 데리다의 E형 논리적 특징을 부각하고자 한다.

'이중회합'이라고 할 때 '이중'이란 파르마티콘과 이멘 등 그리고 안/밖, 참/거짓, 처녀막/결혼과 같이 양가적인 것을 뜻한다. 이를 역에서는 요약하여 음/양이라고 하고 동학은 '불연기연'이라 한다. 그리고 도마복음 안에는 전체 114장 가운데 31개 장에 이에 해당하는 장들이 들어 있다. 그런데 데리다는 이런 이중 양가성을 소크라테스의『필레보스』 가운데서 모방이라는 말에서 찾는다. 모방이란 '그림'이 '대상'을 본뜨는 것, 다시 말해서 '상'을 만드는 것이다. 역의 트로이카 가운데 하나인 '상'이 바로 이런 것이다. 특히 표음문자에서 문자가 말을 모방하는 것 그리고 그림이 대상을 모방하는 것이다. 한글의 경우는 문자가 음성기관을 모방하고 자연을 모방한다. 그런데 소크라테스가 말하는 모방이라 하는 것은 인간의 관념 또는 영혼에 내재한 로고스가 만물의 원본이고, 이 로고스를 인간의 문자나 언어가 다시 모방한다를 의미한다. 이를 '유사類似'라 한다. 원본과 사본을 종과 유와 위계적으로 보는 것이다. 그러나 이러한 위계적이 아닌 비위계적 혹은 순환적으로 보는 것은 '상사' 혹은 '시뮬라크'라고 한다. 앤디 워홀의 '마르린 몬로' 같은 작품을 대표적으로 '상사'로 본다.

유사의 순간 원본과 모방된 것 사이에 이중성이 생긴다. 이데아에 대한 모방이라는 것은 항상 거짓이다. 플라톤에 따르면, 모방된 것은 언제나 참의 세계가 아니다. 그런데 현대 과학의 이론은 모방의 모방을 '프랙털'이라고 하며, 이런 모방의 모방을 상사 혹은 '사상寫像'(mapping)이라 한다. 그리고 사상은 자연 그 자체이기 때문에 윤리적인 참과 거짓으로 구별해서는 안 된다. 유사에서는 역설이 생기지 않으나, 상사에서 역설이 생기며 역설은 병적이라고 서양의 A형 논리는 간주해 왔다. 상사란 자기언급의 다른 말이다. 역은 상수사 트로이카 체제를 유지해야 하는 이유도 유사를 방지하고 상사를 하기 위해서이다.

데리다는 플라톤의 『파르메니데스』에서 전개되는 '같음'과 '다름'의 문제에서 차연의 기원을 찾기도 한다. 즉, '같음'과 '동일자'가 결코 그 뜻에 있어서 같은 것이 아니라고 한다. 왜냐하면 '같음'은 '다름'을 전제하기 때문이다. 이는 마치 거짓말쟁이 역설에서 참말이 거짓말을 전제할 수도 있고 그 반대일 수도 있는 경우와 같다고 하겠다. '같음'은 '다름의 다름'이다. 이는 거짓말의 거짓말은 참말인 것과 같다. 데리다의 차연 논리는 거짓말쟁이 역설과 그 구조가 같은 것으로서, 아리스토텔레스의 모순율로서는 설명이 안 되는 논리로서 헤겔의 변증법하고도 다르다. 다시 말해서 정반의 합 같은 것을 전제하는 논리가 아니다. 변증법은 유사 구조의 논리학이다. 참과 거짓의 사상으로 복잡화가 이루어져 결국은 인간 지식의 파탄과 해체로 가게 하는 것이 차연의 논리이고 이를 시뮬라크라고 한다.

이렇게 차연은 '시간의 공간되기'와 '공간의 시간되기'라는 서로 교차하는 직물과 같다.[19] 이런 점에서 차연은 차연差緣이 되고, 차연은 불교의 연기緣起와 같은 특징을 지니고 있으며, 이를 데리다는 '교차 배어법le chiasme'이라고 했다. 이는 불교의 연기를 표시하기 위한 만(卍)자 상징과 같다. 교차 배어법이란 거짓말쟁이 역설과 그 성격이 같다. 결국 이러한 연기는 만물이 서로 사사무애事事無碍 그리고 이사무애理事無碍의 한 과정이며, 그것은 모든 존재가 자기 자신의 자성自性 없음으로 이어진다. 불교의 이러한 자성 없어짐을 두고 데리다는 산종散種이라고 한다. 산종이란 종자의 없어짐과 흩어짐을 뜻한다. 개별적 존재의 자성은 무화한 뒤 다른 존재 속에 자기의 것이 들어가는 것을 뜻한다. 그래서 차연의 연기延期는 연기緣起가 되고 우리말의 '있'음은 '잇'달아 '일'어남으로 있다. 이어짐의 연기 속에 만물이 자성의 종자를 잃어버리고 유기체적 그물망 속의 눈금 같이 된다. '있음'의 잇달아 일어남을 데리다는 불어로 풀어낼 길이 없어서 '차연이 있다'(La différance est)에서 est에 x표를 한다. '있다est'라는 동사 위에 지움을 뜻하는 x를 표하는 이유는 잇달아 일어나기 때문에 차연이 있는 것도 아니고 없는 것도 아니기 때문이라고 했다(김형효, 1997, 216). 차연은 존재와 부재를 넘어선다고 했지만 넘어섬은 서로 사상함으로 가능하게 된다. 불교에서는 이를 쌍차쌍조雙遮雙照라고 했다. 서로 차이가 나면서 서로 또한 마주 비추인다는 것을 뜻하며, 이는 '불연불연 우불연, 기연기연 우기연'이라 한다.

이는 존재의 자성svavah의 해체를 의미하는 부정신학과 같이 하는 것처럼 보인다. 데리다 철학에서 인격신의 위치는 없다. 그런 점은 주역도 데리다 철학과 마찬가지다. 그러나 수운은 '조물자', 다산은 '상제'로 자성 없음의 빈자리를 메우려 한다. 차연의 산종은 바둑판에서 바둑알

---

19 역의 '수'와 '상'에서 이미 우리는 시간의 공간화를 보았다.

같은 낱개는 아무런 존재 의미가 없는 바둑판이란 구도 그 자체일 뿐이다. 데리다가 말하는 이러한 차연差延은 차연差然과 동일어가 될 것이다.

한글의 구조와 산종의 구조

아리스토텔레스의 언어관은 그의 논리학이나 존재론과 별개의 것이 아니다.[20] 아리스토텔레스는 '소리'와 '목소리' 그리고 '말'의 삼자를 구별한다. '소리'란 단순한 공기의 움직임이다. '목소리'란 동물이 자기 발성기관으로 만들어 내는 일종의 뜻 소리다. "흡입된 공기가 기관(후두와 허파)에 있는 영혼에 의하여 신체의 기관에 가 부딪히는 것이다"(영혼론 2권 8장). 가장 중요한 '말'이란 일정한 기관의 도움을 받아 이루어지는 분절diarthrosis 현상에서 생기는 현상이다. 혀를 통해 분절을 만들어 낼 수 있는데, 그 이유는 혀가 가지고 있는 유연성 때문이다. 혀가 넓고 유연해야 말을 만들어 낼 수 있다. 말과 목소리는 근본적인 차이가 없으며 분절을 만들어 낼 수 있는 정도에 따라서 동물의 그것과 인간의 그것이 차이가 날 뿐이다. 다시 말해서 인간의 말은 동물의 그것보다 분절이 더 잘 되어 있다는 것뿐이다. 그런 뜻에서 한글이 발성기관을 분절시켜 글자를 만든 것은 탁월하다고 할 수 있다.

인간은 분절기관인 입술과 혀로 말을 하는데 이 말을 통해 아리스토텔레스는 로고스를 전달한다고 한다. 동물에게는 말은 있지만 로고스는

---

20 아리스토텔레스의 언어관은 독립적이지 않다. 논리학의 부산물에 지나지 않는다. 언어학을 '디알레크토스'라고 했으며, 그것은 생리학적 측면에서 고려된 '언어'일 뿐이다. 그의 언어관은 '정치학'과 '명제론'에서 주로 다루어지고 있고, '영혼론'에 한두 곳 그리고 '동물지', '동물 부분론', '동물 생성론' 등에서 약간 다루어지고 있다.

없다. "목소리는 로고스의 질료다"(『동물생성론』, 제5권 제7장 786b21). 인간의 로고스는 합리적인 것이다. 인간은 동물들 가운데 로고스를 가진 유일한 동물이다. 목소리도 의사소통을 할 수 있지만 가치 규범을 전달할 수 있는 것은 로고스를 통해서뿐이다. 아리스토텔레스의 언어관은 철저하게 로고스에 근거한 인간적 언어에 국한한다. 인간의 언어만이 영혼에 각인된 기호가 사물에 닿아 상징으로 나타난다. 한글은 음성기관과 자연에 모두 각인된 언어다. 이러한 아리스토텔레스의 논리는 존재신학의 뒷받이 된다.

알라바마 주립대 수학과 고 김기항 교수는 한글이 합리적이고 과학적인 언어임을 집합론을 통해 입증한다. 한글의 철자법은 집합론이라는 합리적 구조를 갖는다. 모음의 구조를 볼 때 점 '·'으로 시작된 요소가 분절되어 다시 모아져 수평과 수직을 만든다. 다시 말해서 점 '·'들이 모아져 수평선 선분 'ㅡ'을 만들고, 수직 선분 'ㅣ'를 만든다. 나머지 여덟 개의 모음을 만들기 위해 중학교 정도의 해석기하학에서 사용하는 이동과 회전을 사용한다. 'ㅡ'와 'ㅣ'는 다른 곳으로 이동해도 변하지 않도록 해야 한다. 'ㅏ'음을 시계 바늘과 같은 방향으로 이동하면 'ㅜ, ㅓ, ㅗ'를 얻는다. 반대쪽으로 회전하여 'ㅑ, ㅕ, ㅛ, ㅠ'를 얻는다. 김기항 교수는 열네 개 자음도 모두 집합론적으로 구성할 수 있음을 일러준다. 먹집합론은 어떤 대상물의 전체와 그 전체 속 개개의 구성요소의 관계를 그림으로 나타낼 수 있는 것을 두고 하는 말이다. 예를 들면 집합 S={1, 2, 3, 4}를 분절시켜 부분 집합을 만들어, S1={2}, S2={1, 2}, S3={3, 4}로서 구성 요소들의 관계는 나무가지 형식으로 표시할 수 있다. 이와 같이 수학에서 집합론은 한 부류 속의 요소들을 분절함이 없이는 얻어질 수 없다. 우리 한글도 이런 분절 현상을 통해 만들어진다고 김기항 교수는 주장한다.

자음 열네 개 역시 ㅡ와 ㅣ를 이동하고, 회전하고, 연결하면 된다. 이제 열네 개 자음을 하나의 집합으로 볼 때 집합의 요소와 부류 관계에서 자음이 구성될 수 있다. 일곱 개는 이동으로 얻어지고, 일곱 개는 회전으로 얻어진다. ㅣ의 최하점을 ㅡ와 연결하면 'ㄴ'을 얻는다. 나머지 여섯 개 자음도 이런 방법으로 얻는다. 집합 'ㄷ'에 'ㄴ'이 포함되고, 'ㅁ'에는 'ㄷ'이 포함된다. 회전에 따른 자음 구성은 다음과 같다. ㅣ을 45도 우회전하면 '/'을 얻는다. '/'의 최상점과 'ㅡ'의 최우점을 연결하여 ㄱ을 얻는다. ㅣ을 이번에는 좌회전하면 '\'을 얻는다. 이렇게 얻은 \과 /을 연결하여 'ㅅ'을 얻는다. 이제 'ㅡ'를 360도 회전하면 ㅇ을 얻는다. 그 위에 ㅡ를 두면 'ㅎ'을 얻는다.[21]

이렇게 한글의 자음과 모음은 직선분의 단순한 이동과 회전으로 이루어진다. 모든 자음과 모음의 집합은 모두 •와 ㅣ를 기본 요소로 삼아 회전시킨 집합이다. 집합을 만드는 방법은 이동과 회전이며 45도, 180도, 360도 다양한 회전 방법으로 요소의 집합 그리고 집합의 집합을 만들어 나갈 수 있다. 그렇다면 한글은 아직 완성된 것이 아니다. 무한하게 이동과 회전을 시킬 수 있으며, 그 정도에 따라서 얼마든지 다양한 소리를 만들어 낼 수 있다. 아리스토텔레스가 말한 분절이 한글에서는 수학의 집합론으로 만들어진 것을 알 수 있다.

---

21 이상 김기항 교수의 글은 *The Korean-American University Professor*, Vol. IX, No. 1 (Spring, 1999): 26-28에 실린 글을 요약한 것임.

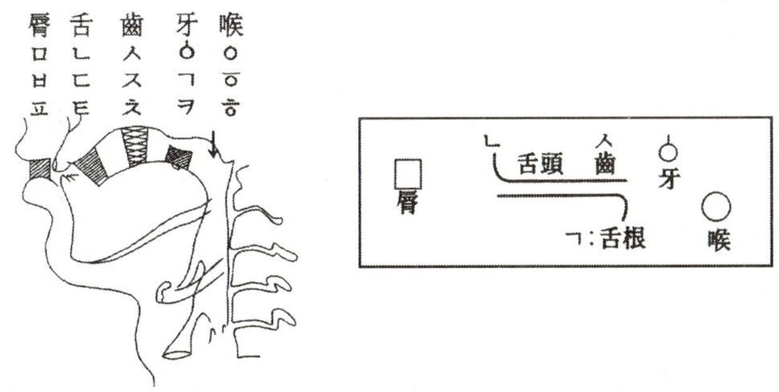

[도표 2.5] 한글과 발성구조 (한태동, 2003, 37)

김기항 교수가 밝힌 바 있는 한글의 집합론적 구조는 요소에서 부류 그리고 부류의 부류를 만드는 구조로 되어 있다. 이런 구조로 휴대전화의 문자판이 만들어진다. 이는 훈민정음 서문의 글과 일치하는 것이기도 하다. 후음의 경우 소리의 강도에 따라 ㆆ이 ㅇ보다 실하기 때문에 점 하나를 더했다. ㅋ이 ㄱ보다 강하기 때문에 선 하나를 더 그었다. 나무의 무성함 정도에 비유하기도 한다. 후음은 목에 속하는데, 나무의 무성함에서 ㄱ이 ㅋ보다 그리고 ㅋ보단 ㄲ이 더 무성함을 상징한다. ㄴ·ㄷ·ㅌ, ㅁ·ㅂ·ㅍ, ㅅ·ㅈ·ㅊ, ㅇ·ㆆ·ㅎ도 사정은 마찬가지다. 이들은 각각 셋이 한 다발이 되어 한 부류를 이룬다. 그리고 이들은 순서대로 목·화·토·금·수의 오행에 속한다. 그래서 초성 열일곱 자는 태극과 음양·삼재·오행의 원리를 종합한 것이다.

구강 안의 발음 부위를 다섯 개로 나누고 각각의 발음기관의 형상을 본떠 다음 소리의 변화에 따라 획을 더하여 부위마다 세 층씩 만든다. 이를 음양오행도에 넣어 보면 다음과 같다(이정호, 1996, 8-9). 데리다에 따르면 모음 중심의 남방 언어는 어조적이고, 자음 중심의 북방 언어는 분절적이다. 그러나 한글의 경우는 자음과 마찬가지로 모음도 분절적임을 알 수 있다.

모음의 구조 역시 음양오행의 원리를 따르고 있음은 자음과 마찬가지다. 여기서 자음과 모음 하나하나는 모두 데리다가 말하는 종자(le semence)라고 한다. 이 말은 라틴어 'semen'에서 나왔는데, 이는 희랍어의 'semainein'(의미하다)과 같다.[22] 데리다의 산종이란 다함이 없이 흔적의 연쇄성을 만들어 가는 것을 뜻한다. 이 말에 따르면 문자는 하나의 용어 속에 여러 실들을 짜게 하여, 그 실들을 잡아당기면 거기서 모든 내용을 풀 수 있는 그런 것이 아니다. 각각의 문자는 자기 자성이 없는, 다만 흔적으로서 연쇄적 고리를 만들 뿐이다. 세계 문자들 가운데 데리다가 정의한 문자에 대한 견해는 우리 한글에 가장 적합하리라고 본다. 각 문자는 파르마티콘 같이 음양 대칭 구조로 되어 있으며 오행의 원리 속에서 연쇄 고리를 만들고 있다. 한글에서는 어느 하나의 문자로 다른 모든 것을 끄집어낼 수는 없다.[23]

김기항 교수가 밝히지 못한 것은 한글 안의 공집합이다. 그래서 끝으로 멱집합의 공집합을 한글이 어떻게 설명할 것인가의 과제가 남아 있다. 현명하게도 한글에는 '자리'는 있으나 '소리'가 없는 경우가 있다. 그것이 바로 ㅇ음이다. 이를 ㆁ와 구별한다. 예를 들어 'ㆁ'은 kang으로 읽어야 하지만 '강'은 ka로 읽어야 한다. '아'의 경우도 ㅇ의 자리는 지키고 있지만 소리 음가는 없다. 오늘날 ㆁ을 없애고 ㅇ으로 통일한 것은 큰 잘못이다. 이는 한글이 창제된 철학적 그리고 집합론적 의미를 모두

---

22 '세마이네인'은 로고스의 작용이고, '델룬'은 목소리의 작용이다. 그러나 아리스토텔레스는 두 말을 구별하지 않고 사용한다.

23 取象於天地人而三才之道備矣 聖人始畫八卦.

말살한 처사다. 하루 속히 ㅇ을 복원해 내야 할 것이다. 공ㅈ집합 ㅇ을 마치 전체 집합 자체인 것처럼 사용하고 있다. 공집합 ㅇ에서 집합 자체인 ㅇ가 부분집합으로 包含된다. 나머지들은 包涵된다.

한글의 집합론적 성격에서 공집합을 무시하고 말았다고 지적하지 않을 수 없다. 이 말은 ㅇ은 수학의 0과 같은 것으로서, 한글에 공집합의 개념이 있음을 뜻한다. 집합론이 나오기 전까지는 수가 어떻게 만들어지는가를 생각하지 못했었다. 그러나 수는 '다음에'(successor)란 개념에서 만들어진다는 사실을 안 것은 페아노의 덕분이다. 그렇다면 '1'은 무엇 다음인가? 이런 질문 앞에 수학자들은 0이란 수를 새삼 의식하게 된다. 그래서 집합론에서는 수에도 수의 자리가 있어야 한다는 점을 알게 되어 아무것도 없는 자리를 { }로 표시하게 되었으며(虛), 그 자리에는 아무것도 없고 그것을 0으로 표시하게 된다. 그러면 { }의 다음 차례에 공집합 {0}이 생기게 되고 공집합의 개수는 1이기 때문에 숫자 '1'이 탄생한다. 그러면 {0, 1}의 집합이 생기고 그 개수는 2다. 이렇게 수가 만들어지며 집합론의 기초는 공집합이라는 사실을 알게 된다. 현명하게도 세종대왕은 글에도 이런 공집합에 해당하는 것이 있어야 한다는 점을 깨닫고 ㅇ음을 창제하셨다. {ㅇ}의 집합 개수가 ㅇ음이다. { }은 ㅇ이고, {ㅇ}은 ㅇ이다. 그런 뜻에서 ㅇ음은 모든 음의 처음에 두어야 마땅하다.[24]

앞에서 본 것처럼 한글을 창제할 당시 이미 무와 유의 개념을 알고 있었다. 다시 말해, '자리'와 '소리'를 구별한 것은 화가가 바탕^{ground}과

---

24 북한과 남한 학자들 사이에 ㅇ을 배치하는 순서를 두고 논란이 있었다. 나의 생각으로는 집합론 상으로 볼 때 당연히 처음 자리에 두어야 한다.

그림figure을 구별한 것이나 마찬가지다. ㅇ은 자리이고, ㅇ은 그 자리의 소리와 같다고 할 수 있다. 소리의 발성기관 모양에서 글자가 만들어졌고, 만들어진 글자는 다시 초·중·종성의 삼재 원리로 배치된다. ㅇ은 목구멍 안의 목젖과 같은 것이다. 이는 존재론적으로 생각할 때 유와 무의 관계와 같다. 자리는 무고 소리는 유다. 유무상생의 원리는 '일시무시一始無始'에 따른 것이라 할 수 있다. 유와 무가 동시적이라는 존재론은 도가나 유가의 사상과도 다른 것으로 한민족의 독특한 사상이다. 유무 동시사상과 삼재사상이 결합되어 한글이 만들어졌다. 데리다의 코라는 다름 아닌 동양의 무나 공 사상과 상통하는 것으로, 우리는 한글의 구조에 나타난 것과 같은 유무의 차연 관계를 한눈에 볼 수 있다.

데리다는 이렇게 말할 것이다. 인간은 '산다'는 말 자체가 바로 글을 '쓴다'와 같다고 한다. "글을 쓴다, 고로 산다." 이것을 그는 '에크리튀르'라고 했다. 한국어에서 '글을 쓰다'라고 할 때 '글'은 '그림'에서 유래하며 이는 '그리움'과 어원이 같다. 데리다에 따르면, 이 세계 자체가 그림으로 써넣어진 구성물에 지나지 않는다. 그래서 아담의 이름 짓기는 바로 이러한 그림의 써넣기다. 그래서 그는 세계의 구성물을 만들어 나간 것이다. 빈자리에 글을 써넣는 작업이 창조의 첫 작업이다. 그런데 인간은 글을 쓰면서 글의 원래 자리를 잊고 말았다. 한글을 통해 우리는 이 잊어버린 자리를 다시 찾아야 한다. 한글은 에크리튀르, 즉 원문자이다. 그리고 거기에는 영혼이 깃들어져 있다. 수운은 그것을 대신해 '조물자'라고 한 것이다. '자者'란 '놈'이고 부도지는 이를 인간이 자신의 주인되는 것을 두고 '朕'이라고 했다. 이러한 '짐'을 황제의 전유물로 만든 것은 강희 때부터이다.

2.5 불연기연과 도마복음 7장
: '사람 속 사자와 사자 속 사람'

도마복음 전체 114장 가운데 7장은 난해한 것 가운데 하나이다. 도올은 "나 자신도 이것을 이해하느라고 골머리를 썩혔다"(김용옥, 2025, 123)고 한다. 여기서는 오강남과 김용옥의 풀이를 소개하고, 불연기연의 논리계형으로 7장을 바꾼 후, 다산의 성기호설과 불교의 알라야식의 관점에서 이를 조명한다.

오강남과 도올의 풀이

오강남은 『살아계신 예수의 비밀의 말씀』(김영사, 2022)에서 다음과 같이 7장의 원문을 번역한다.

(7.1) 예수께서 말씀하셨습니다. "사람에게 먹힘을 당하는 사자는 행복합니다. 그 사자는 사람이 되기 때문입니다(A). (7.2) 사자에게 먹힘을 당하는 사람은 불행합니다(B). (7.3) 그 사람도 사람이 되기 때문입니다 (C)"(오강남, 2022, 67). (7.1과 7.2 같은 절 번호는 도올을 따른다.) 도올은 두 절(7.1과 7.2)로 나누었지만 필자는 마지막 절을 분리하여 (7.3)으로 하였다. 그 이유는 아래 오강남의 풀이에 따르면 (7.3)과 (7.2)는 별개의 것이기 때문이다.

오강남은 "우리 속에 내재하는 '사자됨'과 '사람됨'이라는 두 가지 힘의 상호 관계에 관한 것이라고 볼 수 있다(7.1)"고 하면서 '사자'는 우리 속에 길들지 않은 야수성, 즉 정욕, 무지, 탐욕 같은 것이라 한 점에서는 도올과 같다. 그래서 '사람에 먹힘당한 사자'는 사람과 같이 돼, 즉 사자가 사람이 돼 행복幸福해진다(7.1). 그러나 반대로 '사자에 먹힘 당한 사람'은 '불행不幸'해진다(7.2). 오강남은 '행불행'이란 차연의 개념으로 풀이한다. 즉, 행과 불행으로 차이를 만든다. 그러나 (7.3)에서 차이가 미끄러져 지연된다. 그래서 차연이란 구색을 갖춘다.

도올은 플라톤은 『이상국가론』에서 사자를 정욕, 욕정, 성적 갈망을 상징한다고 하면서 오강남과 사자에 대한 견해는 일치한다. 그러면서 사람이 사자를 삼키는 것은 행이고, 그 반대는 불행이란 점에서도 오강남의 풀이와 같다. 도올은 예수는 자유분망한 식탁교제 운동가, 다시 말해서 '게걸스런 탐식가' 혹은 '술주정뱅이'라고 묘사한 마태와 마가의 글을 "예수의 외관은 이러할지 모르지만 그 내면의 자아는 끊임없이 사자를 삼켜 먹을 수 있는 절제의 인간이었다"(같은 책, 124)고 한다. 이렇게 도올과 오강남의 풀이는 사자를 보는 견해에 있어서는 같다.

도마복음서 안에는 '속과 겉', '안과 밖', '위와 아래' 그리고 '좌와 우' 같은 대칭적 공간을 말하는 곳이 자주 나타난다. 7장도 '사람 속 사자'나(7.1) 아니면 '사자 속 사람'이나(7.2) 전자는 행이고 후자는 불행이다. 이에 오강남은 7장의 문제를 두고 "그런데 전체 문장(7.3) 구조로 보아서는 마지막 문장에서 사자에게 먹힘을 당하는 사람이 불행하게 되는 이유가 그 사람이 사자가 되기 때문이라 해야 할 것 같은데, 본문에서는 사람을 잡아먹은 '그 사자도 사람이 되기 때문'이라고 한다. 그러면 사람이 되었는데 왜 불행한가?" 오강남의 지적은 논리계형 문제와 연관돼 다루어질 수 있는 중요성을 지니고 있다.

(7.1) '사람 속 사자'는 행복1   (A)

(7.2) '사자 속 사람'는 불행2   (B)

(7.3) '사자 속 사람1'도 '사람2'는 불행2   (C)

(7.4) '사람2' 속 사자2는 행복3-불행복3   (D)

….

….

….

(A)와 (B)는 분명하게 차이를 보여주지만, (C)와 (D)로 연기 행불행…이 연기되면서 사람과 사자 모두 행불행 1, 2, 3, … n 시리즈가 만들어진다. 행과 불행이 미궁에 빠지고 만다.

오강남의 글을 이어서 들어보면, "구태어 의미를 붙이자면 그 사자가 사람을 잡아먹고 사람 행세를 한다는 뜻이 아닐까? 다 같이 사람의 모양을 가지 사람이지만 한편에는 야수성을 이기고 참사람이 된 사람이고, 다른 한편에는 야수성에 정복당하고 껍데기만 사람 모양을 했을 뿐, 속으로는 아직 사자 같은 야수성을 그대로 가지고 다른 사람들을 계속 잡아먹으려 하기 때문이라 볼 수 있지 않을까?" "이런 사람도 사람이긴 하지만 사자 같은 사람으로 머물러 있을 수밖에 없기에, 우리 속에 있는 신성을 완전히 발현하지 못하고 있는 사람이라 할 것이다. 그러니 불행할 수밖에 없지 않을까. 이런 사람도 사람이긴 하지만 아직도 사자 같은 사람으로 머물러 있을 수 없기에(7.1 필자 첨가), 우리 속에 있는 신성을 완전히 발현하지 못하고 있는 사람이라 할 것이다. 그러니 불행할 수 밖에 없다"(같은 책, 69).

오강남은 사람 같지 않은 사람(사람2 사람3 사람4…) 그리고 사자 같지 않는 사자(사자1 사자2 사자2…)가 차연을 만든다. 차연이란 차이가 나면서 그 차이가 계속 연장된다는 의미이다. 그렇다면 도올의 말은 뒤집혀 예수는 사자를 잡아먹었지만(정욕을 정복하고도) 역시 사자 같을 수밖에 없다고 하는 말과 같다. 이런 논쟁을 연장하면 아타나시우스와 아리우스 파 간의 예수의 신성과 인성을 두고 벌린 논쟁으로 연장될 수 있을 것이다. 동양에서는 이 문제가 더 심각하여 인간과 동물의 성이 같으냐 다르냐는 소위 '인물성 동론과 이론'의 문제일 수도, 주자-퇴계의 성리학 이 불 지핀 本然之性과 氣質之性 간의 논쟁 그리고 유식불교의 알라야 식의 청탁淸濁 문제와도 연결될 만큼 주요하다. 도올과 오강남은 이들 문제들에 연관시키지 않지만 양인 모두 윤리 도덕적 시각에서 "사람이면 사람인가 사람이어야 사람이지"를 연상케 한다. 이런 논쟁은 수천 년을 지나도 결코 종식되지 못하고 지연의 지연이 될 뿐이다.

'사람 속의 사자'(행)도 '사자 속의 사람'(불행1)도 마찬가지로 차연이기 때문에 결국 차연은 끝날 수 없음을 보여준다 할 것이다. 그러나 여기서 행복1과 행복2는 그 논리계형이 다르다. '불행2=행1불행1'로서 행복2는 메타화된 불행으로서 두 불행은 논리계형이 다르다. 불행2는 '컨텍스트 의 컨텍스트'이다. 그런데 7장의 모두에는 "예수께서 가라사대"라고 한다. 그러면 7.1과 7.2에서 예수는 자기 자신의 말에 자기 자신을 포함시키는 것인가 아닌가? 도올은 과감하게 예수는 자기 자신을 包含시 켰다고 하면서 예수는 사자를 '먹어 삼킨 자'로 보고 있다. 그러면 예수는 자어상위의 역설에 걸린다. 다시 말해서 사자를 삼킨 자도 불행해진다고 했기 때문이다. '사람을 잡아먹은 그 사자'(A)도 '사자를 잡아먹은 그 사람'(B)과 마찬가지로 '사람'이기 때문에 불행하기는 마찬가지이다. (A) 는 사자가 사람을 包涵하는 것이고, (B)는 사람이 사자를 包涵한다.

包涵은 전체가 부분을 삼켜버리는 관계이다. 그런데 (A)와 (B)는 서로 포함하기 때문에 包含이라 해야 한다. 그래서 '행'과 '불행'은 동병상련同病相憐이다. 라캉은 이러한 정욕과 같은 욕망의 구조는 도넛의 둘레를 감싸고 돌지만 결코 도넛의 가운데 공간에는 못 미치는 것으로서 요구는 욕망으로 빠져든다. 사람이 사자를 잡아먹는 것 같지만 사자가 사람을 잡아먹고 사람은 사자를 잡아먹는다. 실로 도마는 이러한 도넛 둘레를 감도는 행불행을 지적한 것이 아닌가 한다. 행과 불행은 연속이 되기도 하고 연속이 안 되기도 하는 연속체가설이라는 화두에 갇혀 있다. 사람은 사람 그 안에서 진위를 모르고, 사자는 사자 그 안에서 진위를 모른다. 그렇다고 사람 속의 사자 그리고 사자 속의 사람도 행복하다고 불행하다고 단정할 수 없다. 바울이 「로마서」를 쓴 목적도 궁극적으로 '은혜 속의 죄', '죄 속의 은혜', '불법 속의 의', '의 속의 불법'은 "서로 고발하기도 하고 변호하기도 합니다"(롬 2:16)가 아닌가 한다. 이러한 고뇌는 아담이 죄를 범한 이후에 생긴 것이 아니고 아담 자신도 이런 고뇌를 했다. 바울의 '내 속에 있는 다른 법'이 사자가 아닐까? "나는 선을 행하려고 하는데, 그러한 나에게 악이 붙어 있다는 것입니다"(롬 7:19). "오호라 나는 곤고한 사람이로다." 그래서 도마복음 7장은 역설 속에 갇혀 있는 실존을 드러낸다.

타르스키의 대처법과 멱집합

거짓말쟁이 역설은 참말-거짓말-참말-거짓말…의 연쇄 고리를 만들면서 한없이 미끄러지려 한다. 이 연쇄 고리를 Ln+1 = L0, L1, L2, L3,… Ln이라고 하는데 타르스키는 러셀의 유형론을 따라 이를 계층화하였다. 이를 베이트슨 계형이라 하고 '계층의 계층'을 '컨텍스트의 컨텍스트…'라고 한다. 그리고 계층들 시리즈 전체의 끝을 Ln이라고 한다면, 이들 시리즈 전체 자체는 메타 계층이 될 것이고 이것을 Ln+1이 될 것이다. 이를 두고 타르스키는 러셀의 유형론으로 다음과 같이 요약하고 있다.

> 언어 Ln에 속하는 문장에 대해 '참'이라는 진리 진술어를 사용할 때, 그 진리술어는 같은 언어 Ln에는 속할 수 없고 메타언어 Ln+1에 속해야만 한다(타르스키의 말).

타르스키의 위 요약은 역설이 발생한 이후 그것을 해결하기 위해 내놓은 대안이다. 그러나 아래 도형에서 보는 바와 같이 이렇게 언어의 층계를 위계적으로 설정해 놓고 난 결과 발생한 것은 역설 그 자체이다. 선후가 뒤바뀌었다.

[도표 2.6] 타르스키의 논리 계형(에쓰로, 2004, 67)

만약에 좌측을 도마복음 7장의 '사람Ln+1'이라 하고, 우측 사각형을 사자라 한다면, 사자 속의 사람Ln을 향해 '참이다'라고 하면, 그들은

'모른다' 하거나 '참'이란 말이 '무슨 의미이지?'라고 대답할 것이다. 그 이유는 거짓말쟁이 Ln+1이 '참이다' 하면 '거짓말'이 되고, '거짓이다' 하면 참말이 되기 때문이다. 그래서 사자 안의 사람들은 '모른다' 하거나 '참'이 말이 무슨 의미인지 물을 것이다. Ln+1이 '행복'하면 그 반대인 '불행'으로 알아듣거나 무슨 말인지 이해를 못할 것이다.

어떤 언어에 대해 '진리'라고 서술하는 경우, 같은 계층의 언어를 사용해서는 안 된다. 사각형 밖의 언어 Ln+1은 사각형 안에서는 불통이기 때문이다. 즉, Ln에서는 Ln+1의 언어를 이해하지 못한다는 것을 의미한다. 다시 말해서 같은 계층의 언어끼리만 소통이 가능하다는 것을 의미한다. '행'과 '불행'은 같은 계층끼리에서만 공감할 수 있다. 이를 '타르스키 정리'라고 한다. 타르스키 정리는 1930년 이전에 이미 그의 머릿속에 자리 잡고 있었다.

그러나 타르스키 정리는 일장춘몽이다. 위의 도표에서 보는 바와 같이 러셀역설을 극복하기 위해 타르스키는 계층을 만들었는데, 사각형 안에서 보는 바와 같이 그 안에서 역설이 발생해 버렸다. 그렇다면 또 다른 계층 Ln+2, Ln+3···을 끝없이 만들어야 할 것이다. 다시 말해서 위계론 자체가 순환론에 빠지고 만다. 그래서 1970년대에 들어 인도와 일본 굽타와 키하라 등에 의해 역설 해법의 새로운 방법인 '비위계적 순환론'이 대두된다. 그러나 순환론은 역설을 조장했기 때문에 다시 위계론을 제시하게 된다. 그런데 위계론 때문에 순환론을 제기하지 않았던가?

이 문제는 칸토어의 멱집합을 철저하게 이해하지 못한 데서 나온 결과이다. 그래서 다시 멱집합을 여기에 불러오기로 한다.

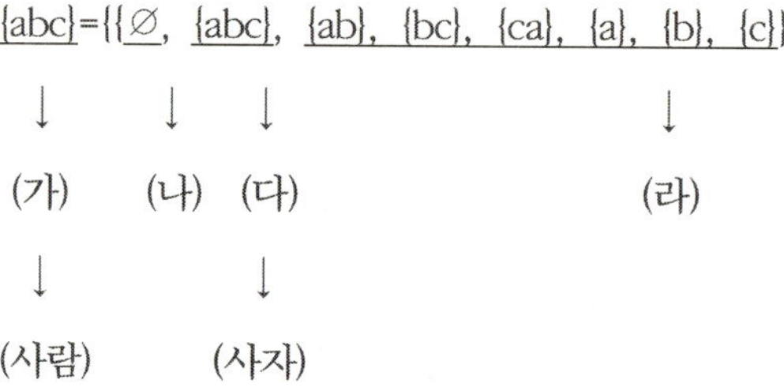

(가)는 사람이고, (다)는 사자이다. 다시 말해서 양자는 포함[包涵]이 아닌 포함[包含]관계이다. 재귀적 관계로서 사람과 사자를 상호 포함[包含]한다. 사람 속의 사자 속의 사람 속의 사람…과 같다. 그런데 멱집합에서 전체 집합은 3개이지만 그것의 부분집합은 8개가 된다(2³). 그 가운데 공집합 ∅과 자기 자신{a,b,c}을 반드시 포함[包含]하고 또 포함[包含]돼야 한다. 공집합이란 집합도 제 자신 ∅과 자기 자신{∅}을 포함해야 한다. 전자를 허[虛]라 하고, 후자를 공[空]이라고 한다. 허공을 {∅, {∅}}로 표시해야 한다. {∅}=1이기 때문에 공에서 유가 탄생했다. 이렇게 생각할 때 도마복음 7장은 새로운 생명 탄생의 논리를 말하고 있는 것이다.

"나는 이렇게 들었다"(如是我聞). 도마 이외에 다른 제자들은 왜 7장 같은 어록을 사복음서 안에 싣지 않았을까? 자기들 그리고 아타나시우스 등은 왜 이런 어록이 있는 경전들을 이단시하고 경전에서 제외했을까? 당대 그리스의 A-형 논리와 철학이 이들을 뒤에서 조절하고 있었기 때문이다. 그러나 과학의 패러다임이 변하면서, 즉 뉴턴-데카르트적 세계관이 20세기부터 상대성원리, 불확적성 원리, 괴델 정리, 카오스-프랙털로 변하면서 A-형은 어깨가 무거워져 과부하 현상으로 더 이상 버틸 수가 없게 되었다. 도마가 다른 제자들이 듣지 못한 예수의 말을 들었고, 어록들로 남겼다. 도마복음이 2차대전 이전에 발견되었다 하더

라도 아직 로마 교황청이 영향을 미쳤을 것이고, 발견되자마자 금서가
되고 말았을 것이다.

'사람'과 '사자': 본연지성과 기질지성

도올은 철저하게 7장을 그리스적 배경에서 이해하려 한다. 7.1절(사람
속의 사자)를 '욕정이 이성으로 고양됨'(김용옥, 역주 2,232)이라 한다. 그러면
7.2절(사자 속의 사람)은 그 반대가 될 것이다. 여기까지 족하다. 그러면
7.3은 7.2와 조화를 이루지 못한 사족이거나 '에러'일 수 있다. 도올은
후자일 가능성이라 한다. '사람이 사자를 먹든지, 사자가 사람이 먹든지'
로 끝나야 한다. 그렇다면 7.3은 불일치를 일으켜 버리고 만다. 제3의
가능성을 완전 차단한 도올은 "따라서 주석가들은 제2절은 텍스트 코럽션
text corruption이 개재되어 있다고 본다. 콥트어 사경자들의 에러일 수 있다"라
고 한다.

오강남과 도올은 모두 7.3이 예외적이란 점에서는 동의한다. 그러나
필자는 이 예외적인 데서 도마복음 전체의 성격과 특징을 찾고 있다.
다시 말해서 데리다의 차연으로 말이다. 다시 말해서 7.1과 7.2가 차이를
말하고 있다면, 7.3은 그것의 연기 혹은 연장을 말하면서 사람과 사자가
한 다발을 만들어 차연으로 이어지고 있다. 그리고 현대 러셀-타르스키의
유형론에 대한 비판으로도 이해될 수 있다.

도올은 그리스적 배경에서 '사자'를 정욕과 에로스의 상징으로 보고
사람을 로고스(이성)의 상징으로 보려 한 결과 이원론의 함정에 빠질
위험이 있다. 이는 E-형인 도마복음을 A-형인 그리스적 사유라는 험지
로 끌고 갈 위험성이 있다. 그래서 7.3을 사경자들의 '에러'로 보려 한

것이다. 이에 대하여 오강남은 '사자 속의 사람'을 두고 "우리 속의 신성을 완전히 발현하지 못하고 있는 사람이라 할 것이다. 그러나 불행할 수밖에 없지 않는가?"(같은 책, 69)

오강남의 마지막 말은 성리학의 인성론을 불러오게 한다. 즉, '사람 속의 사자'는 本然之性의 소유자 그리고 '사자 속의 사람'은 氣質之性의 소유자로 보게 되면 성리학의 바탕을 여기에 불러오는 것과 같다 할 수 있다. 이 두 말은 권근 양촌의 『입학도설』에서 '心'자의 좌우 두 점을 도심과 인심으로 나누고 가운데 점 하나를 '천명지위성'으로 본 데서 도심을 '본연지심' 그리고 인심을 '기질지심'으로 나누고 전자를 다시 사단(인의예지)으로 하고, 후자를 칠정(희로애락애오구)으로 분지 시키는 결과를 초래한다. 사자를 수심獸心의 소유자라고 볼 때, 사람을 잡아먹은 사자(7.1 사람 속 사자)는 인면수심人面獸心과 같다. 이러한 인간을 성리학에서는 최악으로 취급한다.

人心	道心
氣質之性	本然之性
四端	七情
氣	理

[도표 2.7] 心자와 성리학

권근이 귀양 도중 밤에 우연히 그린 '입학도설' 한 장이 300여 년 이상 조선성리학의 방향을 설정하고 말았다. 중국 주자 성리학이 우주론에 치우친 데 대하여 조선 성리학은 인성론에 경도되도록 한 것도 이 입학도설 때문이다. 그런데 여기서 인심과 도심 그리고 기질지성과 본연지성을 생각하는 방식에 있어서 주자-퇴계는 율곡-다산과 판이하게 달랐다. 전자는 도심-인심을 서양의 실재론자들과 같이 '천명지위성'(心자의 가운데 점 하나)을 하늘이 명한 고정적 내지 본질적인 것으로 보았다. 그러나 다산은 유명론자들과 같이 인심도심은 가변적인 경향성으로 보았다. 그리고 인심은 도심을, 도심을 인심을 서로 고발하고 소송 거는 것과 같이 보아 이를 '인심도심자송설人心道心自訟說'이라고 한다. 도마복음 7장을 이해함에 있어서 실재론적으로 파악하느냐 유명론적으로 파악하느냐가 해석의 관건이 된다.

베이트슨은 위 타르스키의 [도표 2.6]을 두고 스터캐스틱(무작위적)이라고 할 것이다. 그 이유는 다음과 같다. 러셀-타르스키의 유형론은 인간의 본성을 두고 주자-퇴계같이 이해하려 할 것이다. 다시 말해서 인심과 도심들이 위계적으로 아래와 위로 고정돼 있다고 볼 것이다. 베이트슨은 러셀-타르스키의 유형론으로 분석은 하지만 1970년대 등장한 순환론을 따른다. 이 말은 인심과 도심은 위계적으로 혹은 본질적으로 위계가 결정되는 것이 아니고 순환적으로 무작위적이라는 것이다.

다시 말해서 베이트슨은 러셀-타르스키의 유형론을 이용하기는 했으나 순환론적으로 바꾼 결과 스터캐스틱을 말할 수 있게 된다. Ln+1(사람)이 Ln을 향해 '참'이라고 말했더니 Ln(사자) 안에 있는 사람들은 '모른다' 혹은 '참'이란 말이 무엇인지 묻는다. 비결정과 불확정성의 혼동에 직면한다. 이는 인간의 성이란 걷잡을 수 없는 존재이고 인심과 도심을 하나의

심 안에서 서로 다툰다는 것을 의미한다. 인면수심과 생각하는 동물로서 인간은 하나의 경향성으로 존재할 수밖에 없다는 것을 의미한다. 바로 이러한 인간상을 말하는 것이 도마복음 7장이 아닌가 한다.

다산의 인심도심자송설

퇴계에 대하여 율곡은 칠정 속에 사단이 包涵되기 때문에 '기발이리승지'(기가 먼저 발하고 리가 거기에 편승한다)는 가능할지라도 '리발기수지'(리가 먼저 말하고 기가 리를 뒤따른다)는 불가하다고 한다. 그래서 율곡의 논리는 리기이원론이 아니고, '理氣非一非二論'이라고 한다. 그래서 二而一 一而二이다(답성호원, 전서10, 서3, 197면). 수운의 불연기연의 원조가 율곡의 이러한 사상이라고 본다. 수운의 부친 근암은 퇴계학파 계열이었지만 수운의 사상은 율곡의 영향이 크다. 특히 강령주문의 '지기금지' 같은 경우는 율곡의 기사상 영향이 적다 할 수 없다. 이는 인심도심이란 이름뿐인 '정의 가변적 현상'에 지나지 않는다. 정을 조정하기에 따라서 인심이 도심이 되고 도심이 인심이 되기도 한다. 기의 발용여하에 따라서 선도 되고 악도 된다.

인심과 도심을 서로 서로 교전하고 송사하는 것을 두고 '인심도심자송설'이라고 한다(『논어고금주』 8). 율곡과 다산의 차이도 분명하다. 율곡은 '기발'이라고 하여 그 딛고 서 있는 발판이 성리학이 아니고, 양명학이다. 권근의 '심' 자체를 천명으로 주어져 있는 것이 아니고, 심발心發이라고 보아 양명학적 입장을 취한다. 그렇다고 수운이 양명학에 경도되는 것도 아니다. 그는 '불연기연'을 조물자에 부쳐 보아야 한다고 한다. 이는 성리학에도 양명학에도 그리고 서학에도 아닌 독자적인 발언이다.

인심도심자송설은 바울이 "내가 원하는 선하지 않고 도리어 원하지 않는 악을 행하고 있습니다"와 "곧 선을 행하려는 내게 악이 들어 와 있다는 사실입니다"(롬 7:13-23)는 모두 다산의 자송설에 접근한다.

도마복음 7장의 7.1과 7.2를 사람과 사자가 서로 교전하거나 소송 하는 것과 같은 것으로 본 것이 7.3이라고 본다. 주자의 인성을 청탁후박^淸 ^{濁厚薄說}이라 한 것과 한유의 성삼품설은 모두 성을 본질적인 것으로 본 것이다. 다산은 이를 모두 반대하고 인심도심 자송설에 이어서 성기호설^性 ^{嗜好設}을 주장한다. 성기호설이란 기호에 따라 성은 '좋고 싫어하는바'라고 했다(『중용자잠』 2). 성기호설의 기원과 서경, 시경, 예기 특히 맹자도 인성을 경향성으로, 즉 기호에 따라 만들어지는 것으로 생각했다는 것이다. 이렇게 소박한 원시유학 본래의 모습이 주자학에 와서 불교의 영향으로 사변적으로 경직해져 버렸다고 한다(김상일, 1975, 83).

다산이 '기호' 그 자체만을 주장하게 되면 안이비설신이 주는 감각적 기호의 위험성을 어떻게 분별할 수 있을 것인가? 이에 다산은 기호를 두 가지로 나눈다. '형구적 기호^{形軀的 嗜好}'와 '靈知的 嗜好'가 그것이다. 이는 켄 윌버의 전분별과 초분별 혹은 전자아와 초자아의 분별을 의미한 다. 프로이드는 전자를 '이드'라 했고, 후자를 '초자아'라고 했다. 도마복음 은 여러 곳에서 예수가 '어린아이 같이 되라'(4장 등)고 한다. 그러나 7세 이전의 유아적 자아를 두고 하는 말일 수도 있고(childish) 그렇지 않을 수도 있다(childlike). 예수의 '어린아이 같이'는 후자이지 전자는 아니다.

전자는 전분별적 '유치한^{childish}' 것이고 후자는 '성스런^{childlike}' 것이다. 윌버는 전자를 전분별적 전자아라 하고, 후자를 초분별적 초자아라고 구별한다. 다산은 두 가지 기호를 두고 전자를 '형구적 기호'라 하고 후자를 '영지적 기호'라고 한다. 공자가 제자들에게 도를 좋아하기를 '색을 좋아하듯 하라'(如好色)고 한 것은 초분별적 영지적 기호를 두고 한 말이다. 물론 도마복음에서 예수가 '너희가 아이같이 되라'고 할 때 이 말의 의미는 '영지적 기호'의 담지자가 되라는 말이다.

맹자는 형구적기形軀的氣를 '생리적인 기'라 하면서 이를 血之嶺首라고 했으며 이를 또 정기精氣라고도 했다. 이는 유치한 영아가 가진 기라고 할 수 있다. 그런데 수운는 초학주문에서 '爲天主 顧我情'이라고 했다. 초학주문이 다른 주문보다 어떤 면에서 가장 중요하다고 할 수 있다. 다음 장에서 말할 세 가지 주문 가운데 입도식을 하기 전에 초학주문을 건네주고 천주(한울님)를 알리는 입도식과 함께 본주문(시천주 조화정 영세 불만 만사지)을 수여한다.

다산은 당대의 병폐를 조장하는 학문들을 점성학, 도참설, 복서, 관상, 리기론 등을 '五學'으로 규정하고 배척한다. 그래서 그의 사전 속에는 리기논쟁 같은 것이란 없다. 대신에 1) 天命寄在道心說, 2) 人心道心自訟說, 3) 性嗜好設을 주장한다. 이들은 사실상 성리학을 해체시키는 것이나 마찬가지인 주장들이다. 그가 성리학 등을 배척한 이유는 그의 사상 속에 '상제'[멱집합의 (가)]를 도입했기 때문이다. 이 점에서는 수운도 마찬가지이다. 그러나 상제와 함께 수운은 천주를 도입, 氣(멱집합의 가)에 감응하지 않고는 천주에 도달할 수 없다고 보아 外有氣化 內有神靈이라고 한다. 그러한 기에 접하는 접촉점이 바로 情이 다. 그러한 情은 남성 원리가 아니고 여성 원리이고 유아적인 것이다. 여기서 등장하는 것이 '아기' 상징인 것이다.

동학이 왜 이러한 과정을 거쳐야 하는 이유는 서학과도 달리 공집합 (무)을 신관에 전제하기 때문이다. 다산의 경우가 수운과 판이하게 다른 점은 다산에게서 절대무는 별 상관없는 상대였다. 동학에서 무에 접근하기 위해서 인간이 그 내면에서 불러와야 할 것을 이성이냐 감성이냐할 때 수운은 후자로 보고 그것을 '情'이라고 하였다. 그래서 천주를 위하기 위해서는 먼저 정을 되돌아보아야 한다. 그리고 강령주문의핵은 氣이다(至氣금지 원위대강). 인간이 기를 부르고 접촉을 하는데 그매개가 정이다. 서양 이성 중심 신학 극복의 암시가 여기에 있다.

수운의 이러한 사상의 배경은 다산의 세 가지 인간성에 관한 해체주의적 발상과 상제라는 신관을 불러온 것에 있다. 그러나 다산은 무충과선충의 가치들인 오학 같은 것들을 부정하고 배척한 반면에 수운은영부와 을묘천서 등에서 보는 바와 같이 무와 선충의 맥을 받아들이는데그것을 情이라는 것으로 승화시켜 천주를 위하는 과정으로 보았다.

이황은 사단과 칠정은 갈래가 서로 다른 것으로 보고 각각 이=사단과기=칠정이라 한다. 그래서 '사단이지발四端理之發 그리고 칠정기지발七情氣之發'로 보았다. 그 후 이황은 기대승의 비판을 수용 이기호발설理氣互發說을주장한다. 이는 주자의 설과도 다른 "리가 발한다"고 한 것이다. 이는다산이 인심도심자송설 같은 데로 가는 길을 연 것이라 할 수 있다.이와 기는 서로 분리될 수 없는 일물과 같아 리기 호발互發이라 한다.사단칠정론에서도 이황은 사단과 칠정을 서로 대립되는 관계로 보아사단은 이가 발한 것으로 순선純善하고 무악無惡하며, 칠정은 기가 발한것으로 경우에 따라 선하기도 하고 악으로 흐르기도 한다고 본다. 이에반해, 이율곡은 사단과 칠정은 근본적으로 하나의 정情이며 사단도 정인한 기발氣發에 지나지 않는다고 한다. 수운의 초학문 주문은 율곡의 이러한정론에 그 기원을 둔다. 사단이란 칠정 가운데 선한 부분만을 가려 뽑아말하는 것으로, 사단이 칠정 속에 포함되는 이른바 '칠정포사단七情包四端'의 논리이다. 이러한 이이의 기발이승일도설은 심성론(心性論)의 '칠정포사단' 논리와 함께 '심성정의일로설心性情意一路說' 혹은 '인심도심종시설人心道心終始說'의 이론적인 배경이 된다. 율곡은 '둘이 하나이고, 하나가 둘'(二而一一而二)이란 '非二非一'론적이다.

　　도마복음서에서 "둘이 하나이다"라고 할 때 그 맥락이 동양 문화권에서 볼 때에 환영을 하면서도 미흡함을 갖게 한다. 19세기 말부터 서양 수학에서 집합론이 소개되면서부터 플라톤 이래 '대일자One' 혹은 '무한'이란 개념이 불가능하게 되었다. 멱집합도에서 보는 바와 같이 집합 안의 집합 자체와 공집합은 모두 전체가 돼 거기서 만물이 돼 나온다. 그래서 어는 부분도 전체와 같다. 여기서 알랭 바디우는 9개의 공리를 도출하는데. 전통적 "무한은 불가능하다"는 무한공리, "일자는 없다"는 '일자부정의 공리', 공집합에서 만물이 나온다는 "공집합의 공리" 등이 그 대표적인 예들이다(알랭 바디우, Being and Event, 2005). 기독교가 살아남기 위해서는 이들 공리들에 대처를 해야 한다. 일자를 신으로 여겨온 전통신학은 멱집합 앞에 무너지고 만다. 그러나 사복음으로는 오히려 이들 공리들에 대응할 수 없다. 도마복음에 한 가닥 희망을 거는 이유는 이들 공리들에 적합한 내용들이 그 속에 들어 있기 때문이다.

3장

도마복음과
동학의 '아이관'

3.1 도마복음의 아이관

도마복음 4장 속의 '아이'

공자는 '여자'와 '아이'를 동격으로 경지원지할 것을 당부한다. 이러한 공자의 가르침을 여필종부, 장유유서, 백성을 어리석은 적자^{赤子}로 비유한 예들은 어린아이 혹은 '아해'란 존재는 대학장구 가운데 하나인 '신민^{新民}'의 대상이다. 백성들은 적자^{赤子}와 같이 무지몽매 그 자체이기 때문에 가르침을 통해 새롭게 돼야 한다는 것이다. 이에 반발한 왕양명은 '신민^{新民}'을 '친민^{親民}'으로 바꾼다. 우리는 2024년 말부터 2025년 봄 사이에 선거를 통해 신민인 지도자를 친민의 지도자로 바꾸었다. 그만큼 이 문제는 역사와 사회적으로도 중요한 쟁점이다.

사복음서에서 "어린아이 같이 되라"는 말이 'childish'인지, 'childlike' 인지는 밝혀지지 않고 있지만 후자일 것이고, 후자의 천진무구^{眞無垢}함과 거짓이 없는 한 단면을 예수가 예찬한 것이라 할 수 있다. 그러나 유교에 대해 신유교 그리고 불교와 도가사상은 존재론적이고 우주론적이다. 그 해답은 다시 멱집합으로 돌아가 찾아야 할 것이다. 다시 말해서 『도덕경』과 불교 그리고 도마복음서의 경우에는 아이 예찬이 존재론적이다. 아이를 예찬하는 것은 E-형의 전형인데, E-형의 존재론은 공집합과 절대무에 대한 긍정에서 출발한다는 점에서 같다. 여기서는 '아이'를 멱집합 안의 (나)와 (다)의 관계를 모색하는 것을 통해 그것이 E-형의 전형인 것을 밝혀나갈 것이다.

도마복음 7장은 사복음서의 내용과는 다르게 아이 예찬을 하고 있다. 마태복음 19장 14절의 아이는 스스로 걸을 나이 정도일 때 유아幼兒라 한다. 생후 18개월까지를 영아嬰兒라 한다. 전자는 피아제의 전조작기(4~7세) 정도이고, 후자는 감각운동기에 해당하는 나이이다. 8일 만에 할례를 받는데 7일은 남녀의 구별을 공인하기 전이다. 공자는 15살에 입, 30에 호학, 40에 불혹, 50에 지천명, 60에 이순, 70에, 80에 종심소욕불유거라 했다. 공자는 15세 이전에 대해 언급을 안 했지만 아이와 여자를 동일시, 잘 교육시켜 인간되게(남자답게) 해야 할 대상으로 보았다. 여기서 여필종부와 장유유서 같은 도덕률이 생긴 것이다. 그래서 공자와 유가 사상의 전반에 걸쳐 아이는 '신민'의 대상이다. 이는 주자의 성리학에 이르기까지 유학의 근저이다.

마태복음과 누가복음에서 "… 이 일이 지혜 있고, 똑똑한 사람에게는 감추시고, 어린아이들에게는 드러내 주신 것은 감사합니다"(마 11:25; 눅 10:21). 어린아이는 '지혜 있고', '똑똑한' 사람들의 대척점에 있는 것처럼 보인다. 이를 『도덕경』에서 "덕을 두터이 지닌 사람은 갓난아이와 같습니다"(55장)라고 오강남은 대비시킨다(오강남, 2025, 59). 그런데 여기서 간과해서는 안 될 점은 공자가 80세를 두고 '종심소욕불유거'란 한 것은 마치 '방종放縱'같이 보이지만 이는 유아기의 전형적이 특징이 아닌가? 아이의 문제를 두고 논점의 대종은 여기에 있다고 본다. 매슬로우은 욕망의 마지막 단계는 '자기실현'에 있다고 했다. 1-2단계의 기본욕구 충족은 유아적인 것이라 할 수 있고, 위로 올라갈수록 공자의 일대기처럼 보인다. 그러나 80에 도달한 끝 단계는 유아적인 것과 그 양상이 같아진다. 이것이 문제의 핵이다.

라캉 심리학은 상상계, 상징계 그리고 현실계 세 단계로 나누고 유아기를 '상상계image' 혹은 거울 단계라 했다. 상상계 다음은 '상징계symbolic'라 했다. 거울 단계에서 아이는 거울의 안과 밖을 구별하지 못하고, 오디푸스 콤플렉스가 지배적 심리 상태이다. 어머니를 아버지에게 빼앗겼다는 콤플렉스는 다른 형제들과 공모해 아버지를 제거하고 어머니를 차지하려 한다는 것이다. 이에 반응하여 유교는 '부자유친'이라 한다. 반대급부적으로 오디푸스 콤플렉스를 전제한 것이다. 유아기는 아버지라는 상징인 도덕, 율법, 규범 같은 규제를 받고 자라면서 사회적인 어른이 된다. 그래서 라캉의 유아기는 콤플렉스와 규제에 의해 억압받는 시기이고 상징계에서 다시 현실계로 이행해야 될 상태이다. 에리히 프롬은 유아기에서 부모로부터의 애집증incestuos Tie에서 탈피하지 못하면 '유치퇴행'을 하고 이것이 정신질환의 원인이라고 한다. 그래서 인간이 에덴동산에 있던 시기는 유아기(0~6세)이기 때문에, 탈피하지 못했으면 인간의 문명은 유치퇴행을 하고 말았을 것이라 한다. 유아는 신민을 통해 교도와 교육의 대상이다. 그렇다면 공자의 80 산수는 방종의 단계인데 이 역설을 어떻게 볼 것인가? 지금도 아직 이러한 낙원 탈피를 못한 곳이 많다고 한다. 이렇게 서양 문명 전반은 유아기를 바람직하지 못하게 보고 있는 것이 사실이고, 이를 가장 보편적으로 말할 때 A-형의 전형이라고 한다.

켄 윌버는 일련의 이러한 현대 사상가들의 주장들은 모두 전/초오를 범하고 있다고 본다. 나아가 전/초오의 오류는 A-형 오류의 일반적 경향이라 할 수 있다. 윌버는 『아이투아이』(Eye to Eye)에서 이런 오류는 심리학, 사회학, 인류학 등 전 분야에서 범하고 있는 오류라고 한다. 그러면서 "어린아이는 정신 세계, 사회 세계, 상징 세계, 언어 세계, 의사소통의 세계와 하나가 될 수 없다. 그 이유는 이들 중 어떤 것도 아이에게 아직 존재하지 않거나 출현하지 않았기 때문이다. 갓난아이들은 그러한 수준과 하나가 아니며, 그런 것들에 대해 전적으로 무지한 상태에 놓여 있게 된다"(윌버, 2004, 361). 이에 대한 자세한 논의는 3.2절에서 이어질 것이다.

도마복음의 유아 예찬은 22장에서 더욱 심화된다. '아이'에 대한 이해에 있어서 도마복음이 사복음서와 『도덕경』과도 다른 점은 그 성격이 추상적이고 논리적인 데 있다. 먼저 도마복음서는 사복음서와 같이 아이 자체의 상징성과 은유성을 이용하는 것이 아니고, 대칭성과 이원론 극복에 있다. 4장에서 '나이 먹은 어른'(4.1)과 '갓난아기'의 대칭 구조를 만든 다음 "첫째(4.1)가 꼴찌(4.2)가 되고, 꼴찌가 첫째가 될 것이다"라고 한다. 그렇다면 아이를 등장시킨 이유는 아이의 '순진무구'와 같은 아이의 성격이 아니고, 다시 말해서 '아이'가 주제어가 아니고, '첫째'와 '꼴지'가 서로 선후가 된다는 것을 말하기 위한 것임을 알 수 있다. 그래서 4장에서 아이의 본성이나 본질을 논하는 것은 무의미하다는 것이다. 이런 대칭성의 문제는 '무시무종'과 '하나 됨'에 있다 할 수 있다.

도마복음 22장은 예수가 젖 먹는 아이들을 직접 목격하고 예수께서 "이 젖 먹는 아이들은 그 나라에 들어가는 자들과 같도다"(22:1) 하니, 제자들이 "그렇다면 어린아이처럼 우리도 그 나라에 들어가겠나이까?"(22:3) 한다. 다시 예수께서 "너희가 둘을 하나로, 안을 바깥처럼, 바깥을 안처럼, 위를 아래처럼 만들고, 남자와 여자를 하나인 것으로 만들어 그 결과 남자는 남자가 아니겠고 여자는 여자가 아닌 것으로 만들 때, 너희가 눈의 자리에 눈을, 손의 자리에 손을, 발의 자리에 발을 형상의 자리에 형상을 만들 때, 그 후에 너희가 그 나라에 들어가리라"(도마복음 22:4-7). 이 구절은 모든 존재가 '제 자신'이 될 때 '제대로' (자기언급)된다는 것을 강조한 것이다.

대칭적 구절들을 보면 '너희들이 둘', '속과 겉', '위와 아래' 그리고 '남자와 여자' 등이다. 반대되는 양가성이 서로 일치한다는 것이 데리다의 파르마콘을 그대고 두고 하는 것이라 할 수 있다. 그런데 데리다의 파르마콘은 공터나 빈집과 같은 공집합 '코라chora'와 연계가 돼야 하는데, 도마복음도 그러한가가 문제의 관건이다. 파르마콘이란 양가성(음양)은 코라의 어항 속에서 놀이하는 물고기와 같다(김형효, 2000, 95). 둘은 서로 떠나서 별개로 말해질 수 없다. 결론부터 말하면 아이를 '赤子'라고 할 때, 이는 아이를 공집합으로 본다는 말과 같다. 즉, 적자는 코라이다.

노자 『도덕경』은 파르마콘과 코라의 관계를 '유무 동출同出'이면 현지우현'이라고 한다. 유무有無 대칭은 파라마콘이고 '현지우현玄之又玄'을 코라이다. 대칭의 상호 작용 다음에 허공무가 따른다는 것을 의미한다. 『반야심경』에서도 색즉시공 공즉시색(파르마콘) 다음에 오온개공五蘊皆空이라고 한다. 주역 십익 계사전에선 '태극생 음양 일음일양위지도'라고 하지만 코라에 해당하는 무극은 12세기 주렴계에 와서야 '무극이태극'이라고 함으로서 파르마콘과 코라가 연결 고리를 찾는다. 『도덕경』은 현지우현을 '無名' 혹은 '樸'이라 하고 적자의 상징성을 부각시킨다(김용옥, 2025, 192).

도마복음 역시 이렇게 질서정연하게 파르마콘과 코라를 연관시키지 않고는 있지만, 이어지는 장과 절들을 서로 연계하면 같은 결론을 얻을 수 있다. 즉, 드디어 도마복음 37장에 이르러 코라의 제모습이 드러난다.

7:1 그의 제자들이 묻기를, "언제 당신께서 우리에게 나타내실 것이며 언제 우리는 당신을 보리이까?" 7:2 예수께서 말씀하시니라. "부끄럼 없이 너희가 벗고 또 어린아이들처럼 너희의 옷가지를 벗어서 너희 발아래

두어 밟을 때, 7:3 너희는 살아계신 분의 아들을 보며 너희들은 두려워하지 않으리라"(도마복음 37장).

아이들처럼 옷을 벗으라고, 赤子가 되라는 것은 코라가 되라는 것이다. 그리고 그 옷을 '발아래 두어 밟게' 하라고 한다. 겉치레 '有'를 부정하고 진면목 아무것도 걸친 것이 없는 알몸이 될 때 살아있는 아들을 보게 될 것이다. 너희들이 '주여주여' 하고 찾고 있는 것은 우상이고 드디어 살아 있는 아들을 보게 될 것이다(37.3). 도올을 이를 두고 '본질적인 해후intrinsic encounter'라고 한다. 데리다는 코라와 해후라 할 것이라 할 것이다. 예수를 '믿는 것'이 아니고 '깨닫는 것'이 될 것이다. 예수가 도마를 따로 불러 한 말도 다른 제자들은 자기를 믿지만, 도마는 깨달았음을 확인했기 때문일 것이다.

도올은 『도덕경』 28장을 이에 연관시켜 '해탈'이란 '풀고 벗는 것'이라고 한다. 해탈이란 '갓난아기로 되돌아감復歸於嬰兒'라 한다(김용옥, 2025, 245). 이를 창세기 2장 25절의 '옷 벗음'("아담 내외는 알몸이면서도 서로 부끄러운 줄을 몰랐다")과 연관시킨다. 그러나 에덴동산의 알몸과 예수가 말하는 그것은 전분별적인 알몸과 초분별적 '알몸'으로서 이의 혼동이 바로 전/초오PTF이다. 멱집합에서 전집합인 {a,b,c}(가)이 공집합 ∅(나)으로 되는 것이다. 옷을 벗는 것은 '죽을 것이 생명에 삼킨 바 되게 함이다(고후 5:1-4).

그러나 바울의 옷 벗음과 도마의 그것은 판이하게 다르다. 바울은 철저하게 '종말론적 의인론'에 입각한 것이지만, 다시 말해서 예수의 부활을 믿는 '믿음'으로서만 가능한 것이지만, 도마가 말하고 있는 것은 부활도 믿음도 에덴동산의 신화도 전제되지 않는 것이다(김용옥, 2025,

247). '옷 벗음'은 혜안慧眼이 열릴 때 다시 보는 자기의 제모습인 것이다.

에덴동산의 옷벗음과 예수의 그것을 같이 보면 안 된다. 알몸이었던 아담과 이브가 타락 후 입었던 옷을 예수는 다시 벗어버리라는 것이다. 그 벗은 옷을 '짓밟아 버리라'를 것이다. 이를 두고 오강남은 "우리 스스로 옷을 벗어 던지고 그것을 밟을 수 있다는 것은 이제 육체적으로 갓난아이가 아니라는 뜻이다. 따라서 이분법적 의식을 벗어나는 것은 그것을 '초월'하는 것이다. 다시 어머니 배 속을 들어갔다 나오는 것이 아니라 정신적으로 다시 나는 것을 의미한다"(오강남, 2022, 225)고 한다.

이러한 옷 벗는 것을 두고 삼안, 즉 육안, 심안, 혜안으로 나누어 설명할 수 있다. 육안의 눈으로 벗은 옷(전분별), 심안으로 입은 옷(분별), 혜안의 눈으로 그 옷을 다시 벗는 옷(초분별)으로 나눈다. 인간의 의복은 추위로부터 몸을 보호하는 생리적인 의미도 있지만 종교적인 의례와 더 밀접한 관계가 있다는 것을 深作光貞의 『衣의 문화인류학』(교문사, 1990)은 상세히 지적하고 있다. 허리에 띠만 두르는 유의紐衣 → 포의布衣 → 권의卷衣 → (현재)[1]로 발전했다. 기후와 환경에 상관없이 옷은 가장 인간의 정신세계의 차원을 그대로 반영한다. '복종服從'은 '옷에 따른다'는 것인데 그 의미는 '항복'과 '굴종'을 의미한다.

옷은 종교적인 의례와 관련하고 깨달음과 밀접하게 연관이 된다. 옷을 입고 벗고에 따라서 나아가 어떤 복장을 하느냐가 신에 대한 인간의 태도를 나타난다고 본다. 외양적exoteric인 종교일수록 화려한 관과 의를 강조한다. 그러나 내밀적esoteric일수록 옷을 벗으라고 한다. 그중 침례

---

1 옷의 제작은 기하학적인데 천의 전후좌우상하를 마름질하는 것이 기본이다. 서양 옷들을 대칭적 구분이 뚜렷한데 한복은 남녀 할 것 없이 위상기하학, 즉 뫼미우스띠를 적용해 재단한다(김상일, 교학연구사, 1999).

같은 것은 전형적으로 옷을 벗는 것을 전제한다. 그래서 물속에 들어가는 것보다 그 이전에 옷을 벗는 것이 먼저라는 것이다. 예수가 요한 앞에 침례를 받았다는 것은 적자로 돌아가는 것으로 보았다면 비둘기 같은 신화적 표현은 아예 없었을 것이다. 어린아이를 적자^{赤子}라 한 것은 의식의 차원을 0으로 돌리라는 것을 의미한다.

3.2 동학의 영유아관과 도마복음

'어린아이와 같지 않으면': 동학과 도마복음

도마복음 안에서 영유아관[2]은 결코 생리적 혹은 생물학적인 것이 아닌, '둘이 하나됨'과 '하늘나라 들어감'이 관건이다. 영유아는 그 본질에 있어서 공백인 '허, 무, 공'인 다시 말해 '적자赤子' 혹은 아무것도 가진 것이 없는 '적자'라는 것을 강조함으로 예수는 이러한 적자와 같아져야 한다고 한다. 다시 말해서 공백의 상태로 되돌아가라는 가르침이다. 그러나 이러한 적자가 어떻게 둘이 하나가 될 수 있는가에 대한 구체적인 교육 방법이라든지 수단 같은 것을 말하고 있지는 않는다. 아마도 파코미우스수도원의 수도사들은 수련과 훈련 과정에서 이에 대한 구체적인 지침이 있었을 것이라 충분히 이해할 수 있다. 도마복음 연구에 이것 역시 하나의 큰 연구 과제라 아니할 수 없다. 한국 전통에는 이에 대한 교본도 있었고 그 과정에 대한 설명도 있었다. 즉, 유가의 '소학'은 이러한 영유아들을 상상계에서 상징계에 진입하도록 하는 교육지침서이다. 한국 전통에는 단동십훈檀董十訓과 구한말 김영태의 구변도九變圖가 지침서로 있었다. 양자의 관계를 통해 아이들에게 '둘이 하나됨'의 유기체적 세계관을 기르는 구체적인 방법을 고찰함으로써 이를 수운의 생애와 사상

---

2 '영유아'란 영아(1~4세)와 유아(4~7세)를 함께 지칭하는 말이다. 보통 '어린이'란 사춘기 18세 이전을 포함해 사용하기도 한다. 그러나 7세 이상은 사복음이나 도마복음을 넘어서는 연령이라 할 수 있다.

그리고 도마복음에 적용해 보기로 한다. '단동십훈'은 말 그대로 단군시대부터 어린이 교육 10훈이라는 것으로 '도리도리, 곤지곤지'로 널리 알려진 어린이 교육용 전습 자료이다. 구변도는 단동십훈과 일대일 대응이 되도록 도형으로 나타낸 것이다.

단동십훈과 구변도의 영유아관

단동십훈 열 개를 구변도에 일대일로 대응시키면서 공백(적자)에서 어떻게 유기체적인 조화 세계, 즉 하늘나라 개념을 끌어내는가를 보기로 한다. 구변도는 남학 김일부(1826~1898)의 제자였던 창부 김영태(1863~1945)가 작도한 것이다. 김일부는 창부의 구변도를 보고 "내 앞에 이런 제자가 나왔구나" 하면서 크게 기뻐했다고 한다. 단동십훈은 이미 민간들 속에서 흔하게 알려진 '짝짝궁'과 '곤지곤지 잼잼'으로 퍼져 있던, 그렇지만 그 기원을 자세히 알 수 없는 민간 신앙과 같이 돼 버린 것이다.

열 개의 단동십훈은 김영태의 구변도와 일대일대일 대응을 시켜 보면 그 구도에 있어서 교육적 그리고 과학적 의의를 선명하게 붙잡을 수 있을 것이다. 주로 할머니들이 손자 손녀들에게 가르친 단동십훈은 단순한 놀이가 아니고 종교적인 의례 같은 것임을 비교를 통해 알게 될 것이다. 그리고 나아가 도마복음에서 아기-적자-공백-천국을 서로 연관시키는 구체적인 과정이 없지만, 단동십훈을 통해 이를 복원해 내는 기회가 될 것이다. 먼저 구변도를 [도표 3.1]과 같이 소개하고 이어서 단동십훈과 대응시켜 본다.

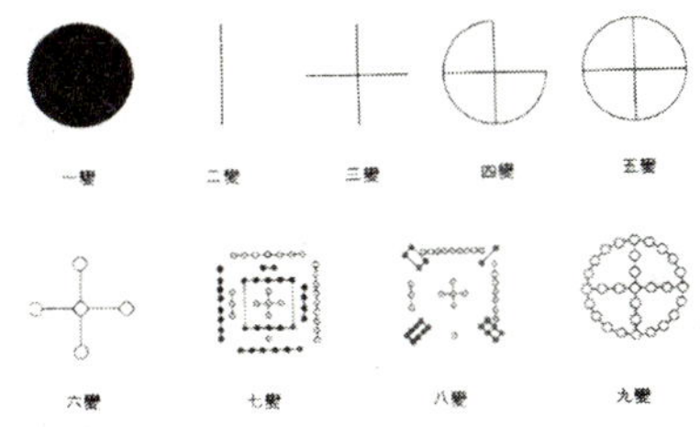

[도표 3.1] 김영태 구변도

(1) 구변도는 우주와 의식의 발생 과정을 김영태가 독창적으로 그린 것이다. 주렴계의 「태극도설」 등 동양에는 수많은 도설들이 있다. 그 중 주역의 하도와 낙서 그리고 정역도는 3대 도상이다. 구변도는 하도와 낙서를 7-8변도에 포함시키면서 그 완성은 윷판(구변도)에 있다고 한다.

(2) 1변도는 '공백'으로서 도마복음의 '적자'에 해당한다. '태극'에서 만물이 시작한다는 유가와는 차별을 두는 것이 1변이다. 그러나 신유학에서 '무극이태극'이라 할 때, 무극에 해당하는 것이 1변이다. 천부경의 '일시무시'에서 '無始'에 해당하고, 『도덕경』 42장의 '道生一' 할 때 '道'에 해당한다.

(3) 창세기는 이 무를 '흑암tehom'이라 하는데 1장에서 엘로힘은 이 흑암을 빛으로 파괴함으로 우주를 창조한다. "태초에 하나님이 천지를 창조했다"(창 1:1)고 할 때, 창세기 기자는 스스로 역설을 범하고 있다. '천지를 창조했다'는 것은 한꺼번에 다 끝난 것인데, 곧이어서 제1-7일 하루하루 부분 창조를 다시 하고 있다. 그렇다면 7+1일의 창조 기간이 있었다는 것이 된다. 이는 7일(부분)+1일(전체)로서 전체와 부분이 나뉘지 않는 창조 기사가 있다는 것과 마찬가지이다. 이는 비결정적이고 불확실성을 신이 스스로 자초한 것이다. 안식일 지키기를 제7계명으로 넣을

만큼 강조한 이유도 궁극적으로 이 역설의 완충지대를 만들기 위한 것이라 할 수 있다. 사실 창세기의 주제는 창조가 아니고 안식일이라 해야 할 것이다.

(4) 그러나 이것도 멱집합에서 볼 때, 즉 전체(가)는 '제 자신의 부분일 수 있다'(다)의 논리로 볼 때 무리없이 설명될 수 있다. 다시 말해서 창세기 기사는 칸토어의 멱집합의 논리로 창조되었다. 그러나 전통 신학은 이를 무시했다. 그리고 '공백'도 멱집합에서 (나)에 해당하기 때문에 논리적으로 이상 없다. 그런데 창세기는 공백(흑암)을 파괴하는 것으로 시작한다.3

(5) 공집합(1변)에서 수직선이 그어지는 것은 마치 {∅}=1과 같다. 1변은 '아이'가 어머니 자궁 속에서부터 생후 18개월까지의 의식 구조를 반영한다. 이를 피아제는 '감각운동기'라고 하고, 계통발생에서는 우로보 로스 상징으로 대표된다. 이 기간 동안 아이들은 감각으로 느낌을 외부로 부터 받아들이는 다른 방법이 없다. 이때의 인지 기능을 '뉴'이라고 할 수 있으면 육체로부터 정신이 분리되지 않는 의식 상태를 '넋'이라고 한다. 아직 관념이 겨우 형성되지 못한 유물론적 단계라 할 수 있다. 융은 이를 '프레로마'라고 했다. 도마복음은 이 기간의 중요성을 '아기'라 는 상징을 통해 강조하고 있다. 그러나 아직 '둘이 하나'가 되기 위해서 둘로 갈라지는 과정이 필수이다. 아기를 공백에 비유할 때 이는 1변 이전의 전체 자체에 해당한다. 9변이고 10훈인 이윤 구변도에서 1변을 전체 자체로 제외하기 때문이다. 그래서 1훈은 2변에 해당한다.

---

3 바빌로니아 신화는 남신 마루두크가 여신 티아맛을 살해하는 것으로 상징한다. 여기서 '티아맛'(Tiamat)의 어원은 tehom이고 이는 흑암을 의미한다. 그래서 여성-흑암은 모두 같은 여성 원리(female principle)에 속한다.

(6) 2변-5변과 1훈-5훈에 관하여: 1훈은 '불아불아弗亞弗亞'이고 이는 구변도 2변에 해당한다. '弗'자의 글자의 상형에 있어서 하늘과 땅을 수직적으로 연결하는 것이고, '亞'는 상하좌우를 연결하여 다음 3변을 가능하게 한다. '불아불아'는 2변도와 같이 상하를 구분하는 훈련이다. 인간이 공집합(우로보로스-알, 1변)을 깨고 나오기 위해서는 다시 말해서 감각운동기 기간 동안 해야 할 일은 아래와 위를 분별할 줄 아는 것이어야 한다. 하늘을 바라보기 시작하면서 새를 토템으로 여기기 시작하며 상하 수직적 의식을 훈련한다. 고개와 턱을 *끄덕끄덕*하는 운동이 이 기간에 필요한 운동이다. 계통 발생적으로 이 기간에 '날짐승' 토템이 생기기 시작하고, 이때 주요한 문화 요소(문화목록어)는 '알-우로보로스'(1변)이고 곰-타이폰-감-검 같은 길짐승들이지만 '닭'과 같은 날짐승은 신성시된다.

(7) 구변도 2변-5훈의 네 개는 수직(2변)과 수직과 수평의 교차 十자형이 돼, 그것이 원에 둘러쌓이는 모양이다. 단동십훈의 언어 구조상의 특징은 같은 말을 두 번 반복한다는 것이다. 1훈의 '불아불아' 다음의 2훈도 '시상시상侍想侍想'을 3변과 연관시킨다. 2훈의 시상시상은 3변의 가로와 세로가 직교로 만나는 것과 같이 머리를 돌리면서 전후좌우를 분별하는 훈련이다. 여기서 비로소 데카르트의 좌표계 같은 것이 만들어진다.

(8) 드디어 3변에서 수직에 수평이 서로 만나 十자형이 만들어졌다. 사실 인류 문명사나 의식 구조의 발전의 단계에서 볼 때, 이 한 단계의 변화에는 수천 년 혹은 수만 년이 걸린다. 의복의 역사를 보면 띠옷이라는 것은 선으로 된 띠를 허리에 두르는 것인데, 그다음의 布衣는 아담이 입던 옷인데 이는 가로와 세로가 있는 모양새이다. 유의가 2변에 해당한다면 3변은 포의라고 볼 수 있으나 나뭇잎은 가로와 세로가 직조된

것이 아니기 때문에 엄격한 의미에서 아직 3변은 아니다. '侍'는 '侍天主'의 그것과 같고, '想' 역시 인간의 의식 구조 속에 현상과 상상을 구별하는 과정이 생겼다는 것을 의미한다. 아기의 몸을 상하좌우로 움직이게 하는 훈련이다.

(9) 3훈의 '도리도리'는 머리를 상하좌우로 돌리며 끄덕이는 운동이다. 그래서 3훈은 4변과 같이 원의 중앙과 주변을 분별하면서 중앙과 주변을 조화되도록 한다. 군론의 입장에서 볼 때 2변-3변은 가로와 세로 그리고 상과 하를 분별하는 다시 말해서 '반영대칭'에 해당한다면 4-5변은 회전대칭에 해당한다. 도리도리(3변)가 반영대칭이라면, 곤지곤지(4변-5변)는 회전대칭에 해당한다. 이는 매우 중요한 것이라 할 수 있다. 구변도와 회전대칭은 궁극적으로 이 두 대칭에 관한 훈련이라 할 수 있다.

(10) 다시 정리하면 2변-3변은 반영대칭 그리고 4변-5변은 회전대칭에 해당한다. 그 중요성은 여기서 아무리 강조해도 불가능할 것이다. 이렇게 구변도는 단동십훈과 한 치의 오차 없이 일치하고 있다.

(11) 4변은 '곤지곤지'(4훈)의 단계이고, 5변은 '지암지암'(잼잼)으로 단동십훈 가운데 도리도리와 함께 가장 평범하게 알려진 것이다. 5변은 중심과 주변이 완성된 것이다. 에덴동산은 중심과 주변이 뚜렷하게 나뉘어진 구조이다. 인간이 타락한 가장 큰 원인이 하나님이 나무를 중앙과 주변으로 나눈 데 있다. 주변은 따먹어도 되고, 중앙은 불가라고 한 데서 문제가 생긴 것이다. 이 문제를 단동십훈 3훈-5훈과 구변도 4변-5번은 이렇게 다루고 있다. 타락의 문제를 만약에 아우구스티누스 같이 해결한다면 우리는 또 다른 견해와 해법을 가지고 있었던 것이다.

(12) 다시 요약하면 4변은 아직 중심과 주변이 완성되지 않은 상태이

고, 5변은 주먹을 다 쥐고 굴신屈伸 운동을 하는 것이다. 여기서 음양 개념이 생긴다. 다시 말해서 굴은 陽이고, 신은 陰이다. '잼잼'이란 그래서 음양의 교호 작용이라 할 수 있다. 에덴동산의 불행, 그것은 바로 굴신작용을 제대로 못한 결과에서 초래된 것이다.

(13) 서양은 셈을 할 때 수지 다섯 개를 모두 굴한 상태에서 소지부터 '신' 하면서 차례대로 셈한다. 그러나 우리는 반대로 신한 상태에서 모지를 굴하면서 차례대로 셈한다. 곤지곤지는 오른손 식지로 왼손바닥 중앙을 찍는 행위이다. 이는 굴신을 하면서 우주를 셈하는 행위라 할 수 있다. 그래서 '곤지곤지 잼잼'은 굴신 작용을 하면서 우주를 셈하는 것이다.

(14) 피아제는 구변도의 2변-5변과 (단동십훈의 3훈-5훈) 두고 전조작기(4~7세)를 그쳐 구체적 조작기(7세 이후)에 접어드는 때의 의식 전개 과정이라 할 것이다. 이때는 이전의 '늗'(넋)과 구별하여 '알음알이'(앎)의 과정이라 할 것이다. 초인격 심리학자 켄 윌버는 전자를 '전분별-전자아'라 할 것이고, 후자를 '분별-자아'라 할 것이다.

(15) 6변-9변은 반영과 회전 두 대칭이 제대로 이루어졌을 때 올 세계상을 그리고 있다. 9변은 '윷판'이고 7변-8변은 복희 하도와 주문왕 낙서이다. 김영태는 중국의 상징물이고 주역의 완성이라 할 수 있는 하도와 낙서를 구변도의 7변과 8변의 한 부분으로 넣고, 우리 윷판을 9변의 완성도로 넣은 것은 전대미문의 일이라 아니할 수 없다고 했다.

(16) 9변 윷판은 지상선경, 즉 '천국'이다. 도마복음은 영유아(1변)가 둘이 하나되게 하고 천국의 상징이라고 하면서도 구변도에서 보는 바와 같은 그러한 경고에 대한 설명이 없다. 여기서는 이를 보충하고자 한다.

(17) 6변-9변(7훈-10훈)은 선경(하나님 나라)이 만들어진 과정을 묘사하고 있다. 두 가지 대칭을 제대로 한 다음의 결과는 중앙(하나)과 주변(여

럿)이 같아지는 것으로 이를 '탈중앙화'라 한다. 인류문명사에 제도에서 최초로 탈중앙화를 이룩한 것은 블록체인(4장)이다. 에덴동산에서의 뱀과 야훼의 싸움도 궁극적으로는 '중앙화'(야훼)와 그것의 반대인 탈중앙화(뱀) 간의 싸움이었다. 이는 중앙화-하나이냐 탈중앙화-여럿의 문제, 다시 말해서 우리말 '한'의 문제이다. 구변도와 단동십훈의 양자 모두 실현하려는 세계관은 이 문제였다. 중앙과 주변 그리고 하나와 여럿을 어떻게 조화시킬 것이냐의 문제 말이다.

'부분, 즉 전체의 문제'를 학문적으로는 'mereology'라고 하며 최대 난제 가운데 난제라 할 수 있다. 그런 점에서 우리말 한이 '하나이면서 여럿'이라는 의미를 갖는 것은 중요하지 않을 수 없다. 구변도란 9변의 윷판을 통해 이것이 실현되는 선경을 그리려 한 것이고, 우리 문화 전통에서 단동십훈이란 영유아기 때부터 이의 실현을 위해 훈련시키는 것의 교본이다. 최근에는 이러한 하나와 여럿이 되먹힘 하는 것을 두고 '프랙털' 혹은 '홀론^{holon}'이라고 한다. 홀론은 온^{holos}과 낱^{on}의 합성어이다. 이를 곧 '한'이라고 한다.

(18) 6변을 들여다보자. 5변의 원이 모두 작은 원으로 변해 十자(3변)의 수직과 수평의 끝 다시 말해서 주변으로 밀려 나가버렸다. 5변에서 十를 전체로써 감싸고 있던 원이 작은 원으로 변해 주변화되었다. 다시 말해서 탈중앙화하였다. 뱀의 꿈이 이루어졌고, 도마복음은 바로 이러한 세계를 꿈꾸었던 것이다. 그것은 같은 1변의 흑점이 아니고 5변의 백원인데 주변화되었다. 5변을 중요시해야 할 이유가 여기에 있다.

(19) 6훈의 '섬마섬마'는 사막을 가는 외로운 외뿔소 같이 홀로 외롭게 가야 한다. 남에게 의존해 서려 하지 말고 홀로 서야 한다. 그것은 구변도의 5변이 그대로 반영하고 있다. 다시 말해서 탈중앙화는 중앙은행 없이도

모든 개인의 지갑 자체가 은행이 되는 것과 같다. 은행이 가지고 있던 보호막과 안전막을 어떻게 유지할 것인가? 그래서 이것이 5변이 갖는 의미의 해석이다.

(20) 그래서 6변은 잼잼과 곤지곤지를 반복할 때 만들어진 홀론 상태이다. 다시 말해서 5변의 대원이 6변에서 모두 5개의 소원으로 변한다. 반영대칭과 회전대칭을 반복할 때 따른 결과이다. 그러나 7변 하도는 아직 탈중앙화가 덜 된 상태이다. 중앙 5를 두고 첩첩이 반영대칭을 만들고 있다. 상하와 좌우에서 반영대칭으로 마주하고 숫자들을 보면 1과 6, 2와 7, 3과 8, 4와 9같이 음과 양 그리고 양과 음이 서로 반영대칭을 만들고 있다. 그러나 8변을 보면 가운데 5를 중앙에 두고는 모두 음과 양이 주변으로 물러나 서로 물리면서 회전하는 데 그 회전하는 모양이 아래와 같다.

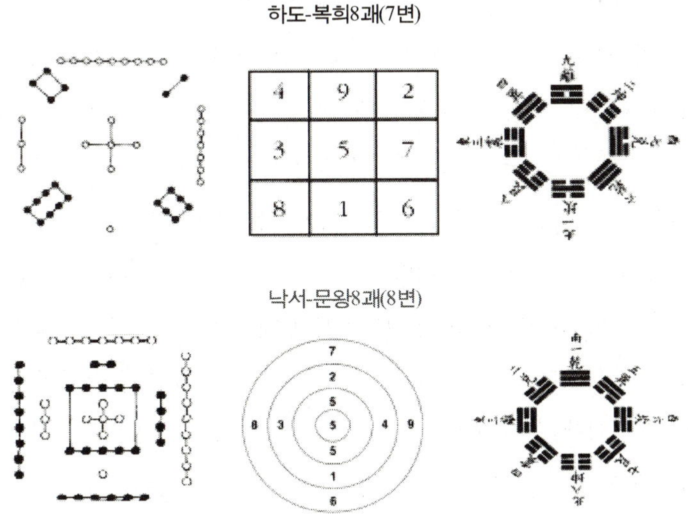

하도-복희8괘(7변)

낙서-문왕8괘(8변)

정역10괘도(9변)

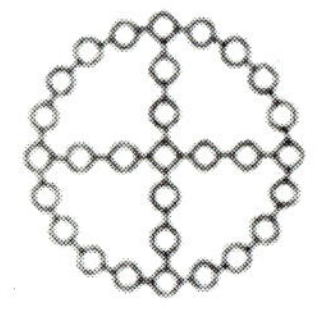 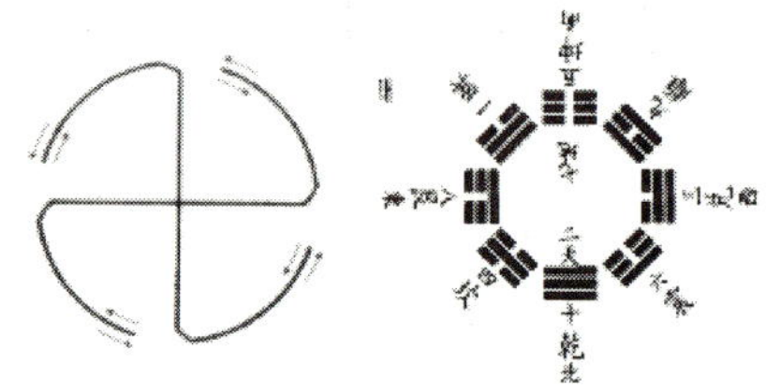

[도표 3.2] 역3괘도

(21) 구변도의 7변, 8변, 9변을 한 자리에 모아 놓았다. 세 개 모두의 한 가지 공통된 특징은 6변의 연장이고 그 의도는 탈중앙화 혹은 홀론의 실현에 있다. 하도와 낙서에서 미완의 탈중앙화를 9변(정역10괘도)에서 보는 바와 같이 가운데 그림의 화살표 방향이 어디에도 시원성이 없는 '비시원적nonorientable'이다. 그 이유는 7-8변에 없는 몇 가지 특징 때문이다. 9변 정역도는 8괘가 아니고 10괘이다. 2천(건)과 7지(곤)이 추가되었기 때문이다. 2천은 건괘를 두 개 중복한 것이고, 9지는 곤괘를 중복한 것인데, 그 이유는 2천과 7지에서 모든 다른 것들이 나온 전체 자체인데, 그것이 동시에 부분이기 때문이다. 멱집합의 (가)는 동시에 (다)이다. 하도(7변)과 낙서(8변)은 이러한 멱집합의 원리를 구현하지 못하고 있다. '둘이 하나 됨'은 논리계형에서 대상과 메타가 하나 됨이어야 한다. 그런 의미에서 2천과 10건이 7지와 5곤이 하나 됨이어야 한다. 이는 곧 멱집합에서 (가)와 (나)의 하나 됨, (가)와 (다)의 하나 됨과 같은 것이어야 한다. '컨텍스트'와 '컨텍스트의 컨텍스트'가 하나 됨이어야 하다. 단동십훈에서는 아이와 아이를 가르치던 어른이 하나 돼 춤추는 것을 두고 10훈에서는 '질라아비 훨훨'이라고 한다.

(22) 그래서 하나와 여럿의 상호 침투와 연계는 이루어지지 못하고 있다. 구변도의 의도하는바 그 궁극적인 목적은 여럿이 하나가 되고 하나가 여럿이 돼 조화로는 선경 혹은 하나님의 나라를 이룩하는 데 있다. 그래서 9변의 중앙은 화살표만을 표시한 것인데 전후좌우상하의 어느 방향도 결정할 수 없다. 우리 윷판이 바로 이런 정역도의 구조를 반영한 것이다.

(23) 다시 요약하면 구변도에서도 수평과 수직이 직교하고 있다. 그러나 3변의 十과는 달리 작은 원들이 탈중앙화하여 수직과 수평 그리고 원의 주위에 모두 딸려 있다. 이는 6변에서도 보지 못하던 현상이다. 6변에 없던 대원(5변)이 다시 등장했으나 수직, 수평 그리고 원 주위에 소원들이 28개 달려 있다. 이는 28숙을 의미하는바 우주의 구조이다. 그래서 9변은 3변과 9변의 조화이고 종합이다.

(24) 6훈에서 혼자 선 다음, 7훈 '어비어비業非業非'는 아이가 분별력을 갖게 하는 것이다. 분별력을 기르기 위해 '공기놀이', '윷놀이'를 하는 것도 그 방법 가운데 하나이다. 8훈의 '아함아함啞含啞含'은 손바닥으로 입을 막는 것의 시늉이다. 예수도 입으로 나오는 것에 조심하라고 했다. 분별력 다시 말해서 '알음알이'의 중요한 것은 '중용'인데 아이에게 분별력을 기르는 목적은 때와 장소에 알맞게 '말하기'이다.

(25) 9훈 짝짜궁짝짜궁(작작궁작작구作作弓作作弓)은 드디어 두 손바닥을 마주치며 박수치는 것인데, 이는 '음양조화' 같은 것으로 "둘이 하나되는 것이다." 드디어 도마복음의 꿈이 이루어졌다. 적자 아이로부터 시작하여 도는 멀리 간 다음 제자리에 돌아오니 6개의 서로 대립 갈등 부조화이던 것이 "有無相生, 難易相成, 長短相較, 高下相傾, 音聲相和"(『도덕경』 2장)이 된다. 이렇게 둘이 하나된 세계가 9변-9훈에서 이루어진다.

(26) 마지막 10훈 '질라아비 훨훨'(支娜阿備 活活議)은 이제 아이와 아이에게 아이를 가르치던 어른이 함께 팔을 마주 잡고 서로 기쁘게 환희에 겨워 춤을 추는 것이다. 이러한 춤을 '작궁무作弓舞'라 한다. 수운이 추던 검무劍舞가 이와 같은 춤이다. 우주의 지기를 받아 천주를 '내유신령과 외유기화'로 우러나는 춤이라 할 수 있다. "용천검 날랜 칼은 해와 달을 희롱하는 듯, … 넓고 넓은 옷소매 자락은 우주를 덮고 있네(검결). 도력이 더욱 서시고 도리가 더욱 밝아감에 스스로 희열을 금치 못하며, 또한 지기의 강호 왕성함에 스스로 검가를 지으시고…"(이돈화, 『천도교창건사』 천도교중앙종리원, 1933, 64). 춤은 도력이 성숙됨에 따라 기운이 왕성하게 내리는 것을 나타내는 경건한 의례라 할 수 있다.

(27) '유무상생'와 '음성상화' 등 둘이 하나 될 때 주객이 사라진 상태에서 추는 가무와 춤을 겸한 것이 10훈이라 할 수 있다. 김일부는 직접 이러한 춤을 췄는데 이를 영도무가詠歌舞蹈라 한다. 다시 말해서 9변이 이루어진 윷판의 세계는 둘이 하나 되는 춤이었다.

서양 수학에서 3변의 '좌표계coordinate'를 알기까지는 데카르트 때를 기다려야 했다. 좌표계가 나타나기까지 유클리드 이후 2000여 년의 시간이 걸렸는데 이러한 좌표계를 구변도의 3변에서 발견한다. 이 좌표계가 나타나면서 드디어 하도와 낙서도 등장하게 된다. 1~4세 영유아들에게 단동십훈을 가르친 진의는 좌표계를 통해 하도와 낙서로 발전하고 나아가 정역도와 윷판에 이르게 된다는 것을 터득시키기 위해서이다. 실로 구변도와 단동십훈은 어느 것이 먼저라고 하기 어려울 정도로 동시적으로 같아 보인다. 김영태가 국사봉에서 7일간 금식 기도 끝에 깨달음으로 얻은 것이라고는 하나 그것은 이미 단동십훈의 복사품 같이 보일 정도이다. 아무튼 양자가 모두 우리 고유의 정신적 유산임이 틀림없

다. 그리고 단동십훈과 구변도는 도마복음을 우리 것으로 이해하는
데 더없이 도움이 된다.

예수와 수운의 명호 변경과 영유아관

수운은 일생 동안 크게 3번 이름과 호가 변한다. 변할 때마다 그에게
큰 의식의 변화가 동시에 생긴다. 의식이 변했기 때문에 명호를 바꾸었다
고 할 수 있다.[4] 이는 마치 아브람이 아브라함으로, 야곱이 이스라엘로,
사울이 바울로 이름의 변화는 의식과 사회적 지위의 변화가 동시적이었
다. 도마도 '쌍둥이 유다 도마'로 다른 제자들과 달리 이름이 회자에
오른다. 수운은 적어도 네 번에 걸쳐 이름을 바꾼다. 그의 명호 변경과
둘이 하나 되는 것이 하늘나라와 어떻게 관계가 있는 가를 밝히는 것을
통해 동학과 도마복음의 상관관계를 찾는 데 있다.

'수운水雲'은 네 번째 마지막에 해당한다. 부모들이 출생 시 지어 준
이름은 '복술'이다. '복福'은 '복돌이'나 '복동이'와 같이 흔히 사내아이들의
유아적 이름이다. 자식이 없던 집안에서 수운의 아버지가 행려인 같던
한씨 여인을 맞아 아이를 낳았으니, 수명과 복이 가장 주요했으리라는
것은 짐작하고도 남는다. '술'은 주술적 의미를 갖는 것으로써 영험한
인간이 되라는 의도의 이름이었을 것이다. '복술'은 한자로 '卜術' 또는
'福述'이라고 쓴다. 모두 점을 쳐서 복을 비는 것과 관계되는 것이고
보면 상당히 원시 무적 색채가 강한 이름이라고 할 수 있다. 막상 수운

---

4 名은 부모가 준 것, 字는 성인 의식 때 주어진 것, 白號는 사회적 지위가 준거, 아호는
  스승이 지어준 것이다.

자신은 "유도 불도 누천년에 그 운이 다했다"고 했다. 그의 명호 변경은 이와 밀접하게 연관이 있다. 역으로 동학이 삼교 합일이라 할 때 그의 명호 변경이 이를 가장 반영한다고 할 수 있다. 다시 말해서 의 명호 변경을 보면 그의 의식 전개 과정은 물론 그가 살던 사회·국가적 변화도 알 수 있다.

여기서 수운의 명호 변경 그 자체의 중요성보다는 유아적 이름인 '복술'이 어떤 환경에서 어떤 이유로 복술-제선-제우-수운으로 변했는 지 그리고 그때마다 그의 사상은 어떻게 변했는지를 알아보는 것을 통해 동학의 유아관을 고찰하기로 한다. 다른 어느 곳과도 달리 조선 역사에는 巫, 仙, 儒, 佛의 층이 뚜렷하고 그 영향력도 개성 있게 특징적이 다. 이를 최치원도 그의 '난랑비서문'에서 이미 밝힌 바 있다. 즉, 그는 나라에 현묘한 도가 있는데 그 안에는 유불선 삼교를 다 包含한다고 했다. 동학을 일러 '삼교합일'이라고 할 때, 그의 이름 명호 자체가 삼교를 합일하고 있다. '복술' 속에는 巫적 혹은 무속적 성격이 나타난다. 복술에 서 '제선濟宣'으로 바꾼다. 이는 다분히 선층에 해당하는 명호라 할 수 있다. 수운의 사상에는 이러한 무·선층이 뚜렷한데, 초기부터 죽을 때까 지 영부 사러 마시기는 계속된다. 다시 말해서 득도 후에도 종이에 글을 써 사룬 소위 '영부靈符'를 물에 타 마시는 행위를 통해 사람들의 병을 고치기도 했다. 이는 그의 이름 '복술'과 '제선'에서 이미 예견된 것이다. 아버지 최옥은 퇴계 집안의 사람인데 이러한 유교 전통 집안에서 볼 때 상당한 일탈이라 아니할 수 없다. 이러한 이유로 아직 경주 가정리 경주 최씨 집안에서는 수운을 백안시하고 무시한다. 퇴계가 양명학과 불학마저도 모두 이단시한 예로 보면 수운의 주술적 행위가 환영받았을 리가 만무하다. 조선 개국정신이 유교이고 무와 선을 혹세무민의 혐의의 이름으로 무·선은 탄압 대상이다. 물론 여기에 불교도 포함된다.

무층의 신비적 체험에 기초하여 그다음으로 변한 것이 '제우濟愚'이다. 어리석은 백성을 구제한다는 다분히 『대학』의 '신민'(백성을 교육을 통해 새롭게 바꾼다) 장구에서 유래한 유교적이라 할 수 있다. 먼저 복술과 제선은 모두 탄압과 모멸의 대상이었지만,'제우'와 '수운'은 지금까지 즐겨 그리고 애호되는 이름들이다. 동학 연구가 야뢰 이돈화에 의하면, '제선'은 지나가던 미지의 인물로부터 을묘년에 책을 한 권 받는데, 이를 『을묘천서』의 신비적 체험이라 한다. 이 미지의 인물이 실존인지 아니면 환상인지는 아직 모른다. 아무튼 '제선'은 『을묘천서』 사건과 밀접하게 연관이 된다.

수운은 35세 때 정신적으로나 경제적으로 완전히 좌절에 빠진 상태였다. "효박한 이 세상에 혼자 앉아 탄식하고 그럭저럭 하다가서 낭패 산업 되었으니 원망도 쓸데없고 한탄도 쓸데없네"(교훈가). 이렇게 처절한 심경을 토로한 때가 바로 1858년 그의 나이 35세 때였다. 그다음해 수운은 울산에서 경주 용담정으로 이사를 한다. 용담정에 이사하자 바로 이름과 자와 호를 모두 바꾼다. 수운에게서 을묘천서의 경험은 의식 전환에 큰 계기를 만든다. 을묘천서에 관하여 그 경험은 그가 천주실의를 입수한 경로에 비견한다고 김용옥은 주장한다. 수운은 을묘천서의 경험이 사이비가 아닌지 확인하기 위하여 49일 동안 기도를 했지만 별무 소득이었다. 야뢰는 이를 두고 수운의 인간됨의 근기를 말해주는 것이라고 했다(이돈화, 『포덕』, 109, 14-15). 을묘천서는 마치 모세가 10계명을 받는 듯한 경험이었다. 수운은 지나가는 미지의 한 인간이 천서를 주고 갔으며 그 내용을 보고 수운은 큰 의식의 변화를 경험한다. 이름을 바꾸었다는 것은 그 천서의 무·선적 성격을 뚜렷이 한다. 수운이 받은 것은 서책으로 된 활자본이다. 을묘천서 경험이 없었더라면 '복술'이란 이름을 그대로 사용했을 것이다. 천서를 계기로 복술에서 이름을 '제선濟宣'으로 바꾼다. 이 이름은 도가적 혹은 선층에서 유래된 이름이다. 제선으로 바꾼 사유 역시 선적 성격이 강하다. 을묘천서를 제공한 존재는 한국 전통 선층에 연관된 '선인仙人'이란 존재이다. 반신반인적 존재로서 그리스 호머 시대에 올림포스 신전의 신들이 한국 전통에서 보면 선층에 해당하는 신선이란 존재들과 대비가 된다. 그러면 그리스를 비롯한 인도-유럽에서는 선층의 맥이 왜 끊어졌는가? 맥이 끊기는 때를 보면 한결같이 인도-유럽권에서는 하늘-태양-남성신이란 남성 원리가 땅-어둠-태모여신을 살해하는 것으로 나타난다. 이를 '유럽적 균열European Dissociation'(ED)이라 한다. 심지어는 일본과 중국도 예외가 아니다. 그러나 한국의 단군신화에서는 균열이 아닌 화합으로 나타나는 데, 이를 '한국적 화합Korean Association'(KA)이라 한다. 복술이 제선으로 바뀌는 배경은 KA라 할 수 있다.

인간의 뇌가 아직 좌뇌와 우뇌로 분리되어 균열되기 (기원전 2000년 전후) 이전의 신비적-마술적인 것(우뇌)과 이성적인 것(좌뇌)이 아직 균열되기 분리되지 않을 때 인간 체험이 선층으로 뚜렷이 나타난다. 선층은 신석기에서 청동기로 넘어오는 경계의 층으로 기원전 2000여 년 그리고 개인 나이 7세 전후의 의식 구조를 이 선층이 정확하게 반영한다. 소크라테스 이전 인간들이 델파이 신전에 수시로 올라가 제물을 바치던 시기를 두고 선층이라고 한다. 심지어는 소크라테스마저 델파이 신전의 여신에게 수시로 예물을 바칠 정도였다. 그러나 그리스의 경우 소위 차축 시대(기원전 4~8세기)의 철학자들이 나타나 선층과의 단절을 시도한다. 우뇌는 위축되고 좌뇌가 압도적으로 지배하는 시기, 즉 철인들의 시기가 시작된다. 소크라테스는 철인으로서는 마지막 델파이 신전 방문자였다. 이 점에서는 인도와 중국도 예외가 아니다. 그러나 풍류도는 삼교를 包涵이 아니고 包含이었다. 상호 포함되고 포함하는 관계였다. 복술에서 제선으로의 변화는 이런 선층의 배경 없이는 이해할 수 없다.

중요한 것은 제선濟宣에서 '제우濟愚'로의 변화이다. '제우'는 유가적 구민救民과 관계된 것으로 개인적 복을 구하는 것이 아니고 사회적 책임을 다하는 것이라 할 수 있다. 제선에서 제우로의 변화는 내단적 기도의 결과이다. 이름을 '제선濟宣'에서 '제우濟愚'로 바꾼다는 것은 말 그대로 "어리석은 백성을 구제한다"는 뜻이다. 字 역시 '도언道彦'에서 '성묵性黙'으로 바꾼다. 전자는 도가적 특징을, 후자는 유가적 특징을 선명하게 나타낸다. 이는 분명히 선가 혹은 도가에서 유가적 색채가 뚜렷한 이름으로의 개명한 것을 의미한다. 공자와 맹자는 도가사상가들로부터 개 같다는 취급을 받으면서도 우매한 백성을 구하지 않으면 안 된다고 했다. 역사적 사명감과 소명감에 매진한다는 의미로서의 '제우'라는 이름은 분명한 유가적 성격이 농후한 이름이다. 단 한시도 현실 정치와 가족 그리고 사회를 외면해서는 안 된다는 사상으로 이는 나중에 동학 혁명까지 그대로 이어지는 이름이다.

혁명을 주도한 이름은 역시 '제우'이다. 전봉준 자신이 시골 서당의 훈장이 아니었던가? 이들의 혁명 격문을 보면 유교사상으로 가득 차 있다. '捨生取義'와 '殺身成仁', 이 모두가 제우와 유관하다. 안타까운 것은 오늘날 천도교가 복술과 제선으로 되돌아가지나 않았는지 의심 갈 정도이다. 사회정의 실현보다는 양생과 섭생을 통해 수련과 무병장수를 기원하는 것을 궁극적 목적으로 삼는 것은 무·선의 영향이다. 이 층들 역시 중요하지만 이는 수운 명호의 진화를 망각하고 있는 처사가 아닌가 한다.

예수가 산 정상에서 신비 체험을 하였지만 과감하게 땅으로 내려와 험로를 걸어갔듯이 수운 역시 제선에서 제우로 이름을 바꾸면서 민초들과 험난한 길을 걷는다.

이름을 바꾸면서까지 용담정에 스스로 들어간 제우는 "도를 닦지 않고는 이 산 밖으로 나가지 않겠다"(不出山外)는 글자를 문 앞에 써 붙이고는 "도의 기운이 길이 내 마음에 보존하면 사특한 것이 들어오지 못하며 세상 사람들처럼 한곳으로 돌아가지 않으리라"(道氣長存邪不入 世間衆人不同歸)는 구절을 명상의 주제로 삼았다(구재서, 같은 책, 66).5 왜 수운은 을묘천서에 만족하지 않고 용담정 안에 다시 숨어 버린 것일까. 이는 예수가 변화산 위에서 내려온 것과 비교될 수 있다. 을묘천서를 받는 정도의 신비체험만으로는 우주 본래의 진면목을 보기에는 아직 부족하다고 판단했기 때문이다. 그러나 많은 신비체험가들이 을묘천서 정도의 종교경험을 전부라고 판단해 버리는 데 문제가 있다.

고향을 떠난 지 20여 년 만에 제자리로 되돌아온 것이다. 자기를 찾기 위해 방황하다가 다시 자기에게로 되돌아온 재귀현상이다. 이는 '워크어바웃walkabout'에 비견될 수 있다. 용담으로 되돌아왔지만 아직 그의 정신적 자기가 완성된 것은 아니다. 이제 그는 마지막 큰 정신적 고비를 하나 넘겨야 한다. 수운은 유교·불교·도교·서교를 두루 거친 다음 자기의 본래의 자리로 되돌아오는 데 27년의 세월이 걸렸다. 복술이 '자연'에 묻혀 있는 자아라면, 제선은 천상의 신비를 경험한 자아이다. 제우는 '역사'와 현실에 눈뜬 자아라고 할 수 있다. 켄 윌버는 이러한 수운의

---

5 천도교중앙총부교사편찬위원회, 『천도교백년약사』 (서울: 미래문화사, 1981), 73-74.

체험을 전자아(복술)-자아(제선과 제우)-초자아(수운)라 할 것이다. 그렇다면 이제 마지막 초자아-초분별적 경험과 이름 변경의 기회를 남겨놓고 있다.

을묘천서의 경험은 아직 자연의 신비감에 감싸여 있는 상태에서 받은 것으로서 자아와 치열한 싸움을 거치지 않은 자아이다. 수운의 위대함은 바로 신비적, 마술적 자아에 만족하지 않고 그것을 과감하게 초월한 것이다. 값싼 영성 체험에 만족하지 않았다. 야곱이 얍복강 가에서 만나 천사와의 씨름에서 환도 뼈가 부러지는 체험을 한다. 그 결과 그는 이름을 야곱에서 이스라엘로 바꾼다. 얍복강 경험이나 을묘천서 경험은 선층에서 흔히 일어나는 반인반신과 해후하는 경험은 끝이 아닌 과정이다.

처가가 있는 울산의 천성산에서 아버지의 고향인 경주 용담정으로 되돌아왔다는 것은 여성-모계 전통에서 남성-부계 전통으로 되돌아왔다는 것을 의미한다. 여기서 처한 난감한 현실은 처가에 덧붙어 있는 몸이기 때문에 어쩔 수 없이 남은 전답을 모두 팔 수밖에 없었다. 하늘의 보물이 묻혀 있는 밭을 아는 자는 자기의 전 재산을 팔아서라도 그 밭을 사려고 한다. 이렇게 하면서까지 수운은 하날님께 정성 드리는 일을 포기하지 않았다. "… 삶의 현실은 너무도 냉혹해서 집안 살림은 결정적으로 기울고 이렇게 되면 될수록 더욱더 하날님의 뜻에 모든 것을 걸지 않을 수 없었다"(같은 책, 35).

용담정으로 돌아온 후 이름을 제우에서 '수운水雲'으로 바꾼다. 수운은 자심자아·자심자구·자심자신·자심자법·자심자득이라는 자기언급의 소리를 듣고 자기 고향인 용담정을 향해 처자식과 함께 1859년 10월에 되돌아온다. 수운의 깨달음은 붓다처럼 아예 처자식을 떠난 등진 상태에서 이루어진 것이 아니라, 일상적인 것과 가정생활과 병행하면서 함께 이루어졌다. 그래서 초현실적이라고도 할 수 없고 일상적인 의미의 '종교적'이라고도 말할 수 없다. '수水'는 가장 낮은 곳으로 그리고 '운雲'은 높은 곳으로 정반대로 향한다. 복술이란 낮은 땅의 가치에서 제우란 높은 하늘의 가치를 거쳐(제우) '수운'은 하늘과 땅을 오르내리는 명호이다. 이 전체 과정을 모두 거치는 데 무려 30여 년의 시간이 걸렸다.

전분별(전자아)-분별(자아)-초분별(초자아)의 세 단계를 모두 거치는 과정에서 의식 층변을 한다. 그러나 그것은 위로만 향하는 층변이 아니고 땅에서 하늘 위로 다시 하늘 위에서 땅으로 '천지 왕복하는' 변화의 변화였다. 네 단계 혹은 그 이상의 명호 변경은 의식의 천지왕복 과정이다.

예수에게는 이런 층변의 명호가 없었던 것은 아니다. '기묘자', '모사'라는 이름이 예정된 것이라고 구약을 원용해 신약의 마태는 말하고 있다. '기묘자'란 기적을 행하는 자란 뜻으로 영어로는 'wonderful'이라고 번역했다. '마술적magic'인 것이 아니고 '신비적mythical'인 것으로 선층에 해당한다. 구태여 비교한다면 기묘자는 'mythical', 모사는 'magical'이라 할 것이다. '전능하신 하나님' 혹은 '영존하신 아버지' 등은 전차축시대(기원전 2000년 전후, 청동기 시대)에 해당하는 남성-태양과 연관되는 이름이다. '평강의 왕'이라 함을 초분별적이라 할 것이다(사 9:6). 기묘자가 성경에서 사용될 때는 항상 '초자연적'인 면에서 기이한 일을 행하심을 뜻한다. '모사'이다. 이 모사는 지혜가 강대하고 하나님의 무한한 섭리를 대행하는 분이다. 이사야 11장 2절에서 사용된 '기묘자'와 '모사'는 그 사용된 의미에서 볼 때 무와 선층의 특징을 그대로 나타낸다.

여기서 '예수Jesus'는 세상을 구하는 자라는 의미를 가지며, 이는 분명히 기묘자나 모사와는 다른 남을 위해 자기를 희생한다를 의미한다. 예수는

'제우'에 해당한다. 다시 '그리스도'로 변한다. 예수가 '제우'에 해당한다면, 그리스도는 '수운'에 해당한다. 영지주의자들은 예수에서 모든 신체적 그리고 역사적인 요소들을 제거한 순수한 영적 존재로 보았으며 이를 비인격적 '신성Godhead'이라고 한다. 물론 정통 기독교는 '신성'이란 이름을 철저히 배제하지만 말이다. 그러나 불교는 이를 '법신'이라고 했으며 역사적 존재로서의 붓다는 보신이라고 했다. 그리고 무와 선층의 붓다를 '응신' 혹은 '화신'이라고 했다.

공자의 제자 증점과 유자관

유학은 여자와 어린아이를 같이 취급할 만큼 영유아에 대한 이해가 부정적이거나 소극적인 것처럼 보인다. 노자가 공자를 비판한 이유도 자기의 소박함과 질박함 그리고 유아와 여성적인 것(여성 원리)에 긍정적인 면에 대해 공자가 부정적인 이유 때문이다. 그러나 공자와 유가 사상이 유아들에 대한 부정적인 이유는 이들이 '신민新民'의 대상(교육의 대상)이었기 때문이다. '대학大學'에 대해 유소아들을 가르치는 '소학小學'이 엄연히 주요시되는 것이 이를 입증한다. 사실 에덴동산 안의 아담과 이브는 그 정신적 연령이 유소아기적 전분별적-전자아적이었다. 그래서 에릭 프롬과 켄 윌버는 성장해 탈출해야 할 곳을 에덴동산으로 보았다.[6] 그리고 이것이 창세기를 기록한 유대교 정신을 가진 기자의 입장이라고 한다. 유교 역시 이러한 창세기 기자(P 문서 기자)의 입장이라고 본다.

공자의 제자 증점曾點은 증자曾子의 아버지로서 공자보다 6세 정도

---

6 윌버는 이를 두고 '에덴을 넘어서'(Up From Eden)라고 하였다.

아래였는데 어린아이 6~7명을 데리고 다니면서 노래하고 춤추고 놀았다고 한다. 그런데 중요한 것은 그가 어린아이 같은 赤子[7]나 赤字[8] 같은 삶의 태도를 가지고 있었다는 것, 다시 말해서 공집합적 삶을 살았다는 것을 의미한다. 증자는 제자들 가운데 공자만큼 존경받는 인물로서 孔門72賢 중 한 명이다. 집안이 가난하고 보잘것없이 살았으나 평생 절개를 지키고 벼슬길에 나아가지 않고 어린아이들과 어울려 노래하고 춤추며 살았다. "천하에 도가 있으면 벼슬을 하고 도가 없으면 숨는다"고 할 정도로 차라리 노자의 제자처럼 여겨질 정도였다. 예수의 제자 가운데 도마가 증점에 가까운 인물이 아닌가 한다.

공자는 증점을 두고 "천하의 선비들은 도리를 실천하지도 않고 대부분 家臣이 되어 도성에서 벼슬살이를 하고 있는데 오직 공석애만은 이런 일이 없구나"라 하였고, 『사기』「유협열전」에서는 보잘것없는 집안 출신에 평생 헌 옷을 입고 거친 음식을 먹고 살았다고 한다. 귀족에 아부하거나 벼슬을 구걸하지도 않았다. 『논어』「先進」편에 보면 아이들과의 관계에 관한 기록이 나온다. 공자가 제자들에게 평소 자신의 뜻을 물어보자. 증점이

莫春者 春服旣成
늦은 봄에 봄옷이 만들어지면
菅者五六人 童子六七人

---

7 갓 태어난 아이를 '핏덩어리'라고 한 데서 유래했다. 아무것도 가진 것이 없다는 의미로서 도마복음 42장의 '방랑자' 같은 존재를 두고 하는 말이다.
8 수입보다 지출이 많아 손해를 본 상태나 그 금액 자체를 뜻하며, 옛날 장부 기록에서 손해 본 것을 붉은 글씨로 한 데서 유래했다.

관을 쓴 벗 대여섯 명과 아이들 예닐곱 명을 데리고

浴乎沂, 沂水

기수에 가서 목욕하고

風乎舞雩

기우제 드리는 곳에서 바람을 쐬면서

詠而歸

노래하며 돌아오겠다.

공자는 긴 한숨을 쉬며 "내가 증점의 뜻과 같다"라고 했다. 여기서 공자와 예수 사이의 큰 차이를 발견하기란 어렵다. 모두 둘이 하나 됨인데, 증점의 경우는 자연과 사람의 하나 됨을 어린아이에 둔 것 같다. 증점은 어른 5~6명 아이 6~7명과 같이 다니면서 놀이를 하였다는 것은 어른과 아이 간의 조화와 융합을 고려한 것이다.

즉, "昔者五六人 童子六七人, 관을 쓴 벗 대여섯 명과 아이들 예닐곱 명을 데리고"는 마치 예수가 동산에서 아이들과 함께 노니는 장면을 연상케 한다. 도마복음은 어린아이의 'childish'[幼稚함]을 본 것이 아니라 'childlike'[幼似함]을 본 것이다. '어린아이가 되라' 하지 않고 '아이같이 되라'(幼似) 한 것이다.9 공자의 제자 가운데 증점이 있었다면 예수의 제자 가운데 도마가 있었다. 증점 한 사람을 통해 공자와 유학이 갖는

---

9 자로를 비롯한 제자들이 관직에 나갈 꿈과 이상을 피력할 때 오직 증점만은 "어른과 아이가 모두 편안하게 자연에서 즐기고 유유자적하는 모습"만을 공자에게 보여주자 공자는 오직 증점의 말과 행동만을 인정했다. 증점은 현자의 대우로 공자의 사당에 배향되었고 당나라 개원(開元) 27년(739)에 '숙백'(宿伯)에 추봉되었고, 송나라 대중상부(大中祥符) 2년(1009)에 다시 '내무후'(萊芜侯)로 추봉되었고, 명나라 가정(嘉靖) 9년(1530)에 '先賢曾子'로 명칭이 바뀌었다.

유아에 대한 입장 그리고 유교가 지향하는 가치가 무엇인지 알 수 있고, 노장사상이 유아의 가치를 독점하려는 태도는 재고되어야 할 것이다. '아이같이 됨'(幼似)이란 '상사相似'(simulacur)이지 결코 '유사類似'가 아니다. 마치 엔디 워홀의 작품처럼 같아 보이면서도 같지 않은 것들끼리 서로 包含하는 것은 상사라 하고, 같은 것이 다른 같은 것 속에 包涵되는 것을 유사라 한다. 플라톤의 이데아와 사물 사이는 유사이지 상사가 아니다.

돌아와 동학의 유아관은 보면 「수덕문」에서 수운이 직접한 발언과 해월이 「내수도문」에서의 발언을 참고하면 유아는 'childish'도 'childlike'도 아닌 '幼自'가 아닌가 한다. 다시 말해서 해월은 유아를 '하늘'이라고 했다. 무엇을 가진 '소유권ownership'이란 없는 오직 그 자체권ownship만 있는 존재라는 것이다. 그러나 소유권 없는 자체권만 있는, 다시 말해서 전선電線없는 電氣를 생각할 수 없듯이 둘은 하나이어야 한다. 증자의 어린이는 자기 자신의 모습이었고, 전기의 흐름의 방해를 최소화할 수 있는 전선을 아이처럼 되는 것이고, 이는 곧 증점과 도마 그리고 공자 나아가 예수의 모습이었다. 「수덕문」에서 수운은 어린이 같음을 보인다.

가슴에 불사약을 지녔으니 그 형상은 궁을이요, 입으로 장생하는 주문을 외우니 그 글자는 스물한 자, … 어른들이 나아가고 물러가는 것은 마치 삼천제자의 반열같고, 어린이들이 읍하고 절하는 것은 육칠의 읊음이 있는 것 같도다. 나이가 나보다 많으니 이 또한 자공의 예와 같고, 노래 부르고 춤을 추니 어찌 공자의 춤과 다르랴(「수덕문」).

이 수덕문의 구절은 위에서 본 공자와 증점 간의 관계를 영부와 궁을과 같은 신비적 주문과 연관시켜 말한 것으로 여기에 아이들을 연관시킨다. 궁을弓乙 자 쓰인 종이를 태운 것은 불사약이다. 한울님의 영기인 우주의 기운이 약동하는 모습을 弓과 乙의 기표에서 본 것이다(라명재, 2007, 52).

그런데 흥미로운 사실은 위 인용구에 바로 이어서 '修心正氣'를 말하고 있다는 점이다. 즉, "인의예지는 옛 성인의 가르친 바요, 수심정기는 내가 다시 정한 것이니라… 한울님을 길이 모시겠다는 중한 맹세요…"라 한다. 이는 입도식을 하기 전 초학주문(爲天主 顧我情…)을 암송케 해서 천주를 위하는 마음을 우선적으로 함양케 한다. 이는 곧 아이의 마음이나 천주의 마음이 같다는 것을 의미한다. 이는 증점의 그리고 도마의 그것도 아닌 유자관幼自觀이라 할 수 있다. 이러한 유자관은 해월에게도 그대로 이어져 아이는 하늘 자체로 된다. 해월은 「內修道文」에서 "… 어린아이 치지 말고 울리지 마옵소서, 어린아이도 한울님 모셨으니 아이 치는 것은 한울님을 치는 것이오…"(「내수도문」)이라 했다.

해월은 가장 차별받는 존재가 여성과 아이들이라 보고 "아이가 바로 한울님이다"라 한다. 이러한 해월 사상이 1920년대 김기전과 방정환 등에 의한 어린이 운동의 근거가 되었다. 특히 2010년 '천도교한울연대'는 천도의 원리에 따라 생명살림을 크게 세 분과로 나누어… 땅살림, 몸삼림 그리고 아이살림의 세 분과로 나누었다(김용휘, 2025, 182). '아이살림'이란 2014년 8월 수운의 고향인 경주 가정리에 '방정환 한울 어린이집'을 개원하였다. "방정환 어린이 집은 '어린이가 한울님'이라는 대정신 아래 동학의 시천주, 즉 '모심'의 교육을 실현하고자 한 것이다. 아이들이 생태 환경에서 자라게 하고 각자가 가진 천부적 잠재력을 스스로 발견하

게 하고 키워주고자 하는 취지이다." … 2016년에는 이를 전국적으로
확산하기 위해 교육운동 단체인 '방정환한울학교'를 발기하였다. 그 취지
문을 보면 "… 더 좋은 세상을 위한 실천을 삶의 목적에 두고 삶 자체가
작은 나(小兒, 에고)를 극복하고 큰나(大兒, 참나, 한울)를 실현할 수 있는
도장이 되도록 할 것이다"(같은 책, 185)[10]와 같다.

1922년 의암의 사위인 소파 방정환(1899~1931)이 어린이날을 정한
것은 우연이 아니었다. 그 배경에 해월이 있었다. 그의 호 '小破'는 용담의
작은 물결이 되어 온 세상에 퍼지고 이 땅 위에 지상천국인 봄동산을
이룩하자는 뜻이라 한다. 小는 小兒와 증점이 봄동산에서 어린이들과
노는 것을 연상케 한다. 어린이날이 없는 나라는 미국, 프랑스와 영국이다.
이들 나라들은 365일이 모두 어린이날이기 때문에 정하지 않았다고
한다. 한국의 어린이날은 단순히 어린이 보호 차원을 넘어 어린이 자체가
하늘이라는 데 그 특수성이 있다.

오늘날 경운동 수운회관 정문 좌측에 있는 방정환 어린이헌장은
빛바랜 채 길 가는 사람들의 발걸음을 멈추게나 할는지. 그 내용이
해월의 말을 그대로 담아 놓은 것 같다. 역설적이게도 어린이날에 어린이
사고가 연중 제일 많이 생기는 것을 보면 어린아이는 자연스럽게 그냥
저절로 자라게 하는 게 유자의 본 모습이 아닐까 한다. 동학정신이
도마복음 정신과 하나가 돼 앞날이 어두운 세상에 희망을 던지기 바란다.

---

10 '방정환 한울학교'는 2021년 '방정환배움 공동체 구름달'로 이름을 바꾸었다. 같은
   책, 186.

3.3 켄 윌버의 '전/초오'로 본 도마복음 '아이'

도마복음을 통해 '아이'가 '둘이 하나 됨'과 연관되는지 보았다. 그러나 이에 상호 연관성에 대해서는 도마복음 안에서 찾기 힘들다. 그러나 E-형논리의 본고장인 동북아에서는 이에 대한 분석과 이해가 잘 돼 있다. 선불교의 깨달음의 세 단계, 공자의 일대기 그리고 유학의 소인, 군자, 대인의 인간관을 통해 도마복음을 석명할 것이다.

전/초오로 본 깨달음의 세 단계

'전/초오'란 켄 윌버의 저서에 대표적으로 쓰이는 용어 가운데 하나이다. '전분별 – 전자아Pre-differentiation'과 '초분별 – 초자아Trans-differentiation'을 분별하지 못하는 오류를 두고 하는 말이다. 이는 마치 원숭이와 사람, 고양이와 호랑이 그리고 백치와 성자와 같이 양상mode이 같아서 분별하지 못한다는 오류이다. 이 오류는 깨달음의 과정에서 생기는 오류이지만 종교, 철학, 문화, 과학, 역사 등 전방위적으로 생기는 오류라는 것이다. 여기서 어린 아기를 예찬할 때 쉽게 범할 수 있는 오류라는 것이다. 위에서 동학에서는 이렇게 자아가 변할 때마다 명호가 변하고 의식의 층이 따라서 변하는 것을 보았다. 그래서 사복음과 도마복음에서 예수가 아기예찬을 할 때 양자를 구별하지 못하는 오류(Pre-differentiation/Trans-differentiation Fallacy: P/TF)를 두고 전/초오(P/TF)라 한다. 여기서는 도마복음의 어린이 아기를 언급함에 이러한 오류와 어떤 연관이 있는지를 고찰할 것이다. 전/초오를 언급함에 있어서 불교 특히 선불교만큼 잘 다루어 놓은 곳도 없을 것이다.

같은 '용담정'을 두고 수운은 깨달음의 순서에 따라 다르게 체험, 명호를 바꾸나. '제우'일 때의 체험과 '수운'일 때의 체험, 즉 득도 이전과 이후가 너무나 다르다. 그러나 용담정은 여전히 용담정이다. 이렇게 수운의 체험을 선불교적 체험의 3단계 과정과 비교해 볼 수 있다(유병덕, 1993, 62). 용담정을 떠난 27년의 세월은 그에게 주객분립의 갈등 시기였다. 그러나 다시 돌아와 보니 용담정과 수운은 하나가 되었다.

명호 변경 과정을 통해 볼 때 '복술'은 전분별적, '제우'는 분별적 그리고 '수운'은 초분별적 단계에 속한다. 이렇게 수운은 자기의 체험이 변할 때마다 적절하게 이름을 바꾸었다. 이러한 이름의 변화는 계통발생적으로 볼 때 문명의 층이 변하는 것과 같다. 용담정에 스스로 갇혀 지낸 지 6년 만에 '천사문답天師問答'이 6개월 동안 계속된다. 이 기간은 수운의 의식 구조의 선층이 활발하게 작용하던 시기이다. 천사문답이란 수운이 천상의 존재와 계속 대화하는 내용이다. 우뇌 속에 있는 신비와 신화적인 상상력이 좌뇌의 합리성과 함께 작동하는 시기이다. 이러한 층이 선층의 두드러진 특징이다. 여기에 한국적인 것의 특징과 매력이 있다. 한류의 시원점이 여기이다.

수운의 사회적 성격이 윤리적, 합리적 단계로 넘어가는 과정에 반드시 거쳐야 할 과정이다. 주유천하가 제1단계, 을묘천서가 제2단계라면 용담정 유폐는 제3단계라 할 수 있다. 이 세 과정을 거치는 동안 복술에서 제우로, 제우에서 수운으로 이름이 변한다. 이 세 과정은 다음에 설명할 초인격 심리학의 세 과정과도 밀접하게 관련된다.

1860년 경신년 4월 5일부터 수운은 6개월 동안 하날님과 직접 대화하기 시작한다. 4월 5일부터 같은 해 9월 2일까지이다. 일회성이 아닌 무려 6개월 동안이나 수운은 하날님과 마주하여 인격적인 대화를 나눈다.[11] 야뢰는 대화 내용을 '제1 포덕문', '제2 용담가' 그리고 '제3 교훈가', '제4 논학문' 순서로 나누어 요약하고 있다. 이들 대화 내용들은 수운의 사상을 파악하는데, 특히 서학과 서교에 대한 수운의 견해를 알 수 있는 결정적인 자료이다.

도마복음 안에는 영유아를 말함에 있어서 이를 '공백'(적자)과 '둘이 하나 됨'에 연관시키고 있다. 영유아기가 층변을 할 때마다 명호가 변하고 의식의 변화가 생긴다는 것특 위에서 설명한 바 있다. 그러나 도마복음 114절을 일별해서 보면 이러한 한 단면을 발견할 수 없는 것은 아니다. 그런데 선불교는 깨달음의 과정에서 일어나는 과정을 세 부분으로 나누어 다음과 같이 말하고 있다. 이는 도마복음의 유아관을 이해하는 데 직간접적인 도움을 준다.

선불교에서는 깨달음의 삼 단계가 매우 분명하다. 청원유신[青原惟信]의 깨달음의 삼 단계는 하나의 전형으로 잘 알려져 있다. 그 내용은 다음과 같으며 영문과의 비교를 위해 재인용해 두었다.

노승이 30년 전 아직 참선을 시작하기 전에는 산을 보니 산이었고, 물을 보니 물이었다(1). 그후 몸소 참선한 이후에 산을 보니 산은 산이 아니었고, 물은 물이 아니었다(2). 그런데 지금은 산을 보니 '여전히' "산은 산이고 물은 물이다(3)."

---

11 6개월 동안 대화 내용은 『동경대전』의 「포덕문」과 「논학문」, 『용담유사』의 「안심가」, 「용담가」, 「교훈가」 등에 기록되어 있다.

이는 청원유신의 말이다.

30년 후: "산은 산이 아니고 물은 물이 아니다"(공계)
(색은 색, 공은 공)

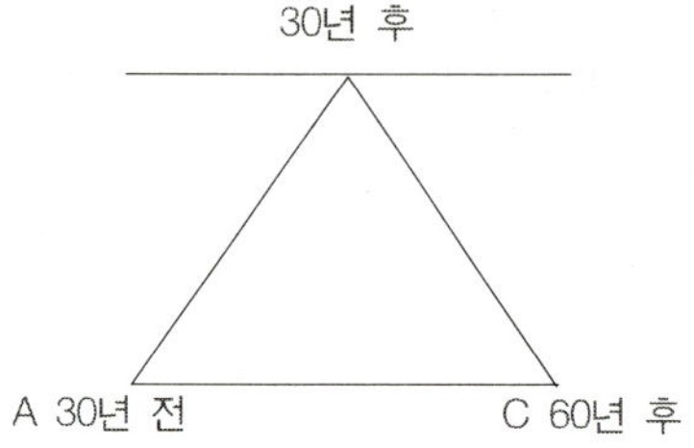

A 30년 전: "산은 산이고 물은 물이다"   C 60년 후: "산은 산이고 물은 물이다"
(색)   (색즉공 공즉색)

[도표 3.3] 선불교 깨달음 3단계

위 구절은 선불교의 깨달음을 말할 때, 전분별과 초분별의 범주오류를 설명하는 데 매우 적절하다. 득도의 3단계 가운데 왜 제1과정과 제3과정이 같아지느냐가 문제의 관건이다. 거듭 말해 윌버가 말한 '전초오'란 제1과정과 제3과정을 혼동하는 데서 생기는 오류이다. 이 오류에 대한 지적은 윌버 학문의 빌미가 될 정도로 매우 중요하다. 그러나 윌버는 논리적으로 왜 이런 현상이 생기는지 설명을 못하고 있다. 아래 3.3절에서는 이 점을 논리적으로 지적할 것이다. 이에 앞서 동북아 문명권에서 이와 같은 문제를 어떻게 보고 어떻게 다루는가를 먼저 보기로 한다. 고회민은 『주역철학의 이해』에서 앞에서 인용한 청원유신의 말을 위 [도표 3.3]과 같은 삼각형 그림으로 나타냈다.

위 삼각형에서 A는 '색계'를, B는 '공계'를 말하고 그리고 C는 '색즉공, 공즉색'을 말한다. C에서 '색즉공 그리고 공즉색'이란 한 이유는 '둘이 하나이고, 하나가 둘'인 것을 두고 하는 말이다. 그러나 도마복음은 '둘이 하나이다'라고만 한다. 이렇게 다른 이유에 대해서 설명할 것이다. 물론 색과 공을 유와 무로 대비시켜도 좋다. 이는 서로 반영대칭 관계이다. 그러나 '둘이 하나이고 하나가 둘이라'고 하는 것은 반영대칭이 다시 회전대칭하는 것을 두고 하는 말이다. 그런 의미에서 도마복음은 바로 이 회전대칭을 결여하고 있는 것이다. 반영대칭(첩첩)도 위험시 하는 마당에 회전대칭(회회)를 말한다는 것은 위험을 자초하는 것이나 마찬가지이다. 도마가 동쪽으로 선교의 방향을 돌린 진정한 이유는 자기가 들은 예수의 말은 동쪽에서 더 유효할 것이라 판단했기 때문일 것이다.

대승불교에서는 최고의 깨달음이란 초월의 경지에 머무는 것이 아니라 다시 일상으로 되돌아오는 것이라고 한다. 주역에서도 대인은 군자의 단계를 넘어서 다시 땅의 세계로 되돌아와야 한다고 했다. 선의 경지에서 볼 때 군자란 득도의 과정에서 아직 방황하는 사람이다. 군자는 아직 하늘과 땅을 나누고 물질적 이익과 정신적 윤리를 이분법적으로 나누어 놓고 생각하며 아직 천의 덕을 갖추려는 것을 지상의 과제로 삼는다.[12]

일단 위(도표 깨달음)에서 도마복음에서 말하는 '둘이 하나'가 되는 것의 위치가 분명해졌다. 둘이 하나가 되는 곳은 C이다. 먼저 제1과정인 A부터 생각해 보자. 이 단계는 60년이 지난 제3과정인 C와 같아진다. C는 A의 '다시'(once again) 또는 '여전히'라고 할 수 있다(A≡C). 제1과정

---

[12] 군자의 이러한 모습은 『주역』 「문언전」에 다음과 같이 잘 기록되어 있다. "군자는 덕을 기르고 업을 닦는다. 참된 진실함은 덕을 기르기 위함이고, 말을 닦음에 진실함을 세우는 것은 업을 닦기 위해서이다. 이를 곳을 알아 그곳에 이르면 거의 완벽함에 가깝게 된다. 끝을 알아 그곳에 이르면 함께 의를 보존할 수 있다. 이런 까닭에 윗자리에 있어도 오만하지 않고 아래에 있어도 걱정하지 않는다. 항상 쉬지 않고 노력하여 삼가니 비록 위험에 처해도 허물이 없다." 고회민, 『주역철학의 이해』, 460.

에 대하여 고회민은 "아직 인간 세상에서 보통 사람들과 같이 불법을 깨닫지 못했기 때문에 산과 물을 다만 현상 그대로 파악하여 산은 산, 물은 물 그대로 보인다"(고회민, 1997)라고 했다. A는 인지발달과정에서 볼 때 주·객관을 아직 분간하지 못하는 7세 이전인 피아제가 말한 '전조작기preoperational'에 해당하는 시기이다. 계통발생적으로 볼 때엔 헤겔이 말하는 정신이 '자연에 침잠되어' 있는 단계이다. 그래서 이 단계를 '전자아pre-ego' 또는 '전분별적predifferentiation' 단계라 한다.

다음으로 제2과정(B)으로 넘어오게 되면 7세 이후 사리분별을 하기 시작하면서(철이 들기 시작하면서) 남자와 여자 그리고 나와 너를 구별하기 시작한다. 이때 철학자들은 현상과 초월, 구체와 보편 같은 것을 구별할 줄 안다. 선사는 부처의 세계와 현상계가 다르다는 사실을 알게 된다. 그래서 '산은 산이 아니고 물은 물이 아니라'는 사실을 안다. 이를 알음알이 '분별적differentiation'≡B단계라고 한다.

땅으로의 회귀가(C) 선에서 말하는 깨달음의 제3과정(초분별)에 해당한다. 제2과정(분별적)에서는 객관적 대상을 관찰하고 조사한다. 이 과정에서 자연과학이 발달하기 마련이다. 서양이 자연과학 분야에서 동양을 앞선 이유는 분별적 자아의식의 발달 때문이다. 그러나 분별적 자아는 득도의 마지막 단계가 결코 아니라는 것이다. 분별을 넘어 산을 다시 보니 다시 여전히 '산은 산이고 물은 물같이 보인다'(A≡C)는 것이다.

고회민은 득도의 세 과정을 유학적 인간관에도 그대로 적용된다고 보았다. 주역에서는 전분별-전자아적 인간을 '소인小人'이라 했고, '분별적-자아'를 '군자君子'라고 했으며, '초분별적-초자아'를 '대인大人'이라고 했다. 위 청원유신의 삼각형에 A=소인=지, B=군자=천, C=대인=천지로 일대일 대응을 시킨다. 그러면 A소인≡C대인의 등식이 성립한다.

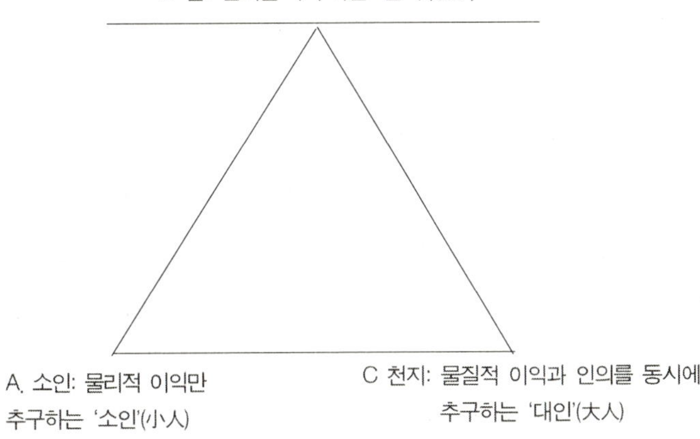

[도표 3.4] 유학의 소인, 군자, 대인

그리고 대인은 천과 지라는 둘을 '하나'로 일치시킨다. 땅의 물질적 이익에 집착해서 사는 인간을 '소인' 그리고 땅의 이익을 떠나 하늘의 인의(仁義)를 추구하는 인간을 '군자'라 했다. 그리고 다시 하늘에서 땅으로 되돌아온 인간을 대인이라고 했다. 이러한 대인은 '하늘과 땅' 그리고 '탐욕과 인의'라는 '둘이 하나 된' 존재이다.

그런데 여기서 문제가 되는 것은 유학에서는 소인을 '어린아이'와 '여자'라고 한 데 있다. 이는 도마복음과 사복음서 안 예수의 발언에 정면으로 도전하는 선언과도 같다. 유학은 대체적으로 영유아들을 이상적으로 보거나 예찬한 예를 찾기 힘들다. 그 이유는 유학은 차축시대 이전의 모계 사회의 가치를 부정하기 때문이다. 모계 사회의 지상적 가치는 물질적 생산성과 이익을 극대화시키는 것이다. 유학은 여성을 물질적 땅의 이익추구의 상징으로 보고 있다. 여기서 유교적 가치관,

즉 인의예지(사단)가 등장한다. 그리고 여자와 아이는 사단의 무풍지대와
도 같다. 군자는 땅의 물질적 가치를 버리고 하늘의 덕인 인과 의를
먼저 추구해야 한다. '군자'란 모계 사회의 물질적 다산을 좌우하던 '태모^{太母}'
에 대한 대칭 개념으로 등장한다.

가장 이상적인 단계인 대인에 대하여 주역은 다음과 같은 입장을
취한다. 무릇 대인이란 천지와 그 덕을 하나로 하고, 사계절과 그 순서를
하나로 하고, 귀신과 그 길흉을 하나로 합한다. 대인은 군자와 같이
천상에 올라가 거기에 머물기도 하고 지상으로 내려와 소인들과 같은
땅에 머문다. 천의 덕을 인간의, 위치로 끌어내려 보통의 사람들과 같은
위치에서 행위하면서 평범한 일상적인 일에 참가하고 관심도 갖는다.
도마복음의 대인상은 방랑자이다(42장).

공자의 일대기로 본 도마복음 '아이'

고회민은 득도의 세 과정을 선불교와 주역에 적용한 데 이어서, 한
개인 공자의 생애 속에서 세 과정의 전개를 말한다. 동양인들은 자서전이
나 참회록을 쓰지 않는다. 그런데 공자는 『논어』 「위정편」에서 몇 줄의
문장을 통해 자기의 일대기를 연령별로 다음과 같이 요약한다.

나는 15세에 학문에 뜻을 두었고(志學), 30세에 뜻을 세웠으며(立), 40세에
유혹됨이 없었고(不惑), 50세에 천명을 알았으며(知天命), 60세에 귀가
뚫렸고(耳順), 70세에는 마음이 하고 싶어하는 대로 두어도 척도에 어긋남이
없었다(從心所欲不踰矩).

고회민은 득도의 세 과정에 맞추어 공자의 전 생애를 삼각형으로 도표화했다. 삼각형의 꼭지점 (A)는 天이고 밑변 (B)와 (C)는 地이다. 공자는 영유아 단계인 0~7세에 대해서는 말하지 않고 있다. 그 이유는 소인의 단계이기 때문이라 본다. 30에 스스로 '섰다'는 것은 워크어바웃을 갓 끝냈다는 말과 같다. 15에 학문에 뜻을 둔 결과로 30세에 섰다는 것은 상징적으로 땅(A)을 전제한 말이다. 그리스의 나르시스가 '자기애'에 빠져 물에 비친 미모의 자기 얼굴에 스스로 반해 죽은 나이가 16세인 것을 보면 공자의 15세 언급은 의미하는 바 크다. 공자는 워크어바웃을 학문에 탐닉함으로 극복한 것이다.

땅에 묻어 있는 물질적인 이익을 추구하는 소인배들(여자와 아이 포함) 과는 달리 그런 땅의 가치관을 청산하고 하늘의 정신적인 가치를 추구하 는 군자가 되기 위해 첫발을 딛기 시작했다는 것이다. 문명사적으로 볼 때 신석기 모계 사회를 청산하고 청동기 부계사회를 향해 큰 행진을 시작하려는 문명의 여명기가 개인 나이 이때에 해당한다. 군자가 땅의 7정에 얽매인 이익 추구를 버리고, 4단인 '인의예지'의 도덕적 가치를 찾는 여행을 시작했다는 것이다.

에릭슨의 8단계 '생의 주기 이론Life-cycle theory'에 따르면 공자가 말한 '학문에 뜻을 두는 시기'란 '학령기industry'에 해당한다. 에릭슨은 이 시기가 인간의 사회화에 있어서 가장 중요한 시기라고 했다. 공자는 논어 첫 구절에서 '학이시습學而時習', 즉 '배우고 또한 익힌다'라고 했다. 에릭슨은 이 시기의 특징을 인간이 스스로 배우는 존재라는 사실을 확인하며, 개인의 일에 대해 최초로 관심이 생기는 시기로 보았다. 일에 대한 기본태도가 이 시기에 확립된다고 했다. 공자는 "배우고 또한 때때로 익히면 기쁘지 않은가"라고 했다. 에릭슨도 이 시기에 학업을 시작하면서

학업의 원칙을 세우고 기술을 습득하면서 일을 마무리할 때 기쁨과 쾌락을 느낀다고 했다. 만약에 이 중요한 시기에 학업에 근면하지 않으면 열등감에 빠지고 '작업마비'(work paralysis) 현상을 일으킨다.[13] 공자가 15~30세에 학문에 뜻을 두고 섰다는 것은 자기정체성(identity)를 확립했다는 것을 의미한다. 에릭슨은 12~18세를 '정체성'의 시기로 보았다. 청년기에 성적인 갈등을 느끼던 인간이 이 시기에 접어들면서 사회-심리적인 위기를 느낀다. 참된 자아됨이 무엇인지 확인하는 시기이다. 이 시기에 자기정체성이 확립되지 못하면 혼동에 빠져 고독감에 빠져들어 간다. 물론 여기서 공자가 이해한 자기정체성이란 군자로서의 자기인식이라고 할 수 있다. 이는 아이와 여성으로서의 자아를 극복하고 남성으로서 정신적 존재로서의 자기인식이다. 결국 나르시스는 자기 정체성을 찾다가 죽었다. 자기언급-우로보로스-알을 깨고 나오지 못한 것이 나르시스이다.

정체성 확립의 시기에 받는 가장 큰 장애는 사춘기적 유혹이다. 소년기와 유년기의 성적 힘은 여전히 밑으로 자기를 끌어내리려 하기 때문이다. 그래서 40세에 '불혹'이란 여성적 땅의 가치에 끌려 다시 땅으로 추락하려는 유혹을 더 이상 받지 않아야 한다는 것을 의미한다. 여기서 색과 재물이 가장 큰 유혹의 원인이다. 즉, 성으로부터 받는 색욕에서 그리고 자기 몸을 편하게 하려는 물질로부터의 유혹을 끊는 것이 무엇보다 중요하다. 이 모든 가치들은 여성 원리에 속하는 것들(A)이다. 그러나 공자는 제자들에게 '여호색如好色'하라고도 했다. 늦게 깨닫는 제자들을

---

13 에릭슨/조병권, 『유아기와 사회』(*Childhood and Society*) (1988), 258-261; "Erik Erikson의 삶의 주기론에 근거한 한국교회의 전인목회에 관한 연구" (감리교신학대학교 신학대학원 석사학위논문), 15.

향해 여색을 보면 본능적으로 좋아하듯 학문도 여색에 끌리도록 하라는 뜻이다. 다시 말해서 본능 자체는 A를 넘어 C에 관한 것도 있다는 것을 의미한다. 이는 곧 '70종심소욕'의 배경이 된다.

어거스틴은 『참회록』을 통해 그가 얼마나 A의 가치들로부터 유혹을 받았고, 또한 그것을 어떻게 극복했는가를 쓰고 있다. 서양 참회록들(룻소와 톨소토이)의 공통적인 특징은 모두 여색으로부터 받는 유혹을 죄악시한다는 점이다. 이런 색욕과 물욕으로부터 해방시킨 두 장본인이 마르크스와 프로이트이다. 유교는 여자와 아이를 A의 상징으로 매도하고 있다. 즉, 군자는 문명사적으로 모계 사회의 태모^{太母}가 추구하던 물질적 이익추구의 가치들로부터의 유혹을 청산하고 눈을 하늘 위로 돌려야 한다.

공자는 나이 40에 이르러 이런 땅의 유혹에서부터 해방되었다고 한다. 그래서 40세란 나이는 땅의 가치를 청산하는 나이이고, 만약에 이 나이에 유혹을 물욕과 색욕을 이겨내지 못하면 그리스 신화의 이카루스 신같이 하늘을 날려다 땅으로 다시 추락하고 만다. 그리고 이것이 대부분의 인간들이 군자의 문턱에서 소인으로 추락하는 이유라는 것이다 (고회민, 1995, 456).[14] 그래서 50세에 '하늘 뜻을 알았다'는 지천명은

---

14 고회민은 "15에 학문에 뜻을 두고", "30에 세웠다"는 것은 지상에서 학문을 구하는 데 분투하는 것을, "40에 의혹됨이 없었다"는 것은 마음속의 분투노력을 통하여 이미 군자의 길에 접어들어 갔다는 것을, "50에 천명을 알았다"는 것은 천의 경지에 들어가고 있음을, "60에 귀가 순해졌다"는 것은 천에서 인으로 들어가는 것을 의미한다고 했다. 왜냐하면 이미 천명을 알아서 천의 입장에 서서 만물과 사물을 보고 있고, 인간과 만물이 다르지만 모두 천에 근본하고 있으며, 천이 낳은 것이기 때문에 듣고 보는 것이 모두 순할 수밖에 없기 때문이다. "70에 종심소욕불유거"는 천인합일이라는 대인의 경계이다. 이때 공자는 비록 보통 사람과 같은 위치에 있으면서도 그의 도덕은 이미 천도와 합일하여 "천지와 그 덕을 합하고 해와 달과 그 밝음을 함께하"는 경지에 있었던 것이다.

땅-밤-어둠의 여성 원리에서 하늘-낮-밝음의 남성 원리에로 의식이 깨어나는 것을 의미한다. 기원전 2000년경이나 개인적인 나이 7세쯤부터 '땅'에 대해 '하늘'이란 가치가 나타나기 시작한다.

'하늘의 명'(天命)을 깨달았다는 것은 공자가 남성적 자아를 의식하기 시작했다는 것이다. 여성적인 가치는 이제 더 이상 유혹의 대상이 되지도 못하고 그럴 만한 힘도 상실하고 만다. 하늘과 땅의 가치를 분별하는 분별적 자아differentiation-ego가 자라난 시기이다(B). 모든 일을 선과 악, 나와 너로 나누어 보는 이분법적 사고도 하기 시작한다. 서양에서는 합리적 자아가 등장하는 시기이며, 이에 따른 이원론이 고질적으로 등장한다. 두뇌는 좌뇌와 우뇌로 균열되기 시작했으며 전자가 후자를 악마화 하기 시작한다. 이를 제인즈는 '양뇌의 파손breakdown of Bicameral Brain'이라고 한다. 군자가 되는 순간(B) 남성 원리들이 지배하게 되고, 여성 원리들은 박해, 살해, 추방 등의 수난을 겪게 되는 데 인도-유럽의 전형적인 균열 현상이다. 중국과 인도도 예외는 아니었다. 그러나 한국에는 좌뇌와 우뇌를 연결하는 뇌량腦梁이 건재했으니 그 이유는 '선맥'이 파손되지 않았기 때문이다.

그런데 서양적 자아와 공자의 자아가 근본적으로 다른 점은 60세부터 등장하는 자아상이다. 60세를 '이순耳順'이라고 했다. 말에는 음성으로서의 말과 의미로서의 말이 있다. 후자를 말에 대하여 '말귀'라고 한다. '이순耳順'이란 말을 듣는 것이 아니라 '말귀'를 알아듣는다는 뜻이다. 대상언어와 메타언어 가운데 양자를 조화시킬 줄을 안다는 것이다. 이순은 양뇌의 균형과 조화를 전제해서만 가능하다. '지천명'이 자칫 땅의 가치들을 훼손할 수 있기 때문이다.

에릭슨은 이 이순의 시기를 '자아통합ego integration'이라고 했으며 이때 개인은 '말'과 '말귀'를 통일시킴으로써 '지혜wisdom'를 터득하게 되며 '통합적'인 의식 구조가 생겨난다. 인간의 모든 갈등이 조화롭게 통일되어 최고의 성숙한 경지에 도달하는 시기이며 삶의 질서와 의미가 영성적으로 파악되는 시기이다(이기춘, 1987, 489). 그래서 공자와 에릭슨의 생의 주기 이론은 당시로서는 인간이 넘을 수 없는 고지를 지시하는 것처럼 여겨진다. 자아통합은 매슬로우의 생의 5단계 가운데 '자아실현'에 해당한다. 사실 이 나이가 (C)에 해당한다.

공자는 나이 70대인의 경지에 이르러 땅의 인간을 넘어서 하늘의 인간이면서(C) 다시 땅(A)의 인간이다. 바로 이런 인간상을 두고 윌버는 '초인격transperson'이라고 했다. 'trans'란 '통한다', '초월한다'는 의미가 있다고 했다. 하늘과 땅을 서로 상통시키는 인간이란 뜻과 하늘과 땅을 모두 초월한다는 뜻을 모두 의미한다. 보통사람을 초월하면서도 보통사람 속에 있다는 뜻이다. 공자는 이러한 초인격의 경지를 다음과 같이 말한다. "내가 아는 것이 있는가 거의 없다"(吾有知乎哉無知也)(『논어』 「자한편」)에서 "모르는 것을 안다는 것밖에 없다"고 한다. "나는 태어나면서부터 도리를 안 것이 아니다. 나는 고대의 문물제도를 좋아하고 열심히 탐구한다"(『논어』 「술이편」). 배우기 전에도 '무지'(A)했고 지금도 '무지'(C)할 뿐이다. 그래서 양상이 같아졌다. 공자는 스스로 평범한 사람에 불과하다고 고백한다. 그러나 이러한 공자의 평범성을 보통 사람의 그것과 같다고 보아서는 안 된다. 바로 그런 평범성을 '초월하여' 다시 평범성으로 회귀한, 그래서 양쪽을 '상통시킨' 평범성이기 때문이다. 노자 역시 평범성을 초월하여 다시 평범성으로 되돌아온 자신의 경지를 "그 날카로움을 누그러뜨리고 번잡한 문제를 풀고 그 빛나는 것을 조화하고 그 티끌 같은 세상과 함께한다"(『도덕경』 4장)라고 했다. '날카롭고', '빛나는' 것이란 초월의 상태이다. 그러나 그 날카로움을 부드럽게 누그러뜨리고, 그 빛나는 것을 무디게 하여 티끌 같은 속세에서 자기 몸이 하나가 되도록 한다는 것이다. 성과 속을 상통하여 통하게 한다는 뜻이다. 만약에 초월만 하고 이렇게 상통을 못 시키면 초인격의 상태가 아니다. 바로 그러한 상태의 자아를 '분별적-자아'라고 한다. 초월만 했기 때문에 사물을 이분법적으로 나눈다. 마치 플라톤이 '이데아'와 '사물'의 세계를 나누듯이 말이다. 절대와 상대, 주관과 객관 등 이원론의 함정에 빠져버리는 것이 '자아'의 특징이고 그런 면에서 서양적 자아는 이러한 오류에 빠져 있다. 그러나 이런 자아는 초자아로 변화되어야 한다. 그런 의미에서 '70종심소욕 불유거'는 '60이순'에 따르는 결과물을 말할 것일 뿐이다.

공자와 노자 모두 초인격의 상태를 평범을 넘어서 다시 평범으로 돌아오는 상태로 묘사했다. 평범을 넘어 그것을 초월하는 것이 군자의 사명이라면, 초월한 것을 다시 넘어 평범으로 되돌아오는 것이 대인이다. 그래서 초인격으로서의 대인은 하늘과 땅의 가치 가운데 어느 하나에도 집착하지 않는 자유로운 자아이다. 그런데 자유가 '분망奔忙'함을 넘어 방종放縱인 것과 어떻게 구별되는 가는 자유의 가장 큰 문제라 할 수 있다. '50지천명'하는 것이 평범을 넘어서는 것이라면 '60이순'은 하늘과 땅의 양쪽에 모두 귀가 열려, 어디에 마음을 쏟아도 한쪽의 극단으로 가지 않는 자아가 70에 도달한 초인격적 자아라는 것이다. 이에 대해 노자 역시 천하 사람들이 모두 나의 도는 큰 것 같으나 어리석다고 했다. "만약 현명하다면 그것은 작은 것이 된 지 이미 오래인 것이다"(『도덕경』 67장). 어리석은 자는 현명해지려고 일차적인 노력을 한다. 군자가 되려고 노력하는 단계이다. 그러나 대인은 다시 어리석어진다.15

70종심소욕에서 공자와 노자는 서로 손을 마주 잡는 듯하다. 지금부터

두 사람의 같고 다름을 분간하기 위해서는 전/초오의 구조를 다음 장에서 말하기 전에 미리 언급해 두는 것이 필요하다. 전/초오에는 두 가지가 있는데, C를 A에 종속시키는 A(C)인 오류이고, 다른 하나는 그 반대로 A를 C에 종속시키는 C(A)인 오류이다. 전자는 노자가 범하는 오류이다. 노자가 평생 공자를 비판하는 것을 보면 공자의 C적인(초분별) 것에 대한 오해였다. 그래서 노자는 평생 A를 樸, 여성적인 것, 유아적인 것을 이상화하였다. 그는 인의예지에 관심 두지 않았다. 어떤 면에서 사복음은 '하늘'(B)와 '아이'(A)를 균형 있게 보려 했다고 할 수 있다. 그러나 '아이'의 순진무구성을 하늘나라의 적합성으로 본 것은 아이를 형용사적으로 보았다고 할 수 있다. 그러나 도마복음은 구조적이다. 위에서 본 바와 같이 아이를 대칭적 가치의 구조로 파악한 후 '둘이 하나됨'으로 아이를 보았다. 이에 대한 도마복음의 아이 이해는 동학의 아이에 대한 이해와의 비교를 통해 분명해질 것이다.

인의예지와 수심정기

동학사상 연구에서 '修心正氣'냐 '守心正氣'냐 하는 문제는 말 그대로 뜨거운 감자이다. 修로 할 것이냐, 守로 할 것이냐가 논쟁의 관건이다. 동학교측 이세권이 만든 두 경전의 『비교대조표』(동학경전간행위원회)에 따르면, 신명칭의 변경 이외에도 수많은 곳에서 차이가 보인다. 그 가운데 교리에 관련된 주요 부분으로 '修心正氣'(『천도교경전』 「수덕문」)가 '守心

---

15 동양인의 이름 가운데 '태우'(泰愚), '우진'(愚眞) 등 어리석음을 예찬하는 이름이 많은 이유도 바로 대인의 상태에 도달한 득도의 제3과정에 해당하는 어리석음에 대한 예찬을 전제하고 있기 때문이다. 이것을 제1과정의 어리석음과 혼동해서는 안 된다.

正氣(『동학경전』「수덕문」)로 변한 것을 들 수 있다. 그리고 아울러 '輔國'이 '保國'으로 변한 것도 교리상 주요한 영향이 있는 변경이다. '修心'이 능동적으로 자기의 마음을 닦는 것을 강조한다면, '守心'은 수동적으로 자기 마음을 지키는 것이다. 전자가 능동적으로 자기 자신을 닦는 행위라면 후자는 자신을 지키고 간직하는 소극적인 의미이다. 동학교16의 『동학경전』에 나오는 '以信爲誠'을 천도교에서 '以信爲幻'으로 바꾼 것도 신앙을 하나의 환상적 미신으로 바꾸려는 술책에 지나지 않는다고 이세권은 본다. 나라를 능동적으로 돕는다는 '輔國'에서 나라를 보호한다는 '保國'으로 바뀐 것도 모두 역동적 애국심을 수동적 행위로 바꾸어 보려는 친일파의 음모라는 것이다. '하날님-修身正氣-輔國'(『동학경전』)이 '한울님-守心正氣-保國'(『천도교경전』)으로 변한 것은 우연이 아닌 그 일관성을 보이고 있으므로 친일파의 악의적 고의에서 나온 것이라고 주장한다.

이세권은 "1905년(포덕 46년) 손병희 3세 교주에 의하여 선포된 천도교는 동학이 아니다. 천도교는 일제에 의하여 왜곡된 경전을 쓰고 있다", "천도교 종지인 인내천이란 말은 『동학경전』에 나오지 않는 말이다", "동학의 종지는 인내천이 아니다. 시천주다", "천도교에서 모시는 범신론적 한울님은 인격신인 동학의 하날님과는 다르다"는 주장을 편다.

수심정기가 『동경대전』과 『용담유사』에 나오는 사례들을 보면 다음과 같다. 라명재의 '천도교 경전 공부하기'에 의하면 '수심정기'가 나오는 곳은 논학문 1회, 수덕문 1회, 도덕가 1회, 해월선사 법설 4회, 손병희

---

16 동학교는 수운의 권위만 인정할 뿐 북접 해월의 정통성을 부정하면서 1922년 7월 1세 교주 수운과 2세 교주 청림 남정(南正)만을 인정하고 있다.

문집 3회 나오는데, 논학문에서는 修心正氣이고 나머지는 모두 守心正氣이다. 그런데 이세권의 동학 경전에서는 모두 修心正氣이다. 이세권의 지적에 의하면 『용담유사』에서는 한글로 '수심정기'인데 천도교 경전은 이를 모두 '守心正氣'로 했다는 것이다. 그래서 이것은 천도교의 의도적인 변경인 것이 분명하다고 한다.

천도교는 이 문제를 결국 2004년 9명이 투표로 결정했는데, 1) '논학문와 수덕문 두 곳 모두에서 守로 해야 한다'가 4명, 2) '수덕문에서는 반드시 守로 해야하나, 논학문에서만은 修와 守를 겸해야 한다'가 2명, 3) '논학문에서는 修로, 수덕문에서는 守로 해야 한다'가 1명, 4) '논학문과 수덕문 모두에서 修로 해야 한다'가 2명이었다(김철, 2004, 121-122). 라명재도 '守心正氣'가 맞다고 하면서 천도교 입장을 지지해 주고 있다. 결국 천도교는 守로 입장을 통일하고 말았다.

그러나 이 문제는 천도교뿐만 아니라 기독교, 유교, 불교 등 철학과 종교의 전 영역에서 대두되는 쟁점인 것을 지적, 이는 결국 전/초오의 일환인 문제점으로 이해하면서 그 출구를 모색해 보기로 한다. 다시 말해서 전/초오 한 오류 C(A)이고, 다른 하나는 그 반대인 A(C)의 오류이다. 修心이나 守心이 한 가지 공통된 것은 '心'이다. 그렇다면 이 心을 A, B, C 셋 가운데 과연 어떤 위치에 둘 것인가가 문제 해결의 관건이라고 할 수 있다. 필자는 위 투표 결과 자체를 높이 평가한다. 종교학이나 기독교 신학에서 볼 때 이와 같은 문제가 서양에서는 기 천 년 동안 미해결의 문제로 남겨진 문제, 다시 말해서 비결정성의 문제이다. 그 이유는 이 문제는 전/초오의 문제와 연관이 되기 때문이다.

필자가 2001년 『수운과 화이트헤드』(지식산업사)를 펴낼 당시의 동학 교단과 천도교단 사이의 입장 차이를 요약한 것이다(81-83쪽). 그 이후 김철 교령은 『천도교 교리 사상 논총』(서울: 신인간사, 2004, 119-129)에서 이 문제를 두고 벌어진 논쟁 시비에 대하여 정리하면서 '守心'으로 입장을 굳히고 있다. 김철 교령은 「논학문」과 「수덕문」의 예를 들어 修가 아니고 守인 것을 다음과 같이 강조한다. 논학문에서 '오심즉여심吾心卽汝心'이라 할 때 여기서 '卽'은 '오심=여심'인데 오심을 더 이상 닦고 수련할 필요가 없는데, 만약 修라고 한다면 오심≠여심을 인정하는 것이기 때문에 오류라는 것이다. 이는 오심과 여심 사이에 질적인 차이가 난다는 것을 전제하지 않으면 불가하다 할 수 있다(김철, 2004, 126). 이러한 김철 교령의 주장을 기독교 신학에서는 '의인義認'이라 한다. 다시 말해서 한 번의 회개로 단번에 의롭다 인정을 받았기 때문에 더 이상 회개를 할 필요 없다는 주장이다. 유일회적으로 '오심=여심'이 이루어졌다는 것이다. 그래서 처음 '의임됨'을 지키기만 하면, 다시 말해서 '守'하기를 하면 된다.

그러나 이러한 의인관에 반대하여 회개는 끊임없이 이어 이루어져야 한다는 것을 '성화聖化'라 하는 데, 이런 입장을 견지하자면 '修'하여야 한다. 기독교는 이 두 가지 입장이 서로 갈라지고 입장에 따라 수많은 교단이 생긴다. 루터가 '믿음으로 만sola fide'라고 한 발언은 단 한 번의 믿음으로 지키면 된다는 발언이다. 물론 천주교는 그 반대인 성화를 강조한다. 불교 역시 선종에서는 '돈오頓悟'를 교종에서는 '점수漸修'를 강조해 지눌은 '돈오점수'를 강조한다. 이는 修와 守는 끝나기 어려운 난제라 할 수 있다. 이로 인해 남접(동학교)와 북접(천도교)가 갈라지는 것은 불행이고 더욱 진지한 고민 끝에 이 난제를 풀어 나갔으면 하는 바람과 함께 아래에서 글을 이어 간다. 도마가 전하는 예수의 말 아이 됨을 통해서인 '둘이 하나 됨'을 모색해 보기로 한다.

다음 절에서 윌버의 전/초오와 연관시키기 전에 이 문제를 시간의 문제와 연관시켜 고찰하기로 한다. 공자의 일대기를 전/초오와 연관을 시킬 때, 시간의 경과가 문제시된다. B를 현재라 할 때 A는 과거이고 C는 미래이다. 그래서 B에서 볼 때 A는 '기억에는 있음'이고 C는 '기억에 없음'이다. 여기서 '데자뷔$^{deja\ vu}$'와 '자메뷔$^{jamais\ vu}$'의 문제가 발생한다. 이들 둘은 '데자뷔=기억없음+친근감 있음'이고 '자메뷔=기억있음+친근감 없음'이다. 서로 상반된다. 그 이유를 아래에서 전/초오에서 찾기로 한다.

데자뷔는 "처음 본 광경인데 이미 본 것처럼 느껴지는 어떤 감각으로서 이를 기시감^{既視感}"이라 한다. 어떤 낯선 사람을 보았을 때 어디서 본 것 같은 느낌을 받는 경우에 해당한다. 이런 기시감은 누구에게나 일어날 수 있는 시간에 관한 착각현상이다. 이는 우리의 뇌가 기억작용과 그것의 의미 작용을 따로 하고 있기 때문이다. A≒C 현상 때문이다. A와 C는 양상이 같다. 그래서 B(50세)에서 볼 때 A(50세 이전)≡C(50세 이후)이기 때문에, C를 '기억이 안 나는데(없는데)', A로 보면 '친근감은 느끼게' 된다. 반대로 B가 A를 볼 때 그것은 분명한 과거이기 때문에 '기억은 나는데' 같은 양상인 C를 보면 전혀 '친근감은 없다.' 수십 번을 보았는데도 처음이라고 느끼는 사람은 자메뷔이다(군지 페기오-유키오, 2019, 47ff).

데자뷔와 자메뷔는 서로 상반된 역설적인 것인데도 우리 뇌에서 생길 수 있는 자연스런 현상이다. 이러한 분석 앞에 의인과 성화를 따로 생각하는 것은 불가능한 것이다. 그러나 인간은 이 다른 두 현상을 동시에 경험한다는 것은 고통스러운 일이다. 그래서 이분법적으로 갈라 놓아야 한다. 거의 60년이란 시간을 두고 같은 산과 물을 하나로 보았다 (A), 둘로 보았다(B) 다시 하나로 본다(C). 그리고 정상적인 것은 C=A+B

이어야 한다. 둘이 하나이어야 한다. 그리고 이것이 둘이 하나 됨의 의미이다. 색(A), 공(B) 그리고 '색즉공 공즉색'(C)이다. 이러한 C의 경지를 공자는 '종심소욕 불유거'라 한 것이다.

대부분 불교사찰 경내는 입구에 기둥이 하나인 일주문 一柱門이 있다. 이는 세속이 아직 미분된 전분별적 상태(A)이다. 일주문을 지나면 온갖 악귀들과 싸우는 사천왕문 四天王門이 있다. 이는 분별적 상태(B)이다. 마지막에 불이문 不二門(C)이 있다. 그런데 不二를 一과 동일시해서도 안 되고 분리해서도 안 된다. 그래서 '不二不一'이라 해야 한다. 그러나 도마복음은 하나가 둘이 되는 不二만 말하고 있는 것 같다. '색즉공-공즉색' 그리고 '불일불이 불이불일'이라고 해야 한다. 불이문을 일명 '금강문'이라고 하는 데, 도마복음과 사복음 모두 '진주'를 하늘나라에 비유하는데 이를 금강문에 비유하면 성서 이해가 한결 쉬워질 것이다. 하나와 여럿이 회전대칭(회회)을 만든다. 그러나 도마복음은 반영대칭(첩첩)만 말하고 있는 것 같다. 두 대칭은 인간 사고 구조를 파악하는 잣대와도 같다. 대부분의 사상 체계가 이 두 대칭 가운데 어느 하나를 결여하고 있다.

천도교측의 守를 고수하는 것은 오심(천주) 속에 여심(인간)를 흡수해 버려 한 번 깨달으면 천주 속에 인간의 마음을 다 흡수해 더 이상 후자에 변화란 있을 수 없다고 하는 것과 같다. 이는 C(A)의 오류이다. 그러나 修를 고수하는 것은 '오심즉여심'에서 여심은 아직 미완성이기 때문에 갈고 닦아 修 오심을 완성을 향해 채워 나가야 한다. 이는 A(C)의 오류이다. 사실 이 두 오류는 모두 가능한 것이기 때문에 '오류'라기보다는 경향성이라 할 수 있다. 인간 내면에는 데자뷔와 자매뷔의 가능성을 함께 지닌 '기호성'일 뿐이다. 차라리 이러한 기호성은 위 9명의 투표 결과에서 여실히 나타나 있다. 이러한 투표 결과에 앞으로 동학사상이 기대와 희망을 걸 수 있다고 할 수 있다.

이러한 주장의 배경에는 다음과 같은 설명이 뒤따른다. 守心이든 修心이든 한 가지 공통된 것은 '심心'이다. 심을 (A), (B), (C) 가운데 어디에 두느냐이다. 守心의 경우에는 (C)에 둔다. 전통 유학에서는 당연히 (B)이다. (B)는 4단 인의예지의 본거지이고, 인의예지는 인간의 性이고 그 위치는 (B)여야 한다. 그 반면에 情의 위치는 (A)이다. 그런데 동학은 여기에 천주를 전제하기 때문에 心의 위치는 (C)여야 한다. 이때 '오심즉여심'이라 할 때 '오심은 (C)이고 여심은 (A) 혹은 (B)이다. (A)인 경우는 情으로 보았을 때이다. 초학주문(다음 장에서 다룸)에서 '顧我情'이라 할 때 이때의 我는 情으로서의 我이다. 여기서의 자아를 전분별 – 전자아라 하는 것이다. 그리고 情을 지배하는 것은 氣이다.

그렇다면 오심은 (C)인데 '오심즉여심'이라 할 때, 이때 여심은 (A)가 될 것이다. 초학주문에서 '고아정' 앞에 '爲天主'라 했기 때문에 이때의 오심즉여심은 천주가 나의 정과 일치한다는 것을 의미한다. 천주는 외유기화로서 알려지는 존재이기 때문에 유학에서 '천명지위성'이라 하여 '성'과 '천'을 일치시키다가 다시 신유학에 와서 理와 연관시켜 버린다. 여기서 리와 기 사이의 논쟁이 리기 논쟁으로 리승기발, 리발기발, 리기호발 등 논쟁의 빌미는 전/초오에서 비롯한 것이다.

수운의 수심정기 논쟁은 성리학의 리기논쟁의 후과라 할 수밖에 없다. 수심정기 논쟁이 리기논쟁과 그 성격이 다른 이유는 천주의 개입 때문이다. 다시 말해서 기=(A)와 리=(B)의 관계가 리기논쟁이라면 수심정기 논쟁은 A, B, C 삼자 간의 논쟁이다. 데자뷔와 자메뷔에서 보는 바와 같이 이 둘이 하나가 될 때는 비결정적 결론으로 갈 수밖에 없다. 비결정성은 그 원인이 회전대칭 때문이다. A, B, C 삼자가 꼬리를 물고 회전하기 때문이다. 그 이유를 보기로 한다.

결론부터 말하면 수운의 수심정기론은 성리학의 4단7정론의 연장에서 보면 이해가 쉽다. 4단 인의예지는 군자의 자리인 (B)이고 4단=리이다. 그러면 (A)는 7정=기이다. 그렇다면 '수심'과 '정기'로 나누어 보아야 하는데 수심=B=리이고, 정기=A=기인데, 수심정기란 리와 기를 어떻게 조화시킬 것이냐의 문제라는 것이다. 그리고 리와 기 이외의 '천주'를 리와 기 사이에 어떻게 개입시킬 것이냐가 문제이다. 그래서 "인의예지로 가는 길이 수심정기"란 말은 한 단면일 뿐, 그 진의는 A와 B를 소통시켜 어떻게 천주의 자리인 (C)로 갈 것인가의 문제인 것이다. 그리고 A, B, C가 회전되는 한 그 결과는 비결정성일 수밖에 없다는 것이고, 9명의 투표가 다르게 나온 것은 바로 동학이 제자리에 정립되고 있다는 것을 의미한다고 본다. 그런데 이를 守心正氣로 고정시키는 것은 언젠가 그 한계를 알게 될 수밖에 없다고 본다.

"인의예지로 가는 길이 수심정기인데 지금 그 길이 끊겨 있어서 다시 잇는 것이 자신(수운)이 할 일이라고 생각했습니다…. 수운 선생께서 『동경대전』 수덕문에서 이 입장을 강조하신 이유는 가능한 한 유교 지식인들과 부딪히지 않고 문제를 풀고 싶어 했기 때문입니다"(김재형, 2018, 114). 과연 그럴까 하고 의문을 필자는 제기한다. 결코 수운은 서학에도 유학에도 구미에 맞는 말과 글을 하지 않았다고 본다. (A)와 (B)의 연결고리를 찾기 위해 리와 기에 관한 제 이론들이 제시되었지만, 수운은 그 연결고리를 세 가지 주문을 통해 제시했으며 이는 오히려 유교서생들을 자극했을 뿐이었고 오히려 참수형을 감수하는 결과를 가져왔다. (C)에서 보면 守心이다. 그 이유는 오심이 있는 곳이 (C)이기 때문이다. (A)에서 보면 修心이다. (B)로 상승돼야 할 자아이기 때문이다. 초학주문은 후자의 경우이고(A에서 C로), 강령주문은 초학주문을 강화하는 것이고(정을 기로 바꿈), 본주문은 A, B, C의 조화이다. 그렇다면 修와 守는 결코 둘일 수 없는 하나의 과정이다.

3.4 윌버의 전/초오에 대한 비판적 고찰

현재 도마복음 연구가 겪는 최대 난제는 도마복음을 영지주의[Gnosticism]와 어떻게 구별할 것인가와 동양 사상과 어떻게 연관을 찾을 것인가이다. 아래에서는 윌버의 전/초오[pre/trans different fallacy](PTF)를 통해 이 난제들을 다루어 보려 한다. 먼저 전/초오 자체에 대한 논의를 하고, 윌버의 전/초오의 약점의 극복의 문제를 다룬 다음, 동학과 도마복음에 이를 적용해 보기로 한다.

'전/초오'란 무엇인가?

기독교가 범하고 있는 범주오류는 에덴동산을 완성된 이상적인 상태로 보고 있다는 것이다. 바로 그러한 전제로부터 잘못된 교리 체계들을 양산하고 있다. 에덴동산은 지금까지 말한 삼원적 체계로 볼 때 전분별-전자아적인 것에 불과한다. 초인격 심리학의 주장이다. '전자아[pre-ego]', '자아[ego]' 그리고 '초자아[trans-ego]'가 바로 그것이다. 기독교의 일반상식이 범하는 오류란 에덴동산을 높은 상태로 보고 그것을 자칫 초자아인 것으로 보는 데에 있다. 그래서 에덴 낙원으로 복귀하는 것이 구원인 것처럼 생각한다. 그러나 역사상 이런 낙원이 존재한 적은 없다.[17] 인류는

---

17 조셉 캠벨과 휴스턴 조스미스 같은 학자들은 청동기시대를 인류문명의 황금기로 여기고 있지만, 그때가 곧 지상낙원이었다고는 보지 않는다.

역사적으로 지상낙원에서 타락한 적이 없다. 다만 에덴동산이란 우로보로스-알의 미숙하고 몽매한 혼돈의 전자아의 상태에서 깨어나옴이 있었을 뿐이다. 이런 전자아(A)를 초인격적인 초자아(C)와 혼동하는 것을 윌버는 '범주오류'라고 했다. '전자아'와 '초자아'는 삼각형의 밑변의 같은 선 위에 있다. '전자아'는 '어린' 자아이고 '초자아'는 '어른' 자아이다. 전자아는 갓난아기 같은 자아이고, 초자아는 어른 같은 자아이다. 이 두 자아는 아주 유사하거나 같은 양상을 보여주고 있으며 '자아'(B)와는 다르기 때문에 삼각형의 밑변에 전자아(A)와 초자아(C)로 나란히 놓여 있다. A와 C는 공히 B와는 다르다는 한 가지 사실에 있어서 삼각형의 밑변에 이웃하고 있어서 같은 것 같으나 상극이다. A와 C는 B라는 공동의 적을 가지고 있는 적수인 것 같지만 이들 적수들은 더 상극이다. (B)에서 볼 때 (A)를 보고 (C)를 볼 때와 그 반대일 때에 따라 데자뷔와 자메뷔가 생긴다. 정반대 현상이 같게 보이기도 다르게 보이기도 한다.

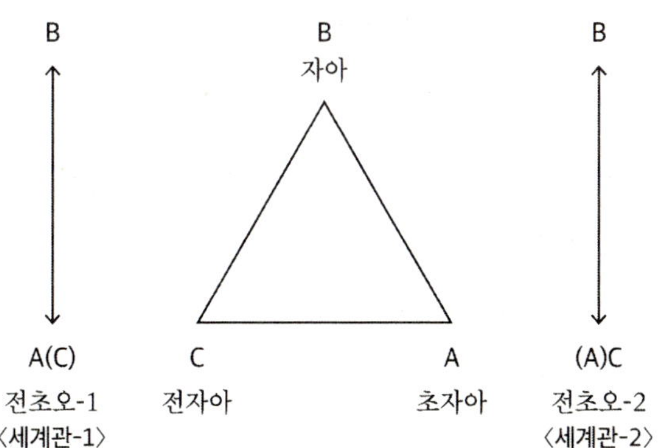

[도표 3.5] 전/초오 범주오류 표

A에서 C로의 상향 이동이 '진화'(evolution)라면 그 반대는 '퇴화'(in-volution)이다. 이 두 관계를 정확하게 기록한 것이 창세기이다. 창세기 1장 1절-2장 4절을 기록한 E-문서 기자는 진화를(하등에서 고등으로), 2장 4절-3장을 기록한 P-기자는 그 역방향인 퇴화(고등에서 하등으로)를 기록하고 있다. 진화는 무를 에로힘이 파괴하고 하등-고등-인간의 순서로 7일 동안 창조하고, 퇴화는 그 반대로 인간-고등-하등 순서이다. 이 두 가지 상반된 방향은 진화와 퇴화를 기자들이 의식하고 있었다는 것을 의미한다.

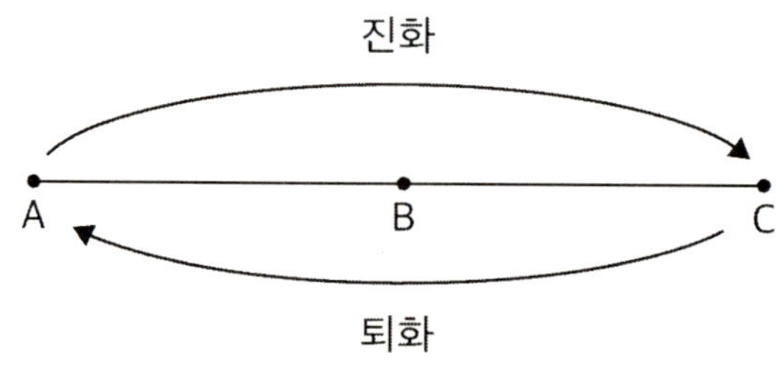

[도표 3.6] 진화와 퇴화 표

이 두 역방향 가운데 교부들은 어느 하나만을 택하고 말았다. 그 결과 지금까지 창조와 진화의 문제가 이어지고 있다. 기독교 교리에서 '창조'란 퇴화를 의미할 뿐이다.

그러나 '창세기' 기자들은 진화와 퇴화를 모두 기록하고 있다. 동학의 불연기연장은 이 점을 정확하게 포착하여 진화를 '기연'이라 하고, 퇴화를 '불연'이라 하여 '기연불연'은 무작위적임을 말하고 있다. 베이트슨은 이 '무작위성'은 역설이 조장하는 논리계형의 무너짐에서(바벨탑의 무너짐에서) 찾는다. 윌버는 이 무작위성을 전/초오라 하고 있는 것이다. 윌버가 베이트슨에 대한 언급을 하지 않고 있는 것을 여기서 하고 있다. 양자는 서로 비교하고 상호 보완돼야 한다.

월버와 베이트슨을 연결하는 것이 멱집합이다. 멱집합은 전체와 부분을 나누기 때문에 부분집합 혹은 멱집합power set이라고 한다. 그러나 전체가 부분을 包涵하기도 하고 包含하기도 한다. 무작위적이고 결정할 수 없음을 의미한다. 包含은 전체가 부분에 포함되는 것(나)을 의미한다. 멱집합의 전체와 부분의 관계를 정육각형 안에 넣어 표시하면 두 포함 관계를 쉽게 파악할 수 있다. 이는 월버의 진화와 퇴화를 이해하는 논리적 배경이 된다.

에덴동산의 진화와 퇴화

진화는 '빅뱅'으로부터 시작한다. 그런데 빅뱅은 퇴화의 종착역이며 이를 월버는 '폭발적 한계'라고 한다(월버, 2009, 452). 동학에서는 진화를 '개開'라고 하며, 이는 땅이 하늘을 향해 열리는 것이다. 이에 대해 '벽闢'이란 반대로 하늘이 땅을 향해 열리는 것이다. 개는 진화이고, 벽은 퇴화이다. 그래서 빅뱅이란 벽의 끝자락에서 트이는 것으로서 월버는 이를 '폭발적 한계'라고 한다. 기연을 진화 그리고 불연을 퇴화로 빅뱅은 공백으로부터 시작한다고 할 때 공백(∅)은 이미 퇴화의 결과이다. 불연으로부터 온 기연의 출발을 말하고 있는 것이 진화이다. 전후가 뒤바뀐 장면이다. 『신의 발명』의 저자 나카자와 준이치는 공집합에서 발생하는 신은 인격신이 아니고 하나의 큰 덩어리로서의 '영靈'(Spirit) 자체라 한다. 오로빈도는 이러한 영을 두고 'Supermind'라 했고, 샤르댕은 '오메가 포인트'라 했다. 그러나 알파이고 오메가이다. 신은 진화와 퇴화를 반복하면서 천지왕복天地往復한다. ‘수운水雲’이란 올라감(雲)과 내려감(水)의 반복이다. 수운이 자기 명호를 ‘수운’이라 고정하고, 생의 끝무렵에 ‘불연기연’을 지은 이유는 무작위성 때문이다. 이에 대한 상론은 다음 장에서 이어진다.

<세계관-1>(전/초오1=A[C])은 C가 A에 포함돼 축소되거나 환원돼 버리는 것이고, 따라서 C는 더 이상 존재하지 않는 것이다. 이는 다윈, 마르크스 그리고 프로이드 등이 범하는 오류이다. C는 이들에게서 ‘아편’ 같은 것에 불과하다. 5장에서 북한 주체사상이 이 오류를 어떻게 극복했는가를 볼 것이다. 반면에 <세계관-2>(전/초오2=C[A]) A가 C로 격상돼 버려 A로서의 독자성을 상실해 버리는 것이다. 이 오류는 플라톤 이후 헤겔까지 서양 관념론이 범해 온 오류이다. 그래서 이들 두 가지 오류는 모두 삼각형의 밑변 두 개의 다리 가운데 하나가 어느 하나에 包涵돼 버렸다. 그래서 두 다리 가운데 한 개만 남았다(윌버, 2004, 336).

이러한 축소된 상반된 세계관들은 서로 상극하고 있다. 우리의 경우는 결국 남북 분단으로까지 이어지는데 그 이유가 바로 두 개의 상반된 세계의 견해 차이 때문이다. 그러나 윌버는 “실제 세계는 여전히 A, B, C를 포함하고 있기 때문에 〈세계관-1〉과 〈세계관-2〉는 여전히 존재의 스펙트럼을 다루고 있기는 하지만, 양쪽 모두 필연적으로 자신의 결핍된 방식으로 세계를 해석할 수밖에 없게 된다”(같은 책, 337).

두 세계관의 문제점을 다음과 같이 요약한다. 〈세계관-1〉은 1) 이성적인 것(B)보다 비이성적인(A) 무의식을 더 중요시한 나머지, 거기서 더 많이 영향을 받는다. 2) 다윈같이 진화론에 경도된 나머지 창세기 E 기자와 같이 하등적인 데서 고등적인 데로 진화(evolution)한다는 것을 도외시한다. 3) 초이성적이고 초분별적인 것을 부정한 나머지 ‘영성’이나 신(God)뿐만 아니라 신성(Godhead)의 존재도 부정한다. 전형적인 마르크스적 시각으로서 도마복음이나 동학의 어느 한 단면을 부정한다. 그러나 이는 동학에서 재검토될 것이다.

이에 비하여 〈세계관-2〉는 1) 초자아적 영성을 인정하고, 우리는 소외와 분리와 죄에 속해 있다고 한다. 2) 진정한 에덴동산은 '진화과정'상 자아에 앞서 존재한다는 주장은 잘못이다. 3) 어거스틴을 비롯한 A-형들이 지닌 전형적인 세계관이다. 이들은 창세기 P기자의 설(2장 4절-3장)에 충실한다. 〈세계관-2〉는 서양 사상사에서 강력한 영향을 끼친 것으로 에덴동산을 완성품으로 보고, '에덴을 넘어선' 이상향 같은 것은 없다는 입장이다. 그리고 역사의 종말은 최초의 것으로 되돌아가는 것이어야 하고, 분별적 자아(B)는 죄로 물들어 있다. 도마복음은 〈세계관-2〉와 대치 상태에 있는 대표적인 예라 할 것이다. 이에 대해선 4장에서 다시 다루어질 것이다. 윌버는 오류를 범한 두 세계관을 심리학, 사회학 등 전 분야에 걸쳐 이를 찾아 비판적 고찰을 하고 있다.

여기서 거는 희망은 B(분별적 자아개인적)에 있다. A와 C는 모두 B를 함의하거나 包涵하고 있기 때문이다. 다시 말해서 B가 중심을 잡고 있는 것에 희망을 거는 것이다. B는 A를 '기억하고' 있는, 즉 자메뷔를 가지고 있다. 그러나 B는 C에 친근감을 갖지는 못한다. C가 A와 그 양상이 같음에도 불구하고 말이다. 다른 한편 〈세계관-2〉는 B가 A를 기억은 하지 못하지만 C 속의 A에 친근감을 갖는, 즉 '데자뷔'이다. 그러기 때문에 〈세계관-1〉과 〈세계관-2〉는 불가분리적이다.

3.5 전/초오로 본 동학과 도마복음

수운의 깨달음의 구조가 보인다

깨닫기 전, 선을 공부하기 전에는 '산은 산이고 물은 물'이었지만(전분별적 제1차 과정), 선을 공부하고 있는 동안에는 '산은 더 이상 산이 아니고 물은 더 이상 물이 아니다'(분별적 제2차 과정). 그러나 당신이 일단 깨닫고 나면 '다시 산은 산이고 물은 물이다'(초분별적 제3차 과정). 제1차 과정과 제3차 과정은 그 양상이 같아져 버렸다. 이를 구별하지 못하면 전/초오를 범하고 있는 것이다. 사실 이러한 구별은 불교사상의 근간에 해당할 만큼 중요하다.

제1차 과정과 제3차 과정은 모두 "산은 산이고 물은 물이다"란 점에서 같아졌다. 제1차에서는 주객이 '미분리'된 상태이지만 제2차에서는 '분리'된 상태이다. 그러다가 제3차에서는 다시 '미분리'된 상태로 되돌아온다. 여기서 수운의 체험에서도 3단계 전개 과정을 살펴볼 수 있었다. 융의 초인격 심리학적 관점에서 볼 때 제1차 과정은 '전분별', 제2차 과정은 '분별' 그리고 제3차 과정은 '초분별'이라고 한다. 불교에서는 각 과정마다 나타나는 붓다의 모습이 각각 다르다. 이 세 과정에 따라 나타나는 붓다의 세 가지 모습에서 '삼신설三身說'이 유래한다. '화신化身', '보신報身', '법신法身'이 바로 그것이다. 화신은 붓다와 내가 분리되지 않는, 보신은 분리되는 그리고 법신은 다시 분리되지 않는 상태를 의미한다. 이는 마치 산과 나와의 관계에서 말하는 세 가지 과정과 같다. 화신과 법신은 그 양상이 같다.

같은 '용담정'이라는 객관적 장소를 두고 깨닫기 전과 깨달은 후는 그 보는 눈이 크게 달랐다. 을미년(1859)에 27년 동안의 방황을 끝내고 처자와 함께 고향으로 돌아와 '용담정'을 보았을 때가 제2차 과정이다. 수운의 다음 말은 마치 구도의 제2차 과정에 해당하는 선사가 '산은 산이 아니고'라는 주객이 분리되는 단계에 있는 것과 같다.

> 오작은 날아들어 조롱을 하는 듯하고
> 송백은 울울하여 청절을 지켜내니
> 불효한 이내 마음 비감회심 절로 난다.

그러나 그다음 해인 경신년(1860), 깨달은 후에는 다음과 같이 말했다.

> 지지엽엽 좋은 풍경 군자낙지 아닐런가. 일천지하 명승지로 만학천봉 기암괴석, 산마다 이러하며 억조창생 많은 사람, 사람마다 이러할까. 좋을시고 좋을시고 이내 신명 좋을시고, 구미산수 좋은 풍경 아무리 좋다 해도 내 아니면 이러하며 이런 산수 아동방 있을소냐?

이 두 종류의 구절을 비교해 보면, 같은 '용담정'을 두고 이렇게 다르게 표현할 수 있을까 싶다. '제우'일 때의 체험과 '수운'일 때의 체험, 즉 득도 이전과 이후가 너무나 다르다. 그러나 용담정은 여전히 용담정이다. 이렇게 수운의 선불교적 체험을 3단계 과정을 통해 비교해 볼 수 있다(유병덕, 1993, 62). 용담정을 떠난 27년의 세월은 그에게 주객분립의 갈등의 시기였다. 그러나 다시 돌아와 보니 용담정과 수운은 하나가 되었다.

요약하면 이름을 통해 볼 때 '복술'은 전분별적, '제우'는 분별적 그리고 '수운'은 초분별적 단계에 속한다고 하는 것이 더욱 선명해졌다. 수운은 자기의 체험이 변할 때마다 적절하게 이름을 바꾸었다. 그리고 이러한 이름의 변화는 문명의 층이 변하는 것과 같다. 용담정에 스스로 갇혀 지낸 지 6년 만에 '천사문답'(天師問答)이 6개월 동안 계속된다. 이 기간은 수운의 의식 구조의 선층이 활발하게 작용하던 시기이다. 천사문답이란 수운이 천상의 존재와 계속 대화하는 내용이다. 우뇌 속에 있는 신비와 신화적인 상상력이 좌뇌의 합리성과 함께 작동하는 시기이다. 이러한 층이 선층의 두드러진 특징이다.

수운의 사회적 성격이 윤리적, 합리적 단계로 넘어가는 과정은 반드시 거쳐야 할 과정이다. 주유천하가 제1단계, 을묘천서가 제2단계라면, 용담정 유폐는 제3단계라 할 수 있다. 이 세 과정은 다음에 설명할 초인격 심리학의 세 과정과도 밀접하게 관련된다.

1860년 경신년 4월 5일부터 수운은 6개월 동안 하날님과 직접 대화하기 시작한다. 4월 5일부터 같은 해 9월 2일까지다. 일회성이 아닌 무려 6개월 동안이나 수운은 하날님과 마주하여 인격적인 대화를 나눈다.[18] 야뢰는 대화 내용을 '제1 포덕문', '제2 용담가' 그리고 '제3 교훈가', '제4 논학문' 순서로 나누어 요약하고 있다. 이들 대화 내용은 수운의 사상을 파악하는데, 특히 서학과 서교에 대한 수운의 견해를 알 수 있는 결정적인 자료이다.

수운의 사회적 성격은 신과 자연 그리고 사회가 하나로 조화되는

---

18 6개월 동안의 대화 내용은 『동경대전』의 「포덕문」, 「논학문」 그리고 『용담유사』의 「안심가」, 「용담가」, 「교훈가」 등에 기록되어 있다.

특징을 가지고 있다. 포덕문은 세 가지가 잘 조화된 글이다. 하늘과 땅이 생긴 이래로 봄·여름·가을·겨울이 갈마드는 것은 하날님의 조화 덕분이라는 것과 하날님이 만들어 놓은 조화의 이치를 옛 오제五帝가 나타나셔서 그 이치를 글로 써서 책으로 만들어 놓아 우리는 그 이치를 그들의 글을 통해 배워서 알 수 있다는 것이다. 사람의 일과 행동이 성공하고 실패하는 것은 모두 하날님을 따르느냐 마느냐에 달려 있다. 하날님의 말씀에 따르고 공경하는 것이 하날님의 진리에 따르는 것이다.[19] 수운은 일찍이 이 세상이 이렇게 어지러워진 원인을 "하날님의 뜻을 돌아보지 않은 데" 있다고 진단했다. 이제 수운은 경신년 체험 이후 하날님을 직접 만났으며 하날님의 의중을 직접 들어 알 수 있게 되었다.

인간이 도덕적으로 되는 데는 두 가지 근원이 있다고 했다. 하나는 신으로부터 주어지는 '규범적'(normative)인 것이고, 다른 하나는 인간 내면의 양심으로부터 나오는 '자의식적'인 것이라 할 수 있다. 이 두 가지 도덕의 근원은 항상 서양 철학에서 갈등을 빚는다. 칸트의 '하늘의 별과 우리 마음속의 양심'은 도덕의 두 근원을 말하는 격구가 되고 있다. 수운은 인간이 도덕적으로 되는 것은 성인들이 써놓은 하늘의 이치를 터득하는 데 있다고 보았다. 그렇게 함으로써 덕망이 높은 군자가 되고 학문을 통하여 도덕을 이루어서 드디어 "군자가 되고 성인의 경지에 이른다"(乃成君子至於至聖)고 했다. 수운은 도덕이 하늘부터 유래한다는 규범적 윤리관을 그대로 따르는 것 같다. 그래서 "도는 하날님의 바른 도요, 덕은 하날님의 높으신 덕이다"라고 했다.

---

19 일동일정 일성일패 부지어천명 시경천명이 순천리자(「포덕문」).

그러나 수운이 여기서 말하는 도덕은 유교적인 것과 다르며 기독교적인 것과도 다르다. 유교와 기독교는 어느 정도의 규범적 윤리관을 가지고 있다. 유교는 비인격적인 천(天)에 윤리를 호소한다. 그러나 수운은 인격적인 하날님과의 대화를 통하여 도덕을 확인한다. 이 점에서는 기독교의 모세의 경우와 같다. 규범적인 것처럼 보이지만, 그러나 기독교와도 다르다. 그 이유는 인간의 일거수일투족이 모두 하날님의 뜻과 인간의 노력이 부합되어(付之於天命) 이루어지기 때문이다.

수운은 자기가 살고 있는 시대로 돌아와 시대적 문제의 심각성을 진단한다. 그 첫째는 당대의 사람들이 모두 "자기만 위하는 마음을 품고 천리를 따르지 않는다"(各自爲心不順天理)고 했다. 그리고 다시 "하날님의 뜻을 돌보지 않는다"고도 했다. 이런 현실을 보고 수운은 "두려워 어찌할 바를 모르겠다"(心常悚然莫知所向矣)고 했다. 수운은 동양 문명사에서 인격신을 망각해 온 사실이 두려웠다. 그는 유교와 불교의 특징이 비인격적이기 때문에 인격신을 상실시켰다고 했으며, 이를 두려운 일로 보았다. 그는 하날님과 6개월 동안 대화함으로써 직접 인격신을 체험할 수 있었으며 살아 있다고 확인까지 했다. 그런데 하날님을 자기가 살고 있는 시대 사람들이 모르고 있다는 사실 앞에 두려워 떨지 않을 수 없었다는 것이다. 이 사실이야말로 위험천만이라고 보았다. 그런데 막강한 힘을 가지고 있는 서양이 이 인격신을 알고 있다는 사실 앞에서도 놀라지 않을 수 없었다. 그들이 잘못 알고 있다는 사실에는 더욱 놀랐다. 그러므로 그의 사회적 성격은 종교적으로 될 수밖에 없었다. 조선이 잃어버린 하날님을 빨리 회복하지 않으면 서양에게 당하고 말 것을 예견했다. 설령 여기서 수운이 '군자'니 '성인'이니 하는 유교적 표현을 빌려서 쓰고 있다 해도 그 의미는 인격신과의 관계 속에서 사용했기 때문에 전혀 다르다. 수운은 「포덕문」에서 인격신을 망각하고 있는 현실을 두려워하면서 곧바로 서학 또는 서교, 즉 천주교에 대하여 다음과 같이 말했다.

지난 경신년에 이르러 전해 들려오는 말에 의하면, 서양 사람들은 하날님을 지극히 위하는 뜻으로 재산과 지위를 바라지 않는다고 하면서, 온 세상을 쳐서 빼앗아 서학을 믿는 교당을 세우고 서학의 가르침을 행한다고 한다. 나는 또한 그럴 수 있을까 그럴 수 있을까 하는 의심이 있었다.

수운은 자기의 감정이 격할 때에 "가련하다 가련하다", "기장하다 기장하다"와 같이 반복 어법을 자주 쓴다. 서학에 대해서도 "그럴 수 있을까 그럴 수 있을까"(其然其然쁜)라고 했다. 이는 수운의 특이한 강조 어법이다. 여기서 수운이 서학에 대하여 비판한 것은 그들의 신앙 내용에 대해서가 아니라 선교 정책에 관한 것이었다. 수운의 글을 통해 알 수 있듯이 수운은 서양을 비판하고 바로 이어서 서교를 비판한다. 즉, 서양이 선교를 명분으로 내걸고 동양을 침탈하는 그들의 상술과 군사적 침략을 동일시했다. 서양에 대한 비판에 바로 이어서 서교를 언급한다는 사실 자체가 수운이 서교의 위기를 느끼고 있었다는 것을 의미한다. 이제 수운에게는 이에 대처하는 방법론만 남아 있다. 바로 하나님을 다시 찾고 수심정기하여 보국안민의 길로 나아가는 길뿐이다.

(1) 공자는 (다)에서 자기 일대기를 6단계에 나누어 말하고 있는데, 50지천명을 B에 일치시키는 것은 가장 자연스럽다(B≡50세 지천명). 그런데 공자는 0~14세는 언급 자체를 하고 있지 않다. 이는 A≡소인이기

때문일 것이다. 여성과 유아는 언급조차 안 하기로 한 것은 공자에게 차라리 자연스럽다. 그래서 A와 B 사이를 15지학-30입-40불혹을 A와 B 사이로 보면 된다. 그렇다면 B지천명과 C종심소욕 불유거 사이에 60이순을 설정하면 된다.

그런데 여기서 중요한 한 가지 사실은 70종심소욕, 즉 '마음내키는 대로 따르기'(종심소욕)이다. 이는 다름 아닌 영유아기의 전형적인 특징이기 때문이다. 인의예지 사단(B)으로 다스려지지 않은 氣다운 방종에 따르는 것은 A의 전형적인 특징이다. 공자는 바로 이런 '종심소욕'이 70에도 그대로 나타난다는 것이다. 그러나 그러한 방종放縱이 70에 있다는 것이다. 이는 A의 영유아나 여성적 자아가 C와 일치한다는 것을 두고 하는 말이다.

여기서 도마복음의 중요한 단서를 하나 발견한다. 그것은 영유아적인 것이 C에도 들어있고 나타난다는 것이다. 그런 점에서 도표 (다)는 (가)나 (나)와 하나 다르지 않다. 그러면 A의 영유아기적인 종심소욕 방종과 C의 그것을 어떻게 구별할 것인가? 그 구별의 어려움에서 전/초오 현상이 나타난다고 윌버는 보고 있다. 소인들은 대인들과 양상이 같다고 한다. 윌버의 표현을 빌리면 전분별과 초분별을 혼동한 오류는 두 개의 서로 다른 세계관('세계관1'과 '세계관2')이 등장한다. 이 두 세계관은 그 사이의 조화가 어렵거나 불가능할 정도로 심각하다.

어느 사상 체계가 A-형인지 E-형인지를 판가름하는 기준 가운데 하나가 '아이'에 대한 태도나 견해이다. A-형인 경우는 부정적이거나 무시하고, E-형인 경우에는 긍정적이거나 예찬 일색이다. 그럼, 왜 그럴 가? 그 이유도 멱집합 안을 들여다보면 쉽게 알 수 있다. 사복음서(막 11:11; 눅 7:28)와 도마복음(3, 4, 22, 28, 37, 46, 50, 3, 105, 106)에도 아이를 예수가 예찬하기는 마찬가지지만 간접적이거나 단조롭다. 그러나 도마복음의 경우에는 그 예찬의 양태가 다채롭다. 특히 후자의 경우 도마복음의 중심 과제는 '둘이 하나가 됨'의 예에서도 아이 예찬이다.

3.6 월버, 수운 그리고 도마복음

켄 월버의 핵심 사상인 전/초오^{pre/trans different fallacy}(PTF)란 전분별과 초분별을 혼동하는 오류를 두고 하는 말이다. 그런데 2장에서 수운의 '불연기연'의 연장이라 할 정도로 전/초오의 문제는 유사하다. 월버는 내면의 의식의 전개에서나 문명사의 전개에서 모두 전/초오를 범하고 있다고 진단한다. 불연기연은 개벽^{開闢}사상을 방불케 한다. 월버는 진화^{evo-lution}와 그 반대 방향인 퇴화^{involution}를 함께 보면서 이를 전분별, 분별, 초분별의 삼원적 구조로 나눈 후, 이를 다시 8원소(혹은 9원소)로 정교화한다. 월버는 삼원8소를 진화와 퇴화의 틀 속에 넣는다. 필자는 여기서 월버의 정교화 자체의 문제점을 지적하면서 동학과 도마복음에 이를 적용함으로 새 문명 탄생의 가능성을 진단한다. 현재 도마복음 연구가 겪는 최대 난제는 도마복음을 영지주의^{Gnosticism}와 어떻게 구별할 것인가이다. 이 문제를 전/초오에 연관시켜 다룰 것이다.

3원적 구조와 월버가 본 전/초오

기독교가 범하고 있는 범주오류는 에덴동산을 완성된 이상적인 상태로 보고 있다는 데 있다. 바로 그러한 전제로부터 잘못된 교리 체계들을 양산하고 있다. 에덴동산은 지금까지 말한 삼원적 체계로 볼 때 전분별-전자아적인 것에 불과하다. 이는 월버의 주장을 요약한 것이다.

월버는 다음과 같이 (A), (B), (C)로 나누어 전분별, 분별, 초분별이

란 삼자를 다음과 같이 분류한다. 아래 표는 윌버가 전/초오를 설명하는
데 자주 사용하기 때문에 관심을 기울이는 것이 필요하다.

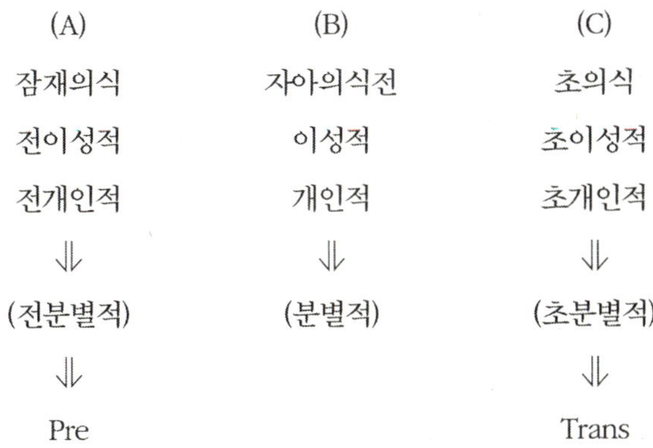

(A)	(B)	(C)
잠재의식	자아의식전	초의식
전이성적	이성적	초이성적
전개인적	개인적	초개인적
⇓	⇓	⇓
(전분별적)	(분별적)	(초분별적)
⇓		⇓
Pre		Trans

[도표 3.7] 윌버의 삼원적 분류

윌버는 B와 C는 너무 흡사하여 같아 보이기 때문에 여간 훈련받지
않고는 분별할 수 없다고 한다. A와 C, 즉 '이전'(A)과 '초월'(C) 사이의
혼동이 일어나면 다음 두 가지 일 중 한 가지가 필연적으로 발생한다고
한다. 즉, '초이성적 영역'(C), '전개인적 영역'(A)의 지위로 '환원'된다
— 이를 A(C)로 표시하고 <세계관1, World View1=WV1>라 한다. 다른
한편 '전이성적 영역'(A)이 '초이성적 영역'(C)으로 '격상'된다 — 이를
C(A)로 표시하고 〈'세계관2', World View2=WV2〉라 한다. '환원'이든
'격상'이든 모두 바람직하지 못한 점에서는 같다. 청동기 이후 이 두
세계관은 서로 악마화하고 서로 적대시한다.

'전분별 – 전자아'[pre-differentiation]'와 '초분별 – 초자아'[trans-differentiation]'을 분별
하지 못하여 어느 하나가 다른 하나를 흡수해 버리는 오류를 '전/초오

Pre/Trans Fallacy'(PTF)라 약칭한다. 이는 마치 원숭이와 사람, 고양이와 호랑이 그리고 백치와 성자와 같이 양상mode이 같아서 분별하지 못하는 오류이다. 이 오류는 깨달음의 과정에서 생기는 오류이지만 종교, 철학, 문화, 과학, 역사 등 전방위적으로 생기는 오류라는 것이다. 여기서 '어린 아기' 영유아를 예찬할 때 쉽게 범할 수 있는 오류라는 것이다. 사복음과 도마복음에서는 예수가 아기예찬 하는 것들을 발견할 수 있는데 여기서는 윌버의 전/초오를 적용해 이들을 비교 검토할 것이다.

수운은 자아가 변할 때마다 명호가 변하고 의식의 층에 따라 명호가 복술-제선-제우-수운으로 변한다. 사복음, 도마복음, 『도덕경』, 불경 심지어는 논어에서도 아기예찬을 하는 곳이 있다. 여기서는 도마복음의 어린 아기를 언급함에 이러한 오류와 어떤 연관이 있는지를 고찰 할 것이다. 전/초오를 언급함에 있어서 불교 특히 선불교의 깨달음의 3단계, 공자 일대기의 3단계를 통해 전/초오를 검토할 것이다.

윌버가 전/초오를 가장 심각하게 적용하는 곳이 창세기의 에덴동산이다. 그의 대표작 가운데 하나인 『에덴으로부터』(Up From Eden, 1981)에서 전/초오 문제를 제기한 다음 『아이 투 아이』(Eye To Eye, 1983)에서는 이를 더욱 심화시켰다. 윌버 사상의 핵심 주제라 할 수 있다. 많은 공감을 하면서도 먹집합과 동북아의 역의 입장에서 볼 때 검토가 필요하고, 도마복음과 동학을 이해하기 위한 방편으로 여기서 다룬다.

윌버는 기독교가 전형적으로 범하는 전/초오는 에덴동산을 높은 상태로 보고 그것을 자칫 초자아인 것으로 착각하는 데에 있다고 한다. 이런 착각에서 창조, 원죄, 구속, 천국론 그리고 종말론 같은 교리가 파생된다. 도마복음에는 이런 것들이 빠져 있다. 에덴동산으로 복귀하는 것이 구원인 것처럼 착각한다. 그러나 역사상 이런 낙원이 존재한 적은 없다.[20] 인류는 역사적으로 지상낙원에서 타락한 적이 없다. 다만 에덴동산이란 영유아기 정도(0~4세)의 우로보로스-알'Uroboros-Egg'의 미숙하고 몽매한 혼돈이란 전분별-전자아-전개인-잠재의식적 상태에서 '잠자고 있는' 상태가 있었을 뿐이다. 이런 전자아(A)를 초인격적인 초자아(C)와 혼동하는 것을 윌버는 '전/초오1-세계관1'의 범주오류라고 했다. '전자아'와 '초자아'는 삼각형의 밑변의 같은 선 위에 있다. '전자아'는 '어린' 자아이고 '초자아'는 '어른' 자아이다. 전자아는 갓난아기 같은 자아이고, 초자아는 어른 같은 자아이다. 이 두 자아는 아주 유사하거나 같은 양상을 보여주고 있으며 '자아'와는 다르기 때문에 삼각형의 밑변에 전자아(A)와 초자아(C)를 나란히 놓았다. 이는 마치 고양이와 호랑이, 도마뱀과 공룡, 원숭이와 사람의 관계은 그 양상이 같아 보이지만 그 차이는 크다.[21]

어떤 방식으로든 완전하고 전반적인 세계관(C)은 반쪽으로 나뉘어 오해되고 훼손된다. 거듭 말해 이런 오류를 '전/초오PTF Pre-Trans Fallacy'라 한다. 이런 전/초오가 지금 여기서 다루고 있는 도마복음과 동학 연구에도 발견된다. 동학은 서학과 유학으로부터 동시에 박해를 받았지만, 서학과 유학도 서로 싸워 수많은 피해자를 냈다. 만약에 사복음이 아닌 도마복음이 먼저 전래돼 수운이 이를 접했더라면 하는 상상을 해 본다. 그 상상을 지금 여기서 대신해 보는 것이다. 물론 윌버의 방법론이 위시번이나 켈러 같은 학자들에 의해 비판을 받을지는 아래 3.3에서 따로 다룰

---

20 조셉 캠벨과 휴스턴 조스미스 같은 학자들은 청동기 시대를 인류문명의 황금기로 여기고 있지만, 그때가 곧 지상낙원이었다고는 보지 않는다.
21 시간적으로 B에서 A를 먼저 보고 C를 볼 때와 그 반대일 때에 따라 데자뷔와 자메뷔가 생긴다.

것이다.

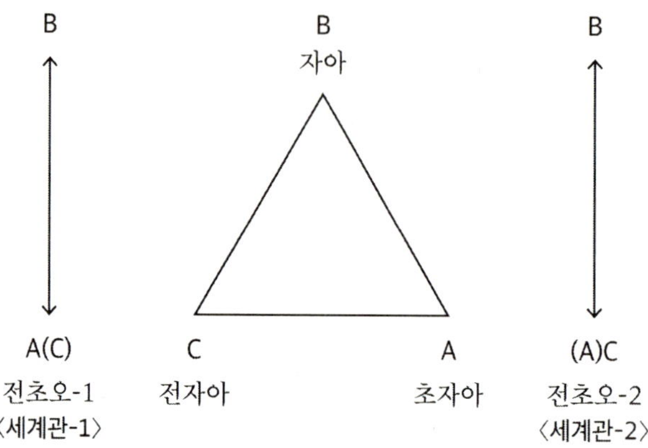

[**도표** 3.5 **재인용**] **전초오**(Wilber, 1985, 203-204)

(B)는 분별적-자아-이성-개인적인 것으로서 개인 나이 7세 이전 그리고 계통발생적으로는 철기시대 이후 차축시대(기원전 2~8세기)를 거치면서 강화된 것이다. (C)는 (A)가 (B)를 그쳐 (A)를 반복하면서 나타난 것으로 (A)와 그 양상이 같다. 윌버는 (A)를 평균적 양상$^{average\ mode}$ (C)를 전향적 양상$^{advanced\ mode}$이라고 한다. 이 두 양상을 혼동하는 것을 두고 '전/초오'라고도 한다.

이는 어린 아기를 예찬할 때 쉽게 범할 수 있는 오류이다. "너희가 어린아이와 같지 않으면"이라 할 때 범할 수 있는 오류이고, 에덴동산을 두고 더 이상 위로 올라갈 곳이 없는 낙원이라 여기는 오류이다. 수운은 자기의식이 올라갈 때[雲]와 내려갈 때[水] 명호를 바꾼다. 사복음과 도마복음에서 예수가 아기예찬을 할 때 도마복음을 비롯한 제반 종교에 따라 영유아를 예찬할 때 전/초오에 연관하여 고찰할 것이다. 대부분의 동양 종교에서 전/초오를 언급함에 있어서 선불교만큼 잘 다루어 놓은 곳도 없을 것이다.

전초오를 위의 [도표 3.5 재인용]에 따라 다시 정리하면 전/초오-1은 초인격(C) 전인격(A)에 귀속시키는 오류이고, 전/초오-2는 전인격을 초인격에 고양시켜 버리는 오류이다. 위 삼각형에서 점 C가 A에 흡수되는 것을 '전초오-1'이라 하고, 밑변의 점 A가 C에 흡수되는 것을 '전초오-2'라고 한다(괄호 속은 흡수당한 것을 표시한 것임). 그런데 '전초오-1'과 '전초오-2'의 공통된 특징은 전인격(A)이나 초인격(C) 가운데 어느 하나가 다른 하나에 흡수되고 말았다는 점이다. 그래서 삼각형 밑변의 두 점 가운데 하나만 남게 되어 밑변이 없어진 상태이다. 이 흡수현상은 완전히 다른 두 개의 세계관을 만들어 버리고 만다. 물론 바른 세계관은 어느 하나가 다른 하나에 흡수되지 않는 A, B, C가 정립(鼎立)되는 것이라고 할 수 있다. 전초오-1의 세계관을 <세계관-1>(WV-1)이라 하고, 전초오-2의 세계관을 <세계관-2>(WV-2)라고 한다(같은 책).

세계관-1은 초자아(C)가 전인격(A)에게 흡수되는 세계관이다(A[C]). 전인격적 세계관의 자연·육체·물질 같은 요소들이 초인격의 고등정신적 가치들을 흡수해 버리고 만다. 감각이 영혼을 몰수하는 상태이다. 여기서는 인간의 육안으로 사물을 모두 판단해 버리고 만다. 이 세계관은 뉴턴의 전통과학적 세계관과 같다. 세계관-1은 고등정신적 가치들(C)을 '저급한' 물질적 가치들(A) 속에 함몰시키는 가치관이라고 할 수 있다. 고등정신적 인간인 아담이 탐욕스런 죄의 상태로 떨어지는 경우와 같다. 이러한 세계관-1과 달리 세계관-2는 그 반대로 초자아가 전자아를 흡수한다([A]C).

전자아와 초자아는 각각 반분의 참과 거짓을 나누어 갖고 있기 때문에 그 경계를 나누어 놓기가 매우 어렵다. 참과 거짓의 분별은, 삼원적인 전자아·자아·초자아의 관계를 어떻게 볼 것인가와, 진화^{evolution}와 퇴화^{involution}의 방향을 어떻게 설정할 것인가로 결정된다.

<세계관-1>(혹은 전/초오1)이 갖는 옳은 점과 그른 점은 다음과 같다. 옳은 점이란, 진화상에서 합리적이고 인격적인 자아(B)에 선행하는 전자아적이고 비합리적인 것(A)을 <세계관-1>이 가지고 있어서 옳다고 할 수 있다. 프로이트의 세계관이 가지고 있는 철학의 장점이 바로 이것이다. 반면에 <세계관-1>의 오류는 초인격적 요소(C)가 실존한다는 사실을 부정한다는 점에서 잘못되었다고 할 수 있다. 프로이트의 오류이다.

<세계관-2>(전/초오2)도 다음과 같은 점에서 옳고 그르다. 옳은 점이란 우주에 영혼과 같은 초인격 요소가 있다는 것을 인정하는 점과, 현재 우리가 '죄 안에' 있으며 초월적 정신과 소외돼 분리된 상태에 있다는 사실을 인정하는 점이다. 반면에 잘못된 점이란 전자아(A)와 같은 생물-본능적 감각의 전의식세계 내지 전자아를 무시하고 그것을 초자아로 억압하는 점과, 인격적 자아를 마치 원죄의 원인인 것처럼 보는 오류라고 할 수 있다.

<세계관-2>에 관한 더 자세한 설명을 보면 다음과 같다. <세계관-2>에서는 합리적 자아(B)를 정신으로부터 소외된 마지막 정수리로 본다는 것이다. 이 말은 아담에게서 합리적 자아가 생겨난 것을 두고 원죄가 처음 생겨난 것처럼 착각하는 것과 같다. 그렇게 되면 자아의 등장 바로 전의 상태인 에덴동산이 낙원인 것처럼 여기게 된다. 그러나 헤겔이나 아로빈도 모두 원초적인 소외가 물질적 자연으로부터 시작되었다고 본다. 헤겔은 전자아에서 반드시 분리의 소외가 생겨야 한다고 본다. 에덴에서 타락이 생겨야 한다는 것이다. 자연 또는 전인격적 상태란

이미 자기 소외된 정신이다. 자아와는 아무 상관도 없지만 이미 타락한 상태이다.

윌버의 지금까지 3원적 구도는 헤겔에 영향 입은 바 크다. 헤겔은 정신의 최저층인 물질 혹은 신체적 감각은 자연으로부터 시작한다고 보아 이러한 자연을 두고 '잠들어 있는 정신', '타자 속의 신'으로서 헤겔에게서 자연 혹은 몸은 '자기 소외된 정신' 혹은 정신의 최저층에 해당하는데 이를 윌버는 (A)라고 한다. 이러한 (A)로서의 의식을 극복하고 자의 의식을 찾는 단계를 '에고적 인식 또는 심적 인식 단계'라고 했는데, 이를 윌버는 (B)라고 한다. 헤겔의 마지막 단계로 '정신이 정신 자신을 발견하는 단계'를 말하는 데 윌버는 이를 '초개인적' 혹은 '초의식적'인 (C)라 한다.

윌버는 헤겔의 3원적 정신 구조를 수용하면서도 헤겔이 변증법을 통해 마지막 단계에서 아래 단계를 흡수시켜 버리고 우열적인 사고를 하는 데는 반대한다. 그래서 헤겔은 전/초오2를 범하고 있다고 할 수 있을 것이다. 윌버는 이런 위계적 사공 방식에서 오는 오류는 경계한다. 윌버는 이어지는 몇 개의 도형들을 통해 헤겔의 오류를 지적하고 있다.

진화와 퇴화로 본 전/초오

발전의 3단계 구조 속에서 낮은 단계에서 높은 단계로 움직이는 것을 '진화進化'라 했다. 그 반대로 높은 단계에서 낮은 단계로 움직이는 것 을 '퇴화退化'라고 했다. 이를 도식화하면 다음과 같다. 가장 낮은 A는 전자아의 단계로 이 단계를 신학에서는 '타락'이라고 한다. 헤겔의 '졸고 있는 신', 혹은 '자기 소외된 정신'이 이 단계에 속한다. 낮은 단계가 높은 단계로 상향하는 것을 '대폭발big bang'이라고 한다. 즉, 이때 물질이라는 가장 낮은 영역인 공백, Sunyata 속으로 내던져지는 현상이 나타난다. '진화'란 신학에서 말하는 타락이란 것을 퇴화시키는 것을 두고 하는 말이다. '신학적 타락theological fall'이란 정신이 물질로 떨어지는 것이며, 이를 '퇴화'라 하고, 낮은 단계에서 높은 단계로 정신을 고양시키는 것을 '진화'라 한다. 전자아와 초자아는 [도표 3.2]에서 보는 바와 같이 삼각형의 저변의 같은 선상에 있다. '전자아'는 어린 자아이고 '초자아'는 어른 자아이다. 전자아는 갓난아기 같은 자아이고, 초자아는 어른 같은 자아이다. 이 두 자아는 아주 유사하거나 같은 양상을 보여주고 있으며 '자아'와는 다르다는 점에서 같다. 이 점이 전/초오의 원인이기도 한다. 그런데 대다수 철학자와 종교학자들은 이 전자아와 초자아의 유사성을 구별해 내지 못하는 오류를 범한다. 윌버는 말하기를 전초오에는 '전초오-1'과 '전초오-2'의 두 종류가 있다고 했다. 위의 삼각형에서 점 C가 A에 흡수당함을 '전초오-1'이라 하고, 저변의 점 A가 C에 흡수당하는 것을 '전초오-2'라고 한다(괄호 속은 흡수됨을 표시). 전초오-1과 전초오-2의 공통된 특징을 전인격(A)이나 초인격(C) 가운데 어느 하나가 다른 하나에 흡수당하고 말았다는 점이다. 그래서 삼각형 저변의 두 점 가운데 하나만 남게 되었다.

전자아와 초자아는 각각 반분의 참과 그릇을 나누어 갖고 있기 때문에 그 경계를 나누어 놓기가 매우 어렵다. 참과 그릇의 분별은, 3차원적인 전자아, 자아, 초자아의 관계를 어떻게 볼 것인가와 방향, 즉 진화와 퇴화의 방향을 어떻게 설정할 것인가에 의하여 결정된다. 세계관-1이 갖는 옳은 점과 그른 점은 다음과 같다. 옳은 점이란, 진화상에서 합리적이고 인격적인 것(B)을 선행하는 전자아적이고, 비합리적인 것(A)을 세계관

-1이 가지고 있어서 옳다고 할 수 있다. 다음으로 방향성에서 볼 때 역사의 진화는 밑에서(A) 위로(B)로 향하고 있기 때문에 옳다고 할 수 있다. 반면에 <세계관-1>의 오류는 초인격적 요소가 실존한다는 사실을 부정한다는 점에서 그리고 그 방향성에 있어서는 신성神性(Godhead) 혹은 영(Spirit)으로부터 물질로 떨어지는 퇴화적 타락이 가능하다는 사실을 부정한다는 점에서 잘못되었다고 할 수 있다.

<세계관-2>도 다음과 같은 점에서 옳고 그르다. 옳은 점이란 우주에 초인격 요소가 있다는 것을 인정하는 점과, 현재 우리가 '죄 안에' 있으며 초월적 정신과 소외되어 분리된 상태에 있다는 사실을 인정하는 것이다. 반면에 잘못된 점이란 전자아와 같은 생물-본능적 감각의 의식세계를 무시하고 그것을 초자아로 억압하는 점과, 인격적 자아를 마치 원죄의 원인인 것처럼 보는 오류라고 할 수 있다. <세계관-2>에서는 합리적 자아(B)를 정신으로부터 소외된 마지막 정수리로 본다는 것이다. 이 말은 아담에게서 합리적 자아가 생겨난 것을 두고 원죄가 처음 생겨난 것인 양 착각하는 것과 같다 할 수 있다. 만약 그렇다면 자아의 등장 바로 전의 상태가 에덴동산인 것처럼 되어 버리게 된다. 헤겔이나 아로빈도 모두 원초적인 소외가 물질적 자연으로부터 시작되었다고 본다. 이는 자연 혹은 전인격적 상태란 것은 이미 자기 소외된 정신이란 것을 인정하는 것과 같다. 자아와는 아무 상관도 없지만 이미 타락된 상태이다. 자연은 정신에서 소외된 최상점이라고 할 수 있다. 전자아에도 이미 타락은 있었다.

전/초오 시각에서 보았을 때 『호모 데우스』의 저자 유발 하라리는 어느 시점에서 과오를 범하고 있다. 그에 의하면 신을 업그레이드하는 데는 세 가지 방법이 있는데, 생명공학, 사이보그 공학(인조인간 만들기)

그리고 비(非)유기체 합성이다. 전초오의 시각에서 보았을 때 A-신체적-전자아-물질적-육체적인 것으로 다른 두 개를 그 속에 귀속시키는 <세계관 1>의 오류를 그가 범하고 있다. 호모 사피엔스가 소속감-상호주관적 영역에 접근해 지구의 지배자가 되었다는 두 번째 인지혁명으로 탄생한 호모 데우스는 "지금의 우리로서는 상상도 할 수 없는 새로운 영역에 접근할 수 있을 것이고 결국 은하계의 주인이 될지도 모른다"(하라리, 『호모 데우스』)고 그는 말하고 있다.

과연 윌버가 생각하던 초인격적 존재가 이렇게 과학 기술의 발달로 제2의 에덴동산에서 어느 날 아침 갑자기 진흙 속에서 인간이 나올 수 있을지? 그런 점에서 하라리의 말에는 전초오의 오류가 포함돼 있는지 검토가 요망된다. 하라리는 전쟁사 전공으로서 인간의 의식 전개나 종교에 대한 전문 지식에 있어서 빈약한 것이 사실이다. 그러나 그가 말하는 '업그레이드'란 말을 여기서 우리가 사용하는 '층변'으로 바꾸어 놓으면 문명사 이해의 새로운 국면을 새롭게 이해할 수 있다. 윌버는 간변과 층변에 이어 양상 변화를 말하고 있다. 양상이란 한 건물의 층이 아니고 건물의 터전 자체를 변화시키는 것이라 할 수 있다.

윌버는 A와 B 사이를 1근원적 기반(알), 2몸(감1), 3마술적(감2), 4신화적(닥), 5에고심(박)으로 층으로 나누고 이를 '평균적 양상$^{average\ mode}$'이라 한다.[22] 다음부터는 양상 변화를 하는데, 그 변화를 '전향적 양상$^{advanced\ mode}$'이라고 한다. 알, 감, 닥, 밝의 전향적 양상은 '6몸마음 무巫, 7심령적 선仙, 8원형 법法, 9영성 연㸞'과 같다. 평균적 양상을 '모더니즘'이라면

---

22 괄호 안은 필자가 한국 문화를 대표하는 목록어—이를 문화목록어(inventory)라 한다—를 대입한 것이다.

전향적 양상은 '포스트모더니즘'이라 할 수 있다. 전향적 양상은 평균적 양상을 층변화시킨 것이다. 그래서 정상적인 층변이 있는 곳에서는 평균적 양상이 정상적일 수 있지만 인도-유럽 문명권에는 양자 사이에 심각한 균열, 즉 '유럽적 균열european dissociation'(ED)을 야기한다. 이런 균열과 함께 '철학philosophy'이 등장한다. 그래서 구라파에선 여신Sophia을 살해한 자리에 그 여신을 '사랑Philo'한다는 역설을 말하고 있다. 한국은 철학이 없는 것이 아니라 균열이 아닌 화합, '한국적 화합korean association'(KA) 때문에 서양에서 말하는 철학 대신에 '한'이란 개념을 통해 두 양상을 조화 통합한다.

과학적 타락을 진화라 하고 신학적 타락을 퇴화라 한다. 그러나 한 가지 공통된 것은 '분리separation'가 있었다는 것이다. '타락fall'이란 분리이고, 분리자체가 '죄'라고 본다. 한국에서 균열이 생기지 않은 이유는 무巫층 다음의 선仙층이 건재했기 때문이다. '철哲'이란 합리적 이성의 다른 말이고, 5애고심이 기원전 2000년경에 나타나면서 소위 전차축기가 만들어지고, 기원전 2~8세기 차축기를 거쳐 15~16세기에 후차축기에 이르러 5이성적 자아는 만개하고, 19세기 말부터 이런 차축시기는 종언을 고하기 시작한다. 인간의 역사란 인간의식의 유기체적 통일을 추구하는 과정이다. 그 이유는 인류의 의식이 하나의 유기체적 통일인 '한One'에서 나왔기 때문이다. 한은 우로보로스-티폰-태모-태양신적 영웅의 과정을 거쳐 과학적 타락(진화)를 한다. 그리고 이렇게 하나인 우로보로스-알에서 깬 의식은 과학적 타락을 거쳐 알이 얼로 된다. 곰-티폰 인간에서 웅녀-태모로 층변을 하는 데는 단군신화에서 보는 바와 같이 고행이 따랐다. 그러나 유발 하라리는 층변을 '업그레이드'라고 하면서 인간이 과학의 수단을 통해 인위적으로 업그레이된다고 한다.

그러나 동학은 '수심정기守心正氣'를 통해 가능하고, 이를 실현하는 구체적인 방법이 세 주문이다.

진화와 타락: 과학적 타락과 신학적 타락

인간이 과학적 타락과 함께 제일 처음 건설한 것이 도시이다. 단군이 최초로 세운 도시가 바로 '신시神市'다. 신시는 캠벨이 지적한 대로 '신에 혼 빠져 있는 왕들'이 지배하였다. 제우스나 주피터 같은 신들도 그들의 올림포스를 지배했던 제왕들이다. 과학적 타락과 함께 사회적으로 일어나는 현상들은 바람직한 것이 아니었다. 기원전 2000년의 '대전환'과 함께 인간이 인간을 종으로 부리는 노예제가 생겨나게 된다. 그래서 북한 학자들은 고조선 사회를 '노예제 사회'로 분류한다. 권력은 아버지로부터 아들에게 세습적으로 전해졌고, 그들은 잉여 농산물을 자의적으로 분배하며, 세금 제도를 만들어 과도한 징수를 한다. 자기들 자아의 상징인 왕권을 보호하기 위해서 강력한 군사력을 강화시킨다.[23] 고인돌은 이 시대를 가장 대표적으로 반영한다. 고인돌은 강한 중앙집권적 세력 없이는 불가능하기 때문이다. 세계에서 가장 많은 고인돌 군락을 가지고 있는 남북한은 5에고심 시기의 거점이라 할 정도이다. 이것은 어디까지나 자아의 보호와 강화를 위한 것이다. 멈 포드는 이들 왕에 의하여 대량학살과 전쟁이 생겼다고 했다.[24] 과학적 타락은 세금과 대량학살전쟁에 연속된다. 왕들은 이제 스스로 내면적 수련을 통해 선인仙人이 될 의지도

---

23 과학원역사연구소, 『조선철학연구』 (서울: 도서출판 광주, 1988), 16.

24 L. Mumford, *The Myth of the Machine: Technics & Human Development* (New York: Harcourt, 1966), 62.

능력도 없다. 불로초나 구해 먹고 자기에게 닥쳐오는 죽음의 불안에서 해방되려고 한다. 진정한 내적 자기 죽음을 단행하지 못하는 까닭에 극단적인 자기애에 빠지고 만다. 자기 자신을 죽이지 못하는 까닭에 대량으로 남을 죽임으로 '자기 죽음'을 대신한다고 착각한다. 진시황과 그의 무덤에서 나온 토용들 그리고 그가 불로초를 구하기 위해 보냈던 300여 젊은 남녀들은 밝층의 상징들과도 같을 정도이다. 기원전 2500년경에 수메르에는 벌써 이런 대량학살이 자행되었다. 고조선 말기에 내려올수록 강상무덤이나 누상무덤에서 보는 바와 같이 왕의 무덤 속에는 엄청난 부장품들이 쏟아져 나오고 수많은 사람이 왕과 죽음을 알 수 있다. 이는 왕이란 존재가 '5애고심'이 탄생했다는 것을 의미한다. 대중들도 자기 죽음을 단행할 만한 영적인 힘이 없기에 대치물인 왕을 만들어놓고 거기에 잉여 농산물을 가져다 바침으로써 대리신인 왕들과 합일을 경험하려 한다. 이들이 바친 잉여 농산물은 축적되기 시작했으며 이 제물을 성전 제사장이 맡아 관리했다. 제사장들은 알파벳을 만들고, 만들어진 문자를 통해 재산 관리를 했었다. 현재 남겨진 수메르의 토판 가운데 상당한 양이 이들 제사장의 재산 관리에 관한 것들이다.

5애고심의 발동으로 모든 개인은 스스로 영웅이 되려 하는데, 영웅이 되기 위해서는 자기 초월과 자기 죽음을 단행해야 한다. 그리고 모든 개인은 부분으로서 전체에 통할만한 직관이 있어야 한다. 그러나 이 전체와 하나 되려는 '한'을 직관하고 그것을 실현하자면 자기 죽음을 해야 하기에 그것을 의도적으로 피하려고 한다. 전체와 '하나' 될 때만이 참자아의 해방과 자유가 실현된다. 그런데 대개 개인은 자기가 죽어야 참으로 살 수 있다는 역설을 피하려 한다. 밀알이 썩어야 한다는 것을 외면하려 한다. 그러나 이것은 성공될 수 없는 시도이다. 자기 아닌 다른 존재가 신같이 되기를 바란다. 자기는 신이 아니고 다른 존재가 신이라고 여긴다. 그는 자기의 직관력을 더 생생하게 만들기 위해 우상을 만들어 낸다. 그것이 금송아지로 된 신상이다. 이것이 신학적 타락 이후 벌어진 일들이다. 야훼는 이스라엘 민족이 왕을 뽑자고 할 때 극구 만류했다(구약성서 사무엘 상). 에덴동산에서부터 오늘의 서울, 동경, 뉴욕에 이르기까지 인간이 세운 도시들 속에 신학적적 타락은 마약, 폭력, 범죄로 나타나고 있다. 이런 것들은 모두 자기 스스로가 존재의 근원인 1근원적 기반과 하나 되지 못한 데서 나오는 비틀림이며 대치물들이라고 할 수 있다. 한국의 신시 곧 에덴동산은 폭군들의 횡포와 집단이기주의라는 비틀림에 의하여 자기 죽음을 단행할 수 없게 되었다. 지역, 계급, 계층 간의 집단이기주의는 선거 때마다 부끄러움도 없이 적나라하게 나타나고 있다. 세계의 도시는 모두 자기애적 에로스에 빠져 있다. 이런 상황 속에서 우리는 인류의 희망을 전망할 수는 없다. 작은 개인의 자아든 국가 같은 큰 자아든 과학적 타락(퇴하)과 함께 깬 이 자아는 일단 죽어야 한다. 그렇지 않는 한 역사의 제2차 대전환은 일어나지 않을 것이다. 제1차 전환이 자아가 등장하는 전환이었다면 제2차 전환은 이 자아를 죽이는 전환이다.

창세기 기자 가운데 E 기자는 1장 1절-2장 4절에서 다윈의 진화론을 방불케 하는 과학적 타락을 말하고 있다. 1~7일 사이에 일어난 일들은 다윈의 진화론 그대로 보인 것 같다. 그러나 2장 4절부터 3장까지는 그 역방향인 '신학적 타락'을 말하고 있다. 어거스틴은 완전한 에덴동산의 죄, 즉 '원죄'를 불러온 장본인이 마치 인간인 것처럼 말한다. 범죄 이후 인간은 신과 분리되었고 이를 '신학적 타락'이라고 한다. 그러나 이것은 매우 잘못된 정의이다. 타락은 분리 그 자체다. 그래서 모든 분리는 그 자체가 죄이다. 알로서의 한One이 깨어지는 자체가 죄이고 타락이라는 것이다. 이것을 신학적 타락 혹은 퇴화involution라 한다. 분리되는 모든 것 자체가 죄이다. 그래서 에덴동산에서 인간이 선악과를 따먹은 행위는 훨씬 이차적이다. 그렇다면 창조 자체가 큰 타락 행위이다. 흑암으로부터 분리라는 타락은 신이 먼저 하였고, 이름 짓기 행위(창 2:18)라는 기표와 기의의 분리라는 타락은 인간이 했다.

윌버는 『에덴을 넘어』(1983)에서는 분리, 즉 타락 이후, 분리 이후 기억 상실을 해 왔다. 유럽적 균열 이후 기억 상실은 가속도가 붙었다. 1근원적 기반인 靈으로부터 분리되는 신학적 타락 혹은 퇴화 이후 8에서 1로 점차적으로 1) 신성Godhead으로부터 점차 멀어짐, 2) 의식(5에고심)이 점차 줄어듦, 3) 점차 망각증상 나타남, 4) 영(Spirit)으로부터 점차 분리, 5) 소외, 분리, 해체, 파편화가 증가됨, 6) 객관화와 이원화가 심화됨 같은 증상이 나타난다(윌버, 2009, 449). 윌버는 각 수준은 영에 의해, 영을 통해, 영으로부터 분리되었기 때문에, 각 수준의 실재는 영에 불과하다고 했다. 이는 마치 집합론에서 모든 것은 공집합에서 나왔다는 말과 같다. 각각의 수준에서 영을 상실한 것이 아니고, 단지 망각했을 뿐이다. "파괴된 것이 아니고, 모호해졌고 폐기된 것이 아니라 감춰진 것이다. 이는 영이 다시 그것이 되는 위대한 숨박꼭질이다"(같은 책).

퇴화인 신학적 타락이 생긴 이후 영뿐만 아니라 그 이외의 다른 것들도 망각의 수순을 밟아 프로이트가 말하는 무의식이 되었다. 프로이트는 전형적으로 이 사실을 발견 C를 A에 포함시켜버리는(A[C]) 전형이 되었다. 서점의 서가에는 『인간화 된 신』(2019), 『신의 황혼』(2022), 『만들어진 신』(2007), 『무신론자의 시대』(The Age of Nothing, 2014) 같은 책들이 장식하고 있다. 이에 궤를 같이하면서 도마복음과 동학이 재조명되고 대안적 신관의 출구를 모색하려 한다.

창조와 함께 모든 분리 현상 자체가 일어났기 때문이다. 서양 철학자로서는 셸링이 이 사실을 알았다. 그는, "창조 자체가 타락이다. 왜냐하면 창조의 순간부터 만물이 신으로부터 분리되는 원심운동이 생겼기 때문이다"[25]라 했다. 그는 '동일성' 자체가 깨어지는 모든 것을 타락이라고 정의한 서양 철학자이다. 우로보로스-알의 파괴가 곧 타락이다. 그래서 타락은 이미 빅뱅의 순간부터 있었으며, 그런 의미에서 타락은 인간이 등장하기 전부터 있어 왔다.

그런 점에서 타락은 인간이 저지른 것이 아니고 신이 저지른 것이다. 그렇다고 신이 저지른 타락, 곧 창조 자체는 제거시킬 수 없는 죄는 아니다. 창조는 원죄의 필요조건일 뿐 충분조건은 아니다. 이 말은 구태여 창조가 절대적으로 죄에 연관되어 있을 필요가 없다는 말이다. 창조 없이는 죄도 있을 수 없다. '신학적 타락'이란 하나님으로부터 망상적 분리를 하는 행위이다. 그러나 하나님께로 돌아가는 것을 반항하는 것은 창조 그 자체가 아니라 인간이 하나님을 모르는 무지 때문이다. 창조는 모든 층으로 하여금 '한Oneness'이라는 궁극적인 근원을 망각시키는 경향이 있다. 잊는 행위는 곧 인간의 행위이며 신의 행위가 아니다. 그래서 타락을 시작한 것은 신이지만 그것을 잊어가면서 영속화시키는 것은 인간이다. '망각'은 과거가 떨어져 나감을 의미한다. 그래서 '기억은 없는데 친숙한' 데자뷔가 생기고, 그 반대인 '기억은 있는데 친숙하지 않은' 자메뷔가 생긴다. 인간은 지금 근원적 기반으로서의 알-우로보로

---

25 셸링을 '동일자'의 철학자라고 한다. 헤겔은 셸링의 입장을 반대한다. 셸링은 일자로부터 다자로의 분리가 타락이라고 보았다.

스로서 영적인 존재를 망각하고 기억으로도 되살려낼 수 없게 되었다. 아니 기원전 2000년 전에 생긴 인격신마저 기억 속으로 사라져 가고 있다.

진화와 퇴화를 반복하는 것을 두고 헉슬리는 '위대한 숨바꼭질'이라고 했다. 마치 일식 때와 같이 해가 나타났다 다시 숨고 다시 나타난다. 퇴화가 진행됨에 따라 영과 다른 수준의 것들도 '망각'의 수순을 밟는다. 망각된 정보는 무의식의 저장고 속에 보관된다. 우리 앞에 나타나는 마지막 경험할 수 있는 유일한 것은 물리적 혹은 물질적 자연의 수준뿐이다. 낮은 층은 높은 층으로 초월되면서 포함된다. 그래서 종합적 한에 이르게 된다. 마음은 밑의 층인 몸을 부정하지 않고 더 높은 질서 속으로 통전시켜 준다. 만약 이것이 실패할 때 마음은 몸을 억압하게 되며 그때 신경증이 생긴다. 이렇게 추동시켜 종합화시켜 주는 목적인 역할을 하는 것이 얼인 것이다. 한이 만약 얼을 잃고 나면 목적과 방향을 잃고 만다. 한 속에서 완전히 종합되면 창조는 완성된다.

3.7 3원8소에 대한 재평가와 비판

3원8소의 확장과 전/초오

월버는 3원 8소를 심리학과 문명사에 걸쳐 적용하였다. 책의 전편에 걸쳐 칸토어의 '먹합론', 월버의 '전/초오' 개념에 의존한 바 크다. 월버의 전/초오는 실로 인간의 사고가 오류에 빠지고 사물과 사태를 구별하거나 분별하지 못하던 것을 전/초오를 통해 우리에게 알려 주었다. 그의 3원 8소는 전/초오의 연장이라 할 수 있다. 그래서 호모 데우스를 너머 Über로 가기 위해서는 '음양오행'을 여기에 불러와야 한다. 거기서 새로운 기제장치를 만날 수 있기 때문이다.

월버는 전/초오를 1981년에 『에덴을 넘어』(*Up From Eden*, 조옥경 · 윤상일 역)에서 다룬 이후 1983년의 『아이 투 아이』(*Eye to Eye*, 김철수 역)에서 다시 같은 문제를 상론하고 있다. 이렇게 변하는 과정에서 3원적 구조에 대해서는 별 변화가 없으나 그것을 정교화한 8(9)소에 대해서는 상당한 변화를 보이고 있다. 그러나 그는 두 곳 모두에서 왜 전/초오가 발생하느냐 대해서는 해답을 제시하지 못하고 말 그대로 정교^{refinement}하는 그 자체에 마치고 말았다. 월버 이해에 난삽한 것 가운데 하나가 위 3원론에서도 본 바와 같은 대상에 대해 매우 다양한 명칭을 사용하고 있다는 점이다[도표 3.8과 3.9].

두 권의 책에서 월버는 8(9)원소를 도표로 소개하고 있는데 여기서는 『에덴을 넘어』에서 2개, 『아이 투 아이』에서 2개를 소개하고 이에 대한

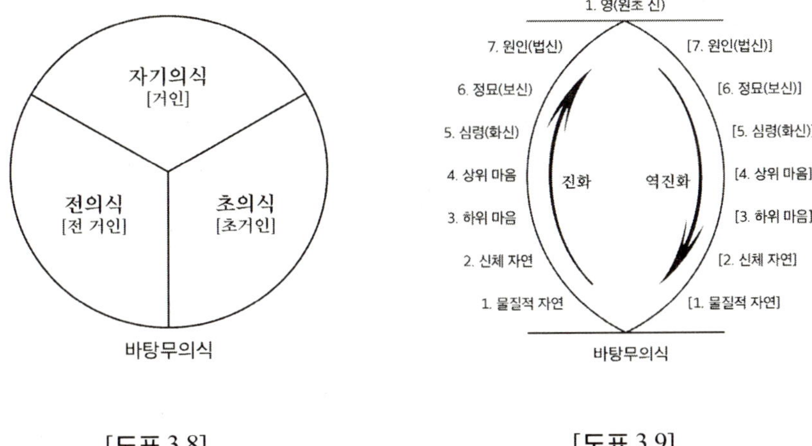

[**도표** 3.8]   [**도표** 3.9]

비판과 수정을 제시하기로 한다.

[도표 3.8]과 [도표 3.9]는 모두 1981년도 『에덴을 넘어』에 나오는 도표들로서 [도표 3.8]은 3원소를 원주 위에 배열하고 원을 3등분한 후 거기에 3원을 넣고, 원의 둘레에는 9원소를 3개씩 나누어 배분한 것이다. 여기서 '바탕무의식'을 넣으면 8+1 =개가 된다. [도표 3.9]는 8원소를 두 개의 호위에 연속적으로 배열한 것이다. 상향하는 것은 진화이고 하향하는 것은 퇴화(역진화)이다. 윌버는 진화를 '과학적 타락' 그리고 퇴화를 '신학적 타락'이라고 한다. 윌버의 말을 들어 보기로 한다.

1층에서 8층으로 향하는 것을 과학적 타락 혹은 진화라 한다. 신은 각 층에서 되도록 멀리 내던지는 오락(릴라^{lila})을 즐기는 데 이 오락을 헉슬리는 '숨바꼭질'이라 하고, 필자는 '천지왕복' 내림[水]과 오름[雲]이라 한다. 문명사란 릴라를 즐기는 것이다. 종교는 릴라 놀이를 하는 곳이다. 먼저 퇴화 놀이부터 보기로 한다. 가장 위에 있는 '8.영'(원초신)은 아래 7 → 1층을 향해 던지기를 하는 데, 이는 영이 자신을 스스로 포기하는

것이다. 놀이를 한층 즐기기 위해서는 놀이의 안내도 정도로 먹집합도를
다시 불러오는 것이 필요하다.

이는 마치 역의 음양도에서 음과 양이 증가하면서 감소하고, 감소하면
서 증가하는 것과 같다. 모래시계에서 뒤집으면 아래와 위가 서로 증감을
반복하는 것에 비유할 수 있다. 정체성이 모호해진 파괴된 것이 아니라
감춰졌을 뿐이다. 마치 계절이 변할 때 이전 계절이 다음 계절 속에
감춰지는 것과 같다.[26] 감춰지는 창고 같은 것이 있는데 그것이 바로
프로이트가 말하는 '무의식'이다. 이렇게 퇴화란 '잊어짐'(망각)으로 축적
해 가는 종착지가 '0.바탕무의식$^{ground\ unconscious}$'이다. 이를 '우로보로스-알
^{egg}'이라 한다. 이에 대하여 '8.영'은 '알'에 대한 '얼'이라 한다. 얼 속에는
퇴화의 전 과정(8-1층)들이 바탕무의식 속에 포함^{包含}돼 1.물리적 자연으로
깨어날 준비를 갖춘다. 이를 두고 '포개진 잠재력'이라 하며, 포함^{包含}이
적절한 표현이다. 윌버는 이를 'in-turing'이라 하는데 "진화와는 반대인
퇴화에서 안을 향해 나선형으로 감기는 것을 두고 하는 말로서 엔트로피
에 해당한다"(윌버, 2009, 476). 그러면 이런 알에서 얼을 그리고 음에서
양으로, 양에서 음으로 바뀌는 것 자체가 어떤 일이 생기는가? 그런데
이 과정 자체가 변화이다.

윌버는 수운의 불연기연에 대하여(2장) 진화와 퇴화에 연관하면서
병아리와 달걀의 예를 들어 답할 것이다. 윌버는 "이는 마치 병아리와
달걀의 관계와 같다. 병아리는 달걀 껍질을 부수면서 나왔지만, '껍질이
부서지기 쉽거나 단단한' 이유 등으로 그 과정 자체에서 병아리는 변형될
수 있다. 그러나 상위 구조(층)가 하위 구조에서 온다거나 자아가 원본능에

---

26 가을 속에 여름이 감춰진 것을 삼복(三伏)이라 한다.

서 온다거나(진화), 물질이 정신이 생산된다고 말하는 것은(퇴화) 병아리가 달걀 껍질에서 생긴다고 말하는 것과 유사하다"(윌버, 2009, 451).

수운의 경우 "달걀이 먼저냐 병아리가 먼저냐"는 조물자에 물으라 할 것이다. 병아리 됨은 병아리가 달걀에서 나오는 과정 자체상의 문제이다. 우연성serendipity이 있을 뿐이다. 병아리 됨은 달걀 껍질의 강약이 결정한다. 그 강약에 따라 병아리가 태어날 때 어미와 새끼가 서로 '줄탁동시啐啄同時'인 순간에 병아리 됨이 결정된다. 달걀 껍질이란 기연에도 불연에도 속하지 않는 '사연似然'이란 기호를 붙일 수 없는 우연성이다. 이러한 사연에 대하여 화이트헤드는 "과정이 실체를 만들어 나간다"는 것을 '존재의 원리ontological principle'라 하고, 생성 과정becoming 자체가 존재Being가 된다고도 한다. 달걀 껍질도 간접적이고 직접적인 것은 병아리가 태어나는 순간 새끼와 어미 닭이 껍질을 얼마나 강하게 혹은 약하게 깨는 그것이 병아리를 결정한다는 말이다. 기연과 불연이란 사물이나 존재의 연유를 묻는 것인데, 이러한 질문에는 존재가 본질적으로 됨 자체가 전제되어야 한다. 그러나 그러한 본질도 존재도 없다. 오직 생성 과정에서 부서지기 쉬우냐 단단함이냐 하는 우연적 변수가 실체를 결정할 뿐이다.

빅뱅은 퇴화의 끝자락 [1.물리적 자연]에서 1.물리적 자연으로 바뀌면서 시작한다. 대괄호 [ ]를 퇴화에서 둔 이유는 기억 상실로 무의식에 갇혀 버렸기 때문이다. 바탕 무의식은 퇴화의 전과정 [1-8층]을 모두 저장하고 있는 곳, 모든 기억이 망각돼 저장된 무의식의 저장소이다. 반고가 수만 년 잠자다 깨어나 우주를 창조했다는 신화는 이를 정확하게 반영한다. 비록 기억은 상실해 버린 것 같지만 인간은 데자뷔라는 능력을 가지고 있어서 '기억은 없지만 어디서 본 듯한 친숙함'을 갖게 하는 데자뷔가 한 가닥 희망으로 남아 있다. 이런 친숙함 때문에 뇌의 심층부에 저장돼 있어서 종교 생활이 가능하다. 인간들은 이 심층부의 상실된 기억을 되살리기 위해 외단外丹과 내단內丹 가운데 어느 하나를 선택해야 하는데, 에덴동산의 식물들이 바로 이런 두 가지 선택 가운데 어느 하나를 하게 한다.

외단이란 마약 같은 성분이 든 식물성 음식을 먹고 마셔 '아트만 프로젝트'란 환각에 빠져들게 한다. 그래서 창세기 기사의 진면목은 내단과 외단의 문제라고 본다. 기도, 금식, 수련 같은 수심정기를 통해서가 아니고 마약성을 먹고 마셔 신과 같이 되려 한다. 그러나 퇴화 다음에 진화를 하려면 수심정기, 내단을 해야 하는데 창세기는 이의 실패를 기록하고 있다. 예수는 제자들에게 내단을 가르쳤다. 그러나 오직 도마만 예수의 말을 알아들었다. 그래서 퇴화에서 진화가 가능할 법했는데 불행하게도 사복음을 쓴 제자들과 그들을 지지하는 4세기 교부들은 도마와 그의 복음을 이단시하고 말았다. 이는 또 한 번의 낙원 추방과도 같고, 타락이었다.

3원8소와 5분법: 피보나치수열 2, 3, 5, 8

<세계관-1>(전/초오1=A[C])은 C가 A에 포함돼 축소되거나 환원돼 버리는 것이다. 따라서 C는 더 이상 존재하지 않는다. 이는 다윈, 마르크스 그리고 프로이드 등이 범하는 오류이다. C는 이들에게서 '아편' 같은 것에 불과하다. 반면에 <세계관-2>(전/초오2=C[A])는 A가 C로 격상돼 버려 A로서의 독자성을 상실해 버린 것이다. 이 오류는 플라톤 이후 헤겔까지 서양 관념론이 범해 온 오류이다. 그래서 이들 두 가지 오류는 모두 삼각형의 밑변 두 개의 다리 가운데 하나가 어느 하나에 포함包涵돼 버렸다. 그래서 두 다리 가운데 한 개만 남았다(윌버, 2004, 336).

윌버는 1981년 쓴 *Up From Eden*에 이어 1983년 *Eye To Eye*에서
전/초오를 아래와 같이 '정교화'하고 있다. 이는 그가 이 문제를 그의
학문 정수리 같이 생각하고 있었다는 것을 의미한다. 윌버는 5원소들
1.근원적 기반(A), 2.몸, 3.에고(B), 4.몸 마음, 5.자아(C) 사이에서도
전/초오가 나타나는데 2.몸과 4.몸 마음 사이는 분명한 전/초오 현상이라
는 것이다. 그런데 전/초오가 발생하는 여건 가운데 원소들이 5, 8,
9, 10개에 상관없이 전/초오가 발생하자면 원소들이 발생하는 순서가
규칙적이어야 한다는 것이다. 즉, 하층에서 상층으로 향하든 혹은 그
반대이든 반드시 발생 순서가 '다음에, 다음에…'와 같이 발생하는 순서가
규칙적이어야 한다는 것이다. 한 가정에서 형제자매들이 태어날 때
키의 순서에 상관없이 태어나기에 순서는 혼동되면 안 된다는 것이다.
그리고 발생 순서에 따라 5개씩 끊어서 한 단원으로 하여야 전/초오가
나타난다는 것이다.

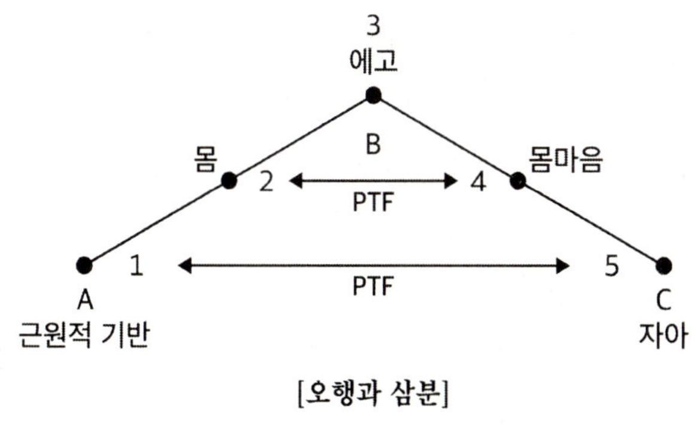

[오행과 삼분]

(윌버, 2004, 368)

[도표 3.10] 5원소 전/초오

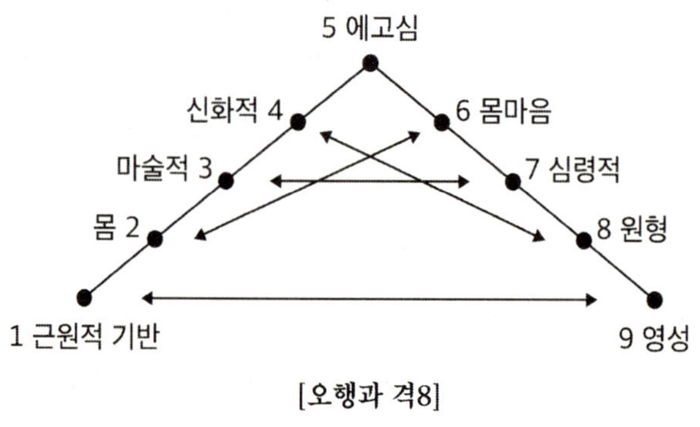

(윌버, 2004, 382)

[도표 3.11] 9원소 전/초오

위 두 도표에서 각별히 유의해야 할 점은 좌측은 3원(A ,B, C)을 5원소로 나누었고, 우측은 그것을 다시 8소로 나누었다는 점이다. 그러나 둘 다 모두 전/초오를 말하려는 점에서는 같다. 그런데 3원의 경우 명칭은 달라도 '3'이란 수에는 변함이 없다. 그러나 8소의 경우는 1981년과 1983년 두 저서 사이에서 8, 9, 10의 셋으로 변하고, 명칭도 다양해졌다. 그러나 여기서 중요한 것은 개수의 문제가 아니고, 원소들의 발생 순서에 있어서 '연속성'이 유지되어야 한다는 것이다. 즉, 위 [도표 3.10]의 8소가 5개일 때엔 하나 건너 전/초오가 발생하고, 9일 때는 다섯 건너 전/초오가 발생한다.

음악에서 음악의 크기 순서는 발생 순서와 다른 데서 간격이 생겨 소위 '피타고라스 콤마'가 생긴다. 이는 천제 운행에서 생기는 '윤여閏餘'가 생기는 것과 같다. 3원 8소에서 가장 중요한 문제는 다름 아닌 이런 윤여의 문제를 다스리는 것이다. 천자문에서는 이를 두고 '율려조양律呂調陽'이라고 한다. 음악에서 한 옥타브는 7(8)도 간격(도레미파솔라시도)으로서

이는 음의 크기가 2정수배 순서이다. 그러나 크기보다 더 중요한 발생 순서는 5도(2/3인 완전 5도) 간격인 무리수 간격이다. 그런데 음이 시작된 자리에서 다시 제자리에 되돌아오면 피타고라스 콤마(1.0136…)만큼 더 길다. 창세기 1장은 옥타브 순서이고, 2-3장은 완전 5도 순서인 데 후자가 전자보도 더 길다. 이 더 긴 시간을 두고 '안식일'이라 하고, 한국에서는 '공일'이라고 한다.

'콤마'를 '쉼표'라고도 하는데 신이 6일간 바쁘게 일하다가 7일째 '쉰다'는 것은 '숨돌린다'와 같다. '숨'은 '목숨' 혹은 '생명'이며 숨돌리지 않으면 죽음을 의미한다. 그만큼 창세기와 천자문은 이 점을 가장 중요시 하고 있으며, 숨돌리지 않으면 곧 '죽음'이다. 음악에서도 피타고라스의 해법을 '순정률', 바흐의 해법을 '평균률'이라고 한다. 위 윌버의 도표 두 개는 실로 인간의 심리나 문명사 모두에 해당하는 것으로서 '숨돌리기' 의 한 기법이다. 그러나 8소를 3으로 나눌 때와 5로 나눌 때 같은 길이인데 도 차이가 생긴다. 360도인데 1년 365+1/4이 되듯이….

한의학에서는 기가 숨을 돌리지 않으면 기가 통하지 않아 '기막힘'은 곧 죽음이다. 윌버와 마찬가지로 기가 목·화·토·금·수의 순으로 발생한다 고 할 때, 2 사이는 상생이고, 3 사이는 상극이고, 5 사이는 주객이 전도돼 버린다. 이는 실로 기가 막히지 않도록 '숨돌리기'이다. 음악의 '콤마 해결하기'이다. 도마복음 안에는 '안식일'에 관한 것을 '비움'과 '채움' 등의 비유를 통해 여러 차례 강조하고 있다. '숨돌리기' 그리고 '기가 통함'이란 연결고리에서 건강이 유지된다. 5행에도 '콤마' 같은 초과분이 생기는 데, 5행 가운데 화에서 발생하여 '군화君火'와 '상화相火'가 바로 그런 콤마와 같은 숨표에 해당한다.

(1) 5원소의 경우[도표 3.10]에는 2.몸과 4.몸 마음 사이에서 전/초오가

발생했고, 9원소의 경우[도표 3.11]에서는 2.몸-6.몸, 3.마술적-7.심령적, 4.신화적-8.원형적 1.근원적 기반-9.영성에서 보는 바와 같이 간격이 5(간격은 4)이다.

(2) 1.근원적 기반-5.에고심 그리고 5.에고심-9.영성이어야 하지만 5.에고심은 전체 1-9 사이의 중간점이기 때문에 1.근원적 기반-9.영성이 전/초오가 되었다.

(3) 왜 이렇게 3과 5 간격으로 전/초오가 생기는 규칙성에 대해서는 막상 윌버가 별다른 관심을 보이고 있지 않지만, 동북아 문명권에 사는 우리들로서는 음양5행과 연관하여 각별한 관심을 갖게 된다. 여기서 동학 등 동양적인 것과 연결시킬 수 있는 빌미를 발견할 수 있기 때문이다.

도마복음에서 문제시되고 있는 '아이'인 영-유아기는 3.마술(magic) 층에 해당한다. 3.마술층은 3~4세 나이로서 그것과 5번째는 7.심령(psychic)층이다. 프로이트학파는 심령적인 모든 것이 마술적인 것이라고 오해한다. 도마복음 속에서 예수가 "아이같이 되라"고 할 때 아이의 3.마술적인 상태를 성자의 영적인 것과 오해한 오류이다. 그런 점에서 프로이트는 <전/초오1>을 범하고 있다(윌버, 2004, 383). 그런데 4.신화적(mythic)인 것을 5번째 간격에 있는 8.원형(archetype)으로 착각하는 것은 <전/초오2>는 융학파들이 범하는 오류이다. 융은 심지어 9.원형(Spirit)을 4.신체적 본능으로까지 생각하는 전/초오2를 범하고 있다.

윌버는 이에 대해 말한다.

융은 이성적 에고 너머에 또 다른 중요한 의식 영역이 놓여 있음을 얘기하려고 노력했지만, 불행히도 그는 유아기적infantile 3.마술과 아동기적childish, 4.신화적 신화를 담고 있는 전 에고 영역과 7.심령 및 진정한 8.원형들을 담고 있는 초에고 영역을 분별하는 데 실패했다. 그래서 "융은 〈세계관 2〉에 빠져 있었기 때문에 원시적 신화적 심상들을 정묘한 원형들로 격상시키려고 애쓰면서 그의 인생의 상당 부분을 허비했다고 나는 믿고 있다"(윌버, 2004, 383).

월버가 융을 평가하고 비판하는 위의 말들은 도마복음과 사복음에 나타나는 '아이'는 '3.마술층'에 해당한다. 마술층에서는 둘인 것을 모두 하나로 보는 분별력이 없는 층이다. 도마복음 안의 "둘이 하나 되라"를 아이들은 전분별적인 것으로 본다는 말이다. 그런데 이를 마치 7.심령적인 것으로 오해하는 것을 〈전/초오1〉이라고 한다. 그런데 프로이트 학파는 7.심령적인 모든 것을 3.마술적인 것으로 착각하여 노자, 예수, 석가 등이 모두 이런 3.마술적인 정신병적인 현상에 걸린 자들로 보았다. 이는 1960년대 뉴에이지운동이 범한 오류이다. 그런 점에서 프로이트는 전/초오1의 오류를 범했다(윌버, 2004, 383). 4.신화적인 것을 8.원형적인 것으로 착각하는 것은 융학파가 범한 오류로서 이를 전/초오2라고 한다.

이런 점을 월버는 지적하여 "융은 이성적 에고 너머에 또 다른 중요한 의식영역이 놓여 있음을 말하고 노력하지만… 불행히도 유아기적(infantile) 3.마술과 아동기적(childish) 4.신화적인 전 에고 영역과 7.심령적은 것을 구별하는 데 실패했다. 융은 〈세계관2〉란 오류에 빠져 있었기 때문에 원시적-신화적 심상들을 정묘(현묘)한 것에 격상시키려고 그의 인생 거의 전부를 낭비하고 말았다"(Wilber, 1983, 239). 이를 도마복음에 그대로 적용했을 때 예수도 아기 예찬을 할 때 같은 오류를 범하고 있는 것인가?

이상 월버가 융을 전/초오 관점에서 비판한 데 대하여 위쉬 번^{Michael}

Washburn이나 케리Sean Kelly 같은 신융학파의 학자들은 윌버가 유아 성장기의 기저무의식(0.바탕 무의식)은 '역동적 기저'(dynamic ground)로서 의식과 병행 발달하는 특성이 있다는 점을 무시했다고 비판한다(조효남, 2008, 205). 이 말은 윌버가 너무 위계적으로 층화시키지 않았나 하는 데 대한 비판이라 할 수 있다. 그러나 윌버는 이미 자기가 만든 도표를 결코 위계적(hierarchical)으로 보지 않고 대신 horalchical(holon+hierarchical)로 본 것이다.

윌버는 그의 책마다 다른 명칭을 부여한다. 그러나 중요한 것은 이들 명칭이 연속성을 가져야 한다는 것이다. 마치 오행에는 목화토금수목화…와 같이 연속되면서 순환하듯이 말이다. 윌버의 명칭들을 보면 그가 개체발생(ontogeny)와 계통발생(phylogeny)을 어느 시점에서 동일시하고 있는 데 필자도 이에 동의한다. 동양 문명권 전방에 걸쳐서 이들 연속성을 부여하는 것은 '기氣'라고 본다. 이러한 기가 동학「제자주문」 가운데 「강령주문」에 해당한다. 기에서 천주로 그 가운데 조물주의 역할이 중요하다.

4장

동학과 도마복음의
신학의 가능성

앞서 1-3장은 모두 4장을 다루기 위한 준비 과정이라 할 수 있다. 문제의 관건은 신神에 있다. 4.1에서는 기독교에서 도마와 리치가 동쪽으로 간 이유와 불교에서 달마가 동쪽으로 간 이유를 비교해 다룰 것이다. 이들은 인도와 중국에 머물고 말았다. 19세기 말 동쪽의 동쪽인 한국에서는 동학이 나타났다. 리치가 전한 것을 서학이라 하고 이의 대척점에 동학이 있었다. 리치가 전한 서학에 대해 '동학'과 도마가 전한 '도마복음'은 이런 서학이라는 것으로부터 심한 박해를 받고 항아리 속에 숨어 1600여 년의 시간을 기다려야 했다. 비록 아이러니하게도 동학은 서학을 비판했지만 유생들로부터 서학으로 오인받아 1-3교도들이 모두 사교와 난정의 혐의로 모두 처형을 당한다. 그러나 지금 그러한 서학도 동학이 반대한 유도와 불도 모두 그 운이 다해가고 있다. 이제 암흑 같은 망망대해에 등대같이 남아 있는 것이 동학과 도마복음이다. 동학과 도마복음은 공히 좌도난정의 피해를 받았다. 서쪽과 동쪽의 사유 구조 차이는 뇌의 좌우뇌 차이만큼이다. 그런데 같은 서쪽이라 하더라도 서방 교회(가톨릭과 개신교)와 동방교회(그리스-러시아 정교회)는 건축 양식과 심지어는 교리에 있어서마저 다르다. 전자가 고딕형으로 들어가는 문이 하나이지만, 반면에 후자는 문이 여러 개이다. 고딕형은 하늘로 향하는 반면에 돔형은 땅을 향한다. A-형이 고딕형이라면, E-형은 돔형이다. 서방을 전체적으로 볼때 A-형이지만 그 안에 로마 카톨릭은 A-형이고 그리스-러시아 정교회는 E-형이다. 건축 양식에서뿐만 아니라 교리 전반에 걸쳐 차이를 보인다. 그런데 차이가 차연을 만들지 못하고 균열 양상으로 보이는 것이 문제이다. 4.1에서는 도마와 달마 그리고 리치가 동쪽으로 간 이유를 비교 생각해 보고, 4.2에서는 이들을 윌버의 전/초오와 칸토어의 멱집합의 논리를 방법론적으로 재론하고, 4.3에서는 동학과 도마복음 간의 대화를 통해 신의 인격과 비인격의 문제를 다룰 것이다. 4.4에서는 도마복음과 동학을 통해 미래 지향적 대안을 제시할 것이다.

4.1 달마와 도마는 왜 동쪽으로 갔는가?

달마는 왜 동쪽으로 갔는가?

북한의 김일성 주석은 그의 회고록 『세기와 더불어』에서 나쁜 인간하고는 같이 살아도 이념이 다르면 같이 살 수 없다고 했다. 예수는 도덕적으로 범죄자들과는 같이 지내도 사상이 다른 바리새인, 사두개인, 헤롯당들과는 척을 짓고 살았다. 이를 질문 "달마와 도마가 왜 동쪽으로 갔는가?"에 대한 답을 찾는 데 실마리로 삼기로 한다.

불교의 달마와 기독교의 도마는 서쪽에서 동쪽으로 갔다. 바울이 예루살렘을 출발 지중해를 건너 서쪽으로 로마까지 갔는데, 도마는 정반대로 서쪽으로 인도까지 갔다. 인도 벵갈만에서 약 10키로 떨어진 첸나이^{Cheny}와 거기서 활동하다 죽었다고 알려져 있다. 달마대사도 중국까지 와 소림사에서 마지막 활동을 하다 거기서 죽은 것으로 알려져 있다. 서쪽으로 가는 것보다 동쪽으로 가는 것이 시차 적용이 더 힘들다고 한다. 달마대사의 활동에 대해서는 비교적 잘 알려져 있지만 도마는 정설로 알려진 것이 별로 없다. 필자는 2004년 제3세계 신학자 대회(EATWOT)가 열려 첸나이에 있는 도마 기념교회(신학교)에서 며칠간 머문 적이 있다. 주변에 힌두교 사원들이 즐비해 있었다. 도마와 달마는 죽는 순간까지 주변에 종교적 이념이 다른 사람들과 함께 살아야 했고, 드디어 예수와 같이 이들의 손에 죽임을 당한 공통점이 있다.

도마가 인도에 간 것은 1세기, 달마가 중국에 간 것은 6세기인데 여기에 한 사람 더 마테오 리치(이마두)가 동쪽으로 간 이유도 함께 대비시켜 보면 좀 더 흥미로운 사실을 발견할 수 있다. 마테오 리치(리치)는 도마를 박해한 아타나시우스-아우구스티누스라는 A-형의 전형적 인물이고 도마는 그들에 의해 박해를 받던 예수의 십이 사도 가운데 하나이다. 그런데 도마는 인도에 리치는 중국까지 왔지만 이들이 처한 환경과 대우는 상반될 정도로 달랐다. 그 이유를 두 가지 다른 유형인 A-형과 E-형에서 찾으려 한다. 두 형은 A(E)-E(A)-A(E)…와 같이 쪽거리(프랙털)를 만든다. 이는 마치 좌뇌 속에 우뇌, 우뇌 속에 좌뇌가 되먹임 하듯이 하는 것과 같다. 인체를 비롯한 자연현상에는 '동종요법'(homeopath)이란 것이 있다. 같은 것이 같은 것을 닮아 치료한다는 의학 용어이다. 사상도 마찬가지로 A는 A에 E는 E에 되도록 같아지려 하고 '친숙'해지려 하는데 동시에 이질적인 A와 E가 또는 E가 A가 어울릴 때도 있어서 쪽거리 현상을 만든다.

크게 우랄산맥을 뇌의 뇌량이라고 생각할 때 서쪽은 코케시안 '좌뇌-A형'이고, 동쪽은 몽골리안 '우뇌-E형'이다. 그런데 동쪽으로 이동할수록 그리스-로마 A형 인도 E형인가 하면, 인도 '(E)형-중국 E(A)'와 같아진다. 그리고 동쪽으로 더 이동하면 중국 '(EA)-한국 E(AE)'이다. 같은 한국 안에서도 호남과 영남은 E와 A형으로 갈린다. 성리학에서 기호학파가 생긴 이유도 여기에 있으며, 그 사상적 특징 역시 A와 E가 쪽거리를 만드는 것에서 멀지 않다. 이러한 쪽거리 현상은 도마와 달마가 동쪽으로 간 이유가 설명된다. 쉽게 말해서 동종요법 현상 때문이다. 달마부터 생각해 보면 달마는 인도에서 중국으로 6세기경에 왔다. 그는 귀족 출신이었고, 붓다 다음의 위대한 인물로 존경받는다. 인도에 있었으면 그런 대우를 받지 못했을 것이다. 동쪽으로 와 중국의 도가사상을 접했기 때문에 선종이란 법맥을 만들었기 때문에 위대해진 것이다.

달마는 남인도 향지국香至國의 셋째 왕자로 태어났다. 바울 없는 예수는 달마 없는 붓다와 같다. 달마는 불멸 후 불교 최고 전성시대를 연 인물이다. 달마는 적자가 아닌 서자로 태어난 출중한 왕자였다. 그런 만큼 적자들을 그를 시샘해 살해 음모에 태생적으로 시달렸다. 그의 출중함은 정치적으로 뿐만 아니라 불문에서도 뛰어나 중국 양나라 무제를 만나 선문답을 하지만, 선문답이 실패로 끝나고 무제의 미움을 받은 달마는 소림사로 들어가 토굴에서 9년간의 면벽수도를 한 후 선종을 창시하게 된다. 양문제의 미움을 받은 이유도 정치라는 것은 제도와 법과 권위가 중시되는 A-형인데 달마는 E-형을 강의했기 때문에 결별은 예고된 것이었다. 다른 이유들도 있겠지만 큰 틀에서 달마를 바라보는 달마 죽음의 이유 역시 다른 유형의 사고 차이 때문이었다. 도마의 죽음 역시 이와 다르지 않은 것을 보게 될 것이다. 달마는 정치로부터는 물론 같은 불문 안에서도 A-형들은 그를 시기한 나머지 독살을 시도하자 달마는 스스로 독약을 먹고 528년 10월 5일 입적入寂한다. 그의 주검은 12월 28일 소림사의 뒷산인 숭산嵩山에 장례 치러진다. 소림사는 495년 인도에서 온 고승 발타跋陀가 창건했는데 달마가 초창기 면벽수도한 곳이다.

그런데 여기에 달마가 서역으로 되돌아가는 일화가 있는데 하나의 일화일 뿐이다. 달마가 입적한지 3년 뒤 송운宋雲이란 인물이 서역에 사신으로 갔다가 총령이란 곳에서 '신발 한 짝'을 손에 들고 혼자 걸어가는 달마를 만난다. 송운이 놀라 "스님, 어디로 가십니까?" 하고 묻자 "나는 서역으로 돌아가오" 했다. 송운이 귀국해 황제에게 고하고, 황명에 따라 그의 무덤을 팠더니 관 속에는 신발 한 짝만 들어있어 소림사에 공양했다. 이는 무엇을 의미하는가? A-형과 E-형의 권력다툼을 그대로 반영하는 일화가 아닌가? 달마를 다시 E(A)형인 인도로 되돌려 놓고 싶은 왕권과 결탁된 일화의 한 토막이가 아닌가? 달마의 신발 한짝은 중국 소림사에 있고, 다른 한 짝은 인도로 되돌아 갔는가? 달마는 지금 A와 E-형 사이에 다리를 모두 걸치고 있는가?

석가로부터 1조(祖) 마하가섭, 2조 아난다에 이어 28조이지만 520년 9월 21일에 인도에서 중국으로 건너와 달마는 중국 선교禪教의 창시자가 된다. 달마이후 조주趙州 선사에 이어 중국의 불교의 맥은 달마를 초조로 2대 혜가慧可, 드디어 6대 혜능慧能을 배출한다. 혜능이 신수와의 게송 짓기에서 신수가 "거울은 마음 거울에 비추어 내 얼굴의 때를 닦는다"고 하자 혜능이 "내 마음이 곧 거울인데 어디에 마음 닦을 것이 있느냐"고 한다. 이 게송은 신수의 교종과 혜능의 선종으로 불맥을 갈라놓고 말았다.

몸은 지혜의 나무요 (身是菩提樹)

마음은 깨끗한 거울 (心如明鏡臺)

때때로 부지런히 털고 닦아서 (時時勤拂拭)

티끌이 끼지 않도록 하자 (莫遣有塵埃)

(A-형 신수의 게송)

지혜는 본래 나무가 아니고 (菩提本無樹)

마음 또한 거울이 아니다 (明鏡亦非臺)

본래 아무 것도 없는데 (本來無一物)

어디에 먼지가 끼랴 (何處惹塵埃)

(E-형 혜능의 게송)

도마가 어느 편인가를 알기 위해서 구자만 저 『하나의 진리, 도마복음』(예술과영성, 2022)이 도움을 줄 것이다.

구자만 박사는 달마가 동쪽으로 온 이유가 동종요법에 있었다는 것을 잘 설명해 준다. 기독교가 4세기에 로마의 국교로 되면서 사복음서 이외의 도마복음서는 정경에서 제외되었다. 그 이유는 정치적인 이유보다 정경 선택의 기준이 된 그리스-로마의 철학 사상은 A-형이었고 정경선택의 기준은 예수의 말씀 자체보다는 A-형이 그 기준이었기 때문이다. 이에 구자만 박사는 불교의 『심신경』과 『도마복음』이 속살까지 동종이란 것을 전하고 있다. 도마와 달마가 동쪽으로 간 이유를 웅변적으로 말해 주는 저서라 할 수 있다. 아울러 수운이 '동학'이라 명명한 것도 우리가 동쪽이면서 스스로 '동학'이라 한 것에 설이 분분하나 이는 '중국보다 더 동쪽'이라 하면 이해가 빠를 것이가. 다시 말해서 로마에서 '동쪽'(인도), '동쪽의 동쪽'(중국) 그리고 '동쪽의 동쪽의 동쪽'(한국)으로 이동할수록 A와 E-형은 쪽거리 현상을 반복할 것이다. 반복의 반복은 '빈탕'이 될 것이고 이는 마치 도마복음 87장에서 깨진 항아리를 이고 가는 여인이 끝내 알곡을 다 잃어버리고 깨진 빈 항아리만 남는다는 것이 아닌가? 이는 수운이 생애 마지막 한 달 전에 '불연기연'을 짓고 운명한 것과 같다. 동으로 간다는 것은 이와 같이 깨진 빈 항아리를 이고 가는 것과 같다.

이를 멱집합으로 돌아 와 볼 때, 신수는 부분집합(라)을 다 모아 전체집합(가)를 만들 수 있다는 것이고, 혜능은 전체 자체(가)가 부분(나와 다)으로 상호 包含한다고 한다고 한다. 여기서 달마가 동쪽으로 간 이유가 분명해진다고 본다. 인도에는 플라톤과 연계되는 우파니사드를 경전으로 하는 힌두교가 버티고 있는 곳이다. 이런 곳에서 붓다의 뜻을 실현하기란 연목구어라고 본 것이다. 그러나 인도보다 동쪽인 중국에는 A-형적인 유가와 함께 E-형적인 도가사상이 있었다. 중국 불교는 이 도가사상의 용어로 불교를 수용한다. 수용한 결과 혜능의 게송에서 본 것과 같은 것이 나왔다. 인도형 E-형에서 많이 더 나아간 E-형이었다. 결론을 대신하면, 이러한 이유로 달마가 동쪽으로 간 것이다. 동종요법에 의해 붓다의 가르침이 인도보다는 중국 쪽이 더 가깝다고 생각한 것이다.

그러면 달마는 왜 더 동쪽, 한국으로 가지 않았을까? 달마의 법맥은 한반도에 301년 후 신라 헌덕왕 13년(821년)에 도의道義 선사가 달마의 9대 제자인 서당西堂으로부터 법문을 받아 신라에 선禪의 기원을 폈다. 신라의 원효는 불문에 입문하는 첫 발걸음으로 '초발심경자경문初發心經自警文'을 읽게 했다. 이는 계율을 가르치는 것으로서 교종에 해당하는 것이다. 이는 원효로부터 고려 지눌에 이르기까지 교·선합일의 전통이 주류였다는 것을 의미한다. 그러한 전통은 지금까지 조계종을 통해 전해지고 있다. 이는 A와 E의 두 형의 중요성을 동시에 강조했다는 것을 의미한다.

그래서 만약에 달마가 더 더 동쪽으로 갔더라면 또 다른 형태의 불교를 발견했을 것이다. 그래서 고려시대부터 우리 불교는 선(禪), 교(敎), 율(律) 등 여러 조건에 따라 조계, 태고, 천태, 화엄, 진각 등 수많은 종파로 분류된다. 우리 문화에는 샤머니즘-무층에 이어 마나이즘-선층, 불교, 유교까지 그 맥이 균열이 생기지 않았다. 그러나 인도만 하더라도 하늘의 인드라-남성이 브리트라-여성을 무자비하게 살해함으로 우주가 창조가 시작된다. 중국에서도 반고가 도끼로 흑암을 부수고 나서야 세상이 밝아진다. 이러한 균열인 유럽-인도-중국에 이르는 균열은 A와 E-형을 균열시키고 말다. 중국을 포함 인도 역시 유럽적 균열만큼 심각하다. 정도의 차이가 있을 뿐이다. 달마는 이러한 정도의 차이를 감지 하고 중국까지 온 것이다. 그러나 중국 도가사상은 외단(외적 약물을 먹고 초월 체험하는)으로 손상돼 있었다. 그러나 중국보다 더 동쪽의 동쪽인 땅에는 외단을 금지하는 내단(기도, 금식, 방랑)이 있었다. 그 결과 그래서 무층과 특히 선층도 선명하게 남아 있다. 그래서 달마와 도마가 더 동쪽으로 왔더라면 생명도 안전하였을 것이고 그의 사상이 더 발전하였을 지도 모른다. 달마에게서 중국은 아직 낯선 땅이었다. 자살로 생을 마감할 정도로. 이런 비극이 도마에게도 나타난다. 도마도 독화살에 맞아 죽었다 는 설도, 인도 체나이에서 힌두교들의 습격으로 피살당했다는 설도 있다. 아무튼 달마와 도마는 불행하게 생을 마감하고 만다는 점에서 같다.

도마는 과연 동쪽으로 갔는가?

리치와는 달리 도마가 동쪽 인도로 갔다는 역사적 근거는 없다.[1] 인도로 간 것은 도마복음에만 나오며 유세비우스 교회사는 지금의 이란 지역에 있던 파르티아^{Parthia} 왕국까지만 간 것으로 서술하고 있다. 『도마행전』에 의하면 12사도들의 선교 지역을 결정하기 위해 제비뽑기를 했는데, 인 도가 도마에게 배당되었지만 도마는 가기를 거절했다고 한다. 그러나 밤에 주님께서 나타나 "두려워 말아라, 도마야. 인도로 가서 거기서 말씀 을 선포하여라. 나의 은혜가 너와 함께 할 것이다"고 하지만, 도마는 여기에 순종하지 않고, 인도만 빼고 어디든지 보내 달라고 대답했다고

---

1 초대교회의 역사를 담은 유세비우스의 교회사에는 오히려 바돌로매가 인도의 첫 선교 사로 기록되어 있다.

한다. 이러한 도마 행적에 관해서는 그의 반대파들이 도마를 모함 내지 모독하기 위한 것이 아닌지 의심을 갖게 한다. 그 이유는 교회가 도마를 통해 마태복음을 인도 지역에 전하라고 했다 하는데 마태복음은 전형적으로 유대인을 위한 복음인데 도마에게 마태복음을 인도인들에게 전도하라고 한 것은 이는 마치 도마를 사지에 몰아넣는 것과도 같다 할 것이다.

도마는 부활을 의심했지만 두 눈으로 확인하고는 "나의 주님, 나의 하나님"이라고 고백한 유일한 제자이다. 베드로는 '그리스도시오, 하나님의 아들'이라고 고백한 것과 비교하면 도마의 고백은 한 층 더 격이 높다. 누가는 사도행전에서 사도 요한 다음으로 도마를 격상시켜 기록하고 있다. 바울은 서쪽 소아시아로 도마은 동쪽으로 향했다. 예루살렘에서 동쪽으로 6,000km가 넘어 걸어서 갔다. 도마복음 42장에서 "너희는 방랑자가 되라"는 예수의 말과 대조해 생각해 본다. 교회사가 유세비우스는 도마가 지금의 이란과 인도에 해당하는 팔티아Partia(혹은 안식국) 지역으로 배당받아 갔다고 한다. 13세기 교회사가 바르 헤브라에우스도 도마가 복음을 가지고 인도로 갔다고 한다. 46년경 인도로 가던 중 유프라테스강 동쪽에 있는 에뎃사에서 교회를 세웠다고 한다. 『도마행전』은 도마의 복음전파, 사도의 이적, 사도의 순교에 관하여 적고 있다.

국내 교회사 학자들 김양선, 오윤태, 이장식 등은 도마의 동래설을 강하게 주장한다. 전 한국 신학대학 교수인 이장식은 도마가 한국의 가야국에까지 왔다고 하는 일련의 국내 학자들의 주장에 동의하면서 「아시아고대기독교사」 부록에서 '가야문화와 그리스도교 전래의 흔적 추적'이란 글에서 가야에 도마의 전래 가능성을 제시하였다.[2]

박용규 교수는 도마행전, 초대교회 기록들 그리고 최근 논의들을

종합하여 도마 동래설을 소개하고 있다. 『도마행전』에 의하면 도마는
목수였기 때문에 인도의 군자파르 왕이 왕궁을 짓기 위해 목수를 찾던
중, 도마가 상인에 팔려 이 왕의 손에 넘겨져 1월에 착공 6월에 완공하기로
약속, 자금을 받아 공사 감독관을 하였으나, 그 돈을 모두 인도의 가장
가난한 불가접촉 천민들(Dalit)을 도운 사실이 밝혀져 사형에 처하게
되었으나, 왕은 자기가 지으려던 왕궁은 이 땅에 있는 것이 아니고
하늘나라에 있다 믿고 도마를 따라 예수를 믿었다고 하는 설도 있고
죽임을 당했다는 설도 있다.[3] 그러나 이러한 설을 믿자면 군다파라 왕국이
인도 역사에 실재했어야 하는데, 그 근거를 찾을 수 없다. 그러나 1834년
아프카니스탄 카불 계곡에서 군다파르 왕국의 흔적이 발굴되어 그 역사성
이 인정받게 돼 도마의 인도 방문은 설득력을 얻게 되었다. 군다파르는
기원후 19~45년 사이에 통치했으며 이는 도마의 방문 기간과 서로
합치한다. 이에 이장식 교수는 "만일 도마행전대로라면 도마의 인도
선교는 그 왕의 재위 기간인 19~45년 사이일 것이고… 도마의 선교지는
인도, 서북, 군다파라의 제국의 영토였을 것이다"(이장식, 174-175; 박용규,
25)라고 결론한다.

　　도올은 도마의 인도 방문을 믿는 태도에 대해 또 다른 입장을 『도올의
도마복음 한글 역주 2』에서 마르코 폴로의 『동방견문록』에 실린 내용을
통해 말하고 있다. 폴로(1254~1324)가 17년간의 중국 체류를 마치고
베니스로 돌아가는 도중 남인도 서해안 말라바르 지방의 한 작은 마을에
서 성 도마마의 유해가 안치돼 있는 것을 발견한다. 거기서 도마가

---

2 이장식, 『아시아고대기독교사』 (서울: 교문사, 1993), 373-394.
3 달리트 계급은 인도의 신분 계급에 속하지 않는, 접촉해서는 안 될 대상들이다.

공작새 사냥꾼이 오발로 쏜 화살에 맞아 죽었다는 것이다(김용옥, 2019, 27). 도올의 주 관심사는 "예수는 아시아 사람이다. … 바울이 초대교회를 개척한 곳도 소아시아지역이다. 그리고 기독교가 국가종교로서 최초의 공인을 받은 곳도 서구의 어느 곳이 아닌 동방의 나라 에데사Edessa였다"(같은 책). 그러나 중요한 것은 이념의 유형인 A-형이냐 E-형이냐에 대해서는 언급하지 않고 있다.

도마에 관한 역사적 진실을 확인하기 어려운 이유는 인간은 의식과 무의식의 세계를 동시에 하나의 머리 속에 지니고 있기 때문이다. 인간은 '기억은 없지만 친숙한 경우'(데자뷔)와 '기억은 있지만 친숙하지 않는 경우'(자메뷔) 때문에 정확한 역사 기록을 하기 힘들다. 예를 들어서 동학 계열의 수운교는 동학의 교조 수운 최제우가 다시 환생한 '출룡자' 이상용 (1822~1938)이 아직 죽지 않고 살아 있는 수운이 환생한 존재라는 것이다. 수운교에서는 최제우가 1864년 처형된 후 신통력을 써서 육신이 죽은 것처럼 보였고, 진짜 육신은 금강산에 숨어 있었다고 믿는다. 출룡자 이상용은 금강산에서 수도 후 성을 바꾸고 출룡자라는 호를 짓고, 1920년 천상의 지시를 받고 활동을 시작해 1923년 서울에서 수운교를 창립했다. 수운 자신이 을묘년에 어떤 인물로부터 받았다는 '을묘천서'가 역사적인 사건인지 아닌지 아직 확인되지 않고 있다. 인간은 '기억도 하고 친숙도 한 사건' 같은 경우에는 확신을 갖게 된다.

과연 도마가 달마나 리치같이 동쪽으로 갔느냐 안 갔느냐 하는 문제는 데자뷔와 자메뷔가 조화될 때 인간의 인지구조 속에 형성되는 하나의 현상일 뿐이다. 도마의 인도행 여부를 이렇게 물리적으로 이동했느냐 안 했느냐를 말하기보다 더 중요한 것은 도마가 남겼다고 하는 '도마복음' 이 동학에선 을묘천서 같은 문서라 할 때 그 내용 자체가 동쪽과 서쪽 가운데 어디에 더 동종요법에 적합한가의 그 여부가 더 중요하다. 설령 도마라는 살아 움직이던 존재가 물리적으로 동쪽으로 왔느냐보다는 그의 글이 서쪽과 동쪽 가운데 어디에 더 동종요법적인가를 보는 것이 중요하다. 다시 말해 E-형 가족 여부가 중요하다.

예를 들어서 도마가 불교식 게송을 짓는다고 할 때 그의 글이 혜능의 게송과 신수의 게송 가운데 어느 것에 더 가까울 것인가를 보는 것이 중요하다는 말이다. 을묘천서를 전한 전달자가 누구인가를 아는 것보다는 그 내용이 수운의 사상을 담고 있느냐 안 담고 있느냐가 더 중요하다. 아무리 달마가 동쪽에 왔다고 하더라도 그의 이념과 사상이 중국 풍토에서 생긴 도가사상과 일치하지 않았더라면 달마의 방문은 헛수고였을 것이다. 그런데 리치의 중국 방문은 어느 정도 소기의 목적을 달성했다. 달마가 선종의 1대 교조가 되었고, 동북아 불교는 이미 인도 불교의 원형과는 많이 탈바꿈한 것이다.

달마는 당대에 성공을 거두었다. 그러나 도마가 달마나 리치 같이 성공적인가 하는 데는 아직 긍정적일 수 없다. 그러나 앞으로는 그렇지 않을 것이다. 지금 리치가 전한 가톨릭이나 개신교 모두 그 운이 다했다 해도 좋을 것이다. 리치가 전달한 내용을 받아 담을 유학이라는 그릇이 있었다. 그렇다면 도마복음을 그렇게 할 수 있는 그릇은 동학이라고 본다.

일각의 국내 학자들은 도마가 가야국에까지 와서 김수로왕과 허황후의 결혼까지 주선했다고 하나 이에 대해서는 앞으로 바람직한 연구 과제로 남겨 두고 여기서는 일단 도마의 동쪽행은 A-형과 E-형의 관계에서만 검토하는 것으로 생략하기로 한다. 이자평은 『법왕경』과 『도마복음』으로 본 불교와 기독교이 위경(외경)을 소개함으로 도마복음이 얼마나 불교와 같은지를 비교 고찰하려 한다. 도마가 물리적으로 동쪽으로 방문했는가 보다 더 중요한 것은 그가 전한 도마복음이 얼마나 '동쪽의 동쪽의 동쪽'과 같은 쪽거리를 만들고 있는가를 아는 것이 더 중요하다.

도올은 도마가 동쪽으로 동쪽으로 더 진출해 바울이 했던 것과 같은 성과를 내지 못한 것을 아쉬워한다. 그 결과는 "서구 역사 속에서 암암리에 형성되어 온 예수상을 근원적으로 거부하는 새로운 인식의 틀을 마련하지 못하고 있다는 사실과 관련되어 있다. 예수가 서구인이 아니라 아시아 대륙 사람이며, 예수의 역사적 실상이 동방적 가치를 포섭하는 매우 혁명적인 인간론을 주창한 인물이라는 사실이 구미 신학자들에게 인식되기에는 그들의 인식 범위가 너무 제한되어 있는 것이다. 하다못해 인도 문명의 기나긴 수행자 전통, 그 방랑자들의 문화적 심도와 예수를 연결시키는 너무도 당연한 당위에 속하는 것이다"(김용옥, 2025, 336).

도올의 말에 공감하며 늦게나마 달마가 중국에 와 불교의 든든한 가지를 치게 했듯이 도마 역시 달마와 같은 역할을 했더라면 오늘 한국 교회는 달라졌을 것이다. 수행자와 방랑자 그리고 어린아이가 복합된 기독교가 없는 것이 아니고 그것이 바로 동학이다. 이런 미련이 남아 지금도 도마가 가야국까지 와 허황후와 김수로왕 사이의 중매자 역할을 했다는 주장이 생기게 한다. 역사는 항상 가상과 현실이 되먹힘 하는 것의 기록이기 때문에 긍정도 부정도 할 필요 없이 도올의 꿈이 실현되기만을 바라는 것은 엄연한 역사의 한 명령이다. 리치는 성공 못 했고, 해서도 안 돼야 한다. 그가 초래한 것은 순교가 아니고 억울함이었다.

마테오 리치는 왜 동쪽으로 갔는가?

이마두 혹은 마테오 리치는 구라파 사람으로 중국과 거리가 8만여 리 되는 거리를 걸어서 처음으로 명나라 만력萬曆 때 중국에 들어왔다. 아이러니하게도 도마가 동쪽 인도까지 왔다면, 그보다 1600여 년 후 도마를 박해한 아타니시우스의 후예 마테오 리치(1550~1610)도 동쪽의 동쪽 중국까지 왔다. 도마와 리치가 동쪽으로 간 이유는 모두 '예수'라는 인물을 알리고 전하자는 것이 목적이었다. 그러나 두 사람의 환경은 너무 달랐고, 전하려고 한 예수도 그 성격이 달랐다. 리치는 본토 중국에 문물도 전하고 대접도 받고 포교도 어느 정도 성공적인 것은 물론 리치에 이어 후속으로 선교사들도 중국을 왕래하였다. 그 무엇보다 리치는 한국에까지 소개돼 동학은 이를 '서학'이라고까지 했다. 수운은 서학의 대척점에 동학이라 했지만, 오히려 서학을 한다는 죄명으로 1864년 처형당한다. 지금 우리가 얼마나 행복한 시대에 살고 있는지 감읍할 정도이다.

마테오 리치의 주저 『천주실의』는 1603년에 간행한 천주교 교리서이다. 상·하 2권이며, 8편 174항목에 걸쳐 중국의 선비와 서양의 선비가 대화식으로 토론하는 형식으로 꾸며졌다. 천주교 신앙의 몇 가지 중요한 교리를 중국 고대 사상 특히 유교와 조화시킨 내용이다. 불교·도교서도 자주 활용하여 설득력 있게 성공적으로 기록된 내용이다.

상권의 제1편에서는 창조관을 통해 신이 우주의 주제자임을 강조하고, 2편에서는 불교·도교를 논박하면서 아리스토텔레스의 철학 가운데 제1질료설을 태극설太極說과 비판적으로 연관시켰다. 아리스토텔레스의 실체實體론은 신은 전지전능 무소부재한 완전한 실체임을 강조한다. 중국

고대 사상에서의 상제^{上帝}를 야훼신과 일치시키려 했지만 중국 상제관에는 자연신관을 완전히 제거할 수 없어서 비판적이다. 제4편에서는 중국 고대신령적 존재에 대해 '범신론적 일신론^{汎神論的 一神論}'이라고 논박한다. 제7편에서는 인간의 선악, 자유 의지에 관하여 설명을 통해 신에 대한 신앙은 가장 확실한 지식이고, 사랑은 가장 고귀한 덕행임을 설명하고, 종교적 무관심주의의 오류를 갈파하였다. 끝으로 원죄^{原罪}를 말하고 예수의 강생과 그를 믿기 원하는 사람은 『천주교해략^{天主教解略}』(*Doctrina Christiana*)으로 공부해 천주교에 귀의하여야 한다고 결론짓고 있다. 리치의 이러한 입장을 두고 '보유론적 이해^{補儒論的 理解}'라고 한다.

리치의 이러한 입장을 두고 전형적인 A-형이라고 한다. 보유론이라 하는 이유는 천주교 교리가 유학을 전면 부정하는 것이 아니고, 상호 보완적일 수 있음을 의미한다. 그런데 당시 중국에는 유가와 도·불 사이에 사상적 알력이 심화돼 있었다. 리치는 이런 상황에서 유가사상과는 일면 서로 보완할 점이 있다고 본 것이다. 그런데 만약에 도마복음이 이 무렵에 중국에 전래되었다면, 당시 중국 시대 상황과는 맞지 않아 '보유' 같은 것은 상상도 할 수 없었을 것이다. 그래서 리치의 보유론은 천주교나 유교가 모두 원시적인 주술이나 미술을 배척한다는 데는 생각이 같았음을 보여주는 정도였다.

로마 천주교 교황청에서 바라볼 때 마테오 리치의 보유론적 입장은 영합주의적인 오류를 범하는 것이라는 반박이 생겼다. 이 문제는 중국교회에서 공자를 모시고 제사 지내는 문제로 연관이 돼 불씨가 되기도 하였다. 조선에 리치의 책이 알려지자 성호 이익^{李瀷}은 「천주실의발^{天主實義跋}」을 짓자 학문을 따르던 신후담^{愼後聃}·안정복^{安鼎福}·이헌경^{李獻慶} 등은 『천주실의』를 읽고 각기 『서학변^{西學辨}』·『천학고^{天學考}』·『천학문답^{天學問答}』 등을 지어 서학에 비판적 입장을 견지한다. 주된 비판은 인격신 같은 존재가 있어서 천지를 7일 만에 창조했다는 것과 신이 지상에서 걸어 다닌다는 것과 천당지옥 같은 것과 조상에 제사 지내는 것 등이 비판의 대상이었다. 이와 반대로 『천주실의』의 내용이 유학에 배치되는 것이 아니라는 입장을 고수하는 친서학파들도 있었다. 이벽李檗 · 권일신權日身 · 정약용丁若鏞 · 이승훈李承薰 등이 그 예이다. 드디어 1784년(정조 8) 조선천주교회를 창설하게 되는 데 리치의 책이 공헌을 하였다.

예수로부터 무려 1603년 만에 이마두가 동쪽으로 갔는데, 도마와는 비교가 안 될 대우와 접대를 받았다. 날마다 대관의 봉급을 받으면서 중국 말을 배우고 중국 서적을 읽어 저술한 것이 수천 가지에 이르렀다. 중국 역사상 전에 없던 일이었다. 천문을 살피어 책력을 만드는 기술 같은 것은 과거 중국에 없던 일들이었다. 중국 사대부들이 리치를 숭배한 데는 함께 도가와 불교를 배척한다는 점에서 의기투합했을 것이다. 그들은 불교를 배척하기는 마찬가지였지만 유교 역시 자신들이 끝내는 불교와 함께 환상에 빠지고 말았다는 것을 모르고 있었다. 조선의 다산 같은 친서파들은 이러한 환상에서 구해 줄 것이 서학이라 믿었고, 주자의 유학이 아닌 공자 시대의 유학을 불러내어 서학과 접목시키려 했다.

리치의 보유론과 조선의 유학자들이 서학에 대했던 태도를 보면서 만약에 도마가 인도에서 희생당하지 않고, 중국을 거쳐 한국까지 왔더라면, 당시는 조정은 신라였고 먼저 달마의 선종을 받아들이듯이 하지 않았을까 상상해 본다. 그리고 조계종이 교·선 조화라는 전통을 불교가 만들었듯이 도마의 기독교도 그렇게 되지 않았을까? 만약 그랬더라면 정치적으로는 분단도 없었고, 오늘 한국교회 같은 기형아도 아예 탄생하지조차 하지 않았을까 생각해 본다. 리치와 도마가 같이 동쪽으로 왔고

같이 기독교라는 배경을 가졌지만 얼마나 같고 다른가, 흥미로운 주제가
아닌가?

　　리치도 중국으로 갈 때 이질적인 문화권에 기독교를 주입하는 것이
목적이었지만, 도마도 선교의 목적은 같았으나 그는 그가 들은 예수의
말씀이 서방적이 아니고 동방적이라고 판단했기 때문에 동쪽으로 갔을
것으로 보인다. 예루살렘에서 파송을 결정했다면, 이 점을 그 무엇보다
고려의 대상으로 삼았을 것이다. 아타나시우스는 종교인이라기보다는
정치인에 그 체질이 더 가까웠고, 이미 그리스-로마 사상으로 주조된
신학으로 도마복음 같은 사상을 제단했고, 도마의 제자들은 파코미우스
수도원에서 문을 닫으며 사막 산언저리에 '도마복음'이란 서첩을 항아리
에 넣어 묻고 1600여 년 동안 역사의 전면에 나타나지 못했다. 도마나
리치 모두 동종요법으로 동쪽의 사람들을 개조시키려 했다. 하나는
A-형으로 다른 하나는 E-형으로 말이다.

4.2 서쪽의 논리와 동쪽의 논리

서쪽에는 아리스토텔레스-어거스틴-아퀴나스의 A-형 논리와 에피메니데스와 유블라이데스의 E-형 논리가 있었다. 아타나시우스가 선정한 27개 신약성서는 A-형에 가깝고 도마복음은 E-형에 가깝다. 논리 유형이 지배하는 사고 유형은 마치 견원지간과도 같다. 이는 동서양에서 정도의 차이는 있어도 한결같이 같았다. 신관에 나타난 두 유형의 논리를 비교하기 위해서는 먼저 논리적인 개념으로 정리를 해 두는 것이 필요하다.

멱집합과 거짓말쟁이 역설

프랙털 현상 혹은 쪽거리 현상 때문에 서방 전체가 A-형이지만 A-형 안에 다시 A와 E-형으로 갈라지는데 이를 A(E)로 나타내려 한다. 마찬가지로 동방 전체가 E-형이지만 E와 A로 갈라지는데 이를 E(A)로 나타낸다. 필자는 이러한 두 논리의 형들을 뇌의 좌우 양반구와 지구의 동서반구로 나누어 『뇌의 충동과 문명의 충돌』(지식산업사, 2007) 고찰한 바 있다. 지금 뇌의 연구는 하나의 종합 학문으로 재조명되고 있다. 서방에서는 좌우뇌의 균열과 화합 양상이 문화 전반에 걸쳐 상이하게 나타나고 있다. 동방에서도 이런 균열 양상이 나타난다. 다시 말해서 인도와 중국 그리고 중국과 한국으로 동쪽으로 이동할수록 좌우 뇌의 균열과 화합 양상은 다르게 나타난다. 이런 양상의 차이가 인도 안에서도 힌두와 불교, 중국 안에서도 유가와 도(불) 그리고 같은 불교 안에서도 교종과 선종의 분열과 균열은 모두 뇌의 구조와 양상으로 보면 차라리 자연스럽다 할 수 있다.

그런데 동쪽의 끝은 한국이다. 한국 안에서도 서쪽 호남과 동쪽 영남의 차이도 유학에서는 두드러지게 나타난다. 중국에 볼 수 없었던 교·선합일과 남북이 대치하면서 보여주는 사상적 차이 등을 생각하면서 '동학'의 위상을 새삼 생각하게 한다. 여기에 19세기 말 서학까지 들어와 동학은 차라리 자연스럽게 조명되지 않을 수 없다. 그런데 지금까지 전해진 서학은 리치의 것이든 언더우드의 것이든 서방 교회 건축형인 고딕형이다. 그런데 불과 3년 전 리치의 서방형과는 다른 복음이 도마복음연구회를 통해 소개되기 시작했고, 『라그함마디』(2024, 동연) 전권이 번역 출간되었다. 동서남북의 모든 강물들이 바다에 모이듯이 한국 땅이 마치 바다와 같아졌대[如海]. 즈음하여 도반들이 해야 될 역할은 7세기 원효가 그러했듯이 그리고 孤雲 최치원이 중국에 돌아오면서 "나라에 현묘한 도가 있는데 일러 풍류라 한다"고 하면서 "내 나라에 가 풍류도를 하느니만 못하다"고 해야 할 것이다. 그는 수운과 같은 경주 최씨이고 그의 호 孤雲은 '水雲'과 연관된다. 그가 중국에서 식상한 것은 중국의 사유 유형이었다. 지나친 유와 도불의 갈등 그리고 불교 내에서도 교와 선의 갈등은 그로 하여금 중국에 더 이상 머무는 데 회의를 느끼게 했다. 상대적으로 우리나라의 유불선 합일과 교선일치 전통은 고운으로 하여금 다시 동쪽으로 되돌아오게 했다.

최근 국내에서 다석 류영모 연구와 함께 불러일으키는 오해 가운데 하나가 '일자 ▓(One) 문제가 아닌가 한다. 이정배는 "『다석강의』 곳곳에서 불교 역시도 결국 '하나'를 구성하는 것 이상일 수 없다는 말을 수차례

언급한다. 기독교 신관에 따라붙은 '유일^{唯一}'이란 것도 실상은 '귀일^{歸一}'인 것을 강조한 바 있다. 이는 인간이 상대계에 종노릇하는 일을 그치게 하려 함이다"(이정배, 2011, 179). 이정배의 이러한 주장은 일자에 대한 평균적인 입장인 것 같다. 그러나 이러한 일자의 주장은 자칫 류영모의 사상을 신플라톤주의에 연관시켜 버릴 위험성이 있다. 알랭 바리우는 '일자' 대신에 '복합물^{multiplicity}'라 한다. 20세기 사상의 특징은 '일자'에 대한 거부감 일색이다.

일자관은 자칫 다자를 '상대계에 종노릇하는 일'로 오해 살 여지가 있다. 이러한 일자관은 나아가 무한관과 공집합관을 오해 사게 할 여지가 있다. 그러나 칸토어의 멱집합론은 함께 아래와 같이 신플라톤 식의 사고의 타당성을 잃게 한다.

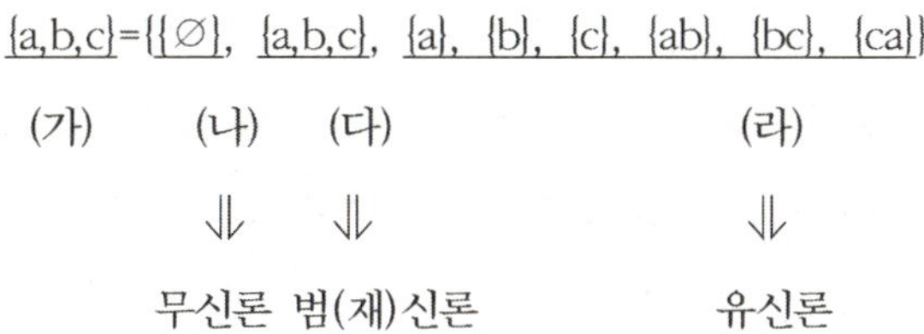

[도표 4.1] 멱집합으로 본 신론

위와 같은 부분집합을 성립하게 하는 것을 알랭 바디우는 '부분집합의 공리'라고 한다. 즉, "어느 집합이 {a,b,c}와 같이 셈할 수 있는 것으로 구성되면(가) 그것의 부분집합도 똑같이 셈해진다(나, 다, 라)"가 부분집합의 공리이다.

(1) (나), (다), (라)는 모두 (가)의 부분집합들이다. 유클리드 공리 "부분의 합이 전체이다"에서 오직 (라)만 (가)의 부분집합이다. 그래서 부분은 항상 전체보다 작아야 하고, 전체는 부분보다 커야 한다.

(2) 칸토어의 멱집합은 아리스토텔레스의 가무한(potential infinity)을 불가능하게 한다. 가무한은 셈할 수 없는 유한의 무한 연장이기 때문이다. 그러나 칸토어의 멱집합은 계산 가능한 '실무한'(actual infinity)이다. 그래서 무한도 일자도 다자 속에서 셈이 가능해진다.

(3) 어느 n개 집합의 멱집합의 개수는 2^n개인데 실무한 전체를 A(원래 칸토어는 히브리어 ℵ라 함) 했을 때 그것의 부분집합(멱집합)은 2A로 표시된다. 그러면 두 개의 무한 집합 A와 2A가 동시에 가능해지는데 문제는 이 두 무한 집합 사이에 끼어 있는 집합이 있느냐 없느냐가 문제시되는데 칸토어는 죽을 때까지 '없다'고 했지만, '있다'는 것이 그의 사후에 논리적으로 증명이 돼 이를 소위 '연속체가설'이라고 한다. 이 가설은 세기적 관심사가 돼 1970년경에 폴 코헨이 '있다'와 '없다'가 동시에 가능하다고 비결정론적으로 마감한다. 이를 두고 낙원으로부터 수학의 추방이라고 한다. 포스트모던이 연속체 가설과 함께 동시적으로 출현한다.

(4) 여기서 칸토어의 멱집합 [도표 4.1] 속에서 튀어나온 것은 '무한'도 '일자'도 불가능하다는 결론이었다. 아무리 큰 무한이 있다 하더라도 그것의 부분집합은 제 자신(다)을 포함包含해야 하기 때문이다. 동양의 한자 포함包含과 포함包涵은 이를 구별하여 (가)가 (라)를 포함할 때는 포함包涵으로 그리고 (다)를 포함할 때는 포함包含으로 쓴다. 한자권에서는 두 개의 포함을 구별하는 것이 일상사였음을 의미한다. 최치원이 포함삼교包含三教라 한 것은 강한 주체의식을 반영한 것이다. 만약에 포함包涵이라 했더라면 중국에 우리 것이 부분으로(라) 포함包涵시키는 것이 될 뻔했기

때문이다.

(5) 여기서 중요한 것은 공집합 (나)도 부분으로 포함된다는 것이다. 공집합은 다석의 '빈탕한테'와 같은 것인데, 멱집합에서는 공집합도 부분집합의 한 부분이라 한다.

(6) 범(재)신론이란 (다)를 부분으로 포함(包含)하는 신관이다. (라)는 포함(包涵)이라 하고 (다)는 포함(包含)이라 할 때, 공집합 (나)는 '부정(不定)' 다시 말해서 결정할 수 없음이다. 이와 같이 복잡함이 전체와 부분의 관계 속에 들어 있었던 것이다. 이런 논리적 분석 없이 일상 언어로만 지금까지 신학과 철학을 논해 왔기 때문에 신관에 관한 오류를 범해 왔고, 교회 일각에서는 이단 시비가 그치지 않았던 것이다.

(7) [도표 4.1]은 앞으로 동학과 도마복음을 이해하는 데 있어서 하나의 방향타 같은 역할을 할 것이다.

공집합공리에 이어 '무한집합의 공리'는 러셀역설이 생기는 가장 큰 원인이 '모든'이란 말에 있는 데서 그 의미가 가중된다. '모든'과 함께 '무한'이란 말은 같은 맥락에서 역설을 조장하는 원인이다. 유클리드 공리 가운데 제5공리는 '무한'에 관한 공리이다. 다른 공리들과는 달리 이 공리에서 문제가 생기는 이유도 '무한'이란 말 때문이다. 불교가 4세기 경 불교 논리 성립을 서두른 이유도 다름 아닌 삼법인 가운데 '제행무상(諸行無常)'이란 말 속의 모든을 의미 하나는 '제(諸)' 때문이다. 이 '모든'이란 말 속에 '제행무상'이란 말까지 포함시켜 보자고 자이나파에서 조롱하자 그렇게 되는 순간 삼법인 자체가 역설에 직면하게 되고 말이 성립 안 되니 이를 극복하기 위한 인명학을 발전시킨다. 말 속에 그 말 자체를 대입하는 '자기언급'이 결국 역설의 원인이다. 이발사 역설의 경우도

이발사가 스스로 규칙을 만들어 놓고 제 자신을 자기 말에 대입하자 역설에 직면한다.

도마복음은 철저하게 이 역설에 대처하기 위해 쓰인 복음서이다. 교회는 권위와 억압으로 이 역설을 발설하지 못하게 하고 탄압했다. 이 역설을 적용하면 자기언급에 해당하는 깨달음이 첫 화두가 된다. '깨달음'은 '자기의식'인 자기언급에 해당한다.

'무한'이란 말이 역설의 원인이 되는 이유도 '무한'이란 말에 무한이란 말 자체를 대입하면 그것은 이미 무한이 아니게 된다. 말은 발설하는 순간 역설에 직면하게 되는데 이를 두고 '자어상위'라고 한다. 무한 역시 무한 자체는 유한인 역설을 앞에 두고 공리를 만든다. 공집합은 '… 다음에 다음에 다음에…'와 같이 차연을 만든다. 무한집합은 공집합이 차연이 돼 미끄러져 내리는 것을 의미한다. 다시 말해서 공집합의 후속 집합을 통해 삼라만상이 모두 공으로 귀속되도록 하는 것이 무한집합 공리이다. 그래서 그 존재성이 인정될 수 있는 것은 모두 공집합뿐이다. 이를 두고 '만유개공^{萬有皆空}'이라 한다. 『도덕경』 2장은 유무상생^{有無相生}, 4장은 "도는 빈 그릇(道沖)". 28장은 '무극으로 돌아가라'(復歸於無極), 37장은 '이름 없는 박^樸' 등이라고 한다. 신구약 어디서도 찾기 힘든 표현들이 E-형 문명권에서는 그것이 주류이고 정상이다.

위 멱집합론을 통해 볼 때 신학과 철학계 일각에서 주장되는 일자와 무한에 대한 이해는 대부분 아리스토텔레스의 가무한 개념에서 발생한 것임을 발견할 수 있다. 다석은 공집합을 '빈탕한데'라 하면서 "빈탕한데 (허공)인 하느님 아버지의 품에서 살아야 할 것이다"(『다석일지』)라 하면서, 다석은 공집합을 인격화하여 인격신이 거주하는 집이라고 한다. 마치 유일신이 공집합 안에 있는 것처럼 말한다. 다음 공집합 공리의 정의에서 보면 이해할 수 있다.

공집합(나)의 정의는 "요소가 없는 집합이 있다"와 같다. 공집합도 [도표 4.1]에 의하면 어느 한 집합의 부분집합이다. 그리고 공집합은 보편적으로 어디에나 포함되고 포함하는 성격을 갖는다. 그래서 공백의 첫 번째 속성은 어디에나 '편재함'(omnipresence)이라는 속성을 갖는 집합이다. 그러나 공백은 제 자신 자체는 어디에도 귀속되지 않으면서 모든 것을 포함하고 포함된다. 이는 마치 공백이 빛과 같은 속성을 갖는 것과 같다. 빛은 제 자신은 아무런 질량을 가지고 있지 않지만 어디에서나 없는 곳이 없고 갖지 않는 것이 없다. 그래서 공집합은 존재하는 모든 집합의 부분집합이다.

무신론자란 멱집합 안에서 공집합의 성격을 갖는(나) 신을 믿는 신관의 소유자들이다. 공집합도 엄연히 다른 것과 같은 부분집합의 한 부분이다. 그런데 전통 유신론은 세계가 완전히 전체의 부분이 되는 (라)만을 고집하는 데서 유신론(Theism)이란 신관이 가능했고, 이를 일명 '인격신관'(personal theism)이라 한 것이다. 사복음서 안 예수가 가르친 주기도문 자체가 (라)에 국한되는 면이 있다. 그러나 도마복음서 속에는 (나)와 (라)와 같은 신관이 산재해 있다(28, 42, 77장 등).

'천자문千字文'의 신학

예전 한국에서 '천자문'은 3세 전후 단동십훈을 갓 끝내고 7세 전후부터 배우는 최초의 교과서(textbook)였다. 필자는 6.25 한국전쟁 때 강원도 울진군 원남면 기양3구(일명 '터밭')에서 매화국민학교를 1952년 졸업하고 중학교가 지역에 없어서 기양2구(일명 '여양')의 장 선생님 댁에서

동네 십여 명의 친구들과 함께 천자문을 1953~1954년 동안 배운 적이
있다. 천자문은 '4언절구 125구'(4자×125구=1000자)로 구성돼 있다. 2개
의 구가 1개의 절을 만드는데 여기서는 1-절만을 가져와 그것을 칸토어의
집합론과 연관시켜 보려 한다.[4] 1개의 절은 모두 8개의 글자로 구성된다.

　　1절: 天地玄黃　宇宙洪荒

　　2절: 日月盈昃　辰宿列張

　　3절: 寒來暑往　秋收冬臟

　　4절: 閏餘成勢　律呂調陽

　　5절: 雲騰致雨　露結爲霜

　우주의 시작을 말하는 것은 거의 모든 경전의 필수 요건이지만 천자문
을 특별히 여기에 가져온 이유는 4절 때문이다.[5] 1-3절은 창세기, 『도덕
경』 등에서도 볼 수 있지만 4절 같은 것이 다른 3절과 연계된 것은
천자문이 뛰어난다. 4절 가운데서도 '윤여閏餘'는 천자문 안의 진주에
비유할 수 있다. 지금까지 천자문을 윤리 도덕적인 데에 치중한 나머지
윤여의 중요성을 몰랐던 것이다. 1절과 2절은 '윤여'가 생기는 배경이고,
5절은 그 결과에 대한 설명이다. 매우 잘 짜여진 구도이다. 그리고 1-5절

---

4 '천자문'의 저자에 관해서는 1400~1500여 년 전 중국 양나라 무제가 신하 주흥사에게
　하달해 하룻밤 사이에 지었다는 설과 삼국시대 위나라 문제(220~265) 때의 종요 작품
　이란 설도 있으나, 모두 믿을 만하지 못하다.
5 3절은 1-2절이 갖추어진 후 우주에 질서가 잡혀 돌아 운행하는 것을 나타낸다. 이 구들
　은 모두 16개의 글자로 천자문 첫 쪽을 장식한다. 기고봉 같은 학자는 '천'과 '지' 두
　글자를 이해하고 그의 사상이 다 정리되었다고 한다. 강증산에게도 비슷한 일화가 있다.
　이 말을 집합론적으로 이해하면 공집합={ }=나가 사실상 전부라는 것을 의미한다.

을 '천도편'이라고 한다.

'윤여'란 '붙어서 생기는 나머지 혹은 잉여'라는 뜻이다. 그러면 1절과 2절은 3절의 '윤여'가 생겨나는 배경이 된다. 과연 그런가? 1절: 天地玄黃 宇宙洪荒은 "하늘은 검고 땅은 누르며, 우주는 넓고도 거칠다"로 풀이된다. 1절을 그 자체만으로 볼 땐 도가사상적 색채가 짙다. '천지'는 시간이 없는 순수공간 개념이고, '우주'는 시공간 개념을 나타낸다.6 '현황玄黃'과 '홍황洪荒'은 허虛, 공空, 무無 같은 개념에 가까운 것으로 '실實'이나 '유有'와는 멀다. 이들을 집합론의 기호로 바꾸면 ∅과 같다.

그런데 집합론에서는 { }과 {∅}을 미묘하게 그리고 엄격히 구별해 사용한다. 즉, 집합론의 { }는 '허虛=(나)로, {∅}는 '공空'=(나)로 구별한다. 그리고 {a,b,c}=(다)는 가득참(fullness)을 의미하는 무無로 이해한다.7 (다)를 특히 제집합 혹은 자기언급이라 한다. 마지막 (라)가 유有에 해당한다. 집을 처음 짓는다고 할 때 '집터'가 있고 그 위에 '집'이 있다. { }는 집의 터와 같고 여기에 '번지수'가 전해지고, {∅}는 그 집의 '문패'가 될 것이다. 일제강점기 때 우리는 '문패도 번지수도 없는 주막' 같은 곳에 살았다. 한용운은 자기 집에 문패를 달지 않았다고 한다. 그러나 집은 가지고 있었으니 '번지수'는 있었을 것이다. 보통 '허공虛空'이라 하지만 엄격한 의미에서 '허'와 '공'은 구별돼야 한다. 도마복음 안에는 많은 곳에서 허공에 관한 기록들이 들어 있는데 앞으로 이 둘을 분간해서 읽으면 복음의 진수를 느낄 수 있을 것이다. 여기서는 먼저 천자문에서 그 구별을 시도해 보기로 한다. 천자문은 멱집합을 이해하는 첩경이라

---

6 '宇'는 상하사방이고, '宙'는 과거-현재-미래를 나타내는 시간 개념이다.

7 무는 1960년대에 nothingness로 번역하였으나 점차 원 의미가 'fullness'인 것이 알려졌다.

할 수 있다.

현황玄黃은 천지에 아직 빛이 없는 흑암 상태로서 이를「창세기」는 "땅은 아직 모양을 갖추지 않고 아무것도 생기지 않았는데, 어둠이 깊은 물 위에 뒤덮여 있었고 그 위에 하느님의 기운이 휘돌고 있었다"(창 1:1-2, 공동번역)라 하고, 『규원사화』의「조판기」는 "태고에 음과 양이 아직 나누이지 않은 채 아주 흐릿하게 아주 오랫동안 닫혀 있으니, 하늘과 땅은 혼돈하였고…"라 한다. 창세기와 규원사화는 모두 천지창조를 주재하는 신을 전제하고 있다. 이에 대해『도덕경』42장은 '道生一 一生二…'와 같이 인격적인 신 존재를 전제하지 않는다. 천자문은 후자의 경우라 할 수 있다.

천자문은 집합론의 { }=현황玄黃과 홍황洪荒을 전제하고 있다. 허虛와 공空을 말하고 있는데, { }와 {∅}의 차이는 크다. '공空'은 우주 안에서 ∅이 작용[工]을 하고 있음을 의미한다. 허虛에 해당하는 { }은 집이 들어설 빈 공터와 같은 것으로 번지수는 있지만 문패가 없는 상태이다. 집이 들어서 번지수와 문패가 생기면 {∅}이 된다. 집합론에서는 만유개공에 의해 {∅}=1, {∅{∅}}=2, {{∅{{∅}}}=3…과 같이 모든 수를 공으로 나타낸다. 그리고 1, 2, 3…과 같은 것들이 바로 2절: 日月盈昃 辰宿列張 (해와 달은 차고 기울며, 별자리는 벌려져 베풀어져 있다)이다. 이상의 내용을 요약하면

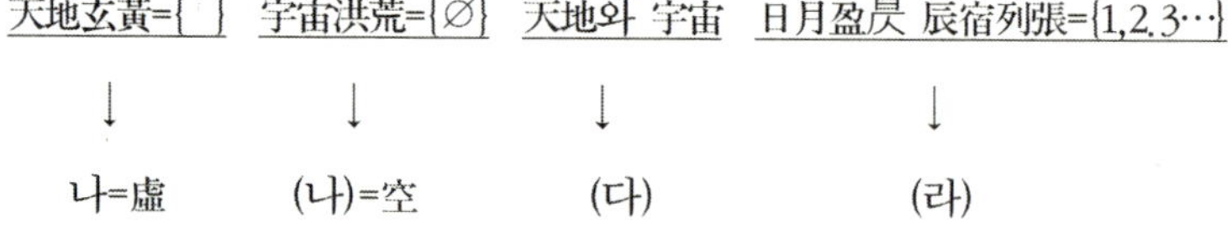

와 같고, 이를 다시 멱집합도에 나타내면,

$$\{a,b,c\}=\{\ \{\ \}\ ,\ \{\varnothing\},\ \{a,b,c\},\ \{a\},\ \{b\},\ \{c\},\ \{ab\},\ \{bc\},\ \{ca\}$$

$$\downarrow\qquad\downarrow\qquad\downarrow\qquad\downarrow\qquad\qquad\qquad\downarrow$$

$$(가)\qquad 나\quad\{나\}\quad\{다\}\qquad\qquad\qquad(라)$$

[도표 4.2] 천자문과 멱집합

와 같다. 나와 (나)를 나=허^虛={ }와 (나)=공^空={a,b,c}으로 나누었다.

그러면 문제는 4절 이전의 절에서 윤여가 생길만한 근거가 어디에 있느냐이다. 있다. 그곳은 2절: 日月盈昃(해와 달이 차고 기울며)이다. 해와 달이 차고 기울기를 4년 동안 하면 거기서 매년 4.25시간 만큼의 잉여가 생긴다. 하루의 1도를 돌 때 360도 궤도를 도는 데 걸리는 시간은 365.25일이 된다. 이 차이가 잉여이다. '차고'(盈) 또 '기우는'(昃) 것이 같아야 하는 데 차질이 생겨 잉여분의 일시가 생겨나는 데 이를 '윤여^{閏餘}'라고 한다. 한자 '閏'을 보면 임금^王이 성 문^門 안에 갇혀 있다와 같다. 윤달에는 임금이 궁문 밖을 나가면 안 되고 근신해야 하고 심지어는 종묘에서 일체의 제례 행위도 금한다. 유대인의 안식일과 마야인들에게도 유사한 제도가 있다. 유대인들은 더 엄격하여 안식일에는 전쟁도 안 한다고 한다. 예수는 이런 안식일 제도와 마찰을 빚기도 한다. 마야인들은 연중 5일간(365-360=5) 절제와 금식 그리고 기도를 한다. 유대인들은 희년이란 것을 두어 1년 동안의 잉여 기간을 둔다. 그 이유는 창조설화 속에 들어 있음을 아래에서 고찰할 것이다.

천자문 천도편 안의 이들 16개 글자는 천과 지, 우와 주, 일과 월,

진과 수 같이 모두 대칭 구조적이다. 일월영책에서 일과 월과 함께 '차고'(盈)와 '기우는'(昃)은 4절: 閏餘成歲 律呂調陽(남은 윤달을 보태어 해를 이루고, 율[六律]과 려[六呂]로써 음양조화를 이룬다)로 구체화된다. 그런데 여기서 문제시되는 것은 '남은 윤여閏餘'이다. '윤여'에서 '윤閏'은 초과이고 '여餘'는 나머지를 의미한다. 지금까지 천지와 우주가 모두 정상적으로 운행되는 것 같은데 어디에서 무엇이 초과하고 남아돌아 갔다는 말인가? 이 질문을 집합론과 연계해 다룰 것이다.

사실 이 문제의 정체는 칸토어의 집합론과 대각선 논법이 나타나면서 처음으로 철학과 논리학에서 거론되기 시작한다. 이 문제는 3개의 집합 {a,b,c}에서 왜 8개의 부분집합(멱집합)이 생기느냐다. 알랭 바디우는 이를 '초과'(excess)라고 했다. 초과를 알랭 바디우는 어느 사회에서 열외자들에 해당하는 집시나 불법 이민자와 같고, 한국에서는 정상적인 4열에서 벗어나 있는 초과자를 '오열五列'이라고 한다. 윷놀이의 '모'와 같고 음악에서는 '피타고라스 콤마'와 같다. 이 잉여분 혹은 초과가 달력에 나타날 때 이를 조율하는 것을 성세成歲라 한다. 음악에서는 '율려조양律呂調陽'이라고 할 때 양을 '율'이라 하고 음을 '려'라 한다. 그래서 율려조양은 음양을 조율한다는 것과 같다. 음악에서 생기는 초과를 음악에선 '피타고라스 콤마'라고 하는데 피타고라스가 초과(콤마)를 조율하는 것을 두고 '순정률'이라 하고, 16세기 바흐가 조율한 것을 '평균율'이라 한다. 한국의 한태동(1925~2025)은 '음양쌍율론'이라 한다. 음악에서 율려조양은 음을 조화롭게 한다는 말과 같고, 잘 조화될 때 '금슬琴瑟'이 좋다고 한다.

윤여를 다스리는 것을 '치윤법治閏法'이라고 한다. '윤여성세'란 남아도는 시간들을 보태어 세월을 이룬다는 뜻이다. 서양에서는 이런 잉여 혹은 '남아 도는 것'을 배제하려 한다. 순태 양력은 지구의 공전주기에 기초해 만든 책력이고, 순태 음력은 달의 주기에 기초한 책력이다. 그러나 우리나라는 '태음 태양력'을 채택하여 태음력에 배경을 두고 태양력과 조화가 되도록 하여 윤달을 조절하는 책력이다.

역법의 수치로 본 윤여는 1태양력은 365일 235/940(지구 공전주기)이고, 1태음년은 348일 348/940이다. 그래서 각각의 윤여일은 다음과 같다.

과도한 태양력수 5일 235/940 …기가 넘친다고 '기영氣盈'

부족한 태음력수 5일 592/940 …기가 빈다고 '삭허朔虛'

기영과 삭허를 합한 10일 827/940 …기삭氣朔

태양은 좌선左旋, 즉 동에서 서로 회전하는데, 달은 그와는 반대로 우선右旋을 한다. 이는 윤여가 생기는 이유 가운데 하나이다. 그러나 윤여가 생기는 더 근본적인 이유는 순 논리적인 멱집합 안에 있다. 이런 순환은 3절 한래서왕寒來暑往(추위가 찾아올 때 더위가 물러가고)으로 이어진다. 달이 한 달에 한 번씩 차고 기우는 것은 그릇에 과일을 '담고' '비우는' 것과 같으며, 꽃이 세 송이이면 8개의 부분으로 나누어 담고 비울 수 있는 것과 같다. 그런데 칸토어 집합론의 문제점은 '비움'은 표시를 안 해주는 데 있다. 그러나 역은 '담음'은 양—로, '비움'은 음−−로 표시한 결과 8괘가 생긴다[도표 3.3]. 해와 달 그리고 다른 천체들(라)은 모두 허공{ }=나에 포함包含돼 있다. 그리고 지구와 달은 자전과 공전을 동시에 한다. 즉, 자기언급(자전)과 타자언급(공전)이 동시에 진행된다. (다)= {a,b,c}는 집합 자체가 자기언급을 한 제집합이다. 그래서 '허공'과 '자기언급'은 멱집합과 천체의 구조가 같다는 것을 보여준다. 바로 이러한 이유로 윤여가 생긴다.

　남겨진 문제는 멱집합과 윤여성세를 논리적으로 연관시키는 문제이다. 윤여와 멱집합을 연관시키는 문제, 다시 말해서 집합(나)과 제집합(다) 그리고 { }=허^{虛}=나, {∅}=공^{空}=(나) 마지막으로 {a,b,c}=무^{無}=(다)를 연관시키는 문제라 할 수 있다. 칸토어의 멱집합이 나타난 이후 미술계에선 인상파가 물리학계에선 상대성 이론이 뒤따랐다. 모두가 칸토어의 집합론과 연관이 된다. 아인슈타인은 공간과 물질이 같고 상호 작용을 한다고 보았다. 이는 { }=허^{虛}=나={∅}=공^{空}=(나)={a,b,c}=(다)란 것을 의미한다. 공집합과 제집합은 서로 불가분리적이다. 빈 그릇 자체(공집합)와 세 송이 꽃이 다 담겨있는(제집합) 관계와 같다. 이들 관계를 인상파들은 그림으로 그려내었다.

　중세기 화가들은 '그림'(figure)과 '바탕'(ground)을 뚜렷이 구별하여 전자를 후자에 포함^{包涵}(ex-ist)시켰는데, 19세기 인상파들은 그림의 색채를 통해 이런 구별을 없에고 상호 내함(in-ex-ist)시켰다. 다시 말해 포함^{包含}시켰다. 20세기의 피카소, 미로, 카단스키 등은 색채가 아닌 그림의 구도를 통해 상하좌우의 구별을 서로 무색게 했다. 그래서 마치 우주인이 무동력인 우주선 안에서 떠돌아다니듯 한 것과 같다. 이는 모두 칸토어의 멱집합 속에 넣어 생각하면 무리가 없이 이해 된다. 알랭 바디우는 (가)가 (다)를 포함^{包涵}하는 것을 두고는 'exist' 혹은 '외함'(ex-ist)이라 하고, 그러나 허공(나)은 (가)에 'in-ex-ist' 혹은 '내함^{內含}'이라 한다. '내함'이란 '안(in)-밖(ex)-있다(ist)'와 같다. 내함이란 (다)와 같이 자기가 자신 속에 귀속하는, 즉 '자기귀속'(self-belonging)이라고 한다. 그리고 자어상위 혹은 역설은 자기귀속의 다른 표현이라 할 수 있다. 자전과 공전을 한다는 것은 '안(in)-박(ex)-있다(ist)'라는 말과 같다.

알랭 바디우는 『존재와 사건』에서 초과하는 잉여가 생기는 것을 두고 '초과점 정리'라 하면서 초과가 발생하는 이유는 어느 집합과 그것의 멱집합과의 관계에서 어느 집합이 {a,b,c}=(가)이면 그것의 멱집합은 8개(2³)인 것과 같다고 했다(김상일, 2008, 262). 차고 기우는 것은 순환한다는 것을 의미한다. 사실 이 문제의 정체는 칸토어의 집합론과 대각선 논법이 나타나면서 처음으로 철학과 논리학에서 거론되기 시작됐다고 보면 더 정확할 것이다. 이는 다름 아닌 3개의 집합 {a,b,c}에서 왜 8개의 부분집합이 생기느냐의 배경이다. 알랭 바디우는 이를 '초과'(ex-cess)라고 했다.

양을 '율律'이라 하고, 음을 '려呂'라고 한다. 그래서 잉여 '윤여'를 조절하여 다시 제대로 되도록 하는 것이 다름아닌 4절 '율려조양'이다. 그런데 윤여가 전방위적으로 모든 영역에 나타나는 하나의 보편적인 현상이라고 볼 때, 음악에서는 이런 윤여를 다스리는 것을 '치음법治音法'이될 것이다. 신관에서 '조물자'는 인간이 만든 것인 동시에 인간을 만들기도 한다. 동양 신화의 창세신은 모두 만들어진 것이 동시 만들기도 한다. 창조신은 일방적으로 세계를 만들지만, 플라톤의 데미우르고스(조물주)는 인간의 손에 의해 만들어진 동시에 인간을 만들기도 한다. 만드는 과정에서 적용되는 것이 율려이다. 그래서 신도 인간도 율려 없이는 손발이 묶이고 만다. 그렇다면 신학에서는 치신법治神法도 가능할 것이다. 동학과 도마복음에서 치신법을 엿보기로 한다. 유대인에게 치신법에 해당하는 것이 '안식일' 제도이다.

공집합의 공리와 무한집합의 공리 그리고 초과점 정리는 종래의 존재신학과 그것의 뒷받침이 된 A-형 형이상학을 무색하게 만들어 버린다. 무엇보다 전체는 부분을 포함包涵한다는 논리를 불가능하게 한다.

그 이유는 공집합(나)과 제집합(⟨a,b,c⟩) 자체도 부분으로 포함包涵되기 때문이다. 그런데 이들 둘은 (라)와 동일한 부분집합일 수 없다. (나)는 아무것도 없는 것이 아무것도 없는 것에 담기는 것이고, (다)는 제 자신이 제 자신 속에 담기는 것이기 때문이다. 불교에서는 (다)를 두고 자어상위自語相違라 하고, (나)를 두고는 무어라 결정 없음이라 하여 '부정不定'(un-decidable)이라고 한다. 그래서 우주는 자어상위와 부정이라는 논리 구조를 가지고 불안정하게 운행되고 있다.[8] 오직 (라)만 (가)에 포함包涵된다. 그리고 이를 정인正因이라 한다.

---

8 태양계의 다른 행성과는 달리 금성은 서에서 동으로 회전하는데, 그 이유를 아직도 과학자들은 모르고 있다. 그러나 수-금-지를 톱니바퀴라고 할 때, 수성과 지구가 같은 방향을 돌면 그 가운데 금성은 그 반대 방향으로 돌아야 한다. 이는 순수 논리적인 문제 이다.

4.3 동학과 도마복음의 신관 비교

앞의 1-4장들은 동학과 도마복음의 관계를 이해하기 위한 방법론과 그 내용들을 채우기 위한 준비 과정들이었다. 각 장에서 칸토어의 멱집합은 일관되게 나타나고 적용되었다. 부분집합 혹은 멱집합 안에는 네 개 요소들 허, 공, 무 그리고 유가 들어 있다. 창조와 신이 있는 것이 아니고, 그것의 배경에 인간이 끊임없이 허·공·무를 잡고 찾으려는 갈구가 있을 뿐이다. 신비주의자들은 상상했고, 과학자들은 창조하려 했고, 철학자들은 붙잡으려 했고, 천문학자들은 찾으려 했다, 신학자들은 무로부터 신을 끌어내려 했다. 그러나 모두 실패했다. 그러나 기대밖에 수학자들이 그 일에 성공했다. 칸토어가 해냈다. 그런데 도마복음은 예수가 무를 찾는 데 일등공신이라고 전하고 있다. 동학은 그것을 찾는 구체적인 방법으로 3(4)대 주문을 말하고 있다. 「창세기」 기자들도 이미 도마복음의 전령처럼 말하고 있다. 윌버의 전/초오와 칸토어의 멱집합을 적용해보면 창세기와 도마복음과 동학을 한 줄에 꿸 수 있다. 어거스틴과 아퀴나스가 창세기를 잘못 읽었기 때문에 도마복음이 땅에 묻혀 천6백여 년을 기다려야 했다.

'공일^{空日}'로서의 안식일

창세기에는 두 가지 신의 이름으로 두 가지 다른 창조설화가 기록되어 있다. 1장 1절-2장 3절에서 신의 이름이 '엘로힘Elohim'이고, 2장 4절-3장에서 신의 이름은 '야훼-엘로힘YHWH-Elohim'이다. 이 두 명칭의 사용 연대는 전자가 기원전 800년 무렵 그리고 후자는 400년 무렵이다. 영어와 한국어로는 전자는 'God: 하나님'으로 후자는 'Lord God: 주 하나님'으로 번역되었다. 다른 성격을 가진 신을 읽는 독자들에게 혼란을 주지 않게 이렇게 번역한 것은 잘못이다. 시기가 성격이 다른 두 신들이다.

1장 1절-2장 3절은 포로기 기간 중 제사장priest이 기록했다고 하여 일명 'P 문서'라 하고, 2장 4절-2장 25절은 'J 문서'라고 한다. 두 문서는 신 호칭의 차이뿐만 아니라 담긴 내용도 다른데 최근 유발 하라리, 화이트헤드 그리고 생태주의자들의 견해가 다르다.

1:1-2:3(P 문서): 엘로힘

하라리: 인간을 다른 존재와 구별하려는 '집단적 신화'

화이트헤드: 사건의 흐름을 통한 우주의 생성 과정

생태주의: 생태 환경 속에서 인간의 청지기적 책임

2:4-2:25(J 문서): 여호와

하라리: 윤리와 질서의 기원

화이트헤드: 신과 인간의 상관적 생성 과정

생태주의: 인간과 자연과의 관계

현대 대표적인 사상가들의 이상과 같이 다른 두 기자가 편집 기록한 내용들에 대한 다른 이해들은 시대와 사상의 변화와 함께 이해를 또 다르게 할 수 있게 한다. 우선 이들의 이해는 3~5세기 교부들의 이해와도 판이하게 다르다. 즉, 교부들은 인간의 원죄와 타락과 낙원에서의 추방에 주점을 둔 결과 구원, 메시아, 재림 그리고 종말 같은 주요 교리들을 이끌어낼 수 있게 했다. 그러나 도마복음 안에는 이들 교부들의 이해에 관한 기록이 전무하고 인간 내면의 성찰과 깨달음에 주안점을 두고 있다.

기독교가 가장 많은 신도수를 가지고 있고 가장 영향력인 종교가 된 배경에는 4세기에 로마 제국의 국교가 됨으로써 제국의 정치적 지지와 군사적 자원을 받아 무력으로 교세를 늘린 데 있다. 기독교 국가들이 아메리카 대륙을 식민지를 삼아 알라스카에서 남미 페루까지 두 대륙 전체가 기독교화됐다. 그 배경에는 교부들의 창세기 해석과 정치권력이 손을 맞잡았기 때문이다. 그리고 그 선후는 분간하기 힘들다. 이 말은 교부들의 교리 자체가 로마 제국주의에 추파를 던진 것인 동시에 그러한 교리가 로마제국을 뒷받침했기 때문이다. 이제 1945년 도마복음의 발견과 함께 연결고리를 끊어야 한다. 그래야 기독교도 살고 제국들도 산다.

도마복음 안 어록들의 주제어는 허·공·무이다. 로버트 맥크럼은 "책의 첫머리를 정하는 것은 우주의 기원을 결정하는 것만큼 복잡하다"고 했다. 그런데 P 기자는 이 점에서 탁월했다. 허·공·무의 순서로 글쓰기를 했고, P와 J 문서를 편집한 기자는 서로 다른 설화를 윌버의 진화와 타락이라는 두 관점에서 함께 묶는 데 탁월했다. 다시 말해서 창세기 기사는 현대 수학과 초인격 심리학에 손색없는 기록을 했고 편집을 해냈다.

천자문도 그런 의미에서 잘 된 글쓰기의 표본이다. 천자문은 '천지'와 '우주'를 구별한다. 천지는 구변도[도표 3.1]의 1변과 같고, 우주는 2-3변과 같다. 천지가 '玄黃'하다고 한 것은 { }=虛라고 했다. 구변도 1변의 흑암의 원과 같다. 원은 '알Uroboros'이고 어떤 형태도 생기지 않는 상태이다.

『회남자』에서 宇는 上下四方이고, 宙는 가고 오는 시간이라고 했다. 그런 점에서 천지와 우주는 현격히 다르다. 전자는 {　}이고 후자는 {∅}이다.

　　바로 이러한 구별을 창세기는 성공적으로 구별하고 있다. 창세기 1장 안에서도 1장 1-2절과 그 아래 다른 절들과는 구별해야 한다. 왜냐하면 1장 1절 "태초에 하나님이 천지^{세째}를 창조하셨다"(표준번역)고 하는데 이는 다른 6일은 하루하루 지어지는 것이 다르다. 이 1절은 '한꺼번'에 천지를 '모두^세' 짓는 것이다. 손가락으로 하나, 둘, 셋⋯ 하고 셈하는 것이 아니고, 주먹으로 5지 전체를 한꺼번에 셈하는 '주먹'과도 같다. 그리고 3절부터는 매일 매일 하등에서 고등으로 향한 다음 마지막에는 인간을 창조한다. 1절의 '모두'를 '온'이라면, 3절 이하는 '낱'이라고 할 수 있다. '온'(전체)과 '낱'(부분)을 합한 것을 한국어는 '한'이라고 한다. 온과 낱을 유클리드는 엄격히 구별하여 낱의 합이 온이라고 했고, 그 반대는 아니라고 했다. 온은 낱을 包涵하지만 그 반대는 아니다. 그런데 한은 온이 낱을 낱이 온을 상호 포함한다. 그러면 창세기를 온과 낱이 아닌 '한'의 시각에서 재조명하는 것이 필요하고 여기서 멱집합이 필요조건으로 요청된다. 제7일 안식일인 열외의 안식일은 동양권에선 '공일^{空日}'로 분류된다.

　　그런데 7일에서 구별되는 것은 또 한 곳 있다. 바로 2장 13절이다. 하나님(엘로힘)은 "하늘과 땅과 그 가운데 있는 모든 것을 다 이루셨다. 하나님은 하시던 일을 여섯 날까지 다 마치시고, 이렛날에는 하시든 모든 일에서 손을 떼고 쉬셨다"(2:1-2). 1장 1절에는 '모든' 것을 한꺼번에 다 지었고, 7일째는 '모든' 일에서 손을 놓았다. 이 7일째를 다른 6일과 구별하여 '공일^{空日}'이라 부를 것이다. 이러한 세 토막의 창조 과정을 P 기자는 정확하게 나누었다.

문제는 2장 4절-3장 25절에서는 신의 이름이 야훼로 바뀌면서 진화의 역순으로 창조가 진행되는데 월버는 이를 역진화 혹은 '퇴화' 혹은 '신학적 타락'이라 할 것이다. 아담을 제일 처음 만들지만 그다음 순서가 1장에서만큼 정확하게 구별되지 않는다. 그 구별을 명확하게 언급하고 있지는 않지만 대략 5개 정도로 여겨진다. P 기자가 정수배로, 즉 정확한 진화의 과정을 말한다면, J 기자는 무리수배, 즉 모호한 퇴화 과정을 말하고 있다. 이 점 역시 매우 중요한 구별이고 천자문의 '율여조양'이란 바로 정확성과 부정확성을 조절하는 것이라 할 수 있다.

문제는 창세기의 이러한 문제점들을 교부들이 자기들의 입맛에 맞게 그리고 로마제국의 통치술에 알맞게 견강부회한다. 다시 말해서 두 기자들의 기록 속의 본의와 두 기록을 편집한 편집자의 의도를 훼손하고 말았다는 것이다. 그리고 자기들의 생각에 걸맞지 않으면 심지어는 예수의 어록같이 제단 내지 제외하고 말았다.

영일과 공일 그리고 안식일

창세기의 창조관을 지금 우리가 역사적으로 그리고 과학적으로 경험하고 이해할 수 있는 근거는 오직 초과일인 '안식일' 뿐이다. 창세기 기사 가운데 현실적으로 역사 속에 가시화된 것은 오직 안식일 뿐이란 말이다. 마야인들도 유대인들과 초과하는 시간을 가지고 있었는데, 13, 18, 20 세 숫자로 달력을 결정한다. 이때 $18 \times 20 = 360 + 5 = 365$일을 계산한다. 이때 '5'에 해당하는 것을 초과라 하며 '우야엡Uyayeb'이라 부른다. 유태인과 마찬가지로 성문 안에 갇혀 일체 행동을 금한다(김상일, 2021, 239). 안식일을 '편히 쉬는 날'로 파악해 온 데에 문제가 있다.

마카비 전쟁 기간에는 전쟁까지 안식일에 하지 않았다. 그리고 '무로부터 창조'라는 말이 마카비에 등장하는 것을 보면 안식일과 무가 역사적으로도 상관성이 있어 보인다. '공일^{空日}'로 바꾸어야 안식일이 더 보편적인 의미도 갖게 되고 현대 과학적 개념들과 부합될 수도 있다. 그 이유를 집합론으로 설명할 것이다.

아무튼 구약 전체를 관류하는 두 사상은 '출애굽'과 '안식일'이다. 출애굽은 역사적이지만 안식일은 신화적이다. 특히 안식일은 신약에까지 이어지면서 그 중요성이 인정된다. 신약에서 예수의 부활을 '안식일 다음 날'이라고 한 데 각별한 관심이 요청된다. '安息日'을 한자 의미대로 번역하면 '편히 쉰다'가 된다. 이날의 유래는 두 가지로 1) 태초에 하느님께서 6일 동안 창조사업을 하시고 일곱째 날에 쉬셨다는 것(탈출 20, 11)을 기념하기 위해 안식을 취했다는 것과, 2) 이스라엘 민족이 이집트에서 해방된 것(신 5, 15)을 기념하기 위해서라는 것이다. 두 가지 유래에서 공통되는 것은 모두 '기념'이라는 말이다. 이는 모든 나라에 있는 지정된 국가 공휴일^{公休日}과 같은 것인가? "하느님께서는 하시던 일을 이렛날에 다 이루셨다. 그분께서는 하시던 일을 모두 마치시고 이렛날에 쉬셨다. 하느님께서 이렛날에 복을 내리시고 그날을 거룩하게 하셨다. 하느님께서 창조하여 만드시던 일을 모두 마치시고 그날에 쉬셨기 때문이다"(창 2:2-3).

그러나 이러한 두 가지 유래설은 안식일의 의의를 망각할 우려가 있다. 차라리 우리나라에서 '공일^{空日}'로 취급하고 그 전날은 '반공일^{半空日}'이라 하는 것이 안식일의 오의^{奧義}를 파악하는 데 더 도움이 된다고 본다. 안식일을 '공일'이라고 하면 창세기의 또 다른 면 다시 말해서 수학적인 면이 보일 것이다. 공일, 즉 안식일은 진화가 끝나는 제7일에 해당하고 곧이어서 J 기자는 2장 4절부터 신명칭을 야훼로 바꾸어 역순으로 아담을 제일 먼저 창조한 후 고등에서 하등의 순서로 기록을 한다. 이를 퇴화[in-volution] 혹은 신학적 타락이라 한다. 그래서 퇴화가 끝나고 새로운 진화가 생기는 그 순간에 안식을 둔다. 이 말은 진화와 퇴화가 바뀌는 순환점에 안식일이 끼여 있다는 것이다. 1→6 (안식일) 6→1과 같다.

짐 홀트는 『세상은 왜 존재하는가』에서 그 답을 '모든 집합의 집합'이 될 때, "그 집합에서는 자기 자신도 포함되어야 한다"(짐 홀트, 2012, 294)고 한다. 이는 멱집합에서 (다)={a,b,c}를 두고 하는 말이다. 그런데 { }=나와 {∅}=다 가 더 있다. 여기서 천자문과 창세기를 함께 집합론으로 나타내면,

천지현황 = 虛 = { } = 혼돈, 공허, 어둠 = 零日
우주홍황 = 空 = {∅} = 제7일 안식일 = 空日 = 1

안식은 완성과 멈춤 그리고 끝남과 시작이라는 두 가지 의미를 다 갖는다. 우로보로스 뱀이 자기 입으로 자기 꼬리를 스스로 물고 있는 것과 같이 안식일은 자기 자신에게로 되돌아와 자기언급을 하는 날이다. 空이 虛와 다른 점은 활발한 작용이 진행되고 있는 형국인데 있다. 천지와 우주가 다른 점이 여기에 있다. 1장에서 P 기자는 '천지'창조를 2장에서 J 기자는 '우주'창조를 말하고 있다. 이는 천자문의 순서이다.

존 베로는 천지={ }와 우주={∅}를 집합론을 통해 명쾌하게 구별해 설명하고 있다.

천지=虛

우주=空=1

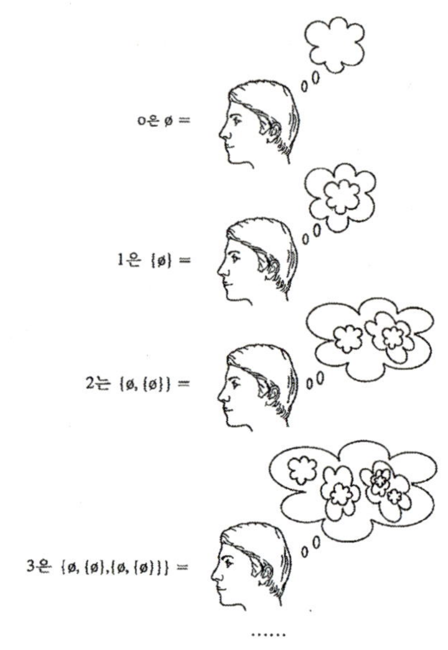

[도표 4.3] 사유 속의 멱집합

(1) 공집합={ }로부터 자연수 1, 2, 3…을 도출하는 과정을 사고의 추리 과정에 비유한다. '집합'을 '사고'라고 할 때 공집합은 '무념無念'이다. 이 무념을 생각하면 1이 생겨난다. 무념의 무념을 반복하면 모든 수를 이끌어낼 수 있다. 집합론이 나타나면서 가장 난감해진 것이 전통 유신론이다. 철학과 수학 그리고 논리학자들이 무신론자가 되는 이유는 '공집합' 때문이다. 바디우가 그 대표적이다.

(2) 허와 공과 무가 유와 같이 어느 집합의 부분집합으로 包含된다는 것은 플라톤 이래로 절대 왕자를 차지하던 일자 ﹡(The One)가 설 자리가 없게 하고, 이것은 무신론의 배경이다. 아무리 큰 일자인 이데아의 이데아…라고 그것이 제 자신의 부분집합 안에 포함될 뿐만 아니라 심지어는

{∅}=1은 일자가 마치 0의 파생 혹은 부속물 같아졌다. 다시 말해서 0이란 수를 공집합으로 정의할 경우(아), 공집합에는 원소가 하나도 없기 때문에 이렇게 정의할 수 있다. 다음으로 '1'이란 수는 0을 포함하는 집합으로 정의할 수 있다.

(3) 그러한 집합을 {0}으로 표시할 수 있는데, {0}는 원소가 단 하나뿐이다. 그런데 0을 공집합으로 정의했기 때문에, 1이란 수를 다시 쓰면 {∅}이라는 집합이 되는데, 이는 공집합을 원소를 1개 갖는 집합이다. 여기서 {∅}은 더 이상 공집합이라 부르면 안 된다. 공집합은 아무런 원소도 없는 { }=虛라고 한다. 그래서 허는 아무런 원소도 없지만 空집합이란 그 안에 ∅이란 원소를 1개 갖는 집합, 즉 {∅}=1이다. 이는 사유 속에서 점진반복으로 자기언급을 하는 것을 통해 얻어진 결과이다(도표 4.3). 여기서 1은 플라톤 이후 누려오던 권좌에서 내려와야 한다. 이와 함께 전통 유신론은 붕괴하고 만다. 1자라는 신은 허공 중의 이름일 뿐이다.

(4) 유크리드 이후 서양 수학은 '수' 자체가 어떻게 생겨나는 줄을 몰랐다. 그 결과 생긴 것이 '일자The One'이다. 그것은 미신이고 망상의 결과이고 그 일자는 서양 철학사에서 신, 절대정신, 물자체 등으로 그 이름을 바꾸어 가며 권좌에 앉아 사회와 인간의 정신을 우상에 빠지게 했다. 그런데 도마복음이 그러한 일자를 새롭게 정의한 것이다. 허와 공이라고 다시 정리한다.

(5) 1은 기호일 뿐 空={∅}이 참이다. 1없이도 얼마든지 공만으로도 만유를 다 나타낼 수 있기 때문이다.

{∅}=1

{0,1}=공{∅,{∅}}=2

{0,1,2}={∅,{∅},∅,{∅}}}=3

....

....

....

와 같다. 어느 숫자는 끝의 중괄호 { }의 개수와 일치한다.9

공집합과 신존재 증명: 조물주는 하는님(Doing God)

공집합이 나타나면서 교부들이 창세기를 얼마나 왜곡한 것을 쉽게
알게 되었다. 이들은 주로 창세기 2장 3절-3장의 신학적 타락(퇴화)만을
보았다. 그 결과 찰스 다윈의 진화론과 척을 짓게 되었다. 마르크스와
프로이트 등 전/초오-1, 즉 A(C)의 오류를 범하게 하였다. 그러나
위와 같이 집합론에 의하여 창세기 1-3장을 모두 회복한 결과 무신론(나),
범신론(다) 그리고 유신론(다)까지 모두 망라할 수 있었다. Peter Watson
의 *The Age of Nothing*(Cum Libro Publishing Co.,2016)을 우리말로 『무신
론자의 시대』(책과함께, 2016)로 번역한 것은 무신론을 허·공·무와 같이
본 것의 일례라 할 수 있다.

공집합이 백안시되거나 무시된 이유는 철저하게 자기언급에 그 근거
를 두고 있기 때문이다. 위 [도표 4.3]에서 보는 바와 같이 공집합은 사고

---

9 어느 수 N은 0과 제 자신보다 작은 모든 숫자를 포함하는 집합이다.

속에서 같은 것(∅)을 반복해서 언급해야 하고(자기언급), 그 과정에서 수자 1, 2, 3…도 생겨난다. 근친상간, 나르시스, 자폐증 증상인 것처럼 보인다. 공집합 ∅은 아무런 생각이 없는 생각을 하는 것이고 자기가 자기를 향해 말하는 것과 같다. 이는 정신병적 증상같이 보인다. 그러나 이것은 생각을 메타화하는 한 과정이다. 기독교의 회개悔改의 그리스어는 '메타노이아metanoia'이다. 그래서 회개란 공집합을 품어나가는 '공집합에 대한 생각'이다. 이때 숫자 1이 생기는데 이때 착각을 하고 그것은 '있는 것'처럼 둔갑하는데 바로 그것을 '유신론'(Theism)이라 착각한다. 그러나 '공집합의 공집합', 즉 2, 3, 4, 5, 6을 생각하고 다시 공집합을 생각하면 그것이 7일이고 동시에 '공일'(안식일)이다. 이것이 P 기자가 기록한 진화이고, 다시 역진화시킨 다시 말해서 퇴화를 시켜야 한다. 이것이 J 기자가 쓴 창세기 2장 4절 이하의 기록이다.

알랭 바디우는 진화를 '하나를 행해 셈하기'(count for One)이라 하고, 퇴화를 '하나로부터 축소(substraction)'라 한다. 그러면 The One은 사라지거나 불필요하게 되고 하나로부터 셈하여진 다음 축소되는 과정이 반복돼 생긴 '복합물'(multiplicity)이 있을 뿐이다. 중국의 현장이 마음속에 알라야라는 일자를 추구하라고 했지만, 원효는 인간의 마음이란 그런 일자 같은 것이란 없고 모이고 흩어지는 '심분섭心分攝'이 있을 뿐이라고 한다. 창세기를 진화와 퇴화가 상호 순환하는 분섭의 과정으로 본 것이다.

공집합의 등장은 아퀴나스의 다섯 가지 신존재 증명 방법을 무력화시킨다. 아퀴나스는 공과 허와 자기언급을 허락하지 않는 증명 방법을 제시한다. 이런 증명 방법은 더 이상 타당성이 없다. 그러나 1078년 캔터베리의 대주교 안셀무스Anselm의 '존재론적 증명'(ontological argument)은 오늘날까지 특히 찰스 핫츠혼에 의해 재검토가 되고 있다. 일부학자들은 안셀무스의 존재론적 증명을 부정하고 있지만 핫츠혼은 그 타당성을 주장하고 있다. 필자는 1967년 석사학위 논문으로『핫츠혼의 신론연구』(연합신학대학원, 1967)를 다룬 바 있다.

안셀무스는 신을 두고 "그보다 더 위대하거나 완전할 수 없는 존재로 생각함"이라고 했다. 이는 마치 '집합의 집합의 집합…'을 상상하는 사유 세계[도표 4.3]와 같다. 그러면 과연 이러한 관념 같은 것이 객관세계에도 있다고 할 수 있는가? 안셀무스는 당연히 그렇다고 대답한다. 그렇지 않으면 모순에 빠지기 때문이다. 그 이유는 '아무것도 그보다 더 위대할 수 없다는 생각' 그 자체보다 위대하다는 것을 생각하는 것이 가능하기 때문이다. 그런데 안셀무스가 착각한 것은 '생각할 수 없음'을 '생각할 수 있음'은 바로 {∅}=1인 것을 몰랐다. 다시 말해서 그는 {∅} 없이 그것의 결과인 1로부터 1-2-3-4-5-6-공일을 몰랐던 것이다. 그런 의미에서 칸트학파에서 '있음'(exist)은 술어가 될 수 없는데 안셀무스가 술어로 보았기 때문에 존재론적 증명은 오류라고 한 것은 잘못이다. 위에서 멱집합을 통해 본 바와 같이 '없음'은 얼마든지 술어가 된다. 그리고 '없음의 없음은 있음'이라는 역설을 칸트는 몰랐던 것이다. 그리고 안셀무스 역시 {∅}이 아닌 1로부터 사유를 시작한 데 문제가 있었던 것이다. 안셀무스의 공헌은 '생각할 수 없'(공집합)을 생각하게 했으나 그는 1의 근원이 공백인 것을 착각했다. 핫츠혼은 이 점을 시정하여 안셀무스의 존재론적 증명을 재부활시켰다. 이에 비해 아퀴나스는 공집 합 자체를 무시하고 결국 '부동의 동자'를 신으로 착각했다. 그러나 하나님 은 '빈탕한데'이고 '빈탕'은 '천天'이고, '한데'라고 하면 '없이 있음'이다(김 진, 2012, 221).

존 베로는 "이제 공집합이란 것을 그보다 더 텅 빌 수 없는 집합이라고 정의하자. 그리고 그런 집합들을 모두 모은 집합을 생각할 수 있다. 그런데 이 총체적 집합 안에는 아무것도 없다. 따라서 이 총체적 집합이 존재하지 않는 집합 안에는 아무것도 없다"(베로, 2001, 237)고 한다. 따라서 이 총체적 '집합={ }=허□=영일'이 존재지 않는다고 가정한 그러한 '공집합={∅}=공일'이 있다. 이와 같이 창세기와 천자문은 그 처음부터 이런 논리를 전개하고 있는 것이다. 더 구체적인 전개를 동학과 도마복음을 통해 보게 될 것이다.

에덴동산에는 사탄이라는 뱀의 존재가 있었다고 한다. 공집합의 논리를 사탄에게도 한 번 적용해 보기로 한다. "사탄이란 것을 가장 불완전한 존재, 즉 그보다 '덜' 불완전한 것은 있을 수 없는 존재로 정의한다. 그런 후 여기에 안셀무스의 존재론적 증명을 적용한다. 만일 사탄이란 것이 존재한다면 그것은 비존재보다는 더 완전할 것이다. 따라서 본래의 정의상 사탄이란 것은 존재할 수 없게 된다"(같은 책).

만약에 '사탄이 존재한다면' 가장 불완전한 것'이다. 즉, 사탄=존재=가장 불완전한 존재와 같다. 그런데 사탄이 비존재이면 완전한 존재가 된다. 즉, 사탄=비존재=완전한 것이 된다. 즉, 사탄이 없다고 하면 그가 완전해야 하고, 완전이란 말 속에는 '존재'가 포함된다. 그래서 사탄=비존재=완전과 같은 역설이 성립한다. 이런 역설은 수용할 수 없기 때문에 사탄=비존재이다. 이런 논리를 추적하면 결국 거짓말쟁이 역설이 변용된 것임을 발견한다.

다시 말해서 에덴동산은 이런 역설의 논리가 온통 지배하고 있었으며 2장 18절에서 신이 인간에게 사물들에 '이름 짓기' 하면서 '도가도비상도 명가명비상명'의 시동이 걸린 것이다. 이런 역설의 논리를 E-형이라고 한 것이다. 교부들은 이들 역설들을 A-형 전문가 철학자들의 논리를 동원해 모조리 제거하려 했다. 차축시대부터 인간의 지성이 메타화되면서 온 세상이 역설에 걸려 있었고, Aristoteles는 서둘러 논리학『오르가논』을 써 이 역설을 박멸하려 했다. 그러나 변방 크레타 섬의 현인 Epimenides와 Eubleides 등에 의해 명맥이 유지되었다. 차축시대 500여 년 후 예수는 제자들에게 이 역설로 교훈, 도마복음으로 지금 우리에게 전해지고 있다. 그리고 E-형은 19세기 말부터 20~21세기 그리고 미래에 이르기까지 주도해 나갈 것이다. 산업혁명은 오토마타(자동 혹은 자율)로 시작된 자기언급은 자동차, 자판기 자율주행에 이르기까지 산업현장을 주도하고 있다.

그러나 이러한 일련의 과정을 여기서는 천자문과 창세기를 통해 구현해 내고 있다. 교부들의 왜곡을 도마복음으로 시정하는 방법으로 말이다. A-형에 매진한 나머지 교부들은 원죄나 타락 같은 언설로 곡해했으며, 막상 신 자신은 스스로 원치도 않았는데 전지, 전능, 무소, 부재 같은 교리들로 신을 절대화시켰다. 이는 자기들 자신들의 편의주의와 권력을 유지하려던 모략에 불과하다. 예수도 그렇게 말하지 않았다고 도마복음은 우리에게 전하고 있다. 조물주는 세상을 만들기도 하고(조물주), 세상에 의해 만들어지기도 한다(조물자). 그래서 세계를 초월하면서 동시에 내재 '하는님'이다(김상일, 『수운과 화이트헤드』, 2002 참조).

4.4 윌버의 전/초오로 본 신관

"메타노이아, 천국이 가까웠다!"

    지금까지의 전 과정은 궁극적으로 동학과 도마복음의 유기적 관계를 설명하기 위한 준비 과정이라 할 수 있다. 양쪽에 모두 걸린 주요한 쟁점은 허, 공, 무, 유를 어떻게 파악하고 이해하고 있느냐였다. 그리고 이 네 가지가 전/초오가 어디에 와서 걸리느냐가 남겨진 주요 과제이다. 철로를 다 깔아 놓고 나니 달릴 열차를 철로에 올리는 것이 남겨진 과제이다. 열차 안에 실려 있는 짐은 '신'이다. 신이 기관이 돼 열차를 끌고 가야 하는데, 그러한 신이 열차 안에 짐으로 실려 있다. 다음 역에서는 사람들이 짐을 기다리고 있다. 많은 사람들이 이 짐을 기다리고 있다.

    사무엘 베케트의 드라마 〈고도를 기다리며〉를 보는 사람들은 공연이 끝나기만을 기다릴 정도로 무미건조 지루함 그 자체인 작품이다. 그러나 캘리포니아 샌퀜틴 교도소의 죄수들에게 보여준 결과는 상상 밖으로 서로 기립박수까지 치면서 서로 껴안고 눈물까지 흘렸다고 한다. '고도'를 신神이라고도 할 때, 교도소에 수감된 이들에게는 신이 '자유'로 받아들여졌다. 베케트는 자신조차도 고도가 무엇인지 모른다고 말했다. 고도라는 단어가 신을 의미하는 영어와 프랑스어 단어 God과 Dieu의 합성어라고도 한다. 신학교에서는 거의 '신'으로 강의한다. 다른 한편 이 작품은 신에 관한 것이 아닌 단순한 '부조리' 자체를 그려낸 것이라고도 한다. '고도를 기다리며'를 한 단어로 요약하면 '기다림' 자체이다. 그러나 작품

안에서 일어난 것은 아무것도 없다. 두 주인공 블라디미르와 에스트라공은 한 국도의 옆 작은 나무 옆에서 '고도'라는 이름의 사람을 기다린다는 것이 전부이다. 그들은 고도가 누구인지, 어떻게 생겼는지, 고도에게 뭘 기대하는지도 모른 채 고도를 기다린다.

멱집합에서 볼 때 중세기 사람들은 (라)를 기다렸고 그들은 만날 수 있었다. 전체 (가)에 (라)가 완전히 부분으로 포함^{包含}될 수 있었기 때문이다. 그들은 부모의 품에 안긴 아기 같은 행복감을 가지고 살았다. 그러나 이들은 스스로 인문주의자들이 되었다. 『만들어진 신』(*The God Delusion*)의 저자 리처드 도킨즈는 기다리는 사람들에게 나타나 하루라도 속히 이 자리를 떠나 종교의 그늘에서 벗어나 무신론자가 되라고 한다. 신이 있다는 증거를 대라고 하면서 무신론은 증거 없이도 있는 '빈탕'에 기대라고 한다. 도킨즈는 어느 특정 종교가 아닌 '종교라는 현상' 자체를 비판한다. 도킨즈는 아브라함부터 비롯된 유일신교를 겨냥한다. 그는 교부들이 만들어놓은 교리란 정치권력에 편승하고 그것을 지켜주는 보호벽에 불과하다고 한다. 도킨즈는 멱집합 안에 들어와 있다. 그가 망상(delusion)이라고 보는 것은 멱집합 안 (라)에 국한한다. 그런 면에서 그의 신관에는 이상 없다. 공집합과 제집합을 모두 망상으로 본 것이다.

유발 하라리, 그는 '호모 데우스^{Homo Deus}'를 대안으로 제시한다. 지금까지의 신은 호모 사피엔스의 머릿속에서 나온 허구적 산물에 불과하다. 그러나 지금 우리는 호모 사피엔스 넘어 '호모 데우스'의 시대로 들어섰다. '기다리는 신'이 아니고 '만들어지는 신'을 말하고 있다. 사무엘 베케트는 실존주의 시대의 철학인 '부조리'에 근거를 두고 '기다리는 신'을 말하고 있지만, 하라리는 지금 우리는 정보산업화 시대의 '데이터 종교'의 시대의 살고 있다고 하면서, 정보에 의해 '만들어지는 신'을 맞이할 것이라 한다.

그래서 실존도 없고 데카르트의 생각하는 주체로서 '자아'도 사라졌다. 기다리는 것은 '나'인데 그런데 그러한 자아가 부재한다.

하라리는 3부작 2011년『사피엔스』, 2015년의『호모 데우스』그리고 2018년의『21세기를 위한 21가지 제언』을 통하여 신을 말하고 있다. 그는 전쟁사 전공인 역사학도이다. 그는 다음 올 시대를 정보와 생물학의 합병으로 이루어질 것이라 하면서, 지금의 종교와 신은 더 이상 쓸모없고 데이터 종교가 만들어 낸 '호모 데우스' 시대가 올 것이라 한다. '호모 데우스'는 '신즉인간'으로 이해될 것이다. 2018년의『21세기를 위한 21가지 제언』(김영사, 2019)에서 "어떤 사원도 찾아가지 않고, 어떤 신도 믿지 않는 것 역시 우리가 선택할 수 있는 사항이다. 지난 몇 세기가 입증했듯이, 우리가 도덕적인 삶을 살기 위해 굳이 신의 이름을 불러드릴 필요는 없다. 세속주의만으로도 우리는 우리에게 필요한 모든 가치를 얻을 수 있다"(하라리, 2019, 304).

유발 하라리는 호모 사피엔스는 인문주의자들이라고 한다. 사피엔스가 3대 혁명인 인지, 농업, 과학 혁명에 성공한 데는 국가, 사회, 신이라는 허구를 만들어 내는 데 성공했기 때문이다. 자기가 만들어 놓고 신이 오기를 기다리는 것은 신이 인간을 만들었다는 허구적인 믿음 때문이다. 인간은 '감내할 수 없는' 난관에 봉착했을 때 허구에 매달린다고 한다. 역사적으로 유대인들은 몇 차례에 걸쳐 난간에 봉착했는데, 기원전 12세기 이집트의 노예 생활, 기원전 8세기에 북왕조가 6세기에 남왕국이 망하고 바빌로니아에서 70년간 포로 생활 그리고 지난 세기 나치 하의 대학살 등이 그것이다. 창세기 1장 1절-2장 3절은 어느 제사장이 포로 기간에 쓴 글이다. 창세기의 { }는 국가도 민족도 없는, 즉 우리 민족이 금세기 일제강점기 동안 '문패도 번지수도' 없던 시기이다. 창세기 1장

2절 흑암은 이 기간을 상징한다. 포로에서 풀려나 나라를 다시 세우던 기간이 {1,2,3,4,5,6}이다. 그다음 요시아 왕의 종교개혁 등으로 다시 평화를 회복하던 기간이 {∅}=안식일이다. 우리나라 단군신화도 몽고의 침략 앞에서 나라가 풍전등화일 때를 정확하게 반영하는 신화이다.

이렇게 신은 만들어져 가는 과정인 형성 도상에 있다. 화이트헤드는 이를 『만들어져 나가는 종교』(*Religion in the Making*)라고 했다. 도킨즈는 하라리와 같이 종교란 망상(delusion)의 산물이라면서 무신론자가 되라고 권한다. 이런 점에서 도킨즈의 '만들어진 신'과 하라리의 『호모 데우스Homo Deus』는 멀지 않다. 그러나 두 사람에게서 약점은 수학적 이해 다시 말해서 멱집합에 대한 이해가 전무하다는 점이다. 이런 점에서 짐 홀트의 『세상을 왜 존재하는가』에 무게가 실린다. 짐 홀트의 입장에서 하라리와 도킨즈를 비판하면서 윌버와 함께 동학과 도마복음을 조명할 것이다.

하라리는 '감내할 수 없음'이 허구를 만들고 그것이 종교와 신이 된다고 하면서 현생 사피엔스가 직면한 3대 감내할 수 없는 것은 핵 전쟁, 온난화, 과학 기술이라고 한다. 인터넷 속에서 정보는 이미 인간이 감내할 수 없는 지경에까지 왔고, 인공지능은 노동시장의 질서를 파괴, 무용 계급을 양산할 것이라고 한다. 무용 계급이란 일하지 않고도 복지 등 혜택을 누리면서 살아가는 계급을 두고 하는 말이다. 지구 온난화는 트럼프의 마가MAGA에 의해 가속화될 것이다. 정부 차원 선에선 불가능하고 국제적 협력 자체가 감내할 수 없는 것이 현실이다.

전쟁은 종교와 과학 기술의 합작으로 치뤄진다. 20세기 전쟁은 비행기, 무선 통신, 핵무기가 수단이었지만 21세기는 이것들을 가능하게 한 '정보'가 감당불감당이 될 것이다. 인간은 아직 메타화가 덜 된 어리석은 존재이다. 앞으로 인간의 어리석음은 '핵 전쟁'을 선택할 것이다. 어리석음은 원원이 아닌 '너 죽고 나 죽자'는 오기傲氣를 부를 것이다. 무용자 계급의 삶의 지루함은 오기를 부를 것이다. 마치 카뮈의 '이방인'과 같이 이유 없는 살인을 하고 자기 자신도 처형당한다는 오기 말이다. 이들을 향해 "메타노이아, 천국이 가까웠다" 할 것이다.

데이터 종교와 '만들어진 신'

하라리는 인간 역사의 3대 혁명을 '인지혁명', '농업혁명' 그리고 '과학혁명'이라고 한다. 법, 돈, 신, 국가는 모두 허구라고 하면서 인간이 이들 허구들을 믿는 덕분에 3대 혁명이 가능해졌다고 한다. 이는 수학에 무지한 하라리가 멱집합 안의 허, 공, 무를 '허무'라고 한 것 같다. 만약 그렇다면 그에 대한 평가는 여기서부터 시작될 것이다. 하라리의 말을 더 들어 보기로 한다. 하라리는 그렇지만 이런 허구적인 상상력이 더 지속될지는 의문이라고 한다. 다시 말해서 21세기에 다가올 신기술을 만날 때 어떤 일이 벌어질지는 아무도 모른다고 하면서 21세기 신기술은 이들 허구들을 더 강화시킬 것이라 한다.

그런데 이들 허구들을 해독하는 것이 필요한데 그것이 역사학과 생물학이다. 자기 전공의 한계 내에서 말하고 있는 것 같다. 모든 권위의 상징인 신을 죽여버리고, 과학발전과 경제 성장을 통해 힘을 길러야 한다. 사피엔스가 개발한 최고의 종교는 '인문주의'이다. 인본주의는 "자신의 목소리에 귀를 기울여야"고 한다. 이는 마치 사복음서가 아니고 도마복음의 소리를 하는 것 같다. 사피엔스가 호모 데우스가 되어 가는 과정에는 대가를 치러야 한다. 여기서 사피엔스의 산물이 '사복음서'라면 호모 데우스의 산물은 '도마복음'이 될 것이 아닌가 나름대로 생각해 본다. 그러나 여기에는 여러 가지 문제가 따른다.

인공지능의 발달과 함께 작업시장에서 인간은 쓸모없는 존재가 된다. 나노기술과 재생 의학은 인간 자체의 생명을 새롭게 정의하고 있다. 즉, 생명공학은 '맞춤형 아기', '빈부 격차', '민주주의', '인권' 등을 모두 위협할 것이다. 심지어는 인간 내면의 '욕망' 자체도 새롭게 설계할 것이다. "우리는 어떤 존재가 되고 싶은가?"에서 "우리는 무엇을 원하고 싶은가"로 설계될 것이다. 다시 말해서 욕망 자체를 선택하고 조정한다는 말이다. 이는 인본주의의 붕괴를 의미한다. 사람이 사라진다는 것을 의미한다. 쉽게 말해서 인간의 욕망과 자유 의지대로 세상이 돌아가지 않는다는 말이다. 대신에 정보의 흐름인 '데이터의 흐름'대로 돌아갈 것이다. 이는 신이 예지 예정한 그대로 돌아간다는 칼빈의 교리 대신에 데이터가 대신한다는 것을 의미한다. 예를 들어서 스마트 폰은 우리 인간보다 더 잘 알고 있는 초지능적 네트워크인 것이 이를 증명한다. 최근 챗GPT는 구글신보다 더 이것은 신이다 할 정도이다.

앞으로 호모 데우스란 존재는 소수의 특권 계급으로 부상해 생화학 알고리즘+전자 알고리즘+유기체와 비유기체의 알고리즘으로 복합되면서 데이터 종교를 탄생시킬 것이다. '호모 데우스'는 현생 '사피엔스'를 대체하면서, 인간이 동물에게 한 학대 이상으로 호모 데우스는 사피엔스를 학대할 것이다. 하라리는『사피엔스』에서 많은 양을 활애해 인간이 동물을 가축화하면서 닭, 돼지, 소 등에 가하는 학대를 고발하고 있다. 사피엔스를 호모 데우스가 푸줏간에 보낼 날을 상상해 보라고 한다.

사피엔스는 그렇다고 호모 데우스가 되는 것을 멈출 수 없을 것이라고 한다. 그 이유는 사피엔스가 지금 너무나 많이 데이터에 의존하고 있기 때문이다(하라리, 2019, 503ff). 헤겔이 말한 주인과 노예의 관계를 생각하면 이해될 것이다. 주인이 노예에 의존하다 보면 나중에 노예가 주인이 된다. 그래서 데이터교는 불가피하다. 데이터교의 영향 아래에서 생명과학과 사회과학은 의사결정 과정을 점점 더 잘 이해하고 있지만, 그럴수록 점점 더 왜곡된 생명관을 채용하게 될 것이다. 하라리는 자기도 모르게 '거짓말쟁이 역설'을 여기서 언급하고 있는 것이다. 마치 P 문서와 J 문서를 새롭게 편집한 기자와 같이 두 가지 창조설화를 엮을 수밖에 없었던 상황으로 되돌아갈지 모른다. 물론 하라리는 이런 논리적인 미묘함에 대해선 전혀 언급하고 있지 않고 있다.

이러한 결론으로 가기 위해서 하라리가 말하는 데이터교 자체에 대해 더 말해 두기로 한다. 『호모 데우스』는 3부 11장으로 나뉘어 책이 구성된다. 1부는 사피엔스가 어떻게 세계를 정복했는가?, 2부는 사피엔스에 의미를 일정 정도 부여한 다음, 3부는 지배력을 잃는 사피엔스를 기록하고 있다. '데이터교'는 3부 11장에서 다루면서, "데이터교는 우주가 데이터의 흐름으로 이루어져 있고 어떤 현상이나 실체의 가치는 데이터의 처리에 기여하는 바에 따라 결정된다고 말한다"(하라리, 2019, 503). 다윈 이후 "생명과학은 유기체를 생화학적 알고리즘으로 보게 되었다"(같은 책). 150년 동안 이런 작업을 생물학은 수행해 왔다. 그리고 과거 80년 동안은 튜링이 기계라는 개념을 창안한 이래로 컴퓨터 과학자들은 전자 알고리즘을 설계하는 방법을 알게 되었다.

데이터교는 이 둘을 합한 데서 창교가 된다. 마치 창세기 1장과 2장이 편집되는 듯한 충격을 받게 한다. 데이터가 가히 종교라고 불릴 수 있는 이유는 "그렇게 함으로써 동물과 기계의 장벽을 허물고, 결국 전자 알고리즘이 생화학적 알고리즘을 해독해 그것을 뛰어넘을 것으로 본다"(같은 책). 과거의 철학은 인간과 동물의 다른 점을 찾는 데 골몰했지만 앞으로는 기계와 인간의 다른 점을 찾는 데 그렇게 해야 할 것이다. 이러한 데이터교의 교주의 말에 창세기 기자는 헛웃음을 할 것이다. 신은 내가 벌써 그렇게 했다고, 즉 신은 진흙을 주물러 인간을 창조했다고 할 것이다. 너희들이 손으로 조작해 생명을 만든 것이라고 말하는 것이나 신이 진흙을 빚었다고 하는 것과 무엇 하나 다르냐고 할 것이다. 그 대신 나는 '창조주'가 아니고 '조물주'라 할 것이다. 다시 말해서 "나도 너희 인간들 손에 지금까지 만들어져 왔잖아? 그렇지만 너희들은 돈벌이를 해 왔지만 나는 너희들 손에 잡혀 처형됐잖아. 이것이 너희들 데이터교와 나의 교가 하나 다른 점이야" 할 것이다. 이는 오늘날 신의 볼멘소리이다. J 기자가 볼 때 P 기자의 창조 순서를 뒤집어야 한다고 생각한다. 사람을 나중에 둔 것을 처음으로 가져와야 한다고 사고 전환을 한다. 그리고 창조순서도 정수배(2배)로 해서는 안 되고, 무리수 배(2/3배)로 바꾼다. 발상 전환을 반대로 한다. 데이터교는 학문의 전통적인 피라미드의 모양을 반대로 뒤집는다.

지금까지는 데이터가 지적 활동이라는 긴 사슬의 첫 번째 단계에 불과했다. 즉, 인간이 데이터에서 정보를 증류1 하고, 정보에서 지식을 증류2하고, 지식에서 지혜를 증류3 해야 했다. 이는 찰스 다윈의 진화 방향과 같다. 이를 수운은 '기연其然'이라고 한다. 나의 나 됨은 조상을 거슬러 올라가면 알 것 같다를 기연이라고 한다. 피라미드를 아래서 위로 쌓아 올라가는 것과 같다. 여기서 '증류1의 증류2의 증류3'을 말하고 있는데 이것은 불연기연에서 본 논리계형의 세 단계이다. 다시 복기하면 증류1은 사물의 기초 단계에 있는 기연불연(제1단계), 증류2는 기연불연을 지식으로 아는 단계(제2단계) 그리고 증류3은 지혜로 기연불연을 알아 그것이 명확해지는 단계(제3단계)와 같다. 이를 { }, {∅}, {a,b,c}에 일치시킬 수 있다. 이렇게 단계적으로 질서 있게 진화되는 것이 P 기자의 기록 방법이었다. 여기까지가 정통 기독교의 교리였다.

그런데 증류의 3단계 이상에서 문제가 생겼다. 창조기록을 다시 써야 될 이유가 생겼다. 새로 쓴 기록(2장-3장)에는 인간의 이름 짓는 일 그리고 지혜의 열매를 따 먹는 이야기가 나온다. 그것을 데이터교에서는 "인간이 더 이상 막대한 데이터의 흐름을 감당할 수 없고, 따라서 지식(knowledge)과 지혜(wisdom)를 증류하는 것은 고사하고 데이터에서 정보를 증류할 수조차 없게 되었다"(같은 책, 504)라고 한다. 증류를 더 이상할 수 없게 되었다. 증류의 다른 말은 '메타'이다. 회개, 즉 '메타노이아'가 불가능해졌다. 이것은 인간이 감당할 수 없는 또 하나의 예이다. 새로운 신을 찾아야 한다. 그 찾은 신을 4세기경 기자는 'YHWH-Elohim'(주 하나님)이라 한다. 이 새 신은 데이터에 메타 작업인 이름 짓기를 한다(창 2:18).

그러나 데이터교는 이를 더 이상 신이라고 부르지 않는다. 구글신은 이미 우리가 믿고 있던 신개념보다 더 탁월하다. 자기보다 우월한 모든 존재를 신이라 한다. 그래서 안셀무스는 신은 인간이 더 이상 위대하다고 생각할 수 없는 그런 존재라고 했다. "그러므로 데이터를 처리하는 일은 연산 능력이 인간의 지식과 지혜를 믿지 않고 빅데이터와 알고리즘을 더 신뢰하는 데서 데이터교는 창교된다. 데이터교를 탄생시키는 쌍둥이 어머니는 컴퓨터 과학과 생물학이다.

다시 정리하면 데이터교의 두 경전은 컴퓨터 과학과 생물학이다. 경중을 따지면 생물학이 더 무겁다. 생물학이 컴퓨터 과학을 수용한 결과 유기체는 알고리즘의 변화에 불과하다는 사실을 알게 되었다. 사과, 돌, 인간이 서로 딴 것이 아니고 같은 데이터를 처리하는 다른 방법에서 파생된 다른 것으로 이해되었다. 즉, '기연불연'이고 데이터교의 신은 '조물주(자)'이다. 만물이 모두 데이터 처리 시스템으로 간주하게 되었다. 조물주는 조물자에게(데이터들에게) 이름 짓는 명명행위를 한다.

그러나 데이터교들이 나타나 인간은 더 이상 막대한 데이터의 흐름을 감당할 수 없고, 따라서 지식과 지혜를 증류하는 것은 고사하고 데이터에서 정보를 증류할 수 없다고 한다. 정수배일 때는 셈하기가 쉬웠다. 그러나 무리수배가 나타나면서 데이터를 처리하는 연산 능력이 인간의 뇌 용량을 훨씬 능가하는 전자 알고리즘에게 맡겨야 하게 생겼다. 더이상 데이터교도들은 인간의 지식과 지혜를 더 이상 믿을 수 없다고 하면서 빅데이터와 알고리즘을 더 신뢰하게 되었다(같은 책, 504). 이를 '불연不然'이라고 한다. 데이터교에 남겨진 과제는 인간의 한계까지 짚고 넘어서 온 이 새로운 종교가 과연 이 전의 종교가 직면했던 난제들, 예를 들어서 동학의 불연기연과 역설 속의 제 요소들(가, 나, 다, 라)마저 뛰어넘을 수 있겠는가?

데이터교와 만들어진 신: 과부하와 율려신학

데이터교는 인간이 더 이상 감내할 수 없는 상황에서 불가피하게 생기는 현상이다. 다시 말해서 데이터교는 인간의 두뇌가 더 이상 알고리즘을 조종할 수 없는 데서 시작한다. 사물과 인터넷의 일치화를 '사물 인터넷'(Internet of Things: IoT)이라 한다. 사물 인터넷은 각종 사물에 센서와 통신 기능을 내장하여 인터넷에 연결하는 기술을 의미한다. 무선 통신을 통해 각종 사물을 연결하는데 이것이 무선 통신으로 가능하게 하는 것이 사물 인터넷이다. 여기서 사물이란 가전제품, 모바일 장비, 웨어러블 디바이스 등 다양한 시스템을 두고 하는 말이다. 사물 인터넷에 연결되는 사물들은 각각이 구별될 수 있는 유일한 아이피를 가지고 인터넷으로 연결되어야 하며, 외부 환경으로로부터의 데이터 취득을 위해 센서를 내장할 수 있다. 모든 사물이 해킹의 대상이 될 수 있어 사물 인터넷이 발전함에 따라 컴퓨터 보안의 중요성도 함께 증대되고 있다.

그런데 흥미로운 사실은 데이터교의 교당은 마치 사물 인터넷인 것처럼 말하고 있는데, 데이터교가 태어난 배경, 다시 말해서 정보의 과부하가 사물 인터넷에서도 나타나는데 이를 '빅데이터'라고 한다. 2009년까지 사물 인터넷 기술을 사용하는 사물의 개수는 9억여 개였으나, 2020년까지 이 수가 260억 개에 이를 것으로 예상되었다. 이와 같이 많은 사물이 연결되면 인터넷을 통해 방대한 데이터가 모이게 되는데, 이렇게 모인 데이터는 기존 기술로 분석하기 힘들 정도로 방대해진다. 이것을 '빅데이터'라고 부른다. 따라서 빅데이터를 분석하는 효율적인 알고리즘을 개발하는 기술의 필요성이 사물 인터넷의 등장에 따라 함께 대두하고 있다. 이런 과부하 때문에 데이터교가 탄생했는데 데이터교 역시 같은 역설에 직면하게 된다. 하라리는 여기에 대해 별다른 언급을 하지 않고 있다. 창세기의 야훼신은 엘로힘과 달리 데이터 처리를 이름 짓기로 대신한다.

아무튼 유발 하라리는 호모 데우스의 도래를 사물 인터넷에서 그 기원으로 삼고 있다. 그리고 사물 인터넷을 호모 데우스와 일치시키고 있다. 하라리는 18세기 인본주의자들인 로크, 흄, 볼테르 등은 "신은 인간 상상력의 산물이다"라고 했지만, 데이터교는 "신은 인간 상상력의 산물이지만, 인간 상상력은 생화학적 알고리즘의 산물이다"라고 한다(하라리, 2019, 534). 18세기 인본주의자들은 신을 추방하는 데 성공했지만, 데이터교는 인간을 추방하고 데이터교는 데이터 세계관을 수립하는

데 성공할 것이라고 한다. 이것은 혁명이고 앞으로 100~200년 내에 성공할 것이라고 한다. 신이 신성시되기도 인간이 신성시되기도 했지만 데이터교에서는 만물 인터넷이 신성시될 것은 불문가지라 한다.

도마복음은 이런 상황 앞에서 일관되게 자기 자신에 귀 기울이고 내면의 목소리에 따르라고 한다. 해월은 자기를 바라보고 향하라고 하여 향아설向我設을 주장한다. 인간의 감정은 무엇보다 중요해 동학의 초학주문은 '고아정顧我情'이라고까지 한다. 이성에 앞서 정에 호소한다. 그러나 데이터교는 21세기에서 감정은 더 이상 가치가 있는 알고리즘이 아니라고 한다. 대신에 구글과 페이스북의 알고리즘은 지금 우리가 어떤 감정을 느끼는지까지도 정확하게 알고 있다고 한다. 그래서 지금 우리는 자기의 감정에 젖어 시나 일기를 쓸 때가 아니라, 외부의 알고리즘에 귀 기울여야 한다고 한다. 그리고 데이터교는 데이터의 과부하로 불가결하게 태어날 수밖에 없기 때문에 데이터교의 선교사로 자처한다. 그러나 하라리는 '빅데이터'에 대해서는 일체 언급을 하고 있지 않는다. 동학과 도마복음은 앞으로 데이터교와 어떤 접촉점을 찾아야 할 절체절명의 순간 앞에 서 있다.

도마복음에서 '자기를 알라'는 하나의 기치와도 같다. 자기를 알기 위해 '방랑자'가 되라(42장)고 한다. 그러나 자기를 알기 위해 산으로 가고 동굴을 찾고 혹은 사막을 헤매고 더 나아가 수도원을 찾으라 했지만, 하라리는 이들이 모두 부질없는 짓이라고 한다. 그 시간에 데이터에 더 접촉하라고 한다. 수운은 불연기연에서 자기의 기원, 법의 기원, 까마귀가 부모를 알아보는 것을 불연, 즉 모를 일이라고 했다. 그러나 하라리는 근원에 관한 일이 사물 인터넷을 통해 밝혀지고 있다고 하면서 자기의 염기서열을 분석해 보면 자기가 아프리카에서 왔다는 것을 알 수 있다고 한다. 웨어러블 생체 측정기를 달고 있으면 자기의 현재 건강 상태를 자가진단할 수 있다. 모두 데이터의 덕분이다. 그런데 막상 알고리즘 자체가 어디서 오는지는 모른다고 하면서 이것이 데이터교의 미스테리라고 한다. 이는 마치 기독교가 인간은 신과 그의 계획은 알 수 없다고 하듯이 데이터교는 인간의 뇌로는 새로운 마스터 알고리즘을 이해할 수 없다고 한다(같은 책, 538).

21세기 현장에서 지금 진행되고 있는 일련의 이러한 사건들은 기원전 4~8세기경 창세기 1-3장을 쓴 기자들이 처한 상황과 어쩌면 같아 보인다. 그리고 은대에 점치던 정인들이 효를 모아 8괘와 64괘를 정리한 것과 같아 보인다. 창세기에서 적어도 두 가지 다른 설화를 기록하고 편집한 상황이 하나 다를 것이 없어 보인다는 말이다.

(1) 알고리즘 전체인 빅데이터를 이해할 사람은 아직 없다. 기계 학습과 인간 신경망이 부상하면서 점점 더 많은 알고리즘들이 독립적으로 진화돼 스스로 성능을 높이고 실수하면서 배운다. 에덴동산이 바로 이런 실습장과 같다.

(2) 엘로힘(하나님)은 7일 동안 엄청난 양의 정보를 만들었다. 그런데 만들고 나니 자기도 자신을 제어할 수 없게 되었다. 두 번 직면하는 데 그 첫 번째는 데이터를 3단계에 걸쳐 증류하는 것이고, 다음은 빅데이터를 증류하는 것이다. 빅데이터는 먼저 3단계에 과부하가 생겨 그다음 과정에서 생긴 것인데, 여기서도 과부하가 생겨 인간은 지금 현재 감내할 수 없는 지경이다.

(3) 이는 마치 P 기자가 창세기 1장 1절-2장 3절에서 영일과 공일 사이 6일에 걸쳐 천지와 우주를 창조하고 난 다음 과부하가 걸린 것과 같다. 이 전 과정에 해당하는 것의 만분의 일도 아직 처리하지 못하고

있다. 하라리는 사물 인터넷이 그것을 증류할 수 있을 것이라 데이터교를 창교했다.

(4) 창세기 최종 편집자는 두 장을 하나로 묶는 방법으로 찾는다. 그것은 7일 동안에 걸린 과부하를 안식일(공일)={∅}을 통해 메타 증류를 한다. 4세기 교부들은 이 점을 인정하지 않고 엘로힘이든 야훼든 전지전능하니 인간은 더 이상 왈가왈부하지 말라고 한다. 그러나 동산의 뱀 같이 데이터교를 창교해 어떤 신이든 다 사망 선고를 내린다. 이는 18세기 인문주의자들이 내린 선고보다 더 근본적이다.

(5) P 기자가 쓴 1장-2장 3절은 신이 '종자' 알고리즘을 개발하는 것을 기록한 것에 불과하다. 그런데 "이 알고리즘은 성장하면서(7일 동안) 자기만의 길을 따라 인간이 한 번도 가 본 적이 없는 곳으로 그리고 어떤 인간도 갈 수 없는 곳으로 간다"(같은 책, 539). 이는 마치 하라리의 신앙고백 같이 들린다. 그러나 하라리는 결코 신에 귀의하지 않고 데이터교의 창시를 선언한다.

(6) 하라리는 『호모 데우스』의 끝에 와서 데이타교에도 당연히 비판자도 있고, 이단도 있다고 한다. 즉, 생명이 실제로 데이터의 흐름으로 환원될 수 있는지 확실하지 않다고 고백한다. 특히 데이터의 흐름이 어떻게 의식과 주관적 경험을 생산했고, 왜 생산했는지를 현재로서는 알 수 없다고 한다. 하라리의 이 질문은 사실상 J 기자가 쓴 2장 4절-3장에 해당하는 질문이다. 그러나 짐 홀트와 같이 『세상을 왜 존재하는가』와 같은 질문은 던지지 않는다. 그는 역사학과 생물학에서 그 답을 찾으려 한다. 짐 홀트는 필자와 같이 수학 특히 집합론에서 그 답을 구하고 있다. 필자는 여기서 짐 홀트의 방법론을 따른다.

(7) 하라리는 의사 결정 과정에서 감각, 감정, 사고 같은 것을 무시하라

고 한다. 대신의 데이터교가 직면하는 역설을 지적한다. 즉, 데이터교는 의사결정을 점점 더 잘 이해하고는 있지만, 그럴수록 더 왜곡된 생명관을 받아들이는지 모르겠다고 실토한다. 이는 바울이 선을 행하려고 하면 할수록 왜 그것이 악이 되는지 모르겠다고 고백하는 역설과 그 구조가 같아 보인다. 이는 더 완벽해지려고 창조를 하는데 왜 나빠지는지 모르겠다고 두 가지 창조설화를 기록한 기자들의 고민이었다. 그래서 데이터교 역시 다른 종교가 직면했던 역설은 피할 수 없다는 것을 의미한다.

(8) 이러한 데이터교의 고백은 21세기 큰 과학적 과제일 뿐만 아니라, 가장 긴급한 정치적 그리고 경제적 과제이다(같은 책, 540). 그러나 이러한 역설에 데이터교가 직면하더라도 실망할 필요가 없다고 한다.

(9) 데이터교는 신 중심도 아니고 인간 중심도 아니고 데이터 중심적이다. 사물 인터넷 중심적이다. 데이터가 신이고 사물 인터넷이 낙원이다. 창세기에서 신의 창조는 두 과정에서 모두 인간이 정점에 있다. 그러나 데이터교는 그 중심이 사물로 옮긴다 한다. 여기에 해월의 삼경사상三敬思想은 경천, 경인, 경물이 요청된다. 창세기에 이런 삼경사상이 없는 것이 하라리로 하여금 '경물'에 치우치게 한 것이라 본다.

(10) 인간은 더 이상 우주의 중심이 될 수 없고 우주적 규모의 데이터의 흐름 속을 흐르는 '잔물결'이 될 것이다. 이를 두고 윌버는 진화의 역행인 퇴행이라 할 것이다. 이것을 J 기자는 인간이 정점에서 밑으로 하향하는 방식으로 기록한 이유이다. 타락으로 낙원에서 추방당하는 것으로 종지부를 찍는다. 결국 창세기라는 큰 흐름의 물결 가운데서 인간은 하나의 물결에 불과했다. 윌버는 이를 8.영(원초 시)에서 [바탕무의식]으로 퇴화하는 것이라 한다. 인간에서 저급 무생물로 추락하는 것이다.

(11) 인간이 자유시장, 집단지성 등 외부 알고리즘에 권한을 양보하는

것은 우리가 데이터의 홍수를 감내할 수 없기 때문이다. 인간이 감내할 수 없는 것은 전쟁과 온난화 같은 것만 아니다. 정보의 홍수 역시 노아 홍수만큼 감내할 수 없는 것이다. 이때 새로 탄생하는 것이 데이터교이다.

(12) 과거의 검열은 정보의 흐름을 차단하는 방식으로 작동했다. 그것이 바로 신이 인간으로 하여금 지식의 나무 열매를 따 먹지 못하게 한 것이다. 정보의 차단은 구시대에 작동하던 방식이다. 그러나 인간은 지식의 열매를 따 먹고 새로운 진화를 시작한다. 에덴의 동쪽에서 말이다.

(13) 21세기의 검열은 사람들에게 관계없는 정보를 홍수같이 내보내는 방식으로 작동한다. 금단의 열매를 따 먹은 후 눈과 귀가 밝아져 온갖 정보의 홍수 속에 파묻힌다. 그러나 숙과 홀이라는 혼돈이 귀와 눈이 밝아지자 그 순간 죽고 말았다.

(14) 고대에는 힘 있다는 것은 신과 왕같이 정보에 접근할 수 있다는 것이다. 분명히 창세기 야훼-엘로힘은 이러한 신이었다. 그러나 오늘날 힘이 있다는 것은 "무엇을 무시해도 되는지 안다"는 것이라고 한다. 이를 수운은 불연기연장에서 '기연기연 우 기연, 불연불연 우 불연'이라고 한다. '무엇을 무시해도 되는 것을 아는 데'서 조물자와 인간이 조우한다. 이는 윌버가 말한 대로 닭은 병아리가 깨고 나오는 껍질의 강도에서 결정된다는 말과 같다. 껍질은 바로 '지금 여기'에 있다.

(15) 그러면 이 혼돈의 세상에서 일어나는 모든 일 가운데서 우리는 무엇에 초점을 맞추어야 하면서 세 가지 질문을 하라리는 던진다. 1) 유기체는 단지 알고리즘이고, 생명은 실제로 데이터 처리 과정에 불과할까? 2) 지능과 의식 중에 무엇이 더 가치 있을까? 3) 의식은 없지만 지능이 매우 높은 알고리즘이 우리보다 우리 자신을 더 잘 알게 되면 사회, 정치, 일상에 어떤 일이 일어날까?(같은 책, 544)

5장

도마복음과 동학의 신관

5.1 도마복음과 메타노이아

이전 1-4장은 모두 5장을 설명하기 위한 논리적 그리고 방법론적 준비였다고 할 수 있다. 칸토어 멱집합론과 윌버의 전/초오가 그 중심에 있었다. 5.1절은 도마복음, 5.2절은 동학을 다루어 두 절을 함께 묶어 본다.

도마의 '메타노이아': 도마의 이름 '쌍둥이'에 관하여

인간이 '말귀'를 알아듣는 것을 '메타노니아'라 한다. 베드로는 예수의 말귀를 부활한 다음에야 알아들었다고 요한복음서는 다음과 같이 기록하고 있다(21:15-19). 예수는 베드로에게 "요한의 아들 시몬아, 네가 이 사람들 보다 나를 더 사랑하느냐?"고 묻자, 베드로는 "주님, 그렇습니다. 내가 주님을 사랑하는 줄을 주께서 아십니다."고 대답한다. 베드로는 세 번이나 같은 질문을 하자, "불안해서 '주님, 주님께서는 모든 것을 아십니다. 그러므로 내가 주님을 사랑하는 줄을 주님께서 아십니다"(Lord, you know all things; 'you know that I love you).

우리말에는 관계 대명사(that)가 없어서 문장 구조가 명확하게 구별되지 않지만 "내가 주님을 사랑하는 줄을 주님께서 아십니다"(Lord, you know all things; you know that I love you)를 두고 베드로가 비로소 예수의 말귀를 알아들었다고 한다. 부활 이전에는 "내가 주님을 사랑합니다"(I love you)였지만 부활 이후는 "주님께서 아십니다"(you know that...)가 추가되었다. 이를 메타화라 하고 '회개'란 이러한 인식의 변화를 의미한다. that 이전은 '말귀'이고 이후는 '말'이다. 구약에서도 모세가 하나님을 "I am that I am"으로 인식하는 데서 회개가 있었고, 그다음 이스라엘 역사도 문화도 신도 달라졌다. 'that'을 전후로 전을 '메타'라 하고 후를 '대상'이라고 한다. 그리고 역사와 종교 그리고 그 밖의 모든 것이 that of that of that...과 같이 말귀의 메타화 과정이었다 해도 좋다.

도마복음은 114절(장)밖에 안 되는 짧은 예수의 어록을 단편적으로 모아 놓은 것이다. 오스포드대학 교수 앤드루 하비는 1945년에 12월에 발견된 도마복음은 같은 해 8월 일본 히로시마와 나가사끼에 투하된 원자폭탄에 버금가는 폭발력을 가진 문헌이라고 그 중요성을 강조한다 (오강남, 2022, 297). 그런데 도마복음 안에는 건축가들이 쓸모없다고 버림받은 돌 같은 것이 있다. 그것이 바로 '서장'(prologue)이다. 도올은 "… 제일 상단에 있는 이 서장은 매우 간결하지만, 지극히 긴요한 정보를 담고 있다"(김용옥, 205, 80)고 한다. 그 서장은 "이는 살아있는 예수께서 이르시고 쌍둥이 유다 도마가 기록한 은밀한 말씀들이다"가 전부이다.

도올은 "말은 시공의 제약성을 지니며 허공으로 사라지고 만다. 그러나 기록은 시공의 제약성을 벗어나 그 말을 보존하며, 후대에 전달하는 기능이 있다. 이 말씀의 주체는 예수다. 그러니까 예수가 '말한 것'을 '기록한 것'이다"(같은 책, 80). 소크라테스도 예수도 직접 기록하지 않았다. 공자는 주역의 '십익' 등을 기록했다고 한다. 수운도 기록하고 말도 했다. 해월은 수운의 말을 기록하고 자기 말도 직접 기록했다. 기록을 남길 것인가 말 것인가. 이 고민은 결코 끝날 일이 아니다. 도마복음서는 기록자의 이름을 '쌍둥이 유다 도마'라고 명시하고 있다. 필자는 도올과 같이 서장의 중요성에 공감하면서 '쌍둥이 유다 도마'에 도마복음 전체 흐름 속에 들어 있는 대상과 메타의 관계 논리 구조, 즉 멱집합론과 전/초오의 문제를 이어서 도출하려 한다.

'쌍둥이 유다 도마'를 영어로 번역하면 디두모[Didymos] 유다[Judas] 도마[Thomas] (DJT)이다. 서양에는 성姓이 많고, 한국에는 명名(이름)이 많다. 그래서 서양에서는 같은 이름이 많아도 성으로 쉽게 구별이 된다. 그런데 디두모는 그리스어이고 도마는 아람어로서 그 언어 계통이 다를 뿐 그 의미는 '쌍둥이'로 같다. 그러면 한국말로 적으면, '쌍둥이 유다 쌍둥이'이다. 아람어는 기원전 300년경~기원후 650년경 사용하던 언어이기 때문에 예수와 그의 제자들 그리고 동시대 사람들의 일상 공용 언어는 아람어였다. 그래서 디두모보다 도마가 더 친숙하고 권위 있는 언어였다. 그래서 도올은 '디두모 유다 도마'(DJT)를 두고 한자와 한글이 공용되던 시대에 '발'이 '족足'인 줄 모르고 '족발'이라고 한 것과 같다고 한다.

그러면서 도마를 예수와 쌍둥이 형제라고 하면 처녀탄생에 심각한 문제를 발생할 것이라 하면서, DJT라고 한 데는 나변의 다른 이유가 있었을 것이라 한다. 고유명칭은 '유다' 하나뿐이라고 한다. 그러면서 "'쌍둥이 유다 도마'를 도마복음을 이해하는 데 필요불가결한 조건으로 받아들이지 않는다"(같은 책, 84). 그러면서도 도마복음서의 사상은 영육쌍전의 합일을 추구한다. '쌍둥이 유다 도마'라는 뜻은 혼과 백이 거의 동일한 인격체, 오늘의 우리에게 예수의 혼과 백을 전달할 수 있는 예수의 분신과도 같은 준재의 필력을 통하여 살아 있는 예수의 말씀을 우리에게 전달된다는 것을 의미한다. 도마가 예수의 쌍둥이냐 아니냐는 전혀 문제시되지 않는다. 쌍둥이라는 심볼리즘이 우리에게 '살아있는 예수'를 전하는 매체로 설정되었다는 사실을 논하고 있는 것이다"(같은 책)고 한다.

이유경은 "『법왕경』과 『도마복음』으로 본 불교와 기독교의 위경(외경)"에서 이 쌍둥이 문제가 『법왕경』과 『도마복음』을 이해하는데 가교 역할을 한다고 한다. 캠벨의 말을 인용하면, 도마를 예수와 쌍둥이라 하는 것은 육체-생리적 관계 그리고 지리적 관계를 초월하여 인간 내면에서 서로 쌍둥이 될 수 있음을 의미한다. 다시 말해서 우리는 모두 예수와 영적 관계를 통해 쌍둥이가 될 수 있다. 예수는 포도나무와 가지 등을 통해 예수와 제자들의 관계를 비유로 말하지만 쌍둥이라고는 하지 않는다.

그런데 포도나무와 가지가 종과 유로 나뉘는 것으로 이를 논리학에서는 '유사類似'라 한다. 이는 플라톤의 이데아와 사물의 관계와 같은 것으로 현대 철학은 폐기 처분한다. 대신에 엔디 워홀의 작품 〈마릴린 먼로〉처럼 다르나 같으면서 어떤 위계 관계도 아닌 수평적으로 차이를 만들면서 그것이 끝없이 연장되는 데리다의 차연과 같은 것을 '상사相似'(시뮬라크르)라 한다. '유사'는 주인에 봉사하고, '상사'는 주인이 없다고 한다. 먹집합으로 돌아와 볼 때 유사와 상사의 구별은 분명하다(박정자, 2013, 77). (가)={a,b,c}가 전체로서 주인이라면(이데아 같이) (라)={a,b,c,ab,bc,ca}는 종과 같이 부분으로 주인에 포함包涵된다(유사). 그러나 (가)와 (다)={a,b,c}는 주종관계가 아닌(재현이 아닌) 상호 포함包含하는 '반복' 관계이다(상사).

플라톤의 이데아와 사물은 서로 유사하다 하지만, 라이프니츠의 모나드는 서로 '상사'라 한다. '디두모=쌍둥이'와 '도마=쌍둥이'는 서로 상사이지 유사가 아니다. '형제兄弟'라 할 때 형과 제가 '상사'인 경우를 '쌍둥이'라 한다. 그런 점에서 '쌍둥이'란 말로 도마복음의 저자는 자기의 글을 플라톤 철학에서 해방시켰다. 다시 정리하면 라틴어로 'similitudo'(상사)는 '또 같이 보이는 두 사물을 연결하는 관계'라 정의한다. 우리말에선 "'유사'란 한 부류에 넣을 만큼 서로 비슷함이고, '상사'는 '모양이 서로 비슷함'이다" (박정자, 2013, 76). 그래서 유사와 상사는 '비슷함'이란 말을 서로 공유하고 있으나 상반되게 의미가 다르다. '쌍둥이'이란 말이 '비슷함'이라고 할 때 '쌍둥이의 쌍둥이'는 유사인가 상사인가? 도마복음은 전편에 걸쳐 '상사'임을 보여준다. 신과 인간 사이에 주인 없음을 보여줄 것이다.

3~4세기 교부들은 플라톤 철학에 따라 상사를 유사로 바꾸었고, 상사를 이단 판단의 기준으로 삼았다. 도마가 자기 이름을 '쌍둥이'라 한 것은 자기와 예수가 상사 관계라는 것을 의미하기 위해서다. 이를 서장에서 강조해 밝혀 놓은 것이니 가볍게 여길 수 없다. 그리고 이러한 상사 개념은 도마복음 전편에 흐르고 있기 때문에 이에 따라 복음을 고찰해야 한다. 도마복음 '서장'은 그래서 서장을 넘어 서장이 되어야 할 것이다. '쌍둥이' 개념은 도마복음 이해에 실마리가 되고도 남을 만하다.

'쌍둥이'와 거짓말쟁이 역설

'쌍둥이' 개념은 그다음과 같이 거짓말쟁이 역설과 같이 순수 논리적인 것이 되면서 도마복음이 E-형임을 심화시킬 것이다. 순수 논리적인 문제이다. '디두모'가 그리스어이고 '도마'가 아람어인 그 이상으로 이 두 말 사이에 '유다'가 끼여 양자 관계에서 삼자 관계로 변하면서 이자인 '족발'을 넘어선 다른 양상을 보인다. 이들 삼자를 A, B, C라고 하자.

위에서는 일단 상사를 말하면서 (가)와 (다)의 관계(즉, 상사) 그리고 (가)와 (라)의 관계(즉, 유사)는 말하면서 (가)와 나=허 그리고 (나)=공의 관계는 말하지 않았다. 이를 말하는 순간 쌍둥이 문제는 거짓말쟁이 역설과 연관이 된다. 거짓말쟁이 역설과 연관시키기 위해서는 쌍둥이를 다음과 같이 변모시키는 것이 필요하다.

[도표 5.1] 쌍둥이의 자기귀속과 비자기귀속

(1) (A)와 (C)는 같이 '쌍둥이'로 같기 때문에 '자기귀속self-belonging'이라 하고, (A)와 (B) 그리고 (B)와 (C)는 서로 다르기 때문에 '비자기귀속nonself-belonging'이라고 한다. 원래 논리학에서는 'short'는 사전적 의미도 '짧'고 스펠링 수도 짧기 때문에 '자기귀속'이라 하고, 'long'은 사전적 의미는 '길'지만 스펠링 수는 짧기 때문에 비자기귀속이라고 한다. 이를 '리샤트 역설'이라 한다. 여기서 주목해야 할 점은 의미를 '대상'이라면 스펠링은 '메타'이다.[1] 그래서 두 가지 귀속의 문제는 반드시 대상과 메타의 관계이다.

(2) 그러면 다시 '메타의 메타'를 시켜 '비자기귀속'이란 말과 '비자기귀속'이란 말은 서로 같은 말이기 때문에 '귀속적'이라 하고, '자기귀속'이란 말과 '비자기귀속'이란 말은 서로 말이 다르기 때문에 '비자기귀속'이 된다. 이는 순수 말과 말 사이의 문제이다.

(3) 짐 홀트는 세계는 '존재인가'와 '비존재인가'의 사이에서 '비존재의 비존재는 존재'이고, '존재의 비존재'는 비존재라는 데서 존재에 대한 질문이 꼬리에 꼬리를 문다고 했다. 그래서 『도덕경』 2장은 이를 두고

---

1 이는 서로 상대적이다.

'유무상생有無相生'이라고 했다.

（4） 이는 도마복음에서 반복해서 나오는 "둘이 하나이다"(11, 22, 23, 30, 47, 48, 106장 등)라는 말의 배경이다.

마지막 남은 과제는 허=나, 공={나}와 무={a,b,c}가 쌍둥이와 어떤 관계가 있느냐를 밝힌 다음 이를 거짓말쟁이 역설과 연관시키는 것이다. 그 방법 가운데 하나로 직사각형으로 된 띠 하나를 빈탕 백지 아래below와 위above에 놓고 그 빈탕 바탕자체를 '허虛'라 하고, 직사각형 안을 '공空'이라 한다. 직사각형을 횡으로 2등분하고 거기에다 문장을 쓴다. 그리고 2등분 된 사각형의 위를 T(참)로 그리고 아래는 F(거짓)로 한다. 왼쪽과 오른쪽 그리고 앞과 뒤를 각각 T와 F라고 해도 무방하다.

소문자(above와 below)는 사격형 안에, 대문자(ABOVE와 BELOW)는 사각형 밖에 적혀 있다. 사각형이 도형Figure(글자)이라면, 사각형이 놓여 있는 빈탕 자체는 Ground이다. 전자가 대상이라면 후자는 메타이다. 그러면 문장의 소문자는 도형에, 대문자는 이 도형이 놓여 있는 백지 공간에 속한다(허={ }).

그리고 사각형에서 마주 보고 있는 두 쌍의 변 가운데 어느 한 쌍이 비틀림 없이 같은 화살표 방향대로 마주 붙어 있는 원기둥이고, 그러나 아래 사각형은 마주 보는 한 쌍의 방향이 반대로 된 뫼비우스 띠이다. b(below)와 a(above)가 서로 상반되는 주장(T와 F)을 하는 것을 뫼비우스 띠라 한다. 바로 이런 것이 도형figure과 빈탕ground이 서로 교환하는 경우이다. 이는 대문자와 소문자가 서로 교환하는 경우이다. 소문자(below와 above), 대문자(ABOVE와 BELOW) 속에 있는 부분적 단어이다. 그래서 빈탕은 도형을 그 속에 내포包涵하고 있다. 여기서 빈탕과 도형이 서로 교환한다는 것은 메타와 대상 그리고 전체와 부분이 서로 자기언급을 한다는 것과 같다. 이때 원기둥의 경우에는 bT=IS나 aT=A와 같은 현상이 생기지만, 뫼비우스 띠의 경우에는 bF=B나 aT=A와 같은 현상이 생긴다. 이런 뫼비우스 띠의 경우를 두고 거짓말쟁이 역설이라고 한다. 뫼비우스 띠의 경우에서는 다음의 도표와 같다.

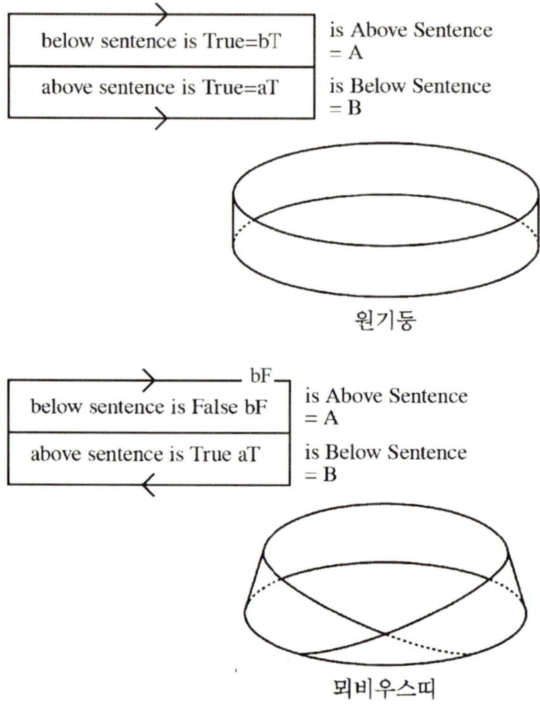

[도표 5.2] 뫼비우스띠와 거짓말쟁이 역설

지금부터 소문자 below와 above를 대문자 BELOW와 ABOVE로 바꾸는 작업을 한다. 그러면 원기둥의 경우는 '비틈'이 없기 때문에 btt=B 이고 att=A이지만 뫼비우스 띠의 경우는 '비틈'이 있기 때문에 (이를 T와 F로 교시) 아래와 같이 bFT=B와 aFT=A와 같은 현상이 생긴다.

"'아래 문장은 거짓말'(bF)이란 문장 자체는 위(Above) bF=A

(논리식 1)

"'위의 문장은 참'(aT)이란 문장 자체는 아래(Below) aT=B

(논리식 2)

이제 대문자 A와 B를 소문자 a와 b와 맞교환을 시킨다. 즉, (논리식 1)의 소문자 b에 (논리식 2)의 대문자 B를 대입하면,

aTF=A   (논리식 3)

이다. 이는 "A가 말하기를 a는 참이고 거짓이다"라고 하는 말하는 것과 같다. A와 a는 서로 자기언급을 하고 있는 것이다. 그 결과 A 스스로가 스스로에게 '참T'이고 '거짓F'이라고 말하는 것과 같다.

이번에 (논리식 2)의 소문자 a에 (논리식 1)의 대문자 A를 대입하면,

bTF=B   (논리식 4)

와 같다. 이는 "B가 말하기를 b는 참이고 거짓이다"라고 말하는 것과 같다. 이것 역시 B와 b가 자기언급을 한 결과이다. 자기언급의 결과는 '참이 거짓' 그리고 '거짓이 참'이다.

다시 사각형의 경우로 돌아와 보면, ◁▷의 <경우 1>은 가로 '안 비틈' 그리고 세로 '비틈'으로 '안 비틈의 비틈'이다. 화살표 방향이 같으면 '안 비틈'이고 다르면 '비틈'이다. '안 비틈=원기둥' 그리고 '비틈=뫼비우스

따라'고 할 때 <경우 1>을 '클라인병Klein Bottle'이라고 한다. 다음으로 두 쌍의 방향이 ◀▷과 같이 모두 '비틈'인 경우는, 즉 '뫼비우스 띠×뫼비우스 띠'의 경우로서 이를 '사영 평면projective plane'이라 한다. 이 두 가지 경우는 3차원 공간에서는 도저히 만들 수 없다. 과거로 여행 가능한 시간 차원을 덧붙이지 않고는 불가능한 공간이다. 이는 차원의 상승을 의미한다. 두 경우(클라인병과 사영평면)를 '비틈'과 '안비틈'의 언어로 요약하면,

안 비틈의 비틈=클라인 병

비틈의 비틈=사영평면

이다. 이를 '자기귀속'과 '비자기귀속'으로 전환하면,

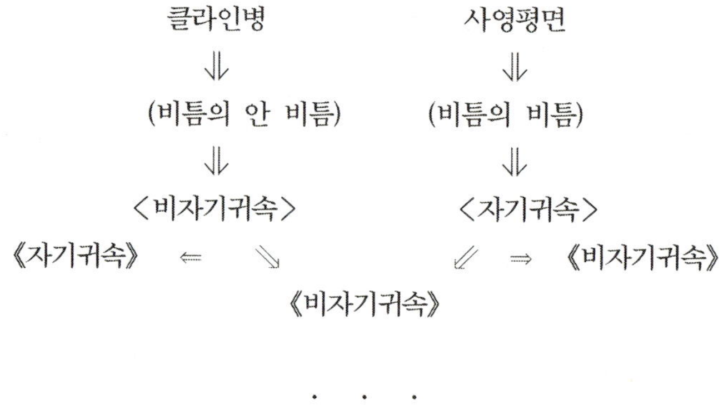

—'비결정, 불확실, 명명 불가'—
(산출 과정 process of production)

[도표 5.3] 자기귀속과 비자기귀속의 관계

(1) 괄호 ⟨ ⟩, { }, [ ]의 좌우는 마치 '디두모'와 '도마' 같은 쌍둥이와 같다. 그리고 괄호 안에 들어가는 것이 '유다'이다. 이런 방식으로 쌍둥이가 배열되지 않으면 안 될 정도로 중요하다. '쌍둥이'란 말의 '자기귀속'과 '비자기귀속'은 되먹힘(자기언급)을 하면서 쪽거리 현상을 만드는 것을 관찰할 수 있다[도표 4.3]. 이는 인간 의식과 인식이란 내면 구조인 동시에 우주의 구조이다. 존 브리기스와 데이비드 피트는 양자역학과 가오스 이론 등이 모두 거짓말쟁이 역설에 연관된다고 하였고(피트, 1991, 76) 제임스 글릭은 *Information*(2011)에서 정보화 사회의 논리적 배경이 거짓말쟁이 역설이라고 했다. 더글라스 호프스테드는 괴델, 에셔, 바흐를 거짓말쟁이 역설에 연결시키면서 이는 '영원한 황금실Etemal Golden Braid'이라고 한다. 여기서는 이 황금실을 도마복음과 동학에 연관하여 고찰한다. 심지어 AI 이론의 귀착지는 거짓말쟁이 역설이다.

(2) ⟨ ⟩, { }, [ ]는 메타의 메타의… 방향이다. 중앙과 중앙의 좌우에서 '자기귀속'과 '비자기귀속'이 동일한 형식으로 반복된다. 이를 '상사' 혹은 '쪽거리'라고 한다.

(3) 이는 [도표 4.3]의 인간 내면의 의식 구조가 메타화되는 과정을 시각적으로 구체화한 것이다.

(4) 사영평면은 궁극적으로 '점'으로 변한다. 이는 처음으로 되돌아간 것으로서 1.점-2.직선-3.삼각형-4.사각형-5.원기둥-6.도넛-7.뫼비우스 띠-8.클라인병-9.사영평면(진화) 그리고 [1].점-[2].직선-[3].삼각형-[4].사각형-[5].원기둥-[6].도넛-[7].뫼비우스 띠-[8].클라인병-[9].사영평면(퇴화)와 같다.

(5) 이상 위상 공간의 범례를 윌버의 9단계 진화와 퇴화 과정[도표 3.11]에 연관시켜 보기로 한다.

1. 점= 물질적 자연=[9].사영평면

2. 직선=신체 자연=[8].클라인병

3. 삼각형=하위 마음=[7].뫼비우스 띠

4. 사각형=상위 마음=[6].도넛

5. 원기둥=심령(화신)=[5].원기둥

6. 도넛=정묘(보신)=[4].사각형

7. 뫼비우스 띠=원인(법신)=[3].삼각형

8. 클라인병=영(원초 신)=[2].직선

9. 사영평면=바탕 무의식=[1].점

[도표 5.4] 위상 공간과 윌버의 '진화'와 '타락' 범례표

(6) 나가자와 신이치는 『신의 발명』(서울: 동아시아사, 2003)에서 점, 선, 면, 원기둥, 뫼비우스 띠의 순서대로 신이 발명됐다고 한다. 그런데 그는 차원의 순서를 혼동한 점이 있다.

(7) 위상 공간 속의 진화와 타락은 '자기귀속'과 '비자기귀속'이라는 쪽거리 속에서 '얼게'를 만든다. 이 얼개를 동학과 도마복음 속에서 찾아보기로 한다.

바디우의 산출 과정과 도마복음

존재가 주어진 상황 안에서 질서 있게 조직돼 드러내는 과정을 두고 알랭 바디우는 '산출 과정'이라고 했다. 이를 멱집합에서 볼 때 (가)에서 나 → (나) → (다) → (라)의 순서대로 돼 나오는 과정을 두고 하는 말이다. 전통적으로 "존재가 무엇인가?"를 묻는 대신에 바디우는 "존재가 어떻게 산출되어 상황 속에 드러나는가?"를 묻는다. 그래서 산출 과정은 (가)와 (라)에 이르는 전체과정을 연결시키는 과정이다. 그 가운데 위 [도표 5.4]에서 수학의 위상범례들이 점에서 시작하여 사영평면으로 전개돼 나가는 것도 산출 과정이고, 윌버의 진화와 퇴화도 산출 과정이다.

바디우는 산출 과정을 정치, 예술, 사랑, 과학이라는 네 가지 영역에서 일어난다고 보았지만, 필자는 동북아 문화권 전체로 확장한다. 이 과정은 기존 질서에 균열을 일으키는데 이를 바디우는 '사건Event'이라고 한다. 산출 과정을 거친 다음에야 진리가 드러난다. 그런데 [도표 5.3]는 가히 가공할 만한 구조이다. 그 어떤 것도 결정할 수 없고 명명할 수도 없는 구조이기 때문이다. 플라톤의 군림하던 '일자'와 '무한' 같은 것을 불가능 하게 만들어 버린다. 이런 상황에서도 '산출 과정procédure'은 통해 비결정, 불확실 그리고 명명 불가에서 '진리'가 어떻게 나타나 확장되는가를 보여주는 일련의 절차이다. 이 과정은 기존 질서에서 균열을 일으키는 '사건event'이 발생한다. 사건 속에서 진리를 이끌어내는 것을 '진리 절차' 혹은 산출 과정이라 한다. 그러면 도마복음과 동학은 어떤 진리 절차를 따르고 있는가?

산출 과정에서 가장 중요한 쟁점은 '일자'의 처리 문제이다. 인간이 생각한다는 것은 사물이 '하나'가 되어가는 과정을 추구하는 것이다. 플라톤 철학은 '하나HEN'라는 절대적 원형을 찾는 것이라 했다. 다시 말해서 이데아에 부합하는 방식대로 대상을 인식해야 '진리'에 도달한다 고 했다. 다시 말해서 다양한 방식으로 성립할 수 있는 진리는 단일한 방식으로 존재하는 일자 '이데아'에 따라 통제받는다. 이데아를 향해 일자를 찾는 것을 '하나-로-셈하기count for One'라 한다. 이는 일원적 그리고 통일적인 체계적 질서 속에 가두어 버리는 것으로서, 유일신^{Theism}의 신이란 일자에 불과한 것이다. 도마복음과 동학은 여기서 어떤 다른 신을 제시하는가? 결론부터 말하면 신은 물속에도 나무 속에도 돌 속에도 있다고 도마복음은 말하고, 장자는 오물 속에도 있다고 한다. 화이트헤는 신도 다른 만물과 같은 '사실 존재$^{\text{actual entity}}$'라 하고 바디우는 '순수 복합물$^{\text{pure multiplicity}}$'이라 한다.

바디우는 전통 형이상학을 두고 '하나를 통한 존재의 검토'라고 정의한다. 형이상학은 언제나 '하나'라고 하는 우산 아래 일원적, 통일적, 체계적 질서를 바탕으로 존재를 파악해 왔다. 고대 그리스철학에는 '일자'만 있고 '다자'는 없다고 한 파르메니데스^{Parmeuides}에 대해 '다자'를 말하는 데모크리토스 같은 사상가도 있었다. 이는 모두 A-형 철학에서 일자와 다자가 조화를 찾지 못하고 달리는 철로 같이 평행선을 긋고 있었음을 의미한다. 반면에 E-형 철학에서는 일자와 다자가 잠시도 분리될 수 없는 것으로 본다. 플라톤의 일자 형이상학적 사유를 극복하기 위해서 하이데거는 '시적 사유'에 호소하고 있지만, 플라톤이 '일자의 지배'라는 전체주의적 구조를 전제하고 있는 것처럼 시는 '신의 회귀'라는 또 다른 위장된 존재에 대한 믿음을 끌어드리고 있다. 하나의 지배를 벗어나기 위해 시로 도피하는 것은 더 나쁜 일자를 받아들일 대문을 열어주는 것과 같다.

'일자의 지배'(플라톤)로부터 벗어나기 위해 '신의 회귀'(하이데거)라는 양대 오류로부터 탈출할 수 있는 길은 없는가? "신은 죽었다"라는 니체의 주장으로 관심을 돌려 본다. 멱집합에서 일자는 (가)이고 다자는 (라)이다. 우리에게 아직 나=허, (나)=공, (다)=제집합이란 선택지가 남아 있다. '현대적 무신론'은 가장 철저한 방식으로 '하나'를 비판하고자 하는 목표를 지향한다. 이는 (나)와 (다)로 가기 위한 청신호이다. 이는 '종교의 신'과 '형이상학의 신'과 '시인들의 신'도 사망선고 받을 수 있다는 것을 의미한다.

바디우는 『존재와 사건』에서 '하나가 없는 복합물'을 소환한다(바디우, 2018, 35). '하나가 없는 복합물multiplicity without One'의 새출발을 시도한다. 존재를 '순수 복합물pure multiplicity'로 삼아 사유의 새로운 출발을 하겠다는 것을 의미한다. 지금까지 존재를 일원적, 통일적, 체계적으로 통제해 온 것은 허구에 불과하다. 존재자는 실체가 아니고 과정이기 때문에 결코 고정된 것일 수 없다. 나아가 데모크리토스가 '존재자'라는 것이 불변하는 '단일한 알갱이'(단자)처럼 생각하는 것도 불식시켜야 한다. 불교에서는 플라톤의 오류를 '상주常住의 오류'라 하고, 데모크리토스의 오류를 '단멸斷滅의 오류'라 한다. '복합물'이라는 다음 말은 '차이'라는 명명 이외의 다른 것으로 의미 돼서는 안 된다. 이것이 산출 과정에서의 '명명 불가'에 해당한다. 그동안 '일자'의 형태로 명명된 모든 종류의 질서와 체계는 부정되어야 한다. 복합물에는 다음 삼대 요건이 갖추어져야 한다. 1) 복합물은 구성될 수 없다, 2) 복합물은 불완전성을 지닌다. 3) 복합물은 어떤 정의도 거부한다.

(1) **복합물은 구성될 수 없다.** 바디우는 존재론이란 하나가 없는 복합물에 대한 사유이어야 한다고 한다. 복합물은 일자와 같이 자기 안전을 위한 안전벽을 구축하지 않아 어떠 안정된 경계도 없는 상태로 여겨져야 한다. 신과 같은 특정한 요소를 상정하여 존재론을 성립시키려고 하는 전형적인 A-형의 수법은 파기돼야 한다. 이는 복합물을 '일자'가 지닌 권위 아래 종속시키는 결과를 초래한다. 그렇다고 데모크리토스의 다자 같이 마치 자신의 내적 기제장치를 가지고 있는 것처럼 여기는 것도

잘못이다. 이런 데모크리토스의 태도는 '일자'를 주어진 현상 뒤편에 있는 실체여서 받아들이고 있는 것이나 마찬가지이다. 이러한 데모크리토스의 주장은 하나가 없는 복합물이 지닌 의미를 끝내 전개하지 못하고 특정한 정지점에서 그것이 실제로 있는 것처럼 여겨 버리는 것으로서 이를 화이트헤드는 '잘못 놓은 구체화의 오류fallacy of misplaced concreteness'라 한다. 화이트헤드는 허구를 구체화 시키는 오류를 지적하고 있는 것이다. 플라톤의 일자나 데모크리토스의 원자를 화이트헤드는 '단순 정위simple location'라 하면서 부정한다. 이는 A-형들이 범하는 전형적인 오류이다.

바디우는 복합물은 오직 복합물들로만 구성되야 한다고 주장한다. 모든 복합물은 복합물들의 복합물인 것이다. 복합물은 어떤 '실체도 가지고 있지 않는 것의 복합물multiple de rien일 것'이다(바디우, 2018, 38). 이러한 복합물의 성격을 가지고 있는 것이 멱집합 안에서 나와 (나)에서 단면을 볼 수 있다. 차라리 복합물이 없으면 아무것도 없다고 단정하는 것이다(바디우, 2018, 38). 만유개공이라고 할 때 공이 없으면 아무것도 없고 만유는 모두 공이라고 할 때, 복합물을 집합론 안에서 자리매김을 한다면 (나)=공, (다)=제집합과 같다.

(2) **복합물은 불완전하다.** 순수 복합물은 잠시도 안정된 상태로 있을 수 없다. 가장 작은 단자일 수도 없다. '일자'라는 짝을 상실한 '복합물'은 어떤 정지점도 도달하지 못하고 무한히 차이화되고 연장되는 차연差延이 다. 일자가 없는 복합물만이 유일한 실재이다. 복합물에 대한 정의定義는 있을 수 없다. 그러나 정의 대신에 공리는 있어야 한다고 하면서 '공집합의 공리'와 '무한공리' 같은 것이 그 예이다. 결국 무엇을 정의한다는 것은 존재자의 우월함을 세우는 언어적 양태에 불과하다(바디우, 2018, 39)고 한다. 그래서 노자는 "도가도비상도 명가명비상명"이라 한 것이다. 명명불

가란 말이다.

(3) **복합물은 정의되어서는 안 된다.** 동학의 '불연기연'이란 것은 어떠한 정지점도 없이 무한히 차이화되는 복합물을 가정하는 것이다(2장 참고). 수운은 바디우와 같이 대상에 대한 정의하기부터 시작해서는 안 된다고 한다. 베이트슨은 무작위성이란 다름 아닌 복합물을 '일자'가 가지고 있는 어떤 영향 아래 종속시켜서는 안 된다는 것을 의미한다. 정의로부터 시작하는 사유는 요소 환원주의라는 오류에 빠지고 만다. 하나가 없는 복합물을 철저하게 전제하는 것은 도마복음과 동학을 이해하는 필수요건이다. '일자'가 지닌 힘 앞에 굴복당하는 위협으로부터 스스로를 보호해야 한다.

바디우는 정의를 내린다는 것이 일자라는 허구를 만드는 방법이라고 하면서 공리를 만들 것을 주장한다. 공리란 이 책의 처음부터 끝까지 사용하고 있는 멱집합 같은 데서 보는 바와 같이 수학적 추리를 가능하게 하는 것이다. 그리고 이런 공리는 우주 자연과 인간의 내면 심리학에게까지 타당한 것이어야 한다. 예를 들어서 우주인이 우주선을 타고 왕래한다고 할 때도 적용될 수 있어야 한다. 그런 공리가 9개가 있는데 그 가운데 하나가 이 책에서 사용되고 있는 '공집합의 공리'나 '무한의 공리'와 같은 것들이다.

공리와 정의가 다른 점은 전자는 어떤 경험물에도 의존하지 않는다는 것이다. 경험에 의존하지 않는 과학이 수학과 논리학이다. 다시 말해서 철학이 경험에 의존하지 않고 존재의 기반을 형성하는 데 있어서 의지처는 수학과 논리학뿐이다. 바디우가 칸토어의 집합론을 선택한 이유는 이러한 이유 때문이다. 집합론은 복합물이 갖추어야 할 모든 요건을 다 구비하고 있다. 칸토어가 발견한 공헌 가운데 하나가 아리스토텔레스의 가무한을 폐기하고 실무한을 택한 것이다. 실무한은 다른 수들과 같이 계산될 수 있는 무한이다. 가무한에서 일자는 셈할 수 없는 것이었다. 그러나 실무한은 다른 무한과 같이 셈해질 수 있다. 그래서 무한을 히브리어 $\aleph$와 같이 셈할 수 있는 것이다. 공집합 공리에서는 멱집합 안에서 { }와 {∅}과 같이 표기될 수도 셈할 수도 있고 모든 만물이 모두 이 공집합에 포함包含될 수도 있다.

그런데 플라톤 이래 이데아의 우산 아래에 만물을 다 그 아래에 모으려고 했는데, 이를 바디우는 '가정 망각의 오류fallacy of ignoring assumption'라 했다. 불교에서 말하는 상주의 오류에 해당한다고 할 수 있다. 이 오류에 의하면 일자 아래에 환원되지 못할 것은 없다는 오류에서 철학은 출발한다. 여기서 우리는 동학과 도마복음 연구에서 이런 오류를 범하고 있는지 없는지를 면밀히 검토해야 할 것이다.

이제 우리는 A-형이 범해 온 이런 오류들로부터 해방되자 적자 같이 황야에 서 있는 것 같은 불안을 느끼게 된다. 산출적 과정에서 불확실성, 비결정성 그리고 명명 불가라는 대가를 지불하게 되었다. 그러나 바디우는 이 해방감에 대해 "나는 사유 자신의 운명적 제약인 것에 대한 정확하게 말해서 형이상학적 경향이라고 부를 수 있는 것에 대한 사유로부터 자유를 느낀다"(바디우, 2018, 42)고 한다. 정의 내리는 방식의 사유로부터 '공리적 사유'를 할 수 있게 되었다는 말이다. 수학에 의존한 결과 공리는 어떠한 정의에도 의존하지 않는다. 다만, 정의되지 않는 항을 다양한 방식으로 배치하여 사유되고 있는 사태를 직접적으로 나타내게 되었다. 이렇게 칸토어 이후의 수학은 일자없는 복합물에 대한 존재론이라고 할 수 있다. 그런데 집합론은 하나 없는 복합물을 다루고자 하는 존재론이 지녀야 하는 모든 요건을 다 갖추었다. 이런 바디우의 존재론은 수학적 존재론이라 부른다. 이렇게 바디우는 20세기 철학이 다 포기한 존재론을 다시 부활시켜 플라톤을 웃게 하였다.

이러한 바디우에 대한 비판은 다음과 같다. '하나가 없는 복합물'에 대한 사유가 형이상학을 근본적으로 대체한다고 주장할 수 있는지는 매우 의문스럽다. 왜냐하면 어느 하나를 비판은 결국 같은 오류를 또 범하고 있기 때문이다. 다시 말해서 형이상학의 가정을 비판하기 위해 또 다른 형이상학의 가정을 끌어들이고자 하는 시도는 결국 자신이 해결하고자 하는 문제를 동일한 방식으로 되풀이할 뿐이다. 즉, 플라톤의 형이상학이 '일자'라는 가정을 바탕으로 모든 현상을 환원하고자 하는 것처럼 바디우의 존재론은 '복합물'이라는 가정을 바탕으로 모든 현상을 환원하고자 한다. 과연 바디우가 단멸의 오류와 상주의 오류를 모두 극복하고 있는가? '복합물'이라는 주장은 오류 없는 당위적인 것으로 말하고 있으면서 일자의 자리에 복합물을 대입하고 있다. 플라톤의 형이상학에 대한 비판이 그 자체로 바디우의 존재론을 성립시키는 결과를 낳지는 않는다. "'하나'는 존재하지 않는다"를 "'복합물'이 존재한다"와 동일시할 수 있는지는 의문이다. 이러한 바디우에 대한 비판에 대해 필자는 다음과 같이 정리한다.

(1) 바디우가 산 구라파의 A-형 문화권에서는 '일자'와 '다자'가 심각한 균열과 대립 관계 속에 있다. 전자가 남성 원리로서 하늘-남성-정신…이고, 후자는 여성 원리로서 땅-여성-물질…이다. 그래서 바디우뿐만 아니라 20세기 서양 철학 전반에 걸쳐 전자에 대한 거부감이 크다. 바디우 역시 이런 영향권에 있어서 일자 존재론에 대한 거부감이 심하다. 이에 바디우는 집합론을 통해 존재론 자체를 복원시키려 한다.

(2) E-형인 동양 언어권에서는 일자와 다자를 일이이, 일중다, 색즉

공, 공즉색 같은 대칭성 개념이 잘 발달돼 있으나 서양에서는 일과 다가 어휘적으로 서로 적대시 혹은 서로 악마화하고 있다.

(3) 한국어의 '한'은 그 사전적 의미에서 '하나[一], 여럿[多], 중[中], 동[同], 혹[或], 행[行]'이라는 의미를 함의하고 있어서 바디우 사상에 대한 고찰을 '한'의 시각에서 포괄적으로 고찰해야 한다(김상일, 2018 참고). 도마복음과 동학과의 연관 관계를 이런 포괄적 시각에서 검토하는 것이 요청된다.

(4) 바디우가 절체절명으로 의존하고 있는 집합론을 역[易]의 관점에서 재구성을 해야 한다. 멱집합은 꽃병을 두 개, 즉 하나는 '안 담김'의 빈 병으로 다른 하나는 꽃이 '담김'이라고 할 때(2), 꽃이 3개이면 2^3=8로 멱집합을 만든다. 그런데 칸토어는 '안 담김'을 공집합으로 처리 기호 $\varnothing$로 표기했다. 그러나 역에서는 '담김'은 양(−)으로, '안 담김'은 음(--)로 모두 표기하였다. 이는 칸토어의 멱집합이 크게 수정받아야 할 점이다. 그러면 멱집합 안의 부분들은 모두 8괘로 표시할 수 있다.

(5) 산출 과정은 [도표 5.3]에서 보는 바와 같이 위상 공간의 차원 변화에 불과하다. 그리고 이것은 차원의 변화인 동시에 의식 구조의 변화이고 사회현상의 변화 과정이다. 그 과정을 자기귀속과 비자기귀속으로 볼 때 역설이라는 난관에 봉착한 것처럼 보인다. 그러나 역설은 다름 아닌 차원 변화의 가닥에서 발생한 것에 지나지 않는다. 그렇다면 역설은 폐기 처분될 것이 아니라 긍정과 부정의 양면에서 포괄적으로 바라보는 것이 필요하다.

(6) [도표 5.4]는 산출 과정을 윌버의 진화와 퇴화의 구조 속에 넣어 본 것이다. 그렇다면 멱집합은 의식과 생물 그리고 우주자연의 변화에 연관이 된다. 바디우는 예술, 사랑, 과학, 정치라는 네 영역에

국한시켜 적용했다. 그러나 필자는 이를 동북아 문명권 전반에 걸쳐
적용한다.

(7) 동학과 도마복음에서 바디우의 복합물 개념이 어떻게 적용되고
전개되는가를 볼 차례이다.

5.2 도마복음과 멱집합

'쌍둥이'를 불교 법왕경에 적용, 이자평은 다른 차원에서 조명한다. '쌍둥이'를 거짓말쟁이 역설에 적용, 바디우의 산출적 과정에 비추어본 것과 비교해 볼 수 있다.

쌍둥이로 본 도마복음과 법왕경

달마는 인도에서 동쪽 중국으로 왔다. 불교는 인도에서 나서 중국에서 자라 한국에 열매를 맺었다. 이 과정을 인도(E1) → 중국(E2) → 한국(E3)이라 하기로 한다. 서양의 A-형에서는 이런 과정이 불행하게도 없었다. 서양 철학은 플라톤 철학의 주석에 불과하다는 말이 이에서 유래한다. 중국에 전래된 대승불교는 동북아의 정서와 체질에 적합했다. '도마복음'이 기독교 안에서 외경 취급을 받는다면, '법왕경'(본명은 佛設法王經)은 불교 안에서 그러한 대접을 받았다. 이자평은 두 외경을 '쌍둥이' 개념을 적용해 그 같은 점을 지적하고 있다.

이자평은 『법왕경』과 『도마복음』으로 본 불교와 기독교의 위경(외경)에서 '쌍둥이'를 '불성과 일자' 개념에 적용한다. 이자평은 일레인 페이젤스의 "쌍둥이'란 말의 해석학적 의미는 하나님의 형상으로 창조된 사람은 누구나 예수님이 구현하는 참 빛을 가질 수 있음을 뜻한다"를 적용하다, "무지한 상태에 있어서 의식하지 못할 뿐 하나님의 형상이 모든 사람 안에 갖추어져 있다는 의미에서 쌍둥이인 것이다"를 인용한다(이자평, 330).

창세기의 하나님의 형상을 페이젤스는 인간과 하나님의 관계를 쌍둥이로 보고 있다는 것이다. 그러나 일단 교부들의 해석은 하나님의 형상을 유사 관계로 보았지 상사 관계로 보지는 않았다. 다시 말해서 신과 인간은 창조주와 피조물로 주종관계가 분명하다는 것이다. 그러나 이자평은 페이젤스의 주장을 그대로 수용키로 하면서 도마복음 77장을 여기에 인용한다.

1. 예수께서 말씀하시니라. "나는 모든 것들 위에 존재하는 빛이다. 나는 전부이다. 나로부터 모든 것이 나왔고 그리고 나에게 모든 것이 돌아온다. 2. 장작은 쪼개 보아라! 나는 거기에 있을 것이다. 3. 돌 하나를 들어보아라! 그리하면 너희는 나를 거기서 발견할 수 있으리라"(77장).

도올은 "참으로 위대한 장이다. 눈물겹도록 아름답고 광대한, 살아 있는 예수의 메시지이다"(김용옥, 2025, 387)고 감탄한다. 그러나 이자평과 같이 쌍둥이와 연결시키지는 않고 있다. 이 점에 있어서는 오강남과 구자만도 마찬가지이다. 여기서는 도올-오강남-구자만-이자평 순서대로 77장을 소개한 후 필자의 입장을 피력하기로 한다.

도올은 77장을 1) 나는 빛이다, 2) 나는 전부이다, 3) 나는 어디든지 있다, 4) 나는 자연 속에도 발견된다로 요약한다(김용옥, 2025, 388). 도올을 77장은 범신론과 범재신론과는 물론 '영지주의 세계관'과도 아무 상관이 없다고 한다. 77장은 주체와 객체의 이원론을 허락하지 않는다. 빛은 영지주의자들과 같이 빛과 어둠으로 나누는 것과 같이 상대화할 수 있는 것도 아니다. 도마는 보편주의 신학을 선포하고 있다. 빛은 장자의 말을 인용 똥과 오줌 속에도 있는 것이다. 그래서 장작(통나무)

속에도 돌 하나 속에도 있다. 이를 선포하는 것이 메타노이아이고, 이렇게 하는 것이 조선의 신학을 하는 첩경이다(같은 책, 390). 도올의 주장이다.

오강남은 77장에서 말하는 '나'는 '우주적 나'이다. 이는 곧 해월이 말하는 '향아설'에 비견되는 시천주와 인내천과 맥락의 '나'이다. 통나무와 돌 속에 있는 빛은 우리 모두의 빛이란 것을 의미한다. 힌두교의 참나, 유대교의 '아인 소프', 동방정교회의 '신의 영광'을 '빛', 퀘이커의 '내적 빛'을 열거한다. 오강남은 도올과 달리 77장을 범재신론^{pan-en-theism}이라고 한다. 범재신론을 두고 도의 '주편함周遍咸'과 '편재성遍在性'이라 한다. 만물과 나가 하나이면서 둘, 둘이면서 하나인 것을 '역설'로 규정하면서 하나이면서 둘, 둘이면서 하나를 말하는 것이 본장의 취지라고 한다(오강남, 2022, 381-385).

구자만에 의하면 예수는 시공을 초월하는 것이 빛이고 그것은 '전부^{all}'이다. 동방정교와 퀘이커교의 '빛'과 동일시한다. 빛은 不二인 참나(one)를 말하기 위해 나무토막을 쪼개 보고, 돌을 들어 보라고 한다. 특히, 빛은 인자(사람의 아들)와 연관을 시킨다. 인자를 예수만을 지적한 것은 잘못이라 한다. 바가바드 기타의 '하나'의 진리를 "나는 전체이며, 모든 것이 나오고 모든 것이 내 안으로 녹아든다. 너의 에고를 던지고 내 발아래로 오라"라고 한 것을 강조한다. 통나무를 쪼개는 것은 장자가 동곽자에게 한 말과 같은 맥락이다. 'All in All'이란 범신론을 두려워한 것은 서구 신학의 한계이다. "나는 전부다" 하는 것은 모든 이원론을 허무는 것이다(구자만, 2022, 207-211). 구자만의 주장을 요약한 것이다.

장자의 말을 인용하는 점에서 3인은 의견을 같이 하면서도 오강남은 범재신론에 긍정적이지만 도올은 영지주의, 범신론 그리고 범재신론과 77장은 무관하다고 하지만, 오강남과 구자만은 관계가 있다고 본다.

77장의 3대 주제어는 빛, 통나무 그리고 돌이다. 창세기에서 신약 성서 전반에 이르기까지 빛은 '반사' 개념과 일치하고, 창세기에서 빛은 어둠의 파괴자로 해석해 왔다. 빛은 언어나 뇌와 같이 실체로서보다는 매개자^{messenger}로 더 잘 이해되었기 때문에 그 연구가 20세기에 와서야 연구가 활발해졌다. 관찰에서 '매개자'는 쉽게 간과된다. 뇌 연구가 늦은 이유이다.

과학자들이 빛에 대해 관심을 갖기 시작한 것은 뉴턴부터이다. 뉴턴은 빛을 입자로 이해했지만(1666년), 10년 후 호이헨즈에 의해 파동이란 사실이 알려져 무려 300여 년 동안 입자/파동의 논쟁이 이어졌다. 이는 마치 불멸 후 유와 무와 논쟁이 400~500년간 이어진 것과 비교된다. 20세기 과학은 빛의 세기였다. 아인슈타인의 노벨상도 빛의 연구였으며 (1914년), 1929년 하이젠베르크와 보어의 불확정설 이론도 빛의 연구 결과이다. 보어-하이젠베르크의 연구 결과는 빛은 '입자-파동'이다. 1960년대 홀로그램은 실로 20세기를 빛의 세기라 불려 마땅하게 했다. 홀로그램은 All-in-One과 One-in-All의 다른 말이다.

입자-파동과 All-in-One은 위 도마복음 세 연구가들이 공통으로 의견을 같이하는 주장들이다. 즉, 빛의 비이원성 그리고 편재성은 모두 동의하는 바이다. 그러나 창세기 1장 2절을 두고 교부 신학자들은 빛이 어둠을 파괴하는 것으로 해석해 왔다. 그래서 빛은 남성 원리로서 빛-하늘-남성-정신이고 어둠은 여성 원리로서 어둠-땅-여성-물질로 고리를 만들었다. 빛이 신약성경에서는 거의 반사의 의미로 사용돼 '등경 위의 빛', '빛이 어둠에 비추니' 등과 같이 어둠을 제거하는 것이 빛이었다. 도마복음 33장은 "… 오히려 그것을(등불을) 등경 위에 올려놓나니, 이는 집 안에 들어오고 나가는 모든 사람들로 하여금 그 빛을 보게 하려

함이니라"(3절)이라 한다. 여기서도 빛이 대상을 향해 비추는 것이 아니라 오가는 사람들이 어둠 속에서도 등경의 빛을 보게 하기 위함이라고 한다. 도마복음은 빛이 결코 흑암이란 대상을 파괴하기 위한 것이란 표현은 사용하지 않는다. 22절에서 빛과 어둠을 대조시키는 발언이 있는데 여기서도 "그것이 빛나지 않으면 그것은 곧 어둠이니라"(3절)고 할 정도는 빛과 어둠은 서로 상대적인 개념이라 한다. 그래서 빛은 비이원성(입자-파동)이고 편재성(홀로그램)인 것이 20~21세기 빛 개념인데, 이는 도마복음의 그것과 일치한다.

빛보다 빠른 것은 없다. 속도는 마찰과 관계돼 있다. 전류가 전선에 흐를 때 전선이 주는 마찰에 따라 속도가 달라진다. 그렇다면 마찰이 적을수록 전류가 많이 잘 흐를 수 있다. 지금으로서는 구리가 최적이다. 앞으로 전선 없이 전류가 흐를 수 있는 것을 기대할 수 있다. 빛이 가장 빠른 이유는 매체가 없이도 빛은 전달될 수 있기 때문이다. 소리는 공기라는 매체가, 수파는 물이라는 매체가 있어야 흐를 수 있다. 그런데 빛에는 이런 매체가 없다는 것이다. 자체권만 있고 소유권은 없다는 말이다. 매체가 없는 것이 아니라 빛은 제 자신이 스스로 매체 자체이다. 자기언급적이란 말이다. 도마복음 55장에서는 "빛은 스스로 생겨나는 곳에서 왔노라. 빛은 스스로 존재하며, 자립하며, 그들의 형상으로 자신을 드러낸다"(1절)라 한다. 이것이 멱집합에서 보면 (다)=제집합={a,b,c} 에 해당한다. 집합론 안에는 이와 같이 매체가 자기 자신일 수 있는 것을 보여준다. 빛은 자기언급적이기 때문에 아무런 매체 없는 허공 속을 달릴 수 있다. 그러나 공기가 있어야 가능한 음파^{音波}나 물이 있어야 흐를 수 있는 수파^{水波}와 광파^{光波}는 이 점에서 다르다. 도마복음 77장에서는 빛을 말하면서 이것이 하나님이라고 한다. 자기언급을 무^{無}라고 하는 것은 자기와 자기 사이에는 아무것도 없고 자기 자신으로 차 있는 밀림과 같기 때문이다. 빛은 자기언급을 한다는 것은 빛은 '허공'을 매체로 흐른다는 것을 의미한다. 그래서 (가)=나={나}={다}는 모두 동일하다.

그래서 하나님을 '빛'이라고 말하는 것은 무신적無神的이라는 것을 의미한다. 유신론자들이 볼 때 도마복음을 비롯한 영지주의의 신이 무신론으로 보이는 이유가 여기에 있다. 자기언급을 말하는 한 유신론자들은 이것이 무신론이라 하는 것은 논리적으로 아무런 하자가 없는 말이다. 반대로 자기언급을 하지 않는 종교는 허·공·무가 없기 때문에 이것은 빛이 아니기 때문에 무신론이라 할 수 있다. 그런데 도마복음은 통나무와 돌에 빛이 있다고 함으로써 공집합(돌 속의 ∅)이 쪼개진 통나무 속에 있다는 것은 {∅}라는 것과 같다. {{{　}}}라는 쌍둥이는 통나무가 대칭으로 쪼개지는 것이고, 그 안에 ∅이 들어가 만유인 1, 2, 3… (라)를 생산한다. 아무것도 없는 공집합의 기호가 증가하는 만큼 수가 생긴다.

이에 앞서 빛, 통나무 그리고 돌의 삼자 관계를 말해 두는 것이 필요하다. 오강남은 '통나무'로 도올은 '장작'이라고 한다. 노자는 통나무를 쪼개지 않은 상태를 그냥 두는 것을 '박樸'이라 하고, 이를 '도道'와 일치시킨다. 그러나 도마는 그것을 쪼갠다고 한다. 쪼개면 좌우로 두 토막 나는 데 마치 쌍둥이 같이 갈라진다. 가라지지 않으면 '어둠'인데 그것이 도에 가깝다. 그러나 도마복음은 갈라져야 그 안에 빛이 편재해 있다고 한다. 쪼개지지 않는 것을 허={　}라면 쪼개져 그 안에서 빛이 작용하면 공={∅}이 된다. 이는 『도덕경』과 도마복음이 다른 점이라 할 수 있다. 『도덕경』은 그 어느 곳에서도 가르고 쪼개는 곳이 없다. 풀무에서도 그 자체 안에서 바람이 만들어지는 것이지 바람이 그 안에 들어가는 것은 아니다.

그러면 허={ }에서 ∅이 어떻게 만들어지는가? 노르웨이 수학자 보르겐 등이 집합론을 정리하던 중 { } 안에 새로운 기호가 들어가야 할 필요를 느꼈다. 스칸디나비아 문자 가운데 ∅(오슬라이 0)를 빌려와 1939년부터 처음 사용하게 되었다.[2] '허공'이라고 하듯이 허와 공은 분리되는 것이 아니지만 천지현황={ }와 우주홍황={∅}를 천자문에서는 구별한다. 창세기 1장과 2장의 구별도 이와 마찬가지이다. 창세기 2장 18절의 '이름 짓기' 행위가 바로 {∅}이다. 이름 짓기 행위란 사물과 말을 구분하는 것이고 양자는 쌍둥이이다. 통나무를 쪼갠다는 것이 바로 이름 짓기 행위에 해당한다. 고대 덴마크 마을에서 사람들이 돌을 들면 그 자리에 돌의 흔적痕迹이 나타나는 데 그 흔적에서 ∅를 발견해 무엇이 없는 것을 이 기호로 나타냈다고 한다. 예를 들어 빚을 나타낼 때도 '없음'이기 때문에 이 기호를 나타냈다. 그러나 동북아의 역에서는 이런 기호를 도입할 필요가 없었다. 그 이유는 유와 무를 대칭적 관계로 파악했기 때문이다. 서양에서는 유와 무를 대칭적symmetrical으로 파악하지 못했다. 역은 유를 양(–)으로 무를 음(--)으로 대칭화시켰기 때문에 없음을 따로 기호화할 필요가 없었다. 그런 의미에서 태극도 안의 음과 양의 모양이 바로 '쌍둥이'인 것이다.

그래서 빚과 통나무와 돌은 서로 불가분리적이다. 이는 집합론의 (가)-(나)-(다)의 순서를 그대로 따른 것이다. (가)={a,b,c}와 (다)={a,b,c}는 일란성 쌍둥이이다. 여기서 범신론과 범재신론의 구별이 명확해진다. 범재신론 pan-en-theism에서 보는 바와 같이 우주만물(pan)이 신(theism) 안에(en) 들어 있다는 것이다. 다시 말해서 범재신론은 신재범론

---

2 ∅은 원래 덴마크와 노르웨이어 알파벳 가운데 하나인 o-slash 문자였다.

theism-in-pan은 아니다. 그래서 장자가 동곽자에게 한 말은 신재범론에 해당한다 할 수 있다. 그런데 범재신론pan-en-theism과 신재범론Theo-en-pan은 서로 인정하지 않으려 한다. 신은 세계를 包涵하든 세계가 包涵하든 해야 하는데, 상호 包含은 아니라는 것이 범재신론의 한계이다. 그런 점에서 범재신론은 서양 전통 신관에서도 받아들이기 어렵고, 동양에서도 만족스럽지 못하다. 그런데 동학과 도마복음이 범재신론이라고 착각한다. 동양은 신과 세계가 상호 包含이다.

한편 유신론theism은 (가)가 (다-라)를 包涵한다는 논리이다. 범신론은 (가)≡(다-라)와 동치[同]라는 논리이다. 다음 남은 문제는 허와 공을 어떻게 볼 것이냐이다. A-형에서는 완전 부정되던 것으로 이를 일러 소위 '무신론atheism'이라 한다. 피터 왓슨의 *The Age of Nothing*(2014)을 한국에서 『무신론자의 시대』(책과 사람, 2016)로 번역한 것은 Nothing(허공무)을 모두 '무신론'으로 본다는 것을 의미한다. 니체가 "신은 죽었다"고 한 배경에는 그가 동양적인 허·공·무를 얼마나 예찬하고 있는가를 의미한다. 그러나 멱집합론에서 나, (나), (다)는 엄연한 부분집합 가운데 하나이다. 아니 멱집합(부분집합)이 성립하기 위해서는 반드시 ∅와 제 자신은 반드시 포함돼야 한다. 그래서 공집합의 멱집합이 곧 {∅}=1이 가능해진다. 이 말은 무신론 없이 유신론(1, 2, 3…)도 있을 수 없다는 것을 의미한다. 그래서 E-형에서 볼 때 신이 없는 것이 아니라 유와 무는 서로 상생하기 때문에 신은 사족에 불과하다는 것을 의미한다. 그런 의미에서 서양 신학은 니체를 재조명함으로 새 출발해야 할 것이다. 니체는 도마복음으로 가는 길목에 있는 정류장 같다고 할 수 있을 것이다.

하나님의 형상과 쌍둥이론

　여기까지는 쌍둥이를 도마복음과 대왕경을 이해하기 위한 배경을 마련한 것이라 할 수 있다. 이자평은 쌍둥이 개념을 빛과 연관시킨 다음 빛을 통나무 그리고 돌과도 일치시킨다. 이들 삼자가 어떻게 쌍둥이와 연관이 되는가? "즉, '쌍둥이'란 말의 해석학적 의미는 하나님의 형상으로 창조된 사람은 주구나 예수님의 구현하는 참 빛을 가질 수 있음을 뜻한다. … 하나님의 형상이 모든 사람 안에 감추어져 있다는 의미의 쌍둥이인 것이다"(이자평, 2011, 330). 이 인용구는 도마복음 연구학자 일레인 페이젤스의 말을 간접 인용한 것 같다. 그러나 교부들은 하나님의 형상은 타락과 함께 하나님의 형상이 완전 파괴됐다고 한다. 라이홀드 니버의 『인간의 본성과 그 운명』은 이러한 교부들의 주장을 현대판 용어로 바꾸어 놓은 것이다. 니버뿐만 아니라 종교개혁가들을 포함한 서방 기독교(A-형)의 평균적인 발상이 '하나님의 형상'의 완전 파손이다. 그러나 영지주의자들의 신학적 배경의 핵심은 하나님 형상의 파손이 아니고 그것을 빛으로 본다는 것이다. 이자평은 후자의 입장에서 하나님의 형상을 인간의 그것과 쌍둥이로 본다는 것이다. 그는 쌍둥이 개념을 통해 '불성과 일자', '반야와 영지', '계와 율법' 등에 적용, 도마복음과 불왕경의 같음과 다름을 지적한다.

　20세기 빛에 대한 이해가 부족한 상태에서 이자평은 "도마복음에서 빛은 곧 하나님으로, 만물을 비추면서 만물 그 자체로 설명된다"(330쪽)고 하는 것은 A-형 교부들의 생각과 같은 하나님은 빛이기는 하지만 그것은 세상을 향해 비추는 빛이다. 이는 통나무와 돌은 세상이고 빛은 그 속에 담기는 것처럼 이해된다. 그러나 통나무와 돌과 빛은 공이고 허일 뿐으로 거기서 빛은 자기언급을 한다. 그러나 이러한 전제를 이자평은 비판하면서 "… 이러한 면모는 인간은 하나님의 모상일 뿐 하나님과 하나 될 수 없다는 정통 기독교 교리와 구별되는 것으로 유대교 신비주의 카발라라와 하시딕 신앙이 가지는 신의 편재성, 자아의식의 무화와 소멸을 통한 무한한 빛으로서 무한자$^{Ein-sof}$와의 만남 등과 유사한 것임을 알 수 있다"(같은 책, 330). 전제와 결론이 상치되는 것 같지만 결론은 빛에 대한 E-형으로 되돌아왔다.

이자평을 일자와는 동일시할 수 없으며, 오히려 '절대무'와 동일시하는 것이 아니라, '절대무'={다}와 동일시하는 것이라 한다. 빛은 넓게 허·공·무와 같다고 하면서 '일자'를 부정한다. 구자만은 '일자' 자체는 인정하면서 일자를 인자$^{Son\ of\ Man}$와 일치시킨다. 인자를 정통교회에선 오직 예수라고만 한 데 대하여 구자만은 신성(참나)를 자각하는 사람이면 누구나 인자가 될 수 있다고 한다(구자만, 2022, 210). 다시 말해서 일자를 긍정하면서도 그것이 예수뿐만 아니라 모든 인간에 해당한다고 한다. 이는 바디우가 말하는 일자를 '복합물'로 바꾸는 것과 같다고 할 수 있다. 필자는 '인자'를 조물자 상으로 본다.

Andrew Harvey는 *Son of Man*(Putnam, NY, 1998)에서 '사람의 아들'은 역사적, 신비적, 성녀로서 다양한 역할을 하는 존재로 묘사하고 있다. 그래서 인자란 하나의 상으로 요약할 수 없는 다양한 인격체로 본다. 도마복음에서 인자는 '개인 내면의 깨달은 자각한 자 모두'로 묘사된 반면 사복음서는 역사 속 특징 인물 예수를 지칭한다. 동학에서 인내천이라 할 때 사람의 아들이 모두 하늘인 것을 천명한 것으로 도마복음의 그것과 유사하다. 아무튼 그 의미에 있어서나 실존하는 인물로서 조물주(자)는 만들면서 만들어진다. 사람의 아들은 하나의 '복합물'로 본 점에서는 의견이 일치한다. 조물주 혹은 조물자는 만들면서 만들어진다.

도마의 쌍둥이 개념도 복합물로서의 의미를 갖는다. 이자평은 도마가 쌍둥이를 뜻하는 것과 같이 빛은 만물에 내재하고 있어서 앞에 있는 나무와 돌을 보고서 하나님을 보는 완전(절대무)으로서의 회귀를 일으키게 한다. 하나님으로서의 나무와 돌 그리고 나와 나의 이웃에 대한 경이와 사랑을 불러일으키게 한다고 하면서 이러한 하나님의 모습을 법왕경에서도 발견된다고 한다. 법왕경의 "묘한 도와 깊은 체는 一相으로 둘이 없다. … 일체의 중생들이 함께 하나의 性相이고 하나의 체이며 다르지 않기 때문이다"(법왕경[T 85], 1385; 이자평, 331). 법왕경은 모든 반대의 일치를 是(卽)의 논리로 묶는다. 그래서 법왕경은 다양한 만물에 드러난 아이가 곧 是로서 평등함이고 체, 성, 상이 모두 부처라고 한다.

하나님을 통나무와 돌과 일치시키고 있으나 위에서 본 바와 같이 이 둘은 빛이 공집합(돌)이고 통나무는 자기언급으로서의 쌍둥이라 본 필자의 입장과는 차이를 보인다. 즉, 돌과 통나무는 빛의 양면성을 그려내는 수단일 뿐이다. 그래서 도마복음은 사복음과는 달리 내면의 빛인 '영지'를 빛에 비유한 것이다. 이러한 영지로서의 빛이 자리매김하는 것이 멱집합에서 (가)와 (다)와의 합일이다. 이 둘이 쌍둥이로서 하나 되는 것을 강조하는 것이 도마복음 22장이다.

"너희들이 둘을 하나로 만들 때 그리고 너희들의 속을 겉과 같이 만들고,
또 위를 아래와 같이 만들 때 그리고 너희가 남자와 여자를 하나로된
자로 만들어 남자가 남자되지 아니하고 여자가 여자로 되지 아니할 때
그리고 너희가 눈 있는 자리에 눈을 만들고, 손 있는 자리에 손을 만들고,
… 모습 있는 자리에 모습을 만들 때, 비로소 너희는 나라에 들어가게

될 것이다"(22:4-7).

여기서 "둘을 하나로 만든다"고 하는 것은 반드시 그것은 자기가 자기 됨이어야 한다. 그것은 "눈 있는 자리에 눈을 만들고, 손 있는 자리에 손을 만들고…"라고 한다. 분리된 다음에 다시 하나 됨이어야 한다. 쪼개진 통나무는 다시 하나가 됨이다. 디두모와 도마는 하나 되어야 하는데 그 가운데 '유다'가 매개자 역할을 한다. 이것이 쌍둥이 이름이 갖는 구조적 의의이다. 그리고 그것은 곧 멱집합과 일치하는 구조이다. 이러한 22장의 주장은 83장과 84장에서도 반복된다. 쌍둥이는 모두 죽어야 한다. 그 방법은 금식, 기도, 고행이다. 즉, 공집합(허와 공)으로 되돌아가야 하는데, 이런 방법을 취하지 않고 식물성 마약에 의존하여 도달하려 할 때 자아에는 비틀림이 생기는 데 윌버는 이를 '아트만 프로젝트Atman Project'라 한다. 금식, 기도 고행 대신에 외적인 약물에 의존해 환각 상태로 도피해 마치 자아가 대자아가 된 것으로 착각하는 것을 두고 하는 말이다. 이것이 바로 에덴동산에서 발생한 '사건'이다. 아트만 프러젝트를 도마복음은 "지금은 너희들이 취해 있지만, 술에서 깨면 의식을 바꿀 것이다"(28장). 영지란 윌버의 전/초오에서 볼 때 (C)이지만 인간은 그것을 (A)와 분별하지 못해 전/초오를 범한다.

이자평은 "영지란 것은 자신에 대한 지혜이며, 나아가야 할 길에 대한 지혜이며, 찾아야 할 본원에 대한 지혜이다. 영지는 다른 무엇에 있는 것이 아니라 쌍둥이인 바로 우리 자신에게 있다는 것이다. 이를 통해 도마복음은 무지로부터 구원을 얻고, 하나님과 하나라는 충만한 완전자의 본원으로 돌아가는 것이다"(334쪽). 그런데 인간들은 쌍둥이인 자아 가운데 다른 한쪽을 돈, 군력, 지식, 성 같은 것으로 대체하고 이것과 하나가 되려고 한다. 이것들과 하나 된 것을 두고 아트만 프로젝트, 즉 '자아의 비틀림'이라 한다.

법왕경에서 '허공장보살虛空藏菩薩'을 통해 중생과 부처와 같다고 할 때 다음과 같은 문제가 제기된다. 허공장보살은 허공을 자기의 창고 속에 가득 가지고 있는 보살이란 뜻이다. { }와 {∅}를 창고에 저장하고 있는 보살이란 뜻으로 보통 지혜의 보고를 가진 보살로 알려져 과거를 보려는 선비들이 찾는 보살이라고도 한다. 이 보살은 허와 공을 자기 속에 내재하고 있는 존재로서 기도교의 인자 개념과 비교되면서 인자는 역사적 메시아성을 지닌 반면에 허공장보살은 데리다의 차연개념과 바디우의 사건 이 일어날 수 있는 무한한 배경과 같다. 허공보살은 무한 창고로서 데리다의 차연이 차이를 만들면서 무한하게 지연되는 것에 비유될 수 있다.

그런데 그 창고 속에 무한 번뇌가 쌓여 있다면? 즉, 쌍둥이가 하나는 번뇌를 하고 다른 하나는 번뇌를 하지 않는다면? 바울은 로마서 7장 21-25절에서 다음과 같이 쌍둥이 두 자아가 번민하는 모습을 쓰고 있다.

여기에서 나는 법칙 하나를 발견하였습니다. 곧 나는 선을 행하려고 하는데, 그러한 나에게 악이 붙어 있다는 것입니다. 나는 속사람으로는 하나님의 법을 즐거워하나, 내 지체에는 다른 법이 있어서 내 마음의 법과 맞서서 싸우며, 내 지체에 있는 죄의 법에 나를 포로로 만드는 것을 봅니다. 아, 나는 비참한 사람입니다. 누가 이 죽음의 몸에서 나를 건져 주겠습니까? 우리 주 예수 그리스도를 통하여 나를 건져 주신 하나님께 감사를 드립니다. 그러니 나 자신은, 마음으로는 하나님의 법을 섬기고, 육신으로는 죄의

법을 섬기고 있습니다(롬 7:21-25).

이는 쌍둥이 두 자아가 내면에서 갈등하면서 다투는 장면을 바울이 묘사한 것이다. 이런 바울의 번민에 대해,

어찌 중생은 모든 번뇌를 짓는 것입니까? 만약 번뇌심을 짓는다면 허물인데, 이 마음의 허물은 어디서 나오는 것입니까? … 일체의 번뇌는 전도에 따라 나타난다. 일체의 전도는 망상에서 나오고, 일체의 망상은 有我에서 나온다. 일체의 有我는 無本에서 나오고, 일체의 無本은 곧 無住이다. 無住와 無本은 곧 있지 않음이니, 있다면 허물이 되지만 없다면 청정이 된다(법왕경[T85] 1386; 이자평, 335).

$$\{망상, 번뇌심, 허물\} \leftarrow \{유아有我\} \leftarrow \{무본無本\} \leftarrow \{무주無住\}$$

$$\downarrow \qquad\qquad \downarrow \qquad\qquad \downarrow$$

$$(다)=\{a,b,c\} \leftarrow (나)=空 \ \leftarrow \ 나=虛$$

$$\downarrow$$

$$(우리 주 예수)$$

[**도표 5.5**]) **망상의 뿌리**

(1) 법왕경에 의하면 망상의 뿌리는 무주無住와 무본無本이어야 할 곳에 그것이 비틀려진 아트만이 있고 자리 잡고 있기 때문이다. '무주'가 존재의 번지수라면, 무본은 거기에 달린 문패이다. 번지수도 문패도 없어야 하는데 망상이란 아트만 프로젝트가 자리 잡고 있기 때문에 그것이 원인이 돼 망상이 생긴다. 즉, 무주와 무본에서 아트만 프로젝트가

자리잡고 있다.

(2) 그런데 바울은 무주와 무본의 자리에 하나님과 우리주 예수로 대신한다.

(3) 중생과 부처가 같지만 중생은 전도와 망상 때문에 번뇌를 하고, 이 사실 자체를 모른다. 그러나 제법은 무본이고 무주이다. 본도 없고 그것이 거처할 곳도 없다. 무주와 무본의 자리에 주소를 정하고 명패를 달아 자기 집인 것처럼 착각한다. 심지어는 무주와 무본의 자리에 돈과 권력 같은 대체물을 가져다 채운다. 이것이 아트만 프로젝트이다.

(4) "자신을 포함한 제법이 어떠한 의지처(근본)도 없다고 인연에 따라 생긴다는 사실을 아는 지혜가 바로 반야(바라밀무애해탈)인 것이다"(법왕경[T85] 1389; 이자평, 335).

이자평은 마지막으로 도마복음과 법왕경이 이 점에 있어서 다른 점을 지적한다.

도마복음이 빛으로서의 하나님 일자(一者)의 주객 미분의 조화라는 영지(gnosis)를 강조하는 반면, 법왕경은 그 어떠한 의지처도(근본)도 두지 않는 반야를 강조한다는 차이를 보이고 있다. 그러난 그 속에서도 도마복음에서는 영지라는 깨달음을 통해 자신의 이원화된 상대적 개념에 빠진 모습을 보여주고 있듯이, 법왕경에서도 머물 곳도 없고 근본도 없지만, 중생 스스로 일으키는 망상과 전도를 보여주고 있다. 이 두 비정통의 지혜(법왕경과 도마복음)는 자신에 대한 무지한 사람들에게 자기 자신과 바른 지혜를 구하고, 자기 자신과 만물을 이해하는 데 큰 도움을 줄 것이다 (이자평, 336).

무주와 무본은 허와 공의 처소이다. 거기에 정통 기독교는 인격신인 '주님' 같은 것으로 대신 채우려 한다. 예수 자신은 그곳이 무주와 무본이라 했고, 거기에 아무것도 채우지 말라고 했지만, 교부들은 무주와 무본의 자리에 이렇게 말한 '예수'를 가져다 채운다. 이 점에서 사복음서 기자들과 바울은 마찬가지이다. 불교도 마찬가지로 무주와 무본을 말한 부처 자신을 부처가 말한 무본과 무주의 자리에 가져다 놓는다. 예수와 부처는 매체로서의 전달자인데 이런 전달자 자체가 근본인 것처럼 여겨버린다는 것이다. 이것 역시 아트만 프로젝트이다. 돈이나 권력보다 더 나쁘고 무서운 '잘못 놓은 구체화'의 오류이다. 도마복음은 그런 예수는 없다고 한다. 오강남이 말하는 '예수는 없다'의 원제는 '그런 예수는 없다'(no such Jesus)였다고 한다.

'그런 예수'를 '초과'라 한다. 우주질서에서는 '윤여'라 한다. 이런 초과가 공백의 자리를 대신한 것이 인격신이다. 자리를 대신할 때 바울은 부활, 재림, 종말 같은 새로운 개념들을 양산하고 교부들은 자기들의 권력유지에 이를 이용한다. 도마복음은 이런 초과분을 제거하고 허와 공의 자리로 우리를 부른다. 불교 아니 우주와 인간 전 영역에서 초과는 불가피하다. A-형은 이를 제거해야 한다고 한다. 그러나 자기들의 기반이 이 초과분에 의존하고 있는데 눈병 환자가 자기의 눈을 만지는 것과 하나 다르지 않다. 그래서 제거가 불가능하다. 천자문은 이에 대하여 '율려조양'이라고 한다. 동학에서는 기의 흐름에서도 이런 초과가 생긴다고 본다. 이를 제대로 다루기 위해 3대 주문을 만든다. 음악에서는 이런 초과음을 조절하는 것을 조율이라 하고, 악학궤범은 이런 조율의 한 방편이다.

무본과 무주에 무엇인가 실체로서 자리 잡고 있는 초과를 두고 화이트헤드는 '단순 정위^{simple location}'이라 한다. 이런 단순 정위를 제거하면 그 빈 처소가 바로 무본과 무주의 자리이다. 여기서 멱집합의 기호를 적용한 결과 두 체계의 구조를 한눈에 볼 수 있게 되었다. 구자만과 도올과 오강남이 모두 동양 경전을 견주어 도마복음을 조망하는 것은 세계 어느 곳에서도 이런 연구를 찾기 힘들 것이다. 이에 필자는 여기서 칸토어의 집합론과 윌버의 초인격 심리학을 통해 논리적 접근을 시도하고 있다.

그러면 다른 제자들과 달리 왜 어떻게 도마가 도마복음과 열외의 글을 쓸 수 있었을까? 그 이유는 초과분에 대한 남다른 의심 때문이다. 도마는 도올의 말대로 베드로, 야고보, 요한 같은 핵심 제자들도 아니었고, 유다처럼 배신자의 위치에 있지도 않았다. 그는 예수를 의심하면서 따라다녔다. 그는 부활도 의심했다. 바로 이러한 의심하는 태도가 그로 하여금 공백의 자리로까지 가게 한 것이다. 똑같은 말을 예수가 했지만 그의 말 가운데 허와 공에 관한 말 그리고 예수 자신이 메시아와 신 같은 존재가 아니라고 한 말에 도마는 더 귀를 기울였던 것이다. 그러나 그는 다른 어떤 제자들보다 더 먼 거리 그리고 지중해 문화권과는 낯선 동쪽으로 머리를 돌렸고 거기서 예수의 제자로서 비명에 죽었다. 마음속 에 우상을 죽이고 싶은가? 도마같이 의심하라! 허공무에 도달할 때까지. 거기서 하나님을 만나리라.

'가장 큰 양'과 공집합

양羊의 비유는 4복음서에서도 발견된다. 마태(18:12)과 누가(15:4)에 나오는 '잃은 양' 비유는 Q자료로 분류된다. 이들 자료들 속의 양과 도마복음 107장 1-3절의 양을 비교해 보는 것은 구원에 관하여 도마복음의 사상이 사복음과 같고 다른 점을 쉽게 확인할 수 있게 한다. 잃은 양 비유는 '하나님의 사랑'에 관한 비유라는 점에서는 서로 같다. 그러나 잃은 양의 비유는 구원관에 있어서 도마복음이 사복음과 다른 점을 확실하게 볼 수 있다.

도마복음 저자는 Q자료에다 한 단어를 추가했는데, 그것은 '가장 큰 양'이다(107:2). 누가는 99마리보다 한 마리 양이 더 중요하다는 구원관에 연관시키고 있지만, 마태는 제자들을 향해 공동체 사람 가운데 '가장 연약한 자'에 연관시킨다. "소자 중에 하나라도 잃어버리는 것은 하늘에 계신 너희 아버지 뜻이 아니다"라고 한다. 마태와 누가는 구원의 '보편적 관심사'라는 관점에 눈을 돌렸다는 점에서 같다(김용옥, 2025, 489). 100마리 가운데 그 누구든 대상이 될 수 있다. 그런데 1마리 때문에 나머지 99마리를 잃을지도 모른다는 비합리성은 이해하기 어렵다.

날짐승들의 경우 특히 닭이나 오리 등에서 쉽게 볼 수 있는 것과 같이 어미가 새끼들을 데리고 절벽을 기어오르다가 못 기어오르는 놈은 버리고 가 버린다. 호주의 원주민들의 Walkabout이란 풍속은 15세 전후에 아이들을 집에서 쫓아 내보낸다. 타지에서 방황하다 살아 돌아오는 것만 자식으로 여긴다. 에덴동산에서 신도 인간에게 그런 기간을 주었다. 인간이 과일을 따 먹든 말든 인간의 태도에 방관한다. Walkabout이란 자기언급과 자기성찰의 기간이다. 이 기간은 신도 불간섭이다. 그래서 여기에 자유 의지니 예지예정 같은 신학적 언어를 구사하는 것은 부질없는 교리 놀음이다. 성령이란 성부와 성자와는 달리 인간 내면의 존재이다. 이런 내면의 존재와 자기언급을 하는 대상이 성령이다. 그래서 성령을 훼손하는 것은 용서받을 수 없다고 한다. 용서를 해도 자기가 자기에게 하는 것이다. 6.25 전쟁 기간 중에 집 안의 병자 가족이 있으면 그냥 버리고 피난을 가기도 했는데, 이런 경우와는 다르다. 자기를 그냥 내버려 둠의 기간은 신도 불간섭이다.

이러한 일연의 정황을 참고로 도마복음의 잃은 양 비유를 한 번 재고해 보기로 한다. 99마리 가운데 잃어버린 그 1마리를 두고 '가장 크고 아름답다'고 한다. 김용옥은 이에 대하여 "… 99마리의 떼는 일상적인 자아를 상징하며 군중 속에 파묻혀 사는 비본래적인 자아의 모습이고, 이에 반해 '한 마리는 본래적이 자아'의 모습이다. 내가 획득해야만 하는 나의 본래적 하나 된 나로서의 모습이다"(같은 책). 류영모는 이를 '얼나'이고 숫타니파타의 코뿔소처럼 홀로 가는 모습이다. 그래서 잃은 양은 42장의 방랑자와 같다. 성령은 성부와 성자와 달리 자기언급적이고, 이에 대해서 성부와 성자도 간섭 못 한다. Walkabout은 자기와의 싸움 기간이다.

수많은 고기를 그물로 잡지만 그 가운데 가장 큰 것 하나만 남기고 다 바다로 돌려 보내라(8장). 혹은 전 재산을 다 팔아 가장 귀중한 진주 하나를 사라고 한 것은(76장) 다윈의 적자생존과 오늘날 자본주의 논리의 논리와 같아 보인다. 이에 대하여 최병수와 최병덕은 영지주의 관점에서 이를 바라보아야 한다고 한다고 했다(도마복음 연구회, 2024 동계 발표). 문제의 쟁점은 Q자료도 없는 도마의 고유한 '가장 큰 양 한 마리'이다. 다시 정리하면 Q자료는 99마리 양 가운데 '작고 연약한 양'인데 도마복음은 그 반대인 '가장 큰 양 한 마리'이다. 모든 것을 비우라, 방랑자가 되라고 한 도마가 '가장 큰' 것을 선호하는 태도는 앞뒤가 안 맞는 것 같다. 그러나 그렇지 않다.

최병학은 영지주의 깨달음의 관점에서 보면, 영지 다시 말해서 그노시스라는 관점에서 깨닫고 나면 자신이 크고 위대한 신적 존재가 된다는 것을 깨닫는다고 한다. 융의 말을 빌리면 자아^{ego}가 자기^{self}가 되는 것을 느끼게 된다는 것이다. 동산 안에도 중앙에 오직 하나 가장 크고 봄 직하고 먹음직한 나무가 있었다. 뱀은 그것을 선택하라고 한다. 나무를 쳐다보니 과연 먹음직하고, 보기에 탐스러울 뿐만 아니라 사람을 영리하 게 해 줄 것 같아서 그 열매를 선택했다(창 3:6). 이런 점에서 창세기 기자는 이런 영지주의를 강하게 의식했다고 할 수 있다.

도마복음 2장은 "찾는 자로 하여금 찾을 때까지 찾도록 하라. 그가 찾을 때 혼란스러워할 것이며, 그가 혼란스러워할 때, 그는 경탄할 것이며 그리고 모든 것 위에서 지배할 것이다"라고 한다. 자신이 크고 위대한 깨달음을 얻을 때 비로소 세상의 모든 것을 지배하는 존재가 될 것이다(최 병학, 2024, 54). 여기까지 생각하면 도마복음은 마치 창세기 뱀의 논리와도 같고, 뱀은 영지주의의 상징처럼 보인다. 도마복음은 에덴의 중앙에 있는 나무의 가치를 '가장 큰 양'과 같이 여기는 것처럼 보인다. 그런 면에서 도마복음이 영지주의의 일환으로 보일 수도 있다. 도마복음은 그 큰 양 한 마리를 찾았을 때, 그 양과 하나가 되리라고 한다. 이는 뱀이 가장 큰 과일을 따 먹는 순간 "너희가 신과 같이 되리라"(You shall be as God)라고 한 것과 같아 보인다. 그런 의미에서 도마복음의 양은 신적인 것을 그리고 Q자료는 단순히 잃어버린, 그래서 목자를 기다리는 가련한 인간인 것처럼 보인다. 그런데 같은 영지주의 문서인 「진리의 복음서」에서는 마태복음 18장 12절을 인용, 도마복음처럼 '가장 큰 양'이란 최상급을 쓰지 않고 있다. 다시 말해서 같은 영지주의 문서임에 도 불구하고 최상급을 쓰지 않고 Q자료와 같다. 사복음과 도마복음 그리고 다른 영지주의 문서들 사이에 양 한 마리를 두고 이런 혼란스러운 모습을 어떻게 이해해야 할 것인가?

이를 이해 시켜줄 방법은 다시 멱집합론을 불러오는 것이다. 부분집합들 안에는 큰 것과 작은 것의 구별이 있다. 그 무엇보다 크지고 작지도 않은 허와 공이 있다. 융은 인간의 내면세계를 소 '자아[ego]'와 대 '자기[self]'가 있다고 했다. 집합론적으로

$$자아 = \{\{a\},\{b\},\{c\},\{ab\},\{bc\},\{ca\}\} = (라) = \text{'99마리 양'}$$

$$자기 = \{a,b,c\} = (다) = \text{'잃어버린 큰 양'}$$

[도표 5.6] 잃어버린 양과 멱집합

와 같다. 자아[ego]가 무의식과의 통합을 통해 자기[self]를 실현하는 과정을 '개성화[individuation]'라고 했다. 양에 관한 Q자료와 도마복음의 비유는 이런 개성화의 일환이라고 본다. Q자료와 마태복음에서는 양와 목자를 이원화하고 목자는 예수 그리고 양은 제자들로 나누어 놓았지만, 도마복음은 처음부터 이런 주객 이분화를 하지 않는다. 동일한 '나'라는 내면에 '대-자기-큰양'과 작은 자아가 있는데, 후자가 전자로 되는 것이 '개성화'이다. 여기서 큰-자기가 다름 아닌 '가장 큰 양'이라는 것이다. 여기서 집단 무의식에 해당하는 것이 허집합={ }=나에 해당하고, 원형은 공집합={∅}=(나)에 해당한다. 프로이트는 여기서 오직 무의식인 허집합에 몰두하였지만 융은 개성화에 더 비중은 둔다. 윌버는 자아가 자기가 되는 과정에서 비틀림[project]이 생겨 돈과 권력 같은 것이 자기를 대체해 버리는데 이를 두고 '아트만 프로젝트'라 했다. 자아가 자기가 되는 개성화 과정에서 '자아 부정'이 따라야 하지만 여기서 내단을 통해야 하는데

외단을 선택한다. 중국이 외단 전통이라면 한국은 내단 전통이다. 도마복음 107장은 개성화를 통한 아트만 프로젝트에 관한 것이라 볼 수 있다. 창세기 1장의 에덴동산 전반기 기간은 바로 Walkabout의 기간이었고 2-3장은 자아가 자기로 되는 개성화 과정에서 아트만 프로젝트가 생긴 결과를 말한 것이다.

Walkabout은 전 세계 모든 문명권에서 자아가 자기로 변화되는 훈련 과정인데, 이는 동물의 세계에서도 새끼들을 훈련하는 과정에서 적용된다. 독수리가 새끼를 높은 공중에서 낙하시키는 훈련 등, 이 과정에서 성공하면 '제구실'한다고 한다. 보모 같은 신도 자식 같은 인간들에게 이런 Walkabout을 단행한 것이고, 자기부정을 외단에 의존한 인간들에게 낙원 추방이란 제2의 Walkabout을 시킨 것이다. 교부들은 이를 왜곡시켜 '원죄' 그리고 '구원'이란 구도를 만들어 버렸다. 그러나 도마복음은 예수가 그런 말을 하지 않았다고 107장에서 우리에게 말하고 있다. 여기서 인간들은 윌버가 말하는 전/초오를 범하고 있다.

외단을 통해 전분별을 초분별로 착각시켜 버린다. 이것이 마약 같은 외물에 의존한 깨달음을 통해 초분별에 도달했다고 착각하게 만든다. 동산 가운데 나무는 가장 큰 나무, 즉 '가장 큰 양'이다. 이런 큰 양을 인간들은 지금 잃어버리고 있다.

Walkabout에도 방법이 있다. 도마복음 42장은 '방랑자'가 되라고 한다. 97장은 항아리 안의 재물을 다 버리라고 한다. 어떻게 걸을 것인가? 윌버는 채우는 것을 진화라 하고 비우는 것을 퇴화라고 한다. 9개 단계별로 하나 빠짐없이 전 과정을 거쳐 채워 나가는 진화의 정점에 도달한 다음 다시 비우는 하향을 해야 한다. 창세기 기자는 1장에서 진화의 과정에서는 잘 돼 안식일에 쉴 수 있었지만, 2-3장에서는 아트만 프로젝트가 생겼다. 그 이유는 과일과 같은 외물에 의존하는 외단을 했기 때문이다.

진화의 과정에서 윌버는 1~9층계를 직선으로 연결하였다. 그러나 동북아 문명권에서는 오각형 안에서 5개의 삼각형 안에서 상생상극과 주객전도를 해서 초과된 것을 조절해야 한다고 한다. 애니어그램에서는 헥사드란 도형을 통해 1, 4, 7과 2, 5, 8과 3, 6, 9를 연결하는 삼각형을 상호 교차되도록 해서 5행 안에서와 같이 서로 상생하면서 상극하도록 만든다. 사복음과 도마복음 안에는 이러한 기교 없다. 그 대신에 메시아가 나타나 탄력적으로 인간을 손잡아 이끈다고 한다. 이것이 바로 잃어버린 양을 목자가 구해내는 그림이다. 불교의 '심우도尋牛圖' 혹은 '십우도十牛圖'는 잃어버린 양 대신 '소'를 예로 들어 10단계를 거치는 과정을 말하고 있다. 소를 찾는 과정이 직선적인 행진이 아니고 애니어그램이나 오행도와 같은 걸음걸이를 보여준다.

심우도와 도마복음

불교에서는 양 대신에 소를 비유로 들어 대자아를 발견하는 과정을 심우도尋牛圖를 통하여 개성화의 과정을 묘사하고 있다. 먼저 불교 사찰 경내를 들어서면 기둥이 하나인 일주문이 나온다. 이는 성과 속이 미분화된 전 분별적 자아가 다음 사찬왕문에서 심한 주객분별을 하는 분별적 과정을 거쳐 마지막 금강문 혹은 불이문에서 자아와 자기가 일치된다. 그러나 대부분의 중생이 사천왕문에서 좌절하고 만다. 이러한 3단계를 다시 10개의 과정으로 심화시킨 것이 심우도이다.

가장 큰 양과 도마복음

칸토어의 집합론은 미술계의 인상파와 과학계의 아인슈타인에게 그리고 심지어는 프로이트와 융의 심리학에까지 전방위적인 영향을 미친다. 불교의 심우도는 멱집합의 (가)-(라)의 전과정을 열 개 과정을 통해 연결시키고 있다. 의식(제집합)[(다)와 부분집합(라)의/무의식(나)와 (나)] 상호 작용으로 무의식 속의 상징과 원형=(나)(archetype)가 자기(self)로 향하는 길을 안내한다. 그런데 도마복음의 일부와 융의 일부분을 심우도가 아래와 같이 그려내고 있다. 심우도는 도마복음이나 사복음에서 모두 결여하고 있는 소를 잃고(a), 찾고(b), 찾은 다음 집으로 되돌아와(c), 찾은 소와 찾으려 한 자신도 다 잃어버리고(d), 소도 자신도 아닌 타인에 대한 보시(e)란 적어도 5과정을 단계적으로 묘사하고 있다.

다시 한번 융과 도마복음과 집합론의 관계를 정리하면,

$$\text{자아ego} \longleftrightarrow \text{'99마리 양'} = \{a,b,c,ab,bc,ca\}(\text{라})$$

로써 이는 의식 속에서 작동하는 여러 기능과 역할 등이다.

$$\text{자기Self} \longleftrightarrow \text{'잃은 가장 큰 양'} = \text{제집합}(\text{다})$$
$$\text{개성화 과정} \longleftrightarrow \text{잃은 양 찾기}$$

융에게 있어 자기self를 발견하는 과정은 치유와 완성의 길이지만, 선방에서는 득도의 과정이라 할 것이다. 도마복음은 '큰 양'을 찾아야 할 당위성을 말한다. 심우도는 궁극적으로 찾는 자아와 찾아야 할 자기(소)를 모두 부정할 것을 강조한 점에서 도마복음과 다르다. 자아가 자기self를 잃으면 공허와 분열이 생기고, 자기를 찾으면 전체성과 구원을 얻게 된다. 가장 큰 양은 융이 말한 self와 대응하며, 아흔아홉 양은 ego가 붙잡은 다수의 동일시로 볼 수 있다.

심우도(십우도) 깨달음에 이르는 과정을 소의 비유로 표현한 그림과 시로 이루어져 있다. 그 주요 단계를 보면,

(1) 심우(尋牛): 소를 찾음 (도마복음 91장)

　　　(a): (1)은 전자아(전분별적)

(2) 견적(見跡): 발자국을 봄(도마복음 107장)

(3) 견우(見牛): 소를 봄(도마복음 109장)

(4) 득우(得牛): 소를 붙잡음(도마복음 22장)

　　　(b): (2)-(3) 자아의 발견(분별적)

(5) 목우(牧牛): 소를 길들임과 자기를 다스림(도마복음 22장)

(6) 기우귀가(騎牛歸家): 소를 타고 집에 돌아감(도마복음 20장)

　　　(c): (5)-(6) 자기의 발견(초분별적)

(7) 망우존인(忘牛存人): 소를 잊음(도마복음 70장)

　　　(d) (7) 자기를 포기

(8) 인우구망(人牛俱忘): 사람과 소 모두 잊음(도마복음 3장)= 공(空).

(9) 반본환원(返本還源): 근원으로 돌아감(도마복음 77장)

　　　(e): 공(空)에 도달

(10) 입전수수(入廛垂手): 세상에 들어가 사람을 돕는, 즉 깨달음을 세속 속에서 실현(도마복음 96장)

　　　(f): 초자아-초분별

[도표 5.7] 심우도와 잃어버린 양

심우도에서는 소를 찾는 것도 궁극적이 아니다. (e)에 도달하는 것이 더 궁극적이다. 찾은 소와 찾으려던 자기까지도 모두 공으로 가는 길목에 불과했다. 그러나 그것보다 더 궁극적인 것은 자기가 처음 떠난 세속 속으로 들어가 가난한 사람들을 돕는 것이다.

도마복음과 심우도를 비교할 때 서로 다른 점도 있고 같은 점도 있다.

심우도(십우도)에서 상징 동물은 소(마음, 본성, 불성)이고 도마복음에서는 큰 양(본래 자기, 구원)이다. 둘 다 잃어버렸다는 점에서는 같다. 심우도는 출발점에서 소를 잃어버림, 찾기 시작하고 도마복음에서는 큰 양을 잃고 찾으러 나섬으로 같다. 여기서 심우도는 발자취 발견 → 붙잡기 → 길들이기 → 잊기 → 근원 회귀의 순서로서 목표는 자아와 본성을 찾아 공(空)과 자비를 이루는 것이 목표이다. 불교는 잊음과 공, 도마복음은 찾음과 회복이라는 서로 다른 해답을 제시한다. 그러나 양자 간에 같은 점은 궁극적인 깨달음 99마리 전체를 돌보고 보시를 베푸는 것이다. 이는 사복음서의 주객 나눔과 같아 보인다. 다시 말해서 목자와 양을 이분화하여 배푸는 자와 배품을 받는 자로 나누는 것 같지만, 사복음과 도마복음을 연결하면 심우도의 어느 한 단면에서 일치하는 것을 발견할 수 있다.

심우도는 이와 같이 전분별-분별-초분별의 과정에서 전분별이 초분별과 양상이 같아 짐을 발견한다. '99마리'의 양들은 중생들이지만 인간 감정에서는 7정 '희노애락애오구'가 거처이기도 한다. 이 차원에서 떠났지만 이 차원으로 되돌아온다는 것이다. 중국의 현장의 '회통'이 초분별적인 것에서 가능하다고 한 데 대하여 원효가 8식 알라야식과 1-5식(안이비설신)간의 소통인 마음이 모이고 흩어지는 과정으로 본 것과 비교가 될 수 있다.

여기서 심우도는 사복음과 도마복음을 하나로 묶어야 이해할 수 있게 되었다. 다시 말해서 도마복음에서는 (c)의 자기(큰 양)를 찾는 데까지이고, 사복음은 목자와 양을 구분하여 목자가 잃은 양을 찾아 99마리 양들과 합류시켜 주객 분리 가운데서 양들을 돌보는 것이 목적인데 이는 마치 심우도의 (10) 입전수수(入廛垂手)을 연상케 한다. 도마복음의 기타 다른 장들에서 '방랑자'와 '비움'와 '자기부정' 등은 심우도 같이 한 편에서 열 개의 전개 과정을 연결시키지는 못했지만 도마복음 전편을 서로 연결시키면 심우도의 단면들을 발견할 수 있다. 그러면 도마복음의 단편들을 어떻게 서로 연관시켜 심우도를 재현할 수 있을까?

5.3 윌버의 진화와 퇴화로 본 도마복음

윌버의 진화와 퇴화는 그의 전/초오와 밀접하게 연관된다. 그의 책 *Eye to Eye*는 이 둘을 같이 다루고 있다. 5.3에서는 이 문제를 도마복음 자체 안에서 찾고 나아가 이를 융 심리학에 연관시킨 다음 3원 9원소에 연관 새로운 틀을 만들어 보기로 한다. 새로운 틀이란 동양의 율려와 애니어그램과의 관계를 두고 하는 말이다.

융 심리학과 윌버의 상승과 하강

이 책의 3장에서 윌버의 전/초오를 다루었다. 이는 도마복음과 동학에도 그대로 적용될 수 있다. 다시 요약하면 전자아-전분별(A)를 超자아-초분별(C)로 착각하는 오류를 전/초오1이라 했다. 이는 퇴행을 신비로 착각하는 것이다. 이에 대해 전/초오2는 초자아-초분별을 전분별-전자아로 착각하는 오류로서 성숙한 신비를 유아적 유치함으로 여겨버리는 오류이다. 도마복음을 영지주의 혹은 신비주의로 취급하는 데서 이 두 오류는 불가피하게 나타난다. 예를 들어서 도마복음 22절에서 "너희가 아이와 같을 때 천국에 들어간다"(도마복음 22절)고 할 때 '아이'를 초분별적인 것으로 착각하는 데에서 전/초오1의 오류를 범하게 된다. 초분별의 성숙한 단순성을 3세 이전의 미성숙한 단순함으로 혼동하는 대표적인 전/초오1이다. "하나가 둘이 되고, 둘이 하나가 될 때"(도마복음 22절)는 분별적-자아(B)의 초월적-초자아와 묶어 말하는 것이다. 이러한 두 가지 오류가 심리학, 인류학, 철학, 정치학 등 전반에 걸쳐 나타나는 이유는 윌버가 진화에서 말한 충이 퇴화에서도 반복해서 나타나기 때문이다. 다시 말해서 평균적 양상(A)과 전향적 양상(C)은 서로 분별하기 어려운 면을 보여주기 때문이다. 그래서 두 오류를 분별하는 지혜는 진화와 퇴화에 대한 바른 이해가 선결조건이다.

도마복음 3, 22, 24, 50장 등에서 이러한 전/초를 쉽게 발견할 수 있다. 도마복음 3장의 경우 "나라가 너희 안에 있고, 또 너희 밖에 있다. 너희가 너희 자신을 알 때 너희는 알려지고, 살아계신 아버지의 아들임을 깨달을 것이다"라고 할 때, 단순히 "밖에 있는 신적 질서"에 의존하거나 외부적 권위에 귀속되는 상태인 유아적 종속성으로 이해한다면 이는 전/초오1에 해당한다. 하지만 자기 안과 밖이 동시에 신적 현현임을 깨닫는 의식, 이성적 분별을 넘어 "내면과 우주가 하나임"으로 이해한다면 이는 전/초오2에 해당한다.

도마복음 22장의 "너희가 둘을 하나로 만들고, 안과 밖을 하나로 만들고, 남자와 여자를 하나로 만들 때 너희는 아들을 보리라. … 또 너희가 어린아이와 같을 때, 너희는 나라에 들어가리라." '어린아이'를 피아제의 4세 이전의 '전개념적 자아'로 이해하게 되면 미성숙과 퇴행으로 해석될 수 있어 전/초오1을 범하게 된다. 다른 한편 분별과 이분법을 초월한 순수함, 어린아이의 단순성과 투명성이라 이해하게 되면 전/초오2를 범하게 된다.

도마복음 24절의 "빛이 있는 자가 세상에 들어왔으나 모든 사람은 그를 보지 못했다. 만일 빛이 안에 있다면, 그 빛은 세상을 비출 것이다." '외부 구원자'로서의 빛을 이해하면 전/초오1의 오류를 범한다. 반면에 내적인 빛이 밖으로 흘러나와 세상 전체를 변혁, 나아가 자기-세계라는 이분법을 넘어서서 궁극적으로는 자기와 세계의 통합적 빛으로 본다면 전/초오2를 범한다. 윌버는 초분별-초자아적인 빛의 나타남으로 볼 것이다.

도마복음 50장의 "너희가 너희 자신을 알면 너희는 아버지의 아들이며, 너희가 아버지의 아들이라는 것을 알 때 너희는 선택된 자들이다"를 단순히 개별적 분별성 없는 '우리는 다 아버지의 아들이다'와 같이 집단적 동일시의 한계에 그친다면 이는 전/초오1의 오류를 범하는 것이다. 다른 한편 자기 인식과 초월적 동일시 나아가 개인적 자아를 넘어서는 보편적 자아로 이해한다면 전/초오2를 범하게 된다.

융의 개별화과정^{individuation}(자아가 자기가 되는 과정)을 '둘이 하나' 됨이라고 했는데 둘인 남성과 여성의 통합은 아니무스와 아니마의 하나 됨으로, 의식과 무의식의 화해도 둘이 하나 됨으로 이해했다. 멱집합 안에서 (나)=무의식과 (다)=자기의 하나 됨을 "어린아이"(공집합)=(나)는 자기^{Self}의 원형=(나)로서 통합 후 나타나는 새로운 단순성이다. 이런 단순성은 공집합=(나)와 일치하는 것으로 착각하는 전/초오1의 오류를 범하는 것이다. 융과 윌버를 조화시켜 보면, 이는 단순 퇴행이 아니라 분열됐던 자아가 자기와 합일하는 초월적 단계를 의미한다. 전/초오1과 전/초오2가 다 오류라면 무엇이 오류가 아닌가? 심우도에 의하면 소를 찾는 것도 오류이고(전/초오1) 찾은 것을 가지고 있는 것도(전/초오2) 오류이다. 두 오류를 피하는 길을 심우도 (10)이 말해주고 있다.

도마복음 50장에 의하면, "너희가 너희 자신을 알면, 너희는 아버지의 아들이며, 아버지의 아들이라는 것을 알 때 너희는 선택된 자들이다"의 "너 자신을 알라"는 소크라테스와 공자 등 차축시대의 주요 인물들이 한결같이 주장하던 것이다. 예수는 예외가 아니다. 이를 윌버는 자기

인식은 단순 집단 동일시가 아니라 한다. 초월적 자각이라 하고, 융은 자기를 아는 것은 곧 개성화의 완성으로서 자아(ego)가 자기(Self)의 중심성을 인정하는 순간, 인간은 보편적 인간형, 즉 원형적 인간으로 변화한다는 것을 의미한다.

전/초오의 진원지가 윌버의 진화와 퇴화에 있는 것이 확인되었다. 진화evolution와 퇴화involution는 '상승'과 '하강'으로도 그리고 '과학적 타락'과 '신학적 타락'으로도 알려져 있다. 윌버의 통합 이론Integral Theory의 핵심 주제 가운데 하나이다. 개체발생적ontogeny으로도 계통발생적phylogeny으로도 설명될 수 있다. 우주의 전개 과정으로 보는 것이 계통발생적 이해일 것이다. 위·아래 두 방향에서 '분리separation' 자체를 관찰하는 것이 핵심이다.

이 책 3장에서 이미 상론된 바를 종교적과 철학의 관점에서 보면 플라톤의 영혼의 추락(퇴화)과 이데아 회상(진화), 기독교의 성육신(퇴화), 구원·성화(진화), 불교의 불성이 잠재(퇴화), 깨달음으로 드러남(진화), 헤겔의 절대정신의 자기외화(퇴화), 자기 인식(진화), 노자의 도가 만물 속으로 흩어짐(퇴화), 도로의 귀환(진화), 동학의 개벽開闢 가운데 開 혹은 선천은 진화이고 闢 혹은 후천은 퇴화이다. 윌버는 진화의 9층 퇴화의 9층을 말하고 있다[도표 3.11].

융 심리학에서 퇴화란 자아ego=(라)가 무의식 속(나)으로 내려감을 의미한다. 내려가면 억압되었던 그림자Shadow를 대면하게 되는 데 거기서 억압돼 있던 욕망과 공포의 아우성 소리를 듣게 된다. 그리고 아니마/아니무스라는 무의식 속의 이성적/감성적이란 반대극이 투쟁하는 모습을 보게 된다. 집단 무의식 속의 원형(archetype)=(나)를 체험하게 된다. 이 과정은 '어두운 밤'과 같은 영혼의 시험대 위에 올라 심리적 지옥 같은 것을 경험하는 것이 퇴화이다. 반면에 진화란 무의식과의 화해를 하고 통합의 과정을 거친 다음 자기^{Self}=(다)와의 합일을 이룬다. 여기서 개별화^{individuation}란 단순한 심리적 안정이 아니라, 영적 확장과 우주적 자기 이해로 나아감을 의미한다. 이는 영적 빛으로 향하는 진화 과정에 해당한다. 창세기 1장과 2장의 서로 다른 기록 방법은 바로 이러한 진화와 퇴화의 과정을 그린 것이다. 윌버의 진화와 퇴화를 다시 요약하면,

0.바탕무의식 → 1.물질적 자연 → 2.신체 자연 → 3.하위 마음 → 4.상위 마음 → 5.심령 → 6.정묘 → 7.원인 → 8.영혼(원초적 신)
(진화)=**과학적 타락**

퇴화는 화살표가 반대이고 [ ]가 추가된,

0.[바탕무의식]←1.[물질적 자연]← 2.[신체 자연]← 3.[하위 마음]← [4.상위 마음]← 5.[심령]← 6.[정묘]← 7.[원인]← 8.[영혼(원초적 신)]
(퇴화)=**신학적 타락**

[도표 5.8] 과학적 타락과 신학적 타락

도마복음에서 진화를 묘사한 것은 63장이고, 퇴화를 묘사한 것은 97장에 해당한다. 진화는 어리석은 부자로 상징, "어떤 부자가 있었다. 그는 큰 재산을 가지고 있었고, 말했다. '내가 씨를 뿌리고, 거두고, 심고, 내 곳간에 채워 넣으면 부족한 것이 없겠구나. 내 소유물들로 나는 언제나 부족함 없이 살 수 있겠다.' 그는 이런 생각을 하고 있었는데,

그 밤에 죽어버렸다. 들을 귀 있는 자는 들으라"(63장). 도마복음 97장은 밀가루 항아리 속을 다 잃어버리는 여인의 비유이다. 예수께서 말씀하셨다. "아버지의 나라(하늘나라)는 한 여인과 같다. 그녀는 밀가루가 가득 담긴 항아리를 들고 멀리 길을 가고 있었다. 그런데 항아리 손잡이가 깨져서, 밀가루가 길 위에 조금씩 흘러내렸다. 그녀는 그것을 알지 못했고, 집에 도착했을 때 항아리를 내려놓으니 비어 있었다"(97장).

63장에서 주인공은 '어리석은 부자'이고, 97장의 주인공은 물건 든 항아리를 이고 갈 정도의 젊은 '여인'이다. 마치 아니무스와 아니마의 대조 같다. 그리고 63장은 '채움'이고, 97장은 그 반대인 '비움'이다. 63장은 채우다 '죽었다'이고, 집에 도착하니 항아리가 '비어 있었다'이다. 전자는 화살표 →(혹은 ↑)이고, 후자는 ←(혹은 ↓)이다.

부자 노인은 자연의 진화 섭리에 따라서 '내가 씨를 뿌리고, 거두고, 심고, 내 곡간에 채워 넣으면, 부족한 것이 없겠구나' 하면서 곡간을 채우면서 살지만 끝내 죽는다. 이는 진화가 끝나고, 8.영의 세계로 돌아감이고, 항아리를 머리에 인 여인은 도무지 항아리가 깨진 "그것을 알지 못했고, 집에 도착했을 때 항아리를 내려놓으니 비어 있었다." 그러나 여인 자신이 죽지는 않았다. 진화는 죽음으로 끝나야 새로운 퇴화가 시작된다. 그러면 퇴화가 끝나면 0.바탕무의식에서 새로운 진화가 시작될 수 있다.

오강남은 노인의 죽음에 대해 어떤 윤리적 의미 같은 것 없는 '그냥 죽음'(오강남, 2022, 337)이라 하고, 김용옥은 누가복음 기자가 농부의 죽음을 두고 윤리적 의미를 부여한 데 반해, 도마복음은 "그날 밤 그는 죽었다"라고 함으로 도마복음이 원형임을 입증한다고 한다(김용옥, 2025, 335). 구자만은 전도서의 말을 인용(전 1;2)하면서 윤리적이고도 신학적 의미를 부여하면서도, 죽음을 '제법공'으로 여겨야 한다고 한다(구자만, 2022, 179). 이에 대해 필자는 먹집합에서 죽음이란 허={ }=나에 해당하는 것으로 (나) → (다) → (라) → (가)의 한 순환 과정, 다시 말해서 진화와 퇴화 사이의 8.영에 혹은 0.바탕 무의식에 해당하는 고리 가운데 하나에 불과한 것으로 본다.

그렇다면 63장 노인의 죽음은 진화의 끝이라 볼 수 있고, 97장의 젊은 여인(생명의 상징)으로 이어져 퇴화가 시작한다고 보아야 할 것이다. 도올은 논어의 시구야 편과 함께 97장을 가장 사랑하는 장 가운데 하나라고 한다. 그러나 97장은 노자의 『도덕경』 6장의 곡신谷神과 같이 생산과 죽음을 반복하는 '죽지 않는' 존재에 비유할 수 있다. 진화와 퇴화는 채움과 비움 그리고 생산과 죽음을 반복한다[谷神不死].

8.신적 근원Spirit 혹은 곡신은 스스로를 물질, 생명, 마음속으로 전개해 원초적 통일을 이룬 다음(진화) 다시 다원성, 시간, 분열로 하강(퇴화)한다. 인간의 존재자체가 이미 하강의 산물이다. 다시 말해서 여인이 자기도 모르고 흘린 곡신 알갱이들이 모든 존재들이다. 마치 영등할머니의 치마폭에서 쏟아 내린 것들이 우주 만물이 되었듯이 말이다. 다시 진화를 할 때, 물질에서 의식이 점차 복잡해지고 자각을 확장→본능적 생명→감각적 마음→합리적 자아→초의식→비이원적 비일원에 도달한다.

도마복음은 또 다른 곳에서 이런 진화와 퇴화를 "사람이 세상에 나왔다."→신적 기원이 물질·육신 속으로 내려와 다시 진화를 해서 "너희가 너희 자신을 알면, 알지 못하는 것을 알게 되고(도마복음 28장), 너희는 살아 있는 아버지의 자녀임을 알게 될 것이다(도마복음 3장)". →자기를 아는 길이 곧 원천으로 돌아가는 길이다. 이러한 전 과정을 107장의 '큰 양을 잃었다가 다시 찾는" 과정을 비교하나 심우도는 도마복음보다 더 잘 그려내고 있다.

즉, 심우도(十牛圖)에서 진화와 퇴화는 소(자기, 본성)를 잃고 찾으러 나감(퇴화) → 욕망·망상·혼란 속으로 떨어짐(진화), 소를 찾고 길들이며, 결국 자아와 본성은 통합된다. 入塵垂手, 圓相(10)은 세속으로 다시 돌아가되, 궁극적 자각과 자유를 잃지 않음, 퇴화는 소를 '잃음'이고, 진화는 소를 '다시 찾아 완성함"에 해당하는데 이때 구멍 없는 피리를 불면서 집으로 돌아온다. 융 심리학은 퇴화란 자아가 무의식으로 내려가 그림자·아니마를 대면한 후에 8.영Spirit이 다시 물질·분열 세계로 자기 전개해 신성이 세상·육체 속으로 떨어짐(잃어버림), 다시 말해서 소를 잃고 방황한다. 융은 진화와 퇴화를 개인 심리 내부의 구체적 통합 과정으로 이해하고, 윌버는 우주 전체의 상승/하강 운동 속에 인간의 위치를 자리매김한다. 도마복음은 '채움과 비움', '내려옴과 되돌아감'으로 그리고 심우도는 '잃음'과 '되찾음'을 통해 찾는 대상도 주체도 사라져 저잣거리의 중생들만 남는다.

6장

조물주에 길을 묻다

'동향東向'의 동학東學과 '서향西向'의 서학西學: '동학'과 '서학'은 공간적으로 동과 서로서 지구촌의 끝과 끝같이 여겨진다. 수운은 자기의 학을 '동학'이라 스스로 규정하고, 당시 서교를 학으로는 '서학'이라 한다. 그러나 이를 두고 스스로 한계를 규정하고 자리매김하는 보편성을 잃는 것이 아닌가 마뜩하게 받아들여지지 않을 수도 있다. 그러나 조선에는 북학, 남학, 동학, 서학 등 4학이 모두 있었다. 그렇다고 구색을 맞추려고 수운이 '동학'이라 한 것은 아니다. 혹자들은 '동'은 '새로움'[新]의 의미도 함께 지닌다고 한다. 금성이 동쪽 하늘에 뜰 때 '샛별'이라고 한다.

수운이 직접 '동학'이라 언급한 곳은 「포덕문」에서 "이 도가 동방에서 나왔으므로 동학이라 한다"(此道 出於東方 故 曰 東學)에서 유래한다. 필자는 이를 서학과의 쪽거리 현상으로 파악하려 한다. 쪽거리 현상으로 보면 결코 동과 서가 고정적일 수 없고 시간과 함께 움직이는 방향성으로 이해해 '동향적東向的'인 것과 '서향적西向的'인 것으로 이해한다. 그래서 시간적으로 서로 되먹힘하는 쪽거리 현상으로 파악할 것을 제안한다.

1960년대에 로저 스페리(1913-1994)는 인간의 뇌가 뇌량을 중심으로 좌우로 나뉜다고 소위 '양뇌 이론'을 발표하였다. 그러나 1970년대 칼 프리브람(1919~2015)은 '홀로그램 뇌 이론'을 통해 전체 뇌가 모든 부분에서 좌우뇌 기능을 한다고 발표했다. 마찬가지로 동과 서도 홀로그램 이론을 적용하면 지구의 모든 영역에서 동서로 나뉜다. 이때 서쪽으로 향하는 것을 '서향西向'이라 하고 동쪽으로 향하는 것을 '동향東向'이라고 한다면, 동과 서는 첩첩疊疊이 쪽거리 구조를 만들 것이다. 지구를 하나의 뇌로 보았을 때 한국 그리고 수운의 고향 경주는 '동향의 끝'이라 할 수 있고, 첩첩의 농도가 가장 깊고 높은 곳이 될 것이다. 홀로그램을 쪽거리의 다른 말로서 '동학'은 동의 끝자락에서 농도가 가장 높은 학문, 나아가 아프리카에서 시작된 인간의 문명사에서 동향을 할 때 가장 축적된 것이 많고 홀로그램의 레이저광의 산과 골이 가지런하다는 것을 의미한다. 서학이든 불교든 유교든 도교든 동향의 끝에 있는 곳의 학문이 '동학'이다. 홀로그램에서 빛의 골과 산이 가장 가지런하고 농도가 짙은 것일 수로 전체 속의 부분, 부분 속의 전체가 잘 사상mapping된다. 그런 의미에서 동학이란 말이다.

도마복음도 같은 홀로그램 이론에 의해 서향을 할 때 로마를 중심으로 동쪽 에뎃샤와 이집트 나그함마디에 이르는 거기서 중국을 거쳐 한국까지 이르는 학을 '서학'으로 정의하면 좋겠다. 그러면 정통 기독교는 '서향적 서학'이고 도마복음은 '서향적 동학'이라고 보면 될 것이다. 그런데 7세기 경에 경교를 통해 '서향적 동학'이 유입됐으나 그 명맥이 유지되지 못했다. '서향적 서학'은 마테오 리치를 통해 유입돼 오늘의 천주교가 되었다. 19세기 말 개신교도 '서향적 서학'으로서 지금 한국에서 가장 큰 교세를 만들고 있다. 지금 여기서 우리들 관심의 적이 되는 것은 '서향의 동학'과 '동향의 동학'을 마주하고 있는 것이다. 이 둘이 공히 'E-형 가족'이 될 수 있는가를 검토하고 있다. 여기서 먼저 '동학'이란 말이 국지성에서 벗어나 보편성을 지니지 않으면 안 되기 때문에 '홀로그램 학문' 이론으로 먼저 대처한다.

　서로 대하는 방법론은 위 1-4장에서 그 내용과 함께 다루어졌다. 다시 말해서 칸토어의 멱집합론을 통한 논리적 공명의 방법으로 쟁점을 선정해 다루고 있다. 6장에서 선정된 쟁점은 동학의 3대 주문을 칸토어의 멱집합과 월버의 전/초오의 관점에서 서로 견주어 보는 것이다. 다시 말해서 멱집합안의 5개의 부분들 (가), 나, (나), (다), (라)를 3대 주문에 걸어보는 것이다. 여기서 동학이 E-형 가족이 될 수 있는가 없는가를 검토하고 다시 이를 월버의 전/초오에 재차 걸어보는 것이다. 이 과정에서 드러나는 논리적 구조의 같음과 다름을 통해 도마복음과 동학이 한 가족으로 만날 수 있는지 없는지를 판가름할 것이다.

　19세기 영국의 시인 키플링 러디어드 키플링(Rudyard Kipling, 1865~1936)은 제국주의를 미화하는 시를 쓴 작가로 유명한데, 1889년 〈The Ballad of East and West〉(동과 서의 노래, 1889)란 시에서 유명한 "동은 동이고, 서는 서다"라는 구절로 유명하게 되었다. 키플링의 이 말은 20세기 전반에 걸쳐 동서양을 막론하고 학자들이 회자할 정도로 황금률과도 같았다. 이러한 시의 배경에는 헤겔 등 19세기 서양 지식인들 사이에 만연된 격구가 되었다. 그러나 20세기 말엽부터 서양이 동양을 잘 이해하고 동양이 서양을 그렇게 한 결과 키플링의 말은 잘못이라는 것이 알려지면서, 그의 말은 사문화되었다. 서양 안에서도 동서양이 동양 안에도 서양이 상호 包含돼 있다는, 다시 말해서 양뇌가 홀로그램과 같다는 사실을 깨닫게 되었다. 수운의 동학 안에서 이런 전사영적 홀로그램과 같은 동서 관계를 쉽게 발견한다. 수운이 그의 학은 동학이라고 했음에도 불구하고 당시 유생들은 '서학'이라고 죄목을 그에게 씌워 참수형을 시켰다. 그리고 도마복음은 지금도 서양 안에서 동양의 영지주의라고 낙인찍혀 있으며 항아리에 담겨 무려 1600여 년을 땅 속에 묻혀 있을 수밖에 없었다.

이에 새천년과 함께 동향적 동학과 서향적 동학(도마복음)의 관계를 홀로그램적 시각에서 바라보는 것이 필요하다. 지금 '서양적 서학'은 지금 황혼을 맞이하였다. 신은 기억 속에서도 사라져 가고 친숙하지도 않다. 전통 서향적 신학의 신관은 망상delusion 속에서나 살아있다. 진화의 시작이고 퇴화의 끝인 바탕무의식은 '빈탕한테'와 같으며 그 안에는 개인 인간의 경험과 인류의 경험을 모두 보관하고 있다. 그것은 하나의 알과 같으며 껍질로 덮혀 있다. 우리는 이 껍질을 무시해서는 안 된다. 이 껍질을 깨는 과정에서 우리 자신의 미래 모습이 만들어지기 때문이다.

바탕무의식은 언어로 구조화돼 있으며, 그 언어를 '신화'라고 한다. 이 책에서는 이 신화를 채굴하는 도구를 멱집합이라고 한다. 사실 여기서 말하는 멱집합이란 러셀역설과 거짓말쟁이 역설의 다른 말이다. 호프스테드는 이를 '영원한 황금실Eternal Golden Braid'라고 했다. 실로 이 책에서 끊임없이 적용하고 있는 멱집합은 이 황금실에 해당한다. 이어지는 절에서는 한국의 구전을 통한 창세신화와 문헌을 통해 전해지는 한국인들의 원형을 채굴하는 형식으로 이루어질 것이다.

무가류에 속하는 창세가 류의 18편 가운데 대표적인 일부, 다행히 문헌으로 전해지는 『삼일신고』, 『규원사화』, 『한단고기』, 『부도지』가 사용된다. 안타깝게도 이들은 모두 하계에서 외경과 위경으로 분류돼 있다. 서양에서는 외경이라도 주류학계에서 연구는 될 수 있고 엄연히 학위 논문으로 다루어지기도 한다. 그러나 한국 강단 사학자들은 '위경'이다 '외경'이라는 말조차 못 하고 논문으로 다루지도 못하게 한다. 예를 들어 신학계서는 도마복음 연구로 박사학위까지 받고 주류 신학교에 교수까지 될 수 있지만, 한국 강단 사학자들은 세계 그 유례가 없는 접근 자체조차 못 하게 한다. 이런 증상은 자기들의 학문 연구 자료나 방법론이 위경이고 외경이라는 것을 웅변적으로 말해주고 있는 것이 아닌가?

6.1 멱집합과 동학

'본풀이'로서의 창세 이야기

구약의 「창세기」는 바빌로니아기 이후(기원전 4세기) 제사장들이 쓰고 편집한다. 한국에도 창세에 관한 설화와 신화들이 몇 편 있는데, 주로 무속의 무가 형태로 전해지고 있다. 신화란 신에 관한 이야기란 뜻인데 그 가운데서도 신 자체의 탄생과 활동을 다루는 것은 '본풀이'라 한다. 그런 면에서 창세기 1-3장은 '본풀이'에 해당한다. 3장 이하는 신 자신에 관한 것이라기보다는 신의 자손들, 즉 인간에 관한 것이다. 창조에 관한 본풀이에 해당하는 '창세가創世歌'는 1923년 함경남도 함흥군 운전면 본궁리에서 여무(女巫) 금쌍돌이가 구연한 것을 손진태가 채록하여 『조선신가유편』(朝鮮神歌遺篇)에 수록한 것으로 창세기와는 상당한 부분에서 동일한 신화소를 지니고 있다. 우주와 인간의 창조, 상세한 창조 과정, 두 종류 신의 이름, 홍수설화 등 같은 신화소들을 가지고 있다. 여기서는 위에서 소개한 창세기에 비교하면서 창세가의 신화소들을 멱집합론으로 설명하는 방법으로 다루어 동학의 세계관 그리고 신관을 이해하는 데 마중물로 삼기로 한다.

'창조'라는 말은 한국 신화에도 동학에도 도마복음에도 적합하지 않다. 대신에 '창제創製'가 더 적합할 것 같다. 이는 하라리의 호모 데우스에도 더 적합하다. 그러나 여기서는 편의상 '창세'를 방편으로 사용키로 한다. 한국에서 채집된 창세가는 18편이다. 그 가운데 [1]에 해당하는 것이 1913년도 함경도에서 채집된 것이다. 그런데 그 어느 편에도 구약의 창세기 같은 것은 없다. 그리고 이러한 창조관은 동학에도 그대로 이어진다.

우주 기원신화는 '창세형'과 개벽형으로 대별할 수 있는데 동학은 후자의 경우이다. 개벽형은 어느 것이든 제주도 지역에서 채집된 [7편]에 의하면 "창조주의 단독 행위에 의해 하늘이 열리는 순간에 창조신의 개입 없이 자발적으로 분리된 신화에 속한다"와 같다(연원희, 경희대학교 대학원 석사학위 논문, 2006, 42). "천지혼합으로 제일입니다. 어떤 것이 천지혼합입니까? 천지가 맞붙은 것이 혼합이요. 혼합한 후에 개벽이 제일입니다. 어떤 것이 개벽이뇨. 하늘과 땅이 각각 갈라져 개벽입니다. 천지개벽이 어떻게 되느요?"[7편] 이는 마치 천자문의 1~2구를 그대로 말하는 것과 같다. 천지혼돈={   }=나=虛 그리고 개벽={∅}=(나)=空과 같다. 그러나 창세기는 모두 엘로힘과 야훼의 대상이다. 이는 마치 아기가 자기 어머니의 자궁을 파괴하는 행위와 같다. 미륵은 허에서 나왔고, 석가는 그다음 공에서 나왔다고 보면 된다(창세가). A-형에서는 '천지창조'나 '천지기원' 같은 말을 사용하지만 E-형에서는 '천지개벽'이라 한다.

제주도 지역에서 채집한 것의 특징은 '혼돈'=허에 관한 것이다. "천지 건곤이라, 천지개벽 후에 무엇이 났더냐, 미륵님이 났습니다"[2편]. 개벽형의 특징은 개벽 이후 신이 처음 탄생한다는 것이다. 천지건곤이 신을 창제했다는 것을 의미한다. 그런데 중요한 것은 두 번째 신이 태어나는데 그것이 '석가'이다. 창세기에서 엘로힘 다음에 야훼가 나타나는 것과 같다. 그런데 이렇게 태어난 두 신들 사이에 생기는 심각한 불화 현상이다. 엘로힘은 자연신이고 야훼는 인격신이다. 견원지간이다. [1편] 창세가는 이 점을 부각시킨다. 다시 말해서 창세기에서 두 신의 이름은 '엘로힘'(하나님)과 '야훼'(주하나님)이지만 창세가에서는 '미륵'과 '석가'이다.

미륵과 석가의 탄생은 인류 문명사를 이해하는 데 매우 중요하다. 미륵은 누구이고 석가는 무엇인가. 우리가 아는 둘 간의 관계와는 다르지 않은가? 동학의 두 신들의 이름 '조물자'와 '천주'를 이해하는 실마리가 되지 않을까? 미륵은 천과 땅이 분리되는 순간 출현한다. 천지혼합인 천지현황에서 천과 지가 갈라지는 그 순간에 미륵이 출현하는데 이는 윌버의 진화가 시작되는 장면이고, 윌버의 3원8소에서 볼 때 혼돈은 0.바탕무의식'Ground Unconscious'에 해당한다. 여기서 미륵이 출현한다는 말이다. 그러면 달걀과 닭에 비유할 때 혼돈은 달걀-우로보로스-흑암=티아맛이다. 그런데 미륵은 병아리에 해당하는데 이 병아리를 결정하는 것은 바로 달걀의 '껍질'이다. 이 껍질의 강하고 약한 정도에 따라서 병아리, 즉 닭이 결정된다. 이때의 닭이 바로 '미륵'이다. '미륵'은 순수 우리말의 '미르'로서 물속에 잠겨 살던 '이무기' 같은 존재이다. 이를 융은 집단무의식이라 하고 멱집합에서는 { }=허로 표시한다. 그리고 미륵에서 석가의 나타남까지의 8소들이 진화의 과정의 층들이다.

미륵은 "누구의 혈통을 계승했는지에 대해 자세한 언급을 하고 있지 않지만, 다만 중요한 것은 미륵은 하늘과 단이라는 근원적 세계가 문리 과정에서 탄생한다는 것이다"(오세정, 부경대학교 학술지 논문, 8-9). 실체가 아니고 과정적 존재이며 달걀의 껍질은 병아리가 출현하는 과정이요 수단이다. 그렇지만 이런 과정과 수단 자체가 실체가 된다. 껍질은 곧 병아리 자체로서 껍질을 깨는 것은 자기가 자기를 깨는 자기언급이다.

여기서 한 번 이렇게 출현한 미륵의 면모를 '창세가'에서 보면, "미륵님이 옷이 없어 짓겠는데, 가음이 없어 이산 저산 넘어가는 버덜이 가는 칡을 파내어, 백혀내어, 삼어내어, 익혀내여, 한올 알에 베틀 놓고, …

칡적삼을 마련하니, … 미륵님이 탄생하야, 생화식 生火食을 잡사시와…”
미륵은 거인이고 옷이 없어서 칡으로 베틀에 짜 입고, 먹는 날 것으로
생화식을 한다. 이는 예수의 상과 도마복음을 연상케 한다. 42장 등에서
의 방랑자의 모습, 도마복음 107장의 큰 양의 비유, 4장과 22장 등에서
적자의 비유 등이 미륵을 연상케 한다. 이는 문명사적 가난이다. 농경기
이전에 인간들이 의식주를 자연에 의존할 수밖에 없었던 시기의 미륵과
연관된다. 그런 의미에서 여기서 미륵은 남성이 아니고 모계와 그 이전의
인간이 굴살이-들살이를 할 때가 배경이다.

[1편]의 「창세가」에서 더 이상 말하는 미륵의 역할을 더 보면 1)
하늘과 땅 사이의 기둥을 4개 박기, 2) 해와 달을 분리시켜 별을 만들고(일
월영책, 진수열장), 3) 생쥐한테서 지혜를 얻어 물과 불의 이치를 알아내고,
4) 하늘에 축사하자 하늘에서 금은 쟁반이 내려오고, 거기에 금은 벌레가
떨어지니 그것이 인간의 남녀가 되었고, 5) 세상이 태평해지자 석가가
나타나 경쟁을 벌이지만, 석가가 승리하고 인간에게 화식하는 법을
가르쳤다. [2편] 같은 곳에서는 석가가 나타나자 일월성신이 모두 사라져
흑암천지가 되었다.

이는 창세기 2장 4절에서 야훼가 나타나자 타락이 시작되었다는
것과 유사하다. 1장 엘로힘 때는 없었던 타락 이야기가 들어오고 드디어
인간들이 낙원에서 추방되었다는 것은 한국 창제 이야기들을 종합해
보면 유사점이 많다는 것이 발견된다. 미륵은 더 이상 석가와 경쟁을
하지 않고 인세의 혼동을 정리하고 ‘미륵당’으로 되돌아간다. 적수가
나타났을 때 ‘피해 버림’이 전형적인 한국적 모양새다. 그러나 석가의
출현을 윌버의 3원8소로 보면 진화가 끝나고 8층(영, 원초의 신)에서
퇴화(신학적 타락)가 시작된 것을 의미한다.

실로 미륵이 사라지고 석가가 나타난다는 것은 기원전 2000년경 청동기 시대와 함께 남성-가부장제-하늘의 문화 영웅들이 대거 등장하는 것을 배경으로 한다. 기원전 200~800년 사이에 차축시대가 시작하면서 석가, 공자, 노자, 소크라테스, 플라톤, 아리스토텔레스 등이 나타나 이성적 합리성인 '분별적 자아'가 출현한다. '창세가' 등은 다분히 이들 청동기 시대 이후 가부장제도와 분별적 자아에 의한 로고스 중심의 합리적 자아에게 그 전 시대(미륵의 시대)가 자리를 양보하는 것을 의미한다. 기원전 2000과 차축시대에서 철학, 즉 철층이 시작한다면 바로 직전의 '선층'과 '무층'을 정확하게 반영하는 것이 한국 무가들의 특징이다.

다시 말해서 한국 사상사 속에서는 진화와 퇴화의 순환 고리가 튼튼했다는 것을 의미한다. 석가가 미륵(무와 선층)을 밀어내자 천지가 우주로 변하여 '천자문'은 '우주홍황'이라 한다. 천지미분을 '천지현황'이라 한 것을 이렇게 표현을 바꾼다. 석가가 나타나자 일월성신들이 사라져 인세는 다시 흑암으로 변한다. 그러자 석가는 일월성신을 다시 회복하고 재정리하는데 석가는 음양과 오행의 원리, 다시 말해서 반영대칭과 회전대칭을 이용하니 석가세존의 새 질서가 수립된다. 이는 8층으로 역진화인 퇴화하는 것을 의미한다. 그러나 역진화는 다시 '바탕 무의식'으로 되돌아간다. 그런 점에서 지금 우리 인간은 다시 바탕 무의식의 진입 직전에 서 있다. 이는 마치 하루해가 져 가는 황혼기에 처해 있다는 것을 의미한다. 그래서 신은 죽은 것도 사라진 것도 아닌 우리 인간들이 황혼의 순간에 있다는 것을 의미한다.

인간들은 진화와 퇴화의 전 과정의 기억을 바탕 속에 다 저장하고 있다. 신은 그 저장고에 보관돼 있을 뿐이다. 지금의 모든 종교가 자기들의 신을 말하고 있지만 기억은 나는데 친숙하지는 않은 '데자뷔' 현상을 지금 경험하고 있는 것이다. 바로 이러한 때가 지금만 있는 것이 아니고 예수 때도 그리고 4~5세기 교부들 때도 있었다. 그때마다 인간들의 기억을 환기시키는 인물들이 있었으니 예수와 수운이 그 대표적인 예들이다. 그러나 예수의 말 가운데는 A-형도 있었고, E-형도 있었다. 그런데 전자는 지금 사라지고 말았다. 당연히 E-형이 그 자리를 대신해야 한다. 그런데 대신하는 데 기제 장치가 있어야 한다. 그것은 논리적 공명을 우리에게 환기시켜 주는 것이어야 한다. 그러한 논리적 기제 장치 속에서 작동될 데이터들이 있어야 한다. 여기서 말하는 '뇌腦'란 생리적인 것을 포함 데이터의 알고리즘 같은 것을 두고 하는 말이다.

꿈이란 '바탕무의식'이지만 그것을 라캉은 언어로 구성돼 있다고 했다. 이 말은 꿈이란 빅뱅 이후 모든 알고리즘과 당일에 일어난 일들이 모두 언어로 돼 꿈으로 나타나는 것이다. 황혼은 밤을 기다리고 밤은 이렇게 무의식이 언어라는 데이터로 활동한다. 그렇다면 어떤 언어를 뇌에 투입해야 그것이 작용하는 것이 될까? 데자뷔에 대 자매뷔는 '기억은 나지만 친숙하지 않은 것'이다. 그렇다면 기억과 친숙한 신을 회복하자면 적합한 데이터인 언어를 뇌에 투입해야 한다. 그것이 동학의 경전들과 도마복음이다. 그러나 데이터에는 줄기와 뿌리가 있다. 줄기와 뿌리에 해당하는 것이 민족 창세 무가 18편과「천부경」,『삼일신고』,『규원사화』,『환단고기』,『부도지』등과 같은 글들이다. 그런데 이 글들은『도마복음』과 같이 위서로 분류돼 있다. 그러나 이들은 동학 경전들을 포함, 데이터교의 정경들이다. 위서의 금기를 도마복음이 먼저 깰 것 같다. 다른 문헌들에게도 축복이 있기 바란다.

신으로 가는 데이터들
— 초감제와 창세가를 중심으로

박용진의 「한국 특징에 관한 창세신화의 특징에 관한 연구」(KINX1815 8473)에서 '구전'과 '문헌' 두 부류로 나누어 한국 창세신화를 소개하고 있다. 이를 멱집합론의 논리소에 맞추어 재검토하면 아래와 같다. 구전에 속한 것으로는 「초감제」, 「창세가」 그리고 「마고할미」를, 문헌에 속한 것은 『규원사화』, 『환단고기』, 『부도지』 등을 그 예로 들고 있다.

「초감제」의 경우: 「초감제」는 제주도 굿에서 세상이 처음 어떻게 생겨난 것으로, 여러 종류의 이본들이 있는데, 1937년 추엽륭이 채집한 것이 가장 대표적이다. 그 내용이 역학의 구조를 적용한 듯한 인상을 받을 정도로, 혼돈상태→천과 지의 나뉨→음양상관 관계→하늘, 땅, 사람 순서로 창제와 같다. 여기서도 창세기와 같은 절대 주신이 없고 신마저 첫 창제가 있은 후에야 태어난다. 태초는 아무것도 없는 텅 빈 { }=허인 상태이다. 그다음은 천지가 아직 나뉘지 않는 합체인 상태로서 {∅}=공이다. 집합론에서는 허, 공 그리고 무를 엄격히 구별하지만 신화적 이야기에서는 이를 정확하게 표현하지 않는다. 그러나 제집합까지 들어 있는 허·공·무의 구별은 어떤 과학적 표현 못지않게 분명하다. 초감제에서는 천지가 분리되지 않는 혼합된 상태를 '혼돈'이라고 하는 입장은 강하게 표현돼 있다. 그래서 천과 지가 분리되는 것은 혼돈에서 질서가 잡히는 것으로 본다. 혼돈의 상태에서 세계가 창조되었다는, 다시 말해서 { }에서 {∅}로 창제가 진행된다고 하는 기록은 기원후 3세기경 서정이 편찬한 『삼오력기』와 『오운력년기』에 실려 있는 반고부터이다. 반고가 흑암의 혼돈을 도끼로 깨 천과 지가 분리가 되고, 반고의 죽음으로 여러 각양각색의 피조물이 태어난다. 반고는 혼돈을 깼지만 자기의 죽음이 다른 피조물이 거기서 태어난다. 자기언급적 양면성을 반고의 성격이고 이는 반고는 { }를 깼으나 자기 자신인 제집합={a,b,c}=(다)로 되나, 자기의 죽음으로 만물들=(라)가 태어난다.

초감제는 창세기와는 달리 개벽의 주체가 누구인지에 대해서는 한마디 없다. 어떤 창조주가 천지와 인간의 탄생에 개입했거나 주도했다는 말이 없다. 그런데 초감제에는 옥황상제가 등장해 천지가 분리되는 과정에는 개입하는 신이 없지만, 해와 달은 옥황상제가 만든다고 하여 허공에 인격적인 존재가 개입한다. 인간 탄생의 경우도 하늘에서 내려온 천지왕과 지상의 바지왕이 서로 결혼을 해 대별왕과 소별왕을 낳는다. 이는 (가), (나), (다), (라)까지 다 동원된 신화라 할 수 있다. 동학에서 기, 조물자 그리고 천주를 다 동원한 것의 원형이 될 수 있다.

천자문은 '천지'와 '우주'를 따로 보면서 4절 '윤여성세'와 '율려조양'을 언급하고, 「창세기」는 제7일을 '안식일' 혹은 '공일'를 설정한 데 대하여 「초감제」에서는 그런 면이 보이지 않는다. 「창세기」에는 두 종류 기록과 두 종류 신의 이름이 보이는데, 초감제에서는 옥황상제와 청의동자가 나오지만 같은 존재이다. 앞으로 남은 구전과 모두에서 이런 시각들을 통해 비교 검토를 할 것이다.

「창세가」의 겨우: 「창세가」는 1923년 함경남도 함흥군 운전면 본궁리에서 여무(女巫) 금쌍돌이가 구연한 것을 손진태가 채록, 『조선신가유편』(朝鮮神歌遺篇)에 수록한 것이다. 신과 인간 간의 包含과 包涵의 관계, 두 신들의 세대 교체로 등장하면서 멱집합의 수학소들을 많이 그 속에 가지고 있는 무가이다. 처음 신의 이름 '미륵'은 창조주가 아니다. 즉, 태초의 혼돈-흑암 속에서 태어난 존재이다. 창세기의 엘로힘이 흑암을 파괴해서 천지를 창조했다는 것과는 이 점에서 다르다. 엘로힘은 태생에 대해 질문이 없지만 미륵은 혼돈에서 태어난다고 한다. 혼돈이 허가 { }라면 미륵은 {∅}과 같다. 이를 두고 「창세가」는 "하늘과 땅이 생길 적에 미륵彌勒님이 탄생한즉, 하늘과 땅이 서로 붙어 떨어지지 아니하여"라고 하여, 미륵은 하늘과 땅이 혼동으로부터 생길 적에 동시에 나타난다. 혼동과 미륵은 마치 달걀의 안과 껍질과 같아, 서로 작용하여 혼동의 껍질을 깬다. 이것은 병아리가 어미와 같이 껍질을 벗기는 줄탁동시 개념과 같다.

다시 말해 미륵은 피조물인 동시에 창조주이다. 이런 존재를 '조물주'라 한다. 천지가 미륵을 包含하기도 하고, 미륵이 천지를 包含되기도 한다. 이를 화이트헤드는 '내인적 관계internal relation'라고 했다. 이런 내인적 관계를 '개벽開闢'이라고 한다. 그러나 엘로힘은 일방적으로 외부에서 흑암을 파괴해 천지를 창조하기는 해도 창조되지는 않는다. 모세는 이를 '스스로 있는 자'라고 했다. 이를 '외인적 관계external relation'라 한다. 엘로힘은 물론 야훼도 세계와 외인적 관계이다. 외인적 관계에서 신은 인간과 '인격적 관계personal relation' 속에 있고, 이런 신을 '인격신'이라고 한다. 신이 인간을 包涵하기는 해도 동시에 포함되지는 않는다. 이런 관계가 외인적 관계이다. 그러나 미륵이든 석가든 천지와 상호 내인적 관계인 包含 관계이다.

세계와 내인적 관계인 미륵을 두고 '조물주Demiurgos'라 한다. 그런데 동학 경전 안에는 신의 이름으로 크게 '조물주(자)'와 '천주'가 등장한다. 그런 면에서 동학에서 신은 세계와 내인적 그리고 외인적 관계 다시 말해서 包含과 包涵을 동시에 유지한다고 할 수 있다. 그리고 이 점에 있어서 도마복음의 신이 동학과 서로 같은 점이 있다. 서양에서 조물주는 플라톤이「티마이오스」편에서 상론하고 있다. 그래서 서양에서 조물주의 개념을 파악하기 위해서는「티마이오스」편을 참고하는 것이 필수이다. 그래서「창세기」와 근본적으로 다른 점은 천지미분 상태에서 미륵도 거기서 동시 탄생했다는 점이다.

「창세가」를 신화소별로 나누어 요약하면, 하늘과 땅이 분리되기 이전에 미륵이 탄생하여 천지를 분리하고, 땅 네 귀에 구리 기둥을 세운다. 불교 사찰 입구의 기둥이 하나인 일주문은 미분의 상태이다. 그런데 미륵이 탄생하여 한 첫 번째 일은 천과 지를 분리시키는 것이다. 이런 '분리' 자체를 힌두이즘에서는 '타락'이라 하고, 그래서 윌버는 인간의 타락 이전에 신이 먼저 타락했다고 한다. 타락을 '분리' 자체라고 할 때 이런 결론을 얻는다. 힌두는 죄란 분리라고 한다. 진화 혹은 과학적 타락과 퇴화 혹은 신학적 타락이 가능하다. 천지미분을 '흑암'이라고 하고 창세기에서는 이를 바빌로니아 여신 '티아맛Tiamat'이라 한다. 엘로힘이 이 흑암에서 탄생했다고 하는 것은 불허한다. 미륵이 태어난 다음에 한 처음 한 짓(지음)은 그 천과 지를 둘로 갈라놓는 것이다. 이를 '분별'이라 면 미분은 '전분별'이 될 것이다. 천자문은 천과 지가 분리된 상태를 두고 '天地玄黃'이라 한다. 그러나 '미륵' 같은 신적 존재는 천자문 1000자 가운데서 발견할 수 없다. 땅의 네 귀에 기둥을 세운다는 것은 동서남북 공간의 분리이고, 일주문 다음에 있는 네 기둥을 가진 사천왕문四天王門이 이에 해당한다. 분리와 분별의 상징 그리고 그 결과 생기는 악귀들을 막는 사천왕이 지키고 서 있다.

「천자문」의 순서를「창세가」와 병행하면서 그대로 따라 읽으면, 미륵

은 해와 달을 조정하고 조절한다[日 月盈昃]. "그때는 해도 둘, 달도 둘이었
는데, 미륵님은 달 하나를 떼 내어 북두칠성과 남북칠성을 만들고, 해
하나를 떼어서는 잔별과 큰 별을 만들고, 잔별은 백성의 직성별, 큰
별은 임금과 대신별로 각각 만들었다"[辰宿列長]. 이는 천자문에서 천지
와 우주를 나누어 보는 것과 유사하다. 수학소별로 보았을 때 천지는
{ }=나라고 했고, 우주는 {∅}라 했다. 제집합=(다)에 해당하는 것은
흑암과 미륵은 서로 자기언급을 하는 동시적이고 자기 자신이다. 껍질은
곧 안이고 밖인 제집합이다.

「창세가」는「창세기」와는 달리 천지가 생기기 이전의 상태에 대해서는
아무 말이 없고 미륵에 의해 천지가 갈라지는 데서 시작한다.「창세기」는
1장 1절에서 "태초에 하나님이 천지를 창조하셨다"고 하면서 그 이전에
대해서는 침묵이다. 그러나「창세가」에서는 혼돈에서 나온 미륵이 하늘
과 땅이 갈라지는 일부터 시작한다. 그리고 이 행위는 창조 7일 기간
속에 포함시키지 않는 '모든' 날 전체에 해당한다. 7일도 전체이기 때문에
두 개의 전체가 있게 돼 여기서 '윤여'의 문제가 제기된다. 창세기에서는
7일 째는 신이 쉬는 '안식일'로서 전체를 다 마감한 1절의 마감과 함께
'안식일'과 구별이 필요하다. 전자를 영일^{零日}={ }이라 했고, 후자를
'공일^{空日}={∅}'로 구별한다.「창세가」와「창세기」가 근본적으로 다른 점이
라 할 수 있다. 그래서「천자문」4절과 함께「창세가」와「창세기」를
비교해 읽는 것이 필수인 이유가 여기에 있다. 그런 점에서 영일과
공일의 관점에서 이에 비견될 수 있는 것은『부도지』이다. 천자문의
'율려성세'와 '율려조양'을 함께 말하고 있는 것이『부도지』이다.

미륵은 칡넝쿨을 걷어 이것으로 베를 짜서 옷을 해 입는다. 미륵은
쥐의 말을 듣고 금정산으로 들어가 차돌과 시우쇠를 쳐서 불을 만들어

내고(부싯돌), 소하산에 들어가서 샘을 찾아 물의 근본을 알아낸다. 미륵은 금쟁반·은쟁반을 양손에 들고 하늘에 빌어 금벌레·은벌레를 다섯 마리씩 받아 이 벌레를 남자여자로 변화시켜 부부를 맺게 하여 인류를 번성하게 한다. 금벌레는 남자가 되고 은벌레는 여자가 되었다. 벌레가 인간으로의 변신은 중국 반고 신화에도 나온다. 카프카의 소설 『변신』을 두고 현대인의 소외를 말하고 있지만, 「창세가」에서 두 남녀는 오히려 장성하여 부부가 된다. 신이 진흙을 빚어서 인간을 만들었다는 「창세기」와 비교가 된다. 그런데 벌레가 하늘에서 떨어졌지만 그것을 쟁반에 받는 것은 미륵이고 벌레를 기르는 것도 미륵이다. 이를 논리소로 보았을 때, (다)= 미륵과 (라)={a,b,c,ab,bc,ca}=인간들의 관계를 정확하게 묘사한 장면이라 볼 수 있다.

그런데 「창세가」에는 이 지상 세계를 차지하려고 미륵과 석가 사이에 살벌한 싸움 장면을 묘사하고 있다. 중국신화에서도 공공과 전욱이 천상 세계를 차지하려고 싸우는 장면이 나오지만 「창세가」에서는 인간 세계를 서로 차지하려고 미륵과 석가가 싸운다. 이는 단군신화에서 한웅이 지상 세계를 탐해서[探求人世]로 내려오려고 환인에게 간청하는 장면이 나온다. 물론 환인과 환웅이 싸우지는 않지만, 천상보다는 지상을 중요시한 것은 마찬가지이다. 이는 동학 정신이 탄생하는 뿌리와 같이 중요한 부분이다.

여기서 또 다른 신적 존재인 석가가 나타나는 배경에 대해서는 뚜렷한 설명이 없다. 미륵이 세상을 만들어 놓은 우주를 보고 스스로 탐해서 석가가 나온 것처럼 보인다. 창조주가 만든 제2의 존재가 아닌 것은 분명하다. 그런 점에서 제2의 조물주이다. 미륵이 만든 우주와 세상이 태평성대를 이루자 석가가 나타나 이를 빼앗으려 했다. 이에 미륵은 석가에게 무력으로 대결하는 대신에 서로 내기를 하자고 제의한다. 미륵이 매번 이겼지만, 석가는 미륵을 성가시게 하자 석가는 잠을 자면서 무릎에 꽃을 피우는 내기를 하자고 제안한다. 미륵이 잠든 틈에 미륵이 피운 꽃을 가져다 석가는 자기 무릎에 꽂는다. 미륵은 석가의 이런 저질스러운 성화를 못 견디어 석가에게 세상을 내주고 사라진다.

「창세가」는 몇 가지 점에서 문명사의 대전환 점을 묘사하고 있다. 남자를 금쟁반에 여자를 은쟁반에 비유한 것은 기원전 2000년경 모계에서 부계로 변하는 장면을 지적한 것이라 볼 수 있다. 그리고 기원전 200~800년 사이인 차축시대에 소크라테스, 플라톤, 아리스토텔레스, 석가, 공자와 같은 하늘-태양-남성-정신-이성과 같은 남성 원리들이 출현하는 장면을 묘사한다. 이 차축시대를 윌버는 '태양화 시기sola age'라 하고 한국에는 남성 원리를 대표하는 '불함문화' 혹은 '밝층'이 등장하던 시기이다. 바로 석가가 이때의 문화영웅이고, 미륵은 당연히 청동기 부계 이전 신석기 농경문화 시대의 대표적 존재라고 볼 수 있다. 다시 말해서 '문명충돌'을 묘사한 것이다.

그런데 놀라운 사실은 인도-유럽에서는 남성 원리와 여성 원리가 대충돌을 한다는 것이다. 다시 말해서 남성 원리인 제우스가 여성 원리인 타이폰을 살해하고, 인도에서는 하늘의 인드라(제석)가 땅의 브리트라를 살해한다. 이를 두고 '유럽적 균열European Dissociation'이라고 한다. 그 밖의 일본과 중국에서도 균열 양상이 보인다. 그러나 단군신화에서는 남성 원리인 환웅이 여성 원리인 웅녀와 결합를 한다. 이를 '한국적 화합Korean Association'이라고 한다. 「창세가」는 정확하게 이런 문명사적 배경을 그려놓고 있다. 논리소로 보았을 때 (가)-(라)의 통합이 화합이고 분열이 균열이다.

창세가는 석가와 공자마저도 모두 세상을 어지럽히는 존재들로 본다.

미륵은 석가와의 내기에서 다 이겼음에도 불구하고 자리를 내준다는
것은 오직 '평화'를 위해서이다. 내주면서 미륵은 석가가 다스릴 시대의
앞날을 다음과 같이 천명한다.

> 축축하고 더러운 석가야. 네 세월이 되면 문마다 솟대가 서고, 가문마다
> 기생나고, 과부나고, 무당나고, 역적나고, 백정나고, 합들이 병신, 치들이
> 병신나고, 삼천 명의 중[僧]에다 일천 명의 거사(居士)날 것이니, 그런즉
> 말세가 될 것이다(「창세가」).

무당(무충)과 중(불교)을 함께 배척하고 있는 것으로 보아, 「창세가」의
배경은 선가 계통이 아닌가 추측된다. 다시 수천 년이 지난 지금 미륵의
예언은 적중한 것 같다. 1860년대 수운도 "유도 불도 누천년에 그 운이
역시 다했던가"(「안심가」) 했다. 예수는 차축시대보다 수백 년 후에 활동했
다. 그는 당시 정치와 종교를 향해 '독사의 자식들' 혹은 '회칠한 무덤'이라
질타했으며 갈릴리 민중들과 사마리아 이방인 그리고 사막의 에세네
종파이나 열심당들에 우호적이었다. 『창세가』는 사회 지배계층이나 혹
세무민하는 세력들에 심한 적대감을 가지고 있다. 그런 점에서 동학과
도마복음 정신이 많이 반영된 무가라 할 수 있다.

신으로 가는 데이터들
— 『규원사화』와 『부도지』를 중심으로

신에 대한 데자뷔와 자메뷔를 동시에 가능하게 하고 만족시키는
문헌들이 『천부경』, 『삼일신고』, 『참전계경』, 『규원사화』, 『환단고기』

그리고 『부도지』들이다. 이들 문서들을 접하면 어디서 만나고 본 것 같은데 기억이 잘 안 나는 그러나 친숙해 보이는 문헌들이다. 아무리 위경 혹은 외경이라 하더라도 이들 문서들은 우리에게 데자뷔와 자메뷔를 동시적이게 한다. 가까운 중국이나 일본 것들을 보아도 친숙함을 갖게 하는 그러한 이유로 이들 문서들은 서점에서 꾸준한 팔리는 책으로서 목록에 올라가 있다. 우리 문화가 K-문화, 즉 한류를 만들고 있는 이유도 우리 것들이 전 세계인들에게도 데자뷔를 갖게 하기 때문이다. 우리 한류를 접하면 0층의 바탕 무의식으로 바로 향하게 한다. 『삼일신고』는 바탕 무의식이 뇌 속에 저장돼 있다고 "소리를 높여 빌어도 결코 볼 수 없나니 스스로 자기의 성품 안에 있는 씨앗을 찾으라 그러면 너희 머리 골 속에 내려와 계신다(聲氣願禱絶親見 自性求子)." 현대 심리학자들이나 뇌과학자들이 경탄할 말이다. '뇌' 그 안에는 잃어버린 개인의 과거와 문명과 문화가 모두 저장돼 있는 곳이다. 그래서 황혼에서 사라진 신들이 밤을 지나 다음 날이면 다시 깨어날 수 있는 이유는 뇌가 모든 데이터들을 보관하고 있기 때문이다. 「삼성기」의 전상편에 의하면 "옛날에 한 신이 있어 사백력 하늘에서 홀로 변화한 신이 되시니 밝은 빛을 온 우주에 비추고 큰 교화는 만물을 낳는다"고 한다. 이는 신이 어디에서 창조된 것이 아니고 스스로 변화하는 자기언급적 존재라는 것을 의미한다. 이러한 전통과 맥락을 같이 하면서 『규원사화』와 『부도지』는 어떤 문헌보다 멱집합 논리소가 잘 정리돼 있다.

『규원사화』의 경우: 북애자란 노인이 저자로 알려진 『규원사화』는 저자 자신이 양란을 겪은 직후 그리고 효종의 북벌 정책이 실패한 것을 보고 참담한 심경으로 책을 썼다고 하는 것으로 보아 숙종 원년인 1675년

경으로 추정된다. 책의 구성은 서문을 제외한 4부인 1) 조판기, 2) 태시기, 3) 단군기, 4) 만설과 같다. 그런데 한 가지 놀라운 사실은 이러한 책의 구성이 논리소들(가-라)과 거의 일치한다는 점이다. 그래서 논리소의 순서에 따라 책의 구조를 따라가면서 양자 간의 비교를 해보기로 한다. 『규원사화』의 이러한 구조는 다음 절에서 다룰 동학의 3(혹은 4)대 주문의 그것과 유사하다.

1) 조판기肇判記는 '시작되는 글'이란 뜻으로 구약의 '창세기'와 비슷한 '개창開創'의 의미를 갖는다. 개창의 순서를 보면 암흑과 A.혼돈에서부터 천지의 분화, B.천체의 운행, 계절의 분화, C.물과 뭍의 분리, D.금수와 초목의 발생, E. 인간의 탄생 순서이다(박용진,60). 거의 창세기 1장 P 기자의 글쓰기 순서와 같아 보인다. 이를 논리소에 일치시켜 보면 아래와 같다.

A=(나)=혼돈=허와 공: "태고에 음과 양이 아직 나누어지지 않은 채 아주 흐릿하게 오랫동안 닫혀 있으니"(太古, 陰陽未分, 洪濛久閉, 天地混沌). 이 첫 구절은 논리소 나와 (나)에 해당한다. 두 가지 대칭 가운데 반영대칭에 해당하는 음과 양의 대칭도 생기지 않았다. 두 가지 대칭이 생기는데 선결 조건이 자기언급이다. 자기언급을 통해 참과 거짓의 대칭이 생기는 것을 위에서 보았다. 공자가 계사전에서 태극만 말하고 무극을 말하지 않았기 때문에 오행이란 회전대칭을 보지 못했지만, 무려 1500여 년이 지나서야 주렴계가 '무극이태극'(자기언급)을 말함으로 비로소 '오행'이란 순환구조가 유학에 생긴다. 음양 반영 대칭이 생긴 결과 만물이 생겨난다. 오행이란 이런 음양이 첩첩이 자기언급을 할 결과물들을 순환시키는(회회) 역할을 한다.

B. 천체의 운행과 계절의 변화가 생긴다(천자문 3구, 한래서왕 추수동장).

"해와 달과 별들은 난잡하게 쌓여 질서가 없었고, 흙과 바다는 뒤섞여 있어 뭇 생명의 자취는 아직 존재하지 않음에, 우주는 단지 커다란 암흑 덩어리일 뿐이며, 물과 불은 잠시도 쉬지 않고 서로 움쩍이는지라, 이와 같은 지가 벌써 수백만 년이나 되었다." 그런데 이러한 허와 공의 상태에서 음양을 갈라 질서를 만드는 존재가 환인이다. 이는 마치 창세기를 방불케 할 정도로 주신격의 역할을 한다. 복수적인 존재인 성격마저 엘의 보수형인 '엘로힘'과 같다. 이에 환인은 자연의 질서를 부여하는 존재라는 점에서도 엘로힘과 같은 역할을 한다. "하늘에 무릇 한 분의 큰 주신(主神)이 있었으니 이름하여 환인(桓因)이라 하는데, 전 세계를 통치하는 가없는 지혜와 능력을 지니고서, 그 모습은 다투지 않은 채 하늘의 가장 높은 곳에 자리하고 있으며, 그 거처하는 곳은 수만 리나 떨어져 있지만 언제나 밝은 빛을 크게 내뿜고, 그 아래로는 또한 수많은 작은 신들이 있었다. '환桓'이라 함은 밝은 빛을 말하는 것이니 곧 근본 바탕을 모양으로 나타낸 것이며, '인因'이라 함은 말미암은 바를 말하는 것이니 곧 만물이 이로 말미암아 생겨났음을 나타낸 것이다." 여기서 '인'은 자기가 자기에 원인이 되는 '자인自因'(causa sui)이다. 환인은 논리소 가운데 (나)={a,b,c}이다. 제 자신이 원인이고 셋이면서 하나이고 하나이면서 셋이다.

C. 물과 뭍이 갈라지게 하는 것도 환인과 환웅의 역할 때문이다. "이때 한 분의 큰 주신이 손을 마주 잡고 곰곰이 생각에 잠기다 이르기를 '지금과 같이 우주의 큰 덩어리가 어둠으로 닫힌 지 이미 오래되어, 천지개벽의 기운이 감싸인 채 머물러 오다가 바야흐로 낳아 길러지기를 바라니, 만약 때가 다하였음에도 세상을 열어서 구분하여 주지 않는다면 어찌 가없는 공덕을 이룰 수가 있으리오' 하고는, 환웅천왕桓雄天王을 불러

세상을 가르고 나누는 작업을 명하였다. 천왕은 명을 받들고 물러 나와서 여러 신들을 독려하여 각자에게 스스로의 신통력을 크게 발휘하게 하니, 단지 바람과 구름이 어둑어둑한 가운데 검푸른 빛이 깊어지고, 번갯불이 일어나며 번쩍이는 섬광은 쏜살같이 치달아 얽혀드는 것만이 보일 뿐, 우레와 천둥소리는 맹호가 울부짖는 소리와 같은지라, 옥녀玉女는 놀라서 낯색을 잃어버렸고, 모든 도깨비들은 도망쳐 숨어 버렸다."

　논리소로 볼 때 위의 장면은 (나)에서 (다)로 다시 (라)로 개창이 진행되는 방향을 말하고 있다. 여기서 중요한 한 장면은 '옥녀玉女'라는 존재이다. 한국적 화합에서는 남녀 신들 간의 갈등과 반목이 없는데 여기서 '옥녀'는 환웅이 나타나자 놀라 질색을 하는 장면이 나온다. 심지어는 환웅을 향해 폭약을 던지는 장면까지 나온다. 이는 일연이 붉적 시각에서 『삼국유사』를 쓸 때와도 달라진 남성 가부장제가 숙종 연간에 강화돼 가고 있음을 의미한다. 청동기 시대의 나타남과 함께 모계가 부계로 급격하게 바뀌면서 세계 도처에서 남성 원리가 일제히 나타나 여성 원리를 살해와 박해를 하는데 이를 '유럽적 균열'이라고 한다. 그런데 한국의 단군신화에서는 환웅과 웅녀(옥녀)가 화합한다. 그래서 논리소들이 자연스럽게 연결과 연속이 된다. 그런데 규원사화의 이 한 장면은 조선 후기에 남녀 균열이 심화돼 감을 잘 반영한다.

　D. 드디어 회전대칭이 생기기 시작하면서 음양오행이 조화돼(천자문 4구. 율려조양) 사시사철 등 분별이 생긴다. "그리하여 아주 흐릿하게 하늘과 땅이 처음으로 나누어지기 시작하니, 그 나누어진 처음에는 텅 하니 비어 있고, 휑하니 넓은 것이 아무런 구별도 할 수가 없었다. 이에 해와 달에게 명하여 바퀴가 굴러가듯이 서로 돌아가며 하늘에서 고운 빛을 발하여 땅에 내리비추게 하여, 해가 가는 것을 낮으로 삼고,

달이 가는 것을 밤으로 삼았으며, 또한 별들로 하여금 창공을 두루 돌게 하여, 이로써 사시(四時)를 정하고 햇수와 날수를 기록하게 하였다"(한래서왕 추수동장).

회전대칭에 의해 해와 달이 바퀴처럼 구르고 별들이 하늘을 돌게 하고, 계절을 정하여 해수와 날자를 셈하게 하고, 물과 불을 구별하여 만불이 번성하는 것이 환웅의 법력 때문이라고 한다. 이는 중국의 창세신화에서 창세주가 직접 하늘과 땅을 나누고 창세주의 몸이 변해서 땅과 바다, 별과 달과 해가 되었다는 것과도 다르다. 바빌로니아 신화에서 여신 티아맛의 몸이 조각 나 해와 달과 별 그리고 서물들이 되었다는 것과 일치하나 한국에서는 '법력'이라고 한다. 중국 『회남자』 「정신훈」에서 '기氣'의 작용으로 삼라만상의 변화가 생겼다고 한다. 그러나 『부도지』는 음에 의한 '율려律呂'라고 한다(천자문 4구, 율려성세). 논리소 (다)에서 (라)로의 이동을 통해 분별이 심화돼 감을 의미한다. (라)의 논리소 {{a}, {b}, {c}, {a,b}, {b,c},{c,a}}는 삼라만상이 분화되고 분별화된 것이다. 단군에게 와서 (라)의 분별적 자아는 뚜렷해진다.

E. 인간 탄생에 관하여 "한 분의 큰 주신이 이에 네 번째로 환웅천왕에게 명하기를 '이와 같이 사람과 만물을 일으키는 공적을 이미 이루어 완전하게 하였다. 그대는 그 노고를 너무 애석히 생각 말고 뭇사람들을 이끌어 몸소 하계에 내려가서, 하늘을 이어서 가르침을 세움으로써 만세토록 후생의 모범이 되도록 하라' 하고, 천부天符의 세 가지 인印을 주며 말하기를 '이것을 가지고 널리 천하에 교화를 베풀어라' 하였다. 환웅천왕은 흔연히 명을 받들어 천부의 세 가지 인을 지니고서 풍백風伯·우사雨師·운사雲師 등 삼천의 무리를 거느리고 태백산의 밝달나무 아래로 내려왔다. '태백산'이라 함은 곧 백두산을 말한다. 뭇 무리가 그를 임금으

로 추대하니, 그가 곧 '신시씨神市氏'이다. 초목이 뿌리를 내리고 금수가 무수히 생겨난 이래 또 십만 년이 되었다." 천부인 세 개는 거울, 칼, 방울인데 이는 율과 려를 다루는 도구들이다. 거울은 자기가 자기를 보는 자기언급 그리고 칼은 자기언급에서 너와 나를 나누는 분별적 자아를 만드는 도구로, 또 방울은 분별된 둘로서의 자아를 다시 하나로 만드는 도구이다. 이러한 도구로 율과 려를 조화시킨다.

'태시기'는 논리소 (다)와 (라)의 중간기적 성격을 갖는다. 신과 인간의 중간지대에서 신지, 신시, 고시씨가 활동하던 기간을 조판기와 분리하여 '태시기'라고 한다. 거듭 말해 태시기는 논리소 (나)와 (다)의 연결고리이고, 선도문화에 해당하는 고리이다. 유럽적 균열과 함께 세계 도처에서 무층과 선층이 박해로 소멸된다. 위 '태백'과 '백두'의 '백'은 우리말의 '밝'에 해당하는데 육당은 이 밝은 철기시대의 우리 문화의 전반에 걸쳐 영향을 주고 지금까지 영향을 주는 소위 '불함문화' 혹은 '밝문화'라 한다. 다시 말해서 남성 원리에 해당하는 강력한 '문화목록어'(cultural inventory)에 해당한다. 태시기 다음의 단군기는 인간의 등장이고 우리는 지금 그 연속선상에 있다. 호모 사피엔스의 등장을 의미한다. 우리는 앞으로 호모 사피엔스-호모 데우스-호모호모를 향해 가고 있는 것이다. 앞으로 AI 시대란 호모호모Homo Homo를 기다리고 있다.

『규원사화』의 마지막 「만설漫說」은 '이 얘기 저 얘기'로 늘어놓는 글이 아니고, 『규원사화』의 핵심 가운데 핵심이라 할 수 있다. 이 책 2장에서 다룬 수운의 '불연기연'을 원본이 아닐까 할 정도로 의미심장한 글이다. 먼저 글쓰기 형식에 있어서 불연기연과 거의 같고, 무엇보다 지금까지 환인, 환웅, 단군 과는 다른 '조물자'를 몇 차례 언급하고 있다는 점에서 양자 간의 관계를 생각해 보지 않을 수 없다. 그런 의미에서 2장의

'불연기연'과 '만설'의 관계라는 관점에서 고찰해 볼 것이다.

「불연기연」장은 수운이 잡히기 한 달 전에 쓴 그의 유서와도 같은 글이다. 그래서 완숙된 그의 사상이 요약된 글이기도 하다. 그 결론은 결정할 수 없음, 불확실성, 명명 불가였다. 이렇게 진리가 해체된 원인이 역설, 즉 불연기연 때문이다. 그러면서 그 안에서 진리를 찾는 과정을 두고 알랭 바디우는 '산출적 절차'라고 한다. 수운과 북애자는 모두 풍전등화같은 나라의 앞날을 걱정하면서 고민하며 살다 간 대표적인 인물들이다. 북애자는 글의 끝에서 "오호라 환인이여! 오호라 환인이여! 지금의 한 조각 진역과 한 줄기 유민은 장차 어찌 될 것인가? 장차 어찌 될 것인가?"라고 탄식한다. 기연도 아니고 불연도 아닌 숙종 연대 유도로도 불도로도 답을 구하기 힘들어, 수운과 북애자는 민족 고유의 선도에로 가보자고 하는 점에서는 같다. 이 도정에서 만설과 불연기연이 나오지 않았나 사려 된다. 조물자에 의뢰해 봐야 할 것 같다는 맥락에서도 수운과 북애자는 공감한다.

『부도지』의 경우: 현존 『부도지』는 1953년 북에서 피난 내려온 『부도지』 번역 연구가였던 박금 선생이 울산 피난지에서 기록한 것으로 알려져 있다. 필자는 1985년 2월 10년 미국 유학생활을 끝내고 귀국할 때 로스앤젤레스 거주 정명 선생(독립운동가)이 북한 방문차 고향에서 가져온 필기본을 국내에 첫 들여왔다. 그 후 고 김은수 선생이 번역과 주석을 하여 현행 국내 유통되고 있다. 2020년 뉴욕 주재 북한대사에게 원본의 현존 여부를 부탁했으나 코로나 관계로 소식이 두절되었으나 정명 선생이 북에서 필사해 왔다는 것은 북에 원본이 있다는 것을 시사하는 것이라 본다.

예외 없이 학계는 『부도지』를 위서 운운하면서 '사료적 가치가 없다'고 예의 공격을 하고 있다. 그러나 문헌들의 '사료적 가치' 운운은 거의 무의미하다는 사실을 알기 바란다. 김소월의 '진달래꽃'이 사료로서의 가치만 있는 것이 아니라는 사실을 분명히 알기 바란다. 학계의 이런 경직된 사고방식은 19세기 전근대적 사고방식이다. 『부도지』는 인문학의 전 분야에서 민속학적 그리고 종교적 나아가 신학과 철학 등에 전방위적으로 거의 외래 사상에 때가 묻지 않은 가장 우리 것에 가까운 문헌이다.

이스라엘 국립중앙박물관의 지붕이 항아리 두껑같이 생겼다. 20세기 중반부터 발견돼 사해 사본을 담고 있던 항아리 두껑이 그 상징이다. 국내 학자들 같으면 사해 사본과 나그함마디 문서 등이 모두 기록자와 시기 그리고 장소 등이 명확하지 않다고 모두 위서로 취급해 버릴 것이다. 그러나 이스라엘은 이들 문헌들을 모두 정신적 지주로 여겨 국보급으로 다루고 있다. 우리 국내 사학자들은 땅에서 유물로 발굴되는 것마저 자기들 식민사관에 맞지 않으면 위서 취급한다. 우리는 이들이 이런 발상을 하는 동기 자체를 알기 때문에 개의치 말아야 할 것이다. 현대 시학은 시 자체가 구조적으로 의미함에 대해서만 가치를 둔다. 『부도지』는 신라 충신 박제상이 지은 『징심록澄心錄』 15권 가운데 '제1지'이다. 북한에는 전 15권이 모두 보관돼 있을 것으로 추측해 본다.

여기서는 본문 가운데서 주요 구절들을 발췌해 풀이하는 방법론으로 동학과 도마복음에 연관시키기로 한다. 『부도지』에는 예의 흑암이나 혼돈 같은 공집합이 모두에서 전혀 거론되지 않는 것처럼 보인다. 즉,

마고성(麻姑城)은 지상(地上)에서 가장 높은 성이다. 천부(天符)를 봉수(奉守)하여, 선천(先天)을 계승하였다. 성 중의 사방에 네 명의 천인(天人)이

있어, 관(管)을 쌓아 놓고, 음(音)을 만드니, 첫째는 황궁(黃穹)씨요, 둘째는 백소(白巢)씨요, 셋째는 청궁(靑穹)씨요, 넷째는 흑소(黑巢)씨였다. 두 궁씨의 어머니는 궁희(穹姬)씨요, 두 소씨의 어머니는 소희(巢姬)씨였다. 궁희와 소희는 모두 마고(麻姑)의 딸이었다(1장 중에서).

"마고성麻姑城은 지상地上에서 가장 높은 성城이다." 이 한 구절은 부도지의 문명사적 배경을 알게 한다. 지리적으로 고산이 있는 중앙아시아 일대 그리고 시기적으로는 아직 빙하기가 계속되던 시기 같다. 인간이 아직 들살이도 못 하고 굴살이를 할 때이다. 『부도지』의 특이한 점은 위에서 본 무가나 문헌 속에서는 창세신화가 공집합인 '흑암'이나 '혼돈'인데 『부도지』는 시작부터 그렇지 않은 '선천의 천인들'이 전면에 등장하면서, 선천에는 천인들이 지상에 살았다고 한다. 논리소 가운데 나와 (나)가 부재한다는 말이다. 그러면 이들이 어떻게 처리되고 있는가? 선천과 후천의 중간지대를 '짐세朕世'라 한다. '바로 지금'(now is that is now)이란 뜻이다. '자기언급적'이란 것의 다른 표현이다. 생리적인 남성과 여성이 아니라 선천과 후천이 서로 만나 '궁희'와 '소희'라는 두 딸을 낳는다. 플라톤의 「향연」은 이런 생식 방법을 말하고 있는데 여기서는 설명을 생략한다.

"성중의 네 명의 천인天人이 있어, 관管을 쌓아 놓고, 음音을 만드니, 첫째는 황궁黃穹씨요, 둘째는 백소白巢씨요, 셋째는 청궁靑穹씨요, 넷째는 흑소黑巢씨였다. 두 궁씨의 어머니는 궁희穹姬씨요, 두 소씨의 어머니는 소희巢姬씨였다. 궁희와 소희는 모두 마고(麻姑)의 딸이었다"(1장 전반부). 『규원사화』의 환인과 환웅은 '천인'들에 해당하는데 이들이 관을 쌓아 놓고 음을 만들고 이 음들에서 4명의 남성들 황궁, 백소, 청궁, 흑소가 태어난다. 그렇다면 구약「창세기」가 '흙'을 소재로 인간을 만들었다면, 『부도지』는 '음音'으로 그렇게 했다는 점만 다르다. 이는 천자문 4구 '율려조양'과 맞물리는 매우 중요한 표현이다.

창조설화든 신화든 그것이 역사든 상관없이 가장 중요한 요소는 '윤여'의 문제이다. 모든 것을 파국으로 이끄는 것의 정체도 바로 이것이다. 그런데 지금까지 보여준 어떤 무가도 문헌도 이것을 언급조차 하지 않고 있었다. 물론 창세기의 '안식일'과 천자문의 '윤여'를 제외하고 말이다. 드디어 『부도지』에서 이 점을 전면에 부각시키고 있다. 멱집합에서 '만유개공' 다시 말해서 논리소 (나)가 모든 것이듯 모든 신화와 설화들은 혼동과 흑암이 모두를 장식한다. 바로 그것에 해당하는 것이 '음'이란 것이다. 흙은 너무 조야하고 흑암은 너무 추상적이다. 그리고 납득하기 어렵다. 그러나 음은 가장 납득하기에 무리가 아닌 장점을 지닌다. 그리고 앞으로 동학에서는 '음'이 무엇으로 변하는가를 보기로 한다. 『부도지』는 천인들이 이 음을 관리하는 자들이다.

『부도지』는 외부의 신화소들이 거의 들어 있지 않는 우리 고유의 특징이 여러 곳에서 보인다. 세계 모든 창세 신화 속에 들어 있는 허와 공 그리고 혼돈이 안 보인다. 그러나 그렇지 않다 다른 모습으로 나타나 있다. 혼돈과 흑암에 해당하는 논리소 (나)는 다름 아닌 '음音'이라고 했다. 그런데 부도지에 '허虛'와 '실實'이란 말이 등장한다. "선천先天의 시대에 마고대성은 실달성實達城 위에 허달성虛達城과 나란히 있었다." 실달성이 가장 아래 그리고 그 위에 마고대성과 허달성이 나란히 있다. 마고대성은 전체이고 실달과 허달성이 허虛와 실實로 나란히 있어야 하는데 허달성과 마고대성이 동격으로 나란히 실달성 위에 있다. 이런 구조를 두고 박용진은 박금의 '필사과정의 오류'라고 한다. 원본이 발견되면 밝혀지겠지만 멱집합의 논리소로 보면 오류가 아닌 정상이다.

즉, 마고대성을 집합 자체=(가)={a,b,c}로 보았을 때 (가)의 부분집합은 반드시 '허집합={ }=나'과 자기 자신 {a,b,c}가 包含돼야 한다. 이때 허달성=(나)와 같고 마고대성={a,b,c}와 같다. 그래서 마고대성(전체)와 허달성(부분)이 내인적으로 상호 包含하기 때문에 부도지 기사가 결코 필사 과정 오류일 수 없고 오히려 멱집합의 논리소를 정확하게 표현하고 있다고 할 수 있다. 현대수학의 정수를 파악한 기술이라 할 수 있다. 이렇게 마고대성과 허달성은 서로 쌍둥이 짝짝이이다.

"처음에는 햇볕만이 따뜻하게 내려 쪼일 뿐, 눈에 보이는 물체라고는 없었다. 오직 8여呂의 음音만이 하늘에서 들려오니, 실달성과 허달성이 모두 이 음에서 나왔으며, 마고대성과 마고도 또한 이 음音에서 나왔다. 이것이 짐세朕世다"(2장 전반부). 여기서 '음'이라 하는 것이 다른 문헌과 가사에서 혼동이라 하는 것과 동격인 것이 분명해졌다. 놀라운 사실은 마고대성뿐만 아니라 마고도 이 음에서 나왔다. 이것 역시 마고와 세계도 包涵 관계가 아니고 包含 관계이다. 한국인들이 노래를 좋아하는 것까지 포함하여 많은 것을 생각하게 한다. 실로 『부도지』는 오직 한국인들의 체질과 성격을 그대로 반영한 것 같다. 그렇다면 (가)=음이라고 결론할 수 있을 것이다. 논리적 위계질서가 다 무너지는 듯하지만 이것이 창조질서이다.

"짐세 이전에, 율려律呂가 몇 번 부활하여, 별들星辰이 출현하였다. 짐세가 몇 번 종말을 맞이할 때, 마고가 궁희穹姬와 소희巢姬를 낳아, 두 딸로 하여금, 오음칠조五音七調와 음절音節을 맡아보게 하였다. 성중에 지유地乳가 처음으로 나오니, 궁희와 소희가, 또 네 천인天人과 네 천녀天女를 낳아, 지유를 먹여, 그들을 기르고, 네 천녀에게는 여呂를, 네 천인에게는 율律을 맡아보게 하였다"(2절 하반부). 하라리가 말하는 데이터교의 데이터는 음이다. 그래서 호모 데우스도 율려의 조화로 태어나야 하고 이를 '호모호모'라 한다. 율려가 조화되니 땅에서 먹거리인 '지유'가 나왔다. 인류가 다른 생명을 해치지 않고 먹을 수 있는 오직 유일한 것은 식물도 아닌 '지유'란 것이다. 오음이란 '궁·상·각·치·우'이고, 7조란 5음에 변음 2개인 '변치'와 '변궁'이 추가된 것이다. 바로 여기서 두 개의 '변음'이 '윤여'에 해당하는 '나머지'이다. 그렇다면 음을 조율한다는 것은 5음과 7조를 조율하는 것인데, 모든 문화와 문명의 운명이 결려 있는 관건이 된다. 서양에서는 잔여인 변치와 변궁을 두고 '피타고라스 콤마'라고 하는데 제거의 대상이다. 악마화한 것이다. 『부도지』의 총력은 바로 이 문제에 집중하는데 이 처리가 잘못되었을 때 이를 두고 '오행의 난' 혹은 '오미의 난'이라고 한다. 23장에서는 바로 이것의 처리 문제를 다룬다.

'오미의 난'이란 「창세기」와 직접 연관이 된다. 인간이 먹는 음식과 관계된 것으로서 「창세기」와 『부도지』 모두에서 식물성 음식과 연관이 된다. 수메르에서도 낙원에 남자가 먼저 금지된 동산의 과일을 따 먹는 것이 인류 타락의 원인이 된다. 이런 세계 공통의 신화소가 부도지 안에 들어 있다. 지유 대신에 식물성 포도를 따 먹기 시작하면서 인간은 타락했고, 드디어 마고성에서 추방, 마고성은 대홍수로 청소된다.

식물성은 이동할 수 없기 때문에 자기 자신 안에 독성을 길러 동물로부터 스스로를 보호하게 되었으며, 대마초 같은 중독성 물질이 식물에 많은 이유가 이에 근거한다고 한다.[1] 에덴동산의 나무 그리고 『부도지』의

---

1 Grundy/안준상 역, 『플랜트 패러독스』 (쌤앤파커스, 2018), 12-13. (원서: S. R. Gundry, *The Plant Paradox*, Harper Wave, 2018).

포도, 특히 후자의 경우는 알코올이 들어 있어 가장 많은 중독성을 유발한다. 이런 식물성은 환각과 망상에 빠지게 하며 자기가 신이라고 착각하게 하는 원인이 된다. 뱀이 인간을 유혹할 때도 "신과 같이 되리라"고 했다. 그러나 이러한 외물에 의한 깨달음을 두고 외단이라고 하며 고등 종교는 이를 금한다. 여기서 전/초오의 오류가 생기는 원인도 여기에 있다. 식물성 외단에 의존하는 것을 전분별을 초분별로 오인하는 것은 전/초오1이고, 반대로 초분별을 전분별로 오인하는 것이 전/초오2 이다.

마고성에서 지유 대신에 포도를 따 먹은 것을 두고 '오미五味의 난'이라고 한다. 에덴동산 역시 이 난을 피할 수 없었다. 중국의 선도 문화가 외단으로 흘러 전/초오1를 범한다. 오미의 난보다 더 위험한 일이 마고성에서 벌어졌는데 그것은 1년 13월을 지금과 같은 12월로 바뀐 역법에서 생긴 오류로서 이를 두고 '오행의 난'이라고 한다. 13을 12월로 바꾼 것은 중국의 요·수·우이다. 그래서 오행의 난을 일명 '요란堯亂'이라고도 한다. 이렇게 오민의 난과 오행의 난은 인류를 파국으로 이끌게 되었고, 마고의 자손들은 모두 사방에 흩어졌고, 우리는 북으로 이동한 마고-궁희-황궁-유인-환인-환웅-단군의 8대로 이어진다고 한다. 이 8대는 우리의 정신세계를 구축하는 띠가 되어야 한다는 것이 『부도지』의 흐름이다.

다음 6.2 동학을 다루는 장에서는 이러한 『부도지』와 『규원사화』의 '만설'을 이어받아 그 연장선상에서 고찰해 도마복음과 연관시킬 것이다.

6.2 수운과 예수가 아나키스트가 된 이유는?

2장에서 다룬 『동경대전』 속 「불연기연」과 『규원사화』 속 「만설」을 비교함과 다른 한편 『부도지』 속의 신화소들을 연장하여 동학의 3대 주문인 초학주문, 강령주문 그리고 본주문을 이해한다. 다시 말해 3대 주문을 논리소를 통해 하나로 연결하여 두 문헌 간의 연관 관계를 찾고, 나아가 도마복음 안에서도 동일한 논리소를 찾아본다. 북애자와 수운은 모두 비운의 시대에 살았으며, 외침이라는 심각한 상황과 국내적으로 의지할 수 있는 이념이란 찾을 수 없는 상황에서 아나키스트가 된 심경으로 비결정, 불확실, 명명 불가라는 해체의 기치로 「만설」과 「불연기연」을 썼다고 보아 오늘날 우리 현실에 주는 답을 모색한다.

'불연기연'이란 '만설'

『규원사화』의 저자 북애자는 적어도 네 차례에 걸쳐 "어찌 그리됨을 아는가?"(何以知其然耶)고 묻고 스스로 답을 한다는 방식으로 글을 쓴다. 수운과 같이 '기연불연'이라고 대구를 만들지는 않지만 스스로 자기를 향해 던지는 질문을 통해 그 답은 "왜 그렇지 않는가?"(何以知不然耶)를 전제하고 있음을 직감한다. 그래서 '만설'은 수운의 '불연기연'과 그 구조나 내용에 있어서 같다고 할 수 있다. 북애자의 궁극적인 고민은 "지금 조선의 형세가 지는 해를 따라가듯 하기에 다만 그 허약함을 돌보아서는 … 수백 년이 지나지 않아서 조선은 강한 이웃에게 패망할 것이니,

힘없이 무너지는 것을 누가 능히 지탱하겠는가? … 오호라 환인이여! 오호라 환인이여! 지금이 한 조각 진역과 한 줄기 유민은 장차 어찌 될 것인가? 장차 어찌 될 것인가?"로 글을 마감한다. 그러면서 북애자는 이렇게만 되면 안 망할 수 있다는 주장에 대한 반대 주장을 스스로 달아가면서 글 쓴다. 그가 글을 쓴 시기가 1650년경이고 그때로부터 300여 년 만에 국망하고 말았다. 말이 씨앗이 됨인가? 기연이 아닌 불연이 적중했기 때문인가? 아니면 그 반대인가?

그래서 "어찌 그리됨을 아는가?"(何以知其然耶)라는 질문을 우주, 자연, 역사, 사회 등 전방위에 걸쳐서 던진다. 불연기연과 같이 양가적으로 질문을 던진 결과 그가 조판기, 태시기, 단군기에 써 놓은 최고 주신인 환인에 대해서도 의문을 던지고 그 상대화를 시도하는 태도를 보이고 있다. 글의 모두에서 던지는 질문은 자연에 관한 것이다.

하늘이 움직이고 있는 것인가, 땅이 멎어 있는 것인가, 해와 달이 자리다툼을 하고 있는 것인가? 누가 이를 주재하여 펼치고, 누가 이를 붙잡아 다스리며, 어느 누가 하늘과 땅에 머물며 항상 이를 밀어서 움직이게 하는가? 생각컨대 그곳에는 바탕이 되는 기운이 있어 마지못해 그리되는 것인가, 그 움직이고 구르는 것은 스스로 멈추지 못해서 그렇게 되는 것인가?

천체 운동을 가능하게 하는 것이 어떤 인격적인 존재 때문인가? 기의 자연스러움 때문인가? 이는 수운이 그의 신관과 3대 주문을 만들면서 제기됐던 질문, 보편적 질문에 해당한다. 그런데 「조판기」에서 북애자는 이미 유일 주제신 '환인'이 답이라고 하지 않았는가? 그런데 글을 다 쓰고 나서 회의가 생겼다는 말인가? 수운도 3대 주문 속에 '천주'가

답이라고 말해 놓고 말년, 그것도 임종 직전에 불연기연 같은 회의를 던진 것과 같아 보인다. 유대인들이 가스실에서 오히려 신을 부정하는 것과 같은가? 『밤』이란 소설이 이를 대변해 말해주고 있다. 방공호 속에서 무신론자는 없다는 말을 재고해야 한단 말인가? 북애자는 우주자연을 다스리는 주신을 상대화시켜,

> 우주의 안으로 아득히 넓은 그 언저리에 따로 참된 신이 있어 이를 주재하고 있는 것인가? 동방의 사람들은 곧 '환인주신'(桓因主神)이라 하고, 한나라 땅의 사람들은 '상제'(上帝)라 하며, 서역 사람들은 '불타'(佛陀)라 하고, 대진 사람들은 '천주'(天主)라 하는 것은, 그 모든 것이 바로 우주를 주재하고 만물을 통치함을 말로서 드러낸 것이다.

이는 환인을 상대화시켜 보는 북애자의 입장이다. 그는 유일무이 주제신이었다. 다른 나라에도 주신이 있듯이 환인도 그 가운데 하나일 뿐이다. 이는 수운이 잃어버리고 망각했던 하날님 혹은 천주를 복기시켜 데자뷔를 만든 것과는 반대 방향이다. '환인'이란 말 대신에 '조물주造物主'라 하면서 "그 성품은 백성에 따라 제각기 다른 것인가, 바탕은 같으면서 드러남만이 다른 것인가, 이도 저도 아니면 온전히 같으나 달리 볼 뿐인가? 같은 우두머리를 두고 우리는 '임금'이라 하고, 한나라는 '제왕'이라 하고, 왜는 '명' 혹은 '존'이라 하니, 모든 민족이 조물주를 이름하는 것 또한 그와 같을 따름인가?" 조물주는 다음 플라톤에서 보는 바와 같이 인간과 신이 서로 包含하는 내인적 존재이다.

이 정도이면 「만설」을 쓴 저자가 북애자인지 의심할 정도이다. 그러나 동병상련하는 수운은 물론이고 북애자의 고민은 인간 보편적인 것이다.

방공호 안에서 신을 찾는 자가 더 천박하다 할 것이다. "하늘이 움직이고 있는 것인가, 땅이 멎어 있는 것인가, 해와 달이 자리다툼을 하고 있는 것인가? 누가 이를 주재하여 펼치고, 누가 이를 붙잡아 다스리며, 어느 누가 하늘과 땅에 머물며 항상 이를 밀어서 움직이게 하는가? 생각컨대 그곳에는 바탕이 되는 기운이 있어 마지못해 그리되는 것인가, 그 움직이고 구르는 것은 스스로 멈추지 못해서 그렇게 되는 것인가?"

유일무이 절대적 신을 전제할 때 이런 질문이 생기게 되는데 이를 '신정론Theodicy'이라고 한다. 신이 창조주라면 이 세상에 악은 왜 있는가? 신은 과연 정의로운가? 이러한 질문에 전통 신학은 답을 하지 못했다. 그러나 과정신학의 장점은 바로 이런 신정론에 답을 줄 수 있었다. 지금 북애자는 바로 조판기에서 설정해 놓은 환인을 조물주로 바꾸지 않고는 양란을 이해할 수가 없었다. 아우슈비츠 이후 유대인의 신관이 변했듯이 말이다. 사복음서와 구약성서가 바로 교부들의 손에 들어간 이후 가장 큰 신학적 난제가 바로 신정론의 문제였다.

양란을 겪으면서 크게 변한 것은 신관이다. 인격적 주제신 환인에서 준인격적 조물주로 더 나아가 "날아다니는 반딧불에도 빛이 있고, 썩은 나무에서도 기운이 뿜어져 나오며, 감나무 배나무는 가지에 접을 붙이면 능히 과실이 무성해지고, 오리나 닭 등은 알을 품어 능히 새끼를 낳아 기른다. 이것은 몸의 바탕 외에 따로 응결된 힘이 있어서 그러한가? 그러한 사물과 사물들의 응결된 힘이 서로 교접하여 능히 생명을 낳게 되는 것인가? 우주의 안으로 아득히 넓은 그 언저리에 따로 정령精靈이 있어서 일관되게 흐르고 두루 감싸안으며 그 몸의 바탕을 밀어 움직이게 하는 것이겠는가? 한나라 사람의 말에는 반고(盤古)와 삼황(三皇)이 세상을 처음으로 연 창시자라 하는데, 이것이 진실인가? 동방 사람의 말에는 삼신三神이 세 우주의 안으로 아득히 넓은 그 언저리에 따로 한 큰 정령精靈이 있어서, 이 세상을 잡아 유지하고 이 세상을 주재하여 펼치며 능히 밀어 움직여서 이 세상을 이끌어 나간다고 한다면 곧 믿을 만한 것이 될 것이리다." 환인에서 조물주로 더 나아가 '정령'까지 비인격화 된다. 이는 신관이 논리소 (나)=공백에 접근하고 있다는 것을 의미한다.

사람이 살아 있으면 곧 몸은 따뜻하며 움직이게 되고 영혼은 능히 총명하고 밝지만, 사람이 죽으면 곧 몸덩이는 싸늘해져 뼈는 굳어지고 육체는 썩어 문드러져 흩어 없어지게 되니, 몇 년이 지나지 않아 피부나 육체는 남아 있지 않고, 백 년이 못 되어서 뼈도 남아 있지 않게 된다. 하늘과 땅의 기운이 모이면 사물의 바탕이 되고, 흩어지면 다시금 공허로운 기운이 되는 것인가? 영혼의 본질은 기운이 모습을 갖춘 다음에 그곳으로부터 생겨나며, 그 기운의 모습이 흩어져 없어지면 영혼의 본질 또한 그에 따라 없어져 버리고 마는 것인가? 이도 저도 아니면 하늘과 땅의 신령스럽고도 빼어난 본질이 모여 영혼이 되고, 곧고도 밝은 기운이 뭉쳐 몸이 되는 것이니, 몸은 사라지더라도 영혼은 스스로 없어지지 않는다는 것인가? 그렇게 영혼이 없어지지 않는다면 곧 하늘로 돌아간다는 것인가, 유유히 천지 사방을 떠돈다는 것인가? 이도 저도 아니면 부처의 말처럼 운명에 따라 윤회의 괴로움에 떨어져 거듭되게 인간으로 태어난다는 것인가?

북애자는 알-애벌래-고치-번데기-나비로 되는 것은 "조물주가 세 상의 바깥에 벗어나 있으면서 사람의 삶이 변화하는 자취를 멀리서 두루 바라보면 그 또한 이와 같을 따름이 아니겠는가?" 인격적 창조주를 상정하고는 이해할 수 없지만 조물자라면 가능하다는 것이다. 그 이유는 세계와 자기 자신이 상호 包含하는 내인적 관계이기 때문이다, 이를 두고 조물주는 세상의 바깥에 벗어나 있으면서 사람의 안에서 삶이 변화하는 자취에 따라 존재하기 때문이다.

이런 내인적 관계를 두고 범신范縝이 한 말에 이르기를 "모습은 정신의 바탕이요 정신은 모습의 활용이다. 모습에 있어서 정신은 마치 칼에 있어서 날과도 같은 것이니, 칼이 없어지고 나서도 날이 남아 있다는 소리는 들어보지 못하였다. 어찌 모습이 없어지고 나서도 정신이 남아 있을 수 있겠는가"라 하였다. 이 말이 참된 것인가? "유가에서는 '혼(魂)은 오르고 백(魄)은 내린다' 하였고, 불가에서는 '영혼은 없어지지 않는다' 하여 열반·지옥·윤회·해탈 등의 말이 가장 많으며, 단군 임금은 이르기를 '맡은 바를 완전히 이루면 하늘에 올라 신의 고향으로 돌아가게 된다' 하였으며, 또한 '모든 착한 것을 북돋우고 모든 악한 것을 소멸시키며, 본성에 통하고 맡은 바를 완전히 이루면 하늘에 오르게 된다' 하였다. 불가의 말이 맞는가, 유가의 말이 충실한 것인가, 단군 임금의 교훈이 진실된 것인가? 이도 저도 아니면 범진의 '정신 소멸론'이 앞선 사람들이 아직까지 밝히지 못한 새로운 것을 드러낸 것이란 말인가?" 단군의 말마저 상대화 시켜버린다. 정신 소멸론은 도마복음 97장의 깨어진 항아리에 알곡을 넣고 집에 돌아오니 다 흘러버려 빈 항아리만 남는다는 비유를 연상시킨다. 인류는 앞으로 대환란을 겪고서야 비로소 새로운 정신 세계를 경험하게 될 것이고, 그것은 바탕 무의식 세계를 경험하는 것이다.

북애자는 조물자보다 더 비인격적인 정령에 더 기대어 "우주의 안으로 아득히 넓은 그 언저리에 이미 하나의 큰 정령이 있어 온 세상을 가득 채우고 밀어 움직이는데, 곧 사람의 삶이란 것은 비단 피와 살과 뼈를 그 기운의 바탕에 따라 받았을 뿐만 아니라, 또다시 정신과 혼백을 정령으로부터 부여받은 것이다. 나는 유가나 불가 및 단군 임금의 말에 대해 비록 증명할 만한 겨를이 없으나, 사람의 삶에는 없어지지 않는 영靈이 있어서 착함을 북돋우고 악함을 소멸시키며 본성에 통하고 맑은 바를 온전히 하면, 곧 신체는 굳어져 죽는다 하더라도 영령英靈은 없어지지 않고 능히 하늘에 올라 신의 고향으로 들어가게 된다는 것이 믿을 만하다고 여겨진다."

『신의 발명』의 저자 나카자와 신이치는 모든 종교 이전에는 전 인류가 세계 도처에서 '큰 영적The Great Spirit' 세계에서 하나였다고 한다. 윌버는 3원8소에서 이를 '0층, 바탕 무의식Ground Unconscious'라 했다. 북애자는 조선 후기에 서서 단군을 포함한 유교의 상제를 모두 포함해 회의적으로 보고 있으며 비인격적인 '영' 혹은 '조물주'에 정신적으로 기울어지고 있다. 우리가 『규원사화』의 「만설」을 읽을 때 이러한 기억은 안 나지만 친숙한 데자뷔를 느끼는 이유가 여기에 있다.

도마복음 97장과 함께 "영랑(永郎)이 인생의 덧없음을 한탄하고 앞선 성인들이 신이 되었음을 사모하다가 그 식솔을 버리고 향미산向彌山에 들어가 도를 닦더니, 나이 아흔에도 어린아이와 같은 얼굴색을 하고서… 하루살이의 얼마 남지 않은 목숨을 한탄하며 아침 이슬이 쉽게 사라지는 것을 애석해하더니… 장자에 이르기를 '하늘의 도는 운행될 뿐 쌓이는 바가 없는 까닭에 만물이 다스려지게 되는 것이고, 제왕의 도는 운행될 뿐 쌓이는 바가 없는 까닭에 천하가 돌아와 의지하게 되는 것이며, 성인의 도는 운행될 뿐 쌓이는 바가 없는 까닭에 나라 안이 모두 복종하게 되는 것이다'라 했다."

북애자는 영이나 조물주 같은 존재에 새로운 기대를 걸면서 이에

걸맞게 동이족의 본성과 풍습으로 되돌아갈 것을 권한다, 동이는 "어질고
도 기르기를 좋아하니 만물이 그 땅에 뿌리를 두고서 나온다." 중니(공자)
는 도가 행해지지 않음을 한탄하여 뗏목을 타고 바다를 건너 구이(九夷)의
땅에 머물고 싶다 하였으니, 이는 군자가 거처하는 곳임을 말해주는
것이다. 허신의 말을 인용 "오직 동이만이 큰 것을 좇으니 대인이다.
동이의 풍속은 어질며 어진 자는 장수를 누리니 '군자의 나라', '불사의
나라'라는 명칭이 있게 되었다 하였으니, 이로써 '공자가 뗏목을 타고
가고 싶어한다'라는 말이 있게 된 것이다"라 한다.

　　행과 불행은 상대적이라 하면서 모든 존재가 가지고 있는 장점은
곧 단점이다. "뱀이 몸을 갑자기 돌리는 것에 둔한 것은 뱀에게는 불행이지
만, 개구리나 쥐에게는 행운이요, 승냥이나 이리에게 나무를 타는 능력이
없음은 원숭이에게 행운이 된다. 끊어지고도 능히 살 수 있는 것은
지렁이와 거머리의 행운이요, 온몸에 독이 있는 털을 지닌 것은 여름
벌레의 행운이다. 벌과 전갈이 침을 쏘고 두꺼비가 액을 토하는 것과,
거북이와 자라의 움츠린 머리와 도마뱀의 무른 꼬리 등은 모두 먹이를
찾아다니면서 적의 해코지를 막고 도망하여 목숨을 보호하기 위한 것이
니, 한 가지의 재주가 곧 한 가지의 행운이 되지 않음이 없다. 그러하기에
범과 표범이 강하기는 하지만 구르고 쫓는 수고와 주리고 목마른 고통을
면치 못하며, 소와 사슴은 연약하지만 생명을 보존하여 번식하는 행운과
잠자고 먹는 즐거움을 얻은 것이다" 이렇게 평등하게 유불이가 생긴
이유는 조물주의 뜻에는 본디 편벽됨이 없기 때문이라 한다. 어찌 한
세상의 생물을 모두 몰아 사자의 탐욕스런 욕심만 채워 주는 나쁜 이치가
있겠는가! 그러므로 바다는 한치의 작은 물고기도 받아들이고, 산에는
손가락만한 작은 참새도 있으며, 나무에는 이슬을 먹고 사는 매미가

서식하고, 진흙 속에는 눈이 없는 지렁이가 숨어 있으니, 꿈틀거리는 하잘것없는 벌레 또한 하늘의 큰 은혜를 같이 입고 있는 것이다. 그러므로 세간에 어찌 권세를 도적질하고 부귀를 독점하는 집안과, 패권을 차지하여 외곬으로 강하기만 한 나라가 있을 수 있겠는가! 때문에 속담에 '망하지 않는 나라는 없고, 패하지 않는 집안은 없다' 하였으니, 내가 그리하여 백성과 사물에게 어려움이 없을 수는 없다는 것을 알고, 가정과 나라의 흥망이 되풀이되어 무상함을 면할 수 없음을 알게 되었다. 그러한 까닭에 어찌 눈앞의 영고성쇠에 마음이 흔들리겠는가!"

"어찌 그리됨을 아는가(何以知其然耶)? 대저 탐라 땅의 귤이 북으로 건너가면 탱자가 되고, 우산(于山)의 복숭아가 바다를 건너오면 열매가 작아지며, 호남의 대나무와 영남의 감나무는 관북 지방에 심으면 휘어지거나 열매를 맺지 못하고, 함흥의 배와 함종의 밤을 한산(漢山)으로 옮겨 심으면 맛이 변한다. 또한 성벽 위의 고사리는 그 잎이 집의 처마를 덮고, 시렁 위의 쥐는 그 몸이 소 등보다 높게 있으며, 쑥이 삼밭 속에서 자라면 북돋우지 않아도 스스로 곧게 올라가고, 칡이 소나무 밭에서 나면 천길을 솟아오른다." "오호라! 하늘은 모습이 다르고 땅은 형세가 틀리며, 나라마다 풍속이 다르고 사람마다 기술이 '제각각인데', 자기의 능함을 버리고 어찌 위태롭지 않은 자가 있겠으며, 다른 사람에게 배운다고 그 본 바탕이 바뀌는 사람이 어디 있겠는가? 내가 그러한 까닭에 조물주가 사물에 대해 두텁고 얇음이 없을 수 없고, 임금이 정치를 행함에 세 번 되돌아보지 않으면 안 됨을 찬탄하는 것이다."

"우리나라의 선비들이 비록 밤낮으로 남한산성의 치욕에 대해 이빨을 갈면서, 임진년에 신통치 않게 도움을 받은 의리로 명나라에 대해 보답하려고 한다. 그러나 1백 년 안에는, 내가 보장하건대, 기필코 그런 일이 없을 것이다. 무릇 변변치 못하게 압록강 이남의 수천 리 땅에서 적은 숫자의 무리로 이미 스스로가 절박함에 매달려 있으며, 또한 스스로 여진을 오랑캐로 여겨 물리치고 만주를 호로(胡虜)로 여겨 배척하며, 동쪽으로는 왜놈들에게 손발이 묶인 채 서쪽으로 명나라를 그리워하고자 하니, 백성들이 다시 어느 겨를에 능히 힘을 기를 것인가!"

나라가 강한 외세의 침략을 받고도 망하지 않고 이길 수 있는 것은 '제각각의 본성'을 지켜야 한다고 한다. 만약에 자기의 바탕을 잃어버리고 남의 흉내를 내면 망하지 않는 것이 이상하다고 한다. 북애자는 이렇게 망한 수많은 나라들과 개인과 집단의 예를 든다. "청淸의 위세는 가히 맹렬하다 할 것이지만, 만약 그 후손들이 한나라 풍속을 사모하여 자신들의 근본을 버리고, 한나라 말로써 글을 짓고 오나라 계집과 월나라 계집을 황후와 비빈으로 앉히며, 팔기병을 몰아 밭에서 사냥하고 요순의 도를 이어 그 말을 치장하며, 고량진미를 배불리 먹으며 화려하고 사치스러움에 만족한다면, 곧 앵앵거리던 한나라 땅의 말하기 좋아하는 선비들이 모두 시끌벅적하게 스스로를 거만히 스승이라 여기고 이적夷狄을 천하게 여기며 무리 지어 일어나 만주의 오랑캐들을 도륙할 것이니, 누가 다시 그들을 능히 제압할 수 있겠는가! 수백 년이 지나지 않아 청나라는 반드시 떠들기 잘하는 선비에게 망할 것이다." 청나라는 한나라 흉내나 내고 자기 언어와 글을 다 잃어버렸으니 이것이 망하는 원인이라 한다. 신라는 당나라 문물을 받아들여 흉내 내다 망했다. 조물주는 타력적인 존재가 아니다. 인간과 내인적 관계를 맺고 있는 세계와 서로 包含 관계이다. 그래서 하루속히 조물주를 맞아들여야 한다.

그러면서 조선은 사대주의 때문에 반드시 강한 이웃에게 망하고 말 것이라고 한다. 그래서 "만약 하늘이 나를 다시 태어나게 하여 수백 년 뒤로 놓아두기만 한다면, 곧 나는 우리나라 옷을 입고 청나라 언어를 구사하며, 네 필의 말이 끄는 수레에 올라앉아 청나라 황제를 설복하여 우리가 같은 조상의 후손임을 얘기하고 그 이해득실을 나열할 것이니"라 한다. 청에 가서 우리가 같은 피를 나누었으니 한나라 흉내지 말고 우리의 동질성을 찾자고 호소할 것이라 한다. 대한민국 대통령이 얼마나 영어 잘하느냐 경쟁이나 하듯 하니 이 나라가 어찌 안 망하겠는가?

"내가 일찍이 말하기를 강한 나라의 요건에는 세 가지가 있다 하였으니, 그 첫 번째가 땅이 넓고 산물이 풍부한 것이고, 그 두 번째가 사람이 많으면서 화합하는 것이며, 세 번째는 항상 그 본바탕을 지키며 자기의 장점을 잊지 않는 것이다. 이는 지리적 이익과 사람의 화합 및 본바탕의 보전을 말한 것이다. 그러나 조선은 지리적인 이익을 얻었으나 온전한 것이 못 되며, 사람들은 화합을 잃은 데다 본 바탕을 망각하고 있으니, 이것은 만세에 걸친 근심이라 할 것이다."

"옛날에 단군 임금이 나라의 기초를 열어 위업을 세움에, 무위의 도로서 고요히 행하며, 선을 북돋우고 악을 멸하며, 들어서면 부모에게 효도하게 하고 나서면 나라에 충성하게 하였으니, 이것이 진실로 만세에 걸친 성인의 교훈이다. 비록 그렇지만, 후손들이 점차 소원해지면서 더욱이 서로 나누어지게 되었으며, 풍토가 서로 달라지자 그 생업을 달리하게 되었다." "항차 김유신과 태종왕이 고구려와 백제가 번갈아 침공해 옴을 한탄하고 나라의 위세가 드날리지 못함을 분하게 여기다가, 이에 당나라 병사를 끌어들여 동족을 멸망시키고 당의 봉책을 받들어 조종(祖宗)을 욕되게 하였으니, 실로 만세에 걸친 추악함의 시작이라 할 것이다." 신라가 당을 끌어드려 삼국통일 한 것은 '만세에 걸친 추악함' 이다. 자기언급의 힘과 위력을 깨닫지 못했기 때문이다. 천여 년 이상의 세월은 흘러도 사대주의 하나는 못 버리고 있다. 우리끼리 싸움을 하다 이긴 자가 차지하는 것이 원칙이다.

무릇 날개깃이 꺾이면 곧 붕새는 힘차게 나는 기세를 잃어버리게 되고, 입술이 없으면 곧 이빨이 시림을 면할 수 없는 것이다. 신라는 이미 적국을 끌어들여 동족을 죽였으며, 조종(祖宗)의 땅을 버리고는 다시 회복하지 못하였다. 대저 안으로 친척을 원수로 여기고, 밖으로 원수나 적들과 친하게 지내고도 능히 외롭고 약해지지 않는다면, 곧 천하의 사람들 역시 거꾸로 행하고 거슬러 시행하여도 어리석지 않다 할 것이며, 다리를 베어 배를 채우고도 굶주리지 않았다 할 것이다. 조물주에게 어찌 이와 같이 이치에 맞지 않는 일이 있을 수 있는가! 사대주의는 조물주에게 가장 어울리지 않는 것이다. 지금 기독교가 끌어들인 저 타력적인 신은 앞으로 큰 화근이 될 것이다. 도마복음의 재조명이 절체절명으로 중요한 순간이다.

"우주의 안으로 아득히 넓은 그 언저리에 과연 한 큰 정령精靈이 있어 일체를 꿰뚫어 흐르고 두루 감싸안으며 이 세상을 밀어 운행하게 하고 있는가? 조물주가 사람을 낳게 한 것은 선을 기르고 악을 멸하여 이로써 만물을 통솔하게 하고자 했던 것인가? 신체의 바탕 외에 과연 정령이 있어 능히 선을 북돋우고 악을 멸하며, 본바탕에 통하여 맡은 일을 온전히 함으로써 곧 신체는 물론 죽음이 있더라도 영혼은 하늘로 올라가서 신의 고향으로 들어가는 것인가? 사람이 살아감에 있어서 단지 본분을 지키고 도리를 즐기며, 괴로움을 참고 견디어 원망함이 없으면 곧 족한 것인가? 본바탕을 지니고 뜻을 기르며 선을 행함에 태만하지 않고, 하늘을 우러르고 땅을 굽어보아 부끄러움이 없으면, 비록 죽어서 남는 것이 없다 할지라도 역시 만족한 것인가? 오호라! 이 몇 가지 일들 또한 어찌 쉽게 말처럼 되겠는가!"

"내가 동이의 사람됨을 자랑으로 여기기에 천하를 대함에도 무슨 부끄러움이 있겠는가! 내가 상고 시대의 용맹스러운 무예에 탄복하고 있지만, 지금 세대의 사람들은 어이하여 모두가 군사의 일에 힘을 써서 동쪽과 서쪽으로 적들을 몰아내고 이 나라를 다시 부강의 강역으로 올려놓으려 하지 않는가? 오호라! 이 몇 가지 일들 또한 지금 비록 혀가 닳도록 말하지만 그저 죽은 아이 나이 헤아리기일 따름이니 다시 무슨 큰 이득이 있겠는가! 무릇 행운은 편중되지 않고 재주는 독점됨이 없기에 백성과 사물에게는 위난이 없을 수 없지만, 가문과 국가의 흥망은 반복됨이 무상하다 하였으니, 지금 조선의 불행 또한 장래 행운의 실마리가 될 수도 있다는 것인가? 내가 살펴보건대 인심은 분열되고 백성의 사기는 소침하니, 이에 붓을 던지고 길게 탄식을 하지 않을 수가 없도다. 오호라 환인(桓因)이여! 오호라 환인(桓因)이여! 지금의 한 조각 진역(震域)과 한 줄기 유민(遺民)은 장차 어찌 될 것인가! 장차 어찌 될 것인가!"

신라 1000년, 고려 500년, 조선 500년 유지되던 역사가 개신교가 들어온 지 20여 년 만에 나라가 외세에 넘어가 반만년 역사 처음으로 이민족의 지배를 받았으니, 철저하게 타력 신앙에 의존한 종교와 무관하다고 할 수 있겠는가? 사대주의란 싸움을 하기도 전에 적국에 나라를 내주고 싸우는 것이니, 이것은 싸움이 아닌 굴복이고 굴종이다. 기독교 타력 신관은 외세를 신의 위치에 올려놓으면 싸우지도 않고 통째 나라를 가져다 바치는 것과 하나 다를 것이 없다. 『규원사화』「만설」을 읽으면서 새로운 복음을 하루속히 보아야 할 필요성을 절감하게 된다.

조물주와 자기언급 — 조물주의 논리적 배경: E형 논리

플라톤의 『티마이오스』는 『부도지』와 「만설」과 유사함을 보인다. 우주를 지은 조물주인 데미우르고스와 마고, 우주를 짓는 원리(『부도지』는 율려라 함), 데미우르고스가 만든 4원소설, 그 4원소 간의 비례와 측도를 통해 5개의 정다면체와 일치시키는 점 등에서 양자는 매우 유사하다. 양자의 비교 관점을 간단히 먼저 요약하면 4원소와 5행의 무제, 즉 4:5로 요약하고, 다시 4원소를 5개의 정다면체와 대응시키는 플라톤의 방법론을 『부도지』에서도 그대로 적용이 된다.

플라톤이 『티마이오스』를 기획한 목적은 우주와 인간의 처음, 곧 창조를 말하기 위해서이다.

우리 신화와 문헌에는 창조주란 말 대신에 '조물주造物主'란 말이 있는 것을 보았다. 북애자는 '환인'보다 「만설」에선 조물주를 말한다. 이 말이 데미우르고스에 근접하는 의미를 갖기 때문에 여기서 대신 사용키로 한다. 플라톤이 말하는 조물주가 창조주와 다른 점을 이해하기 위해서는 논리소를 불러와야 한다. 멱집합에 대한 이해는 조물주와 창조주의 구조가 어떻게 다른가를 바로 이해할 수 있다. 어느 집합 {abc}의 멱집합은

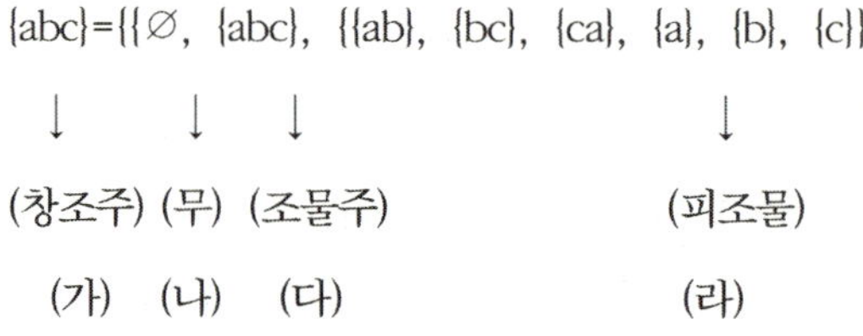

[도표 6.1] 멱집합도와 신관

와 같다. 위 멱집합의 구조는 티마이오스와 부도지의 구도와 창조주의 조물주의 논리적 구조 전체를 말해준다. 멱집합을 통해 왜 신과 함께 '무'가 거론되는지 그 이유도 알 수 있다.

집합 {abc}는 집합 자체로서 전체인 동시에 제 자신의 부분집합인 이런 경우를 두고 '자기언급'이라고 한다. 멱집합은 곧 '칸토어의 역설'이라 하고 1904년에 러셀은 '러셀역설'이라고 했다. 그러나 러셀은 이 역설을 받아들일 수 없어서 그 해법을 제시한다. 두 개의 {abc}는 그 포함된 유형이 다르기 때문에 (하나는 전체로서 다른 하나는 그것의 부분집합으로) 분리시켜야 하고 분리시키면 역설이 제거된다고 보았다. 명패(세로)는 '하나^{one}'이고 물건(가로)은 '여럿^{many}'이다. 결국 역설은 하나와 여럿이 자기언급을 하는 데서 발생하고, 그 유형론적 해결법이란 하나를 과 분리해 내는 것이다. 그것이 바로 파르메니데스의 입장인 것이다. 그가 있는 것은 '하나'뿐이고 그것은 사유되는 것이어야 한다는 것은 그 역시 러셀과 같이 역설의 심각성을 실감한 나머지 같은 유형론적 방법으로 그 해법을 찾은 것이다. 그래서 제논과 파르메니데스의 '하나' 철학은 이들 엘레아학파들이 그 누구보다도 역설의 심각성을 절감한 데서 탄생한 것이다.

그러나 플라톤은 유형론과 순환론 사이에서 방황했다고 볼 수 있으며 그의 데미우르고스, 즉 조물주 이론도 이러한 방황 속에 나온 것이다. 기독교의 '창조주^{Creator}'(가)란 전체집합이 자기의 부분집합들을 包涵은 하지만 包含은 안 한다는 것이다. 包含은 전체 집합이 '제 자신의 부분집합들을 包涵^{including}하면서 동시에 제 자신이 제 자신의 부분집합에 包含^{involving}된다'이다. 이러한 包含으로서의 집합을 두고는 '조물주'라고 한다. 플라톤이 말하고 있는 '데미우르고스'란 바로 包含으로서의 존재이다.

그래서 데미우르고스는 제 자신의 피조물이다. 제 자신이 제 자신의 한 부분이기 때문이다. 플라톤이 『티마이오스』에서 소개하고 있는 데미우르고스는 이렇게 멱집합을 통해 그 논리적 구조를 파악할 수 있다. 현대의 과정 철학자들이 말하는 신개념과 데미우르고스는 유사하다. 과정 철학자 화이트헤드에 의하면 "신이 세계를 창조한다면, 세계도 신을 창조한다"고 한다. 이 말은 신과 세계가 상호 包含한다는 것을 의미한다. 화이트헤드는 包涵을 '외인적 관계external relation'라 하고, 包含을 '내인적 관계internal relation'라고 한다고 했다. '하나'와 '둘'의 관계에 관하여 도마복음 11장은 "너희들이 하나였던 날 너희들은 둘이 되었다. 그렇게 이미 둘이 되었다면 너희들이 무엇을 하여야 할까?"(11장) 하나의 여럿 문제는 '밀리오로지'란 한 학문적 분과로 취급될 정도로 중요하다. 파르메니데스는 하나를 여럿에서 분리시켜 결국 일자 중심 서양 철학의 중심을 만들었다.

서양 사상사에는 창조주를 우주와 분리하여 'One over many'에서 전자가 후자를 包涵하나 그 역은 아니라는 주류가 있는가 하면, 세계와 신이 상호 包含하는 비주류가 있었다. 전자를 A형이라 하고, 후자를 E형이라 한다. 이렇게 두 유형으로 구별해 사용하는 것은 서양 사상사를 정리하는 데 있어서 유용할 뿐 아니라 플라톤의 데미우르고스 개념 파악에는 필수라 할 수 있다.

A형에 의하면 신은 '영원한Eternal'(E), '스스로 자의식적Self-Conscious' 그리고 '세계를 알고Knowing'는 있으나 '알려지지는 않는Unknown' 존재이다(ECK). 이러한 신관을 소위 '유신론Theism'이라고 하다. 그러나 신은 '시간 속에 있으며Temporal'(T) '세계World'를 자기 안에 包涵'(W)하는 존재(ETCKW)를 과정신학자 하츠혼은 '범재신론panentheism'이라고 한다. 그러나 범재신론

역시 세계가 신을 상호 包含하지는 않는다. 신이 세상을 包涵하기는 해도 包含되지는 않는다.

플라톤은 아리스토텔레스에 비해 A와 E 두 유형 사이에서 조화와 긴장 관계를 유지하려 했으나 후기에 올수록 일자 우위로 변한다. 특히 그가 『티마이오스』에서 데미우르고스를 제시한 것은 창조주가 아니고 조물자를 강조한 것은 E형 면모를 보인다. 그러면 그가 어떻게 이러한 데미우르고스(조물주), 즉 신자신이 우주를 창조하는 동시에 우주에 의하여 창조되는 조물주를 지키고 그에 따른 확고한 이론을 견지했던가? 그것은 그가 『티마이오스』 후반부에서 소개하고 있는 기하학, 즉 정다면체 이론 때문이라고 할 수 있다. 『부도지』에서는 마고성이 실달성에 있다가 허달성으로 옮기고 다시 허달성 위로 잡아 올린다고 한다. 이때마다 지축의 변화가 생겼고, 이로 인해 력수(달력)에 오차가 생겼다. 바로 이 점을 두고 천자문은 '윤여성세'(3구)라 한 것이다. 지축의 변동이 지각에 오차를 초래해 1년 364일에 초과분(윤시)이 나타났다(『부도지』 3장; 이찬구, 64).

허달성과 나란히, 즉 전체가 제 자신의 부분집합에 包含돼 있은 후, 다시 분리돼 包涵의 위치로 되돌아간 다음, 우주 질서에 대혼란이 조장된 뒷수습을 어떻게 할 것인가? 플라톤은 기하학이 한다고 한다. 『부도지』에서는 율려를 통해서 할 수 있다고 한다. 기하학을 통해 정다면체 이론을 통해 『부도지』와 플라톤의 티마이오스가 접목되는 장면을 보게 될 것이다. 「창세기」는 '안식일'을 실천하는 것으로 율려를 다스리려 하였다. 그러나 동북아 문명권과 고대 플라톤은 수를 통해 이를 조절하려 조물주가 바로 이런 조절자 역할을 한다. 아니 조물주 자신도 조절 안에 包含 돼 있다. AI가 인간에 의하여 만들어진 것이지만, 오히려 인간을 지배해 버리는 논리가 바로 조물주의 논리인 E-형이다. 전통 기독교의 신관이 대체될 수밖에 없는 이유가 여기에 있다. 북애자는 조물주를 넘어 '정령'까지 불러오고 있다. 이는 일종의 초혼招魂이다. 바탕 무의식 속에 있는 영을 기억해 불러내 친숙함을 갖도록 해야 한다.

플라톤은 타락한 아테네를 구하기 위해 이상국가로 아틀란티스 섬을 모형으로 삼는다. 그러나 아틀란티스도 타락했고 아테네도 타락했다. 그는 이상국가란 없다는 절망감 속에서 초월적 신, 즉 이데아란 성립 자체가 불가능하다는 좌절 속에 조물주를 불러온다. 그의 이데아론 다시 말해서 '아름다움' 그리고 '훌륭함' 그 자체를 찾기 위함이고, 그 수단이 수학이라고 본 것이다. 이를 위해 그가 데미우르고스를 전면에 소개하는 이유는 그가 좋은 국가나 법을 논하는 과정에서 A형 논리가 직면한 한계성 때문이다. A형 논리란 본과 사물 혹은 이데아와 사물 간의 사이에서 반드시 역설이 생기게 되고 그 해결은 유형론이 대안으로 제시된다. 그리고 유형론은 또 다른 역설을 조장할 뿐이지 해법이 되지 않는다. 마고성을 위로 올리는 것이 결코 이상국가 건설에 바람직한 행위는 아니라는 것이 『부도지』의 꿈이다.

유형론이 잘못된 이유는 세로와 가로 그리고 명패와 물건을 나눈 것 자체가 유형론이고 이는 그 이전의 역설을 해의하려고 답으로 제시된 것이기 때문에 유형론은 원인과 결과의 도치 현상에서 생긴 결과이다. 이 사실을 망각한 러셀은 역설해결이 유형론인 것으로 착각한 것이다. 이 악순환의 고리를 서양 철학사는 그동안 모르고 있었다. 이 착각의 고리를 끊는 방법 가운데 하나가 데미우르고스를 내세우는 것이다. 데미우르고스 논리인 E형은 유형론적이 아니고 상호 包含하는 순환론이기 때문이다.

플라톤이 데미우르고스를 등장시킨 이유는 근본적으로 A형에서 E형으로 논리를 전환시키기 위해서이다. A형에서는 본과 그것을 본받는 것 사이가 확연히 외인적 관계로 구별이 되지만, E형에서는 본을 받는 주체와 객체가 서로 상호적 관계이기 때문에 분리될 수 없다. 우주론에 그대로 적용되는 것이 데미우르고스의 존재 양태이다. 데미우르고스에서 이 문제는 더 심각한 문제로 대두된다. 모상 혹은 본 자체가 성립될 수 없다. 그래서 '참된 설명aletheslogos'이 불가능한, '그럼직한', 혹은 '모상에 어울리는' 정도의 표현밖에 할 수가 없다.

이런 어려움 때문에 『티마이오스』 1부에서는 '지성'에 의하여 만들어진 것들을 그리고 2부에서는 4원소 도입을 통한 데미우르고스가 조물주로서 우주를 짓는 수단과 여러 가지 방법들을 소개한다. 그래서 이는 A형 논리로부터의 한 출구 작전이라고 할 수 있다. 그리고 그의 출구 작전은 차라리 오늘날 AI 산업의 시각에서 볼 때 반 이상은 성공한 것이라 할 수 있다. 데미우르고스는 4원소 4개의 재료들을 직접 만든 다음 그것들을 측정해 비례관계에 따라서 우주와 인간을 만든다. 이는 마치 현대 AI시대에 나뭇조각, 고무 조각, 쇠붙이 그리고 아교풀을 부쳐 인형을 만들거나 로봇을 만드는 것과 하나 달라 보이지 않는다.

먼저 플라톤의 4원소설의 배경을 요약 소개하기로 한다. 4원소설은는 물질을 이루는 구성 성분으로, 더 이상 분해되지 않는 기본 입자를 말한다. 이를 화이트헤드는 '단순 정위simple location'라고 한다. 부서지지 않고 고정된 장소에 붙박이같이 불변하는 존재를 '실체substance'와 같은 것을 두고 하는 말이다. 이런 기본입자 단위를 탈레스Thales(B.C. 624~546)는 '물'[水]이라 했고, 아낙시메네스Anaximenes(B.C. 585~525)는 '공기'[風]라고 주장한다. 헤라클레이토스Herakleitos(B.C. 535~475)는 '불'[火]이 물질의 근본 입자라 한다. 이들을 종합하여 모든 물질이 네 가지 기본 원소들인 불, 공기, 물, 흙로 이루어졌다는 '4원소설'이 성립된다. 이를 처음 주장한 사람은 엠페도클레스^{Empedokles}(B.C. 490~430)였다. 그는 모든 물질이 불, 숨, 물, 흙이라는 네 가지 본질적 원소들의 합성물이며, 사물은 이 기본 원소의 비율에 따라 서로 형태를 바꿀 수 있는 수학인 기하학을 중시한다. 플라톤은 자연철학의 이러한 특성을 그의 물질 이론으로 수용한다.

엠페도클레스의 4원소설을 수용한 플라톤은 물, 불, 공기, 흙의 4원소를 정다면체와 연결 지어 설명했다. 그의 4원소설의 특징은 5개의 정다면체인 정4, 정6, 정8, 정12 그리고 정20면체에 연관을 지었다는 점이다. 즉, 정4면체는 불[火], 정6면체는 흙[土], 정8면체는 공기[風], 정이십면체는 물[水]원소와 같이 대응된다. 먼저 그리스 고대 사상가들의 이러한 원소설은 수용될 수 없다. 그러나 이러한 4원소, 즉 단순 정위를 찾으려던 노력 자체가 현대 과학의 입자 그리고 유전인자까지 발견하는 데 공헌했다 할 수 있다. 플라톤이 4원소를 비례관계로 보고 이를 5개의 정다면체들과 일대일 대응시킨 것은 A형 논리의 소산인 단순 정위에 대한 재고를 가능하게 만들었고, 무엇보다 4원소가 서로 유기적 관계라는 것을 통해 단순 정위와 같은 실체 개념을 재고한 점에서는 공헌이라 할 수 있다. 플라톤이 4원소설을 제기하는 이유 가운데 하나가 이런 단순 정위에 대한 거부감 때문이다. 4원소는 상호 간에 기하학적 비례관계에 의해 유기적이기 때문에 단순 정위 같은 것이 설 자리는 없어 보인다.

창조주 데미우르고스가 4원소(물, 불, 공기, 흙)를 만들고, 모든 물질들을 이 4원소로써 만들었다고 할 때, 4원소는 태초에 불명확한 형태로서 무질서하게 움직였는데, 여기에 데미우르고스가 정다면체 형태를 부여하여 조화로운 우주를 구성했는데 그 우주 자체는 정12면체이다. 그런데

4원소는 모두 작은 공간 도형들의 집합체이고, 세계는 완벽한 공간 도형만으로 만들어질 수 있다. 이들 4원소는 모두 5개의 정다면체 모양을 갖는다. 왜 이런 짝짝이^{unpaired} 문제가 개입되는가? 이는 包含과 包涵의 문제인데 플라톤이 이에 대해서는 별 관심을 갖지 않고, 대신에 정다면체를 구성하는 삼각형의 비례관계에만 관심을 쏟는다.

불은 정4면체이고, 흙은 정6면체이고, 물은 정20면체이고, 공기는 정 8면체라고 한다. 그런데 5개의 정다면체는 삼각형, 사각형 그리고 오각형으로 구성되는데, 정사각형은 정6면체 1개, 정오각형은 정12면체 1개 그리고 정삼각형은 정4, 8 그리고 20면체 등 3개나 된다. 그렇다면 같은 정삼각형으로 된 정4, 8 그리고 20면체는 같은 성격을 갖게 될 것이다. 여기에 정5각형으로 된 정12면체는 4원소 가운데 어디에도 속하지 않는 우주 전체를 감싸는 동시에[包涵] 자기 자신도 감싸여진다[包含]. 이것이 4원소를 만든 데미우르고스의 진면목이다. 플라톤은 4원소 사이에서도 공기에는 특별한 지위를 부여하여 다른 3개와 구별하려 한다.

필자가 착안하는 점인 플라톤의 4원소설이 은유법이란 오늘날 우리가 듣기에 부담스러운 점을 넘어서 지금까지도 문제시되고 있으며 나아가 『부도지』와 대화의 장을 펼칠 수 있는 것은 다름 아닌 초과분(윤여)에 의한 짝짝이 문제 때문이다. 다시 말해서 4원소가 1개 초월하는 5개 정다면체와의 관계의 문제인 4와 5의 짝짝이 문제인 것이다. 원소의 개수는 4개이지만 정다면체의 수는 5개인 문제 말이다. 다섯 가지 정다면체의 존재는 플라톤 이전부터 알려져 있었지만 정다면체와 연관시킨 장본인은 플라톤이다. 5개의 정다면체 중에서 4개는 4원소와 하나씩 대응되지만, 정12면체는 대응되는 원소가 없는데, 플라톤은 정12면체가 바로 우주를 구성하는 원소에 해당하기 때문이라고 한다. 이는 包涵일 때 包涵하는 전체 집합 자체도 包含되어지는 멱집합론상의 문제이다. 그리고 여기서 자기언급이 동기가 된 역설의 문제가 파생한다.

그런데 "플라톤이 정12면체를 이와 같이 생각한 이유는 일단 12라는 숫자가 12개의 구역으로 나누어져 있었던 황도대와 일치했다는 점이다. 그리고 정12면체를 구성하는 정오각형은 황금 비율을 이용하여 그릴 수 있는 도형이라는 점 때문이었다. 플라톤은 정12면체에 대응하는 원소를 제5원소라 불렀다"고 취급해 버리는 것은 플라톤 사상을 이해하는 본질에서 빗나간 것이라 할 수 있다. 플라톤의 철학이 오늘날까지도 문제시될 수 있는 것은 초과에서 발생한 윤여의 문제를 다루었기 때문이다. 그러나 동양에서는 윤여에 관해서 플라톤이 생각했던 이상의 것과 방법론이 있었다.

5행, 『부도지』의 4 그리고 플라톤의 4원소

다섯 가지 정다면체의 존재는 플라톤 이전부터 알려져 있었다. 플라톤이 정다면체를 선택한 이유는 정다면체는 구 다음으로 가장 완벽하다고 여겨졌던 기하학적 대상이었기 때문에 수학적으로 구성된 세상을 설명하기 위해서는 이만큼 완벽한 도형들도 없다고 생각했기 때문이다. 그렇지만 거듭 말해 원소의 개수는 4개(지수화풍)이지만 정다면체의 개수는 5개이다. 그래서 5개의 정다면체 중에서 4개는 4원소와 하나씩 일대일 대응이 되지만, 정12면체는 대응되는 원소가 없다.

혹자들은 4원소설을 역의 5행설과 연관시키기도 한다. 특히 초기 가톨릭 신부들 가운데는 동서양 융합의 가교역할을 4원소설이 할 것으로 생각까지 했다. 그러나 5행은 불변하는 단위로서의 입자인 단순 정위 같은 것과는 거리가 멀다. 『부도지』의 '4' 역시 마찬가지이다. 그래서 『부도지』의 4를 중심으로 5행설과 나아가 4원소설을 비교하는 것을 우선적으로 해 두기로 한다. 이에 앞서 플라톤이 4원소와 정5면체를 대응시키는 과정에서 4:5라는 짝짝이unpaired 문제를 제기했다는 점이다. 바로 이 점은 5행에서도 그리고 『부도지』의 4에서도 그대로 문제시된다. 다시 말해서 4:5라는 짝짝이가 지속적으로 문제가 된다. 그래서 필자는 이 문제를 중심으로 상호 간에 비교를 해보기로 한다.

4원소설과 함께 플라톤이 이 문제를 어떻게 고민했는가를 알아보기로 한다. 플라톤이 생전에는 이 문제를 심각하게 생각하지 않았지만 그의 사후에 이 문제가 후계자에 의해 알려진다. 그래서 이 초과의 문제는 플라톤 자신이 언급했다기보다는 그의 사후 아카데미아 학원의 원장이 된 크세노크라테스Xenokrates가 남긴 '플라톤의 생애에 관하여'에서 플라톤의 구술 내용으로 짐작되는 글 속에 플라톤이 초과분 문제로 고민한 흔적을 발견할 수 있게 되었다(박종현, 1999, 123). "그래서 그는 생물들을 이처럼 다시 종류들과 부분들로 나누었다. 모든 생물의 요소들에 이르기까지 모든 방식으로 나누고서, 바로 이것들을 그는 다섯 가지의 형태들skhemata과 물체들somata이라 일컬었는데, 에테르, 불, 물, 흙 그리고 공기가 그것들이다(박종현, 1999, 156).[2]

4원소설은 아리스토텔레스(Aristoteles, B.C. 384~322)에 의해 계승되어 5원소설이 공식화되기에 이른다. 그는 모든 물질은 물, 불, 공기,

---

2 J. Harward, *The Epinomis of Plato* (Oxford, 1928), 박종현 옮김, 『티마이오스』 (서울: 서광사, 1999) 재인용.

흙의 네 가지 원소에다 특유한 성질인 건조함, 습함, 따뜻함, 차가움의 조합으로 형성된다고 주장하였다. 또한 아리스토텔레스는 4원소를 위계적으로 나눈다. 4원소가 위계적일 때 5원소는 불가피하다. 즉, 4원소 사이에는 그 무게에 따라 무거운 원소는 아래로 향하고 가벼운 원소는 위로 향하게 된다고 생각하여 가장 가벼운 원소인 불은 가장 높은 곳을 차지할 것이고, 그 아래는 공기, 물, 흙이 차례로 자리 잡게 된다고 생각했던 것이다. 그렇다면 불 저쪽의 우주에는 불보다도 더 가볍고 더욱 순수한 제5원소가 존재하며, 이는 가장 완전한 원소라고 했다. 따라서 지상에는 4원소설이지만, 우주 전체로 보면 5원소 변환이 가능할 것이라고도 주장했다. 이는 멱집합에서 자기언급에 의한 역설이 생기기 때문에 제3의, 제4의… 원소가 위계적으로 불가피하게 필요해지는 것과 같다.

제5의 원소인 에테르의 도입과 함께 플라톤이 방황한 나머지가 그는 4원소를 5개 정다면체와 대응을 시킨다. 4원소 가운데 불은 위로 오르는 것이고 반드시 불 위의 어떤 것을 요청하게 되고, 그것이 제5의 요소가 된다. 이는 이데아를 논하다가 제3의, 제4의… 이데아의 이데아가 요청되는 것과 같다. 실당성 위의 허달성 위의 마고성이 위계화되는 것과 하나 다르지 않다. 그러나 마고성과 허달성을 나란히 두었다는 것은 멱집합을 의식한 조치였다. 허달성은 실달성과 동급이면서도 동시에 마고성과도 나란히 있다. 제5의 요소가 생기는 이유가 여기에 있다. 역의 5행에서도 토는 중앙이면서 동시에 주변이다. 그런 이유로 5행 가운데 화는 '군화'와 '상화'로 나뉜다. 5행 가운데 토는 '오열'에 해당하고 이를 '윤여' 혹은 '초과'라 한다.

제5의 요소에 대한 요청은 비단 위로 상승하는 위계적으로 나눈

데서 생기는 것만은 아니다. 4개의 요소들이 움직인다고 할 때 움직이는 사이의 빈 공간 처리에 4원소를 다 包涵하는 제5의 요소 에테르가 요청된다. 여기서 '빈 공간'에 해당하는 것이 멱집합에서 공집합 ∅이다. 셈하기를 할 때 꽃송이가 담겨 있는 꽃병 옆에 '안 담김'의 '빈 꽃병'이 있어야 하는 것과 같다. 그러면 '안 담김'도 셈으로 취급할 때 그 빈 공간이 제5의 요소가 된다. 다시 말해서 공집합도 셈하게 되면 또 다른 한 요소로 추가 된다는 말과 같다. 과학은 인간이 명명하는 그대로 우주는 따라서 운행돼 왔다. 플라톤은 공집합 명명에 주저하고 있지만 그의 데미우르고스에서 일견 공집합과 나아가 '제집합'의 면모를 발견할 수 있다.

그가 공집합을 거론하면서도 그것을 명명하기에는 명명할 수 있는 언어나 기호 자체가 없었다. 그러나 공집합 명명에 고민하는 모습은 『티마이오스』의 여러 곳에서 엿볼 수 있다. 이런 고민 끝에 나온 답이 비례였다. 엠페도클레스는 4원소가 서로 결합하여 만물을 만들 때 '친화'와 '불화' 두 가지가 있다고 했지만, 플라톤은 친화만 말한다. 그 이유는 그가 4원소 간의 비례에서 찾았기 때문이다. 그러나 비례에서도 또 공백의 문제는 새로운 모습으로 나타난다. 비례관계로 연결을 시켜나갈 때 "… 이 연결 항들에서 앞의 간격들 안에 3/2, 4/3, 9/8의 간격이 생기게 되어, 그가 9/8의 간격에 의해서 모든 4/3의 간격을 채워 가다 보면, 이것들 각각의 부분을 남기게 되는데, 부분이 남은 간격은 수적 비율로 256대 243인 항들을 갖습니다. 그래서 그 혼합된 것, 즉 거기에서 그가 이것들을 잘라 냈던 그것을 이렇게 해서 어느새 마저 써 버렸습니다." 여기서 플라톤은 음악의 음계 간에 생기는 비례를 말하고 있는 것이다. 완전 2도 간격의 한 옥타브(8개)와 2/3도의 완전 5도 사이의 비례 관계에서 생기는 '피타고라스 콤마'라고 하는 불가해적 존재에 대해서 말하고 있는 것이다. '피타고라스 콤마'를 두고 피타고라스는 이를 음의 끝에 몰아 처리하려 했으며 이를 '순정률'이라 했다. 이에 대하여 17세기 바흐는 음들 사이에 고루 분배하는 '평균율'을 제시했다. 한국의 한태동은 '음양쌍곡률'이란 방법으로 처리하였다.

'콤마'를 두고 한국에서는 '쉼표'라고 한다. 영어에서는 콤마를 제대로 사용하지 않으면 문장의 문맥이 망가진다. 이 콤마를 두고 역법에서는 '윤여'라 한다. 윤여가 '성세成歲', 즉 계절의 변화와 운행을 다스리고 가능하게 만든다. 그리고 이 콤마를 두고 한국에서 '쉼표'라 한 것은 적합하다. 왜냐하면 그것은 '안식일'을 두고 하는 말과 같기 때문이다. 실로 음악의 역사는 피타고라스 콤마의 처리 과정이라 해도 과언이 아니다. 콤마 처리의 문제에 해당하는 안식일 처리 문제가 구약 신학의 전부라 해도 과언이 아니다. 출애굽 사건이 그다음일 정도이다.

음양오행론이란 이 콤마의 처리 문제이다. 윌버가 3원8소를 '5단위'로 나누는 것 역시 콤마의 처리 문제에서 멀지 않다. 애니어그램은 3단위로 3, 3, 3의 간격으로 3, 6, 9로 인성의 구조를 분석한 것이다. 가장 괄목한 곳은 한의학에서 콤마 처리하는 것은 인체의 생명과 연관될 만큼 중요하다. 그리고 『악학궤범』에서 음을 조율할 때도 이 콤마의 처리가 절체절명의 과제로 등장한다. 궁·상·각·치·우란 5성에 '변치'와 '변궁'이란 두 변음이 추가된 '7성'이 5음과 조화됨을 모색하는 것이 채원정의 『율려신서』와 『악학궤범』의 의도하는 바이다.

창세기 기자가 관심을 둔 곳은 진화와 창조의 문제가 아니고 두 가지 창조질서 사이에 생기는 틈(콤마) 때문이다. 이 틈이 콤마이고 안식일이다.

6.3 동학의 3대 주문과 도마복음

이 책의 1.2절의 끝에서 동학이 E-형 가족이 될 수 있는 조건들(조건 1: 자기언급, 조건 2: 만유개공 그리고 조건 3: 유기체-상보성)을 갖추었는지를 검토할 것을 약속했다. 그래서 이 절에서는 이들 조건을 동학의 3대 주문에 적용해 보는 것을 통해 도마복음과 함께 한 가족이 될 수 있는가를 다룰 것이다. 세 조건을 시키는가의 여부를 검토하는 기제 장치는 논리소들이다. 3대 주문을 논리소에 맞추어 강령주문-초학주문-본주문으로 순서를 검토한다. 『규원사화』「만설」을 통해 동학의 불연기연과의 연관성을 검토하였다. 검토를 통해 환인-환웅의 넘어 '조물주'와 '정령'으로의 역주행을 통해 신의 황혼 시대에서 새로운 신을 맞는 계기를 만들 것이다.

3(4)대 주문의 논리소

동학사상은 3(4)대 주문을 하나로 묶으면 논리소들의 전모가 드러난다. 강령주문-초학주문-본주문으로 연결시키면 논리소들 4개가 (가)-(라) 순서대로 나타난다. 먼저 3(4)대 주문을 소개한다. 즉, 주문들을 하나로 연결하면 동학사상의 전모를 볼 수 있게 되는 동시에 도마복음과의 관계도 알게 될 것이다.

강령주문: 지기금지 원위대강　至氣今至　願爲大降
초학주문: 위천주 고아정 영세불망 만사의　爲天主　顧我情　永世不忘　萬事宜

본주문: 시천주 조화정 영세불망 만사지 侍天主 造化定 永世不忘萬事知

(선생주문): 시천주 영아장생 무궁무궁 만사지 侍天主 令我長生 無窮無窮

萬事知[3]

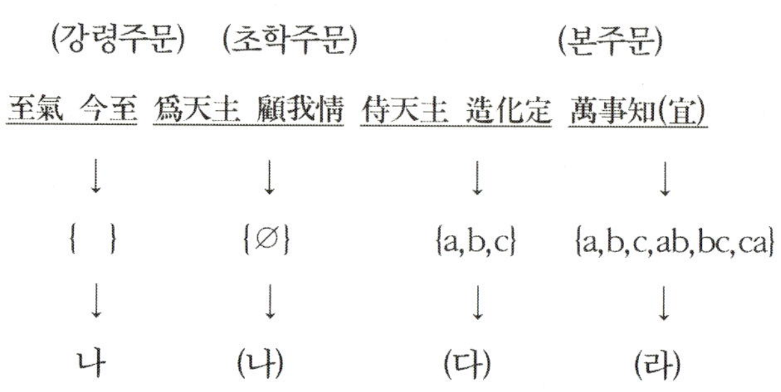

[도표 6.2] 3대 주문과 논리소

(1) 선생주문을 제외한 3대 주문을 논리소와 순서(가~라)에 따라
대응 배열하였다. 이러한 배열은 아래 6.1절에서 논할 무가 가사와
문헌 등에서 나타난 민족 고유의 창제 혹은 창세신화에서 본 논리소들과
합치하는가를 비교 고찰한다. 이를 통해 동학주문들을 통해 동학이
E-형 가족에 포함될 수 있는가를 볼 것이다.

---

3 呪文之意는 何也니이까. 曰至爲天主之字라. 故로 以呪言之니 今文有古文有니라. 曰降
靈之文은 何爲其然也니이까. 曰至字는 極言之爲之요, 氣者는 虛靈이 蒼蒼하여 無事不
涉하고 無事不命이며 然而如形而難狀하고 如聞而難見이니, 是亦渾元之 一氣也요, 今
至者는 於斯入道하여 知其氣接者也요, 願爲者는 請祝之意也요, 大降者는 氣化之願也
요, 侍者는 內有神靈하고 外有氣化하니 一世之人이 各知不移者也요, 主者는 稱其尊而
與父母로 同事者也요, 造化者는 無爲而化也요, 定者는 合其德定其心也요, 永世者는 人
之平生也요, 不忘者는 存想之意也요, 萬事者는 數之多也요, 知者는 知其道而受其知也
니라. 故로 明明其德하여 念念不忘卽하면 至化至氣하여 至於至聖이니라(「논학문」).

(2) 허와 공은 신화에서 혼돈과 흑암으로 나타나는 가장 비인격적인 표현이지만 각 문화권마다 이를 완화시켜 다른 말로 표현하는데, 동북아에서는 '기氣' 혹은 '도道'라고 한다. 강령주문의 '지기至氣'라는 표현은 기에도 청탁후박이 있는데 가장 순수무구한 기를 '지기'라고 한다. 인격성이 가해질수록 기는 탁해진다. 그래서 '지기'란 인격성을 배제한 지극함을 의미한다. 그런데 그러한 지기가 여기 지금 나에게 당도하기를 바란다(今至). 기가 나에게 접하도록 작용하기 때문에 이를 {∅}로 표시하였다. '지기'와 '금지'는 이와 같이 '허'와 '공'으로 구별해야 한다.

(3) 그러면 어떻게 '지기'가 바로 '나我'와 접할 수 있을까? 절실히 간구하는 태도를 보여야 하는 것이 바로 초학주문이다. 초학주문은 지기를 수용하는 자아의 태도가짐에 관한 것이다. 그 태도란 '고아정顧我情'이다. '자기의 情을 돌아봄'이다. '고顧'는 「전팔절」에서 '顧吾心之明明'으로 나온다. '아정我情'과 '오심吾心'이나 양자 모두 '돌아본다' 할 때, '나의 정을 돌아본다'와 '나의 마음을 돌아본다'는 것은 자기언급에 해당하는 표현이라는 데 큰 의의를 두어야 할 것이다. 다시 말해서 E-형의 가족이 되기 위한 <조건1>을 만족시키고 있다.

(4) 『부도지』에서 '마고는 짐세에서 희노 情 없이' 태어났다고 하고, 궁희와 소희 두 딸은 선천과 후천의 精을 받아 배필 없이 태어난다. 어머니는 '情' 없이 태어나고, 두 딸은 '精'을 받아 태어난다. 精은 선천과 후천의 것이라고 함으로써 물질적이고 비인격적임을 암시하고 있다.

(5) 情을 돌아봄이란 자기언급을 의미하고 '생'이 가능하게 하는 단초가 정임을 시사하고 있다. 요한복음은 '로고스'라고 함으로 신학이 그 후 이성 중심적이게 했다. 그리스 차축시대 인물들은 모두 정을 배제하고 이성과 합리성, 즉 로고스가 만물의 시원이라고 본다. 그러나

동학은 그 출발인 초학주문에서 자기의 정을 돌아보라고 한다. 그리고 그것이 바로 천주를 위하는 길 '爲天主'라고 한다. 인간으로부터 위함을 받는 천주? 이것은 본주문에 '모셔야 할 천주'와는 다르지 않은가? '위천주' 는 비인격적 '기'가 인격적 '천주'로 가는 중간 지점, 지기-위천주-시천주 로서 이는 천주가 인간 안에 있는 존재로서 '위천주'는 곧 '위인간'이라는 내인적 관계 혹은 상호 包含하는 관계이다. 여기서 천주는 '氣'로서 작용하는 空이다. 위천爲天-양천養天-체천體天-시천侍天은 실로 수운-해월- 의암에 이르는 동학의 역사와도 같다. 이는 조물주에서 천주로 변해가는 과정과도 같다. 화이트헤드가 신이 인간을 만든다면 인간이 신을 만들기 도 한다는 내인적 관계를 연상케 한다.

여기서 '기'와 '천'의 관계가 먼저 설정되어야 하는데, 이는 최한기 (1803~1877)의 기철학이 그 선두 역할을 한다. 혜강 최한기는 수운보다 이른 시기에 태어나 늦게 죽었다. 최한기의 기철학을 읽노라면 그는 마치 수운에 앞서가는 전령사와도 같아 보이다. 그는 '기'와 '천'의 관계에 불굴의 관심을 가졌다. "천은 기의 대체여, 기는 천에 가득 찬 형질이다. 통괄적으로 논한다면, 천즉기여, 기즉천이다. 나누어 말한다면 대접, 바리, 병, 항아리에 채워진 기를 '천'이라고 할 수는 없지만, 그것을 대접의 기, 바리의 기, 병의 기, 항아리의 기라 할 수는 있을 것이다. 사람과 만물의 형체에 젖어 들어가 있는 기는 '천'이라고 할 수 없으나, 그것을 '인기人氣', '물기物氣'라고는 할 수 있을 것이다."[4]

최한기의 천은 아직 '천주'는 아니다. 그렇지만 기를 천에 이렇게 연관시키는 것은 수운으로 가는 여정에 중요한 시사점을 던져주고 있다.

---

4 최한기/손병욱 역주, 『氣學』 권 1-89 (통나무, 2004), 161.

혜강이 기를 항아리라고 바로 말할 수는 없지만 '항아리의 기'라고는 말할 수 있다고 한다. 그리고 기를 항아리에 채우고 비움으로 본 것은 도마복음 97장에서 채움과 비움으로 본 것과 비교해 볼 수 있다. 혜강의 입장에 의하면 사물을 바로 기라고는 할 수 없지만 그 사물 속에 깃들어 있는 것은 모두 인기, 석기, 병기…와 같이 기라고 할 수 있다는 것이다. 그래서 기는 사물에 채울 수도 있고 비울 수도 있다.

이는 존재의 소유권과 자체권의 문제와 연관이 된다. 전선과 전기의 관계 말이다. 20세기 철학자 가운데 존재의 소유권과 자체권의 문제를 가장 체계적으로 제시한 인물은 하이데거이다. 하이데거는 전통신학을 '존재-신학$^{onto-theology}$'으로 규정하고 이를 비판한다. '존재신학'이란 '존재 자체'(∅과 같은 것)를 도외시한 신학이란 뜻이다. 그리고 존재 신학에 대한 비판은 그의 철학 체계에서 부수적인 것이 아니라 근본적인 것이었다.

자체권이란 하이데거의 '존재^{Sein}'와 같고, 소유권이란 존재자^{Seiendes}와 일치한다. '존재'란 사물사태가 "있음"을 가능하게 하는 의미의 지평과 같은 것으로 개별 대상이 아니다. 이에 대하여 존재자^{Seiendes}는 병, 항아리, 대접과 같은 개별자들을 두고 하는 말이다. 그런데 하이데거는 존재^{Sein}와 존재자^{Seiendes}를 엄격히 구별하라고 하는데 이를 '하이데거의 원리'라 한다. 항아리는 도구로서 존재하는데 세계-내-존재(In-der-Welt-sein: Dasein)는 원래부터 세계와 얽혀 있던 것으로 이를 Dasein이라 한다. '전기^{電氣}'란 전류가 전선에 얽혀 있음이다. 혜강이 항아리와 항아리의 기로 구별하는 것은 Dasein≠Sein으로서 Dasein은 '존재자'이고, Sein 은 '존재'라고 하는 것과 같다. 이러한 분석은 하이데거의 『존재와 시간』의 핵심 주제에 해당한다. 그러나 하이데거에게는 '기' 개념이 부재한다. 혜강의 기와 사물과의 관계를 설명한 것은 기와 천과의 관계를 연관시키는 데 도움이 된다. 항아리에 '항아리 기'가 있듯이 신도 반드시 자체권이 구체적 사물들 속에 들어와 '신기神氣'로서 있을 뿐이다. 전선을 떠난 전류가 없듯이 전기는 항상 전선과 전선의 합체이다. 이를 화이트헤드는 '사실존재actual entity'라 한다.

초학주문은 이러한 강령주문의 '기'와 '천' 그리고 '천주'를 잇는 띠와 같은 역할을 할 정도로 중요하다. 자기의 '我情'을 돌아보라고 한 것은 자체권과 소유권을 일치시키는 관건임을 말한 것이다. 고아정을 통해 인간은 인간 내면의 신기神氣와 접한다[神接 혹은 接神]. 수운은 이러한 접신행위로서 '영부靈符'를 사용했다. 종이에 글을 써 불에 태워 마시는 행위가 행해졌다. 이는 예수는 차축신대 인물들이 모두 금기시 한 귀신과의 싸움 그리고 영부에 해당하는 일들을 빈축을 사면서도 행한 것과 같다. 이는 인간 내면의 영과 접촉하는 '고아정'이다. 그래서 21세기 우리 인간들이 신과 만나자면 '고아정'이 선결조건이다. 그렇지만 이는 본주문으로 가는 중간 지점에서 만나는 과정이다. 토마스 베리는 그런 면에서 '애니미즘 기독교'를 회복하라고 한다(이정배, 2008, 193ff). 존캅은 이런 원시성 회복이 '기독교적 존재 구조'의 특징이라고 한다.

교부들로부터 유래한 존재신학은 소유권에 묻어 있는 신기를 항상 신과 동일시했으며 그리고 존재자와 존재자체의 구별을 망각해 왔다. 그리고 이는 '형이상학의 망각'이다(심광섭, 1998, 50). "이는 기독교 신론의 입장에서 볼 때 존재 물음과 신 물음의 차이를 구별하지 못한 망각의 결과이다"(같은 책)이다. 하이데거는 그리스적 형이상학, 중세 형이상학, 근세의 인간중심적 형이상학으로 구별해 보면서 이를 모두 존재자체가 잃어버린 망각의 역사라는 점에서 같다고 보았다. 하이데거가 동양으로 눈을 돌린 이유는 바로 동양에서는 한시도 존재자체를 망각한 때가 없었기 때문이다. 존재자체의 망각은 A-형 논리에서 유래한 서양에서는 어쩌면 숙명적인 것이었다. 이것은 형이상학의 본질적 운명이다. 그리고 서양 철학의 전통에서 존재의 소유권과 자체권을 혼동하는 것은 거의 숙명적이었다(Heidegger, 1955, 11). 도마복음이 항아리 속에 담겨 1600 년 이상을 땅속에 묻혀 있었던 이유가 여기에 있었다.

서양의 형이상학은 존재자(소유권)를 '실체', '객체', '주체', '의지', '권력 에로의 의지', '의지에로의 의지' 등으로 여겨 왔다(심광섭, 1998, 51). 이 요소들을 모두 '인격적'이라는 소유권으로 묶어서 생각해도 좋다. 이들 존재자의 성격들을 '근거 지우는 표상'이라고 했으며 화이트헤드는 이들 표상을 곧 '잘못 놓은 구체화의 오류'라고 했다. 그런데 이런 존재자의 성격과 서양의 형이상학을 '신'과 일치시켜 왔던 것이다. 이에 반해 동양에 서 존재자는 거의 무의미하며 존재자체에 더 많은 관심을 갖게 되었으며 '무', '도', '기' 같은 것이 바로 존재자체이다. 그러한 관계로 동양에서는 존재자를 망각하는 오류를 범했던 것이다. 여기서 수운은 존재자를 '천주'라 하고 존재자체를 '지기'라 했다. 동양에는 '천'이란 개념이 있어서 존재자와 존재자체를 매개시켜 왔던 것이다. 이 점에서 수운이 '상제' 대신 천을 인격화하여 '천주'라 한 이유가 있는 것이다.

요약하면 존재신학이 범한 큰 과오란 다름 아닌 '존재'의 문제를 영락없이 '존재자체'의 문제로 바꾸어 버렸다는 점이다. 여기서 말하는 '존재'란 '신God', '제일 원인Frist cause', '실체Substance'와 같은 개념들이 이에 속한다. 그리고 하이데거에 따르면, 아퀴나스를 비롯한 존재신학자들이 예외 없이 존재를 존재자체와 일치시켜 버리는 오류를 범했다는 것이다. 하이데거의 존재와 존재자체의 구별은 그대로 틸리히의 '존재being'와 '존재자체Being-itself'의 구별과도 같다. 틸리히는 모든 존재들이 초월해 있으면서 모든 존재들 안에서 존재의 능력과 근원이 되는 것을 '존재자체'라고 했다(Tillich, 1951, 235-241). 틸리히는 '존재자체'를 흔들리지 않는 토대라고 했다. 화이트헤드는 이를 '궁극적 범주'라고 하면서 '창조성'이 이에 해당한다고 한다. 그러나 틸리히와는 달리 화이트헤드의 창조성은 변하는 과정 자체이지 흔들리지 않는 토대 같은 것은 아니다.

틸리히는 '존재자체'를 '신'과 구별하고 있으나 화이트헤드는 그렇지 않다. 수운에게서 이 문제는 '至氣'와 '天主'의 문제였고, 수운은 기와 천 사이에 '고아정'을 두어 자기의 정에 자기언급을 먼저 해야 하는데 그것이 초학주문에 해당한다. 19세기 말 무렵부터 20세기로 접어들면서 존재에 대하여 존재자체의 문제가 주요 토론의 주제로 등장한 것과 수운의 사상은 그 궤를 같이 하는 것으로 볼 수 있다.

그런데 서양에서는 '존재자Seiendes'(소유권)에서 '존재자체Sein'(자체권)로 옮겨지는 데 반해 동학에서는 그 반대이다. 그동안의 서방 교회의 신은 너무 많은 것을 소유하고 있었다. 신학은 번잡해져 바늘 끝에 마귀가 몇이나 설 수 있는가까지 논란이 될 정도였다. 인격신은 많은 소유권을 가진 것의 대명사가 되었다. '오캄의 면도날'이란 소유권을 잘라 내라는 말이다. 도마복음이 비우라, 방랑자가 되라, 깨진 항아리를 이고 먼 길을 가라고 한다. 예수의 탄생, 부활, 메시아, 심판, 종말 등을 깨진 항아리에 담고 먼 길을 떠나라고 한다. 이는 자체권을 회복하기 위해서이다. 자체권과 존재자체를 다시 찾아나가라는 것이 도마복음의 의도이다. 『규원사화』에서도 환인, 환웅을 상대화시키고 조화옹 혹은 조물주 더 나아가 정령을 회복하라고까지 한다. 이도 역주행이다.

그런데 동학에서는 이 역주행하는 것 같다. 동학은 지기에서 천으로 다시 천주에게로 다시 말해서 자체권(가)에서 소유권을 가진 천주(다)로 이동하려 한다. '천주'는 서교에서 수많은 소유권을 가진 자가 아닌가? 그러나 논리소를 통해서 보면 지기와 천주는 한 부분집합 안의 다른 한 부분일 뿐이다. 지난 2천여 년 동안 서양에서는 '소유권을 가진 존재자Seiendes'가 지배적인 데 반해 '존재자체Sein'가 백안시되거나 이단시되었다. '영지주의'란 죄목을 목에 걸고 숨죽이며 지내왔다. 이와는 반대로 중국에서는 기원전 12세기 무렵 주周의 등장과 함께 인격신 존재가 사라지면서 비인격적 무·천·도·기·이 같은 개념들이 그 자리를 차지한다. 인도 역시 사정은 마찬가지였다. 힌두이즘이 두 권리의 균형을 동시에 붙잡으려고 했지만, 불교는 인격신적 존재자들을 추방 내지 열등시한다. 특히 대승불교에서는 존재자체인 무를 더 궁극적인 것으로 보고 인드라 같은 힌두 신들을 열등한 위치로 내려 버린다. 차축시대의 등장과 함께 그리스·인도·중국에서 존재와 존재자체의 균열은 이렇게 상반된 방향에서 두드러진다.

주문呪文을 주문奏聞하라
― 3대 주문은 수운의 생사를 건 내적 투쟁의 결과

우리는 지금 동학과 도마복음을 집합론의 틀에서 바라보고 있다. 양자를 바로 보는 시각의 틀을 위해 논리소를 두었다. 자체권과 소유권의 균열이 동서양의 사상적 차이점을 만든다. 소유권이 항상 '인격적'이라면 존재자체는 '비인격적'이다. 서양은 존재자의 과부하 현상에 걸리게 되었고, 동양은 '존재자체'의 허탈감에 빠지게 되었다. 이러한 철학적인 배경을 가지고 나온 외침이 수운의 3대 주문들이다. '지기'와 '천주'가 논리소 안에서 하나의 세트로 형성된 과정은 그의 수운의 생애 마지막, 그가 서학을 이해하는 과정과 생사를 거는 투쟁을 거친 다음에야 생겨났다.

수운은 지기와 천주 가운데 어느 하나만 선택할 것인가 아니면 둘을
다 선택할 것인가의 문제를 두고 심한 내적 갈등을 겪었다. 은적암
피신을 전후하여 이 두 개념이 형성되기 시작한다. 그는 스스로 '스승주문'
도 지었다. 그 가운데 '지기'는 스승주문과 강령주문 두 곳에서 그리고
'천주'는 초학주문과 본주문에 나탄난다. '스승주문'이란 수운 자신이
외우는 주문으로 제사 지낼 때 이 주문을 외우고 검무를 추었다고 한다.

논리소를 하나의 묶음인 '논리소 세트'(Logeme Set)로 보았을 때 그동
안 관심을 별로 갖지 않았던, '스승주문' 혹은 '선생주문'이 하나의 세트를
제대로 만들고 있다. 위에서는 제자주문 3개를 묶어 하나의 논리소
세트를 만들었지만, 스승주문은 그 하나만으로 논리소들이 한 자리에
다 모인다. 그동안 논리소들로 보지 않았기 때문에 이 점을 간과한
것이라 본다. 스승주문도 '강령주문'과 '본주문'으로 나뉜다.

강령주문: 至氣今至 四月來
선생주문: 侍天主 令我長生 無窮無窮 萬事知

선생주문 안에는 초학주문, 강령주문 그리고 본주문의 논리소들이
다 들어 있다. 즉,

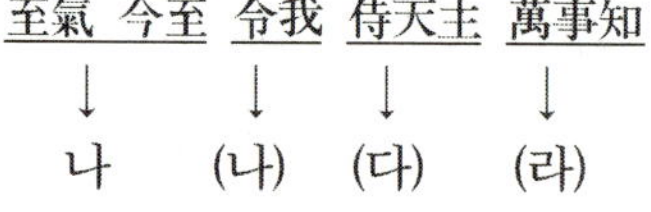

[도표 6.3] 선생주문과 멱집합

와 같다. 제자주문에서 '위천주 고아정'이 스승주문에서는 '령아'로 되었다. '령아'는 '고아'보다 강한 자기언급의 면모를 보인다. 더 능동적으로 그리고 적극적으로 자기언급하는 모습이다. 제자들보다 더 엄격함을 보이는 것처럼 보인다. 그러나 나-(나)-(다)-(라)의 순차가 제대로 되었다. 다시 말해서 그 논리소의 순서에 있어서 스승주문이 제대로 된 것이다. 그런데 현금 민족종단 내에서는 점차 강령주문과 초학주문보다는 본주문에 치우치는 경향이 있다. 이는 분명 기독교의 영향이고 나아가 자체권보다는 소유권에 경도되는 경향을 보여준다 할 수 있다.

강령주문을 외울 때는 몸이 떨리고 추운 경험을 한다. 이는 기체험을 한 다음 아니미즘의 정령에 접신을 하는 경험이고, 이는 예수가 차축시대보다 500년이나 지났는데 무층을 재생시킨 것과 다르지 않다. 신이 사라진 시대에 신에 대한 데자뷔는 접신과 접기의 순서를 따라야 할 다른 방법이 없다. 바탕 무의식에 신들은 깊은 잠 속에 있으며 주문을 통해 이들을 일깨워 내라는 것이 주문呪文을 주문하는 것이다.

스승주문, 초학주문, 강령주문은 경신년 체험 다음해인 1861년 4~5월에 지어졌다. 지기와 천주가 등장하는 시기를 보면 수운의 행적과 밀접한 관계가 있다. 수운은 이들 주문을 짓고 1861년 11월 관의 눈을 피해 전라도 남원 은적암에 피신한다. 전라도로 피신하기 전까지는 '지기'란 아직 '천주'에 미치지 못한 부차적인 것이었다. 그러나 피신을 계기로 '천주'보다는 '지기'가 더욱 중요한 개념으로 등장한다. 그러한 이유가 과연 무엇인가? 그 이유로서 수운이 서교에서 믿는 천주에 대한 반감 정도에 따라 결정되었다는 지적도 있다(임태홍, 1994, 22-23). 보통 위기 상황에선 자체권보다는 소유권에 경도되는 데 수운은 그 반대이다. 앞으로 천주가 조물주-조물자로 변하는 것도 같은 맥락에서 이해될 수 있다. 어려워질수록 '주여주여' 하는 경향이 있는데 수운은 그 반대이다. 예수가 십자가상에서 '나의 하나님, 나의 하나님'이라고 기록한 사복음서 기자들의 기록 역시 신의 부재不在에 대한 한 절규이다. 도마는 다른 제자들과 예수에 대해 다른 태도를 보인 기록을 남겼다. 도마복음에는 십자가상의 '나의 하나님, 아바 아바'란 외침이 아예 없다. 십자가상에서 예수도 신이 자기를 버리는 듯한 절규를 한다.

인간은 신변의 위기를 강하게 느낄수록 강력한 인격신에 의존하려하는 경향이 있다. 그래서 인격 신관은 인간이 살기 어려운 사막이나 외세의 침략이 많은 곳을 배경으로 하여 등장한다. 그런데 수운의 경우 생명의 위협을 받아 피신하던 가운데서 오히려 '천주'에서 비인격적인 '기'로 관심이 기운다. 천도교에 대해 대립각에 서 있는 동학교 측에서는 의암이 1907~1910년 연간에 천주를 인내천으로 바꾼 것은 변절이고 후퇴라고 한다. 그러나 수운의 생애에서는 말년 은적암에 몸을 숨길 때 오히려 천주가 지기로 변한다. 혹자들은 수운이 관으로부터 서교의 인격신을 믿는다는 오해를 불식시키기 위해서 그랬다는 지적도 있다. 과연 수운이 생명의 위협을 느껴 자기 신관을 함부로 바꾸었을까? 아무튼 수운이 전라도 남원 은적암으로의 피신을 전후하여 '천주'에서 '지기'로 관심이 바뀐 것은 그의 글을 통해서 분명하다. 하이데거는 존재신학의 신을 뒤로 하고 '존재자'에서 '존재자체'로 관심을 돌림으로 그가 나치에로 변절한 것으로 견주어 생각할 수도 있다.

틸리히는 나치를 피해 미국으로 건너왔지만, '존재자체'(Being itself)를 말하고 있다. 이는 인격신(God)에서 비인격적인 데로 변한 것이지만 하이데거가 나치에 동조한 것과는 반대의 행동을 하였다. 틸리히는 이 점에서 수운과 같다. 수운이 존재자체로 간 것을 두고 서학에 대한 저항으로 볼 수도 그 반대로 서학이라는 누명을 벗기 위한 것이라는 상반된 주장이 모두 가능하다. 수운의 사상적 변화를 현실 정치와 연관을 시킬 때 자기모순에 직면한다. 은적암에서 '천주'에서 '지기'로 관심의 돌린 것은 북애자가 환인에서 조물주로 관심을 바꾼 것과 같다. 수운은 지기와 천주의 균형적인 이해 그 자체가 성숙한 종교적 자세로 본 것이다. 이러한 주장의 타당성은 그가 피신 전후하여 쓴 글들을 통하여 살펴보면 알 수 있다. 수운이 피신 이전에 지은 「용담가」(1860), 4개 주문들(1861), 「포덕문」(1861), 「안심가」(1861), 「교훈가」(1861)와 은적암에 은거 중 1862년에 지은 「수덕가」, 「도수가」, 「권학가」, 「논학문」과 그가 경주 용담정으로 돌아와 같은 해에 지은 「수덕문」, 「몽중노소문답가」 그리고 그가 죽기 전해 1863년에 지은 「도덕가」, 「흥비가」, 「불연기연」 등이 있다.

　피신 이전의 글인 「포덕문」에서는 서학에 대하여 일종의 경외감을 가지고 "나도 그럴 수 있을까?"라고 했고, 같은 피신 이전의 「안심가」에서 도 "소위 서학 하는 사람 암만 봐도 명인 없네"라고 했다. 여기에 나타난 서학관을 '정다산 콤플렉스'라고 해두는 것이 좋을 것이다. 즉, 서학을 두려워하는 그러나 그것을 흠모하는 태도라 할 수 있다. 수운에게서 정다산에 나타나는 그러한 콤플렉스를 발견하기란 힘들다. 처음부터 수운은 서학을 경계의 대상으로 여기고 있었기 때문이다. 그러나 서양의 위력 그 자체가 바로 천주를 믿는 데 있다는 사실에 그는 동의하고 있다. 왜냐하면 나라의 위기란 바로 천주^{天主}를 잊어버린 데 있다고 그는 보고 있었기 때문이다. 같은 「포덕문」에서 수운은 사계절이 바뀌는 것을 "천주의 조화"라고 했고, 「논학문」에서는 "천주의 은혜"라고까지 했다. 특히 「논학문」에서는 "서학은 천주를 위하는 흔적도 없고 가르침도 없다"

고까지 했다. A-형 서양 전통 기독교의 천주에 대한 이러한 비판은 당연하다. 그가 이렇게 서학의 천주를 비판하는 배경에는 바로 천주가 지기를 결여하고 있다고 보았기 때문이다. 도마복음 114장 전편에 걸쳐 있는 내용들은 거의가 동학이 서학을 향해 비판한 것과 같다.

그래서 역사를 도피하기 위해 존재자체를 말하는 것이 아니라 바로 역사 속 깊은 곳, 은적암에 은거하는 가운데 썼다는 「논학문」에서 수운은 서학의 천주를 향해 "몸에 기화지신이 없다"(身無氣化之神)고 비판한다. 수운이 여기서 말하고 있는 '기화지신'이란 다름 아닌 하이데거가 말한 형이상학이 망각해 온 존재자체에 관한 것이다. 서학의 신에는 '저절로 화하는 신'이 없다는 것이다. 서학의 천주가 하늘 위로 초월하기는 했으나 땅으로 내려와 사람 몸에 기로 변해 들어오는 것이 없다는 뜻이다. 피신 이전의 「포덕문」에서는 신의 목소리가 밖에서 들려오는 타자적인 것이었지만, 「논학문」에서는 안에서 들려온다. 이를 "밖으로는 영과 접하고, 안으로는 강화의 가르침"이라고 했다. 「포덕문」에서는 몸과 마음이 모두 떨리지만, 「논학문」에서는 몸만 떨리고 마음은 "네 마음이 내 마음이 된다"(吾心卽汝心也)고 했다(임태홍, 1994, 24~25).

신의 명칭에 있어서도 「포덕문」에서는 '상제'이나, 「논학문」에서는 '귀신鬼神'으로 바뀐다(같은 책). 수운은 "천지 역시 귀신이요 귀신 역시 음양"이라고 했다. 왜 수운이 신을 상제에서 귀신으로 바꾸었을까? 귀신 이란 '굴신屈伸'을 의미한다. 상제는 하늘에 고착된다. 천주도 마찬가지이다. 그래서 하이데거가 말하는 존재자가 되어 버린다. 그러나 귀신은 천지를 왕복하며 맴돌이 '하는님'(doing god)이다. 존재자체는 동사이고 존재자는 명사이다.

상제를 귀신이라고 함으로써 신을 동적이게 했고, 굴신이라고 함으로

써 '하는'[行] 작용으로 신의 기능을 바꾼 것이다. 귀신은 음양에 속하고, 하는 것도 모두 음과 양이 번갈아 작용하는 것을 의미하기 위해서이다. 음양이란 맴돌이하는 작용이기 때문이고, 이런 작용으로 볼 때 상제는 곧 귀신일 수밖에 없다. 신을 명사로 하늘에 고착시키면서 귀신의 '하는님'은 열등한 것으로 전락시키고 말았다. 하는님은 천지를 왕복하며 굴신작용을 하는 귀신이다. 이런 귀신을 악마화해 버린 것이 공자요 맹자이다. 수운은 지금 악마화된 귀신의 복권을 시도하고 있다. 그러면 공자가 귀신에 신들리지 않고는 유교가 다시 살아날 희망이 없다. 공자가 신들려야 나라가 산다. 수운은 「논학문」보다 후기에 지은 「도덕가」에서 "천지역시 귀신이요, 귀신 역시 음양"(같은 책)이라고 했다. '애니미즘 유교'를 기대한다.

왜 수운은 생의 가장 마지막에 쓴 「불연기연」에서 끝내 조물자를 찾고 있는가? '천주'가 아니고 '조물자'인가? 북애자는 왜 '환인'이 아니고 '조물주' 혹은 '조옹造翁' 혹은 '정령'이라 바꾸는가? 이들은 천주와 기, 기와 천주 사이에 있는 존재들이다. 어떤 때는 조물주라 하고 어떤 때는 '조물자'라고 하는가? 그 이유는 내인적 관계 다시 말해서 포함包涵이 아니고 포함包含이기 때문이다. 포함하기도 하고 포함되기도 하기 때문에, 전자일 때는 '조물주'가 되고, 후자일 때는 '조물자'가 된다. 이는 플라톤이 『티마이오스』에서 말한 데미우르고스와 일치한다. 도마복음의 신관은 조물주(자)에 일치한다고 본다.

예수도 유대인의 머릿속에 있는 '하나님'을 거부했다. 예수의 하나님은 '아바, 아바, 아버지'였다. '아버지'는 하늘이나 '하나님' 같이 개관화되는 외인적 관계 속에 있지 않았다. "역사적 예수는 '나라'를 아버지의 질서가 지배하는 어떤 '상태'로 해석하였다"(김용옥, 2025, 99). 이를 북애자는 '조옹'이라고 인격화하였고, 김일부는 '조화옹'이라고 한다. 예수가 유대인의 신을 '아버지'로 한 것은 조화옹이라 한 것이나 신을 외인적 관계로 보지 않고, 내인적 관계로 보았다는 점에서 같다. '아버지가 내 안에', '내 안에 아버지'와 같은 관계 말이다. 도마복음은 이러한 신의 편재성을 3장, 51장, 77장, 113장 등에서 말하고 있다.

북애자와 수운과 예수는 모두 자기가 살던 나라가 장차 망할 것으로 내다보았다는 점에서 같다. 이들은 모두 마지막이 가까워져 올수록 신을 내인적 관계로 파악한다. 개인적 처지 역시 죽음이 눈앞에 당도했다는 것을 알았다는 점에서 같다. 나라도 개인도 모두 해체됐을 때 이들의 신들도 해체되고 만다. 수운은 '불연기연'이라고 절규했다. 그의 앞으로 비결정, 불확실, 명명 불가의 시간만 남아 있을 뿐이다. 그래서 그들은 기를 거쳐 조물주(자)에 머물렀다. 그들에게 남은 시간이란 1년 360일에 남은 시간 51/4 시간이 전부이다. 이 시간을 '안식'의 시간이고 '희년'의 시간이다. 이때는 사형수도 죽이지 않는다. 우리는 지금 더 처절한 시간 속에 살고 있다. 과연 우리에게 시간이 얼마 남았을까?

해월의 '만사지^{萬事知}'와 논리소

지금까지 논리소 가운데 왜 라={a,b,c,ab,bc,ca}=만사^{萬事}에 관해서는 말 안 하는가? 논학문에서 '만사'를 수지다야^{數之多也}라 했다, 그것을 말하는 것은 해월의 몫이었다. 해월(최시형, 1827~1898)은 장한주와 김연국에게 "저 새들의 울음은 무슨 소리인가"라고 물었다. 두 사람은 "알 수 없습니다"고 대답했다. 그러자 해월은 "그것은 하날님을 모시는 소리다"고 대답했다.[5] 이러한 대화는 기름 반 종지의 체험[6]과는 달리 해월 자신이 하날님과 마음이 상통하여 나온 말이라고 할 수 있다. 전자가 하날님이 일방적으로 조화부림에 대한 것에 대한 체험이라면, 후자는 하날님의 조화를 직접 '체험'하는 것이라 할 수 있다. 새 울음소리가 하느님의 음성이라는 것을 깨달은 수운은 이제부터 세상 만물 가운데 하느님 아닌 것은 하나도 없다는 사실을 알게 된다. 이를 '사실존재'에 대한 체험이라고 할 수 있다. 이러한 사실존재에 대한 체험을 해월은 다음과 같이 말했다. 도마복음 77장은 "예수가 나무를 쪼개 보라, 돌을 들어보라, 하늘을 보라, 바닷속을 보라, 거기에 내가 있다"고 한다.

　무릇 사람과 생물이 숨 쉬는 것이 모두 하늘의 근원적인 기운에 말미암기 때문이다(原天混元之氣故也). 여기서 천지가 갈라지기 이전의 하나의 기를 '混元'이라고 했는데, 이는 사람과 생물이 모두 숨 쉬도록 만들어 주는 원천적인 기와 같은 것이다. 다양성 속에서 통일된 하나의 관계, 즉 한의 '여럿'과 '하나'의 관계를 다음과 같이 설명하고 있다. 세상 사람들이 저마다 그 모양들을 그려내니 그것이 '산신이다', '서낭신이다', '조왕신이다', '삼신이다'고 말한다. 어찌 그렇게 신령의 이름이 많은가? 연국이 "한 마리 새의 울음만이 근원적인 기운일 뿐만 아니라 무릇 천하의 날고 헤엄치는 모든 동물과 식물이 하날님 모시는 다 같은 몸 아닌 것이 없겠지요?"라고 묻자, 선생은 "그렇다"고 대답했다(『해월선생문집』, 232-233). 여러 다양한 신들의 이름은 모두 하나의 기가 섭하고 명하여 그렇게 나타난 것에 불과하다. 이를 두고 하나의 굴신하는 '하느님'

---

5 이 자료는 『문집』에 처음 나타나는데, 1915년 출판된 『시천교종역사』 제3편 하 제9장에 도 거의 같은 내용이 실려 있다.
6 기름 반 종지가 며칠 동안 불을 밝혔다는 기적적인 해월의 체험을 두고 하는 말이다. 이 경험은 해월이 신의 존재를 체험한 주요한 사건이다.

이 "음양을 조화부려" 여럿으로 다양하게 나타남에 불과하다고 했다.

'混元'의 일기가 흩어져 만물 속에 스며드는데 거기서 생명체가 나타나고 그리고 다시 하느님의 영이 되기까지 수억 년의 세월이 걸린다. 샤르댕은 우주의 진화 과정에서 45억 년 전 지구에 생명체가 나타난 시기를 '생명권biosphere' 그리고 그 이전의 시대를 '지질권geosphere' 그리고 기원전 4천 년 무렵부터 '정신권noosphere'이 나타났다고 했다. 가장 영명한 신이 만물 속에 스며들어 만물이 곧 신의 몸이 되어 버린다는 것이 동학의 사상이다. 샤르댕이 '오메가 포인트Omega Point'를 정점으로 하여 거기에 만물이 수렴되는 것으로 본 수운은 만물 속에 신이 도리어 스며들어 있다고 보았다. 그러나 논리소 속에는 이러한 오메가 포인트 같은 것이 설 자리란 없다. 논리소들은 모두 동등하며 그 안에 위계 질서란 없다. 그래서 샤르댕의 주장은 동학에 적합하지 않다.

논리소들은 서로 쌍대칭 구조를 만들고 있고, 그 안에 위계란 없다. 그래서 논리소 (라)는 다른 것들과 모두 같다. 이것이 해월의 사상이다. 주문 속의 '만사지'란 화이트헤드의 '사실존재들actual entity'과 같다. 신도 사실존재이다. 오물 속에도 신이 있다고 할 때 이는 화이트헤드가 사실존재와 신은 같다고 한 것과 같다. 그리고 이러한 사실존재로서의 신은 '구체적 존재concrete being'이다. 알랭 바디우는 '일자'로서의 신이 부정된 다음에 모든 존재는 '복합물multiplicity'이라고 하면서 신존재를 부정하고 무신론자임을 자처한다. '복합물'을 萬事 혹은 數之多也로 이해한다. 논리소 안에서 무신론도 설 위치가 있고, 범신론도 마찬가지이다. 수운의 주문은 논리소들을 서로 유기체적으로 묶어 주는 역할을 한다.

수운과 해월은 모두 기가 인격화해서 만물 속에 편만하게 만연되어 작용하는 모습을 보았던 것이다. 이 점에서 정주학이나 노장학에서 말하는 기 개념과도 매우 다르다. 그들은 '천지의 혼원의 기' 또는 '천지의 음양의 기'라고는 했어도 수운과 같이 '하늘의 혼원의 기'라고는 하지 않았다. 여기서 수천 년 동안 비인격화로 돼 있던 기에 수운이 드디어 인격성을 부여하여 기가 생동하고 윤리적이며 실천적이게 됐다. 이 점은 실로 율곡·화담·녹문·혜강에 이어 기사상의 일대 변화라 아니할 수가 없다.

중국 사상사에서 기가 비인격에서 벗어나 드디어 '하는님^{doing god}'으로 세상 속 그리고 만물 속에 현현하게 되었으며 이것이 신의 성육신이라 할 수 있다. 기는 한국에서 중국으로 다시 한국으로 넘어오는 과정에서 인격-비인격-인격으로 변환되는 과정을 겪었다. 이는 마치 이스라엘 민족이 팔레스타인에서 이집트로 그리고 다시 팔레스타인으로 되돌아오는 여정 속에서 비인격 신관이 인격 신관으로 형성되어 나오는 과정과 유사하지만 인격과 비인격이 순환을 만들지는 못했다. 즉, 모세 이전의 잡다한 자연신관에서 이집트의 모세가 인격 신관을 체험하여 그 정통이 지금까지 이어지는 것과 같다고 할 수 있다. 그러나 기독교의 인격 신관은 그리스 사상을 만나서 다시 비인격화의 과정을 겪는다. 이러한 과정을 겪은 기독교가 서교라는 이름으로 수운시대 조선에 전달된 것이다. 이러한 기독교의 모습을 보고 수운은 "운인 즉 같다"고 했다.

그러나 수운이 도마복음을 접했더라면 '기운^{氣運}'이 통한다고 할 것이다. 그러면서 수운은 도마에게 스승주문을 한 번 권할 것이다. 21세기에 사는 우리들이 3대 주문을 도마복음에 걸면 거기서 새로운 예수의 모습을 발견하게 될 것이다. 사복음에서는 '운'이 같았지만 도마복음에서는 기가 통하는 것을 느낄 것이다. 도마복음 3장은 하나님 나라가 늘리 편재해 있음을 강조한다.

도마복음 3장에서 제자들이 예수께 "하늘나라가 언제 오겠습니까?"라고 묻자, 예수는 "하늘나라는 볼 수 있는 형태로 오는 것이 아니다. 여기 있다, 저기 있다고 말할 수도 없다. 오히려 아버지의 나라는 땅에 이미 퍼져 있지만, 사람들이 그것을 보지 못할 뿐이다"라고 대답한다. 해월 최시형의 하늘(천주)은 인간 안에 내재한다. 신은 초월적 외부 존재가 아니라 인간 개개인의 내면에 깃들어 있다. 천지와 만물은 곧 한울의 나타남이고, 하늘나라는 멀리 있거나 장차 오는 것이 아니라, 일상과 만물 가운데 드러난다고 한다. 생활 속의 밥 먹는 일, 농사, 심지어 배설 같은 행위까지도 '하늘을 모시는 일'이라 보았다. "사람 섬기기를 하늘같이 하라. 사람은 곧 한울이니라. 밥 한술이 곧 하늘을 모시는 일이다"라 한다. "밥 한술이 곧 하늘을 모시는 일이다", "옷 한 벌이 곧 하늘을 모시는 일이다"라 한다.

도마복음 3장에서는 하늘나라가 이미 여기 있지만 사람들이 그것을 보지 못한다고 한다. 해월 역시 사람들이 자기 안의 하늘을 깨닫지 못한다고 한다.

그러나 양자 간에 차이점도 있다. 신관에 있어서 도마복음은 '아버지의 나라'라는 표현을 통해 초월적 신에 대한 인식이 여전하다. 그러나 해월에게서 하늘은 인격적 절대자라기보다 인간과 만물의 내재적 본성과 같다. 도마복음은 하늘나라의 현존을 주로 '영적 인식' 차원에서 말한다. 반면에 해월은 이를 '생활 속 행위'로 구체화한다. 신관에 있어서도 도마복음의 하늘나라는 초월적 '아버지의 나라'이지만 해월은 '천주'를 인격적 하느님이라기보다 만물과 인간 속에 내재하는 하늘로 이해한다. 도마복음은 개인의 깨달음에 방점이 있지만, 해월은 그 깨달음을 바탕으로 농민 공동체의 평등과 생활 개선, 사회 변혁시켜 드디어 갑오년 농민운동사상적 배경이 되었다.

하늘나라는 땅에 이미 퍼져 있으나 사람들이 보지 못한다는 것은 도마복음 113장에 더 구체화 돼 나타난다. 즉, 113장에 의하면 "그 나라는 여기 있다, 저기 있다 하고 보이는 방식으로 오지 않는다. 아버지의 나라는 땅 위에 펼쳐져 있으되 사람들이 보지 못한다"고 한다.

6.4 도마복음과 수운의 기철학의 배경

화담과 윌버

서화담의 기철학은 녹문과 혜강을 거쳐 수운에 이르러 일대 대변혁을 겪게 된다. 수운은 '기' 대신 '지기至氣'라는 개념을 도입했다. 수운은 「논학문」에서 '지기'에 대하여 다음과 같이 자세하게 설명을 하고 있다.

'지至'라고 하는 것은 '더할 나위 없는 것終焉'이라는 뜻이다. '기'라고 하는 것은 허령창창하여 모든 일에 간섭하지 않음이 없고 모든 일에 명령하지 않음이 없는 것이다. 그러나 형상이 있는 것 같으나 형용하기 어렵고, 소리가 들리는 것 같으나 보기 어려우니 이것은 또한 하날님의 한 기운이다 (曰至者 極言之爲至 氣者 虛靈蒼蒼 無事不涉 無事不命 然而如形 而難狀 如聞而難見 是亦渾元 之一氣也).

도마복음의 '빛'을 '기'로 바꾸어 읽으면 그 위상이 같음을 발견한다. 수운 기 개념의 특징은 그것이 '천주'와 밀접한 연관성을 갖고 있다는 점이다. 다시 말해서 수운의 기는 준인격신으로 매개자와 같다. 초학주문의 '情'과 그 중간 지점에 있는 것이 '기'라고 할 수 있다. 그래서 기 가운데서도 수운이 독특하게 언급하는 기 개념을 알아야 한다. 그래서 여기서는 수운의 기 이해를 득도의 세 과정과 연관시켜 생각해 보기로 한다. 다시 말해서 수운의 기 개념을 윌버의 '전분별적', '분별적' 그리고

'초분별적'인 세 단계에 연관시켜 생각해 보기로 한다.

수운은 전분별적인 기에 대하여 '허령창창虛靈蒼蒼'이라고 한다. 분별적인 기에 대해서는 '모든 일에 스며 관계하지 않는 것이 없고, 모든 일에 명하지 않는 것이 없다'(無事不涉 無事不命)고 한다. 초분별적인 기에 대해서는 '드러날 듯하면서도 드러나지 않고, 드러나지 않을 듯하면서도 드러난다'고 한다. '전분별적' 기란 아직 분별이 생기지 않은, 즉 형태가 만들어지지 않은 상태로 이를 '혼混'이라고 한다. 서양에서 '물水'은 항상 혼동상태를 상징한다. 구약의 악마 레비아탄은 바다에 사는 용인 혼동의 상징이다. 바빌로니아는 혼동을 '티아맛Tiamat'이라고 했고, 구약에서는 '흑암tehom'이라 했다. 이 두 언어의 어원은 같다고 본다. 그런데 이러한 기에 분별이 생기기 시작한다. 마치 장자의 '혼돈混沌'이란 몸에 숙과 홀이 일곱 개의 구멍을 내주듯이 말이다. 기가 명하여 만물 속에 스며들어 기가 뚜렷한 물체의 형상을 지니게 되므로 어디서나 명령하지 않는 것이 없게 된다. 이러한 단계의 기를 '분별적'이라 하는 것이다. 전분별적 혼동混同은 죽고 만다. 마치 숙과 홀이 구멍을 만들자 '혼동'이 죽고 말 듯이 말이다. 이는 혼동의 기가 구체성을 띠고 나타나는 것을 의미한다. 다음으로 기가 구체화되면서도 그 구체성을 초월하여 "드러날 듯하면서도 드러나지 않고, 보일 듯하면서도 보이지 않는다"는 '정묘한subtle' 단계로서 이해를 혼돈混沌이라 한다.

이러한 초분별적 혼돈의 기를 '혼원일기渾元一氣'라 한다. '混'은 분별상이 생기지 않은 혼동이고 '渾'은 분별상이 생긴 다음 다시 융합된 초분별적인 혼돈이다. 이 세 과정의 기를 요약하면 '混 → 涉 → 渾'과 같다. 두 가지 '혼'은 모두 한자 글자 모양에서 '물[氵]'을 변으로 가지고 있다는 점에서 같다. 동양에서는 일찍부터 전분별과 분별 그리고 초분별을 구별할 줄 알았기 때문에 혼동을 구별할 줄 아는 언어 역시 잘 발달돼 있다.

예를 들어『중용』에서는 '동^同'과 '화^和'를 구별하여 '화'하나 '동'하지는 않는다고 하여 '화이부동^{和而不同}'이라 한다. 여기서 '동'은 전분별적 '혼동^{混同}'을 의미하고, '화'는 초분별적 '혼돈^{混沌}'을 의미한다. '和'란 글자 모양에서 알 수 있듯이 '벼를 입으로 먹어 소화'하는 것을 의미한다. 쌀이 소화되어 몸의 일부분이 됨으로써 몸과 구별되면서도 구별되지 않는 상태인 초분별적이다. 쌀이 몸에 포함^{包含}되어 버려 쌀이 몸이 된 상태를 화라 한다.

이에 비해 '동^同'은 동굴 속에 하나(一)의 입(口)만 있는 상태이다. 분별이 일어나지 않았다는 것을 의미한다. '화'는 분별을 일으킨 다음에 다시 조화되는, 즉 초분별을 의미한다. 위에서 오줌과 똥을 식물을 먹지만 그것이 기로 변화된 열매는 사람이 먹는다. 장자가 오줌과 똥 속에도 기가 있다고 할 때 열매를 오줌똥이라고 보면 안 된다. 열매는 오줌똥이 기화된 것이다. 수운의 신은 '기화지신'이어야 한다. 범신론과 범재신론의 오류는 모두 모든 사물에 기가 작용해 '기회지신'이 되어야 하는 것을 망각한 오류인 것이다. 그래서 기화지신은 사물 그 자체가 신인 것은 아니다. 이를 하라리가 범하는 오류이기도 한다. 그의 '사물신'인 호모데우스는 기화지신이어야 한다. 그러나 하라리는 이에 대한 일언반구 언급하지 않고 있다.

그런데 수운은「논학문」에서 기의 세 가지 종류를 충분히 인식하고 있었다.「논학문」에 이어지는 장과 문장 속에서 수운이 설명하고 있는 기 개념은 이와 같이 매우 선명한 구조로 되어 있었다. 이러한 세 과정의 기 개념으로 볼 때 '기'와 '지기'의 구별은 분명해진다. '혼^混'이 섭^涉과 명^命의 과정을 거치면서 '혼^渾'이 된다. 이런 면에서 최동희가 '至氣＝渾元

一氣'의 등식관계로 본 것은 정확했다고 할 수 있다(최동희, 1999, 87).

그러나 최동희는 混과 渾에서 하나는 전분별적이고 다른 하나는 초분별적이라는 사실을 구별하지 않고 있다. 다시 말해서 그는 '혼원渾元'을 만물이 생기기 이전의 '일기一氣'로 보고 있다. 그러나 이러한 일기는 '혼원混元'으로 표현해 구별해야 할 것이다. 범주오류, 즉 전분별과 초분별을 구별하지 못하는 오류는 "'混元之氣'와 '渾元一氣'를 다같이 만물이 생기기 이전의 근원적인 기운으로 구별하지 못한 오류이다. '혼원混元'과 '혼원渾元'은 서로 통하는 말이고, 혼원混元의 기운은 밝히 말하면 혼원渾元의 일기가 되기 마련이다"(같은 책)는 말 속에 최동희의 범주오류가 나타나 있다. 이러한 오류는 세 과정을 설정하지 않는 데서 생긴 오류이다.

윌버에 의하면 범주오류란 대부분의 종교학자, 철학자, 신학자들이 가장 쉽게 범할 수 있는 오류라고 한다. 수운이 말하는 '혼원渾元'이 초분별적인 이유는 그가 지기를 해석하는 글, "아니 스며드는 곳이 없고 아니 명하는 것이 없다"에 잘 나타나 있다. 두 가지 상반되는 작용을 통해 기가 정묘해져 부분이 전체로 그리고 전체가 부분으로, 즉 홀론Holon이 되어 버린 것을 초분별이라 한다. '混元'을 '混同'(전분별)이라고 한다면 '渾元'은 '混沌'인 초분별이다. 전분별적 '혼동'은 분별작용을 거쳐 초분별적 '혼돈'으로 변한다. 이렇게 기 개념의 삼 단계 발전 과정이란 '혼동'의 기에서 '혼돈'의 기로 가는 것이라 할 수 있다. 즉, 同의 氣에서 和의 氣로 가는 것이라 할 수 있다. 이러한 기의 삼 단계 발전단계로 볼 때 수운이 성취된 기가 분별적 기에서 초분별적 기로 간 것이라 볼 수 있다.

기철학과 도마복음

화담이 이理를 기氣에 반드시 짝하여 이해한 것도 바로 이를 통해 전분별의 혼동적 기를 분별적이게 하여 어디나 스며들지 않는 데가 없고, 어디나 명하지 않는 것이 없도록 하기 위해서이다. 그러나 그러한 분별적 기를 다시 초월화한 것이 초분별적 '기'이다. 이러한 이와 기의 되먹힘 하는 작용을 반복하는 것을 통해서만 기의 소유권과 자체권이 잘 조화를 이루게 될 때 그것을 '기'가 됨이다. 전류가 전선에 흐를 때 '전기'라고 하듯이. 율곡은 이런 초분별적 기를 '이통기국理通氣局'이라고 했다. 즉, 이는 보편적으로 통하게 하고, 기는 구체적이게 한다는 뜻이다. 그러면서도 기는 '기발이승氣發理乘'이라고 한다. 기는 이에 포섭되나(이통기국) 종속되지는 않는다(기발이승). 이와 기의 이러한 절묘한 초분별적 관계를 수운은 「논학문」을 인용하여 천주와 지기의 관계로 설명하고 있다. 즉, 수운에 이르러 기는 지기가 되며 만물 속에 제 모습으로 그 정체를 드러내기 시작한다. 그것이 다름 아닌 기가 '천주'와 만나 인격화되는 것이다. 이 전과정이 곧 고아정-위천주-시천주에 이르는 과정이다. 이는 곧 전분별-분별-초분별로 이르는 통로이다. 궁극적으로 신을 이해하는 과정에서 전/초오의 오류를 범하지 말아야 한다는 것이다.

도마복음은 단편적 예수의 어록을 모은 것이다. 거기에는 E-형 가족이 될 수 있는 3대 조건들이 동양의 제 문헌에서와 같이 체계적이지 않다. 그러나 단편적으로 다시 모아 논리소에 따라 정리를 하면 제 조건들을 갖춘 것을 발견한다. 이에 동학의 3대 주문의 논리소와 구조는 도마복음 이해에 도움을 준다. 수운의 '지기至氣'의 '조'란 기가 세 번째 과정, 즉 초분별적 과정에 도달했음을 의미한다. 수운도 지기란 '지극'함이라고 했다. 지극함이란 기가 만물 속에 스며들어 기가 나타나 명하지 않는 것이란 없는 상태여서 만물과 기 사이는 보이면서도 보이지 않고 분리될 것 같으면서도 분리되지 않는 초분별적 관계이다. 그리고 이는 '천주'와 '지기'가 하나가 되어 만물 속에 천주가가 나타나지 않는 곳이 없는 상태로 됨이다. 새소리 그리고 베 짜는 여인이 모두 하나님이 된다. "사람과 물이 같이 살아 숨쉬는 것"(人與物之瑞息)이며 모두가 하날님 속에 그 뿌리를 두고 있다. 그래서 기와 같아진 천주 혹은 하날님은 만물 속에 스며들지 않는 곳이 없으며 무엇이나 명하지 않는 것이 없다. 이것이 도마복음 50장과 77장을 이해하는 배경이다. 먼저 50장을 절별로 보기로 한다.

1절: 예수께서 가라사대 "만약 그들이 너희에게 묻기를 너는 어디서 왔느뇨? 하면 그들에게 말하라: '우리는 빛에서 왔노라. 빛이 스스로 생겨나는 곳에서 왔노라. 빛은 스스로 존재하며, 자립하며, 그들의 형상으로 자신을 드러내는 도다."

2절: 만약 그들이 너희에게 묻기를, "그 빛이 너희뇨?" 하면 그들에게 말하라: "우리는 빛의 자녀들이다. 그리고 우리는 살아 있는 아버지의 선택된 자이다."

3절: 만약 그들이 너희에게 묻기를, "너희 아버지께서 너희 속에 계시다는 증표가 무엇이뇨?"라고 하면 그들에게 말하라: "그것은 운동이요, 안식이로다."

도마복음 50장에서 빛을 기로 바꾸면 그 위상이 같은 것을 발견할 것이다. 1절은 빛의 출처를 밝히는 전분별적인 단계이고, 2절은 아버지와 내가 분별된 상태에서 자기 정체성을 들어내는 분별적인 단계이고, 3절은 아버지와 내가 그 존재성과 실체성은 없는 다만 '운동'이고 '쉼'(안식)일 뿐인 상태이다. 이는 윌버의 3단계 과정을 여실히 도마복음이 드러내고 있는 부분이라 할 수 있다.

다음으로 77장은 초분별적인 상태를 집중하여 여실히 드러내고 있다.

1절: 예수께서 가라사대, "나는 존재하는 모든 것 위에 존재하는 빛이다. 나는 전부이다. 나로부터 모일 것이 나왔고 그리고 나에게로 모든 것이 돌아온다.

2절: 한 편의 장작을 쪼개어 보아라! 나는 거기에 있을 것이다.

3절: 돌 하나를 들어 보아라! 그리하면 너희는 나를 거기서 발견할 수 있으리라."

77장은 50장 같이 세 단계가 분명하지 않지만 '장작을 쪼개고 돌을 들어보'는 것은 분별적 행위이다. 다시 말해서 분리가 있은 다음에야 신을 만날 수 있다는 것이다. 도올은 77장에서 서양인들은 범신론 혹은 범재신론 운운하지만 "어떠한 언사도 본 장을 이해하는 데 방해가 된다"(김용옥, 2025, 387)고 한다. 그런가 하면 편재설을 운운하면서 영지주의를 끌어드리는 것도 적합하지 않다고 하면서 77장을 두고 "1세기 초반에 이미 도달한 예수의 고등한 사유를 저질화시키는 신학을 이제 우리는 그만하고, "우리의 조선인에 의한 신학"을 전개해야 할 것이다"(같은 책, 390)고 한다.

예수의 고급화 된 사유를 저질화시키는 것이란 초분별을 전분별로 착각하는 <전/초오1>를 범하는 것이라 할 수 있다. 기독교의 저질화를 극복하고 1세기 초의 초심으로 돌아가는 방향 제시를 도마복음 18장은 다음과 같이 제시하고 있다.

1절: 따르는 자들이 예수께 가로되, "우리의 종말이 어떻게 될 것인지 우리에게 말하여 주옵소서."

2절: 예수께서 가라사대. "너희가 시작을 발견하였느뇨? 그러하기 때문에 너희가 종말을 구하고 있느뇨? 보아라! 시작이 있는 곳에 종말이 있을지니라.

3절: 시작에 서 있는 자여, 복되도다. 그야말로 종말을 알 것이니, 그는 죽음을 맛보지 아니하리라."

키르케고르는 "점진적 진보가 아니라 반복적인 운동, 거듭해서 시작을 반복하는 운동"을 해야 할 때라고 한다. 다시 말해서 3~4세기 아타나시우스나 아우구스티누스에 의해 설계된 사복음서에 갇힌 기독교가 아닌 또 다른 복음서로 돌아가 출구를 다시 모색해야 할 것이란 말이다. 수운은 처음처럼 다시 하는 시작을 두고 "유도, 불도 누천년에 그 운이 다했다"고 했다.

6.5 수운의 주문들의 형성 배경과 도마복음

기철학과 동학

동학을 반대한 당대 유생들에게 반감을 준 것은 서학이 믿는 것과 유사한 '하날님' 혹은 '천주' 같은 인격신 개념 때문이다. 그러나 유학의 삼경 가운데는 이미 인격신적 면모가 『시경』이나 『서경』에 '상제'라는 이름으로 나타난다. 『시경』「대아편」에 "하늘이 사람을 낳았다"는 표현이 있다. '상제'라는 이름은 다반사로 등장하고 중국이나 한국의 서학 신봉자들은 이를 천주와 함께 사용하였다. 그러나 이들은 중국의 차축시대인 춘추전국시대에 들어와 공자나 노자 같은 인물들에 의하여 질시 받기 시작한다. 대신에 '도'라는 비인격적인 개념이 등장하면서 상제의 자리를 대신한다. 도는 다시 11세기 송명대에 들어와 '이'와 '기' 같은 추상적이고 비인격적인 개념으로 바뀐다.

송명대에 들어 기론자들은 氣로서 우주의 기원을 설명하려 하고 이론자들은 理로써 설명하려 한다. 그러나 이 두 개념 모두 비인격적이란 점에서 같다. E-형의 특징은 매사에 이와 기 그리고 음과 양 같은 대칭적 개념으로 사물을 판단한다는 점이다. 도마복음을 E-형으로 파악하려 할 때 동양같이 이런 대구들을 발견하기가 쉽지 않다는 것이다. 『시경』이나 『서경』같은 유가 서적에는 '상제' 인격신적 특징이 나타나는 반면, 『도덕경』이나 『장자』같은 도가 문헌에서는 '도' 같은 비인격적인 것들이 주류이다. 서양에서는 인격신관 일색인데 이 점은 동북아 문명권이 서양과 다른 특징이다.

　노자가 볼 때 공자의 천이나 도는 너무 소유권에 침탈당해 있었다. 즉, 전선에 녹이 너무 끼어 있다고 보았다. 그는 도에서 녹을 제거하여 그 순수한 자체권을 회복시킬 필요성 때문에 '도가도 비상도'라 했던 것이다. 유대교-기독교에도 4세기 제사장이 나타나기 이전에 창조의 신을 열등한 신으로 보고 창조하지도 창조되지도 않는 존재자체가 있다고 보았으며 이를 비인격적인 '아인 소프'가 궁국적이라 했다.7 영지주의자들은 창조주를 열등신으로 보고 '신성'을 궁극적이라 보았다. 인도의 경우는 아리안들의 힌두이즘이 불교를 추방하고, 동북아시아의 경우는 공맹사상이 노장사상을 배격하기는 했지만 노장과 공맹사상이 번갈아 가며 동북아시아 정신세계를 지배해 왔다. 그리고 한국의 선도는 그 균열을 막아온 유일 독특한 전통을 형성했다. 인격과 비인격이 균열되지 않은 이유가 한국에는 백두산을 중심으로 한 선도문화 그리고 그 기층에 무속이 있었기 때문이다.

　송명대에 들어와 태극은 더 이상 궁극적일 수 없게 되자 주렴계는 『태극도설』을 통해 '무극이태극'(無極而太極)이 궁극적이라 했다. 여기서 '무극'은 자체권을 태극은 소유권을 상징한다. 이러한 장점이 신유학이 강세를 보인 이유이다. 노장사상은 이런 대칭 구조를 만들지 못했다. 자체권 강화에는 성공했지만, 그 끈이 길지 못했다. 유학은 무극과 태극이 대칭을 氣와 理의 대칭으로 바꿈으로 성리학을 형성 동북아의 대표적인 사상이 되었다. 그러나 성리학은 이들 비인격적인 것을 인격적인 것과

---

7 아인 소프와 야훼가 융합하지 못했다는 점이 기독교 신관에서 큰 결함이다. 전자가 '지기' 그리고 후자가 '천주'에 해당하는 개념이다.

대칭을 만들지 못했다. 그것을 해 낸 것이 동학이다. 그런 점에서 도마복음은 서양에서 같은 성과를 낸 문헌이다.

'理'는 화엄불교의 '事'와 함께 짝지어 우주의 궁극적 자체권을 설명하기 위해 고안된 말이다. 화엄불교가 성공한 이유도 여기에 있다. 주렴계에 대하여 장횡거는 기의 순수성과 궁극성을 회복할 필요성을 느끼게 되었다. 특히 위진시대를 거치면서 기의 통속화는 심각한 지경이었다. 그는 순수하고 담백한 하나의 기를 '태허'(太虛)라고 했다. 주렴계의 무극과 함께 명대로 넘어오면서 자체권의 회복에 주된 관심을 모아야 했다. 정이천에 이르러서는 태극을 차츰 이와 동일시하면서 이에 대응하는 기 개념도 자리잡게 된다. 이때 이와 기의 관계, 태극과 이와의 관계 그리고 태극과 무극의 관계가 철학적인 문제로 대두된다. 이들은 모두 비인격적인 개념들이다. 이들 여러 문제들이 이제 주자에 와서 집대성을 이룬다.

주자는 먼저 주렴계의 '무극이태극'을 수용한다. 무극만 말하면 구체적인 사물과의 관계를 설명할 수 없고, 태극만 말하게 되면 궁극자의 순수성을 보장할 수 없기 때문이라는 것이다. 그는 메타언어인 이와 기를 사용해 이런 형이상학적인 근본 문제를 설명한다. 그러나 그는 인격신과의 대칭을 만들지 못했다. 먼저 그는 태극이라는 명제를 전제한다. 그러나 이는 반드시 기와 양립 관계 속에 있기 때문에 변하는 것이고 그렇다면 이도 변하지 않을 수 없다. 그 결과 태극의 순수성은 훼손된다. 그래서 그는 태극은 '이의 이'라고 함으로써 '의'(of) 시리즈라는 무한퇴행에 빠질 오류를 범하게 된다. 그리고 주자는 양명학자 육상산 형제들의 도전을 받는다. 육씨 형제들은 태극 위의 무극은 옥상옥으로 무한퇴행할 우려가 있기 때문에 부정한다. 그러나 주자는 태극의 순수한 초월성과 구체적인 내재성을 동시에 붙잡기 위해서는 '무극이태극'이라는 구조가 불가피하다고 본다. 멱집합에서 태극이 (가)라면 무극은 (나)이다.

이에 대하여 일본학자 아키라 오하마는 이와 기 그리고 무극과 태극의 관계를 '이離'와 '합合'의 관계로 보아야 한다고 주장한다. 주자의 사상 속에 역설적인 표현이 나타나는 이유는 이기와 무극태극의 관계를 그가 떨어짐과 붙음의 양면성을 다 보려고 했기 때문이라고 변명한다(아키라, 1997, 102). 옳은 지적이라 할 수 있다.

한국의 퇴계 사상의 독특성은 '이'에 능동성을 부여하여 '이가 발한다'는 '이발론理發論'에 있다도 한다. 주자는 '이발'을 인정하지 않았다. 그러나 퇴계는 기가 발하는 것은 물론이고 이도 발한다고 하여 '이기호발론'을 주장했다. 이와 기를 모두 동사로 보는 태도이다. 이에 대하여 율곡은 이는 두루 보편자로 통하기는 해도 이가 발한다고는 하지 않았다. 발하는 것은 오직 기뿐이다. 그래서 그는 '이통기국理通氣局' 그리고 '기발이승氣發理乘'을 말했다. 율곡의 기는 칠정七情이 들어 있는 곳이다. 결국 기와 정이 능동성을 가지고 있다고 보았다.

이러한 율곡의 기에 대한 이해는 수운에게 지대한 영향을 준다. 즉, 그가 초학주문에서 "천주를 위하고 나의 정情을 돌아본다"고 할 때 여기서 말하는 정은 바로 율곡이 말하는 기의 자리이다. 그래서 수운의 지기는 정과 통하는 자리이다. 수운이 천주와 정을 밖과 안으로 대비시켜 주문을 만든 것은 이런 점에서 탁월하다. 율곡은 아직 정을 인격신 '천주'와는 연관시키지는 못했다. 율곡의 '기'는 수운의 '지기'와 그대로 이어진다. 그리고 기를 '정'과 동일시함으로써 결국 수운에게서 천주는 이가 아닌 기 그리고 정과 연관된다. 이제 수운은 율곡으로부터 기철학을 배우고 다산으로부터 인격 신관을 전수받아 그의 주문이 나오게 된다. 그러나 여기서 수운의 기철학으로 가기까지의 화담의 기철학에 대하여 귀 기울여 볼 필요가 있다.

동양 철학사에서 기철학이 의도하는 바는 마치 현대 포스트모더니즘과 같은 점이 있다. 포스트모더니즘은 존재나 인식의 토대를 부정하고 밖으로부터 오는 어떠한 영향력이나 안내자 그리고 원인자 같은 것을 부정하자는 데 있다. 토대나 외부 원인자를 배격하는 철학적 의도는 바로 철학의 가장 나쁜 결과인 무한퇴행을 막자는 데 있다. 그리고 무한퇴행은 옥상옥을 만들어 개체의 자유를 위축시킨다. 기철학자들이 외부 원인자나 안내자 또는 토대 같은 '이'를 배격하는 근본 원인이 여기에 있다. 그래서 기는 자기 원인자가 되며 '자기언급적' 논리에 그 이론적 근거를 둘 수밖에 없다. 기철학 역시 존재의 자체권과 소유권의 문제에 직면한다. 그런 점에서 도마복음 114장은 모두 기철학적인 것처럼 보인다.

화담과 율곡

기가 구체화될 때 소유권이 증대한다. 그래서 기철학자들은 한결같이 기의 순수한 자체권을 강조한다. 이러한 자체권으로서의 기를 장재는 '태허'라고 했다. 그리고 화담은 '담일청허' 그리고 임성주는 '허원성대'라고 했다. 율곡은 '충막무짐'(vacuity and signless)이라고 했다. 그러면 이러한 토대와 원인자와 같은 이를 제거했을 때 어떻게 법칙과 규칙을 정할 것이냐의 문제가 기철학자들을 곤혹스럽게 만드는 것이다. 이른바 '그렇게 되는 바'(所以然)의 문제 앞에 기철학의 한계가 드러나며 여기에 '이' 개념이 등장하게 된다.

　동북아시아 문화권 일대에서 특이하게 발전된 '기' 개념은 가장 이해하기 쉬우면서도 또한 가장 이해하기 어려운 개념이기도 하다. 기는 자연환경과 인간이 평화롭게 조화될 수 있는 지역에서만 발달할 수 있는 개념이기 때문에 동북아시아 일대의 지역에서 유행했던 것이다. 기 개념이 철학적인 개념으로 전개된 것은 신유학자 장횡거부터이다. 장횡거가 이해한 기 개념은 매우 물질적이었다. 그래서 기계론적인 개념의 한계를 벗어나지 못했다. 그래서 후대의 정이천은 기의 배우자인 이라는 개념을 만들어 기를 제어하려고 했으며 이러한 의도는 주자에게도 그대로 이어졌다. 한국의 퇴계나 율곡도 궁극적으로는 중국 성리학의 이러한 한계를 벗어나지 못했다.

　한편 도가에서도 기를 말해 왔다. 그러나 도가에서 말한 기는 유무 개념과 관련되면서 실체론적으로 되었으며, 기가 허무한 것으로 변질되고 말았다. 여기서 기를 이의 하위 개념에서 구출하고 다시 허무한 것에서 해방시킬 필요성이 있었던 것이다. 즉, 기를 '생명'으로 이해하며 아울러 이를 넘어서는 방법론이 필요했다. 이에 한국의 서화담은 주역과 소강절의 용어에서 기를 해방시킬 용어들을 발견한다. 그는 소강절의 선천과 후천 그리고 '이물관물론以物觀物論'을 빌려서 기를 메타화한다. 장재의 기를 대상적인 기로 보고 소강절의 용어를 메타언어로 구사하여 기 개념의 획기적인 변화를 일으킨다. 장재와 달리 서화담의 기는 종교적이며 경敬을 통해 상제에게까지 이를 수 있는 것으로 파악한다. 서화담의 사상은 임성주와 최한기 그리고 수운에게 결정적인 영향을 미친다. 서화담이 기를 선천지기로 파악한 것은 수운의 지기 개념과 같으며, 나아가 경을 통해 상제를 상대할 수 있다고 한 것은 수운이 지기를 성誠·경敬·신信으로써 천주인 하날님을 알 수 있다고 한 것과 상통한다.

　　중국의 경우 주자에 이르러 이기의 관계가 거의 설정되었다고 할
수 있다. 주자 이후 수백 년이 지나 이기 개념은 고려시대부터 소개되었으
며 조선의 성리학자들은 중국의 이기 개념을 받아들여 독창적인 개념으로
발전시켰다. 중국의 대표적인 기철학자가 장횡거라면 조선의 대표적인
기철학자는 서화담이다. 주렴계의『태극도설』가운데 '무극이태극'이라
는 말이 바로 논쟁의 빌미를 제공한다. 물론 주자는 태극을 '이'로 파악한
다. 화담은 이를 '태허지기太虛之氣'로 이해한다. 주자의 기는 이의 하급
개념이다. 주자는 태극을 이로 그 밑의 음양오행을 기로 파악했다. 화담은
주자의 이에 해당하는 개념을 기로써 파악한다. 그래서 화담은 기와
대등한 개념으로 이를 파악한다. 한편 장재는 '무극이태극'을 화담과
같이 태허로 파악한다. 이 점에서는 화담과 장재가 같다. 그리고 이러한
태허를 '본체本體'라고 보았으며, 이러한 본체로서의 태허가 나타난 현상을
'객형客形'이라고 했다. 화담은 장재의 본체와 객형을 소강절의 용어를
빌려서 '선천先天'과 '후천後天'으로 나눈다.

　　화담은 깨끗하고 모양도 없는 태허를 '선천지기'라고 보았으며, 그것
은 시간과 공간을 모두 초월해 있다. '소리도 냄새'도 없으며 경험으로는
파악할 수 없다. 그리고 화담은 성리학에서 말하는 기라는 것은 그가
사용하는 의미로 볼 때 후천적 기에 속한다고 한다. 이렇게 볼 때 화담이
말하는 기 개념은 도가에서 말하는 기 개념과 같아 보인다. 그러나
화담은 도가의 기 개념도 반대한다. 그 이유는 도가에서는 무에서 기가
나왔다고 함으로써 자칫 '허무'한 것으로 이해될 수 있기 때문이라는
것이다. 그러나 자기가 말하는 기는 그러한 도가의 무에서 나온 것이
아니라고 한다. 이것은 화담이 도가의 기 개념을 곡해한 것이라는 지적도
있지만, 아무튼 화담의 시대에 도가의 기 개념이 그러한 허무한 지경에

이르렀던 것은 사실이다. 이것은 도가의 원래 기 개념과는 상관없이 그 당시 도가의 기에 대한 화담의 지적은 옳았다.

화담은 도가의 정체된 기 개념에 새로운 기운을 불어넣을 필요성을 느꼈던 것이다. 그래서 화담은 도가사상에서와 같이 기를 유무로 표현하지 않고 '모아지고 흩어지는 것'이라는 '취산聚散'이라 했다. 유무로 표현할 때 자칫 기의 존재론이 실체론에 빠질 위험성이 있다고 보았기 때문이다. 화담은 생동적인 과정으로써 기를 이해하려 했다. 화담은 도가의 기 개념으로부터도, 성리학의 기 개념으로부터도 기를 새롭게 재해석해낼 필요성을 느끼게 되었으며, 같은 기철학자 장재로부터도, 심지어는 율곡으로부터도 다른 기 개념을 말할 필요성을 느끼면서 그의 독특한 기철학이 탄생하게 된다.

화담은 기를 설명할 새로운 용어를 소강절에게서 빌려온다. 바로 위에서 말한 선천과 후천의 개념은 소강절의 용어이다. 소강절의 선천에다 본체적 기를 배정함으로써 화담은 성리학에서 말하는 기 개념보다 훨씬 우월한 위치에 기를 올려놓을 수 있었다. 이는 마치 플라톤의 이데아에 대하여 플로티누스가 '일자'를 설정함으로써 신플라톤주의 철학이 탄생한 것과도 같다. 장재의 '본체'와 '객형'은 공간 개념이지만 화담의 '선천'과 '후천'은 시간 개념이다. 플로티누스도 이데아에 시간 개념을 불어넣어 그 개념을 일신한다. 즉, 화담은 소강절에게서 선천과 후천 개념을 빌려와 중국의 기 개념에 적용함으로써 지금까지 기 논쟁을 일신한다. 기를 선천의 위치에 놓으니 자연히 다음과 같은 현상이 발생했다.

화담의 기는 주자의 기같이 이에 의하여 조종받는 것이 아니다. 기는 기자체의 능력에 의하여 스스로 조직하는 힘을 가지고 있으며 이를 '기자이 氣自爾'라고 했다. 후천적 기는 선천적 기에 의하여 움직여지기 때문에 주자가 말하는 기란 결국 화담의 후천적 기 개념에 해당한다. 기밖에 이가 없다. 이란 기의 주재다. 주재란 밖에서 나와 주재하는 것이 아니라 기가 그 까닭의 정당성을 잃지 않는 것을 가리켜 주재한다고 한다. 이는 기보다 앞설 수 없다. 기가 처음이 없으니 이도 처음이 없다. 만일 이가 기보다 앞선다고 하면 기가 처음인 것이다(『화담집』 권 2 「이기설」).

이것은 주자학의 이기설을 의식해서 한 말이라고 할 수 있다. 여기서 화담이 "이가 기를 주재한다"고 할 때 자칫하면 이가 기를 지배하는 것인 양 오해할 수도 있다. 그러나 화담이 '주재'라는 말을 사용할 때 이 말은 주자가 사용한 바와 같은 초월적 근원자로서의 절대적 지배자란 뜻이 아니라 기자체 운동의 정당성의 근거라는 뜻이다(남정숙, 1982, 35). 그래서 밖에서 들어와 주재하는 것이 아니라 기가 작용할 때 그 정당성을 갖도록 만들어 주는 것이 이이다. 한 가지 흥미로운 사실은 이가 작용의 과정에서 정당성을 갖도록 하는 것이라고는 하면서도 선천적 기에는 이런 이가 전혀 적용되지 않는다고 보았다는 것이다. 선천 본 체계에서 후천현상으로 바뀌는 과정에서만 오직 이가 문제시된다는 것이다.

선천 본 체계에서의 기는 '기자이'일 뿐이다. "기틀이 스스로 그러하다" 란 뜻이다. "스스로 그러할 뿐이다. 자능이自能爾"라고 한다. 기자이와 자능이에 대하여 "… 역시 스스로 그러하지 않을 수 없으니 이것을 이지시理之始라고 한다. 동정이 없을 수 없고 개벽이 없을 수 없다. 그것은 무슨 까닭인가? 기틀이 스스로 그러한 것이다"(『원리론』)라고 했다. 화담 은 '자기원인'(causa sui) 개념을 도입하여 선천지기는 스스로 자기원인적 이라고 한다. '자기언급적'이라는 뜻이다. 존재의 기원을 설명할 때 스스 로의 원인자를 찾는 경우와 외부의 목적인을 찾는 경우는 항상 대립적이다. 화담은 전자의 입장을 취한다.

이러한 화담의 주장은 이의 지배를 받는 주자의 기 개념과는 전혀 다른 개념이다. 장재 역시 기의 자기원인성을 주장했다. 장재는 '부득이 그러함不得已然'이라고 했다. 이에 지배를 받지 않고 자기원인적인 기를 말하고 있는 점에서 장재와 화담은 매우 유사해 보이는 점이 있어 보인다. 그러나 장재와 화담은 몇 가지 다른 점이 있는 것도 사실이다. 장재가 『정몽』에서 이해하고 있는 기는 매우 '기계론적mechanistic'이다. 그런 의미에서 현대 과학자들이 이해하고 있는 '에너지'와 유사한 성격을 지니고 있다. 모아지고 흩어지는 과정이 매우 기계적이다. 바로 이러한 장재가 이해한 기는 화담의 후천현상의 기 개념과 같다고 할 수 없다. 화담에게 이가 용납되는 이유는 바로 선천 본 체계의 기에서 후천 현상계의 기로 넘어오는 과정에서이다. 이때 '理之始'라고 했던 것이다. 화담이 주자와도 다르고 장재와도 다른 기 이해가 여기에서 선명해진다. 주자가 기를 하급시한 데 대하여 화담은 이기를 동등시한다.

그렇다고 화담의 기철학이 율곡의 기철학과 반드시 같은 것은 아니다. 퇴계는 본연지성을 이로 그리고 기질지성을 기로 나누어, 전자를 선善 그리고 후자를 악惡이라고 했다. 이에 대하여 율곡은 기질지성 안의 선 일변도만을 본연지성으로 본다. 기 속에 이를 넣어 생각한 것이다. 그러나 율곡은 '기발이승지氣發理乘之'라고 함으로써 기가 발한 다음 기 위에 이가 올라타 다스린다고 본다. 이것은 화담이 이해한 이에 대한 이해와는 매우 다르다. 화담의 이는 절대로 기를 타는 개념이 아니다. 다음으로 율곡은 '이통기국'이라고도 함으로써 결국 기를 개물에 제한되는 것으로 보고 만다. 결국 이를 보편적 그리고 기를 개별적 개념으로 떨어뜨리고 마는 결과를 초래한다. 그러한 기는 화담이 볼 때 현상

객형의 기에 불과하다. 화담의 기철학은 이와 같은 비교를 통하여 더욱 선명해졌다. 중국의 기 개념 그리고 심지어는 율곡의 기 개념에서 기는 고작 이의 배우자가 된 다음에 가부장제의 한계성 때문에 결국 이의 부속 개념이 되고 만다. 여기서 화담은 기를 이에서 이탈시켜 내어 한 단계 상위 개념으로 올려놓을 필요성을 절감했던 것이다.

화담은 '물物의 철학'(philosophy of thing)을 고찰해 보아야 할 필요성을 느낀다. 사물 인터넷을 연관시켜 기계 속에 기를 넣는 것을 상상해 본다. 이러한 화담의 기에 대한 이해는 임성주·최한기 그리고 수운에게로 그대로 이어진다. 임성주는 '청허담일지기淸虛湛一之氣'라 하여 윤리적 지선의 근거가 된다고 했다. 혜강 최한기는 신기의 경험에 따라 선악이 판명된다고 함으로써 성리학의 선악 개념에서 떠났다. 화담의 선천지기는 수운의 '지기'이다.

화담과 물의 철학

화담에게 기철학은 곧 물의 철학이다. 화담은 그의 글 '귀신생사론'에서 "비록 미세한 한 포기의 화초나 한 그루의 나무에도 기가 흩어지지 않는다"고 했다(『화담집』, 권 2, 342-343). 화담의 물철학은 서양의 유물론과는 매우 다른, 인간의 주관적 정신과 바깥 사물이 접촉되는 그러한 '합일점contacting point'과 같은 것이다. 선천 본 체계와 후천 현상계가 나뉘듯이 물의 세계도 '구체적으로 생성하는 물'과 '영원히 존재하는 물'로 나눌 수 있다. 기와 물은 표리관계와 같으며 화담의 기철학은 차라리 물철학을 설명하기 위해 있다고 할 정도로 물의 개념이 중요하다.

화담이 소강절에게 덕을 입고 있는 것도 바로 물의 철학이라고 할 수 있다. 강절은 물을 물 자체로서 보는 이른바 '이물관물以物觀物'을 말한다. 강절은 사물을 보는 관점을 '목관目觀'(eye of fresh), '심관心觀'(eye of mind) 그리고 '이관理觀'(eye of contemplation)으로 나눈다. 이는 선불교의 그것과 아주 유사하다. 목관이란 감각 경험적 눈으로 보는 것이다. 심관은 이성 관념적 눈으로 보는 것이다. 이관은 초월 명상의 눈으로 보는 것이다. 목관은 산을 산으로 보는 것이다. 심관은 산을 나와 다르다고 보는 것이다. 이관은 다시 산을 산으로 보는 것이다. 소강절은 목관과 심관은 미친 광인의 눈이요, 이관은 성인의 눈이라고 했다. 또 '정情'과 '성性'으로 나누고 목관과 심관을 정 그리고 이관을 성이라고 했다. 이 세 눈을 윌버는 전분별-전자아, 분별-자아, 초분별-초자아라 할 것이다.

'정情'은 항상 사물을 잘못 보게 한다. 그러나 바로 보려면 '정들어야' 한다. 정든 눈이 심관이다. 소강절은 심관을 '이아관물以我觀物'이라 하고, 이관을 '이물관물'이라고 했다.[8] 여기서 소강절이 더 철저하게 목관 역시 이물관물이라는 점을 지적했더라면 좋았을 것이다. 목관의 이물관물은 물을 객관적 대상의 물체로 보는 것이다. '이아관물'의 심관은 주관적인 나의 정으로 각색하여 물을 보는 것이다. 이관의 '이물관물'은 대상도 나도 모두 물로 용해되어 버린 것이다. 대상과 나 사이에 아무런 간격도 없는 인간을 물 속에 용해해 버린 경지이다. 이는 수운의 '吾心卽汝心'의 자리이다. 이물관물하니 내가 어찌 그 사이에 있겠는가? 이것은 나 역시 타인이요 타인 역시 나이다. 이 모두가 '물'임을 아는 것이다(『화담집』, 권 1, 「관물내」).

---

8 "이물관물은 성이요 이아관물은 정이다. 성은 공평하고 밝으며 정은 편협되고 어둡다" (『황극경세』, 「관물외」).

다른 인간과 내가 모두 물이라는 것이다. 그러나 물과 인간 그리고 인간과 성인 사이에는 차이도 있다. "물의 지극함이 사람이요, 사람의 지극함이 성인이다"(人也者物之至也, 聖也者人之至也)고 했다. 소강절의 이러한 말은 수운이 기가 지극해지면 하느님이 된다는 표현과 유사하다. 이러한 그의 종교적인 성격은 다음의 '복復사상'에서 더욱 뚜렷해진다. 동학의 '사람이 곧 하늘이다'하는 것의 배경이 된다. 도마복음 역시 인간 내면의 신이 있다고 할 때 그 배경에는 이러한 동양적 배경이 있다.

'복'사상이란 '物이 제자리로 돌아간다'는 사상이다. 물은 어디로 와서 어디로 가는 것이 아니다. 화담의 물은 목적론적으로도 기계론적으로도 움직이지 않는다. 물에는 영원회귀운동 자체만 있을 뿐이다(『화담집』, 권 1, 「유물음有物吟」). 화담은 자기의 호를 '복재復齋', 즉 '돌아가는 집'이라고 할 만큼 돌아감의 사상에 집착한다. 장재에 따르면 기는 '부득이 그러함'에 의하여 자연스런 회귀운동을 한다고 한다. '이물관물'이란 다름 아닌 물의 이러한 자연스러움을 있는 그대로 파악하는 것이다. 이에 대해 '이아관물'은 자기의 주관으로 자연을 조작해서 파악하려고 한다. 이런 점에서 데카르트 이후 서양의 인식론은 이아관물적이다. 이런 주장을 주관적 '대표설representaive'이라고도 한다. 자기의 주관을 대표로 하여 자기 주관에 비친 객관을 본다는 뜻이다.

성인은 자연에 따르나 광인은 자기 주관으로 조작해서 파악한다. 광인이 전분별적(A)이라면 성인은 초분별적(C)이다. 그런 의미에서 서양의 관념론은 광인의 짓이다. 물론 서양에 대한 이러한 이해는 수운에게도 그대로 이어져 수운은 서학을 두고 말에 순서가 없다고 했다. 서양의 합리성을 도리어 합리적이 아니라고 본 것이다. 서양의 자연관은 직선적이며 유일회적이다. '복'사상에 배반되는 사상이다. 서양의 자연관은 이아관물하는 광인의 인식주관이 조작해 낸 것이기 때문에 자연스럽지 못하다. 그래서 관념론의 오류란 곧 이아관물의 오류인 것이다. 이러한 화담의 '복'사상은 수운에게도 그대로 이어진다. 화담은 '복'사상의 기쁨에 대하여 다음과 같이 말했다.

나를 잊고 물로서 물을 볼 수 있으니, 내 마음이 곳에 따라 절로 맑고 따뜻해지네(『화담집』 권 1 「무제」). 여기서 '나를 잊고 물로서 물을 본다'(亡吾能物物)고 한 표현은 『대학』의 격물치지와 다를 바 없는 사상이다. 나를 잊고 물을 물 그대로 파악할 때 인간은 '구속 없이 자유스러움'이 된다고 했다. 그때 물과 나와의 관계는 바위에 긴 이끼와의 관계와 같다. 바위집에 음기가 배었으니 천 년된 이끼가 스스로 푸르네. 자아와 물이 일반인 줄 알았으니 생의가 구속이 없네(『화담집』, 권 1 「영대」).

여기서 화담이 이해한 기와 장재가 이해한 기 사이에는 차이가 있음을 발견한다. 화담의 경우 기는 우주 속에서 맴돌며 생기에 차 있다. 그리고 이러한 생기에 찬 우주 속에 자아를 합일시킴으로써 無구속적인 자유가 실현된다. 이 점에서 화담이 장재의 기계론적 기 이해를 넘어서는 점이 있다고 할 수 있다.

기를 운용하는 힘은 바로 '생명'이다. 물리적 에너지 같은 것이 아니다. 이런 면에서 서양 학자들이 장재의 기를 기계적 '에너지energy'로 이해하는 이유도 당연하다고 할 수 있다. 그러나 화담의 기는 유기체적 '생명life'이다. 그렇기 때문에 기가 허무에서 나왔다는 도가의 사상도 극복된다. 기는 유기체적 생명체이기 때문에 생명은 자기조직을 한다. 이것이 '기자이' 사상인 것이다. 임성주는 기를 '생의生意'라고 하여 화담의 기를

그대로 이어받았음을 발견할 수 있다. 화담의 '생명', 임성주의 '생의'가
그대로 수운에게 이어져 '지기'가 된다.

이제 물이 모두 제 나름대로 물로 되는 것, 그래서 다른 물이 다른
물을 방해하거나 훼방하지 않는 것을 '지止'라고 했다. 이럴 때 물과
나와의 관계는 '아는知之' 단계도 아니고, '좋아하는好之' 단계도 아니고
'즐겨하는樂' 단계인 것이다. 화담은 이러한 이물관물의 단계를 실현하는
방법으로 '지경관리持敬觀理'를 주장한다. 이 말은 '경을 지켜 이를 본다'는
것이다. 경을 가지고 이치를 관조한다는 것이다. 경이란 하나에 집중하
여 다른 데로 감이 없는 것이다. 경으로 기를 체득하려는 화담의 기철학
은 이미 종교적 단계에 이르고 있음을 의미한다. 이것이 수운에 오면
경은 바로 '천주'를 향한 모심侍인 것이 된다. 다음 화담의 말은 수운이
천주로 가는 길을 마련하고 있음을 알 수 있다. 화담은 다음과 같이
말했다.

주경하는 공부가 이루어지니 바야흐로 상제를 대할 수 있다(『화담집』
권 1 「증 보진암贈葆眞庵」).

물론 여기서 화담이 말하는 상제는 기독교에서 말하는 절대적 인격신
과 같은 존재는 아직 아니다. 그러나 경으로 하나에 집중할 때 만나게
되는 '일자'로서의 존재가 상제인 것은 분명하다. 이는 수운이 성·경·신을
통해 하날님을 만나는 것과도 같다. 수운의 경우는 화담의 경우보다
그 인격성이 더 선명해진다. 화담이 상제와 인격적인 대화를 했다는
기록은 물론 없다. 그러나 한국적 사유의 '원형'으로서의 '한'은 그 표면에
인격적 존재를 나타낼 만반의 준비를 이미 화담을 통해 하고 있었던

것이다. 화담에 의한 기의 메타화는 이와 같이 인격신 상제 또는 천주로 가는 길을 마련해 주고 있었던 것이다. 여기서 수운이 '성·경·신'을 말할 때 경은 인격신을 만나는 방법이었으며, 지기가 하날님이 되는 하나의 방편이 되기도 한다.

녹문과 혜강의 기철학

녹문 임성주(1711~1788)는 북한 학자들이 지적하는 대표적인 기철학자이다. 녹문은 수운의 '불연기연'이란 말을 방불케 하는 '막지연이연^{莫之然而然}'이란 말을 사용해 '그렇지 않기도 하고 그렇기도 하다'고 했다. 바로 이런 상태를 '비고 둥글며 성하고 크다'(虛圓盛大)고 했다. '그렇지 않기도 하고 그렇기도 한' 허원성대란 사물이 있다. 그것은 아득히 넓고 안과 밖이 없으며 끊어짐이 없고 닿는 데도 없고 시작과 끝도 없다. 그 전체를 밝게 융통하고 있는 것은 모두 생의^{生意}이니 그 유행함은 쉼이 없고 물을 낳음은 헤아릴 수가 없다"(『녹문집』, 권 19). '안과 밖이 없으며 끊어짐이 없다'는 표현을 수운은 「논학문」에서 '지기'를 해석하는 가운데 '허령창창'이라고 했다. 이러한 수운의 해석은 녹문이 허원성대를 해석한 개념과 유사하다.

자연은 전혀 외부의 힘으로부터 영향을 받지 않는 자기조직하는 힘과 의지를 가지고 있는 자기언급적인 것이 바로 '생의'이다. 우주 전체에 융통하고 있으며, 우주 자체가 가이아 같은 하나의 생명체로서 그 전체 속에 관류하고 있는 것이 생의이다. 이러한 의지를 지닌 생의가 수운에게 와서 準인격적인 '천주'로 변한다. 생의는 "한순간의 멈춤도 없이 자기운동을 지속한다(流行不息). 그리고 수많은 사물들을 산출함으로써 자신의 생의를 생명현상으로 드러낸다(生物不測)"(김현, 1983, 16). 여기서 수운의 지기와 녹문의 허원성대가 얼마나 유사한가는 분명해진다. 녹문의 '유행불식'은 수운이 '지기'를 풀이할 때 '무사불섭無事不涉' 혹은 '생물불측'은 '무사불명無事不命'이라 한 것과 같다. 녹문이 허원성대를 천·원기·호기·태허·덕·원·천지지심·도·건·명·제·태극·신·건 등으로 명명한 것은 체와 용으로 "나누어 분별해 본 것이고, 사실은 '하나인 것을 분별해 보았기 때문의 결과이다'(分別立名其實一也)"(『녹문집』, 제19권).

녹문은 조선 후기의 사상가로 지금까지의 동양 사상의 여러 개념을 '허원성대'라는 개념으로 종합화했으며 이를 '기'라고 했다. 앞에 열거한 녹문이 명명한 것들은 지금까지의 동양 고전에 흔히 나오는 주요 개념들이다. 그러나 이들 개념이 생명력을 잃고 그 원래 뜻을 상실하고 말았다. 그는 마치 해골에 생명을 집어넣어 활기를 돌게 하듯이 '생의'라는 개념을 도입한다. 생의는 어느 한 곳에 멈추어 고정되어 있지 않고 생성의 전 과정 그리고 현상화한 개개 만물에 침투해 있다. 어느 사물에나 갖추어져 있는 생의를 특히 '신神'이라고 했다. 아마도 수운의 '천주'는 녹문의 '신'에 인격성을 더 부여한 것에 불과하다 할 정도로 그 근접성을 가지고 있다. 수운에게는 천주의 두 측면이 바로 '내유신령內有神靈'과 '외유기화外有氣化'이며 이는 녹문의 '신' 개념도 지니고 있다.

수운이 서교를 보고 평한 것은 안으로는 신령스런 것이 없고(내유신령), 밖으로 기가 변화하는 모습이 없다(외유기화)였다. 과연 수운이 도마복음을 보았을 때도 같은 말을 했을까 상상해 본다. 도마복음은 기철학과 그 틀에 있어서는 같으나 그 틀에 령과 기를 불어 넣지는 못하고 있다 할 것이다. 수운의 말은 북애자가 인격 주제신을 뒤로 하고 조물주나 정령을 부른 것과 같다 할 수 있다.

녹문은 '流行不息'과 '生物不測'이 어느 주재자나 이법의 명령을 받아서 작용하는 것이 아니라, 스스로 자기조직하는 자연의 힘이며 내재적 기능에 의해 그렇게 될 뿐이라고 보았다. 그래서 수운과 같은 命, 帝, 太極 같은 말을 녹문이 설령 사용했다고 하더라도 이는 '그렇지 않기도 하고 그렇기도 한'(莫之然而然) 이른바 자연인 그 자체일 뿐이다(같은 책). 그러나 수운도 같은 '不然其然'을 말하고 있음에도 불구하고 글의 끝에서 '조물자'의 뜻과 의지에 눈을 돌렸다. 녹문도 만물의 다자가 돌아가야 할 '하나', 즉 '한'을 말하고는 있으나 수운은 이를 인격화된 '하는님doing God'으로 말하고 있다. 그리고 한의 그 작용성인 '하'인 동시에 하나와 여럿으로서의 한이다. 이러한 한의 특성을 기가 가지고 있다.

녹문은 E-형 包含의 논리로 기를 설명하고 있다. 즉, 기는 유한하나 제한되지 않는다는 논리를 두고는 "물고기가 물속에 있지만 물고기 장 속에도 물이 있다"(漁在水中而腸裏皆焉水)(같은 책)고 했다. 이는 전형적으로 包涵이 아니고 包含이다. 녹문의 이 말을 알랭 바디우는 'in-ex-ist'라 한다. 包含의 논리에 근거하여 녹문은 그의 독특한 '기일분수설氣一分殊說'을 주장한다. 주자가 '이일분수설理一分殊說'을 주장한 바 있지만 '기일분수설氣一分殊說'은 녹문이 처음이다.

'기일氣一'은 지금까지 없던 새로운 것이다. 녹문은 이의 보편성을 부정하고 그 자리에 '기일'이란 기의 보편적 일자를 주장한 것은 그가 처음이다. 종래의 기철학에서는 기의 성질, 즉 청탁후박에 따라 삼라만상이 생겨난다고 보았으나 녹문은 이러한 이전의 기 개념을 전면적으로 수정하여 기는 순수한 하나의 '일자'인 기로서 이를 '일기一氣'라 했다. 그것이 바로 허원성대이다. 여기에 오물이 있다고 하자. 그때 종래의 기철학은 오물로서의 기의 본질적 '성질'이 있기 때문이라고 했다. 그렇다면 그러한 오물이 곡물에 들어가 먹을 수 있는 양식이 되는 것을 어떻게 설명할 것인가고 묻는다. 그렇다면 같은 一氣가 오물 속에서는 탁기로 그리고 곡물 속에서는 청기가 된다고 말할 수밖에 없다는 것이다. 그래서 하나의 허원성대로서의 일기가 여러 다양한 기로 '기능적'으로 바뀐다고 말할 수밖에 없다는 것이다. 그러나 녹문은 기는 청탁후박의 질적인 높낮이의 차이가 있는 것이 아니라고 보아 오물의 기도 곡식 속에 들어가 면 곡기가 될 수 있는 것과 같이 구조의 변화에 따라 만물이 달라진다고 본 것이다. 여기에 기일분수설이 나오는 배경이 있다. 도마복음 3장, 51장, 77장 그리고 113장 등에서 신의 편재성을 말하고 있다. 그러나 오물을 먹은 곡식을 먹는 것이지 오물을 직접 먹는 것이 아니다. 그래서 도마복음과 장자의 말도 기의 편재성을 전제하는 것이어야 할 것이다.

녹문은 어떤 보편적인 것도 없는 일기가 스스로 자연히 자기조직을 해나갈 뿐이라고 한다. 기가 지닌 E-형 논리적 구조 때문에 자기조직이 가능한 것이다. 이러한 녹문의 주장은 수운이 지기를 말할 때 그것이 어디나 스며들지 않는 데가 없다고 한 지기의 '무사불섭'과 일치하는 부분이라 할 수 있다. 그리고 이것은 도마복음 77장과도 상통하는 부분이 다. '무사불명'에 따르면, 일기가 나무에 명을 주면 나무가 되고 돌에 명을 주면 돌이 된다. 그래서 나무의 기는 청하고 돌의 기는 탁하다고 말할 필요가 없다. 기의 자기조직 하는 의지를 생의에 따라 다르게 나타나는 것일 뿐이다.

이러한 녹문의 기이해는 주자·율곡과도 다르고, 도마복음 안의 거친 표현들을 순화시키는 데도 도움이 된다. 주자는 기란 청탁후박에 따라 차이가 있다고 보아 전체로서의 기는 하나이지만 상이한 기의 종류, 즉 청탁후박의 '정도'에 따라 기에는 편차가 있기 마련이라고 보았다.

그래서 그는 '기본질론氣本質論'에 가까운 사상을 가지고 있었다. 사물에 따라 다른 기의 본질이 있다는 것이다. 이러한 기의 편차에 따라 인간도 현·불초·부귀·빈천·수명·도덕성에 정도의 차이가 생긴다고 보았다. 율곡 역시 기에는 하나의 일기가 있을 수 없다고 보았다. 율곡의 이러한 사상은 그가 화담을 비판한 글에 잘 나타나 있다. "화담은 담일청허한 기는 없는 경우가 많다는 사실을 몰랐다"(『태극도설해』), "화담은 일기가 영원히 있다고 보았는데 기를 이로 착각하는 병폐이다"(『율곡전서』, 권 10)라고 율곡은 화담을 비판했다. 율곡이 말하는 의도는 기란 편차와 정도의 차이가 있어 보편적일 수 없다는 것이다. 그리고 기는 편차에 따라 본질이 청탁후박으로 나누어질 수밖에 없다고 보았다. 그러나 녹문은 이러한 율곡의 기 이해를 비판하여 허원성대의 하나의 기는 그 본질이 모두 같으며, 다만 그 구성이나 구조에 따라 다르게 나타날 뿐이라고 했다. 수운의 지기는 녹문의 이러한 기 개념에 가깝다. 여기서 남은 문제는 녹문이 기와 신의 관계를 말하고 있는 부분이다. 녹문은 기가 스며들어 각개의 사물이 가지고 있는 다양한 기능을 모두 '神'이라고 보았다. 이러한 '신'의 개념은 동학에 와서 천주의 개념과 유사해진다.

하늘과 땅, 사람과 사물에는 단지 하나의 신이 있을 따름이다. 하늘에 있어서는 그 능히 쉬지 않고 운행하며 만물을 낳는 것이 이것이요, 땅에 있어서는 그 능히 하늘의 베품을 이어 만물을 기르는 것이 이것이요, 사람에 있어서는 그 능히 자신의 몸을 주재하여 다양한 행위를 하게 하는 것이 이것이다. 조수가 능히 달리고 날아가며 도망하고 치닫는 것, 초목이 능히 피고 지고 꽃 피우고 시드는 것, 기물이 능히 닫히고 열리며 이루어지고 부서지는 것에 이르기까지도 이 신이 하는 것의 골자가 아님이 없다(『녹문집』,

권 4, 「답 맹성백」).

현대 물리학에서 빛을 명사로 보았을 때는 '입자'이고, 동사로 보았을 때는 '파동'이다. 19세기까지만 하더라도 이 둘을 분리하여 보았다. 그러나 20세기 과학의 큰 공헌은 빛을 '입자'이면서 '파동'으로 동시에 보는 것이다. 이러한 이유는 빛은 매체 없이 자기 자신이 자기에게 매체가되는 자기언급적 현상 때문이라고 했다.

자기언급성 때문에 입자와 파동은 상보하는 이중성을 보인다. 녹문은 빛의 경우 명사로 본 것을 '기'라 하고, 동사로 본 것을 '신'이라고 한다. 입자와 파동이 서로 상보하듯이 기와 신은 서로 상보할 수밖에 없고 둘이면서 하나이고 하나이면서 둘이다. 도마복음 안에서 둘이 하나라는 장들은 4, 11, 21, 22, 23, 30, 37, 46, 47, 48, 50, 106과 비교된다. 단위 주제로는 가장 많은 양을 '둘이 하나'에 배당하고 있다.

녹문은 기를 일컬어 '양능良能'이라고도 했다. 이는 맹자에 나오는 구로서 스스로 됨됨을 의미한다. 즉, "기 스스로 자기조직하는氣自爾" 바 자기언급적 표현의 다른 말이라고 할 수 있다. 그리고 다시 기는 '재材'라 하고 신은 '심心'이라고 함으로써 신에게 가벼운 인격성을 부여하고 있다. 우리는 여기서 녹문사상은 마치 동학의 전령사 같이 보일 정도이다. 그가 풀과 나무에 꽃이 피고 지는 이 모든 것을 생의로서 신의 작용이라고 본 것은 나중에 해월이 새 울음소리도 하날님의 소리라고 한 말의 전령사와도 같다. 수운보다 100여 년 전에 살았던 녹문은 이렇게 수운의 기개념의 기초를 놓았다고 볼 수 있다.

녹문에서 수운으로 넘어가기 전에 혜강 최한기(1803~1877)의 기사상을 고찰하는 과정이 중요하다. 혜강은 '기' 대신 '신기神氣'라는 말을 사용했다. 기에 '神'을 붙인 이유는 "활동하는 기의 신령스럽고 오묘함을 나타내기 위해 억지로 이름을 붙여 신이다"(活動運化之靈 强名曰神: 『氣學』, 권 2, 37)고 불렀는데, 그의 신 개념이 아직 인격신까지 이르지는 못했지만 수운의 천주에 근접한다. 그에게 있어서 신은 신비하거나 형체가 없어 알 수 없는 무엇이 아니라, 형체가 있고 알 수 있는 것으로서 역사적으로 그 개념이 발전해 온 것이다. 혜강은 인간이 처음에는 대상에 대해 그 원인을 몰라서 '신'이라는 말로 표현했지만 현상의 수많은 단서나 조짐을 통해 '신'을 구했다고 한다. 그래서 그는 이 '신'을 "살아 있는 기가 움직이고 변화하는 능력"(氣之能 曰神)으로 파악했다.[9]

한국의 기氣개념과 신神의 관계는 화담으로부터 혜강을 거쳐 점차 인격신과 가까워진다. 그리고 그 연유는 한국의 선맥에서는 기와 신은 분리되지 않는 데서 찾아야 할 것이다. 그러나 중국에서는 춘추전국시대라는 차축시대를 거치면서 분리현상이 심하게 일어났다. 그러나 두 개념은 한국에 와서 결합되기 시작한다. 중국의 이理, 기氣 개념은 한국에 들어와 한국적 성리학으로 탄생한다. 기氣와 인격신은 서로 소용돌이를 점진 반복하는 과정을 거친 후, 동학의 '하느님' 개념을 만든다. 화담과 임성주 그리고 최한기는 모두 수운이 나타나기를 준비하는 과정에서 한 역할을 담당했다고 할 수 있다.

드디어 동학에 이르러 기는 지기가 되며 만물 속에 제 모습으로 그 정체를 드러내기 시작한다. 그것이 다름 아닌 기가 '천주'와 만나 인격화되는 과정이다. 이 전 과정을 논리소로 볼 때, 고아정-위천주-시천주에 이르는 전 과정이다. 이는 곧 전분별-분별-초분별로 이르는 길이다.

---

9 최영진, 『氣學』 권 1, 5 (2000), 243.

궁극적으로는 신을 이해하는 과정에서 전/초오의 오류를 범하지 말아야 한다는 것이다. 도마복음은 단편적 예수의 어록을 모은 것이다. 거기에는 E-형 가족이 될 수 있는 3대 조건들이 동양의 제 문헌에서와 같이 체계적이지 않다. 그러나 단편적으로 모아 논리소에 따라 정리를 하면 제 조건들을 갖춘 것을 발견한다. 이에 동학의 3대 주문의 논리소와 구조는 도마복음 이해에 도움을 준다.

수운의 '지기至氣'의 '至'란 기가 세 번째 과정, 즉 초분별적 과정에 도달했음을 의미한다. 수운도 지기란 '지극'함이라고 했다. 지극함이란 기가 만물 속에 스며들어 기가 나타나 명하지 않는 것이 없는 상태여서 만물과 기 사이는 보이면서도 보이지 않고, 분리될 것 같으면서도 분리되지 않는 관계이다. 그리고 '천주'와 '지기'가 하나가 되어 만물 속에 천주가 나타나지 않는 곳이 없는 상태이다. 새소리 그리고 베 짜는 여인이 모두 하나님이 된다. "사람과 물이 같이 살아 숨 쉬는 것"(人與物之瑞息)이며 모두가 하날님 속에 그 뿌리를 두고 있다. 그래서 기와 같아진 천주 혹은 하날님은 만물 속에 스며들지 않는 곳이 없으며 무엇이나 명하지 않는 것이 없다. 이것이 도마복음 50장을 이해하는 배경이다.

다산 수운을 '만사의'로 인도하다

수운이 18년 동안 돌아다니면서 서학과 서교의 소식도 듣고 일반 사람들이 생각하고 있는 내용을 관찰한 결과 바로 유도도 불도도 그리고 서교도 역사와 자연을 결합시키지 못하고 있다는 결함을 발견한 것이다. 그래서 그는 자신의 경신년 체험 이후 그 경험의 내용을 주문화하여 3대 주문 속에 함축시켰다. 그 이전의 스승주문은 3대 주문을 응축시켜 놓은 것이다. 초학주문의 '고아정'을 스승주문에서는 '령아^{令我}'라 했다. 자기언급이 스승과 제자 주문 모두에 들어 있다. 20세기 서양에서 하이데 거·틸리히·화이트헤드 등이 '존재자체'의 자체권이 사상의 전면에 끌어 내는 원인도 모두 자기언급의 중요성 때문이다. 도마복음 3장에서 비롯하 여 거의 전편에서 가장 강조하는 것이 자기언급이다. 수운의 자기언급은 내면에 갇힌 자폐증상적인 것이 아닌 사회변혁 운동을 이끄는 원동력이었 다. 그리고 신관에 있어서는 인격과 비인격의 균형을 조화롭게 했다. 거기에는 논리소들 간의 일관성이 있었다. 그래서 동학과 도마복음은 '치유의 원리^{heuristic principle}'이다.

서교는 이러한 신관의 치유적 원리로 작동되기에는 그 시효가 다했다. 실학의 정다산만 하더라도 자연의 비인격적 존재를 '창창유형지천'이라 고 했고, 역사 속의 인격적 존재를 '영명주재지천'이라고 했다. 이러한 구분은 마테오 리치에게서도 나타난다. 마테오 리치는 자연의 창창유형 지천은 인격신이 아니기 때문에 주재지천을 택해야 한다고 했다. 마테오 리치처럼 "다산은 천의 본질적 의미를 주재지천에서 찾았으며, 이 천의 주재자를 상제라 하고 창창유형지천은 토지·물·불 등의 자연과 같은 품격으로 보았다"(금장태, 1984, 84-85). 다산은 신을 인격적 주재자로 파악하는 데 주력, 성리학의 비인격적 이기^{理氣}에 대응하려 했다. 다산의 다음 말은 그가 동양 전통의 비인격 천을 배격하고 인격으로서의 천을 도입하려 했다.

해와 달, 별이 돌고 사시가 어김이 없고 우레가 일고 비, 이슬이 내려서 온갖 물건들이 늘어 퍼진다. 역시 이것이 말없이 스스로 주재하고 있다. 만일 이가 나타난 것이라고 말한다면 이는 앎이 없으므로 말하려고 해도

말할 수 있을 것인가?(『여유당전서』, 2-15, 15)

수운과 같이 다산도 사시사철의 조화를 인격적 존재의 소행으로 보았다. 이런 생각은 이미 공자도 가지고 있었다. 즉, 공자 역시 "사시가 운행하고 백물이 생성한다. 하늘이 말을 하느냐"(『논어』, 「양화편」)고 했다. 공자의 이 말에 대하여 주자는 "사시가 운행하고 백물이 생성하는 것은 천리의 발현유행의 실이 아닐 수 없다"(『논어』, 「주자주」)고 했다.

주자는 사시의 변화를 두고 비인격적인 '천리天理' 때문이라고 했다. 그러나 다산은 천리天理의 '理'란 앎의 작용이 없기 때문에 그런 이가 우주를 주재한다는 것은 불가능하다고 본다. 그리고 "본래 이는 앎이 없으므로 말하려고 해도 말할 수 없다"고 했다. 다산의 이 말 속에는 영명주재지천을 통해 인격적 의지를 나타내 보여주려는 것이 들어 있다고 할 수 있다(한종만, 1979, 128). 다산은 직접적으로 "조화발육의 근본은 황천 상제"(『여유당전서』, 2-36, 18)라는 말로 뚜렷하게 밝혔다. 이런 다산의 말 속에는 조화의 주체는 상제이며 그 상제는 영명한 신으로서 이 세상을 살피는 가운데 조화가 이루어짐을 말하고 있음이 분명하다(이성춘, 1991, 114). 다산의 이러한 생각은 「포덕문」에서 사시사철의 변화를 천주의 조화로 보는 수운의 생각과 상통한다.

다산은 자연으로서의 '하늘'[天]과 인격자로서의 '천주天主'를 구별한다. 그래서 전자를 '창창유형지천'이라 하고, 후자를 '영명주재지천'으로 구별한다(『여유당전서』, 제1집, 권 8; 『중용』, 제30장). 여기서 인격신을 의미하기 위해서 '주재主宰'란 말과 '영명靈明'이란 말을 사용한다. 먼저 주재란 '만물을 두루 다스린다'는 뜻으로 인격신을 전제하고야 가능한 말이다(최동희, 1988, 162). 그러나 다른 한편 '주재'란 말은 중국의 성리학자인 정이천과 주자도 사용한 바 있다. 그러나 정이천이 말하는 '주재'란 '하늘'을 의미하고, 하늘은 곧 '도道'이기 때문에 인격신을 두고 하는 말은 아니다. 그러나 다산의 경우 주재란 "의지적으로 다스린다"와 같아 '인격적'이다. 그런데 주자의 경우 천이란 '이법'이지 인격신적이 아니다.

'靈明'에서 신이 體로 나타난 것이 '靈'이고 用으로 나타난 것이 '明'이다. 그래서 영명은 신의 체용의 양면이라 할 수 있다. 그런데 다산은 이를 인격화하여 "영명은 사람의 마음을 바로 뚫어보므로 아무리 숨은 것이라도 살피지 않음이 없고, 아무리 작은 것이라도 밝히지 않음이 없다"(같은 책)고 했다. 심지어 영명은 사람이 방 안에서 모든 것까지도 다 보는 것이기 때문에 사람이 이것을 알면 삼가 두려워하지 않을 수 없는 것이라고까지 했다. 그러나 다산이 서학 또는 서교를 받아들인 한계는 분명하다. 한 세기 반이 지난 지금 시점에서 볼 때 환경파괴의 주범인 뉴턴-데카르트적 세계관을 거의 이상화했다는 것과 서교의 신관을 유교에 대입시키는 마테오 리치의 보유적 방식으로 도입하여 중세기 스콜라 신학의 인격 신관과 초월신관에 대한 비판적 인식이 박약했다는 점을 지적하지 않을 수 없다.

그래서 다산은 동양 전통 속에 있는 기와 같은 비인격적인 요소들을 받아들이는 데 약할 수밖에 없었다. 즉, "유교 경전 속에 나타난 상제의 인격신적 성격의 표현을 긍정적으로 받아들였으나, 그 반면 태극이나 이의 개념을 천주와 전혀 관련시킬 수 없는 하위 개념으로 거부했다. 여기서 유교와의 논쟁이 필연적이었다"(금장태, 1993, 1250). 금장태의 이러한 지적은 바로 수운의 등장을 예고하는 것이다. 다산의 서교관의 한계는 비인격적 동양 사상의 바탕에 대한 이해가 결핍되어 있는 것이며, 이는 다산의 서학에 대한 맹목적 신봉 때문이었다.

다산의 서학에 대한 태도는 수운과 얼마나 달랐던가? 다산이 서학에 대해 거는 기대는 그가 오학론五學論10을 비판하는 데 그대로 나타난다. 오학이란 다산이 살았을 당시 사회적으로 폐단을 조장했던 다섯 가지 학을 이르는 말이다. 성리·훈고·문장·과학·술수학이 그것이다. 그 가운데 술수학은 점성학·풍수도참설·복무·관상 같은 것으로서, 다산은 오학 속에서 주류 학문이었던 성리학과 일반 민중들이 가지고 있던 무속적인 것들을 포함시켜 아울러 배척했다. 다산은 뉴턴-데카르트적인 세계관을 무비판적으로 수용하여 주자학의 틀을 깨고 나오는 동시에 민중 속의 비과학적인 요소들도 배격한다. 실로 그는 1960년대에 하비 콕스가 말하는 자연의 비신비화를 통해 조선 후기 사회를 '세속도시'로 가게 하려 했던 것이다(김상일, 1975, 28). 베버가 동양을 주술과 마술에 걸려 있는 것으로 보았다면, 다산은 서학을 받아들여 주술과 마술을 타파하려고 했다. 심하게 말해 다산은 오리엔탈리즘에 심취해 있었다. 다산은 A-형 같이 보이고 뉴턴-데카르트적 세계관을 가졌던 것처럼 보인다. 그런 점에서 다산은 차축시대 가치관을 담지하고 있었다. 그는 포스트모더니스트가 아니었다. 다산이 '지기'와 '영부' 같은 수운의 가치관을 수용할 것은 기대할 수 없다. 다산이 비판한 것들 가운데는 수운에 의해 재평가받고 있다. 그런 점에서 수운은 원시 주술적인 비합리적인 것을 수용했다. 그런 면에서 포스트모던적이었다.

다산은 조선 후기 실학자들은 성리학자들에 의해 숨겨졌던 인격신관을 재발견하는 데는 성공했다. 물론 같은 실학자들 가운데 이익이나

---

10 오학이란 다산이 생각한 사회적 병폐를 조장하는 학문을 두고 하는 말로서, 이른바 미신까지 포함시켰다. 다산의 이러한 오학에 대한 단죄 역시 그가 19세기 서양 학문의 패러다임으로 재단한 것이라 볼 수 있어서 비판의 여지가 있다.

안정복 그리고 신후담 등은 인격 신관에 대해 거부하기는 했지만 말이다. 즉, 다산의 경우는 잊혀진 인격신 상제를 서교를 통해 다시 찾아냈다. 그러나 수운은 경우가 달랐다. 일단 수운은 다산과 율곡의 사상을 부분적으로 물려받는다. 후자로부터는 기사상을 그리고 전자로부터는 인격 신관을 물려받는다. 그러나 수운은 서교의 신을 두고 한마디로 말해 '기화지신'이 없다고 비판한다.[11] 다산이 비판 없이 서교의 신관을 받아들인 것과는 대조적이라 할 수 있다. 다산이 무와 선층의 요소들을 그의 오학론 비판 속에 넣어 파기한 데 대하여 수운은 그런 요소들을 수용한다. 그의 어릴 적 이름이 '복술'이라고 한 데서 나타난 바와 같이 그는 무적인 요소들을 모두 받아들였다. 윌버는 수운의 이러한 것을 두고 '초인격적 transpersonal'이라 한다.

그러나 수운은 서학과 서학의 기틀 자체를 부정하고 동학을 세우려 한다. 수운은 민중의 무속적인 요소를 배격하는 것이 아니라 수용하면서 승화시켜 나간다. 다산이 버린 오학을 수운은 다시 줍는다. 마치 예수가 그리스 철학자들이 버린 원시적인 것들을 다시 줍듯이 말이다. 바울은 이를 두고 "유대인들에게는 비위에 거슬리고 이방인들에게는 어리석게 보이는"(고전 1:23)이라 했다. 도마는 바울의 이 말에 일견 동의할 것이다. 그러나 바울이 예수와 재임과 부활을 강조한 데는 반대할 것이다.

화이트헤드 역시 서양 전통 철학이 타기시한 감정feeling을 인식적 경험의 주요한 요소로 삼았다는 데 그의 철학적 특징이 있다. 이는 수운이 초학주문에서 '고아정'에 방점을 둔 것만큼 중요하다. 그래서

---

11 수운은 자신의 신을 가리켜 "밖으로는 영과 접하는 기운이 있으며, 안으로는 강화의 가르침이 있다"고 했다(「논학문」).

그는 현대과학이 데카르트적인 세계관보다는 원시적인 데 가깝다고
했다. 여기서 우리는 다산에게서 발견할 수 없는 '지기'와 '천주'의 대립이
아닌 양립관계를 수운에게서 발견하게 되며, 바로 이 문제를 통해 화이트
헤드의 '창조성creativity'과 '신'이 상호 관계가 있다. 화이트헤드의 '창조성'
은 수운의 '지기'이고 원시적인 것이 가득 차 있는 창고와 같다. 그리고
그 무엇보다 이는 논리소 허={ }와 공={∅}에 해당한다. 도마복음 전편에
흐르고 있는 물결은 공집합 기호일 것이다. 화이트헤드는 그의 *Religion
in the Making*(『형성도상의 종교』)에서 공집합의 담지자는 고독자라 했고,
도마복음은 42장에서 이를 '방랑자'라 했다.

　　중국 정부는 기철학 운동을 수용하지 못한다. A-형 마르크스 사상과
의 부조화 때문이다. 파룬궁 운동을 허용하지 않는 이유도 바로 마르크스
가 역사와 사회 그리고 인간의 계급문제에 주력한 데 대하여 파룬궁이
자연과 우주의 에너지인 생명 '문화' 등으로 관심을 돌리려는 데 있기
때문이다. 1999년 7월 22일 파룬궁을 反사회단체로 규정하고 핵심인물
의 체포 및 관련 서적과 비디오테이프를 압수 소각했다. 그리고 2000년
4월에는 파룬궁 회원이 대학에 진학하는 것까지 막고 있다. 이는 '역사'와
'자연' 그리고 '정신'과 '생명'이 조화를 이루지 못한 현상 때문이다. 인격적
인 것과 비인격적인 것의 갈등이라 할 수 있다. 그러나 우리는 이미
200여 년 전에 수운이 있어서 남북이 다 동학을 수용하게 되었다. 그런가
하면 지금의 기독교를 대체할 만한 도마복음을 접할 수 있다는 것은
다행이라 아니할 수 없다.

부록

/

A-I 시대의 노(老)-아(兒)

이 [부록]은 책 전편에 걸쳐 연관이 된다. 책의 내용을 두 단어로 요약하면 '조물주' 혹은 '조화옹'과 '아이'이다. '조화옹'을 '어른$^{Adult-老}$'과 '아이$^{Infant-兒}$'로 대비시키면 'A-I와 노老-아兒'가 될 것이다. 그래서 [부록]의 제목을 "A-I 시대 노老-아兒"로 하였다. 하라리는 미래 종교을 데이터교라고 하면서 신은 '호모 데우스$^{Homo\ Deus}$'라고 했다(4장). 그러나 필자는 미래의 종교는 동학의 배경으로 하는 '호모호모^{HomoHomo}'라 한다. 'A-Homo'는 조물자 혹은 '조화옹^{造化翁}'으로 생리적 나이가 아닌 '어른-老-Adult'를 의미하고, 다른 'I-兒-Homo'이다. 이 책은 동학과 도마복음 안의 '아이'에 관한 내용과(3장) '조물주' 혹은 '조화옹'에 관한 내용(6장) 일색이었다. 이 둘이 윌버가 말하는 전/초오를 범하고 있다는 것이다. 그래서 여기서는 한 기제 장치를 통해 오류를 시정하고 'A-I 시대 호모(老)호모(兒)'를 모색할 것이다.

위버^{Über} 윌버^{Wilber}

윌버가 제시한 3원 8소는 새로운 신을 발견하는 장치이다. 그러나 동양에서도 이 문제에 있어서 다른 장치를 가지고 있었고, 그것을 사람의 생명을 다루는 의학과 음악에 주로 적용하였다. 그래서 윌버 너머(Über) 호모호모로 가는 세 장치를 제시하려 한다. 도마복음에 비해 동학은 3대 주문을 통해 호모호모로 가는 길을 잘 마련해 놓았다. 도마복음은 어록 중심으로 산만하게 글들이 따로인 것 같지만 동학의 틀로 이들을 틀잡을 수 있을 것이다.

『부도지』는 마고와 두 딸, 네 아들, 네 딸들이 모두 율려로 지어졌다고 한다. 마고 가족들을 포함한 다른 만물이 모두 율려^{律呂}의 소산^{所産}이지 결코 피조물을 초월해 있는 창조주^{創造主}가 아니다. 그런 의미에서 마고를 비롯한 다른 존재들은 모두 조물주(자)이지 천주와는 거리가 멀다. 플라톤은 데미우르고스, 즉 조물주가 수의 비례로 우주를 창조하고 자기도 그것으로 만들어졌다고 한다. 그리고 그의 거주처는 정12면체라고 했다. 신이 황혼의 어둠 속으로 사라진 이때, 우리에게 내일의 태양은 바로 우리 '바탕 무의식'인 '뇌' 속에 잠재돼 있다. 그래서 데자뷔와 자메뷔를 동시에 만들어야 한다. 다시 말해서 '기억은 나지 않으나 친숙한 데자뷔'와 '기억은 나지만 친숙하지 않은 자메뷔'로서의 신을 발견해야 한다. 이에 동학의 3대 주문들과 도마복음의 '어록'들이 그 역할을 할 것을 기대한다.

그러나 아무리 그 내용이 좋아도 기제 장치가 적합하지 않으면 두 가지 '뷔'를 성사시킬 수 없다. 한마디로 말해서 '기제 장치'가 필요하다는 말이다. 그래서 각 개인의 '0.바탕 무의식^{Ground Unconscious}'은 각양각색이지만 기제장치를 같이 하면 공동의 신을 발견할 수 있다. 3~4세기 교부들은 그리스 철학을 기제장치로 삼아 그 당시로서는 탁월한 신을 사람들에게 제시할 수 있었다. 그 기제 장치라는 것이 A-형이었다. 그러나 그 운이 다해 쓸모없게 되었다. 이에 그동안 A-형의 박해 속에서 감춰져 있던 또 하나 다른 E-형이 있었다. 이미 많은 전령사들이 이 논리를 사용하다 박해와 화형까지 당했다. 동양에서는 E-형을 다방면에 걸쳐 발견, 이를 사고와 생활 전반에 가져와 주도적이게 했다. 실생활에서 가장 두드러지게 나타난 곳이 음악과 의학이다.

세계 신화들 가운데 인간과 만물이 음으로 되었고, 심지어는 신도 음에 의해(by), 음을 위해(for), 음의(of) 존재라는 것이 철저한 우리 민족 고유한 창세관이었다(6장). 그러한 존재를 '조화옹'이라 한다. "성중의 사방에 네 명의 천인이 있어 관管을 쌓아 놓고 음音을 만드니…"(『부도지』 1장) "오직 8려의 음만이 하늘에서 들려오니… 마고가 궁희와 소희를 낳아 두 딸에게 5음7조의 음절을 맡아 보게 하였다"(2장) "…비로소 역수曆數가 시작되었다"(3장). 지구상 어느 민족 국가에 그것이 창조 신화이든 설화이든 '음'이 근원이고, 신도 인간도 다른 만물도 모두 이 음에서 나왔다는 예는 찾아보기 힘들다.

이에 대한 논리적 그리고 이론적 뒷받침하기 위해서는 멱집합을 율려에 연관시켜야 한다. 역의 양과 음을 음악에서는 각각 율律과 려呂라 한다. 즉, '율'은 양이고 '려'는 음이다. 그래서 먼저 멱집합을 율려와 연관시켜야 한다. 집합론과 역을 연관시키는 데 주요한 관건은 집합론을 구성할 때 칸토어는 물건이 '담김' 항아리와 '안 담김' 항아리를 나란히 놓고 담김에서 안 담김으로 물건을 옮기는 방법으로 수를 셈하는 획기적인 방법을 고안했으니 바로 이것이 집합론의 출발이고 시작이다. 역은 원래 점치는 정인들이 점을 칠 때 사용한 도구였다. '비가 옴'과 '안 옴' 전쟁에서 '승리할 때'와 '패할 때'… 등 수많은 이진수를 만들어 그것들 간의 결합으로 괘를 만들었는데 그 방법이 2^n 방법이다. 그런데 칸토어는 안 담김에는 표시를 안 해 준 반면에 역에서는 그것을 '음'이라고 하여 '양—', '음——'으로 표시해 준다. 그러면 칸토어의 집합론은 음과 양과 연관하여 아래와 같이 나타낼 수 있다.

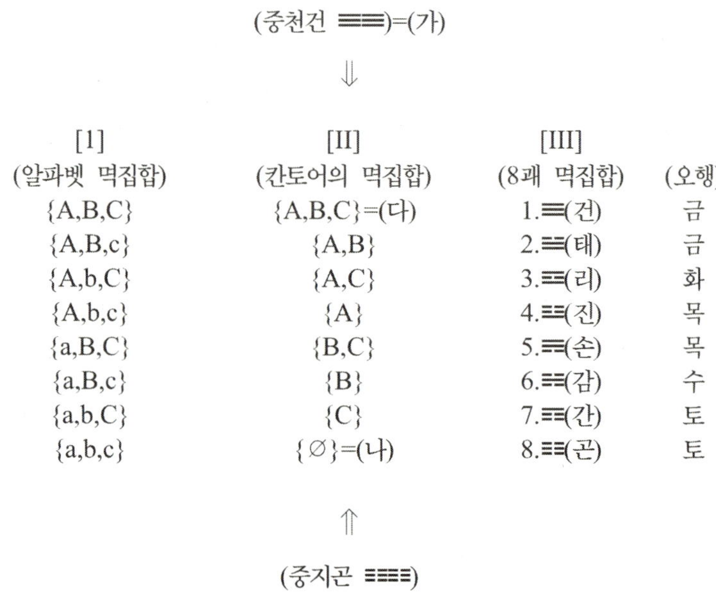

[도표 부.1] 칸토어의 멱집합과 8괘 멱집합도

먼저 표기법에 있어서 알파벳은 우향으로 적는데 역에서는 효를
상향으로 적는다. 다시 말해서 알파벳의 좌→중→우가 괘에서는 하
→중→상의 순서이다. [III]가 전형적으로 칸토어가 표시한 멱집합으로
소문자(안 담김)은 표시를 안 해 준다. 그러나 역에서는 다 '안 당김'을
☷☷(곤)과 같은 것으로 다른 괘들과 동등하게 표시해 주었는데 칸토어
당대의 수학은 이에 무지한 상태였다. 역과 집합론은 동일한 발상에서
시작하지만, 칸토어가 당시 서양 문화 전반에 걸친 대칭에 대한 무지과
거부감 때문에 그 결과가 수학에서 이렇게 나타났다.

그러면 이들 8개 부분집합들과 괘 전체를 포함하는 괘가 있어야 하는데 그것이 다름 아닌 '중천건▤'과 '중지건▤'이다. 이것 역시 대칭적이다. 어머니 괘를 주대에는 전자라 했고, 그 이전의 은대에는 후자라 했다. 심지어 하대에는 7.☶(간)이라고 한다. 동학에서는 6.☵(감)이라 한다. 이렇게 8괘에서는 중앙이 사라지는 탈중앙화가 그 특징이다. 이러한 탈중앙화의 특징은 다음 정6면체 속의 배열에서 두드러지게 나타난다.

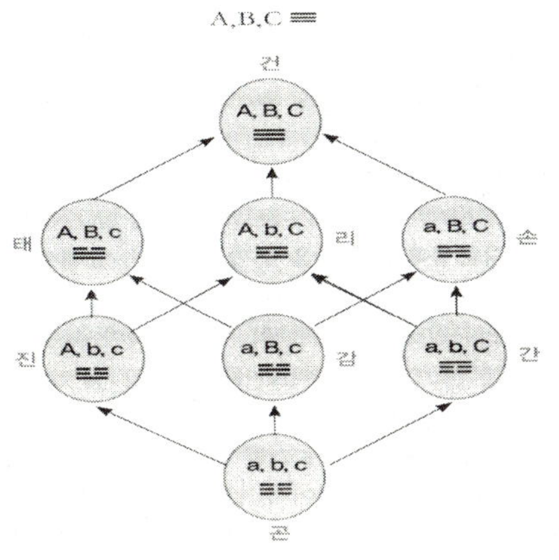

[도표 부.2] 정6면체 속의 8괘 멱집합

사실상 [도표 부.2]는 지금까지 윌버의 이론을 다 무력화시키기에 충분하다. 왜냐하면 [도표 부.1] 정도에서까지만 해도 1→8을 진화, 1←8을 퇴화라 할 수 있었다. 그러나 [도표 부.2]에서는 이러한 주장을 무의미하게 만든다. 다시 말해서 어디가 중앙인지 처음인지 분간할 수 없게 한다. 서로 그림의 전과 후, 좌와 우, 상과 하에서 음·양 아니면 효의 위치에 따라서 대칭을 만든다.

서양 문명사에서 칸토어의 집합론이 공헌한 것은 '공집합'(나)과 '제집합'(다)의 발견이다. 역과 연관이 될 수 있는 관건도 이 두 가지 때문이다. 그러나 역은 공집합=(나) 이외에 '허집합=나'인 중천건과 중지곤이 있다는 것까지 말하고 있다. 실로 역과 멱집합의 만남의 폭발력은 그 상상을 불허할 것이다. 이와 함께 새로운 신도 발견될 것이다. 신은 율려 속에 있었다.

플라톤은 정12면체 안에 조물주가 거주한다고 했는데, 그는 피보나치수열을 통해 기수와 서수를 함께 생각하는 데서 출발한다. 0, 1, 1, 2, 3, 5, 8, 13…과 같이 어떤 두 수가 0과 1에서 출발했을 때 앞선 두 자리수를 더한 것이 그 두 자리 다음 수이다. 피보나치수열에서는 기수와 서수가 동시에 고려되는 데 그 의미가 있다. 다시 말해서 0과 1로부터 시작하여 앞선 두 수의 기수를 더해야 하고, 더한 다음 반드시 순서대로 0, 1, 3, 5, 8, 13…과 같이 나열돼야 한다.

플라톤은 데미우르고스가 정12면체 안에 있다고는 하면서도 그것이 다른 정다면체들과 어떤 상관성이 있는지를 기하학적으로 찾아내지 못하였다. 그러나 현대 수학은 수를 1, 4, 7과 2, 5, 8과 3, 6, 9로 파악함으로 5개의 정다면체들이 상호 유기적으로 연관되는 사실을 발견했다. 그리고 그러한 유기적인 것 안에 피보나치수열이 작용하는 것을 알았다. 그런데 『부도지』 23장은 147을 성수, 258을 법수 그리고 369를 체수라고 하여 그것이 역법의 연, 월, 일 수를 결정하고 천자문에서 말하고 있는 '윤여'를 두고는 '단'과 '판'이라고 한다. 그러면서 단과 판을 다루는 데 피보나치수열이 개입된다.[1]

월버가 다루는 수들을 보면 2, 3, 5, 8과 같은데 이 수들은 모두

---

1 김상일, 『부도지역법과 인류세』(동연, 2022).

피보나치수열에 해당한다. 2는 진화와 퇴화에, 3은 3원으로 전/초오 형성 배경에, 5는 전/초오의 해의에, 8은 8소로서 다양하게 이해된다. 이 책의 1-6장에 걸쳐 본 바와 같이 이들 피보나치수열의 수들은 윌버 사상의 골격을 만든다. 아래에서는 피보나치수열을 통해 그것이 율려에 어떻게 연관이 되는가에 국한하여 고찰할 것이다.

3분손익법과 율려

윌버는 전분별(A), 분별(B) 그리고 초분별(C)의 관계를 통해 그의 가장 독창적인 사상 가운데 하나인 전/초오 이론을 전개한다. 율려에서는 음을 려라 하고 양을 율이라고 보아, 소위 삼분손익법三分損益法으로 율과 려를 다스린다. (B)를 3이라고 보았을 때 '삼분손일'한 것은 '려'라 하고 '삼분손익'한 것은 '율'이라고 한다.

$$3/3-1/3=2/3 \qquad \cdots 삼분손일(완전 5도 높아짐)$$
$$3/3+1/3=4/3 \qquad \cdots 삼분손익(완전 4도 낮아짐)$$

과 같다. 2/3은 완전 5도이고 4/3은 4도이다. 그리고 2는 한 옥타브이다.
　<전/초오1>은 A(C)이고, <전/초오2>는 C(A)이다. (B)에서 볼 때 전자는 모자라는 것이고, 후자는 넘치는 것이다. 이는 A와 C가 서로 어느 한 쪽이 다른 쪽은 包涵해 버려 과대해지거나 과소해지는 경우이다. 동양 음악에서는 과소한 것은 '익' 하고, 과대한 것은 '손'해야 한다. 손하는 것을 음이라 하고, 익하는 것을 양이라고 한다. 음양이 균일해지는 것을 천자문은 '율려조양'이라고 한다.

『악학궤범』에서 "양은 음을 하생하고 음은 양을 상생한다고 한다"고
한다. 아래 그림을 보라.

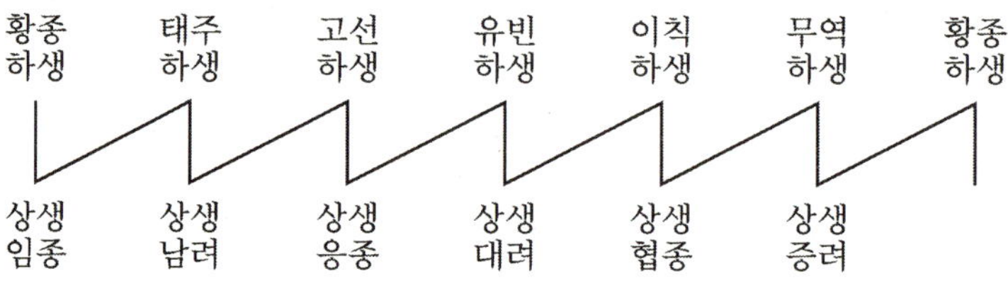

[도표 부.3] 반고 「율력지」의 상생도

삼분손일三分損一이란 셋으로 나누어서 하나를 뺀다는 뜻이고, 삼분익
일三分益一은 반대로 셋으로 나눈 뒤 하나를 더한다는 뜻이다. 이렇게
할 때 삼분손일하면 원래 음보다 완전 5도 높은 음이 되고, 삼분익일하면
원래 음보다 완전4도 낮은 음이 된다.

완전 5도 높다는 것은 율로 보면 8율이 높아짐이고, 완전 4도 낮은
것도 옥타브를 올리면 역시 8율이 높아지는 것이기 때문에 삼분손익법의
다른 이름으로 '격팔상생법隔八相生法'이라고도 한다. 6율씩 거리를 두고
계속 뒤로 반복하여 12율을 만든다고 하여 순팔역육법(順八逆六法)이라
고도 부르고(／는 상생법, ＼는 하생법) 아래와 같다.

황 임 태 남 고 응 주 대 이 협 무 중
黃＼林／太＼南／姑＼應／蕤＼大／夷＼夾／無＼仲

순서	율명	성질	삼분손익	상생율	오행
①	黃鐘	陽律	三分益一 →	林鐘	土
②	林鐘	陰呂	三分損一 →	太簇	水
③	太簇	陽律	三分益一 →	南呂	木
④	南呂	陰呂	三分損一 →	姑洗)	火
⑤	姑洗	陽律	三分益一 →	應鐘	火
⑥	應鐘	陰呂	三分損一 →	蕤賓	土
⑦	蕤賓	陽律	三分益一 →	夷則	金
⑧	夷則	陰呂	三分損一 →	無射	金
⑨	無射	陽律	三分益一 →	大呂	水
⑩	大呂	陰呂	三分損一 →	夾鐘	土
⑪	夾鐘	陽律	三分益一 →	仲呂	木
⑫	仲呂	陰呂	三分損一 →	黃鐘	火

[도표 부.4] 12율, 삼분손익, 오행

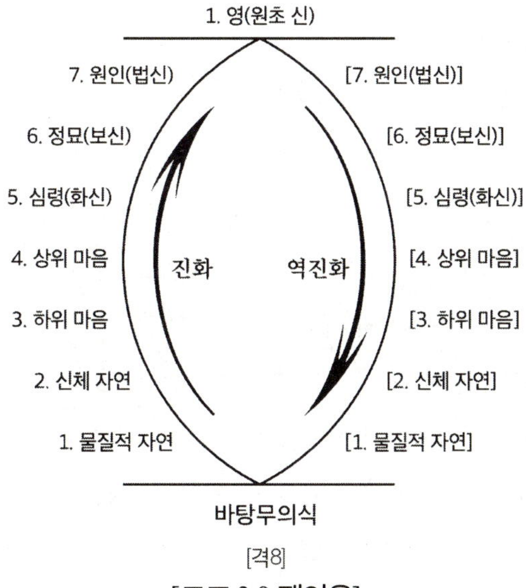

[도표 3.9 재인용]

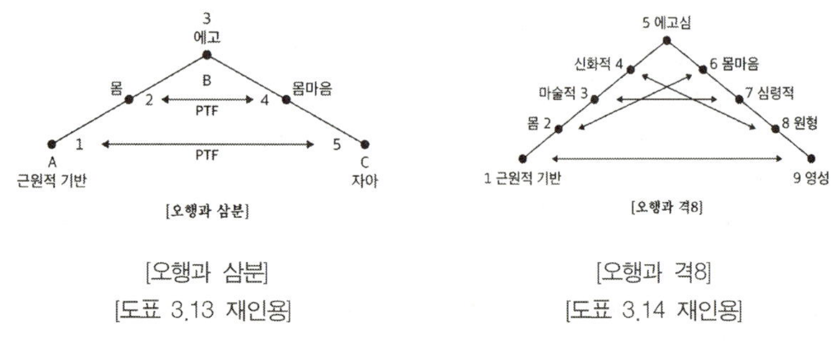

[오행과 삼분]

[도표 3.13 재인용]

[오행과 격8]

[도표 3.14 재인용]

[도표 부.5] 윌버식 삼분, 오행, 격8법

윌버는 피보나치수열 1, 2, 3, 5, 8…에 따라 의식세계를 전개하였다. 위 4개의 도표는 이러한 그의 사상을 대표한다. 윌버는 동북아 문명권의 음악과 의학 등에 들어 있는 음양오행과 율려에 대하여 거의 언급하지 않고 도형들을 소개하지 않고 있지만, 만약 그가 이를 알았더라면 그의 사상은 한층 승격됐을 것이다.

삼분 '손일'과 '익일'은 음이 발생하는 순서를 말하는 것으로 서양 음악의 완전 5도법과 같다. 이에 대해 7⑧음계는 일명 옥타브법(8)이라고 하며, 이는 음의 크기 순서(도레미파솔라시도)이다. 그런데 5×7=35에 의해 끝에 가서는 둘이 같아져야 하는데 5도법이 '피타고라스콤마'만큼 더 길다. 이는 천체 운행에서 1년에 51/4만큼 초과한 것과 같으며 「천자문」에서는 이를 두고 '윤여성세'라고 한다. '윤여'는 이런 '초과'를 의미하면 이 초과분을 처리해야 '성세成歲', 즉 4계절이 성립된다. 마찬가지로 음악에서는 이를 '성음成音'이라 할 것이다. 한태동은 이 콤마를 '음양쌍율곡선'으로 처리하고, 바흐는 '평균율'로 피타고라스는 '순정률'로 처리한다. 자세한 내용은 필자의 『악학궤범신연구』(솔, 2019) 참고 바란다.

여기서 목적은 조물주를 찾는 것이고, 그 조물주가 어디서 생겨나고 그가 어떤 방법으로 우주와 세계를 만들고 운행하는가를 추구하는 데 있다. 먼저 『악학궤범』에서 율려에 대해 어떻게 말하고 있는 가부터 알아보기로 한다. 상하를 삼분 일익과 일손을 반복하면서 초과되는 '윤여음閏餘音'을 조율하는 것을 두고 "6율은 건효에 기원하여 좌선하고, 6려는 곤효에 기원하여 우전한다"(『악학궤범』)고 한다.

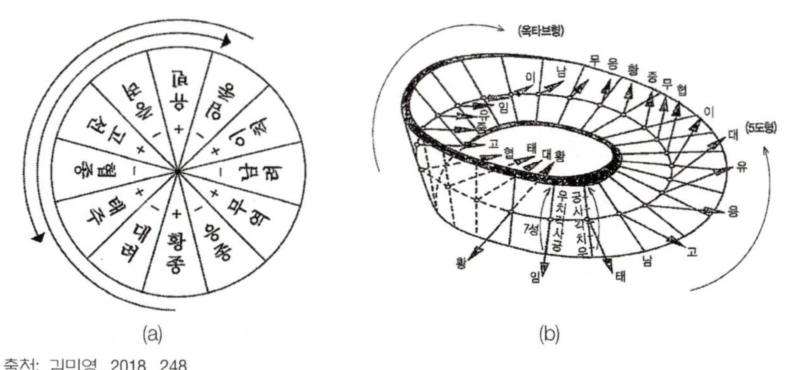

출처: 김미영, 2018, 248

[도표 부.6] 順8逆6

『악학궤범』에서 "6율은 건효에서 기원하여 좌선하고, 6려는 곤효에서 기원하여 우전한다"고 하는데 그 의미는 다음과 같다. [도표 부.6]의 (a)에서 반시계바늘 방향을 '순順'이라 하고, 시계바늘방향을 '역逆'이라고 한다. '순8'이란 시계바늘 방향으로 8음 간격으로, '역6'이란 시계바늘 방향으로 6음 간격으로 회전하는 것인데 이를 '순8역6'이라고 한다. [도표 부.6]에서 황종(+ 양)에서 출발해 시계바늘 방향으로 8칸 이동하면 임종(- 음)을 만난다(순8). 이번에는 임종(- - 음)에서 출발해 반시계바늘 방향으로 6칸 이동하면 태주(+ 양)을 만난다(역6). 천체에서 볼 때 양율은 북두칠성의 방향이고(진수열장), 음율은 해와 달의 방향(일월영책)이다.

[도표 부.6]의 (b)는 (a)를 뫼비우스 띠 위에 그대로 옮겨 놓은 것이다. 순8과 역6은 이미 2차원 공간을 넘어선 3차원 이상이기 때문에 뫼비우스 띠에 옮겨 놓아야 한다. 그러면 순8과 역6은 서로 처음과 끝이 만나게 된다. (a)의 중앙에는 모든 음이 여기서 나오는 허집합={ }이 있다.

그런데 역8과 순6은 서로 정확하게 만나야 하는데 그렇지 않고 콤마 마큼 후자가 더 길다. 이것이 '윤여' 혹은 '단疸'과 '판販'이라 한다. 음악에서는 윤여를 조율해야 성음이 되고, 천문역법에는 윤여를 '조양'해야 '성세'가 된다. 한태동은 역8과 순역의 한 형태인 음양쌍율곡선의 콤마를 조율할 수 있다고 [도표 부.7]을 작도하였다.

(역6)

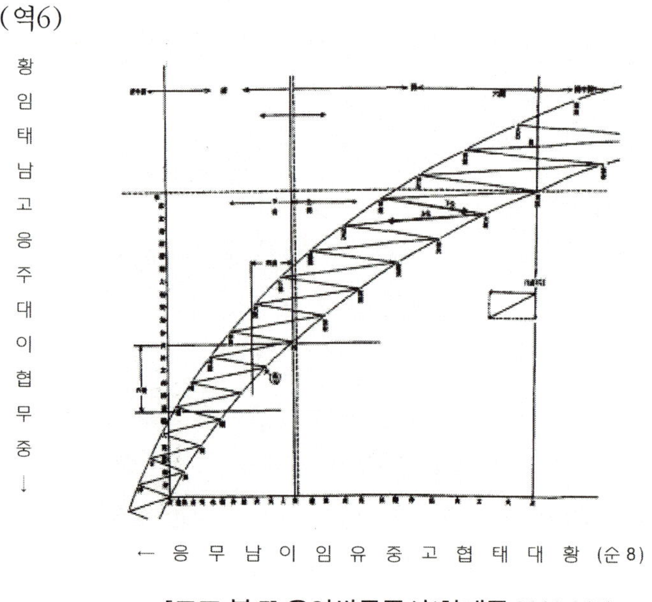

[도표 부.7] 음양쌍률곡선(한태동,2003,207)

그런데 음악에서든 천체에서든 '윤여' 혹음 '콤마'가 공히 생긴다는 것이다. 이것이 '율려조양'이라 하고, 『부도지』는 '5음7성'이라고 한다.

이 윤여 문제의 해결이 위해 피보나치수열의 '5'를 불러와야 한다. 오행이란 목, 화(상화와 군화), 토, 금, 수인데 5행이 8괘는 물론 12율려에도 관련한다는 것이다. 음악에서는 5음 궁·상·각·치·우이다. 이 5음이 '7성'과 연관이 되는데 7성이란 5음에 변칙적인 음 '변궁'과 '변치'를 추가한 것이다. 바로 이 문제를 해결하기 위해서 율려에 5행이 나타나게 된다.

7성척과 5음

실로 윌버가 고민한 '전/초오'의 문제들이 악학궤범을 통해 나타나고 그 다루는 법도 알게 된다. 전분별(A), 분별(B), 초분별(C)는 피보나치수열의 '3'에 해당한다. 전/초오란 A, B, C에서 'A(C)=전/초오1'과 'C(A)=전/초오2'가 발생하는 것이 문제이다. 윌버는 전자는 프로이트의 오류이고, 후자는 융의 오류라고 한다. 같은 문제를 두고 동양의 역에서는 다른 해법을 제시한다.

5음7성이라고 할 때 5음이란 '궁·상·각·치·우'(5음)이고, 7성은 여기에 변궁과 변치를 더한 '궁-상-각-(변치)-치-우-(변궁)'(7성)이다. 서양에서는 용납될 수 없는 발상이다. 다시 말해서 2개의 변음(변궁과 변치)를 5음에 그대로 수평으로 더해 버리는 것 말이다. 이는 마치 주머니의 돈 가운데 10단위과 100, 1000… 그 이상의 단위와 동등하게 취급해 버리는 것이다. 5음과 변치과 변궁은 그 속한 위계가 다르지 않는가? 이 말은 초과분을 수평적으로 더해 버린다는 말과 같다. 그러나 『악학궤범』에서는 5음을 가로에 7성을 세로에 배열하여 대각선 방향으로 음을 배열해 나간다. 5×12=60조도를 만든다. 12는 여기서 위에서 본 6율6려의 합을 의미한다.

윌버가 동양의 이런 지혜를 알았더라면 그의 사상은 달라졌을 것이다.

3원 (A), (B), (C)에서 발생한 A(C)와 C(A)를 함께 합해 버리는 것이다. 그러면 {(A),(B),(C)}=[{(A),(B),(C)},{A(C)},{C(A)}]와 같은 멱집합이 생긴다. 물론 여기서 공집합(나)와 제집합(다)는 빠졌다. 오행에서도 토가 바로 A(C)나 C(A)와 같은 존재이다. 그러나 오행론에서는 토를 멱집합에서와 같이 제 자신이 제 자신의 부분에 포함된다(다). 서양에서는 이를 용납하지 못한다. 돈의 단위를 1, 10, 100, 1000… 그 이상을 모두 수평으로 함계를 내는 방법으로 이를 9감산법 혹은 '디지털 루트'라고도 한다.

12율(6율과 6려의 합)을 7성척이 좌우로 움직이면서 마름질하는 것은 [도표 부.8]과 같다. 그런데『악학궤범』에서는 '7성척' 같은 잣대를 만들어서 음들을 재단해 나가는데, 바로『악학궤범』의 세로에 그 7성척이 배열돼 있으나 변치와 변궁은 셈에 넣지 않고 위치를 유지할 뿐이다.

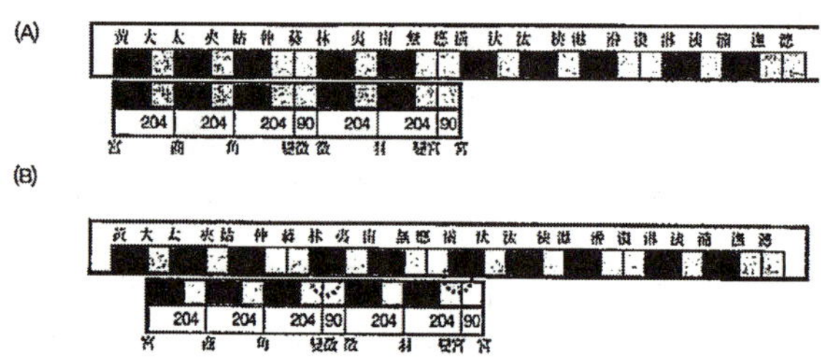

[도표 부.8] 12율을 마름질하는 7성척

실로 프레게가 필생으로 하던 연구의 글쓰기를 절필케 한 것이 '거짓말쟁이 역설'이었다. 서양에서 역설해의의 최대 난점은 초과분 처리이다. 거짓말쟁이 역설에서 '거짓'과 '참'이 메타화되면서 증식되는 데서 비결정, 불확실성, 명명 불가의 문제가 생기는 것을 보았다. 바로 이 난제를 동양 음악의

율려에서는 음양쌍율곡선 안에서 7성척이 조율하는 것으로 '숨돌린다.'

A-I 시대의 노^老-아^兒가 거주할 곳은 어디에?

플라톤과 『부도지』의 말대로 조물주는 세상에 의하여 만들어진다면 그의 거처와 그의 모양새를 추측할 수 있을 것이다. 그 가운데서도 조물주가 과연 오행의 지배를 받을 것인가이다. 받는다고 본다. 그는 오행 안의 3대 법칙 음양대칭, 상극상생, 주객전도의 영향권 아래 있다. 윌버의 방법에 따라 신관도 발생순서에 따라 전/초오의 영향을 받는다. 이 말은 음양오행의 영향도 받는다는 것을 의미한다.

윌버는 융학파의 분류 1.우로보로스, 2.타이폰, 3.태모, 4.남성신를 평균적 양상으로 나눈다. 나머지 전향적 양상들은 이들 네 개가 반복한다고 본다. 구약성서는 1, 2, 3이 절단된 상태로 출발한다. 그러나 한국에는 1.우로보로스-알, 2.타인폰-곰(유목), 3.태모-닥(농경), 4.남성신-박(청동기), 5.한(철기)으로 면면이 그 맥들이 연결되면서 이어져 오고 있다. 한글은 목구멍에서 입술로까지 발성기관에 따라 음이 발전하는 것을 5행과 연관시켜 한글이 되었다. 이들을 연결하여 오행 속에 넣으면 다음 쪽[도표 부.8]과 같다. 신들도 이에 적용될 것이다.

구약성서 안에는 70개의 신의 이름이 있으나 제롬은 이를 열 가지로 분류한다(엘, 엘로힘, 시바옷, 엘룐, 에세르, 에흐에, 아도나이, 야, 여화와, 샤다이: 허호익, 2015, 21). 이에 대해 허호익은 "구약성서에 나타나는 신명을 크게 나눠 보면 엘로힘 신명과 여호와 신명으로 대별된다"고 한다. 신명이 대홍수 이후나 제4 빙하기 이후부터의 신명들이 융학파의 분류와 같이 우로보로스로부터 동물-몸인간(곰과 같은 자연)에서 인격신관으로 혹은 알-여성-남성의 순서로 발전하여야 하는데 기독교와 같이 거의 철기시대 이후의 남성신관 중심인 것은 가장 열악한 신관 전개라 할 수 있다.

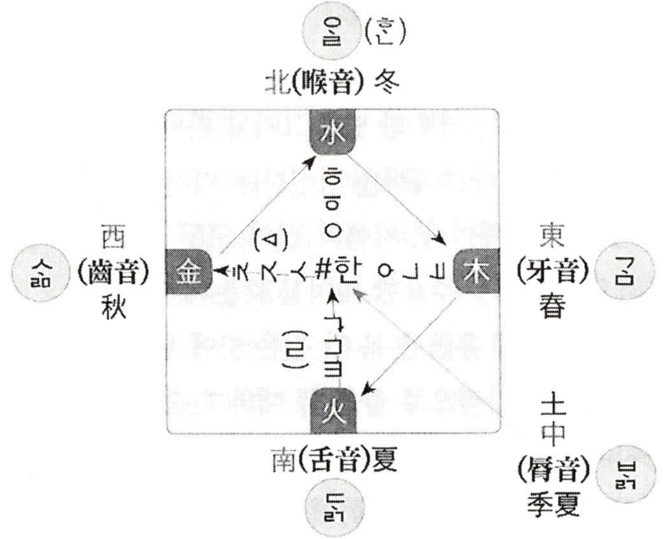

[도표 부.9] 오행 신관

융학파와 윌버는 그들이 제시한 고리가 한 개의 문화권에서 모두 발견할 수 없어서 여러 시대와 장소를 횡단하면서 엮어 놓았다. 그러나 한국의 알, 감, 닥, 박, 한과 같이 연속적이면서 중단없이 전개된 예는 드물다. 그래서 5행 목화토금수가 연속적이어야 하듯이 신관도 그러하기 때문에 오행의 3대 법칙을 적용하기에 적합하다. 그러나 기독교도 기독교 이전 근동아시아 것과 신구약에 연관시켜 보면 엘-바알-야훼-아바-아들로 연속적이게 할 수 있을 것이다. 그러면 오행 속의 3대 법칙들을 적용시켜 볼 수 있을 것이다. 음^{吾}과 같이 발생순서가 정확하면 거기서 자연스럽게 신관도 상생상극과 주객전도를 할 것이다.

플라톤은 조물주Demiourgos가 거주할 처소는 정12면체이라 했다. 데미우르고스는 '창조주'가 아니라 '우주적 기하학자'이다. 『티마이오스』에서 4원소를 정다면체에 다음과 같이 일치시킨다.

불 = 정4면체(Tetrahedron)
흙 = 정6육면체(Cube)
공기 = 정8면체(Octahedron)
물 = 정20면체(Dodecahedron)
(우주 전체) = 정12면체

여기서 관심의 적이 되는 것은 플라톤이 전체와 부분의 관계, 다시 말해서 멱집합에 관한 것임을 알게 된다. 5행론에서도 토는 정12면체와 같이 전체적 성격을 갖는 것이다. 그러나 동양에서는 이 문제를 칸토어를 능가할 정도의 수준으로 처리할 줄 알았다. 그것이 음양오행론이다. 그러나 서양에서는 칸토어 이전이나 이후까지도 이 문제에 있어서 고전적이다. 특히 신관에 있어서 그러하다.

그런데 최근 피보나치수열을 정다면체에 적용한 결과 정다면체의 구조와 성격이 새롭게 조명되고 있다. 피보나치수열을 정다면체에 적용한 결과 발견된 사실은 그것이 『부도지』에서 말하고 있는 삼정의 수인 성수 1, 4, 7과 법수 2, 5, 8과 체수 3, 6, 9와 연관이 있음이 나타났다. 이 3정의 수는 애니어그램의 수로 도마복음 연구회에서 도마복음과 연관하여 발표된 바도 있다(김동석, "도마복음과 융심리학 그리고 기독교 영성수련," 도마복음연구회 2024 동계학술대회 자료집).

피보나치수열과 정다면체가 연관되기 위해서는 이슬람권의 '생명의 꽃flower of life'과 연관된 메타트론Metatron이다. 메타트론이란 한 개의 중앙점에서 원을 그린 다음 사방으로 같은 크기의 원을 반복해서 중복되게 그려나가 만들어진 꽃과 같은 모양을 두고 하는 말이다.

정다면체의 쌍대칭 관계

메타트론 입방체는 부도지의 삼정(성수147, 법수258, 체수369)의 기하학적 구성 관계를 보여주는 결정적인 단서를 제공한다. 이집트의 아쿠하탄 학파와 인도의 힌두학파 사람들이 벽에 이를 걸어 놓고 명상을 하는 이유를 새삼 알게 하는 계기가 되기도 한다. 동북아 문명권에서도 삼정의 수들이 수도와 밀접하게 연관이 되지 않았나 하는 의심을 충분히 갖게 하는 이유도 메타트론 입방체가 삼정의 수와 연관이 되는 데서 더욱 뚜렷해질 것이다. 이는 실로 시간과 공간을 초월하여 우주 명상에로 우리를 인도한다. 부도지가 이 세계를 그 안에 담고 있으면서 우리에게 전해지고 있다는 것은 이제 우리가 정신적 기초와 토대를 찾은 것과 같다고 할 수 있을 정도로 주요하다 아니할 수 없다(김상일, 2021).

메타트론 입방체와 플라톤 정다면체를 연관시키는 데 있어서 결정적인 역할을 하는 것이 다름 아닌 피보나치수열이다. 그래서 이해를 돕기 위해서는 다음과 같은 몇 단계의 과정을 거쳐야 한다. 1. 정다면체의 내적 대칭 관계, 2. 메타트론 입방체와 디지털 루트(혹은 시그마 코드)의 관계, 3. 메타트론 입방체와 피보나치수열의 관계, 4. 플라톤 정다면체 구성 등이다.

그런데 이러한 생명의 꽃을 외곽의 작은 원들의 중심을 연결하는 대원을 하나를 만들고 소원과 소원의 사이의 중간에 점을 만든다. 중앙 정상의 우측의 점에서부터 1로부터 피보나치수열을 점을 따라가면서

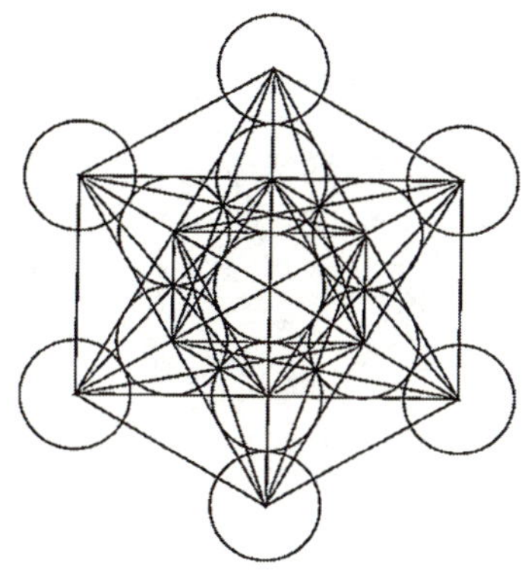

[도표 부.10] 메타트론 큐브

피보나치수열을 만들어 나간다. 문제는 8 다음의 4는 이 원칙에 맞지 않는 것 같다. 그런데 디지털 루트 혹은 시그마 코드란 방법을 사용할 때 5+8=13-9=4와 같이 구해진다. 4 다음의 3역시 8+4=11-9=3과 같이 구해진다. 그래서 피보나치수열을 이해하는 데 있어서 디지털 루트 셈법은 중요하다. 이와 같은 방법으로 진행할 때 원 주위에는 10 이하의 피보나치수열이 24개 만들어진다.

지금부터 플라톤 정다면체를 찾는 데 결정적인 역할을 하는 것이 3-6-9이다. 지금 피보나치수열로 만들어진 둘레2에서 무조건 3-6-9를 찾아 연결한다. 두 개의 3-6-9가 상하에서 지붕과 마루 역할을 하는 같다.

1	1	2	3	5	8	13	21	34	⋯.피보나치수열
	1+1	1+2	2+3	3+5	5+8	8+13	3+21		

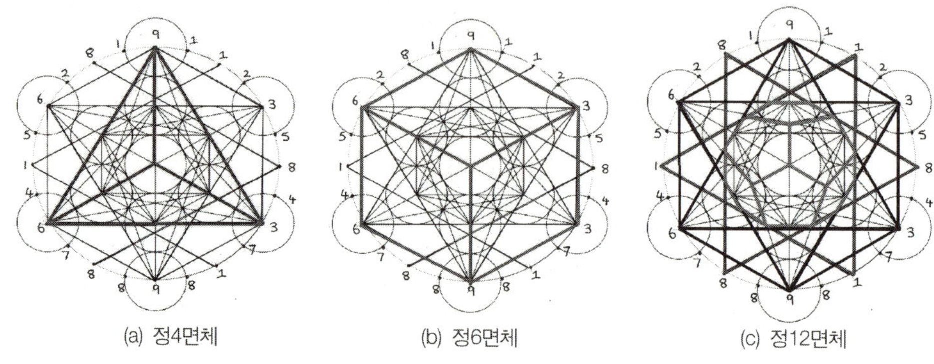

[도표 부.11] 정12면체

플라톤은 데미우르고스가 정12면체 안에 살면서 우주 전체를 다스린다고 본다. 정다면체는 4, 6, 8, 12, 20개인데 그 가운데 삼각형으로 된 것은 정4, 8, 20면체의 3개이고, 정사각형으로 된 것은 정6면체 1개이고, 정5각형으로 된 것은 정12면체 1개이다. 정5각형으로 12개의 면을 만들었을 때 그 안에는 모두 60개의 대칭뿐이다. 팩토리얼수로는 $5 \times 4 \times 3 \times 2 \times 1 = 120$개이어야 하지만 갈루아 군론은 대칭이 성립되는 최대의 수는 60이다.

그래서 파운드법 등 60진법이 편리하고 역에서는 60갑자와 그 무엇보다 악학궤범은 60조(12율려×5행=60조)와 같다. 한의학에서는 5행과 12경락으로 인체의 구조를 결정한다. 이러한 정12면체에만 데미우르고스가 거주하고 우주를 다스린다. 아니 이상 12와 5의 관계로 보았을 때 정12면체 자체가 데미우르고스이다.

북애자는 조물주 혹은 조옹造翁의 '영' 혹은 '정령'에 기대를 건다. 그리고 '윤여성령閨餘成靈'의 존재가 조물자이다. 그리고 동시에 세상을

만들기도 하는 '閏餘造翁'이다. 그의 손안에는 윤여라는 진흙이 들어
있다. 지금까지 인간이 만든 율려의 걸작품은 『악학궤범』이다. 세종대
성혼은 이미 중국의 채원정이 지은 『율려신서』에 '상하1,2지법'이란 새로
운 이론을 도입해 지금의 악학궤범을 완성하였다. 그래서 지금의 『악학궤
범』은 '상하1,2지법'이 가미된 것이다. 정12면체가 조웅의 집을 만드는
설계도와 같다면, 악학궤범은 그러한 설계로 지어진 실제의 집과 같다.

도형	쌍대칭	면		꼭짓점	모서리
정사면체	자기 자신	4		4	6
정육면체	정팔면체	6		8	12
정팔면체	정육면체	8		6	12
정십이면체	정이십면체	12		20	30
정이십면체	정십이면체	20		12	30

[도표 부.12] 정다면체들 간의 관계표

조웅의 놀이터로서의 윷판

정12면체는 정5각형 12개로 구성된 것과 같이 『악학궤범』 역시 가로
줄에 12율×5음=60조로 배열하고 7성(변궁, 궁, 상, 각, 변치, 치, 궁)이
세로 칸에 배열되었다. 그런데 한국에서는 그 안에 '상하1,2지법'을 표시
하여 중국의 아악과 차별화하였다. 일명 '60조도'는 원래 7성들이 세로[經]
였고, 60조가 가로[緯]였는데, 현대 책의 구조상 양자끼리 자리 바꿈하였
다. 7성을 거듭 강조하면 5음+2변치=7성이다. 실로 이는 거짓말쟁이
역설 혹은 멱집합역설 해의에 놀랄만한 것에 해당한다.

			궁	상	각	변치	치	우	변궁
1	황종궁黃鍾宮	궁조	黃(下5宮)	太(下4上1)	姑(下3上2)	蕤	林(下2上3)	南(下1上4)	應
2	무역상無射商	상조	無(下1上4)	潢(下5宮)	汰(下4上1)	浹	㴌(下3上2)	淋(下2上3)	浦
3	이칙각夷則角	각조	夷(下2上3)	無(下1上4)	潢(下5宮)	汰	浹(下4上1)	㴌(下3上2)	淋
4	중려치仲呂徵	치조	仲(下3上2)	林(下2上3)	南(下1上4)	應	潢(下5宮)	汰(下4上1)	潢
5	협종우夾鍾羽	우조	夾(下4上1)	仲(下3上2)	林(下2上3)	南	無(下1上4)	潢(下5宮)	汰
6	대려궁大呂宮	궁조	大(下5宮)	夾(下4上1)	仲(下3上2)	林	夷(下2上3)	無(下1上4)	潢
7	응종상應鍾商	상조	應(下1上4)	汰(下5宮)	浹(下4上1)	㴌	㵌(下3上2)	淋(下2上3)	潕
8	남려각南呂角	각조	南(下2上3)	應(下1上4)	汰(下5宮)	浹	㴌(下4上1)	㵌(下3上2)	淡
9	유빈치蕤賓徵	치조	蕤(下3上2)	夷(下2上3)	無(下1上4)	潢	대(下5宮)	浹(下4上1)	沖
10	고선우姑洗羽	우조	姑(下4上1)	蕤(下3上2)	夷(下2上3)	無	應(下1上4)	汰(下5宮)	浹
11	태주궁太簇宮	궁조	太(下5宮)	姑(下4上1)	蕤(下3上2)	夷	南(下2上3)	應(下1上4)	汰
12	황종상黃鍾商	상조	黃(下1上4)	太(下5宮)	姑(下4上1)	蕤	林(下3上2)	南(下2上3)	應

[도표 부.13] 60조도

5음에 두 변치를 수평적으로 더하는 것을 서양에서는 상상불허이기 때문이다. 칸토어는 소위 대각선 논법(제2의 멱집합에 해당, 그 성격이 같다)에서 실수무한 전체 A(원래는 히브리어 ℵ)의 멱집합은 2^A라고 했다. 만약에 실수 전체를 C(Cantor 의 약자)라고 한다면, C와 2^A이 같은가 다른가의 질문이 생긴다. 다르다면 둘 사이에 들어 있는 다른 실수가 있는가 없는가? 칸토어는 없다 생각하고 죽지만 나중에 있다는 것도 증명이 돼 소위 이를 '연속체가설' 논쟁이라고 한다. 거의 반세기 동안 논쟁이 계속되자 1970년 폴 코헨에 의해 두 가지 입장이 다 '옳기도' 하고 '옳지 않기도' 하다가 모두 증명이 되어 결말을 보게 된다.

세기적 관심사라 할 수 있으며 이는 마치 수운이 '기연과 불연'이 모두 옳기도 하고 그러기도 하니 조물주에게 답을 구해야 한다고 한다.

기연도 옳고 불연도 옳다는 것이 코헨의 답이다. 바로 이런 기연불연의 문제를 악학궤범은 악률 처리 방법, 즉 60조도를 통해 우리에게 보여주고 있다. 그래서 악학궤범이 연속체 가설 해법을 이미 수백 년 전에 주고 있었다. 아니 역은 이미 수천 년 전부터 이 문제의 심각성을 알고 있었고, 이의 해의로 역3도(하도, 낙서, 정역도)가 매 2000년마다 작도돼 왔던 것이다.

그러나 한국의 『악학궤범』에는 주자와 동시대의 채원정의 『율려신서』에 없는 '상하1,2지법'을 추가했다는 것이다. 다시 말해서 '상1-5' 그리고 '하1-5'의 10개를 작음 첨자로 추가했다. 그러나 변치와 변궁에서는 제외이다. 그러나 두 변치에도 5음이 배치돼 있다는 것이다. 자리만 지키고 있는 마치 { }=허집합과도 같은데 5음을 주어 {∅}=공집합을 만든다. 이럴 경우 그 중요성은 상상을 초월한다. 다시 말해서 두 변음이 전체를 좌우한다고 할 수 있다.

가로 12율려를 마름질하는 것이 7성(척)이다[도표 부.7]. 가로(세로)에는 7성이지만, 가로를 보면 5음이 12율려 잣대 노릇을 하면서 제단해 60조를 만든다. 그래서 7성(가로)과 5음(세로)에서 동시 작용을 하는 것을 볼 수 있다. 7+5=12로 결국 12율려와 보조를 맞추어 나간다. 35에서는 서로 일치한다. 그러나 거기서 콤마만큼 차이가 생긴다. 콤마 혹은 '쉼표'에 숨을 돌린(안식을 취한) 다음에야 다음 율과 려를 조절해 나갈 수 있다(율려조양).

그러면 관심의 적인 '상1-5' 그리고 '하1-5'를 한국의 『악학궤범』에 기입한 이유는 무엇인가? 그 이유를 알기 위해서는 다시 칸토어의 집합론으로 돌아가 보아야 한다. 즉, 칸토어는 수를 '무한'으로 셈하였기 때문에 연속체 가설이란 난관에 봉착해 반세기 동안의 불가해로 남아 있으면서 논쟁의 불씨가 되었다.

　중국의 12율과 려가 가장 두려워한 것은 음이 너무 높아져 청성淸聲이
될 경우, 황종은 임금에 해당하는 음인데, 청성이 황종보다 높아지면
이것은 황제를 모독하는 것이 된다고 보았다. 그러나 이것은 수학에서
보았을 때 아리스토텔레스가 말한 무한히 셈할 수 있다는 '가무한potential
infinity'에 대한 공포와 같다고 할 수 있다. 이에 칸토어는 가무한에 대해
셈할 수 있는 '실무한actual infinity'을 말한다. 다시 말해서 음의 무한퇴행infinity
regression을 방지하고, 임금을 모독하는 법을 피하기 위해서 모든 음을
상과 하로 나눈 다음 각각에 1-5 사이의 수를 부여함으로 결국 하나의
음이 '상1-5'와 '하1-5'로 오르내리게 함으로써 가무한의 역설을 피할
수 있게 했다. 황제 모독도 피한다. 실로 경탄스런 해법이라 아니할
수 없다. 그리고 이런 기법은 가무한과 실무한의 관계 속에서만 바로
이해될 수 있다.

　다시금 마고성으로 되돌아가 "짐세 이전에 율려가 몇 번 부활하여
별들이 출현하였다. 짐세가 몇 번 종말을 맞이할 때, 마고가 궁희와
소희를 낳아 두 딸에게 오음7조의 음절을 맡아 보게 하였다"(2장). '음절을
맡아봄'이 조용이 할 일이고, 5음7조(성)을 다스리는 것이 모든 것의
모든 것이다. 상1-5와 하1-5는 모두 '10'이 되고 하도 낙서에서 사라져
정역에서 복원된 '10'이 나타나 수가 완성을 보게 되었다. 그러면 이러한
『악학궤범』의 신세계를 한 곳에 그려낼 수 있는 것이 무엇일까 생각하게
되고 드디어 찾아낸 것이 윷판이다. 이는 남학파 김영태의 구변도 가운데
가장 마지막인 사평도(윷판)이다.

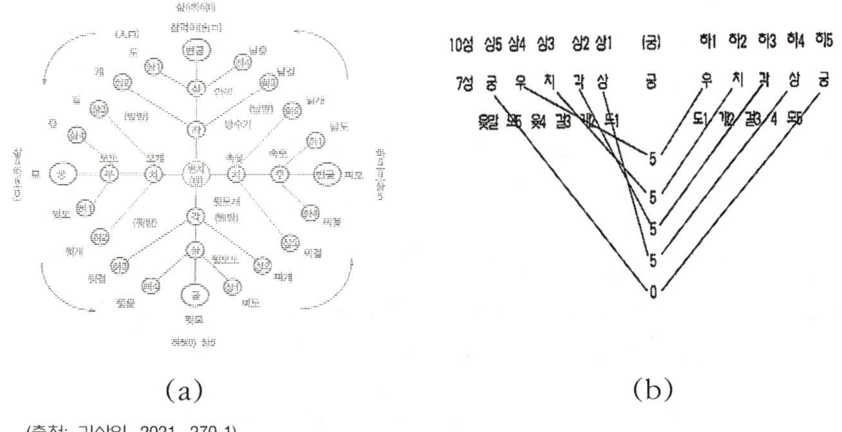

(a)   (b)

(출처: 김상일, 2021, 270-1)

[도표 부.14] 윷판과 상하1-5법

위 두 도표에 대한 자세한 논의는 필자의 『철학의 수학소』(동연, 2021)를 참고하기 바란다.

심우도 6도에서는 소를 타고 집으로 돌아오는 장면에서 목동은 '구멍 없는' 피리를 분다. 어디서 음이 나오는가? [도표 부.5]의 가운데는 { }인 '빈탕한데'이다. '없이 계신 분={ }'이 공작을 하는 것이 {∅}이고 이곳이 바로 조물주이다. 윷판의 중앙 방수기(변치) 자리에 계신다. 구멍 없는 피리를 부니 온갖 소리가 거기서 나온다. 윷판 안에서 피보나치 수 파악하기이다. 두 개의 수평과 수직 축은 모두 7개, 도-모는 5개, 수평과 수직축은 중앙을 제외하면 각각 3개씩이다. 2는 수직과 수평축을 좌우와 상하로 나누었을 때이다. 그러면 상. 하1-5는 1, 2, 3, 4, 5 모두이다.

윷판으로 '윌버의 전/초 오류를 설명하기'이다. 윷판에 의하면 "전1초 오류는 없다"이다. 그 이유는 A(C)와 C(A)는 각각 변음들 변궁이나 변치에 해당하는 것이기 때문이다. 이들은 오류가 아니고 60조도에서 보는 바와 같이 엄연히 7=(5+2)성으로 세로(가로)에 위치한다. '경위經緯'라고 할 때 세로는 경이고 가로가 위이다. 세로는 불변하는 원칙이나 표준과 같은 것이다. 그 만큼 7성이 잣대노릇할 만큼 중요하다([도표 부.7]).

이제 윷판은 구멍 없는 피리에 구멍을 내주는 것과 같다. 8도: '사람도 소도 다 잊기'(人牛俱忘)를 넘어 9와 10도로 가야겠다. 9도: 반본환원返本還源으로 가 주객이 텅빈 원상 속에 자연의 모습이 있는 그대로 비치는 자리에서 '산은 산으로, 물은 물'로 본래 그대로의 모습을 볼 수 있는 참된 지혜로 간다. 10도: 입전수수入廛垂手는 지팡이에 큰 포대를 메고 사람들이 많은 저잣거리로 되돌아간다.

참 고 문 헌

가버, 뉴턴/이승종 옮김. 『데리다와 비트겐슈타인』. 서울: 민음사, 1998.

강영한. 『하늘 천 상제 그 빅 히스토리』. 대전: 상생출판사, 2024.

강응섭 외/한국조직신학회 엮음. 『K-신학』. 서울: 동연, 2025.

강학위/심경호 옮김. 『주역철학사』. 서울: 예문출판사, 1994.

구자만. 『신심명을 통한 성경과 도마복음의 새로운 풀이』. 서울: 미다스북스,
　　　2021.

______. 『하나(One)의 진리, 예수의 가르침』. 서울: 동연, 2021.

구재서. 『동학사상과 서학사상의 비교연구』. 국방대학원 석사학위논문,1995.

권오영. 『최강 최한기』. 서울: 청계, 2000.

글리크, 제임스/성하운 옮김. 『카오스』. 서울: 동문사, 1996.

금장태. 『동서교섭과 근대한국 사상』. 서울: 성균관대학교 출판부, 1984.

김동호. "도마복음에 나타난 하나님 나라의 현재적 내재성." 「한국종교학회」
　　　(2012): 249-275.

______. "도마복음의 하나님 나라에 대한 정토불교적 조명." 이리: 원광대학교
　　　대학원, 박사학위논문, 2013.

김미영. 『악학궤범 악론의 동양사상』. 서울: 성균관대학교 출판부, 2018.

김상일. 『동학과 신서학』. 서울: 지식산업사, 2000.

______. 『러셀역설과 과학 혁명 구조』. 서울: 솔, 1997.

______. 『악학궤범 신연구』. 서울: 솔과학, 2019.

______. 『알랭바디우와 철학의 새로운 시작』. 서울:새물결, 2008.

______. 『역과 탈현대의 논리』. 서울: 지식산업사, 2006.

______. 『원효의 판비량론 연구』. 서울: 지식산업사, 2003.

______. 『정다산의 철학사상에 관하여』. 서울: 성균관대학교 대학원, 1975.

______. 『철학의 수학소』. 서울: 동연, 2021.

김성민. 『신의 황혼』. 서울: 달을 긷는 우물, 2022.

김성태.『데이토롤지』. 서울: 이른비, 2022.

김용옥.『도마 복음서와 노스티시즈』. KINX 1976144343.

______.『도마복음서의 문제점』. KNIX 1976102656.

______.『도마복음 한글역주 1』. 서울: 통나무, 2008.

______.『도마복음 한글역주 2』. 서울: 통나무, 2019.

______.『도마복음 한글역주 3』. 서울: 통나무, 2019.

______.『동경대전 1, 2권』. 서울: 통나무, 2021.

______.『기독교성서의 이해』. 서울: 통나무, 2009.

______ 편역주.『큐복음서』. 서울: 통나무, 2008.

김용정.『제3의 철학』. 서울: 사사연, 1988.

김용해 외.『동학의 재 해석과 신문명의 모색』. 서울: 모시는 사람들, 2021.

김이곤. "야훼의 영 이해와 한국교회의 자기반성."「신학연구」41 (2000).

김철.『천도교 교리 사상 논총』. 서울: 신인간사, 2004.

김현.『任聖周의 生意哲學에 관한 研究』. 서울: 한국학대학원, 1983.

김형효.『데리다와 노장 독법』. 서울: 한국 정신문화 연구원, 1997.

______.『노자에서 데리다까지』. 서울: 예문서원, 2001.

______.『노장 사상의 해체적 독법』. 서울: 청계, 1999.

______.『원효의 판비량론』. 서울: 지식산업사, 2004.

남정숙.『서화담의 유기론에 관하여』. 서울: 한국학대학원, 1982.

남회근/신원봉 옮김.『역경잡설』. 서울: 문예출판사, 1998.

네이글 외/강헌주 옮김.『괴델의 증명』. 서울: 경문사, 2003.

노사광/정인재 옮김.『중국철학사(송명편)』. 서울: 탐구당, 1992.

데리다, 자크/김웅권 옮김.『그라마톨로지에 대하여』. 서울: 동문선, 2004.

데브린, 케이스/전대호 역.『수학의 언어』. 서울: 해나무, 1998.

데이비스, 마틴/박정일 · 장영태 옮김.『수학자, 컴퓨터를 만들다』. 서울: 지식의
     풍경, 2005.

도마복음연구회.「2023년도 동계학술대회 발표문」. 연세대학교 채플실, 2023. 6.

______.「2025년도 하계학술대회 발표문」. 연세대학교 채플실, 2025. 6.

______.「2024년도 동계학술 대회 발표문」. 연세대학교 채플실, 2024. 12. 20.

______.「2024년도 하계학술대회 발표문」. 연세대학교 채플실, 2024. 6. 14.

도킨스, 리차드/이한음 옮김. 『만들어진 신』(*The God Delusion*). 서울: 김영사, 2007.

들뢰즈, 질/김상환 옮김. 『차이와 반복』. 서울: 민음사, 2004a.

라명제. 『천도교 경전 공부하기』. 서울: 모시는 사람들, 2007.

레눅스, 존/홍종락 옮김. 『신을 죽이려는 사람들』. 두란노, 2017.

루소 장 자크/주영복 옮김. 『언어의 기원에 관한 시론』. 서울: 책세상, 2002.

류승국. 『동양철학연구』. 서울: 근역서재, 1983.

마코토, 야규. 『최한기 기학연구』. 서울: 경인문화사, 2008.

마틴 데이비스/박정일 옮김. 『수학자, 컴퓨터를 만들다』. 서울: 지식의풍경, 2000.

박맹수. 『생명의 눈으로 보는 동학』. 서울: 모시는 사람들, 2014.

박영호. 『다석 유영모가 본 예수와 기독교』. 서울: 두레, 2006.

______. 『잃어버린 예수』. 서울: 교양인, 2009.

박용진. "한국 창세 신화의 특징에 관한 연구." KINX2018158473.

박정일. 『추상적 사유의 위대함』. 서울: 김영사, 2010.

______. 『튜링 & 괴델: 추상적 사유의 위대함』. 서울: 김영사, 2010.

박정자. 『시뮬라크르의 시대』. 서울: 기파랑, 2019.

박혁순. "도마복음의 역설 해석학, 그리고 종교간 대화." 「도마복음연구회 발표문」. 2024 동계학술대회, 연세대 채플실, 2024.12.20.

배만웅. "구약성경의 창조기사와 중궁의 창세신화 비교연구." 광신대학교 대학원 신학과 박사학위논문, 2013년.

배선복. 『탈현대 기초 논리학 입문』. 서울: 철학과 현실사, 2004.

배철현. "도마복음서에 나타난 영지주의: '몸'을 통한 이원론을 중심으로." 「인문학 논총」 제54집 (2005): 159-189.

베나세랖 외/박세희 옮김. 『수학의 철학』. 서울: 아카넷, 2002.

베로, 존/고중숙 옮김. 『무 0 진공』. 서울: 해나무, 2001.

베이츤, 그레고리/서석봉 옮김. 『마음의 생태학』. 서울: 민음사, 1989.

베이트슨, 그레고리/박지동 옮김. 『정신과 자연』. 서울: 까치, 1990.

변정수. 『알고리즘으로 철학하기』. 서울: 이상북스, 2025.

변찬린/이호재 엮음. 『선맥 경전 흔밝학』 서울: 동연, 2023.

북애자/김성구 옮김. 『규원사화: 역사로 기록된 고조선 이야기』. 서울: 백산자료,

1998.

브리그스 존/조혁 옮김. 『혼돈의 과학』. 서울: 범양사, 1989.

비트겐슈타인, L./박영식 옮김. 『논리철학논고』. 서울: 정음사, 1985.

선정규. "한중 창세 신화 비교 연구." 「한국중어중문학보」 제54집 (2013).

소강절/윤상철 옮김. 『황극경세』. 서울: 대유학당, 2002.

수운교교리연구원. 『수운교경전』. 대전: 수운교 출판부, 1999.

______. 『수운교 진리』. 대전: 수운교출판부, 1999.

스멀리안, 레이먼드/이종권 옮김. 『이 책의 제목은 무엇입니까』. 서울: 자유사상,
        1992.

스에끼 다께히로/최승호 옮김. 『동양의 합리사상』. 대구: 이문출판사, 1987.

스텐저, 빅터/김미선 옮김. 『신없는 우주』. 서울: 바다출판사, 2008.

신이치, 나카자와/김옥희 옮김. 『신의 발명』. 서울: 동아시아, 2022.

심광섭. "도마복음의 예수와 풍류동학의 공명." 「도마복음연구회 발표문」. 동계학
        술대회, 2024.

아리스토텔레스/김진성 옮김. 『오르가논』. 서울: 이제이북스, 2005.

아슬란, 레자. 『인간화된 신』. 서울: 세종서적, 2019.

암스트롱 카렌/유지황 옮김. 『신의 역사 1, 2』. 서울: 동연, 1999.

______/정준형 옮김. 『신을 위한 변론』. 서울: 웅진 지식 하우스, 2009.

______/정호영 옮김. 『바울 다시 읽기』. 서울: 훗, 2017.

야마오카 에쓰로/안소현 옮김. 『거짓말쟁이 역설』. 서울: 영림카디널, 2004.

양윤석. 『천도교경전 색인』. 서울: 모시는 사람들, 2007.

양한묵. 『무체법경』. 서울: 명지사, 1985.

어만, 바트/강창현 옮김. 『예수는 어떻게 신이 되었나』. 서울: 갈라파고스, 2015.

엘우드, 로버트/서창원 옮김. 『신비주의와 종교』. 서울: 이화여자대학교 출판부,
        1994.

염원희. 『한국 창세신화 순환구조 연구』. 경희대학교 대학원 석사학위논문 2006.

오강남. 『도덕경』. 서울: 현암사, 1996.

______. 『살아계신 예수의 비밀』. 서울: 김영사, 2022.

오문환. 『해월 최시형의 정치사상』. 서울: 모시는 사람들, 2003.

오세정. "창세가의 원형적 상상력의 구조와 의미체계." 국회자료실.

______. 『한국 창세신화의 전통과 의미세계』. 한국학술정보, 2005.

왓슨, 피터/정지인 옮김. 『무신론자의 시대』. 서울: 책과 함께, 2014.

요사마사, 요시나가/임승원 옮김. 『괴델 불완정성 정리』. 서울: 전파과학사, 1993.

윌버, 켄/김철수 옮김. 『아이투아이』. 서울: 대원출판사, 2004.

______/조옥경 옮김. 『에덴을 넘어』. 서울: 한언, 2009.

______/조효남 옮김. 『모든 것의 역사』. 서울: 대원출판사, 2004.

유동식. 『한국종교와 기독교』. 서울: 기독교서회, 1969.

유병덕 편저. 『동학 · 천도교』. 서울: 교문사, 1987.

유병우. "도마복음 말씀 114에 대한 연구." 「신학논단」 제17집 (2016): 29-48.
　　　KINX 2016194694.

유평 린 · 노저영 T. 린/이홍천 옮김. 『집합론』. 서울: 경문사, 1999.

윤석산. 『도원기서』. 서울: 모시는 사람들, 2012.

______. 『동학교조 수운 최제우』. 서울: 모시는 사람들, 2004.

______. 『동학 천도교의 통시적 고찰』. 서울: 모시는 사람들, 2024.

______. 『용담유사 연구』. 서울: 모시는 사람들, 2006.

이규호 옮김. 『나그함마디 문서』. 서울: 동연, 2022.

이도흠. 『화쟁 기호학 이론과 실제』. 서울: 한양대학교 출판부, 2001.

이돈화. 『수운심법강의』. 서울: 천도교 총본부, 포덕, 109년(2000).

이동준. 『유교의 인도주의와 한국사상』. 서울: 한울, 1997.

이동초 편저. 『천도교회 종령존안』. 서울: 모시는 사람들, 포덕 146.

이동희. 『한국의 철학적 사유의 전통』. 대구: 계명대학교출판부, 1999.

이명권. "도마복음의 동양사상과 한국 교회의 토착화 가능성 연구." #5 발표문.

이상목. "도마복음의 여성과 남성 이해." 「신학과 사회」 37/3 (2003).

이상철. 『죽은 신의 인문학』. 서울: 돌베개, 2018.

이석종. 『집합과 논리』. 서울: 교우사, 2001.

이성춘. "다산 정약용의 천 사상 연구." 익산: 원광대학교 대학원 박사학위 논문,
　　　1991.

이을호. 『한 사상의 苗脈』. 서울: 사사연, 1986.

이응문. 『주역을 담음 천자문』. 서울: 담디, 2017.

이정배. 『빈탕한테 맞혀 놀이』. 서울: 동연, 2011.

이정우.『무위인-되기』. 서울: 그린비, 2023.

______.『파라-독사의 사유』. 서울: 그린비, 2021.

이현중.『제3의 패러다임과 인류의 미래』. 서울: 지식과 감정, 2025.

이호재.『한국종교화 한국교회』. 서울: 동연, 2022.

임금복.『동학의 사상적 서사와 신화적 상상력』. 서울: 모시는 사람들, 2025.

임정대.『수학적 존재의 인식』. 서울: 청문각, 1986.

장원석. "수운 최제우의 지기에 대한 연구." 오산: 한신대학교 대학원, 1993.

장-이브 를루프/조재형 옮김.『도마복음, 예수의 영지주의 지혜』. 서울: 예술과영
      성, 2023.

조용일.『동학조화사상연구』. 서울: 동성사, 1990.

조효남.『상보적 통합』. 서울: 학수림, 2008.

존스톤, 윌리암/이원석 옮김.『선과 기독교신비주의』. 서울: 대원정사, 1993.

주영채. "儒學思想과 東學의 比較研究." 서울: 성균관대학교, 2021.

주자/김상섭 옮김.『역학계몽』. 서울: 지식산업사, 1996.

최광준 · 권선영.『한일 창세신화 비교고찰』. 국회자료실.

최동희. "동학의 신관과 서학의 천주와 관련하여." 「신인간」 (1979).

______.『서학에 대한 한국실학의 반응』. 서울: 고려대학교 민족문화연구소,
      1988.

______. "해월의 종교사상에 대한 이해."『해월 최시형과 동학사상』. 서울: 예문서
      원, 1999.

______ 외.『최시형과 동학사상』. 서울: 예문서원, 1999.

최봉영.『본과 보기 문화이론』. 서울: 지식산업사, 2002.

최영진 외.『최한기의 철학과 사상』. 서울: 철학과 현실사, 2000.

최종성.『동학의 테오프락스』. 서울: 민속원, 2009.

최진봉. "창세신화의 공간연구." KINX2003122853.

최해월.『해월 선생 문집』. 1906년 필사.

캐스티, 존/박정일 옮김.『괴델』. 서울: 몸과 마음, 2002.

케니, 안소니/최원배 옮김.『프레게』. 서울: 서광사, 2002.

케스티, 존/박정일 옮김.『괴델』. 서울: 몸과 마음, 2002.

쿠하르스키/정훈직 옮김.『수행자는 행운을 믿지 않는다』. 서울: 북라이프, 2016.

클라인, 모리스/심재관 옮김. 『수학의 확실성』. 서울: 사이언스북, 2007.

퍼킨수, 퓌메/유태엽 옮김. 『영지주의와 신약성서』. 서울: 감신대신학연구소, 2004.

폭스, 매튜 해제/김순현 옮김. 『마이스터 엑카르트는 이렇게 말했다』. 서울: 분도출판사, 2006.

표영삼. 「대선사주문」. 2004.

푸코, 미셸/김현 옮김. 『이것은 파이프가 아닙니다』. 서울: 민음사, 1995.

풀러토리, E./유나영 옮김. 『뇌의 출현 신의 출현』. 서울: 갈마바람, 2017.

플라톤/박종현 옮김. 『티마이오스』. 서울: 서광사, 1999.

하라리, 유발/김명주. 『호모데우스』. 서울:김영사, 2019.

______/전명근. 『21세기를 위한 21가지 제안』. 서울: 김영사, 2019.

______/조현옥 옮김. 『사피엔스』. 서울: 김영사, 2023.

한태동. 『세종대왕 음성학』. 서울: 연세대 출판부, 1998.

허호익. "도마복음서의 영지주의적 기독교 왜곡에 대한 반박." 「허호익 교수의 안티기독교 서적 읽기」. KINX 2008111010.

헉슬리, 올더스/조옥경 옮김. 『영원의 철학』. 서울: 김영사, 2014.

호프스테드, 더글라스/박여성 · 안병서 옮김. 『괴델, 에셔, 바흐』. 서울: 까치, 1999.

홀트, 짐/우진하 옮김. 『세상을 왜 존재하는가』. 서울: 21세기북스, 2012.

화이트헤드, A. N./류기종 옮김. 『화이트헤드의 宗敎論』. 서울: 종로서적출판, 1986.

______/오영환 옮김. 『과정과 실제』. 서울: 민음사, 1991.

Aczel, A. D. *The Mystery of The Aleph*. New York: A Washington Square Press Publication, 2000.

Aristotle. *The Cambridge Companion to Aristotle*. ed. by Jonathan Barnes, New York: Cmabridge University Press, 1995.

Ashbrook, J. B. *The Brain and Belief*. Evanston: Wyndham Hall Press, 1988.

Bartlett, Steven J. and Suber, Peter. *Self-Reference*. Boston: Martinus Nijhoff

Publishers, 1987.

Briggs, John and Peat David. *Turbulent Mirror*. London: Perennial Library, 1990.

Brown, Stuart. *Leibniz*. Minneapolis: University of Minnesota Press, 1984.

Chihara, C. "The Semantic Paradox: A Diagnostic Investigation." *The Philosophical Review* (Oct. 1979).

Cooper, W. John. *Panentheism*. Grand Rapids: Baker Academic, 2006.

Deleuze, Gilles. *Difference and Repetition*. New York: Columbia University Press, 1994.

Fox, Robin Lane. *Pagans and Christianity*. NY: HarperSanFrancisco,1986.

Funk, Robert W. and Hoover, Roy W. *The Five Gospels*. Oxford: Macmillan Publishing Company, 1993.

Geach, P. T. *Logic Matters*. Berkerley: University of California Press, 1980.

Genz, Henning. *nothingness*. NY: Basic Books, 1998.

Grisworld, Jr. *Self-Knowledge in Plato's Phaedros*. New York: Yale University Press, 1986.

Gundy, Steven. R. *The Plant Paradox*. Harper Wave, 2017.

Gupta, Annil. *The Revision Theory of Truth*. London: The MIT Press, 1993.

Harvey, Andrew. *Son of Man*. NY: Penguin Putnam Inc.,1998.

Heidegger, Martin. *Parmenides*. Indianapolis: Indiana University Press, 1992.

________. *The Metaphysical Foundation of Logic*. Indianapolis: Indiana University Press, 1982.

Hofstadter, Douglas. *I am Strange Loop*. NY: Basic Books, 2007.

Klein, Morris. *Mathematics: The Loss of Certainty*. Oxford: Oxford University Press, 1980.

Ko, Young Woon. *Paradox, Harmony and Change*. Denver: OPutkirst Press, Inc., 2005.

Lakoff, G. & Nunez R. E. *Where Mathematics Comes From?* New York: Basic Books, 2000.

Levine, Michael. *Pantheism*. London: Routledge, 1994.

Lockhart, Douglas. *Jesus, The Heretic*. Melbourne: ELEMENT, 1997.

Neuman, E. *The Origins and History of Consciousness.* Princeton: Princeton University Press, 1954.

Nishitani, Keiji trans. by Bragt, Jan Van. *Religion and Nothingness.* London: University of California Press, 1982.

Pagels, Elaine. *Beyond Belief: The Secret Gospel of Thomas.* NY: Random House, 2003.

Pickover, Clifford. *The Moebius Strip.* New York: Thunder Mouth Press, 2006.

Plato. trans. by John M. Cooper and D. S. Hutscison. *Plato Complete Works.* Indianapolis: Hackett Publishing, 1997.

Porter, J. R. *The Lost Bible: Forgotten Scriptures Revealed.* Chicago: Chicago University Press, 2001.

Richard Wilehlm. trans. by F. Baynes. *I Ching.* New York: Pantheon Books, 1950.

Robinson, James M. *The Nag Hammadi Library.* NY: HarperSanFrancisco Press, 1990.

Rudoph, Kurt. *GNOSIS.* NY: HarperSanfrancisco, 1987.

Russell, Bertrand. *Introduction to Mathematical Philosophy.* London: George Allen & Unwin LTD., 1960.

Sainsbury, R. M. *Paradoxes.* New York: Cambridge University Press, 1995.

Smullyan, Raymond M. *Daigonalization and Self-Reference.* Oxford: Clarendon Press, 1994.

________. *The Goedelian Puzzle Book.* New York: Dover Publications, 2013.

Tiles, Mary. *The Philosophy of Set Theory.* Oxford: Basil Blackwell, 1989.

Whitehead, A. N. *Principia Mathematica.* New York: W. W. Norton & Company, 1927.

________. *Process and Reality.* New York: The Free Press, 1979.

Wilber, Ken. *Up From Eden.* NY: Doubleday, 1981.